法學叢書

家族法研究 Ⅲ

金 相 瑢 著

法 文 社

머 리 말

2006년에 「가족법연구Ⅱ」가 출간된 이후 다시 4년에 가까운 세월이 흘렀다. 이 기간 동안 가족법 분야에서는 몇 가지 주목할 만한 개정이 있었다.

첫째, 2007년 11월에 협의이혼제도에 관한 개정안이 국회에서 통과되어 2008년 6월 22일부터 시행에 들어갔다. 협의이혼제도의 개정에 의하여 이른바 이혼숙려기간이 도입되었으며, 미성년자녀가 있는 경우에는 양육사항에 관한 협의가 되지 않으면 이혼이 불가능하게 되었다. 필자는 「가족법연구Ⅱ」에서 「이혼제도 개선을 위한 하나의 대안」과 「협의이혼에 대한 각국의 입법례 및 제도개선 방안 연구」라는 두 편의 글을 통하여 협의이혼제도 개정안의 초안을 제시하고 이론적인 기초를 제공한 바 있다.

둘째, 2009년 5월에 미성년자녀의 양육비이행확보를 위한 가사소송법 개정안이 통과되어 2009년 11월 9일부터 시행되고 있다. 가사소송법의 개정에 의하여 양육비직접지급명령, 담보제공명령, 재산명시 및 재산조회 등의 새로운 제도가 도입되었으며, 이러한 제도들은 이미 자녀의 양육비이행확보를 위한 유용한 수단으로 자리 잡고 있다. 이 가사소송법 개정안에 대해서는 「가족법연구Ⅱ」에 수록된 논문 「독신모가정에 대한 지원방안」이 이론적 기초가 되었다.

셋째, 2009년 12월에 「가족관계의 등록 등에 관한 법률」이 일부 개정되어 2010년 6월 30일부터 시행될 예정이다. 현행 「가족관계의 등록 등에 관한 법률」에 대해서는 개인의 사생활 보호에 미흡한 점이 있다는 비판이 제기되었는데, 개정에 의하여 이러한 문제점이 상당 부분 완화될 것으로 전망된다. 필자는 「가족법연구Ⅱ」에 수록한 「신분등록제도의 개선방향」이라는 글을 통하여 "새로운 신분등록법에 주어진 가장 중요한 과제 중의 하나는 개인의 사생활 보호에 있다"는 점을 강조하고 대안을 제시하였는데, 이러한 주장이 받아들여진 것이다.

2005년의 가족법 대개정(大改正) 이후에도 가족법 분야에서는 이와 같이 개정 작업이 계속해서 이어져왔다. 그러나 가족법 분야에서 이와 같이 비교적 활발하게 개정이 이루어졌음에도 불구하고 자녀와 관련된 부분은 여전히 소외된 영역으로 남아 있다. 특히 입양법의 개정은 더 이상 미룰 수 없는 과제가 되었지만, 이에 대해서는 아직 본격적인 개정의 논의가 시작되지 못하고 있는 상태이다. 가정위탁양육과 관련하여서도 해결되어야 할 법적인 문제점들이 적지 않고, 특히 위탁아동에 대한 법률상의 보호 문제(친권과 후견)는 시급히 해결되어야 할 필요가 있으나, 역시 사회의 주목을 받지 못한 채 그대로 방치되고 있다. 또한 이와 관련하여 부모가 직접 양육, 보호할 수 없는 미성년자녀에 대한 후견문제도 본격적으로 다루어져야 할 때가 되었다고 생각한다. 「가족법연구Ⅲ」에서 자녀에 관한 문제를 전면에 내세운 것은 이제 우리사회에서 이 문제를 더 이상 외면할 수 없으며, 본격적인 개정 논의가 필요하다고 생각했기 때문이다.

물론 자녀의 문제 이외에도 가족법 분야에서 논의가 필요한 쟁점들은 많이 있다. 특히 우리사회의 인구구조가 변화하고 고령화 사회에 진입함에 따라 노년에 홀로 남은 생존 배우자의 생활보장 문제가 대두되고 있으며, 가족법 분야에서도 이 문제에 대응하여 해결책을 제시하여야 할 때가 되었다고 생각한다. 「자녀의 유류분권과 배우자 상속분에 관한 입법론적 고찰」은 이러한 문제의식에서 출발하여 쓰여진 것이다. 아무쪼록 「가족법연구Ⅲ」에서 제기한 쟁점들에 대한 논의가 활발하게 전개되어 너무 늦기 전에 소정의 결실을 맺을 수 있기를 기대해 본다.

이 책의 출판을 허락해 주신 법문사 배효선 사장님, 여러 가지 편의를 제공해 주신 김영훈 차장님, 교정과 편집을 담당해 주신 예상현 과장님 그리고 성실하게 교정을 보아 준 중앙대 대학원의 김용현 군에게 이 자리를 빌어 감사의 인사를 드린다.

2010년 2월 15일

金 相 瑢

차　　례

제1장 부모와 자녀

1. 양자법의 문제점과 개정방향 – 민법상의 쟁점을 중심으로 –

2. 「입양촉진 및 절차에 관한 특례법」의 개선방향 – 국내입양을 중심으로 –

3. 가정위탁양육에 관한 민법상의 쟁점

4. 가정위탁보호에 관한 특별법(안)

5. 소위 "친권자동부활론"에 대한 비판적 고찰

6. 친권법 개정에 반대하는 의견에 대한 반론 142

7. 후견제도의 문제점과 대안

제2장 혼인의 해소

8. 이혼법의 역사적 전개 – 한국과 독일의 경우를 비교하여 –

9. 사실혼의 해소와 재산분할청구
- 대상판결: 대법원 2009.2.9.자 2008스105결정 -

제3장 상 속

10. 자녀의 유류분권과 배우자 상속분에 관한 입법론적 고찰
- 유류분상실제도의 신설과 배우자 상속분의 증가 문제를 중심으로 -

11. 사실혼 배우자의 상속권에 관한 시론(試論)

제4장 그 밖의 쟁점

12. 독일가정법원의 기능과 역할

13. 가족법의 교육내용 및 방법

14. 가족법의 변화 - 평가와 전망

15. 성년후견법안의 문제점

16. 가족관계등록법의 문제점

17. Die elterliche Sorge und das Umgangsrecht nach der Scheidung in Korea

제 1 장

부모와 자녀

1. 양자법의 문제점과 개정방향 – 민법상의 쟁점을 중심으로 –
2. 「입양촉진 및 절차에 관한 특례법」의 개선방향 – 국내입양을 중심으로 –
3. 가정위탁양육에 관한 민법상의 쟁점
4. 가정위탁보호에 관한 특별법(안)
5. 소위 "친권자동부활론"에 대한 비판적 고찰
6. 친권법 개정에 반대하는 의견에 대한 반론
7. 후견제도의 문제점과 대안

1. 양자법의 문제점과 개정방향 - 민법상의 쟁점을 중심으로 -

I 들어가는 말

사람은 태어나서 스스로 독립하여 생활할 수 있을 때까지 일정한 기간 동안 다른 사람의 보호와 양육을 받아야 한다. 일반적으로 미성년자녀의 보호와 양육은 친생부모의 의무이자 권리이지만, 친생부모에게 자녀를 직접 양육할 수 없는 사정이 있고, 장래에도 이러한 사정의 변화를 기대할 수 없는 때에는 부모를 대신하여 자녀를 양육해 줄 수 있는 대안가정을 찾아야 한다. 아동의 건강한 성장과 발달을 위해서는 안정된 가정과 아동이 애착을 형성할 수 있는 양육자가 필요하며, 아동보호시설에서의 양육은 가급적 피하는 것이 바람직하다.

오늘날 입양은 친생부모가 직접 양육할 수 없는 아동의 보호와 양육을 위하여 마련된 제도로서 이해되어야 하며, 아동의 복리실현이라는 사회복지정책의 차원에서 접근하여야 한다. 입양의 기능을 이와 같이 이해한다면, 입양법에 주어진 과제는 스스로 분명해진다: 입양법은 무엇보다도 입양되는 아동이 입양가정에서 건강하게 성장할 수 있는 기반을 마련하는 역할을 담당해야 한다. 양자가 입양가정에서 건강하게 성장하기 위해서는 양부모의 양육능력과 자질이 필수적으로 요구되며, 안정된 가정환경이 갖추어져 있어야 한다. 이러한 점에 비추어 볼 때, 우선 입양이 성공하기 위해서는 양부모가 될 사람이 양자를 양육하는데 필요한 능력과 환경을 갖추고 있는가를 국가기관(예컨대 법원)이 사전에 실질적으로 심사할 수 있는 제도적 장치가 마련되어야 한다. 현행민법에 의하면 일반입양의 경우에는 당사자의 합의와 신고에 의해서 간단히 입양이 성립하고, 입양의 동기나 양부모의 양육능력, 가정환경 등은 전혀 고려되지 않는데, 이러한 입양방식은 자녀의 복리라는 관점에서 볼 때 심각한 문제가 있다.

위에서 언급한 바와 같이 입양은 부모가 없거나 부모가 있다고 해도 자녀를 직접 양육할 수 없는 사정이 있는 경우에 아동이 다른 가정에서 안정적으로 성장할 수 있는 기회를 제공하는 제도이다. 그런데 부모에게 자녀를 양육할 능력이나 양육의사가 없음에도 정당한 이유없이 친권자(법정대리인)로서 입양의 승낙을 거부하거나 또는 부모로서 입양의 동의를 하지 않는 경우가 있다. 입양제도의 목적에 비추어 볼 때, 부모나 법정대리인이 입양에 반대한다고 해도 자녀의 복리를 위하여 불가피하다고 인정되는 경우에는 예외적으로 부모의 의사에 반하여 입양을 허용할 필요가 있다. 현행법에 의하면 자녀의 복리를 위하여 입양이 반드시 필요하다고 인정되는 경우에도 법정대리인의 승낙 및 부모의 동의가 없으면 입양이 가능하지 않은데, 앞으로는 이런 경우에 자녀의 복리와 부모의 권리를 함께 고려하여 예외적으로 법정대리인의 승낙 또는 부모의 동의가 없어도 입양이 이루어질 수 있도록 근거규정을 마련할 필요가 있을 것이다.

양친자관계가 파탄되어 파양을 하는 경우에는 파양이 양자에게 미치는 영향, 특히 파양 이후에 아동을 어떻게 보호, 양육할 것인가의 문제가 함께 고려되어야 한다. 현행민법에 의하면 특히 협의파양의 경우에는 양자의 복리가 고려될 수 있는 여지가 전혀 없는데, 적어도 국가기관(법원)이 파양절차에 개입하여 파양 이후의 문제(예컨대 후견인의 선임, 파양된 아동의 양육과 보호를 위한 구체적인 대안)에 대해서 해결책을 모색할 수 있는 제도적 장치를 마련할 필요가 있다.

이 논문에서는 위에서 제기한 세 가지 쟁점 – 일반양자의 성립에 국가기관(법원)의 후견적 개입을 인정할 것인가, 입양에 있어서 법원이 부모의 동의 및 법정대리인의 승낙에 갈음하는 심판을 할 수 있는 규정을 도입할 것인가, 파양(특히 협의파양)의 경우에 양자의 복리를 위하여 국가기관(법원)의 개입을 인정할 것인가 – 외에도 일반양자의 입양 시 부모의 동의 문제, '입양촉진 및 절차에 관한 특례법'(이하 입양특례법이라고 한다)에 의한 입양에 있어서 친양자 입양의 효력을 인정하는 문제 등에 관하여 살펴보고 대안을 제시하고자 한다.

Ⅱ 일반양자의 성립에 있어서 국가기관(법원)의 개입

1. 입양의 성립방식 – 계약형 양자와 선고형 양자

입양은 성립하는 방식에 따라 선고형 양자와 계약형 양자로 나누어질 수 있다. 선고형 양자는 당사자의 청구에 의하여 법원이 입양을 결정하는 방식이며, 법원의 심판이 입양성립의 기초가 된다. 반면에 계약형 양자에 있어서는 당사자(양자될 자와 양친될 자)의 입양계약에 의하여 입양이 성립하며, 따라서 당사자의 합의가 입양성립의 기초가 된다. 그러나 계약형 양자를 취한다고 해서 입양의 성립과정에 국가기관(법원)의 개입을 배제하는 것은 아니다. 예를 들어서 오스트리아민법에 의하면, 양자될 자와 양친될 자가 서면으로 입양계약을 체결하고 법원의 승인을 받으면, 계약체결 시에 입양이 성립한 것으로 되는데,[1] 이는 계약형 양자의 범주에 속한다고 볼 수 있다. 반면에 선고형 양자를 취하는 경우에도 법원에 입양을 청구하기 전에 그 전제로서 당사자 사이에 입양의 합의가 존재할 것이 당연히 요구되므로,[2] 선고형 양자 역시 당사자의 합의에 기초한 입양방식이라는 점에는 의문의 여지가 없다.[3] 이렇게 볼 때 선고형 양자와 계약형 양자는 상호 조화될 수 없는 대립관계에 있는 것은 아니며, 다만 어느 쪽에 더 비중을 둘 것인가의 차이가 있을 뿐이다.[4] 비교법적으로 고찰해 볼 때 과거에는 계약형 양자가 주류를 이루고 있었으나, 그간의 법개정을 통하여 오늘날에는 선고형 양자가 대세를 형성하고 있음을 알 수 있다.[5] 그러나 계약형 양자를 유지하고 있는 나라에서도 입양의 성립에는 당사자의 합의 이외에 국가기관(예컨대, 법원)의 후견적 개입이 필요하다는 점을 인정하여 이를 명문으로 규정하고 있는 것이 일반적이다. 따라서 선고형 양자를 도입한 나라나 계약형 양자를 유지하는 나라나 입양에 국가기관이 개입한다는 점에 있어서는 본질적으로 차이가 없다고 할 수 있다. 계약형 양자를 유지하고 있는 나라에서도 입양의 성립에 국가기관이 개입할 수 있는 근거규정을 둔 이유는 명백하다: 입양의 성립을 당사자의 합의에만 맡길 경우 입양이 아동의 복리를 위태롭게 하는 결과로 이어질 수 있는데, 이는 입양제도의 목적에 정면으로 반하기 때문이다.

우리민법은 두 가지 종류의 양자제도 – 일반양자와 친양자 –에 관하여 규정하고 있는데, 일반양자는 계약형 양자의 범주에 속한다(반면 친양자는 선고형 양자로 분류된다). 그런데 민법상의 일반양자는 당사자의 합의와 신고만으로 성립하므로,[6] 계약형 양자를 취하고 있는 다른 나라와 비교해 볼 때, 입양의 성립에 국가기관(법원)이 후견적 개입을 하지 않는다는 특징이 있다. 국가기관이 입양에 개입하지 않는다는 것은 국가가 양자될 아동의 보호를 포기한다는 의미로 해석될 수 있다(아동권리협약 제21조에 위반되는 사항이기도 하다[7]). 이러한 입양방식을 그대로 유지한다면 양자될 아동의 복리가 위태롭게 되는 것을 막을 수 없는 것은 물론이고, 다른 목적을 위해서 입양제

1) 오스트리아민법 제179조의 a.

2) 양자될 자(또는 그의 법정대리인)와 양친될 자가 각각 법원에 대해서 입양의사를 표시하는 형식을 취하게 된다.

3) 예를 들어서 독일민법이 이러한 방식을 취하고 있다. 독일민법 제1752조.

4) Bosch, Entwicklungen und Probleme des Adoptionsrechts in der Bundesrepublik Deutschland, FamRZ 1984, 829/837f.

5) BT-Drucks. 7/3061, S. 24. 독일은 1976년 양자법 개정을 통하여 계약형 양자를 선고형 양자로 전환하였다. 독일에서 선고형 양자제도가 도입된 역사적 과정에 대하여는 Engler, Auf dem Weg zu einem neuen Adoptionsrecht(1972), S. 83ff.

6) 이와 같은 방식에 의해서 민법상 일반양자로 입양된 수는 2002년 2423건, 2003년 2198건, 2004년 2562건, 2005년 3154건, 2006년 3890건에 이른다. 법원행정처, 사법연감(2007), 1048면 등계 참조.

7) 이 문제에 관하여는 尹眞秀, 兒童權利協約과 韓國 家族法, 국제인권법 제8호(2005), 15면 이하 참조.

도를 남용하는 경우에도 사전에 이를 저지할 방법이 없다.[8] 이러한 점들을 고려해 볼 때, 당사자의 합의와 신고만으로 간단하게 성립하는 일방양자의 입양방식을 개정하는 것은 더 이상 미룰 수 없는 과제가 되었다고 생각한다. 그렇다면 남은 문제는 개정의 방향을 정하는 것인데, 선고형 양자로 전환하는 방법과 계약형 양자의 틀을 유지하면서 보완책으로 국가의 후견적 개입을 인정하는 방법을 생각해 볼 수 있다.

2. 계약형 양자에서 선고형 양자로 전환하는 방법

일반양자의 경우에도 선고형 양자를 도입한다면, 입양당사자가 법원에 입양을 청구하고, 법원이 입양의 동기, 양부모될 사람의 양육능력, 가정환경 등을 고려하여 입양의 허가 여부를 결정하는 심판을 하게 될 것이다. 즉, 이렇게 될 경우 현재의 친양자 입양절차와 본질적으로 다르지 않을 것이다. 일반양자에 있어서 선고형 양자를 취할 경우 양자될 아동의 보호에 충실을 기할 수 있고 입양제도의 남용도 막을 수 있다는 장점이 있으나, 법원에서의 재판절차가 당사자에게 부담이 된다는 문제가 남는다. 따라서 법원에서의 절차를 간소화하여 당사자의 부담을 덜어주면서도 양자될 아동의 보호에는 허점이 생기지 않도록 제도를 운용할 필요가 있다. 예를 들어서 입양전문기관이 사전에 양친될 사람의 가정환경 등 입양에 필요한 사항을 조사한 후 의견서를 작성하여 법원에 제출하고,[9] 법원이 이에 근거하여 판단을 한다면 법원에서의 절차는 상당히 간소화될 수 있을 것이다.

3. 법원의 확인을 거쳐 입양신고를 하는 방법

우리사회의 현실에 비추어 볼 때 일반입양을 하려는 당사자에게는 위와 같은 법원의 재판절차가 부담이 된다는 우려도 있을 수 있는데, 이러한 점을 고려한다면 재판보다 간이한 절차로서 입양의사의 확인제도를 도입하는 방안도 생각해 볼 수 있다. 당사자가 법원에 입양의사의 확인을 신청하면(이때 양부모가 될 사람의 양육환경, 양육능력 등을 증명할 수 있는 서류를 함께 제출하도록 해야 할 것이다. 또한 법원은 필요하다고 인정하는 경우에는 입양전문기관에 의뢰하여 양부모될 사람의 가정환경 등 필요한 사항을 조사하게 할 수도 있다), 법원이 확인기일을 정하여 입양당사자를 출석하게 하고,

---

8) 최근에는 세 자녀 이상의 가구에 대한 아파트 특별분양 혜택을 받기 위하여 자녀를 가장입양한 사례도 있었다. 한겨레신문 2008. 7. 1; 또한 미군 부대 내에 설치된 학교를 보내기 위해 거액의 금전을 주고 미군이나 미 군속에게 입양시키는 사례도 보도된 바 있다. 한국일보 2009. 2. 12.

9) 이를 위하여는 입양기관에 대하여 양부모될 자의 전과, 아동학대 등의 기록을 조사할 수 있는 권한이 인정되어야 할 것이다.

판사가 입양의 동기 등 입양에 중요한 사실을 직접 확인하도록 하는 것이다. 입양의사를 확인한 결과 문제가 없다고 판단되면 법원에서 입양의사확인증명서를 발급하고, 당사자는 입양신고서에 입양의사확인증명서를 첨부하여 입양신고를 하도록 한다. 입양의사확인에 의한 방법은 재판절차보다 간단하여 당사자의 부담을 최소화하는 동시에 법원이 입양에 개입함으로써 적어도 입양이 악용되는 사례를 사전에 방지할 수 있다는 장점이 있다.

Ⅲ 일반양자의 경우 법정대리인 아닌 부모의 동의권

현행 민법에 의하면 양자될 아동이 15세[10] 미만인 경우에는 법정대리인이 아동에 갈음하여 입양의 승낙을 하도록 되어 있는데(민법 제869조. 이를 입양대락이라고 한다), 입양대락의 본질은 입양의 의사표시를 대리하는 것이다. 입양과 같은 신분행위를 하는 때에는 본인이 직접 의사표시를 해야 하며, 대리는 허용되지 않는 것이 원칙이다(혼인과 같은 신분행위에 있어서는 이 원칙이 그대로 관철된다). 그러나 입양의 경우에는 어린 아동이 당사자가 되는 경우가 많으므로, 본인이 직접 입양의 의사표시를 해야만 입양이 성립할 수 있다고 한다면, 입양 자체가 성립할 수 없는 경우가 많을 것이다. 이러한 문제점을 고려하여 입양의 경우에는 예외적으로 법정대리인이 아동을 대리하여 입양의 의사표시를 할 수 있게 한 것이다. 법정대리인이 양자될 아동을 대리하여 양자가 되겠다는 의사표시를 하고, 상대방(양친될 자)이 입양을 하겠다는 의사를 표시하면 입양의 의사가 합치되며, 이러한 합의에 기초하여 입양신고를 하면 입양이 성립한다. 이 경우에 법정대리인이 아닌 부모에게 동의권이 있는가가 문제가 되는데(예컨대 이혼 후 친권자로 정해진 母가 법정대리인으로서 입양을 승낙하였으나, 父는 입양에 반대하는 경우), 현행 민법규정의 체계만을 놓고 보면 부모의 동의는 필요하지 않다는 해석이 가능하다. 15세 미만인 아동의 경우에는 스스로 입양의 의사표시를 할 수 없고, 법정대리인이 이를 대리하여 입양의 의사표시를 하게 되어 있는데, 법정대리인이 무능력자를 대리하여 의사표시나 법률행위를 한 경우에는 대리의 본질상 이미 그 자체로서 유효하고 여기에 더하여 다른 요건(부모의 동의)은 필요하지 않기 때문이다. 따라서 현행 민법상 제869조에 의하여 법정대리인이 양자될 아동을 대리하여 입양의

10) 15세는 민법상 양자가 될 아동이 입양당사자로서 스스로 입양의 의사표시를 할 수 있는 연령이다. 양자될 아동이 스스로 입양의 의사표시를 할 수 있는 나이는 나라에 따라 차이가 있다. 독일 14세(독일민법 제1746조), 프랑스 13세(프랑스민법 제345조 제3항, 제360조 제3항), 덴마크 12세(덴마크입양법 제6조 제1항), 폴란드 13세(폴란드민법 제118조), 벨기에 15세(벨기에민법 제348조) 등이다. Staudinger/Frank(2007), § 1746 Rn. 2, Rn. 27 참조.

의사표시를 하는 때에는 부모의 동의가 없어도 입양이 성립한다는 해석이 나올 수 있다.[11]

15세가 되면 양자될 자가 스스로 입양의 의사표시를 할 수 있는데, 이때에는 민법 제870조와 제871조가 적용되어 부모 등의 동의가 필요하다(즉, 이 경우에는 양자될 자에게 스스로 입양의 의사표시를 할 수 있는 능력이 인정되므로, 법정대리인에 의한 대리는 허용되지 않는다). 제870조와 제871조는 '양자가 될 자는 부모 등의 동의를 얻어야 한다'고 규정하고 있는데, 이는 양자될 자가 15세 이상으로서 스스로 입양의 의사표시를 하는 것을 전제로 하는 것이다. 즉, 양자될 자가 입양당사자로서 스스로 의사표시를 하고 부모 등의 동의를 얻는 경우를 상정하고 있다고 보아야 한다. 원래 동의란 본인의 의사표시를 전제로 하여 이를 보충하는 기능을 하는 것이기 때문이다. 예를 들어서 미성년자가 매매계약을 체결하는 경우에 친권자가 이에 동의한다면, 이는 미성년자가 스스로 매매의 의사표시를 하는 것을 전제로 하여, 법정대리인이 동의로써 이를 보충하는 것을 의미한다. 제870조와 제871조가 갖는 의미를 이와 같이 해석한다면, 이 규정들은 양자가 될 자가 15세 미만인 경우(즉, 제869조가 적용되는 경우)에는 적용될 수 없다고 보아야 할 것이다. 양자가 될 자가 15세 미만인 때에는 스스로 입양의 의사표시를 할 수 없기 때문이다.[12]

결국 이와 같은 현행 민법규정에 의하면, 부모가 이혼하여 일방만이 친권자인 경우에는 친권자인 일방의 대락에 의해서 입양이 성립하고, 친권자 아닌 다른 일방의 의사는 고려되지 않는다는 문제가 있다. 2008년 1월 1일부터 시행되고 있는 가족관계등록예규는 법정대리인이 15세 미만의 양자될 자에 갈음하여 입양의 승낙을 하는 경우에도 부모 등의 동의가 필요하다고 규정하고 있다(즉, 민법 제870조와 제871조가 적용된다는 해석이다). 예를 들어서, 이혼 후 母가 친권자가 되어 있는 경우라면, 15세 미만의 자가 입양될 때 친권자인 母의 입양승낙 외에 친권자 아닌 父의 동의가 필요하다는 것이다(가예 129호 제3조 제3항). 그러나 이러한 해석이 입양정책적으로 바람직하다는 점은 인정하더라도, 현행법체계와 조화될 수 있는가는 별개의 문제로서 검

---

11) 한봉희, 가족법(2007), 214면; 김주수 · 김상용, 친족 · 상속법(2008), 315면 이하; 이승우 · 김유은, 대락입양소고, 성균관법학 제19권 제2호(2007. 8), 196면.

12) 일반양자의 성립과 같은 구조를 취하고 있는 협의상 파양에 관한 규정을 보면 이 점이 보다 분명해진다. 민법 제899조(15세미만자의 협의상 파양)에 의하면, 양자가 15세 미만인 때에는 입양 당시의 법정대리인이 양자에 갈음하여 파양의 의사표시를 하게 되어 있다. 그리고 민법 제900조(미성년자의 협의상 파양)에 의하면, 양자가 미성년자인 때에는 친생부모 등의 동의를 얻어 파양의 의사표시를 할 수 있게 되어 있다. 제900조 규정이 의미하는 바는 양자가 15세에 이르면 스스로 파양의 의사표시를 할 수 있으며, 다만 친생부모 등의 동의가 필요하다는 것이다. 즉 제900조 규정에 의하면, 협의파양을 할 때 친생부모 등의 동의가 필요한 경우는 15세 이상의 미성년자가 스스로 파양의 의사표시를 하는 때로 국한된다. 반면에 제899조와 제900조 규정에서 입양 당시의 법정대리인이 15세 미만의 양자를 대리하여 파양의 의사표시를 하는 경우에 부모의 동의를 얻어야 한다는 해석을 이끌어내는 것은 무리라고 생각된다.

토되어야 할 것이다. 위에서 본 바와 같이 법정대리인이 제869조에 따라 15세 미만의 미성년자를 대리하여 입양의 의사표시를 하는 경우에 제870조와 제871조가 적용되어 부모의 동의를 얻어야 한다는 해석론은 현행민법체계와 조화되기 어렵다. 그렇다면 해석론으로 이 문제를 해결하는 데에는 한계가 있다는 점을 인정하고, 관련 규정을 개정하여 문제를 해결하는 방법을 취하여야 할 것이다. 즉, 15세 미만의 아동이 입양되는 경우 법정대리인의 승낙 이외에 부모의 동의를 요건으로 한다는 점을 명문으로 규정하여 해석상 논란의 여지가 없도록 하는 것이다(이와 같이 법규정을 정리할 경우 자녀의 부모가 법정대리인으로서 입양의 승낙을 한 때에는 이와 별도로 부모로서의 동의는 필요하지 않다는 점을 규정할 필요가 있다. 그렇지 않으면 자녀의 법정대리인인 부모에 대하여 사실상 동일한 내용의 의사표시를 이중으로 요구하는 결과가 된다. 구체적인 개정방향에 대해서는 아래의 V. 끝부분 참조). 현행민법에 의하면 친양자 입양의 경우에는 법정대리인의 승낙 이외에 친생부모의 동의가 필요한데(민법 제908조의 제1항 제3호 및 제4호), 이와 같이 법규정이 명확하게 되어 있으면 해석상 논란이 생길 여지가 없다(다만, 실무상 친양자 입양의 경우 부모가 법정대리인으로서 입양을 승낙한 경우에도 이와 별도로 부모로서의 동의를 요구하고 있는데, 이와 같이 이중으로 의사표시를 요구하는 것은 불필요하므로 개선되어야 할 것이다[13]). 한편, 부모가 정당한 이유없이 입양에 대한 동의를 거부하는 경우가 있을 수 있는데, 이와 같이 부모의 동의거부가 권리남용에 해당하는 때에는(예컨대, 부모가 상당한 기간 자녀에 대한 의무를 이행하지 않은 경우, 자녀와의 면접교섭을 거부하고 양육비를 지급하지 않는 등 자녀에 대하여 아무런 관심을 보이지 않은 경우 등) 법원이 부모의 동의에 갈음하는 심판을 할 수 있도록 근거규정을 마련할 필요가 있을 것이다.[14] 그렇지 않으면 자녀의 복리를 위하여 입양이 반드시 필요하다고 판단되는 경우에도 부모의 동의거부로 인하여 입양이 불가능하게 되고, 이는 결국 자녀의 복리를 회복할 수 없을 정도로 침해하는 결과로 이어질 수 있기 때문이다. 현대 양자법의 경향 중 하나는 입양이 자녀의 복리실현을 위하여 필요하다고 판단되는 경우에는 입양이 용이하게 이루어질 수 있도록 지원한다는 것이다.

---

13) 대법원 전자민원센터에서 친양자에 관한 안내를 보면 "법정대리인(친권자 또는 후견인)이 양자에 갈음하여 입양을 승낙하여야 합니다(친생부모가 법정대리인인 때에는 부모로서의 동의 이외에 법정대리인으로서의 승낙도 하여야 하는 것입니다). 후견인이 입양을 승낙하는 경우에는 가정법원의 허가를 받아야 합니다(민법 제869조 단서)"라고 설명되어 있다.

14) 법정대리인이 정당한 이유없이 입양의 승낙을 거부하는 경우에도 같은 문제가 있으며, 자녀의 복리를 위하여 법원이 법정대리인의 승낙에 갈음하는 심판을 할 수 있도록 근거규정을 마련하는 것이 필요하다.

Ⅳ 입양특례법에 의한 입양의 경우에 친양자 입양의 효력을 인정하는 방안

현재 우리나라에서는 입양을 하는 경우에 입양신고를 하지 않고, 그 대신 허위의 친생자출생신고를 하는 경우가 대부분이다. 공식적으로 허가된 입양기관을 통하지 않고 산부인과 등에서 입양을 알선하는 경우는 물론이고, 입양기관에 의해서 입양이 이루어지는 경우에도 사정은 크게 다르지 않다.[15] 입양을 하려는 사람들이 입양신고를 하지 않고, 허위의 친생자출생신고를 하는 이유는 우리사회의 특성을 고려해 볼 때, 이해가 되는 측면이 있는 것이 사실이다. 친양자제도가 도입되기 전까지는 일반입양을 할 수밖에 없었는데, 일반입양을 하는 경우에는 양자는 양친의 성과 본을 따를 수가 없었고,[16] 호적에도 양자라는 사실이 공시되었기 때문이다. 그러나 2008년 1월 1일부터 친양자제도가 시행됨으로써 친양자 입양을 하는 경우에는 양자도 양친의 성과 본을 따를 수 있게 되었고, 가족관계증명서에도 친생자관계로 기록되어 입양사실이 더 이상 드러나지 않게 되었다. 이런 점만을 본다면 이제는 친양자 입양을 통해서 친생자출생신고를 하는 것과 동일한 효과를 거둘 수 있으므로, 굳이 더 이상 허위의 친생자출생신고를 할 필요가 없는 것처럼 생각되기도 한다. 더구나 허위의 친생자출생신고는 위법한 행위로서 처벌될 수 있다는 점을 고려한다면,[17] 이제 입양의 방편으로 친생자출생신고를 하는 관행은 종식되어야 할 때가 되었다고 볼 수도 있다. 그러나 친양자제도의 도입에 의해서 모든 문제가 해결되었다고 쉽게 단정하기는 어렵다. 우선 당사자의 합의와 신고에 의하여 간단하게 성립되는 일반입양과는 달리, 친양자 입양을 하는 경우에는 반드시 법원의 허가심판을 받아야 한다. 이러한 재판절차가 당사자에게는 번거롭고 지루하게 느껴질 수 있다. 현재도 입양특례법에 의해서 입양을 하는 사람들은 절차가 복잡하다는 불만을 가지는 경우가 적지 않은데, 법원의 재판까지 받아야 한다면 이를 기피하고 간단하게 친생자출생신고를 하는 방법을 선택할 가능성이 높다. 그러나 입양신고를 하는 대신 허위의 친생자출생신고를 하는 관행을 그대로 방치하는 것은 입양의 양성화라는 기본정책에도 반할 뿐만 아니라 건전한 입양풍토의 조성에도 장애가 되므로, 이를 개선하는 방법이 모색되어야 할 것이다.

현행 입양특례법 제7조에 의하면, 이 법에 의하여 입양을 하는 경우에는 '가족관계의 등록 등에 관한 법률'(이하 가족관계등록법이라고 한다)에 의하여 신고를 함으로

15) 입양특례법에 의해서 이루어진 국내입양의 경우 약 97% 이상이 입양신고 대신 허위의 친생자출생신고를 한 것으로 보고되었다(국회의원 김춘진 2006년 국정감사자료).

16) 다만, 입양특례법에 의해서 입양을 하는 경우에는 양친이 원하는 경우 양친의 성과 본을 따를 수 있었다(제8조 제1항).

17) 인천지법 1994.1.13. 선고 93노1041판결 참조.

써 입양이 성립하도록 되어 있다. 이는 민법상 일반입양이 성립하고, 그에 따르는 효력이 발생한다는 의미로 해석된다. 그러나 일반입양의 효력이 발생하는 경우에는 위에서 본 것과 같은 문제가 있으므로(입양에 의해서 종전의 친족관계가 소멸하지 않으므로, 입양 후에도 친생부모는 부모의 신분을 유지한다), 입양특례법에 의해서 입양을 하는 사람들의 대부분은 일반입양을 원하지 않는 것이 현실이다. 그렇다면 입양특례법에 의해서 입양을 하는 경우에 신고에 의해서 일반입양이 성립하도록 한 규정에는 문제가 있다는 점을 인정해야 할 것이다. 입양특례법의 취지에 비추어 볼 때에도 이 법에 의해서 입양을 하는 경우에는 친양자관계가 성립하도록 규정하는 것이 타당하다고 생각된다(입양특례법에 의한 입양의 대상이 되는 아동은 요보호아동이며, 이 법은 보호필요아동이 양친의 가정에서 친생자와 다름없이 양육을 받으며 성장하는 것을 기본취지로 하고 있다고 보아야 한다). 그러나 입양특례법에 의해서 가정환경조사 등의 입양절차를 거친 당사자들에게 또 가정법원의 재판을 받도록 한다면, 처음부터 친양자 입양을 포기하고 허위의 친생자출생신고를 택할 가능성이 높다. 이러한 딜레마를 어떻게 해결할 것인가가 문제이다.

우선 입양기관에서 가정환경조사 등의 입양절차를 거친 당사자에 대해서는 친양자 입양의 절차를 간이하게 하는 방법을 생각해 볼 수 있다. 예를 들어서, 법원에서 친양자 입양의 허가심판을 받는 대신에 보다 간단한 절차로서 법원의 확인을 받아 친양자 입양신고를 할 수 있게 하는 것이다. 당사자가 친양자 입양의 확인신청을 하면(이때 입양기관의 의견서와 관련서류가 함께 제출되어야 할 것이다), 가정법원이 확인기일을 정하여 양친이 될 자와 양자될 아동의 법정대리인(필요하다고 판단되는 때에는 양자가 될 아동을 출석하게 하여 그 의견을 청취할 수도 있을 것이다)을 출석하게 하고, 입양의 동기와 양육환경 등을 확인한 후, 문제가 없다고 판단되면 친양자입양확인증명서를 발급한다. 당사자는 친양자입양확인증명서를 첨부하여 친양자 입양신고를 하여야 하며, 이로써 친양자 입양이 성립한다. 이와 같이 친양자 입양절차를 간소화시키는 것이 양자될 자의 복리라는 관점에서 볼 때 문제가 없는가라는 의문이 제기될 수 있는데, 이는 입양기관의 조사능력과 의견에 대한 신뢰의 문제와 직결되는 것이므로, 이 부분에 대한 판단이 선행되어야 할 것이다.

이와 같이 입양특례법에 의해서 입양을 하는 경우에 간소화된 절차에 의해서 친양자 입양의 효력을 인정한다고 해도 여전히 이를 기피하고 친생자출생신고를 택하는 사람들도 있을 것으로 예상된다. 이에 대하여 어떤 방식으로 대응할 것인가는 정책판단의 문제일 것이다. 우선, 우리사회의 특성을 고려하여 이 문제를 당사자의 선택에 맡기는 방법을 생각해 볼 수 있다. 즉 당사자가 법원의 확인을 받아 친양자 입양을 하든가, 혹은 허위의 친생자출생신고를 하든가 이 문제를 당사자의 선택에 맡기는 방식이다. 다른 말로 표현하면 허위의 친생자출생신고를 하는 길을 완전히 막지 않겠다는 뜻이다. 반면에 허위의 친생자출생신고를 원천적으로 차단하고 법규정에 따라 친양자 입양을 하도록 강제하는 방법도 생각해 볼 수 있다. 예를 들어서 입양특례법에 의한 입양의 경우, 가정환경조사 등 입양기관에서 실시하는 입양절차가 종료한 후에 아동을 양친될 자에게 인도하는 것을 금지하고, 입양기관과 양친될 자가 함께 가정법원에 친양자 입양확인신청을 하도록 의무화하며, 법원의 확인을 거쳐 친양자입양신고를 마친 후에 양자를 양친에게 인도하도록 하는 것이다.

나아가 보다 강한 방법으로서 입양특례법에 의한 입양의 경우에 민법상 친양자 입양에 관한 규정이 그대로 적용되도록 하는 방안도 생각해 볼 수 있다. 이러한 대안을 선택할 경우에는 위에서 언급한 바와 같이 당사자가 법원의 재판절차에 대해서 가지는 정신적 부담 등을 고려하여 절차를 간소화시키는 방안을 모색해야 할 것이다(법원은 입양기관이 제출한 의견서와 관련 자료를 기초로 하여 절차를 신속하게 진행함으로써 당사자의 부담을 덜어주는 방법을 취할 수 있을 것이다).

V 부모의 동의 및 법정대리인의 승낙에 갈음하는 법원의 심판

1. 양자(친양자의 경우를 포함한다)로 될 자녀의 부모가 부모로서의 의무는 전혀 이행하지 않으면서 입양에 대한 동의를 거부하여 입양이 불가능하게 되는 경우가 있는데, 이와 같이 부모의 동의거부가 권리남용에 해당하는 때에는 법원이 부모의 동의에 갈음하는 심판을 할 수 있게 하여 문제를 해결할 필요가 있다(자녀의 법정대리인이 법정대리인으로서의 의무는 이행하지 않으면서 정당한 이유없이 입양의 승낙을 거부하는 경우도 마찬가지이다. 이하에서는 서술의 편의상 부모의 동의에 초점을 맞추어 서술하지만, 법정대리인의 승낙에 대해서도 동일한 법리가 적용되는 것을 전제로 한다). 자녀의 복리를 위하여 입양이 반드시 필요하다고 판단되는 경우에 부모가 스스로 자녀를 양육할 의사도 없으면서 정당한 이유없이 입양에 반대하여 입양이 성립되지 못한다면 자녀의 복리가 회복불가능하게 침해될 수 있다(자녀는 안정된 가정에서 성장할 수 있는 기회를 영구적으로 상실하게 될 수도 있다). 이런 경우에 법원이 부모의 동의에 갈음하는 심판을 함으로써 부모의 의사에 반하여 입양을 가능하게 하는 규정을 두는 것은 비교법적으로 고찰해 볼 때 보편적인 경향이라고 할 수 있다(독일,[18] 스위스,[19] 오스트리아

18) 독일민법 제1748조. 1900년부터 시행된 원시독일민법에는 법원이 부모의 동의에 갈음하는 심판을 할 수 있는 규정이 없어서 자녀의 복리가 침해되는 사태가 종종 발생하였다. 이에 일부 법원은 부모의 동의거부를 권리남용으로 보아 예외적인 경우 부모의 동의 없이도 입양이 가능한 것으로 해석함으로써 문제를 해결

[20], 프랑스[21] 등).

2. 부모의 의사에 반하여 자녀가 입양되는 것에 대해서는 부모의 권리를 침해한다는 비판이 제기될 수 있다. 특히 친양자 입양의 경우에는 친생부모와 친양자로 되는 자 사이의 친족관계가 소멸하므로, 부모의 동의를 얻지 않고 친양자 입양을 가능하게 하는 규정을 도입하는 것은 친생부모의 권리를 침해하는 것이라는 문제제기가 있을 수 있다. 그러나 그와 같은 주장에 대해서는 다음과 같은 반론이 가능하다: 부모가 자녀에 대한 책임과 의무를 전혀 이행하지 않아서 자녀의 복리가 위태롭게 되었고, 더 이상 자녀의 양육을 부모에게 맡길 수 없다고 판단되는 경우에 부모가 입양의 동의를 거부한다면, 이는 권리의 남용에 해당하는 것으로서 법의 보호를 받을 수 없다고 보아야 한다.[22] 친생부모가 이와 같은 상태에 있는 경우에 그 자녀를 친생자와 같이 양육해 줄 수 있는 가정에 입양시킬 수 있는 기회가 있다면, 자녀의 복리가 부모의 이익(자녀와의 친족관계를 유지하는 이익)보다 우선해서 보호되어야 할 것이다.

일정한 경우에 부모의 동의가 없어도 입양이 가능하도록 하는 이유는 결국 자녀의 복리실현을 위한 것이다. 그렇다면 부모의 동의거부가 권리남용에 해당하는 경우뿐만 아니라, 부모가 장기간 의식불명 상태에 있어서 의사표시를 할 수 없는 경우와 같이 부모에게 귀책사유가 없는 때에도 부모의 동의없이 입양이 가능하도록 하는 것이 타당하다고 볼 수 있다(부모가 불치의 정신병에 걸렸거나 장기간 의식불명 상태에 있어서 자녀를 양육할 수 없는 사정이 있고, 장래에도 이러한 사정에 변화가 없을 것으로 예상되는 경우). 부모가 악의로 자녀의 양육을 거부한 경우이든 혹은 불치의 정신병과 같이 부모에게 귀책사유가 없는 사정으로 인하여 자녀를 양육할 수 없는 경우이든 자녀의 양육에 공백상태가 발생한다는 점에서는 다르지 않으며, 이런 경우 자녀의 복리를 위하여 입양이 불가피하다고 판단된다면, 귀책사유를 불문하고 부모의 동의가 없어도 입양이 가능하도록 할 필요가 있다.

하였다. 예를 들면, OLG Hamburg, FamRZ 1957, 379/380. 독일에서는 1961년 가족법개정에 의하여 후견법원이 부모의 동의에 갈음하는 심판을 할 수 있는 규정이 도입되었다. 이에 따라 부도가 자녀에 대한 의무를 지속적으로 위반하는 경우에는 법원이 부모의 동의에 갈음하는 심판을 할 수 있게 되었다. 현재 독일에서는 전체 입양의 약 7% 정도가 부모의 동의에 갈음하는 법원의 심판에 의하여 이투어진다. Staudinger/Frank(2007), § 1748 Rn. 1.

19) 스위스민법 제265조의 c.

20) 오스트리아민법 제181조.

21) 프랑스민법 제348조의 6.

22) BVerfGE 24, 119, 147; 또한 국가가 자녀의 복리를 위하여 일정한 조치를 취하는 경우에(예컨대 법원이 부모의 동의를 대체하는 심판을 하는 것) 부모로서의 책임은 전혀 이행하지 않는 친생부모가 부모로서의 권리만을 주장하여 이에 반대하는 것은 허용되지 않는다고 보아야 할 것이다(독일연방헌법재판소도 이러한 입장을 취하고 있다. BVerfG FamRZ 2002, 535).

한편, 우리민법은 일정한 사유가 있는 경우에는 부모의 동의가 없어도 입양이 성립할 수 있는 근거규정을 두고 있다(민법 제908조의 2 제1항 제3호: 친양자로 될 자의 친생부모가 친양자 입양에 동의할 것. 다만, 부모의 친권이 상실되거나 사망 그 밖의 사유로 동의할 수 없는 경우에는 그러하지 아니하다). 단서 규정의 취지는 일정한 사유가 있는 경우에 입양의 요건을 완화함으로써 입양의 성립을 저해하는 불필요한 장애요인을 제거하겠다는 의미로 이해된다. 우선, 친권상실선고를 받은 부모에 대하여 입양동의권을 인정하지 않은 배경에는 권리남용의 법리가 자리 잡고 있는 것으로 보인다. 부모로서의 책임과 의무를 이행하지 않아서 그 결과로 친권을 상실한 부모가 부모의 권리를 주장하면서 입양동의권을 행사하는 것은 권리남용에 해당하므로 인정할 수 없다는 취지이다. 또한 입양동의권의 본질에 비추어 보더라도 친권을 상실한 부모에게 입양동의권을 인정하지 않는 것은 당연한 조치라고 할 수 있다. 입양동의권은 자녀의 보호를 위하여 부모에게 인정된 권리이므로, 그 본질에 있어서 친권의 일부라고 보아야 한다. 따라서 친권을 상실한 부모에게 입양동의권을 인정하지 않은 것은 당연한 귀결이라고 할 수 있다.[23] 또한 단서 규정에 의하면 부모가 "사망 그 밖의 사유로" 입양에 동의할 수 없는 경우에도 부모의 동의없이 입양이 가능한데, 여기서 "그 밖의 사유"에는 부모의 생사불명, 장기간의 의식불명이나 불치의 정신병으로 인하여 의사표시를 할 수 없는 상태 등이 포함된다. 이는 부모에게 책임이 없는 사유로 인하여 의사표시를 할 수 없는 경우에도 부모의 동의없이 입양이 가능하도록 함으로써 자녀의 복리를 실현하겠다는 입법자의 의지를 표현한 것이라고 풀이할 수 있다. 이와 같이 부모에게 책임이 없는 사유로 동의를 할 수 없는 경우에도 동의의 요건을 면제하여 입양을 가능하도록 하는 것이 입법자의 의사라면, 부모에게 책임을 귀속시킬 수 있는 사유(예컨대, 부모가 악의로 장기간 자녀에 대한 양육의무를 이행하지 않은 경우 등)가 있는 경우에 부모의 동의를 면제하여 입양이 용이하게 성립할 수 있도록 지원하는 것은 현행법체계와 모순되지 않는다는 결론에 이르게 된다. 부모가 귀책사유 없이 의사표시를 할 수 없는 경우에는 입양의 동의가 없어도 입양이 가능한 반면, 귀책사유가 있는 부모의 경우에는 입양에 동의하지 않으면 입양이 불가능하다고 한다면, 이는 결국 귀책사유 있는 부모(예컨대 악의로 양육의무를 이행하지 않은 부모)를 더 보호하는 결과가 되어 부당하다. 이러한 점들을 고려해 볼 때, 부모에게 책임을 물을 수 있는 일정한 사유가 있는 경우에 법원이 부모의 동의에 갈음하는 심판을 할 수 있는 근거규정을 도입한다고 해도, 현행법체계상 무리가 없을 뿐만 아니라 이로 인하여 부모의 권리가 부당하게 침해된다고 볼 수도 없다.

---

23) 일반양자에 대해서는 이와 같은 명문의 규정이 없는데, 양자될 아동의 복리실현이라는 관점에서 볼 때, 같은 취지의 규정을 둘 필요가 있다고 생각된다.

3. 법원이 부모의 동의에 갈음하는 심판을 할 수 있는 경우를 유형별로 정리해 보면 다음과 같다.

(1) 부모가 자녀를 양육할 수 없는 사정이 있어서 가정위탁[24]을 의뢰하였고, 자녀는 그 후 장기간 위탁가정에서 위탁부모의 보살핌을 받으며 안정된 생활을 하였다. 자녀가 위탁가정에서 성장하는 동안 부모는 연락을 하지 않았고, 그 결과 부모와 자녀의 관계는 사실상 형해화 되었다(자녀가 부모를 기억하지 못하는 경우도 있다). 반면에 위탁부모와 아동 사이에는 장기간의 공동생활관계를 통하여 사실상의 친자관계가 형성되었다. 이런 경우에도 위탁부모가 위탁아동을 입양하려면 부모의 동의를 받아야 하는데, 장기간 자녀에 대해서 아무런 관심도 보이지 않았던 부모가 입양의 동의를 거부하는 경우가 있다(연락이 두절되어 아예 부모를 찾을 수 없는 사례도 적지 않다). 이런 사례에서는 위탁부모가 위탁아동을 입양할 수 있다면, 아동에게 보다 안정된 양육환경이 조성될 수 있다. 위탁부모와 위탁아동 사이에는 법률상 아무런 관계도 존재하지 않으며, 위탁양육관계는 부모의 의사에 의하여 언제든지 종료될 수 있으므로, 위탁아동의 양육 상황은 항상 불안정할 수밖에 없다[25](이는 위탁아동과 위탁부모를 심리적으로 불안정하게 만드는 요소가 된다. 그리고 장기간의 관계단절로 인하여 위탁아동과 부모 사이의 관계는 형해화된 반면, 위탁부모와 아동 사이에 사실상의 친자관계가 형성된 경우에는 위탁아동을 위탁가정에서 분리하여 부모에게 돌려보내는 것은 아동에게 회복할 수 없는 충격을 줄 수 있다). 입양이 성립되면 이와 같이 불안정한 상황은 종식되고, 양자가 된 아동은 양친의 가정에서 안정적으로 성장할 수 있는 기반을 가지게 된다.[26] 이런 사례에서는 법원이 부모의 동의에 갈음하는 심판을 하여 입양이 성립할 수 있도록 지원하는 것이 자녀의 복리라는 관점에서 볼 때 바람직하다.

(2) 이혼 후 부모의 일방(예컨대 모)이 양육자로 지정되었고, 다른 일방(예컨대 父)이 친권자로 지정되었으나, 비양육친인 父가 자력이 있음에도 불구하고 고의로 양육비를 지급하지 않는 경우가 있다. 나아가 주소를 자주 변경하면서 연락처를 남기지 않아 아예 연락을 할 수 없게 하여 양육비청구 자체를 어렵게 만드는 경우도 있다. 이와 같이 비양육친이 고의로 장기간 양육비를 지급하지 않는 경우에는 부모로서의 의무를 이행하지 않은 정도가 심각한 수준에 이른 것이므로, 친권자인 父의 승낙 없이도 입양이 가능하다고 보아야 할 것이다.[27] 예를 들어서 그 사이 모가 재혼하여 자녀

24) 가정위탁에 관하여는 김상용, 가정위탁양육의 민법상 쟁점, 법조 통권 610호(2007. 7), 94면 이하.

25) Gawlitta, Zur Frage einer Grundrechtsverletzung, wenn durch gerichtliche Entscheidung die Ersetzung der Einwilligung zur Kindsannahme versagt wird, FamRZ 1988, 807.

26) BGH, FamRZ 1997, 585/586.

와 계부 사이에 사실상의 친자관계가 형성되었고, 계부가 배우자의 자녀를 입양하려고 하는 경우, 그동안 양육비의 지급의무를 고의로 이행하지 않은 父가 친권자로서 입양의 승낙을 거부한다면 이는 권리남용에 해당한다고 볼 수 있다. 그러므로 이와 같은 경우에는 당사자(예컨대 계부)의 청구가 있는 경우 법원이 모든 사정을 종합적으로 고려하여 친권자인 父의 승낙에 갈음하는 심판을 할 수 있을 것이다. 그러나 비양육친에게 자력이 없어서 어쩔 수 없이 양육비를 지급하지 못했다면, 그와 같은 부모의 입양동의권을 부정하는 것은 타당하지 않으므로(예를 들어서, 양육비는 지급하지 못했지만, 자녀에게 계속 관심을 가지고 면접교섭을 해온 경우), 동의(또는 승낙)에 갈음하는 심판청구가 있더라도 이를 기각하여야 할 것이다. 즉, 양육비를 지급하지 않았다는 사정만으로는 비양육친의 입양동의권을 부정할 수 없으며, 양육비를 지급하지 않은 원인을 고려하여 판단해야 한다.[28)]

(3) 어떤 사정으로 부모가 직접 자녀를 양육할 수 없는 경우(이혼 후의 비양육친, 가정위탁을 의뢰한 부모 등)에도 부모는 자녀에 대하여 남은 의무를 이행하여야 한다. 이런 경우에 부모에게 남은 의무는 자녀의 양육비를 지급하고, 자녀와 면접교섭을 하는 것이다(양육비 지급의무에 대해서는 위에서 서술하였으므로, 여기서는 면접교섭의 의무와 관련하여 설명한다). 설령 부모에게 자력이 없어서 양육비를 지급할 수 없는 사정이 있다고 해도, 부모가 자녀에 대하여 관심과 애정이 있다면 지속적인 면접교섭을 통하여 자녀와의 관계를 유지하는 것은 가능하다. 직접 자녀를 찾아올 수 없는 사정이 있다면 편지나 전화, 이메일 등을 이용하여 면접교섭을 할 수도 있다. 중요한 점은 부모가 자녀에게 지속적으로 애정과 관심을 보임으로써 자녀가 부모에 대하여 신뢰를 가질 수 있게 하는 것이다. 자녀를 직접 양육하지 않는 부모가 특별한 사정없이 자녀와의 면접교섭을 거부한다면, 부모에게 남은 최소한의 의무를 이행하지 않은 것일 뿐만 아니라 자녀에 대하여 아무런 관심이 없음을 나타내는 것이다. 이런 경우에 자녀를 양육하고 있는 위탁부모나 계부(또는 계모)에게 입양의 의사가 있고, 입양이 최선의 대안이라고 판단된다면 비록 부모(비양육친)가 입양의 동의를 거부한다고 해도 입양이 성립할 수 있도록 해야 할 것이다.[29)] 자녀에 대해서 장기간 아무런 관심을 보이지 않았던 부모가 입양의 동의를 거부하는 것은 권리남용으로서 법의 보호를 받을 수 없다고 보아야 하기 때문이다. 한편, 이혼 후 부모 사이에 갈등이 심각하게 남아 있는 상태에서 면접교섭을 강행하는 것이 자녀에게 심각한 부담을 주기 때문에 자녀

---

27) OLG Köln, DAVorm 1979, 361; BSK ZGB I – Breitschmid/IN, Art. 265c N 11.

28) Finger, Die Ersetzung der Einwilligung eines Elternteils in die Annahme als Kind nach § 1748 BGB, FuR 1990, 183/186.

29) Oberloskamp, Die Ersetzung der Einwilligung der leiblichen Eltern in die Annahme des Kindes

의 정서적 안정을 위하여 면접교섭을 포기하는 경우도 있을 수 있다(이런 경우에는 부모 사이의 갈등이 완화된 이후에 면접교섭이 재개될 수 있도록 하여야 한다). 특히 양육친이 면접교섭을 조직적으로 방해하여 비양육친이 면접교섭을 하지 못한 경우도 있을 수 있는데, 이런 경우에도 면접교섭을 하지 못한 부모의 의사를 묻지 않고 입양이 이루어질 수 있게 한다면, 이는 면접교섭을 방해한 부모에게 이익을 주는 결과가 되어 부당하다.[30] 그러므로 비양육친이 자녀와 장기간 면접교섭을 하지 않은 경우에는 그 동기를 고려하여 동의권을 인정할 것인가의 여부를 판단하여야 할 것이다.

(4) 부모가 자녀를 심각하게 학대, 방임한 경우[31]나 범죄를 교사하는 경우와 같이 부모의 의무위반이 심각한 수준에 이르렀고, 이러한 부모에게 더 이상 자녀의 양육을 맡길 수 없다고 판단되는 때에는 자녀의 보호를 위하여 대안을 모색하여야 한다. 이런 경우에 자녀를 입양하여 안정적으로 양육할 수 있는 가정이 있다면, 부모가 동의를 거부하더라도 입양을 시키는 것이 자녀의 복리에 부합하는 결정이 될 것이다. 또한 부모가 마약이나 알코올에 중독되어 있거나 반복되는 범죄행위로 인하여 수시로 교도소에 수감되는 경우와 같이 자녀를 양육하기에 적당하지 않은 사정이 있는 때에도 이러한 부모의 동의없이 입양이 가능한 것으로 보아야 할 것이다.[32]

4. 현행법에 의하면, 위에서 본 사례에서와 같이 부모가 자녀에 대한 의무를 이행하지 않으면서도 입양의 동의를 거부하는 경우에는 사실상 입양이 매우 어렵게 된다(이로 인하여 자녀는 안정된 가정에서 성장할 수 있는 기회를 다시 갖지 못할 수도 있다). 부모의 의무위반이 심각한 수준에 이른 경우에는 친권상실선고를 받게 하는 방법도 생각해 볼 수 있으나, 여기에도 여러 가지 문제가 있다. 예를 들어서, 부모가 자녀를 위탁가정에 맡긴 후 자녀와의 교류를 단절한 경우를 생각해 보면(부모의 소재가 파악되지 않는 경우나 연락은 되지만 입양에 동의하지 않는 경우), 위탁부모가 부모의 동의를 받지 않고 자녀를 입양하기 위해서는 우선 친권상실선고를 청구해야 하는데,[33] 위탁부모에게는 청구권이 인정되지 않는다는 문제가 있다.[34] 이런 경우 아동의 친족이 나

(1748 BGB), ZBlJugR 1980, 581/590; ; dies, Die Ersetzung der Einwilligung der leiblichen Eltern in die Fremdadoption ihres Kindes (§ 1748 BGB). Die Entwicklung der Rechtsprechung seit 1980, in: Perspektiven des Familienechts (Festschrift für D. Schwab, 2005), S. 873.

30) BSK ZGB I – Breitschmid/IN, Art. 265c N 16.

31) BayObLG, FamRZ 1984, 417/419; Liermann, Zur Ersetzung der Einwilligung zur Kindesannahme nach BGB § 1748 Abs 1 S 1, FamRZ 1999, 1685.

32) Schwimann/Schwimann, ABGB I § 181 Rz. 8; Feil/Marent, Familienrecht, 256.

33) 친양자의 경우에는 친권을 상실한 부모는 입양동의권이 없지만, 일반양자의 경우에는 이 점이 분명하지 않다는 문제가 있다.

34) 민법에 의한 친권상실선고 청구권자는 제777조에 의한 자의 친족, 검사이다(제924조). 아동복지법에

서서 비용과 시간을 요하는 친권상실선고를 청구할 것을 기대하기는 어렵고, 검사가 친권상실선고를 청구한 사례도 거의 없다. 또한 아동복지법에 의하면 시 · 도지사나 시장 · 군수 · 구청장이 친권상실선고를 청구할 수 있게 되어 있으나, 이 역시 기대하기 어려운 것이 현실이다. 결국 위탁부모의 입장에서 보면 친권상실선고를 청구하는 것 자체가 매우 어려울 뿐만 아니라, 설령 다른 사람을 통해서 친권상실선고의 청구가 되었다고 해도, 친권상실에 대해서 엄격한 기준을 적용하는 판례의 태도에 비추어 볼 때, 법원이 이를 받아들인다는 보장도 없는 것이 현실이다(또한 아동이 15세 미만인 경우에는 법정대리인이 입양을 대락하게 되는데, 부모의 친권상실로 인하여 법정대리인이 된 법정후견인이 입양을 거부하는 경우도 있을 수 있다). 또한 이런 경우에 위탁브모가 아동을 친양자로 입양하려고 하는 경우에는 친권상실선고를 거쳐 다시 친양자 입양청구를 하여야 하므로, 두 번의 재판절차를 거쳐야 한다는 번거로움이 있다. 친양자 입양청구를 하면서 동시에 부모의 동의에 갈음하는 심판도 청구할 수 있도록 한다면 절차가 간소화되어 시간과 비용을 절약하는 효과를 거둘 수 있을 것이다.[35] 입양당사자(양친될 자와 양자될 자 또는 그의 법정대리인)가 법원에 대하여 부모의 동의에 갈음하는 심판을 청구할 수 있는 근거규정이 마련된다면, 자녀의 복리를 위하여 입양이 반드시 필요하다고 인정되는 경우에 절차상의 문제로 인하여 입양을 포기하는 사례가 크게 줄어들 것으로 기대된다.

5. 위의 III(일반양자의 경우 법정대리인 아닌 부모의 동의권) 부분과 여기서 전개한 이론에 따라 입법론을 제시해 보면 다음과 같다.

민법 제869조(입양의 의사표시) ① 양자가 될 자가 15세 이상의 미성년자인 때에는 법정대리인의 동의를 얻어 입양의 의사표시를 한다.

② 양자가 될 자가 15세 미만인 때에는 법정대리인이 그에 갈음하여 입양의 승낙을 한다.

③ 후견인이 입양에 동의하거나 입양의 승낙을 하는 경우에는 가정법원의 허가를 얻어야 한다.

④ 법정대리인이 정당한 이유없이 제1항의 규정에 의한 동의 또는 제2항의 규정에 의한 승낙을 거부하는 때에는 가정법원은 양친될 자나 양자될 자의 청구에 의하여

의하면 시 · 도지사 또는 시장 · 군수 · 구청장이 친권상실선고를 청구할 수 있고(제12조 제1항), 아동보호전문기관의 장은 시 · 도지사 또는 시장 · 군수 · 구청장에 대하여 친권상실의 선고를 청구하도록 요청할 수 있다(제12조 제2항).

35) 오스트리아에서는 법원이 입양계약을 승인하면서 동시에 부모의 동의에 갈음하는 결정을 한다. Schwimann/Schwimann, ABGB I § 181 Rz. 6.

그에 갈음하는 심판을 할 수 있다.

민법 제870조(입양의 동의) ① 양자가 될 자는 부모의 동의를 얻어야 한다. 다만, 다음 각 호의 사유가 있는 경우에는 그러하지 아니하다.

1. 양자될 자의 부모가 제869조 규정에 의한 법정대리인으로서 입양에 동의하거나 입양을 승낙한 경우

2. 부모의 친권이 상실되거나 소재불명 그 밖의 사유로 동의를 할 수 없는 경우

② 가정법원은 다음 각 호의 사유가 있는 경우에는 양친될 자 또는 양자가 될 자의 청구에 의하여 부모의 동의에 갈음하는 심판을 할 수 있다.

1. 부모가 3년 이상 자에 대한 의무를 이행하지 아니한 경우

2. 부모가 자를 학대 또는 유기하거나 그 밖에 자의 복리를 현저히 해한 경우

민법 제871조(미성년자 입양의 동의) 삭제

민법 제908조의 2(친양자 입양의 요건 등) ① 3. 친양자로 될 자의 친생부모가 친양자 입양에 동의할 것(단서 규정 삭제)

② 다음 각 호의 사유가 있는 경우에는 제1항 제3호 규정에 의한 친생부모의 동의를 요하지 아니한다.

1. 친생부모가 제1항 제4호 규정에 의하여 법정대리인으로서 입양에 승낙한 경우

2. 부모의 친권이 상실되거나 소재불명 그 밖의 사유로 동의를 할 수 없는 경우

③ 가정법원은 다음 각 호의 사유가 있는 경우에는 양친될 자 또는 친양자가 될 자의 청구에 의하여 제1항 제3호 규정에 의한 입양의 동의 또는 제1항 제4호 규정에 의한 입양의 승낙에 갈음하는 심판을 할 수 있다.

1. 법정대리인이 정당한 이유없이 입양의 승낙을 거부하는 경우

2. 부모가 3년 이상 자녀에 대한 의무를 이행하지 아니한 경우

3. 부모가 자를 학대 또는 유기하거나 그 밖에 자의 복리를 현저히 해한 경우

④ 가정법원은 친양자로 될 자의 복리를 위하여 그 양육 상황, 친양자 입양의 동기, 양친(養親)의 양육능력 그 밖의 사정을 고려하여 친양자 입양이 적당하지 아니하다고 인정되는 경우에는 제1항의 청구를 기각할 수 있다.

Ⅵ 파양의 경우 국가기관(법원)의 개입

현행 민법에 의하면 일반양자의 협의상 파양의 경우에는 당사자의 합의와 신고에 의하여 간단하게 양친자관계가 해소될 수 있다.[36] 양자가 15세 미만인 때에는 입양 시의 대락권자(법정대리인)가 파양의 의사표시를 대리하도록 되어 있으며(민법 제899조 제1항), 양자가 15세 이상의 미성년자인 경우에는 스스로 파양의 의사표시를 할 수 있으나, 부모 등 입양 시 동의권자의 동의를 얻도록 되어 있다(민법 제900조). 양자가 미성년자인 경우에는 파양이 자녀의 복리에 미치는 영향, 파양 후 자녀의 보호·양육 등 장래의 문제가 함께 고려되어야 하는데, 민법상의 협의파양과 같이 파양을 할 때 국가기관(법원)이 개입하지 않는 법체계 하에서는 이러한 점이 고려될 여지가 없다. 이러한 문제를 해결하려면 협의파양제도를 폐지하고 재판상 파양만을 인정하거나, 또는 협의파양제도를 존속시키더라도 적어도 법원의 확인절차를 거쳐서 양친자관계가 해소되도록 하는 개정이 필요할 것이다(당사자가 법원에 파양의사의 확인을 신청하면 법원에서 확인기일을 정하여 당사자를 출석하게 하고, 판사가 파양의 원인, 파양의 의사 등을 확인한 후 문제가 없다고 판단되면 파양의사확인증명서를 발급한다. 당사자는 파양신고서에 파양의사확인증명서를 첨부하여 파양신고를 한다). 그러나 법원의 재판이나 확인절차를 거쳐 파양을 하는 제도를 도입한다고 해도 이것이 곧 파양절차에 있어서 양자의 이익이 충분히 보호된다는 것을 의미하지는 않는다(현재 재판상 파양을 하는 경우에 양자의 복리가 제대로 고려되지 않는 것과 같다). 위에서 언급한 바와 같이 양자가 15세 미만인 때에는 입양 전의 법정대리인이 양자를 대리하도록 되어 있으나,[37] 종전의 법정대리인이 양자의 복리에 관심을 가지고 파양절차에 적극적으로 참여한다는 보장은 전혀 없다. 또한 양자가 15세 이상인 경우에는 스스로 파양의 당사자가 되지만,[38] 미성년자인 양자가 파양절차에서 자신의 입장과 의견을 얼마나 표명하고 반영시킬 수 있을 것인가는 의문이 아닐 수 없다. 이러한 문제점을 해결하기 위해서는 파양과 같이 자녀와 관련된 재판절차에서 자녀를 위한 절차보조인을 선임할 수 있는 제도를 도입하는 방안을 생각해 볼 수 있다.[39] 법원은 파양절차에서 양자의 복리를 위하여 필

---

36) 2006년에 이루어진 협의파양의 수는 729건이며, 재판상 파양은 33건에 지나지 않았다. 법원행정처, 사법연감(2007), 1048면 통계참조.

37) 협의파양의 경우 입양 당시 입양을 승낙한 자(법정대리인)가 양자에 갈음하여 파양의 협의를 하는 것과 마찬가지로 재판상 파양의 경우에도 입양 당시의 법정대리인이 양자를 대리하게 된다(민법 제906조).

38) 민법 제900조 및 제906조.

39) 독일의 절차보조인제도에 관하여는 Jansen/Zorn, FGG(3.Aufl., 2005), § 50; Menne, Der Anwalt des Kindes – Zur eigenständigen Vertretung von Kindern in familienrechtlichen Verfahren im deutschen, schweizerischen und östereichischen Recht, in: Lebendiges Familienrecht(Festschrift für R.

요하다고 판단하는 경우 아동문제에 대하여 전문적인 지식과 경험을 갖춘 전문가(예를 들면, 입양전문기관의 사회복지사)를 양자의 절차보조인으로 선임할 수 있으며, 이렇게 선임된 절차보조인은 파양절차에서 양자를 대리하게 된다. 절차보조인은 양자와의 대화를 통하여 양자의 과거 경험, 파양에 관한 의사, 장래의 희망 등을 파악할 수 있으며, 이러한 사항을 법원에 충실하게 전달하는 역할을 하게 된다. 또한 절차보조인은 입양가정과 양친자관계에 대하여 조사한 결과를 바탕으로 하여 법원에 의견서를 제출할 수도 있으며, 양부모와 양자 사이를 중재하는 역할을 할 수도 있다. 나아가 파양에 의하여 양친자관계가 해소되는 경우에는 양자에게 실제로 양육자와 법정대리인이 없는 상태가 발생할 수도 있는데, 이러한 점도 사전에 조사하여 법원에 보고함으로써 파양 후 자녀의 양육과 보호에 공백상태가 생기지 않도록 예방하는 조치를 취할 수도 있다(예를 들어서, 파양 후 자녀를 양육할 사람이 없고, 법정대리인이 될 사람도 없는 경우에는 법원에 이러한 사실을 보고하여 파양과 동시에 후견인을 선임하도록 하고, 적당한 위탁가정이나 그룹 홈, 아동보호시설 등을 찾아서 아동과 연결하는 조치를 취할 필요가 있다). 이러한 절차보조인제도는 아동권리협약 제12조의 규정에 부합하는 것이기도 하다. 이미 여러 나라가 이러한 취지에 공감하여 절차보조인제도를 도입, 운용하고 있는데, 상당한 효과를 거두고 있는 것으로 보고되고 있다.[40)]

위에서 본 바와 같이 우리사회에서는 입양당사자의 대부분이 입양신고를 하는 대신 허위의 친생자출생신고를 하는 방법을 이용하고 있는데, 이와 같이 성립된 양친자관계를 해소하는 때에는 재판상 파양절차를 이용하지 않고,[41)] 친생자관계부존재확인의 소를 제기하는 경우가 많다. 이런 경우에는 부모(친생자관계부존재확인청구를 한 양부모, 원고)와 子(피고) 사이에 이해가 상반되므로 자를 위하여 특별대리인을 선임하여야 하는데,[42)] 재판절차에서 자의 이익을 대리할 수 있는 특별대리인으로서 적당한 사람을 찾을 수 없는 것이 현실이다. 이러한 점을 보더라도 위에서 언급한 절차보조인제도의 도입은 시급한 과제라고 생각된다.

Frank, 2008), S. 433 ff; 김상용, 독일가정법원의 기능과 역할, 가족법연구 제22권 제3호(2008), 128면 이하 참조.

40) Salgo, Der Anwalt des Kindes - Die Vertretung von Kindern in zivilrechtlichen Kindesschutzverfahren - eine vergleichende Studie(1993).

41) 재판상 파양 수는 2001년 93건, 2002년 60건, 2003년 37건, 2004년 42건, 2005년 40건, 2006년 33건으로 파악되었다. 법원행정처, 사법연감(2007), 1048면 참조.

42) 민법 제921조, 민사소송법 제62조.

Ⅶ 그 밖의 문제들

1. 파양 시 아동의 보호 문제

(1) 일반양자의 경우에는 입양 후에도 친생부모와의 친족관계가 그대로 존속하면서 동시에 양친자관계가 발생하므로, 양자에게는 법률상 4명의 부모(친생부모, 양부모)가 존재하게 된다. 다만, 양자의 친권자는 양부모가 되며, 친생부모의 친권은 소멸한다(민법 909조 제1항 2문). 양친자관계가 파양에 의해서 해소되는 경우에는 양자와 양부모 사이의 친족관계 및 그로부터 발생한 권리의무는 모두 소멸하므로, 양부모의 친권도 당연히 소멸한다. 이런 경우에 누가 파양된 아동의 친권자가 되는지에 대해서는 명문의 규정이 없다. 그러나 파양된 아동과 친생부모 사이에는 친족관계가 계속해서 유지되고 있었으므로, 별도의 절차를 거치지 않고 친생부모의 친권이 당연히 부활한다고 해석하는 것이 보통이다.[43] 이러한 결론은 친양자가 파양된 경우에도 다르지 않다. 친양자의 경우에는 입양에 의해서 친생부모와 양자 사이의 친족관계 및 그로부터 발생한 모든 권리의무가 소멸하므로, 친생부모의 친권도 당연히 소멸한다. 반면에 친양자와 양부모 사이에는 새롭게 친자관계가 발생하므로(즉 양부모만이 자녀의 부모가 된다), 양부모가 친양자의 친권자가 되는 것은 당연하다. 친양자가 파양되는 경우에는 양부모와의 친족관계 및 그로부터 발생한 모든 권리의무가 소멸하므로, 양부모의 친권도 당연히 소멸한다. 이 경우 자녀와 친생부모와의 친족관계가 부활하는데(민법 제908조의 7 제1항), 그 결과로서 친생부모의 친권도 당연히 부활하는 것으로 해석되고 있다. 이러한 해석론은 논리적으로는 문제가 없는 것처럼 보이지만, 우리사회의 현실을 고려해 보면 심각한 문제가 있다.

통계를 살펴보면, 우리사회에서 입양되는 자녀의 친생부모는 그 대부분이 독신모라는 사실을 알 수 있다.[44] 이들은 일반적으로 스스로 자녀를 양육할 수 있는 능력이 없기 때문에 자녀양육을 포기한다. 독신모의 자녀가 입양되었다가 파양된 경우(입양 직후이거나 상당한 시간이 흐른 후이거나에 관계없이), 이들이 자녀를 스스로 양육할 수

43) 金疇洙, 주석민법 친족 3(2002), 318면; 호적선례 제200512-2호.

44) 보건복지부 통계에 따르면, 입양아동의 약 90%는 독신모가 낳은 자녀들이다. 1998년 전체(국내외) 입양아동수: 3,675명, 독신모 자녀: 3,338명, 1999년 전체 입양아동수: 4,135명, 독신모 자녀: 3,622명, 2000년 전체입양아동수: 4,046명, 독신모 자녀: 3,706명, 2001년 전체입양아동수: 4,206명, 독신모 자녀: 3,862명, 2002년 전체입양아동수: 4,059명, 독신모 자녀: 3,708명. 2003년 전체입양아동수: 3,851명, 독신모 자녀 3,464명. 2004년 전체입양아동수: 4,099명, 독신모 자녀: 3,507명, 2007년 전체입양아동수: 2,652명, 독신모 자녀 2,296명.

있는 능력과 환경을 갖추고 있을 것으로 기대하기는 어렵다(현재의 입양실무에 비추어 볼 때, 친생부모를 찾는 것 자체가 어려운 경우가 많을 것이다). 이러한 사정을 고려해 보면, 파양 후 친생부모의 친권이 당연히 부활한다는 것은 결국 자녀를 보호와 양육의 공백상태에 방치하는 결과가 될 수 있다(이 점은 일반양자의 경우와 친양자의 경우가 다르지 않다). 이러한 결과를 방지하기 위해서는 관련법의 개정이 불가피하다고 생각된다. 입양이 취소 또는 파양된 경우[45]에는 우선 친생부모를 찾아서 이 사실을 통지하는 것이 필요할 것이다(이러한 통지가 없으면 친생부모는 파양의 사실을 알지 못할 수도 있다). 친생부모를 찾는데 성공했다고 해도 구체적인 사정을 묻지 않고 무조건 친생부모의 친권을 부활시키는 것은 자녀의 복리를 위태롭게 하는 요인이 될 수 있다. 그러므로 친생부모에게 친권자가 될 의사가 있다면 법원에 친권자변경청구를 하도록 안내하고, 가정법원이 구체적인 사정을 종합적으로 고려하여 친생부모를 친권자로 변경할 것인가의 여부를 결정하도록 하는 것이 합리적이라고 생각된다.[46] 친생부모를 찾지 못했거나 친생부모가 친권자로 되는 것이 자녀의 복리에 반하는 경우에는 법원에서 직권으로 후견인을 선임하도록 함으로써[47] 파양 후 자녀의 보호와 양육에 공백이 발생하지 않도록 하여야 할 것이다(이러한 경우를 위하여 후견제도를 개선 · 정비하는 것이 시급한 과제라고 생각된다. 예를 들어, 신뢰할 수 있는 아동복지기관을 후견인으로 선임하는 방법 등을 생각해 볼 수 있다).

(2) 한편 친양자관계가 파양되거나 취소되는 경우에는 양부모와의 친족관계가 소멸하고, 친생부모와의 친족관계가 부활하는 결과 자녀는 양부모의 성을 더 이상 사용하지 못하고, 친생부모의 성과 본을 따르게 된다.[48] 그러나 파양의 효과로서 이와 같이 성이 자동적으로 변경되는 것은 자녀의 의사에 반할 수 있으며, 자녀의 정체성에 혼란을 가져오는 등 자녀의 이익을 해치는 결과가 될 수 있다. 그러므로 파양절차에서 자녀의 청구가 있는 경우에는 법원이 여러 가지 사항 - 자녀가 양부모의 성을 사용한 기간, 파양 당시의 연령, 파양의 원인 등 - 을 고려하여 파양 이후에도 종전의 성을 계속 사용할 수 있도록 허가해 줄 수 있는 근거규정을 마련하는 것이 필요하다고 생각된다.[49] 위에서 살펴 본 바와 같이 우리사회에서는 파양을 계기르 친생부모를 찾

45) 허위의 친생자출생신고에 의하여 입양이 성립한 경우에는 파양에 갈음하는 친생자관계부존재확인재판에 의해서 사실상 파양이 이루어지는데, 이 경우에도 재판상 파양에 준하여 동일한 보호조치가 이루어져야 할 것이다.

46) 이에 관한 구체적인 입법론은 김상용, 친권자동부활론에 대한 비판적 고찰, 법학논문집 제32집 제2호(2008), 58면 이하 참조.

47) 독일민법 제1764조 제4항, 제1773조 참조.

48) 가족관계등록예규 제291호 제10조.

49) 김상용, 친양자제도의 개선을 위한 의견, 법률신문 1999년 3월 18일, 3월 22일자; 이승우, 친양자제도

을 수 있는 가능성이 매우 낮고, 따라서 파양 이후 친생부모가 친권자가 되어 자녀를 실제로 보호, 양육할 가능성도 거의 없는데, 성과 본만을 친생부모를 따라서 변경해야 한다는 것은 대부분의 경우 자녀의 복리에 부합하지 않을 것이다.[50)]

2. 친양자의 연령제한

현행 민법에 의하면 친양자로 될 자는 15세 미만이어야 하며(민법 제908조의 2 제1항 제2호), 여기에 어떠한 예외도 인정되지 않는다. 그러나 재혼가정에 있어서는 이미 오랜 기간의 가족공동생활을 통하여 계부모(예컨대 계부)와 계자녀(예컨대 처의 자녀) 사이에 사실상의 친자관계가 형성되어 있는 경우가 있다. 친양자제도는 2008년 1월 1일부터 시행되었으므로, 이와 같은 가정에서 성장한 자녀가 개정민법이 시행되기 전에 이미 15세에 이른 경우에는 친양자 입양이 불가능하다. 물론 일반양자로 입양하는 것은 그 이전부터 가능하였으나, 일반양자로 입양하는 경우에는 당사자들이 원하지 않는 효과가 발생한다는 문제가 있다.

우선 양자의 성과 본이 변경되지 않는다는 문제가 있는데, 이는 민법 제781조 제6항 규정(子의 姓本 변경에 관한 규정)에 의해서 입양과 별도로 양자의 성본 변경을 신청함으로써 문제를 해결하는 것이 가능하다. 실제로 문제가 되는 사항 중의 하나는 양자의 가족관계증명서에 부모로서 양부모와 친생부모가 함께 기록됨으로써 양친자관계가 외부에 공시된다는 것이다. 2008년 1월 1일부터 가족관계등록법이 시행된 이후 이러한 문제로 인하여 고통을 받는 당사자들의 민원제기가 이어졌으며, 이러한 문제의식을 반영하여 현재 2건의 개정안[51)]이 제출되어 있다. 현재 제출되어 있는 개정안의 내용을 보면, 양자의 경우 가족관계증명서에 친생부모를 기재하지 않고 양부모를 부모로 표시하도록 하고 있다. 그러나 이러한 내용의 개정안은 몇 가지 문제점을 안고 있다고 생각된다. 우선 민법상 일반입양의 경우에는 입양에 의해서 양자와 친생부모와의 친족관계가 소멸되지 않으므로(따라서 양자는 법률상 양부모와 친생부모, 4명의 부모를 가지게 된다), 입양 후에도 부모의 신분을 유지하고 있는 친생부모를 가족관계증명서에 표시하지 않는다는 것은 현행법체계와 조화되기 어렵다. 또한 실제로 양자의 입장에 따라서는 가족관계증명서에 친생부모가 표시되는 것을 원하는 경우도 있을 수 있다.

소고, 아세아여성법학 제2호(1999. 6), 105면 이하; 권정희, 양자법의 정비를 위한 검토 - 친양자제도의 입법안을 중심으로 -, 가족법연구 제16권 제1호(2002), 74면; 독일민법 제1765조 제2항 참조.

50) BT-Drucks. 7/3061, S. 51 참조.

51) 주광덕 의원안, 홍정욱 의원안.

이러한 문제를 해결하기 위해서는 다음과 같은 방법이 있을 수 있다. 가족관계증명서에 양부모만이 부모로서 기재되고 친생부모가 표시되지 않기를 희망하는 가족의 경우에는 이미 양친자관계가 확고하게 형성되어 있으며, 친생부모와 양자와의 관계는 사실상 존속하지 않을 것으로 추정된다. 그렇다면 이런 가족의 경우에는 친양자 입양에 의해서 문제를 해결하는 것이 바람직하다고 생각되는데(친양자 입양을 하는 경우에는 입양 전의 친족관계가 소멸하므로, 친생부모와 양자의 친자관계도 종료한다. 따라서 가족관계증명서에는 양부모만이 부모로 기재되며 친생부모는 표시되지 않는다), 실제로 친양자 입양으로 문제를 해결하지 못하는 이유는 친양자 입양의 요건을 충족시키지 못하기 때문일 것으로 생각된다. 특히 민법상 친양자 입양의 경우 친양자로 될 자녀가 만 15세 미만이어야 한다는 요건이 장애가 되는 사례가 많을 것이다. 그렇다면 친양자 입양의 요건을 완화하여 이러한 가족이 안고 있는 문제를 해결해 주는 것이 필요하다고 생각된다.[52] 현행민법 제908조의 2 제1항 제2호("친양자로 될 자가 15세 미만일 것")에 "다만 자의 복리를 위하여 특별히 필요하다고 인정하는 때에는 그러하지 아니하다"는 단서를 추가한다면 문제를 해결할 수 있을 것이다.[53] 15세 이상의 자녀를 친양자로 입양하는 것이 가능하게 될 경우에 이에 따르는 부작용을 우려하여 반대하는 의견이 있을 수 있다.[54] 이는 결국 가정법원에 대한 신뢰의 문제라고 생각된다. 친양자 입양은 가정법원의 허가사항이므로, 법원이 구체적인 사안에 따라 여러 가지 사정을 종합적으로 고려하여 해당 아동의 복리에 가장 적합한 판단을 내릴 수 있다고 본다면, 친양자의 연령제한에 예외를 인정하는 것에 대해서 반대할 이유는 없을 것이다.

Ⅷ 맺음말

입양은 친생부모가 양육할 수 없는 아동에게 다른 가정에서 성장할 수 있는 기회를 제공하는 제도로서 그 목적은 궁극적으로 양자의 복리를 실현하는 데 있다. 입양의 목적을 이와 같이 이해한다면, 입양법의 역할과 기능은 크게 다음과 같이 정리될 수 있다: 첫째, 입양법은 아동을 입양하려는 사람과 그 가정에 대해서 검증할 수 있는 제도적 기반을 구축해야 한다. 양자가 사회의 구성원으로 건강하게 성장하기 위해

52) 이화숙, 2005년 改正家族法 해설 및 평가(2005), 90면

53) 김상용, 친양자제도의 개선을 위한 의견, 법률신문 1999년 3월 18일, 3월 22일자; 일찍이 우리의 친양자와 같은 완전양자제도를 도입한 독일과 스위스 등도 양자될 아동의 연령에 제한을 두지 않았다.

54) 이승우, 친양자제도 소고, 아세아여성법학 제2호(1999. 6), 105면 이하; 권정희, 양자법의 정비를 위한 검토 – 친양자제도의 입법안을 중심으로 –, 가족법연구 제16권 제1호(2002), 65면.

서는 무엇보다도 양부모가 자녀의 양육에 필요한 능력과 자질을 갖추고 있어야 하며, 안정된 가정을 이루고 있어야 한다. 이 점을 인정한다면, 입양 전에 국가기관(법원)이 개입하여 양부모가 되려는 사람에게 이와 같은 양육조건이 갖추어져 있는가를 심사, 확인할 수 있는 제도가 도입되어야 한다는 점에 대해서 이의를 제기할 사람은 없을 것이다. 현행민법상 일반양자에 있어서는 양부모가 되려는 사람에 대한 아무런 검증 절차도 없이 입양이 이루어지는데, 이는 입양제도의 기본 목적에도 반하는 것으로서 시급히 개정되어야 한다. 둘째, 입양법은 자녀의 복리실현을 위하여 입양이 반드시 필요하다고 인정되는 경우에는 입양이 용이하게 이루어질 수 있도록 지원하는 역할을 하여야 한다. 현행민법에 의하면, 장기간 부모로서의 책임과 의무를 이행하지 않은 부모가 단지 자신의 이익을 위하여 입양에 반대하는 경우에도 입양이 사실상 불가능하게 되는데, 이는 자녀가 안정된 가정에서 성장할 수 있는 기회를 영구히 박탈하는 결과가 될 수 있다. 입양에 대한 부모의 동의거부가 권리남용에 해당하는 경우에는 법원이 부모의 동의에 갈음하는 심판을 할 수 있는 제도적 근거가 마련된다면, 입양을 불필요하게 저해하는 장애가 제거될 수 있을 것이다. 또한 현행민법은 친양자가 될 수 있는 연령을 15세 미만으로 제한하고 있어서 실제로 친양자 입양이 필요한 경우에도 이 연령제한의 벽에 가로막혀 좌절하는 경우가 적지 않다. 현대 입양법의 역할과 기능에 비추어 볼 때에도 이와 같이 정당한 이유없이 입양을 제한하는 것은 설득력을 갖지 못한다. 구체적인 사정을 고려해 볼 때, 자녀의 복리실현을 위하여 필요하다고 인정되는 경우에는 15세 이상의 미성년자도 친양자 입양이 가능하도록 법을 개정하는 것이 합리적이라고 생각한다. 셋째, 입양법은 입양 시뿐만 아니라 파양 시에도 아동을 보호할 수 있는 제도적 장치를 갖추고 있어야 한다. 현행민법에 의하면 협의파양의 경우에는 아예 국가기관(법원)이 개입하지 않아서 아동의 보호는 처음부터 고려의 대상이 되지 않는다. 재판상 파양의 경우에는 법원이 관여하지만, 재판절차에서 양자의 의견과 입장을 반영하고 이익을 보호할 수 있는 장치는 없다고 해도 과언이 아니다. 또한 파양 이후에 아동이 보호와 양육의 사각지대에 처하게 되는 경우도 발생하는데, 이는 파양된 아동의 보호와 양육에 대한 무관심과 제도의 미비에서 비롯되는 것이다. 이러한 문제를 해결하기 위해서는 파양과 관련된 법과 제도에 대한 큰 폭의 개정과 보완이 필요하며, 특히 법원과 아동복지기관 사이에 긴밀한 협력체계를 구축하는 것이 시급하다고 생각한다. 넷째, 입양법은 아동이 양자로서 성장하는 과정에서 사회적으로 불편을 겪지 않도록 필요한 제도적 기반을 마련해야 하며, 특히 친생자에 비하여 차별을 받지 않도록 배려해야 한다. 2008년부터 시행되고 있는 친양자제도는 바로 이러한 목적을 달성하기 위하여 도입된 것이다. 친양자제도가 시행되기 전에 아동을 일반양자로 입양한 가정에서는 가족관계증명서에 입양사실이 드러나는 것에 당황하며, 이 문제를 해결하여 줄 것을 호소하고 있다. 이러한 가정에서는 일반양자로 입양한 아동을 다시 친양자로 입양하면 문제를 해결할 수 있는데, 친양자 입양의 요건을 충족하지 못하여 어려움을 겪고 있는 경우가 적지 않다(자녀가 15세 이상인 경우, 친생부모의 동의를 받기가 어려운 경우 등). 문제가 되는 관련 규정을 빠른 시일 내에 개정, 보완하여 양자와 양부모가 불필요하게 겪고 있는 사회적 불편과 정신적 부담을 덜어 주어야 할 것이다.

입양이 성공하여 양자가 된 아동이 건강한 사회인으로 성장하는 것은 개인에게 뿐만 아니라 사회적으로도 더할 나위 없이 바람직한 일이다. 제도의 미비로 인하여 입양가정이 불필요한 고통을 겪거나 혹은 입양이 실패하는 사례가 발생한다는 것은 입양법이 제 역할과 기능을 다 하지 못하고 있음을 의미한다. 입양법의 역할과 기능은 입양의 성공에 필요한 모든 제도적 기반을 제공하는 데 있으며, 이를 통하여 달성하고자 하는 목적은 아동의 복리실현이다. 입양법이 자신에게 주어진 역할과 기능을 다하지 못할 때, 아동의 복리실현은 그만큼 멀어질 수밖에 없다. 특히 입양법이 다루는 주된 대상이 보호필요아동이라는 점을 생각한다면, 우리사회에서 입양법과 관련 제도의 개선은 더 이상 미룰 수 없는 과제가 되었다고 생각한다.

〈법조 2009년 5월호 수록〉

2. 「입양촉진 및 절차에 관한 특례법」의 개선방향
- 국내입양을 중심으로 -

Ⅰ 들어가는 말 - 입양에 관한 특별법의 연혁 -

우리나라에서 입양에 관한 특별법은 거의 50년에 가까운 역사를 지니고 있다. 입양에 관한 최초의 특별법은 1961년에 제정, 공포된 「고아입양특례법」이다. 그러나 이 법은 제1조("본법은 외국인이 대한민국국민인 고아를 양자로 함에 있어서 간이한 조치를 취함으로써 고아의 복리증진을 도모함을 목적으로 한다")에서 볼 수 있는 바와 같이, 보호필요아동의 복리를 실현하려는 목적으로 제정된 것이 아니었다. 당시 정부는 입양에 관한 특별법을 제정하여 가능한 많은 수의 아동을 신속하게 외국에 입양시키려는 목적을 가지고 있었으며, 「고아입양특례법」은 이러한 정부의 목적을 실현시키는 수단에 지나지 않았다고 해도 과언이 아니다.[1] 이러한 한계로 말미암아 「고아입양특례법」은 처음부터 보호필요아동의 복리를 실현하기에는 상당히 미흡한 법률이었다.[2] 그 후 1976년에 국내입양을 활성화하기 위한 목적으로 「입양특례법」이 제정되었으나(이 법에 의하여 「고아입양특례법」은 폐지되었다),[3] 이 법 또한 많은 미비점을 안고 있었다. 예를 들어서, 입양의 성립 그 자체에만 주안점을 둔 나머지, 양부모에 대한 사전교육이나, 입양 후의 사후관리에 관한 규정은 마련되어 있지 않았는데,[4] 이는 입양이 성립된 이후 입양의 성공률을 낮추는 한 원인이 되었다. 1990년대에 들어와 아동복지에 대한 국가의 책임이 강조되기 시작하면서, 입양정책도 국가의 지원을 강화하는 방향으로 변화되었다. 1995년에 기존의 「입양특례법」을 개정하여 만들어진 「입양촉진 및 절차에 관한 특례법」은 이러한 입양정책의 변화를 반영한 것이며, 이에 따라

1) 국외입양은 1954년부터 시작되었는데, 「고아입양특례법」이 제정되기 전에는 아무런 법적 근거도 없이 국외입양이 이루어졌다. 입양정보자료집(입양정보센터, 2008), 185면 이하.

2) 「고아입양특례법」에 관하여는 金辰, 孤兒入養特例法, 서울대학교 법학 4권 1 · 2호(1962), 124면 이하 참조.

3) 「고아입양특례법」시행 이후 국외입양이 급증하면서 국제사회에서 한국은 '아동수출국'이라는 비난을 받게 되었다. 이를 계기로 정부는 국내입양의 활성화라는 정책목표를 수립하고, 그 일환으로 「입양특례법」을 신설한 것이다.

4) 한편 「입양특례법」에 의하여, 민법에 대한 특례로서 양친이 원하는 경우에 양자는 양친의 성과 본을 따를 수 있게 되었다(제7조 제1항).

아동에 대한 국가 및 지방자치단체의 책임이 강조되고, 입양의 성공을 위한 사회복지 서비스의 제공 등이 새롭게 규정되었다(양부모에 대한 사전교육과 입양 후의 사후관리에 대한 근거규정도 처음으로 도입되었다).

입양에 관한 특별법은 이와 같은 과정을 거치면서 그동안 상당한 진보를 이루었다고 평가할 수 있다. 그러나 법률의 제정과 개정 과정에서 법률전문가의 참여가 부족했던 나머지, 적어도 법학자의 관점에서 볼 때에는 여전히 해결되어야 할 문제가 남아 있다고 생각된다. 아래에서는 「입양촉진 및 절차에 관한 특례법」을 중심으로 입양과 관련된 문제점을 지적하고, 이에 대한 대안을 제시하고자 한다.

Ⅱ '입양의 동의'와 '친권포기'

1. 입양특례법에 의한 입양의 성립과 효과

현행민법은 두 종류의 입양에 관하여 규정하고 있는데, 일반입양[5](민법 제866조 이하)과 친양자 입양(민법 제908조의 2 이하)이 그것이다. 일반입양과 친양자 입양은 성립요건과 효과 면에서 상당한 차이가 있다. 성립요건과 관련하여 보면 일반입양의 경우는 당사자(양친될 자와 양자될 자)의 합의와 「가족관계의 등록 등에 관한 법률」(이하 '가족관계등록법'이라 한다)에 의한 신고에 의해서 간단히 성립하는 반면, 친양자의 경우에는 법원의 허가심판을 거쳐야 한다. 또한 효과 면에서 보면 일반입양의 경우에는 입양 전의 친족관계가 종료되지 않는 데 반하여, 친양자 입양의 경우에는 입양 전의 친족관계가 소멸한다는 차이가 있다.

한편, 「입양촉진 및 절차에 관한 특례법」(이하 '입양특례법'이라고 한다)은 입양의 성립 및 효과와 관련하여 일반입양을 전제로 하고 있다. 입양특례법 제7조(입양의 효력발생) 제1항은 "이 법에 의한 입양은 「가족관계의 등록 등에 관한 법률」이 정하는 바에 의하여 신고함으로써 그 효력이 생긴다"고 규정하고 있는데, 이는 입양특례법이 민법상의 일반입양과 같은 구조를 취하고 있음을 보여주는 것이다. 입양특례법에 의해서 입양을 하는 경우에는 입양기관이 양친될 자에 대한 가정환경조사 등을 거친다는 점[6]에서 절차상 민법에 의한 일반입양과 차이가 있지만, 당사자의 합의와 가족관계등록법에 의한 신고에 의하여 성립한다는 점에서는 민법상의 일반입양과 동일하

5) 보통양자라고 부르기도 한다. 한봉희, 가족법(2007), 213면.

6) 입양특례법 제12조 제2항에 의하여 입양기관은 양친이 될 자의 재산상태, 가정환경 등 동법 제5조 제1항이 규정한 사항에 대하여 조사하여야 한다.

다(입양특례법에 의한 입양의 경우 효과 면에서도 일반양자와 같은 효과가 발생하며, 친양자 입양의 효력은 인정되지 않는다).

2. 입양의 의사표시와 '친권포기'의 효력

현행민법에 의하면 양자될 아동이 15세 미만인 경우에는 법정대리인이 아동에 갈음하여 입양의 승낙을 하도록 되어 있는데(민법 제869조. 이를 입양대락이라고 한다), 입양대락의 본질은 입양의 의사표시를 대리하는 것이다. 입양과 같은 신분행위를 하는 때에는 당사자의 의사가 무엇보다도 중요하므로, 본인이 직접 의사표시를 해야 하며, 대리는 허용되지 않는 것이 원칙이다(혼인과 같은 신분행위에 있어서는 이 원칙이 그대로 관철된다). 그러나 입양의 경우에는 어린 영유아나 아동이 당사자가 되는 경우가 많으므로, 본인이 직접 입양의 의사표시를 해야만 입양이 성립할 수 있다고 한다면, 입양 자체가 성립할 수 없는 경우가 많을 것이다. 이러한 문제점을 고려하여 입양의 경우에는 예외적으로 법정대리인이 아동을 대리하여 입양의 의사표시를 할 수 있게 한 것이다.

민법상 일반양자의 경우에는 법정대리인이 양자될 아동을 대리하여 양자가 되겠다는 의사표시를 하고(입양의 승낙), 상대방(양부모가 될 자)이 입양을 하겠다는 의사를 표시하면 입양의 의사가 합치되며, 이러한 합의에 기초하여 입양신고를 하면 입양이 성립한다(양자가 될 아동이 15세 미만인 경우. 양자가 될 아동이 15세에 이른 때에는 입양당사자가 되어 스스로 입양의 의사표시를 한다). 또한 친양자의 경우에는 법원의 허가심판에 의하여 입양이 성립하지만, 그 요건으로서 법정대리인이 양자될 아동을 대리하여 입양의 의사표시(입양의 승낙)를 할 것이 요구되므로(민법 제908조의 2 제1항 제4호), 역시 당사자의 의사가 중요한 의미를 갖는다는 점에서는 일반입양과 본질적으로 다르지 않다.

그런데, 입양특례법은 제6조에서 입양을 할 때에는 부모 등의 동의를 얻어야 하고, 15세 이상인 자를 입양할 때에는 양자가 될 아동의 동의를 얻어야 한다고 규정하고 있다.[7)]

동의란 본인의 의사표시를 전제로 하여 이를 보충하는 기능을 하는 것이다(예를 들어서 미성년자가 매매계약을 체결하는 경우에 친권자가 이에 동의한다면, 이는 미성년자

---

7) 입양특례법 제6조(입양의 동의) ① 제4조 각호의 1에 해당하는 자를 양자로 하고자 할 때에는 부모의 동의를 얻어야 하고, 부모가 사망 기타 사유로 동의할 수 없는 경우에는 다른 직계존속의 동의를 얻어야 하며, 부모나 다른 직계존속을 알 수 없는 경우에는 후견인의 동의를 얻어야 한다. 다만, 제4조 제2호에 해당하는 자를 양자로 하고자 할 때에는 보호의뢰 시의 입양동의로써 입양의 동의로 갈음할 수 있다. ② 15세 이상인 자를 양자로 하고자 할 때에는 제1항의 규정에 의한 입양동의 외에 양자로 될 자의 동의를 얻어야 한다.

가 스스로 매매의 의사표시를 하는 것을 전제로 하여, 법정대리인이 동의로써 이를 보충하는 것을 의미한다). 그러므로, 입양특례법 제6조에서 입양을 할 때 부모 등의 동의가 필요하다고 한다면, 그 전제로서 누군가가 입양의 의사표시를 해야 하는데, 누가 입양의 의사표시를 하는가에 대해서는 아무런 규정이 없다. 입양특례법이 입양의 동의에 관해서만 규정하고 입양의 의사표시(입양의 승낙)에 관하여 규정하지 않은 것은 입법의 불비라고 생각된다. 다만, 입양특례법은 이런 경우에 민법의 규정을 준용한다는 태도를 취하고 있어서,[8] 문제를 해결할 수 있는 근거를 제공하고 있다. 그러므로, 입양특례법에 의해서 입양을 하는 경우에도 민법 규정에 따라 양자가 될 아동이 15세 미만인 때에는 법정대리인이 아동을 대리하여 입양의 의사표시(입양의 승낙)를 하고(민법 제869조), 양자가 될 아동이 15세에 달한 때에는 입양당사자가 되어 스스로 입양의 의사표시를 한다고 보아야 할 것이다. 그렇다면, 우선 양자가 될 아동이 15세 미만인 경우에 누가 자녀의 법정대리인이 되어 입양의 승낙을 하는가에 대해서 살펴볼 필요가 있다.

입양특례법에 의하면, 입양기관이 부모 등으로부터 입양될 아동을 인수하면 그 입양기관의 장이 후견인(법정대리인)이 된다고 한다.[9] 그러나 우리법체계상 후견의 개시는 친권의 소멸을 전제로 하는 것이므로, 부모가 입양의 알선을 의뢰하면서 입양기관에 자녀를 맡기는 것에 의해서 친권이 자동으로 소멸하는가라는 의문이 생긴다. 현행법체계상 친권의 임의 포기나 사퇴는 가능하지 않으므로,[10] 부모가 입양기관에 입양의 알선을 의뢰하면서 자녀를 맡겼다고 해도 이로써 친권이 자동으로 소멸한다고 볼 수는 없다. 입양특례법에는 이와 관련하여 친권의 소멸(상실)에 관한 규정이 없으므로, 이런 경우에는 민법규정이 준용된다고 보아야 하는데(입양특례법 제26조), 우리 민법체계상 당사자의 합의에 의한 친권의 상실이 허용되지 않음은 명백하다.

이 문제를 해결하기 위한 방편으로 입양특례법은, 부모가 제6조에 의하여 입양에

8) 입양특례법은 제26조(민법과의 관계)에서 "입양에 관하여 이 법에 특별히 규정되어 있는 사항을 제외하고는 민법이 정하는 바에 의한다"라고 규정하고 있다.

9) 입양특례법 제13조(입양기관의 장의 후견직무) 입양기관의 장은 입양을 알선하기 위하여 보장시설의 장, 부모, 다른 직계존속 또는 후견인으로부터 입양될 자를 인수한 때에는 그 인수한 날로부터 입양이 완료될 때까지 후견인으로서의 직무를 행한다; 이외에도 양자가 될 아동이 국가 또는 지방자치단체가 설치·운영하는 보호시설에 있는 미성년자인 고아인 경우에는 그 보호시설의 장이 후견인이 된다(보호시설에 있는 미성년자의 후견직무에 관한 법률 제3조 제1항). 또한 양자가 될 아동이 국가 또는 지방자치단체 외의 자가 설치·운영하는 보호시설에 있는 미성년자인 고아인 경우에는 그 보호시설의 소재지를 관할하는 시장·군수·구청장이 후견인을 지정한다(보호시설에 있는 미성년자의 후견직무에 관한 법률 제3조 제2항). 그리고 보호시설에 있는 미성년자로서 고아가 아닌 아동의 경우에는 법원의 허가를 받아서 그 보호시설의 장(국가 또는 지방자치단체가 설치·운영하는 보호시설에 있는 경우) 또는 시장·군수·구청장이 지정한 자(국가 또는 지방자치단체 외의 자가 설치·운영하는 보호시설에 있는 경우)가 후견인이 된다(보호시설에 있는 미성년자의 후견직무에 관한 법률 제3조 제3항)

10) 김주수·김상용, 친족·상속법(2008), 397면; 한봉희, 가족법(2007), 245면; 대판 1977.6.7, 76므34.

동의할 때에는 동시에 친권을 포기한다는 의사표시를 하도록 하고 있다(입양특례법 시행규칙 제3조 제1항[11]). 부모가 친권을 포기하면 친권자가 없는 상태가 된 것이므로, 후견이 개시될 수 있고, 입양기관의 장이 입양특례법의 규정에 따라 아동의 후견인이 된다는 것이다. 그리고 입양기관의 장이 아동의 후견인(법정대리인)으로서 입양의 의사표시를 대리하고(입양을 승낙하고), 부모나 아동(15세에 이른 경우)이 그에 동의한다는 방식을 취하는 것으로 보인다.

그러나 위에서 본 바와 같이 우리의 법체계상 친권의 포기란 가능하지 않으므로, 친권을 포기한다는 의사표시는 무효라고 볼 수밖에 없다. 따라서 친권의 포기를 전제로 하여 입양기관의 장이 후견인이 된다는 것은 법체계상의 심각한 오류라고 판단된다(부모가 입양기관에 입양의 알선을 의뢰하면서 자녀를 맡길 때 친권이 자동적으로 소멸하고 입양기관의 장이 후견인이 된다면, 부모가 며칠 후 입양결정을 후회하여 아이를 찾아오려고 하는 경우에도 이미 친권이 소멸한 상태여서 자녀의 인도청구를 할 수 없게 된다).

부모가 입양기관에 입양의 알선을 의뢰하면서 자녀를 맡기면 입양기관의 장이 후견인이 된다는 입양특례법의 규정은 부모와 입양기관의 합의에 의해서 친권이 소멸한다는 것을 전제로 하는 것인데, 이러한 법규정은 전체법체계와 정면으로 배치될 뿐만 아니라 위헌의 소지도 있으므로, 시급히 개정되어야 할 것이다.[12]

한편, 입양특례법에 의하면, 양자가 될 아동이 15세에 달한 경우에도 스스로 입양의 의사표시를 하지 못하고, 법정대리인(후견인)이 아동을 대리하여 입양의 의사표시를 하도록 되어 있다(이는 후견인이 아동의 입양여부와 양부모를 결정한다는 것을 의미한다). 이 경우 양자가 될 아동은 단지 동의권만을 가질 뿐이다(입양특례법 제6조 제2항). 그러나 이러한 규정은 민법과 배치될 뿐만 아니라, 아동의 의사를 존중한다는 관점에서 보아도 문제가 있다. 민법에 의하면, 15세가 된 아동은 스스로 입양당사자가 되어 입양의 의사표시를 할 수 있으며(즉, 스스로 입양여부를 결정하고 양부모가 될 사람을 선택할 수 있다), 다만 이에 대하여 부모 등의 동의를 얻도록 되어 있다(민법 제870조, 제871조). 그런데 입양특례법에 의하면, 이와 반대로 양자가 될 아동이 15세에

11) 입양특례법시행규칙에서 제공하는 입양동의서(별지 제1호 서식)에는 동의자의 성명, 주소, 주민등록번호, 아동과의 관계 등을 기재하도록 되어 있고, 이어서 "입양촉진 및 절차에 관한 특례법시행규칙 제3조 규정에 의하여 본인은 위 아동이 입양하는 것을 동의하며 위 아동의 친권 일체를 포기합니다"라는 문구가 인쇄되어 있으며, 그 바로 아래 동의자가 서명 날인하도록 되어 있다.

12) 현행법체계상 부모가 입양기관에 입양을 의뢰하면서 자녀를 맡긴 경우에도 부모의 친권이 자동적으로 소멸한다고 볼 수는 없으므로, 입양특례법에 의하면 친권이 존속하는 상태에서 후견이 개시되는 모순된 결과가 발생한다. 즉, 친권자와 후견인이 병존하는 비정상적인 상태가 발생한다고 볼 수 있는데, 이런 경우에 누가 자녀의 법정대리인으로서 입양의 승낙을 해야 하는가의 문제에 봉착하게 된다. 부모가 친권자로서 입양의 승낙을 해야 한다고 본다면, 입양기관의 장이 후견인으로서 한 입양승낙은 무효라는 주장도 제기될 수 있을 것이다. 이와 같이 보는 입장에서는 입양기관의 장이 후견인으로서 입양승낙을 한 경우에 대해서 표현대리(민법 제125조)의 법리를 적용하여 구제하는 방법도 생각해 볼 수 있을 것이다.

이른 경우에도 후견인이 아동을 대리하여 입양의 의사표시를 하며, 양자가 될 아동은 이에 대하여 동의를 할 수 있을 뿐이다. 입양과 같은 신분행위에 있어서는 원래 본인이 의사표시를 하는 것이 원칙이며, 예외적으로 특별한 사정이 있는 경우에 한하여 법정대리인이 본인을 대리할 수 있도록 되어 있다. 민법은 양자가 될 아동이 15세에 달한 때에는 스스로 입양의 의사표시를 하여도 문제가 없다고 본 것이며, 아동의 정신적인 성숙도 및 외국의 입법례[13] 등을 고려해 볼 때, 이러한 민법의 태도는 합리적이라고 평가할 수 있다(민법은 혼인에 있어서는 18세에 이르면 본인이 혼인의 의사표시를 할 수 있다는 태도를 취하고 있다. 이와 같이 민법은 미성년자인 경우에도 스스로 신분행위를 할 수 있는 연령을 다양하게 규정하고 있다). 이렇게 볼 때, 15세 이상의 아동에 대해서도 입양당사자의 지위를 인정하지 않는 입양특례법의 규정에는 문제가 있다는 점을 인정해야 할 것이다.[14] 입양특례법은 입양에 관한 특별법으로서 민법보다도 양자가 될 아동의 복리실현에 더욱 충실한 규정체계를 갖추어야 하는데, 아동의 의사존중(또는 아동의 자기 결정권)이라는 관점에서 볼 때, 오히려 민법보다도 뒤떨어진 규정을 두고 있다. 입양특례법에 의한 입양의 경우에도 양자될 아동이 15세에 이른 때에는 스스로 입양의 의사표시를 할 수 있도록 관련규정을 개정해야 할 것이다.

한편, 민법이나 입양특례법에는 15세 미만의 아동이 입양에 대하여 자신의 의사를 표명할 수 있는 근거규정이 없다. 15세 미만의 아동에게 입양에 대한 동의권을 인정하는 것은 쉽지 않겠지만,[15] 적어도 자녀가 자신의 입양에 관하여 스스로 의사를 표명할 수 있는 상태에 있고, 그 의견을 들어서 입양의 결정에 참고할 필요가 있다고 판단되는 때에는 가정법원이 자녀의 의견을 청취할 수 있도록 관련 제도를 정비하여야 할 것이다.[16] 현재 민법상 일반입양이나 입양특례법에 의한 입양의 경우에는 법원

---

13) 양자될 아동이 스스로 입양의 당사자가 되어 입양의 의사표시를 할 수 있는 연령은 나라에 따라 차이가 있다. 독일 14세(독일민법 제1746조), 프랑스 13세(프랑스민법 제345조 제3항, 제360조 제3항), 덴마크 12세(덴마크입양법 제6조 제1항), 폴란드 13세(폴란드민법 제118조), 벨기에 15세(벨기에민법 제348조) 등이다.

14) 1976년에 입양특례법이 제정될 당시에도 이미 이와 같은 비판이 제기된 바 있다. 金疇洙, 入養特例法解說, 사법행정 18권 4호(154호, 1977. 4), 44면.

15) 현재 보건복지가족부에서는 입양특례법의 개정을 준비하고 있는데, 10세 이상의 아동이 입양될 때에는 아동에게 입양의 동의권을 인정해야 한다는 논의가 진행되고 있다. '입양선진화를 위한 법 · 제도 개선 연구(연구책임자: 허남순 교수)' 공청회 자료집(2009).

16) 일정한 경우에 가정법원이 자녀의 의견을 들을 수 있는 근거규정은 가사소송규칙에 마련되어 있으나, 이때에도 15세 이상의 자녀에 대해서만 의견을 청취하도록 되어 있다. 물론, 실무상으로는 15세 미만의 자녀에 대해서도 의견을 청취하는 경우가 있다고 하지만, 이는 담당 법관의 가치관과 태도에 따라 달라질 수 있다. 아동의 의견청취에 관하여는 윤진수, 아동의 사법절차상 청문, 이창희 · 장승화편, 절차적 정의와 법의 지배(2003), 317면 이하 참조.

가사소송규칙 제100조(子의 의견청취) 제99조 제1항에 규정한 청구가 있는 경우에, 子가 15세 이상인 때에는, 가정법원은 심판에 앞서 그 子의 의견을 들어야 한다. 다만 子의 의견을 들을 수 없거나 子의 의견을 듣는 것이 오히려 子의 복지를 해할 만한 특별한 사정이 있는 때에는 그러하지 아니하다.

이 입양절차에 관여하지 않고, 단지 당사자의 합의와 신고에 의하여 입양이 성립하므로, 15세 미만의 아동의 의견을 들어 입양의 결정에 반영한다는 것은 절차상 불가능하다. 아동의 의견을 듣고 입양의 결정에 반영하기 위해서는, 먼저 그 전제로서 가정법원이 입양절차에 개입할 수 있는 제도적 기반이 마련되어야 할 것이다.[17]

3. 개정방향

(1) 우리의 법체계에 비추어 본다면, 입양기관을 통한 입양의 경우에도 아동을 대리하여 입양의 의사표시(입양의 승낙)를 할 수 있는 사람은 친권자인 부모라고 보는 것이 타당하다. 부모는 입양기관에 대하여 자녀를 입양시킬 의사가 있음을 밝히고 입양의 알선과 관련된 제반 사무를 위임할 수는 있으나, 이와 더불어 임의로 친권을 포기하는 것은 가능하지 않으므로, 부모가 자녀를 입양기관에 '보호의뢰' 하더라도 이는 친권에 영향을 미치지 않는다. 입양기관이 그 아동을 입양할 수 있는 적당한 사람을 찾아서 입양을 성립시키고자 할 때에는 자녀의 친권자가 법정대리인으로서 자녀를 대리하여 입양의 의사표시(입양의 승낙)를 하는 것이 현행법체계와 조화된다[18](물론 기아의 경우에는 부모를 확인할 수 없으므로 입양기관의 장이 법정대리인으로서 입양을 승낙하는 것이 타당하다).

(2) 한편, 부모가 입양기관에 대하여 자녀를 입양시키겠다는 의사를 밝히고 입양알선에 관한 모든 사무를 위임한 경우에도 친권자로서 계속 친권을 행사한다는 것은 현실과 맞지 않을 뿐만 아니라, 아동을 사실상 보호하고 있는 입양기관의 입장에서 보아도 불편한 점이 많을 것이다. 이 단계에서 부모는 자녀를 입양기관에 '보호의뢰' 하게 되므로, 자녀는 사실상 입양기관의 보호 · 양육에 맡겨진다. 이런 상태에서 자녀의 친권행사를 부모에게 맡긴다는 것은 무의미할 뿐만 아니라, 자녀를 위해서도 도움이 되지 않는다(예를 들어서 아이에게 먹일 분유를 선택하고, 아이가 감기에 걸린 경우 병원에 데려가는 것 등은 전부 친권의 행사에 해당되는데, 이제 이러한 결정과 행위는 입양을 시키기로 결정하고, 입양기관에 자녀를 맡긴 부모가 아니라, 입양기관에서 하게 된다). 그

가사소송규칙 제99조(당사자) ① 子의 양육에 관한 처분과 변경, 면접교섭권의 제한과 배제 및 친권자의 지정과 변경에 관한 심판은 부모 중 일방이 다른 일방을 상대로 청구하여야 한다.

17) 이 문제에 대하여는 김상용, 양자법의 문제점과 개정방향 – 민법을 중심으로 – , 법조 통권 632호 (2009. 5), 41면 이하 참조.

18) 이렇게 할 경우 부모가 입양기관에 자녀를 입양시키겠다는 의사를 밝히고 '보호의뢰' 한 후 종적을 감추어 나중에 입양기관이 자녀를 입양하기에 적당한 사람을 찾아서 입양을 성립시키려고 할 때, 친권자의 입양승낙을 받을 수 없다는 문제가 생길 수 있다.

러므로, 부모가 자녀를 입양시키겠다고 결정하고, 법정대리인으로서 입양의 의사를 표시하면(입양의 승낙), 입양이 성립할 때까지 입양기관이 후견인으로서 자녀의 보호와 양육을 책임지는 것이 합리적이라고 생각된다. 그러나 위에서 본 바와 같이 부모가 법정대리인으로서 입양의 의사표시를 한다고 해도, 이로써 친권포기의 효력이 생길 수는 없으므로(입양의 의사표시와 별도로 친권을 포기한다는 의사를 표시해도 결과는 다르지 않다), 입양기관의 장이 후견인이 되는 것은 전체법체계와 모순된다(현행법체계에서 후견의 개시는 친권의 소멸을 전제로 하기 때문이다). 결국 이 문제를 무리없이 해결하기 위해서는 새로운 제도의 도입이 불가피하다.

(3) 부모가 법정대리인으로서 자녀를 대리하여 입양의 의사표시(입양의 승낙)를 한 경우에는 '친권행사가 정지'[19]되는 것으로 하고, 이때로부터 입양이 성립할 때까지는 입양기관의 장이 후견인으로서 아동의 보호 · 양육을 책임진다는 내용의 규정이 마련된다면, 입양의 의사표시 이후 아동의 보호 · 양육에 관한 책임의 문제를 무리없이 해결할 수 있을 것이다.[20]

'친권행사의 정지' 란 부모가 친권을 보유하고 있기는 하지만, 이를 행사할 수 있는 권한은 인정되지 않는 상태를 의미한다('子의 친권의 대행' 에 관하여 규정하고 있는 민법 제910조에 의하면, 혼인하지 않은 미성년자(갑)가 자녀(을)를 출산하여 부모가 된 경우에는 자녀(을)의 친권자가 되지만, 스스로 그 자녀(을)에 대한 친권을 행사할 수는 없으며, 미성년자인 친권자(갑)의 친권자(갑의 부모, 병)가 갑의 자녀(을)에 대한 친권을 행사하게 된다. 즉, 미성년자인 친권자(갑)는 자신의 자녀(을)에 대한 친권을 보유하고 있기는 하지만, 그 행사는 할 수 없고, 그의 친권자(병)가 갑에 갈음하여 을에 대한 친권을 행사하는 것이다. 이런 경우 미성년자인 친권자 갑의 친권은 '그 행사가 정지되어 있다' 고 볼 수 있다).

예를 들어서, 친권자가 한정치산이나 금치산선고를 받은 경우에는 자녀에 대한 친권을 행사하기에 적합하지 않은 상태에 있다고 볼 수 있는데(한정치산자나 금치산자는 판단력의 부족으로 인하여 자기 자신의 사무도 제대로 처리할 수 없다고 보는데, 친권자로서 자녀의 재산을 관리하고 재산에 관한 법률행위를 대리하는 등의 능력을 인정하는 것은 문제가 있다), 현행법상으로는 이런 경우에 부모가 친권을 계속 행사할 수 있는가에 대한 명확한 규정이 없다. 또한 친권자가 장기간 의식불명 상태에 있다든가, 장기간 수감 중인 경우와 같이 자녀의 보호와 양육에 관여할 수 없는 상태가 장기간 지속

19) 독일민법 제1751조(Staudinger/Frank, § 1751) 및 제1673조-제1675조(Staudinger/Coester, §§ 1673, 1674, 1675) 참조.

20) 이러한 규정이 도입된다면, 친권행사가 정지되는 경우에는 자녀의 기본증명서에 친권행사의 정지와 후견개시 및 후견인을 기록하게 될 것이다.

되는 때에도 사실상 친권을 행사할 수 없는 것으로 보아서 친권의 행사가 정지된다고 보는 것이 합리적이다(이런 경우에는 법원의 확인을 받아서 친권의 행사가 정지되는 것으로 규정하여야 할 것이다). 즉, 친권자가 자녀를 대리하여 입양의 의사표시(입양의 승낙)를 한 경우를 위해서 뿐만 아니라, 그 외에도 친권자가 사실상 친권을 행사할 수 없는 경우를 대비하여 '친권의 행사를 정지시키는' 제도의 도입이 필요하다는 점을 인정할 수 있다.[21)]

친권자가 자녀를 대리하여 입양의 의사표시(입양의 승낙)를 하는 경우에 '친권행사가 정지' 되는 효력이 발생한다면, 목적했던 입양이 성립하지 않은 경우에는 친권자가 당연히 다시 친권을 행사할 수 있게 될 것인가의 문제가 있다. 친권자는 자녀를 스스로 양육할 의사나 능력이 없어서 입양을 승낙하는 것이고, 그 후에도 이러한 사정에 변화가 있는 경우는 많지 않을 것이다. 이렇게 본다면, 목적했던 입양이 성립하지 않은 경우라고 해도, 스스로 자녀를 보호, 양육할 준비가 되어 있지 않은 친권자가 당연히 다시 친권을 행사할 수 있게 하는 것은 현실과 맞지 않으며, 자녀의 복리를 위해서도 바람직하지 않다. 반면에 친권자가 자녀를 다시 양육하겠다는 의사를 가지고 양육에 필요한 조건을 갖추고 있는 때에는 다시 친권을 행사할 수 있도록 해주어야 할 것이다.[22)] 친권자와 입양기관 사이에 의견의 차이가 있는 경우에는(친권자는 다시 스스로 친권을 행사하기를 원하나, 입양기관에서는 친권자에게 자녀의 보호와 양육을 맡길 수 없다고 판단하는 경우), 친권자가 가정법원에 '친권을 다시 행사할 수 있도록 허가해 달라' 는 취지의 청구를 하여, 법원의 허가를 받아서 다시 친권을 행사할 수 있도록 하는 것이 자녀의 복리에 부합할 것이다.

---

21) 부모 쌍방이 친권자인 경우에는 그 중 일방의 친권행사가 정지되더라도 다른 일방이 친권을 행사하면 되므로, 후견이 개시되지 않는다. 그러나 부모의 일방만이 친권자인 경우에 친권행사가 정지되면, 후견이 개시되어 후견인이 자녀의 보호와 양육에 대한 책임을 지게 될 것이다.

22) 이런 경우에는 후견인인 입양기관의 장과 친권자의 신고에 의하여 자녀의 기본증명서에 '친권행사정지가 종료되어 친권자가 다시 친권을 행사한다는 취지' 와 후견 종료의 사실을 기록하여야 할 것이다; 친권자가 한정치산이나 금치산선고를 받아서 친권행사가 정지된 경우에는 한정치산 또는 금치산선고의 취소에 의해서 친권의 행사가 다시 가능해진다고 보아야 할 것이다; 친권자의 장기간 의식불명이나 수감 등으로 인하여 사실상 친권을 행사할 수 없어서 법원의 확인을 받아 친권의 행사가 정지된 때에는 법원으로부터 그러한 사유가 종료하였다는 확인을 받은 경우에 다시 친권을 행사할 수 있는 것으로 규정하여야 할 것이다.

Ⅲ 입양의 승낙과 동의

1. 입양의 승낙권자와 동의권자

입양의 성립에는 당사자의 의사가 무엇보다도 중요하다. 우선 양자될 아동 본인의 의사가 문제가 되는데, 민법에 따르면, 아동이 15세 미만인 때에는 법정대리인이 대리하여 입양의 의사표시(입양의 승낙)를 하게 되어 있다(민법 제869조). 다만, 아동이 15세에 이른 경우에는 스스로 입양의 의사표시(즉, 양자가 되겠다는 의사표시)를 할 수 있다. 따라서 엄격하게 구별한다면, 부모가 친권자로서 입양의 승낙을 하는 것은 법정대리인의 신분에서 자녀를 대리하여 입양의 의사표시를 한다는 의미를 가지는 것이며, 부모의 신분에서 자녀의 입양에 동의한다거나 혹은 반대한다는 의사를 표시하는 것은 아니다. 친양자 입양에 관한 민법 규정을 보면 이 점을 보다 명확하게 이해할 수 있다. 민법 제908조의 2 제1항은 친양자 입양의 요건에 대하여 규정하고 있는데, 그 중 제4호는 '법정대리인의 입양승낙'을, 제3호는 '부모의 동의'를 요구하고 있다.[23] 이는 법정대리인의 입양승낙과 부모의 입양동의가 서로 성질이 다르다는 것을 보여주는 것이다. 예를 들어서, 이혼 시 모가 양육자로, 父가 친권자로 지정된 경우에는 父가 자녀의 법정대리인이 되므로, 이혼 후 모가 사실상 자녀를 양육하고 있는 경우에도 父가 자녀를 대리하여 친양자 입양의 의사표시(입양의 승낙)를 할 수 있다. 그러나 이 경우 친권자인 父의 입양승낙만으로는 친양자 입양의 요건이 충족되지 않는다. 친양자 입양을 위해서는 법정대리인의 입양승낙 외에도 부모의 동의가 필요하므로, 모는 부모의 신분에서 동의권을 행사하게 되며, 모가 동의를 거부하는 경우 친양자 입양은 성립할 수 없다(법원은 요건의 미비를 이유로 청구를 각하할 것이다).

즉, 입양의 성립에는 당사자의 의사가 무엇보다도 중요하다고 볼 수 있는데, 이를 구체적으로 정리해 보면 다음과 같다. 첫째, 양자될 아동의 의사표시(양자가 되겠다는 의사표시)가 필요하다. 아동이 15세 미만인 경우에는 법정대리인이 아동을 대리하여 의사표시를 하며, 아동이 15세에 이른 때에는 스스로 양자가 되겠다는 의사표시를 한다. 둘째, 양자될 아동의 부모가 입양에 동의한다는 의사표시를 하는 것이 필요하다

23) 일반입양의 경우에도 입양의 성립요건으로서 법정대리인의 승낙 외에 부모의 동의가 필요한가에 대해서는 민법에 명문의 규정이 없다. 다만, 2008년 1월 1일부터 시행되고 있는 가족관계등록예규는 일반양자의 경우에도 법정대리인이 15세 미만의 양자될 자에 갈음하여 입양의 승낙을 하는 경우에는 이와 별도로 부모 등의 동의가 필요하다고 규정하고 있다. 예를 들어서, 이혼 후 母가 친권자가 되어 있는 경우라면, 15세 미만의 자가 입양될 때 친권자인 母의 입양승낙 외에 친권자 아닌 父의 동의가 필요하다는 것이다(가예 129호 제3조 제3항).

(현행 민법상 일반입양의 경우에는 이 점이 분명하지 않으나, 법을 개정하여 부모의 동의를 요건으로 규정하는 것이 바람직하다). 셋째, 양부모가 될 사람의 의사표시가 필요하다(현행민법에 의하면, 일반입양의 경우에는 양자가 될 아동과 양부모가 될 사람이 입양에 합의하여 신고함으로써 입양이 성립하며, 친양자 입양의 경우에는 양부모가 될 사람이 법원에 친양자 입양의 청구를 함으로써 입양의 의사를 나타내게 된다).

2. 입양의 승낙 및 동의의 철회

(1) 입양을 승낙(또는 동의. 이하에서는 서술의 편의상 '입양의 승낙'이라고만 표현한다)하는 시점과 관련하여서는 몇 가지 의견이 있을 수 있다.

첫째, 부모가 자녀를 입양시키겠다고 결심하고 입양기관에 '보호의뢰'를 하는 때(예를 들어서, 미혼모가 친권자로서 입양기관에 자녀를 맡기면서 자녀의 입양에 관한 사무를 위임한 경우)에 입양을 승낙하는 방법을 생각할 수 있다(위에서 본 바와 같이 입양의 승낙에 의해서 부모의 친권행사가 정지되고, 입양기관의 장이 후견인이 되는 것을 전제로 한다). 이 방법에 따르는 경우에는 입양을 시키고자 하는 부모는 양부모가 될 사람이 아직 정해지지 않은 상태에서 입양의 승낙을 하게 되므로, 양부모가 될 사람의 연령, 직업, 생활수준, 자녀의 유무 등에 관하여 아무런 정보를 갖지 못한 상태에서 입양의 승낙을 하게 된다. 따라서 자녀를 입양시키는 부모로서 양부모를 결정하는 데 참여하고 의견을 제시할 수 있는 기회가 주어지지 않는다(자세한 내용은 이어서 나오는 「3. 입양의 승낙과 양부모의 결정」부분 참조). 또한 입양을 시키기로 결심하고 자녀를 입양기관에 맡기는 시점에서 입양의 승낙을 해야 한다면, 그 시기는 자녀의 출생 직후일 가능성이 높으므로, 입양의 승낙을 한 후 의사를 번복하여 입양의 승낙을 철회하려는 경우가 생길 수 있다.

둘째, 부모가 자녀를 입양시키겠다는 결심을 하고 입양기관에 '보호의뢰'를 하는 때에는 아직 양부모가 될 사람이 정해진 상태가 아니므로, 입양의 승낙을 유보하고 나중에 양부모가 될 사람이 정해지면 그때 입양의 승낙을 하도록 하는 방법이 있다. 이 방법에 따르면 부모가 자녀를 입양기관에 맡긴 후에도 입양의 승낙여부에 대하여 숙고할 수 있는 시간을 가질 수 있고, 양부모를 결정하는 데에도 참여하여 자신의 의견을 제시할 수 있다(양부모가 될 후보자가 마음에 들지 않는 경우에는 입양의 승낙을 하지 않음으로써 양부모의 결정에 영향을 미칠 수 있다. 국내입양과 국외입양에 대한 선택도 가능하게 된다). 그러나 부모가 자녀를 입양기관에 맡긴 후 종적을 감춘 경우에는 입양의 승낙을 받을 수 없어서 입양이 난관에 봉착할 가능성이 있다.

(2) 한편, 자녀가 출생한 때로부터 일정한 기간이 경과한 후에 입양을 승낙할 수 있게 하는 방법도 생각해 볼 수 있다(일종의 '숙려기간'). 숙려기간의 목적은 부모(특히 미혼모)에게 입양에 대해서 충분히 생각할 수 있는 시간을 제공함으로써 입양이 성급하게 이루어지는 것을 방지하자는 데 있다.

숙려기간을 도입하는 경우에도 몇 가지 방안이 있을 수 있다.

첫째, 자녀의 출생 후 단기간(예컨대 3일, 1주 등)이 경과하면 입양의 승낙을 할 수 있도록 하되, 그 후 일정한 기간(예컨대 4주-8주)내에 입양의 승낙을 철회할 수 있게 하는 방법이 있다. 이에 의하면, 부모는 출생 직후에 입양을 승낙하여 입양절차가 개시될 수 있으나, 그 후 입양 결정을 후회하는 때에는 일정한 기간 내에 입양의 승낙을 철회함으로써 입양절차를 중단시키고 입양기관에 대하여 자녀의 인드를 청구할 수 있게 된다.

둘째, 자녀의 출생 후 부모가 입양에 대하여 충분히 숙고할 수 있도록 상당한 기간(예컨대 4주, 8주)이 경과한 후에 비로소 입양의 승낙을 할 수 있도록 하되, 일단 입양을 승낙한 후에는 이를 철회할 수 없도록 하는 방안이 있다. 아동심리학계의 연구결과에 따르면, 아동은 생후 2-3개월이 지나면 이미 자신을 돌보아 주는 양육자에 대하여 애착을 형성하게 된다고 하므로,[24] 숙려기간을 도입하는 경우에도 부모의 결정권과 자녀의 복리를 고려하여 적절한 기간을 정할 필요가 있다(숙려기간을 지나치게 장기간으로 정하는 것은 자녀의 복리를 해치는 결과로 이어질 수 있다는 점에 유의하여야 한다).[25]

이외에도 자녀의 출생 후 단기간이 경과하면 부모가 입양의 승낙을 할 수 있게 하고, 그 후에는 철회할 수 없도록 하는 방법도 생각해 볼 수 있으나(이렇게 될 경우 입양절차는 안정적으로 신속하게 진행될 수 있다), 이에 대해서는 부모의 권리(결정권)를 과도하게 제약한다는 비판이 가해질 수 있다.

(3) 이와 달리 자녀의 출산 전에 부모(예컨대 미혼모)가 입양의 승낙을 하는 경우도 생각해 볼 수 있는데('출산 전의 입양승낙'), 출산 전의 입양승낙을 허용할 것인가에 대해서는 관점에 따라 의견이 갈라질 수 있다.

출산 전의 입양승낙을 허용하자는 입장은 주로 다음과 같은 논거를 제시한다: 혼인하지 않은 여성이 임신한 경우에는 경제적 부담과 심리적 갈등, 장래에 대한 불안 등으로 임신기간 동안 곤경에 처하는 것이 보통인데, 이러한 상태에서 벗어나기 위한

24) 정옥분 · 정순화 · 황현주, 애착과 발달(2009), 154면 이하.

25) 독일은 이와 같은 두 가지 요소를 고려하여 8주의 고려기간을 규정하고 있다. 독일민법 제1747조 제2항.

하나의 돌파구로서 낙태를 선택할 가능성이 높다. 미혼모가 출산 전에 입양의 승낙을 할 수 있다면, 미혼모의 입장에서는 출산과 동시에 자녀에 대한 의무(양육의무)에서 벗어날 수 있으므로, 낙태 대신 출산을 선택할 가능성이 높아진다.[26] 출산 전의 입양승낙을 허용하자는 입장에 대해서는 부모가 출산 후 입양에 대해서 숙고할 수 있는 기회를 아예 가질 수 없다는 점에서 문제가 있다는 비판이 제기될 수 있다. 이러한 비판에 대해서 출산 전의 입양승낙을 허용하자는 입장에서는 출산 후 일정한 기간(예를 들어 2-3개월)내에 입양의 승낙을 철회할 수 있는 권리를 부모(미혼모)에게 인정함으로써 문제를 해결할 수 있다고 한다.[27] 즉, 출산 전에 입양을 승낙했으나 출산 후에 생각을 바꿔 스스로 자녀를 양육하겠다는 결심을 한 부모는 일정한 기간 내에 입양의 승낙을 철회할 수 있으므로, 출산 전의 입양승낙에 의해서 부모의 결정권이 부당하게 제약되지는 않는다는 것이다. 출산 전의 입양승낙이 출산 후의 철회권을 전제로 해서만 인정될 수 있다면(다른 말로 표현하면, 출산 전의 입양승낙을 허용하자는 입장에서도 출산 후의 철회권과 결합되지 않은 출산 전의 입양승낙을 허용하자는 주장은 하지 않는다), 이는 결과적으로 출산 후 일정한 기간이 경과한 때에만 입양의 승낙을 할 수 있다는 것과 크게 다르지 않다. 미혼모가 출산 전에 입양의 승낙을 한 경우에도 출산 후 일정한 기간 내에 입양의 승낙을 철회하는 것이 가능하다면, 철회권을 행사할 수 있는 기간 동안 미혼모는 입양에 대해서 숙고할 수 있는 기회를 가지게 되는데(철회권을 행사할 수 있는 기간은 실질적으로 숙려기간과 같은 의미를 갖는다), 이는 결국 출산 후 일정한 기간이 경과한 후에 입양의 승낙을 허용함으로써 숙려기간을 보장하는 것과 다르지 않기 때문이다[28](다만, 미혼모의 입장에서 볼 때 출산 전에 입양승낙을 할 수 있다면, 심리적인 안정을 유지하는 데 도움이 되는 경우가 있을 것이다).

한편, 현행법체계에 비추어 볼 때, 출산 전의 입양승낙은 허용되지 않는다고 볼 수밖에 없다. 예를 들어서, 미혼모는 자녀가 출생했을 때 친권자가 되어[29] 법정대리

---

26) Bosch/Jansen/Lissek/Niemeyer/Turowski, Vorgeburtliche Einwilligung in die Adoption, FamRZ 1972, 356ff; Stöcker, Bemerkungen zu drei Streitpunkten der Reform des Adoptionsrechts, FamRZ 1974, 569f; Evangelische Akademikerschaft in Deutschland/Katholischer Akademikerverband, Neuordnung des Adoptionsrechts, FamRZ 1974, 171.

27) Bosch, Entwicklungen und Probleme des Adoptionsrechts in der Bundesrepublik Deutschland, FamRZ 1984, 829/840; Entwicklungslinien des Familienrechts in den Jahren 1947 bis 1987, NJW 1987, 2617/2629f.

28) BT-Drucks. 7/3061, S. 20f.

29) 미혼모의 경우에는 출산과 동시에 자녀와의 사이에 법률상 모자관계가 발생하고, 친권자가 되어 자녀의 법정대리인의 역할을 하게 된다. 반면에 부모가 혼인하지 않은 상태에서 자녀가 출생한 경우 생부와 자녀와의 친자관계는 당연히 발생하지 않으며, 인지에 의해서 비로소 법률상 부자관계가 성립한다. 생부가 혼인 외의 자를 인지하는 경우에는 부모가 협의하여 친권자를 정하고, 협의할 수 없거나 협의가 이루어지지 않은 경우에는 당사자의 청구에 의하여 가정법원이 친권자를 지정한다(민법 제909조 제4항). 혼인 외의 자가 인지청구의 소를 제기한 경우에는 가정법원이 직권으로 친권자를 정한다(민법 제909조 제5항).

인의 자격으로 입양의 승낙을 하게 되는데, 현행법상 출산하기 전의 태아에게는 법정대리인의 존재가 인정되지 않기 때문이다(포태 중인 임부는 태아의 친권자가 될 수 없으며, 따라서 태아의 법정대리인으로서 입양의 승낙을 하는 것도 불가능하다). 따라서 출산 전의 입양승낙을 허용하려면, 그 전제로서 태아를 위한 법정대리인제도의 신설이 필요하다. 이러한 제도가 마련되지 않은 상태에서 출산 전의 입양승낙은 무효가 될 수밖에 없다.

3. 입양의 승낙과 양부모의 결정

입양을 승낙할 때 양부모가 될 사람이 이미 정하여져 있어야 하는가와 관련해서도 의견이 갈릴 수 있다.

첫째, 부모는 양부모가 될 사람이 정해지지 않은 상태에서도 입양의 승낙을 할 수 있다는 입장이 있을 수 있다. 즉, 부모는 양부모가 될 사람이 정해지지 않은 상태에서 입양의 승낙을 하고, 양부모의 결정 등 입양과 관련된 모든 사항을 입양기관에 위임할 수 있다는 것이다(양부모의 결정에 관한 '백지위임').[30] 이 방법에 의하면, 부모가 일단 입양을 승낙한 경우에는 입양기관이 독자적인 판단으로 양부모가 될 사람을 결정하게 되고, 부모는 이 문제에 대하여 관여할 여지가 없게 된다. 부모가 입양을 승낙한 후에 연락을 단절하고 종적을 감춘 경우에도 입양기관이 입양절차를 진행하는 데는 아무 문제가 없으며(입양기관이 입양절차를 진행하는 것이 용이하다), 이런 점에서 양자될 아동의 복리실현에도 유리하다고 볼 수 있다. 그러나 백지위임에 의한 입양방식에 의하면, 부모가 자녀를 입양시킬 때 양부모를 결정하는 과정에 전혀 참여하지 않게 되므로(부모는 자녀를 양육하게 될 양부모에 대하여 연령, 혼인상태, 직업, 생활수준, 자녀의 유무 등 아무런 정보도 없는 상태에서 자녀를 입양시키는 결과가 된다), 부모로서의 최소한의 책임과 의무를 저버린 것이라는 비판이 따를 수 있다.

둘째, 부모는 자녀를 입양할 사람이 이미 정해져 있는 상태에서만 입양의 승낙을 할 수 있다는 입장이 있다.[31] 이 견해는 입양에 있어서 부모의 의무와 책임을 강조한다: 부모는 자녀의 출생과 더불어 자녀를 양육하고 보호할 의무가 있는데, 어떤 사정으로 자신이 부모로서의 의무를 이행할 수 없어서 입양을 결정한 경우에도 부모로서의 도의적 책임은 남는다고 한다. 즉, 부모는 자녀를 입양시킬 때 양부모가 될 사람의 신상과 가정환경에 관한 기본적인 정보(연령, 혼인상태, 직업, 생활수준, 종교, 자녀의

30) 스위스(스위스민법 제265조의 a 제3항), 프랑스(프랑스민법 제348조의 4), 미국(통일양자법 제7조의 b) 등에서는 양부모의 결정에 관한 백지위임이 가능하다.

31) 독일민법이 취하는 입장이기도 하다(독일민법 제1747조 제2항).

유무 등)를 제공받은 후, 부모로서 책임의식을 가지고 판단하여 입양의 승낙여부를 결정하여야 한다는 것이다[32](부모는 양부모가 될 후보자가 적당하지 않다고 생각하는 경우에는 입양의 승낙을 거절할 수 있고, 그 반대의 경우에는 입양의 승낙을 함으로써 양부모의 결정에 참여하게 된다).

그러나 부모가 입양을 결정한 때에는 이미 마음속으로 부모로서의 권리와 의무를 포기한 것이라고 볼 수 있는데, 이러한 상태에 있는 부모에게 부모로서의 도의적 책임을 요구한다는 것이 과연 큰 의미가 있겠는가라는 비판이 있을 수 있다.[33] 부모가 입양을 결정한 때에는 더 이상 자녀를 보호, 양육할 의지가 없는 상태라고 볼 수 있고, 이는 곧 자녀에 대한 보호의 필요성이 그만큼 커진다는 것을 의미한다(이와 같이 자녀에 대한 보호의 필요성이 증대한 때에는 개인의 힘만으로는 자녀를 충분히 보호하기 어려우므로, 결국 국가의 개입이 필요하다. 국가는 자녀의 보호에 대하여 궁극적인 책임을 지고 있기 때문이다. 부모가 입양을 결정한 경우 자녀의 보호와 양육은 대개 입양기관에 맡겨지는데, 그렇다면 국가는 입양기관에서 자녀의 보호, 양육 및 입양 알선이 충실하게 이루어질 수 있도록 지원과 감독을 강화하여야 할 것이다). 이런 상태에서 부모에 대하여 도의적인 책임을 환기시키고 양부모를 결정하는 데 참여하도록 강요하는 것은 실질적으로 아무 의미가 없을 수도 있다. 또한 부모가 입양을 결정하고 자녀를 입양기관에 '보호의뢰' 한 후 연락을 끊고 사라진 경우에는 입양기관에서 양부모가 될 적당한 후보자를 찾은 때에도 부모의 입양승낙을 받을 수 없어서 입양이 난관에 봉착하게 될 가능성도 있다.

현행법상 '백지위임에 의한 입양' 의 효력에 대해서 검토해 본다.

첫째, 민법상의 일반입양에 있어서 백지위임에 의한 입양은 무효라고 판단된다. 민법상 일반입양은 당사자(양자될 자와 양부모가 될 자. 양자될 자가 15세 미만인 때에는 그의 법정대리인이 양자가 될 아동을 대리하여 입양의 의사표시를 한다) 사이의 의사합치와 신고에 의하여 성립하는데, 입양의 합의가 이루어지기 위해서는 당사자가 서로 상대방에 대하여 입양의 의사표시를 하고 이것이 합치되어야 한다(즉, 양자가 될 자는 양부모가 될 자에 대하여 "양자가 되겠다"는 의사표시를 하고, 양부모가 될 자는 양자가 될 자에 대하여 "양자로 삼겠다"는 의사표시를 하여 이 두 개의 의사표시가 합치되어야 한다). 즉, 일반입양에 있어서는 입양의 의사표시와 이에 따른 입양의 합의가 입양성립의 기초가 되는데, 입양의 의사표시는 입양의 상대방(양자의 입장에서는 양부모, 양부모의 입장에서는 양자)에 대하여 하여야 하며(상대방에게 도달하여야 한다), 이는 당연히 입양의 상대방이 이미 정하여져 있는 것을 전제로 한다. 따라서 아직 입양의 상대방이

32) BT-Drucks. 7/3061, S. 21.

33) Frank, Grenzen der Adoption(1978), S. 156f.

정하여 지지 않은 상태에서의 입양의 승낙이란 마치 공중에 대하여 외치는 것과 같으므로, 아무런 효력도 인정될 수 없다(이는 마치 혼인에 있어서 상대방이 정하여지지 않은 상태에서 혼인의 의사표시를 하는 것과 같다).

둘째, 민법상 친양자 입양에 있어서는 백지위임에 의한 입양이 가능하다고 해석할 수 있다.

일반입양의 경우에는 당사자의 합의와 신고에 의해서 입양이 성립하므로, 당사자의 합의가 입양성립의 기초가 된다. 반면에 친양자 입양의 경우에는 법원의 허가심판에 의하여 입양이 성립하므로, 법원의 심판이 입양성립의 기초가 된다. 물론, 친양자 입양을 할 때에도 부모는 친권자로서 입양을 승낙하고(이와 별도로 부모의 자격으로 입양에 동의도 한다), 양부모가 될 사람은 법원에 입양을 청구함으로써 입양의 의사를 표시하므로, 당사자의 의사는 입양성립에 있어서 중요한 요소가 된다. 그러나 친양자 입양의 경우에는 부모가 법원에 대해서 입양승낙의 의사표시를 하게 되며, 상대방(양부모가 될 사람)에 대해서 입양승낙의 의사표시를 하는 것은 아니다(이 점에서 일반입양과 다르다. 일반입양의 경우 부모는 양부모가 될 사람에 대해서 입양의 승낙을 해야 하고, 양부모가 될 사람은 부모에 대하여 자녀를 입양하겠다는 의사를 표시하여야 한다. 따라서 부모는 양부모가 될 사람이 이미 정해져 있는 상태에서 그를 상대로 하여 입양의 승낙을 하여야 한다). 따라서 부모는 양부모가 될 사람이 아직 정해지지 않은 상태에서도 입양의 승낙을 할 수 있다는 해석이 가능하다(특히 입양기관을 통한 입양에서 부모로 하여금 입양기관에 입양승낙서 등 입양에 필요한 서류를 제출하게 하고, 이로써 법원에 대하여 하는 입양승낙을 갈음하는 것으로 한다면, 이러한 가능성은 매우 높아진다).[34] 부모가 양부모가 될 사람의 신상과 가정환경에 대하여 알지 못하는 상태에서 입양을 승낙하더라도, 친양자 입양의 경우에는 법원이 아동의 복리를 고려하여 입양의 허가여부를 결정하도록 되어 있으므로, 백지위임에 의한 입양을 인정한다고 해도 자녀의 복리에 반하는 입양이 성립할 가능성은 낮다고 볼 수 있다.

셋째, 입양특례법에 의한 입양에 있어서는 백지위임에 의한 입양이 성립할 가능성이 거의 없다고 보아야 할 것이다. 위에서도 설명한 바와 같이, 입양특례법에 의하면, 입양은 당사자의 합의와 신고에 의하여 성립하도록 되어 있고, 이는 곧 입양특례법에 의한 입양이 일반입양과 같은 방식을 취하고 있음을 의미하는 것이다. 여기서 입양의 합의를 하는 당사자가 누구인가가 문제인데, 입양특례법에 따르면, '부모의 동의'와 '친권포기'에 의하여 입양기관의 장이 후견인이 되어 법정대리인으로서 아동을 대리하여 입양의 의사표시를 하게 된다(이러한 법체계의 문제점은 앞에서 지적한

34) 또한 부모는 양부모가 될 사람이 누구인지 모르는 상태에서도 입양의 승낙을 할 수 있다고 보아야 할 것이다.

바와 같다). 즉, 후견인인 입양기관의 장과 양부모가 될 사람 사이에 입양의 합의가 이루어지고, 이어서 신고를 하면 입양이 성립하게 된다. 입양기관은 양부모가 될 후보자의 가정환경 등을 조사한 후 적당하다고 판단하는 경우에 입양의 승낙을 하게 되므로, 양부모가 될 사람이 정해지지 않은 상태에서 입양의 승낙을 하는 경우는 없다고 보아야 할 것이다(다만 부모가 입양기관에 자녀의 입양을 의뢰할 때에는 양부모가 정해지지 않은 상태이므로, 부모가 입양기관에 대해서 사실상의 백지위임을 한다고 볼 여지는 있을 것이다).

Ⅳ 입양에 있어서 익명성의 보장

1. 양부모의 익명성 보장

양부모의 익명성 보장이란 친생부모의 입장에서 자녀가 누구에게 입양되었는지(즉, 양부모가 누구인지)를 알 수 없도록 하는 것이다. 친생부모가 입양을 승낙할 때 양부모의 신상과 가정환경에 대한 일반적인 정보(연령, 직업, 혼인상태, 자녀의 유무, 생활수준, 종교 등)를 제공하는 것은 허용되지만, 양부모를 찾을 수 있는 정보(성명, 주소, 주민등록번호 등)까지 제공하는 것은 금지되어야 한다(물론 양부모가 이에 동의한 경우는 예외이다). 자녀가 입양된 경우에는 양부모의 가정에 뿌리를 내리고 안정된 상태에서 자랄 수 있는 환경이 조성되어야 하는데, 친생부모가 나타나 양부모의 동의 없이 양자와 접촉을 한다면 양육의 안정성이 크게 저해될 수 있기 때문이다. 이러한 이유에서, 양부모가 될 사람이 정하여지지 않은 상태에서 부모가 입양의 승낙을 하는 경우는 물론이고, 양부모가 될 사람이 확정되어 있는 상태에서 부모가 입양의 승낙을 하는 때에도 양부모가 누구인지를 확인할 수 있는 정보를 공개하는 것은 금지되어야 한다.[35)]

예외적으로 양부모가 입양 후에도 자녀와 친생부모와의 교류를 허용하겠다는 생각을 가지고, 입양승낙 시 친생부모에게 양부모를 찾을 수 있는 정보(성명, 주소, 전화번호 등)를 제공하는 데 동의하는 경우가 있을 수 있다(서구에서는 이를 '공개입양'(open adoption)이라고 한다. 우리사회에서는 입양의 사실을 양자와 외부에 공개하는 입양

35) 유럽양자협약 제20조는 양부모의 익명성을 보장하고 있다(나아가 당사자의 의사에 반하여 입양 사실이 공개되는 것을 금지함으로써 입양가족의 사생활이 침해되지 않도록 규정하고 있다). 유럽양자협약에 관하여는 김주수, 양자제도의 비교법적 고찰 – 완전양자제도의 도입가능성을 중심으로 –, 한국가족법과 과제(1993), 619면 이하 참조.

형태를 일반적으로 공개입양이라고 부르는데, 이런 경우는 '개방입양'[36]이라고 정의하는 것이 적당하다고 생각된다). 양부모가 '공개입양'을 선택한 때에는(이는 양부모가 익명성의 보장을 포기한다는 의사를 밝힌 것이라고 볼 수 있다) 친생부모가 원하는 경우 양부모의 주소, 성명 등의 정보를 받을 수 있으며, 양부모의 동의를 얻어 입양된 자녀와 면접교섭을 하는 것도 가능하게 된다(서구사회에서도 공개입양은 양부모와 양자에게 큰 부담으로 작용한다는 이유로 일반적으로 권장되지 않는다[37]).

2. 입양 성립 후의 익명성 보장

입양가정이 안정을 유지하기 위해서는 양부모(입양가정)의 익명성이 보장되어야 할 뿐만 아니라, 입양 사실 자체가 당사자의 의사에 반하여 외부에 공개되지 않도록 해야 한다. 그러므로 입양이 성립할 때는 물론이고 입양이 성립된 후에도 입양과 관련된 정보가 당사자의 동의없이 외부에 공개되지 않도록 제도적인 장치가 마련되어 있어야 한다.

현행법에서는 입양의 종류에 따라 양부모의 익명성과 입양의 비밀이 보장되는 정도에 차이가 있다.

민법상 일반입양을 한 경우에는 양자의 가족관계증명서에 양부모와 친생부모가 함께 기재되고, 이 증명서는 일상생활에서 가장 빈번하게 사용되므로 양부모의 익명성과 입양의 비밀이 보장될 수 없다(입양관계증명서에도 입양 사실이 기록되지만, 입양관계증명서는 일반적으로 제출을 요구받는 일이 거의 없다).

입양특례법에 의해서 입양을 한 경우에도 민법상 일반입양을 한 경우와 다르지 않으므로, 역시 당사자의 의사와 관계없이 가족관계증명서를 통해서 입양 사실이 공개되며, 양부모의 익명성과 입양의 비밀은 보장되지 않는다.

친양자 입양은 양자가 양부모의 가정에서 출생한 것과 같은 효과를 인정하려는 제도이므로(이런 의미에서 친양자 입양을 '제2의 출생'이라고 부르기도 한다), 양자는 양친의 성과 본을 따를 뿐만 아니라, 가족관계증명서에도 양친의 친생자로 기재된다(친양자 입양의 사실은 친양자입양관계증명서에만 기재된다). 따라서 당사자가 입양 사실을 알리지 않는 한, 외부에서 입양 사실을 알 수 없으며, 이런 점에서 입양당사자의 사생활 보호에 충실하다고 볼 수 있다. 가족관계등록법도 친양자 입양을 한 가정의 사생활을 보호하기 위하여 친양자입양관계증명서의 발급을 엄격하게 제한하려는 태도를

36) 배태순, 국내 입양발전을 위한 입양관련 프로그램개발 및 입양법 개정 제안, 한국아동복지학 제7호(1998), 132면.

37) Staudinger/Frank, § 1747 Rn. 36.

취하고 있다.[38] 그러나 현재의 법규정을 조금 더 자세히 검토해 보면, 친양자 입양을 한 경우에도 입양의 비밀이 완벽하게 보장되지 않는다는 것을 곧 알 수 있다.

가족관계등록법 제14조 제2항 제2호에 의하면, 혼인당사자가 민법 제809조의 친족관계를 파악하고자 하는 경우에도 친양자입양관계증명서의 교부를 신청할 수 있다. 민법 제809조는 근친혼 금지에 관한 규정이므로(제809조 제1항: "8촌 이내의 혈족(친양자의 입양 전의 혈족을 포함한다) 사이에서는 혼인하지 못한다"), 혼인당사자가 친양자입양관계증명서를 발급받을 수 있게 한 취지는 근친혼을 방지하려는 데 있다고 보아야 한다. 여기서 '혼인당사자'는 혼인하려는 남녀를 지칭하는 것으로 해석될 수밖에 없는데, 그렇다면 발급을 담당하는 공무원에게 자신이 아무개와 혼인하려는 사람이므로 상대방 혼인예정자의 친양자입양관계증명서를 발급해 달라고 신청할 수 있다는 의미가 된다. 담당 공무원은 증명서의 교부를 신청하는 사람이 '혼인당사자'인가의 여부를 심사할 수 있는 방법이 없다. 친양자입양관계증명서의 교부는 당사자의 사생활보호의 차원에서 엄격하게 제한되어야 하는데, '혼인당사자'라는 객관적으로 자신의 신분을 증명할 수 없는 사람에게 교부신청권을 인정한다는 것은 문제가 있다.

한편, 가족관계등록법 제71조 제4호에 의하면, 혼인신고서에는 혼인당사자가 "민법 제809조 제1항에 따른 근친혼에 해당되지 아니한다는 사실"을 기재하도록 되어있다. 이 규정을 앞에서 본 가족관계등록법 규정(제14조 제2항 제2호)과 연결시켜 해석해 본다면, 다음과 같은 해석이 나올 수 있다: 우선 혼인당사자는 누구나 민법 제809조의 근친혼에 해당하지 않는다는 사실을 기재하여야 하는데, 친양자의 경우에는 입양 전의 친족관계까지 파악하여 근친혼에 해당하지 아니한다는 사실을 기재할 필요가 있다. 그리고 입양 전의 친족관계를 파악하여 근친혼에 해당하지 아니한다는 사실을 증명하기 위해서는 친양자입양관계증명서를 제출하여야 한다. 만일 이러한 해석대로라면 누구나 혼인신고 전에 자신이(혹은 상대방이) 친양자로 입양되었는가를 확인하고, 친양자로 입양된 사실이 확인된 경우에는 혼인신고 시에 친양자입양관계증명서를 제출하여야 한다는 결론으로 이어지게 된다. 즉, 민법 제809조가 금지하는 8촌 이내의 혈족간의 혼인을 방지하기 위하여 혼인 시 친양자 입양여부를 반드시 확인하게 하고, 친양자로 입양된 경우에는 혼인신고 시 친양자입양관계증명서를 제출하도록 한다는 취지로 해석될 수 있다.[39] 이러한 해석이 실무에 적용된다면 친양자로

38) 친양자입양관계증명서의 교부는 다음과 같은 경우에만 신청할 수 있다. i) 친양자가 성년이 되어 신청하는 경우, ii) 혼인당사자가 민법 제809조의 친족관계를 파악하고자 하는 경우, iii) 법원의 사실조회촉탁이 있거나 수사기관이 수사상 필요에 따라 문서로 신청하는 경우(이상 가족관계등록법 제14조 제2항), iv) 민법 제908조의 4와 제908조의 5에 따라 입양취소 또는 파양을 할 경우, v) 친양자의 복리를 위하여 필요함을 구체적으로 소명하여 신청하는 경우, vi) 그 밖에 대법원예규가 정하는 정당한 이유가 있는 경우(이상 가족관계등록규칙 제23조 제3항). 친생부모는 친양자입양관계증명서의 교부를 청구할 수 없다.

39) 같은 취지, 정현수, 가족관계등록법의 문제점과 과제, 가족법연구 제22권 3호(2008), 290면 이하.

입양된 경우에는 아무리 늦어도 혼인을 할 때에는 입양 사실이 알려지게 된다(양부모가 그때까지 양자에게 입양의 사실을 알리지 않았다면, 양자는 극도의 혼란에 빠질 수도 있다. 이러한 결과는 특히 양부모들이 매우 우려하는 사태이기도 하다). 이러한 결과가 예상된다면, 입양을 하려는 사람들은 친양자 입양을 포기하고 보다 '안전한' 허위의 친생자출생신고의 방법을 선택할 가능성이 높다.[40]

3. 친생부모의 익명성 보장

(1) 우리사회의 현실에서는 자녀를 입양시키는 친생부모(예컨대 미혼모[41])의 입장에서도 입양의 사실을 비밀로 하기를 원하는 경우가 대부분일 것이다. 그리고 입양 시는 물론 입양이 성립한 후에도 친생부모의 익명성이 보장되지 않는다면, 친생부모 중에서는 공식적인 입양절차를 포기하는 사례도 나올 수 있을 것으로 예상된다. 친생부모의 익명성과 입양의 비밀을 보장할 것인가의 문제는 우리사회에서 입양과 관련하여 큰 쟁점이 될 수 있다. 친생부모의 입장에서는 자신이 자녀를 출산하여 입양시켰다는 사실을 외부에 알리고 싶지 않을 뿐만 아니라, 양부모나 양자와의 접촉도 원하지 않는 경우가 많다(친생부모에게는 자녀를 입양시킨 사실이 지우고 싶은 과거일 수 있다. 특히 강간이나 간통 등을 원인으로 하여 임신한 때에는 더욱 그러하다). 이러한 친생부모의 의사를 존중한다면 친생부모의 익명성과 입양의 비밀을 보장해 주어야 한다. 그러나 친생부모의 익명성 보장은 '자기의 뿌리'를 알고 싶어 하는 양자의 이익과는 정면으로 충돌한다. 성년자가 된 입양인 중에는 자신의 친생부모가 누구인지를 알고 싶어 하는 경우가 적지 않다(또한 유전적인 질병이 있는 때에는 치료를 위하여 친생부모를 찾아야 하는 경우도 생길 수 있다). 만약 친생부모의 익명성을 보장한다면, 양자의

40) 참고로 근친혼 방지와 관련하여 가족관계등록법이 취하고 있는 태도와 기본적으로 같은 입장을 가지고 있었던 독일신분등록법에 대하여 소개한다. 개정 전의 독일신분등록법에 의하면, 출생증명서와 구별되는 혈통증명서(Abstammungsurkunde)가 발급될 수 있었는데, 양자의 경우에는(독일은 우리의 친양자에 해당하는 완전양자제도만을 인정하고 있으며, 입양 후 친생부모와의 관계가 유지되는 단순양자제도는 1976년 양자법 개정을 통하여 폐지되었다. Neukirchen, Die rechtshistorische Entwicklung der Adoption(2005), S. 120ff) 혈통증명서에 친생부모와 양부모가 다 같이 기재되었다(즉, 독일의 혈통증명서는 우리의 친양자입양관계증명서에 해당한다). 양자가 혼인하는 경우에는 반드시 혈통증명서를 제출하도록 되어 있었는데(구 독일신분등록법 제62조 제1항), 이는 근친간의 혼인을 방지하기 위한 취지라고 이해되었다. 따라서 독일에서는 양자가 늦어도 혼인 시에는 자신의 입양 사실을 알게 될 수밖에 없었다. 양부모가 사전에 입양 사실을 알리지 않았다면 혼인 시 입양 사실을 알게 된 양자는 그로 인하여 큰 충격을 받을 수 있었다. 그런데, 독일에서는 2007년에 신분등록법이 개정되어 혈통증명서가 폐지되었다(개정된 신분등록법은 2009년 1월 1일부터 시행되고 있다). 유럽에서 혈연의식이 가장 강한 독일이 혈통증명서를 폐지하기로 결정한 이유는 다음과 같이 정리될 수 있다: 독일에서는 지난 수십 년간 혼인할 때 혈통증명서를 제출하도록 요구해 왔지만, 이를 통하여 근친혼을 막은 사례는 단 한건도 없었다. 또한 유럽 전체에서 혈통증명서를 발급하는 나라는 독일 이외에는 한 나라도 없다. 만일 근친혼이 우려되는 경우가 있다면 굳이 혈통증명서를 통하지 않아도 출생부의 열람(혼인 시 강제되지 않는다)을 통하여 이를 막을 수 있다. BT-Drucks. 16/1831, S. 36.

입장에서는 친생부모를 찾는 것이 매우 어렵게 되므로, 자신의 부모를 알고자 하는 욕구는 실현될 수 없다. 친생부모의 익명성 보장과 '자기의 뿌리'를 찾고자 하는 양자의 권리 중 어느 것을 우선하여야 할 것인가는 매우 중요하면서도 어려운 문제가 아닐 수 없다.

우선, 이 문제에 대한 현행법의 태도를 살펴본다.

첫째, 민법상 일반입양을 한 경우에는 양자의 가족관계증명서에 친생부모의 동일성을 확인할 수 있는 사항(성명, 주민등록번호)이 표시되므로, 친생부모의 익명성은 보장되지 않는 반면, 양자의 입장에서는 친생부모가 누구인지 쉽게 확인할 수 있다.

둘째, 입양특례법에 의해서 입양신고를 한 경우에도 민법상 일반양자와 같은 효력이 발생하므로, 양자의 가족관계증명서를 통하여 친생부모가 누구인지를 알 수 있다.

셋째, 민법상 친양자 입양을 한 경우에는 양자의 가족관계증명서에 양부모가 친생부모로 표시되므로, 가족관계증명서를 보아서는 친생부모가 누구인지 알 수 없다. 그러나 친양자입양관계증명서에는 친생부모의 성명, 주민등록번호 등이 기재되고(가족관계등록법 제15조 제1항 5호), 친양자로 입양된 자는 성년자가 되면 친양자입양관계증명서의 교부를 청구할 수 있으므로, 양자는 늦어도 20세가 되면 친생부모가 누구인지 알 수 있게 된다.

위에서 입양의 종류에 따른 친생부모의 익명성 보장에 관하여 살펴보았는데, 부분적인 차이는 있으나 결과적으로 현행법에서 친생부모의 익명성은 보장되지 않는다는 점을 알 수 있다. 이어서 이 문제에 대한 외국의 입법례를 살펴본다.

(2) 독일에서는 양부모의 익명성은 철저하게 보장되는 반면(친생부모는 양부모의 동일성을 확인할 수 있는 정보에 접근하는 것이 불가능하다), 친생부모의 익명성은 보장되지 않는다.[42] 즉, 입양 시 양부모는 친생부모의 성명과 주소를 받을 수 있으며, 양자도 16세가 되면 출생부의 열람을 통하여 친생부모에 관한 사항(성명, 주소를 포함한다)을 알 수 있다[43](이를 근거로 하여 양자가 친생부모를 찾아가 만나는 경우도 있다). 그러나 이와 달리 친생부모의 익명성을 보장하는 나라도 있다.[44] 그 대표적인 예는 프랑스이다.

---

41) 2008년에 국내 입양된 아동 1,306명 중 미혼모의 자녀는 1,056명이다. 한편, 2008년에 국외로 입양된 아동 1,250명 중 미혼모의 자녀는 1,114명에 이른다. 입양정보자료집(입양정보센터, 2008), 202면 이하 참조.

42) 독일민법 제1747조 제2항.

43) 독일신분등록법 제63조 제1항.

44) 프랑스, 룩셈부르크, 이탈리아, 스페인 등이 이러한 태도를 취하고 있다. Helms, Die Feststellung der biologischen Abstammung(1999), S. 149f. 참조.

프랑스에서는 양자가 성년에 달한 후 입양사실이 기록되어 있는 출생증명서와 입양심판기록 등을 열람할 수 있다.[45] 그러나 프랑스에서는 친생부모(대부분의 경우 미혼모)가 입양의 승낙을 할 때 익명을 요구할 수 있으므로, 입양사실이 기록되어 있는 출생증명서와 입양심판기록 등을 열람한다고 해도 양자의 친생부모를 알 수 있는 가능성은 높지 않다. 양자가 친생부모를 알 수 있는 가능성이 낮은 이유는 익명의 출산이 보장되는 데 있다.[46] 프랑스에서는 임신한 여성이 출산 전에 공공의료시설이나 개인병원에 입원하여 익명을 요구하는 경우, 입원비와 출산비는 전액 사회보조금으로 지출된다. 이와 같은 경우에는 병원에서 산모 개인의 신상에 관하여 기록할 수 없다. 이와 같이 태어난 자녀는 모의 입양승낙이 있는 경우 아동보호시설로 옮겨져 국가의 후견을 받게 되며, 3개월이 경과하면(이 3개월의 기간 동안 친생모는 입양의 승낙을 철회할 수 있다) 입양절차를 밟게 된다. 익명의 출산은 프랑스에서 중세시대부터 행하여져 온 오랜 전통이다. 당시 중세 교회는 낙태와 영아살해를 줄이기 위한 목적으로 부모(특히 미혼모)가 자신의 이름을 밝히지 않은 채 수도원에 영유아를 두고 갈 수 있는 제도를 만들어 운영하였으며, 이러한 전통이 오늘날까지 계속 이어지고 있다.[47] 중세와 오늘날의 상황은 비교할 수 없을 정도로 변화했지만, 익명 출산의 보장은 현대사회에서도 여전히 필요한 것으로 인정되고 있다. 완전한 익명성의 보장만이 주위 사람들과 사회의 편견에서 미혼모를 보호할 수 있고, 이를 통하여 낙태를 막을 수 있다는 것이다. 임신한 여성은 출산 전에 언제든지 미혼모의 출산을 돕기 위하여 지정된 의료시설에 입소하여 국가의 비용으로 필요한 의료서비스와 심리 상담을 받을 수 있는데, 이는 위와 같은 사회적 · 역사적 배경에서 이해될 수 있다. 주위 사람들에게는 장기간의 치료를 받기 위하여 입원하였다고 알리고 연락을 끊음으로써 임신 사실을 비밀로 할 수 있다. 다른 환자들과의 관계에서는 가명을 사용함으로써 익명성을 보장하도록 배려하며, 전화연락과 방문도 금지되거나 산모가 동의한 특정인에 대해서만 허용된다. 이와 같이 익명 출산의 방식으로 자녀가 태어나서 입양된 경우, 그 아이는 나중에 자신의 출생기록부나 입양심판기록을 열람한다고 해도 자신의 친생부모를 찾는

45) 프랑스는 혼인 시 입양 사실을 확인하도록 요구하지 않으며, 혈통증명서(우리의 친양자입양관계증명서에 해당)와 같이 양자의 친생부모가 기록되어 있는 증명서의 제출도 요구하지 않는다. 따라서 프랑스에서는 양부모가 입양 사실을 알리지 않는 경우, 양자는 자신의 입양 사실을 알지 못한 채 평생을 보낼 수도 있다. 다만, 양부모가 양자에게 입양 사실을 알린 경우에는 양자가 성년에 달한 후 입양 사실이 기록되어 있는 출생증명서와 입양심판기록 등을 열람할 수 있다. Helms, Die Feststellung der biologischen Abstammung(1999), S. 168ff.

46) 프랑스의 익명 출산에 관하여는 Helms, Die Feststellung der biologischen Abstammung(1999), S. 136ff. 참조.

47) Frank, Recht auf Kenntnis der genetischen Abstammung?, FamRZ 1988, 113/116; Die unterschiedliche Bedeutung der Blutverwandtschaft im deutschen und französischen Familienrecht, FamRZ 1992, 1365/1368.

것은 불가능하다. 친생부모의 신상에 대한 기록이 어디에도 남아있지 않기 때문이다.

(3) 친생부모의 익명성을 보장할 것인가의 문제에 대해서는 서로 다른 입장이 있을 수 있으며, 어느 견해만이 반드시 옳다고 말할 수는 없다. 이 문제는 '친생부모의 사생활 보호(자기결정권)', '양자의 친생부모를 알 권리', 우리사회의 현실 및 입양정책을 종합적으로 고려하여 판단할 수밖에 없으며, 친생부모의 입장과 양자의 요구를 동시에 완전히 충족시킬 수 있는 해결책은 존재하지 않는다.

우선, 민법상 일반입양을 한 경우에는 양자와 친생부모와의 친족관계가 소멸하지 않으므로, 그 관계는 가족관계증명서 등을 통하여 공시되며, 따라서 친생부모의 익명성 보장은 가능하지 않다. 일반입양의 경우에는 양자와 친생부모와의 친족관계가 입양 후에도 존속하는 것을 전제로 하므로, 그 본질상 법의 개정을 통해서도 친생부모의 익명성을 보장하는 것은 가능하지 않다. 입양특례법에 의해서 입양을 하는 경우에도, 입양특례법이 현재와 같이 일반입양의 효력을 취한다면 친생부모의 익명성을 보장하는 것은 불가능하다.

민법상 친양자 입양을 한 경우에는 친생부모에 관한 사항은 친양자입양관계증명서에만 기재가 되고, 친양자입양관계증명서의 교부를 청구할 수 있는 자는 제한되어 있으므로, 이러한 범위에서 친생부모의 익명성이 보장된다고 할 수 있다. 그러나 위에서 본 바와 같이 양자는 성년자가 된 후 친양자입양관계증명서를 발급받을 수 있으므로, 자기의 친생부모가 누구인지를 알 수 있게 된다. 즉, 친양자 입양의 경우에 친생부모의 익명성은 양자가 성년자가 될 때까지만 보장되는 것이다. 그러나 이와 같이 제한적인 익명성의 보장은 친생부모에게 큰 부담으로 작용할 수 있다. 입양된 자녀가 성년자가 된 후 갑자기 연락을 취하거나 직접 찾아오는 경우도 배제할 수 없는데, 친생부모의 의사와 관계없이 이러한 사태가 벌어진다면, 친생부모의 사생활이 심각하게 침해될 수 있다(친생부모의 가정에도 극심한 혼란이 발생할 수도 있다). 자녀를 입양시키기로 결심한 친생부모(특히 미혼모)가 이러한 사실 – 친생부모의 익명성 보장이 불완전하다는 점, 이로 인하여 입양된 자녀가 성년자가 되면 친생부모가 누구인지를 알 수 있다는 점 – 을 알게 된다면, 친양자 입양을 회피하는 결정적인 원인이 될 수 있다. 또한 입양을 하려는 사람들 중에서도 양자가 성년이 된 후에 입양의 사실을 알게 되고, 친생부모를 찾아가는 것을 원하지 않는 경우가 적지 않을 것이다. 이와 같이 익명성의 보장을 원하는 친생부모의 입장과 입양 사실을 양자에게 비밀로 하려는 양부모의 입장이 결합하는 경우, 이들은 공식적인 입양기관을 거치지 않고 입양을 할 수 있는 방법을 찾을 것이며[48](산부인과 등을 통하여 입양하는 방법), 이는 결국 허위의

48) 최근에 인터넷 포털사이트 입양카페를 통하여 자녀를 입양시키려는 사람들(미혼모 등)이 금전적 보상

친생자출생신고로 연결될 것이다. 이와 같은 경로를 통하여 사실상 입양이 이루어지는 경우에는 친생부모에 관한 정보가 남을 여지가 없으며, 반드시 필요한 사정이 있어서 친생부모와 연락을 해야 할 때(예컨대 양자의 유전적 질환을 치료하기 위하여 친생부모를 찾아야 하는 경우 등)에도 친생부모를 찾을 수 없게 된다. 즉, '양자의 친생부모를 알 권리' 를 실현하기 위해서는 친생부모의 동일성을 확인할 수 있는 신상에 관한 정보를 보존하고, 후에 양자가 청구할 경우에는 이를 공개하여야 하지만, 이렇게 할 경우 친생부모는 익명성이 보장되지 않는 공식적인 입양을 회피하고, 비공식적인 경로를 통하여 자녀를 입양시키려는 시도를 할 수 있다. 이와 같은 경향이 확산된다면, 친생부모의 익명성 보장을 배제함으로써 애초에 기도했던 것과는 정반대의 결과로 이어질 수 있다. 친생부모의 익명성 보장을 배제하는 것(다른 말로 표현하면, 친생부모의 신상에 관한 정보를 보존, 공개하는 것)은 양자가 후에 친생부모를 찾을 수 있도록 하기 위한 것인데, 이를 제한없이 추진하다 보면 친생부모가 비공식적인 경로를 통하여 자녀를 입양시키려는 경향이 확산될 수 있고, 이렇게 될 경우 결국 친생부모에 관한 정보가 아무것도 남지 않아서 후에 양자가 친생부모를 찾을 수 있는 가능성은 그만큼 줄어들게 될 것이다(즉, '양자의 친생부모를 알 권리' 가 실현될 가능성은 사실상 매우 희박해 질 것이다).

이러한 점들을 고려해 본다면, '친생부모의 익명성 보장' 과 '양자의 친생부모를 알 권리' 중 어느 하나만을 전적으로 취하고, 다른 하나는 완전히 포기하기 보다는 두 가지 가치를 적절하게 조화시키는 해결책을 모색하는 것이 필요하다고 생각된다. 예를 들어서, 친생부모의 신상에 관한 정보는 보존하되, 친생부모의 동의가 있는 경우에만 입양된 자녀에게 이를 공개하도록 하는 것이다. 이에 관한 보다 자세한 내용은 다음 장에서 서술한다.

V 입양특례법에 의한 입양에 친양자 입양의 효력을 인정하는 방안

1. 입양기관을 통한 입양의 경우 법원의 확인에 의해 친양자 입양을 성립시키는 방안

현행 입양특례법 제7조에 의하면, 이 법에 의하여 입양을 하는 경우에는 가족관

을 받고 입양을 원하는 사람들에게 아이를 인도하는 사례가 보도되었다(아시아경제 2009년 7월 10일자 보도). 이들은 아이를 인도받은 후 친생자로 출생신고를 하고 있으며, 이런 경우 친생부모에 대한 기록은 어디에도 남지 않는다.

계등록법에 의하여 신고를 함으로써 입양이 성립하도록 되어 있다. 이는 민법상 일반입양이 성립하고, 그에 따르는 효력이 발생한다는 의미로 해석된다.[49] 그러나 일반입양의 효력이 발생하는 경우에는 위에서 본 것과 같은 문제가 있으므로(입양에 의해서 종전의 친족관계가 소멸하지 않으므로, 입양 후에도 친생부모는 부모의 신분을 유지한다), 입양특례법에 의해서 입양을 하는 사람들의 대부분은 일반입양을 원하지 않는 것이 현실이다. 그렇다면 입양특례법에 의해서 입양을 하는 경우에 신고에 의해서 일반입양이 성립하도록 한 규정에는 문제가 있다는 점을 인정해야 할 것이다. 입양특례법의 취지에 비추어 볼 때에도 이 법에 의해서 입양을 하는 경우에는 친양자관계가 성립하도록 규정하는 것이 타당하다고 생각된다(입양특례법에 의한 입양의 대상이 되는 아동은 요보호아동이며, 이 법은 보호필요아동이 양친의 가정에서 친생자와 다름없이 양육을 받으며 성장하는 것을 기본 취지로 하고 있다고 보아야 한다). 그러나 입양특례법에 의해서 가정환경조사 등의 입양절차를 거친 당사자들에게 또 가정법원의 재판을 받도록 한다면, 처음부터 친양자 입양을 포기하고 허위의 친생자출생신고를 택할 가능성이 높다.[50] 이러한 문제를 어떻게 해결해야할 것인가가 관건이다.

하나의 대안으로서 입양기관에서 가정환경조사 등의 입양절차를 거친 당사자에 대해서는 친양자 입양의 절차를 간이하게 하는 방법을 생각해 볼 수 있다. 예를 들어서, 법원에서 친양자 입양의 허가심판을 받는 대신에 보다 간단한 절차로서 법원의 확인을 받아 친양자 입양신고를 할 수 있게 하는 것이다. 당사자가 친양자 입양의 확인신청을 하면(이때 입양기관의 의견서와 관련서류가 함께 제출되어야 할 것이다. 법원은 입양기관이 제출한 의견서와 관련자료를 기초로 하여 절차를 신속하게 진행함으로써 당사자의 부담을 덜어줄 수 있을 것이다), 가정법원이 확인기일을 정하여 양친이 될 자와 양자될 아동의 법정대리인(필요하다고 판단되는 때에는 양자가 될 아동을 출석하게 하여 그 의견을 청취할 수도 있을 것이다)을 출석하게 하고, 입양의 동기와 양육환경 등을 확인한 후, 문제가 없다고 판단되면 친양자입양확인증명서를 발급한다. 당사자는 친양자입양확인증명서를 첨부하여 친양자 입양신고를 하여야 하며, 이로써 친양자 입양이 성립한다. 이와 같이 친양자 입양절차를 간소화시키는 것이 양자될 자의 복리라는 관점에서 볼 때 문제가 없는가라는 의문이 제기될 수 있는데, 이는 입양기관의 조사능력과 의견에 대한 신뢰의 문제와 직결되는 것이므로, 이 부분에 대한 판단이 선행되어야 할 것이다.

---

49) 이 점은 법규정상으로나(입양특례법 제26조) 실무상으로 명백하다.

50) 이러한 문제점에 관하여는 조민혜(한국입양홍보회 사무국장), 입양특례법과 친양자 입양제도, 극내입양활성화를 위한 세미나(2009), 69면 이하 참조.

2. 친양자 입양 신청을 하기 전의 전제문제 - 출생신고

위에서 본 대안과 같이 간이한 방법으로서 법원의 확인을 받아 친양자 입양을 성립시키는 경우에도 당사자는 법원에 친양자 입양을 신청해야 하며(친양자입양확인신청), 사전에 양자가 될 아동에 대한 출생신고가 되어 있어야 한다.[51] 출생신고에 의해서 자녀의 가족관계등록부가 작성되고, 여기에 자녀의 친생부모(미혼모의 경우에는 친생모)에 관한 사항이 기록된다. 친양자 입양이 성립한 경우에는 가족관계등록부의 기록에 근거하여 친양자입양관계증명서의 발급이 가능하게 되는데, 이것에 의해서 양자는 자신의 친생부모가 누구인지 알 수 있게 된다. 즉, 현행민법상의 친양자 입양과 같이 법원의 재판에 의해서 입양이 성립하는 경우이든, 간소화된 절차에 의해서 법원의 확인을 거쳐 친양자 입양이 성립하는 경우이든 관계없이 자녀의 출생신고를 전제로 하여 절차가 진행되므로, 가족관계등록부에 친생부모에 대한 기록이 남을 수밖에 없다. 가족관계등록부에 기록, 보존되어 있는 친생부모에 대한 정보는 후에 친양자입양관계증명서에 의해서 양자에게 공개될 수 있으므로, 양자의 입장에서는 친생부모가 누구인지를 알 수 있게 되지만(즉, '양자의 친생부모를 알 권리' 가 충족된다), 반면에 친생부모의 입장에서는 익명성이 보장되지 않는다는 문제가 있다(실제로 친생부모가 입양을 승낙할 때 가장 우려하는 부분일 수도 있다).

출생신고를 하고 공식적인 입양절차를 거치는 경우에 친생부모의 익명성을 보장하려면, 현행법상으로는 자녀를 기아로 처리하는 방법밖에 없다(가족관계등록법 제52조). 그러나 부모가 있는 자는 기아에 해당되지 않으므로, 예컨대 미혼모의 자녀를 기아로 처리하는 것은 합법적이라고 할 수 없다. 우리사회의 현실에 비추어 이러한 관행이 부득이하게 지속되어 왔다고 하더라도, 앞으로는 법을 개정하여 합법적으로 사무를 처리하는 것이 바람직하다고 생각한다. 그렇다면 어떻게 법을 개정하여 이 문제를 해결할 수 있을 것인가에 대해서 논의를 할 필요가 있을 것이다.

이 문제는 위에서 본 쟁점 - '친생부모의 익명성 보장' 과 '양자의 친생부모를 알 권리' - 과 직접적으로 연관되어 있다. 출생신고를 거쳐서 공식적인 입양절차를 밟으면, 친생부모에 관한 정보가 가족관계등록부에 보존되므로, '양자의 친생부모를 알 권리' 는 실현될 수 있다. 반면에 친생부모의 익명성은 보장되지 않으므로, 친생부모의 입장에서는 공식적인 입양절차를 회피하는 결정적인 원인이 될 수 있다(또한 친생부모가 어쩔 수 없이 출생신고와 공식적인 입양절차를 거쳐 자녀를 입양시킨 경우에도,

---

51) 혼인 중의 출생자는 부 또는 모가 출생신고를 하여야 하고, 혼인 외의 출생자의 경우에는 모가 출생신고를 하여야 한다(가족관계등록법 제46조).

후에 양자가 된 자녀가 친생부모의 동일성을 확인할 수 있게 됨으로써 친생부모의 사생활이 심각하게 침해될 수 있다는 위험이 따른다).

위에서 본 바와 같이 '친생부모의 익명성 보장'과 '양자의 친생부모를 알 권리'를 동시에 완전히 충족시키는 해결책은 존재할 수 없다. 그렇다면 결국 둘 중 어느 하나만을 전적으로 만족시키고, 다른 하나는 완전히 희생시키기 보다는 두 가지 가치를 적절하게 조화시키는 해결책을 모색하는 것이 최선의 대안이라고 생각한다.

3. 출생신고를 한 친생부모의 익명성 보장

(1) 친생부모가 있는 영유아에 대해서는 출생신고를 통해서 가족관계등록부를 작성하도록 하되(이렇게 할 경우 가족관계등록부에 친생부모에 대한 기록이 남게 된다), 친생부모의 신청이 있는 때에는 친생부모에 대한 가족관계등록부의 기록이 외부에 공개되지 않도록 조치를 취하는 방법을 생각해 볼 수 있다[52](이는 결국 친생부모의 동의가 있는 때에만 친생부모의 신상에 관한 기록이 친양자입양관계증명서를 통해서 외부에 공개된다는 것을 의미한다). 이와 같이 당사자의 신청에 의해서 가족관계등록부에 기록되어 있는 친생부모에 관한 정보가 차단되는 경우에는 양자가 된 자녀가 후에 성년자가 되어 친양자입양관계증명서를 발급받아 보더라도 친생부모에 관한 정보(성명, 주민등록번호 등)는 나타나지 않는다. 이와 마찬가지로 양부모도 친양자 입양에 관한 가족관계등록부의 기록을 '차단'해 달라는 신청을 할 수 있고, 이런 경우에는 양자가 성년이 되어 친양자입양관계증명서의 교부를 청구하더라도 '마치 친양자 입양의 사실이 없었던 것처럼' 증명서가 발급되지 않게 된다.

가족관계등록부상의 친생부모에 대한 기록이나 친양자 입양 기록의 차단을 신청했던 사람은 차단의 해제를 신청할 수 있으며, 이에 의하여 기록 차단의 효력은 소멸하고, 그 후에는 관련 기록의 공개가 가능하게 된다(당사자는 일시적인 차단의 해제를 신청할 수도 있다. 이런 경우에는 당해 사안에 대해서만 차단이 해제되고 그 후에는 관련 기록에 대한 접근이 다시 차단된다). 차단의 효력이 소멸하지 않은 동안에도 차단된 기록이 필요한 사정이 있는 때에는 이해관계인이 법원의 허가를 받아 차단된 기록이 현출되어 있는 증명서(친양자입양관계증명서)를 발급받을 수 있다. 예를 들어서 친양자의 유전적 질환을 치료하기 위하여 친생부모를 찾아야 할 사정이 있는 경우, 양부모나 친양자 본인은 친생부모에 대한 기록이 차단되어 있는 때에도 법원의 허가를 받아 그 기록을 열람하거나 증명서를 교부받을 수 있다.

---

52) 독일신분등록법 제64조 참조. Gaaz/Bornhofen, Personenstandsgesetz(2008), S. 349ff.

당사자의 신청에 의해서 특정 기록에 대한 접근을 차단할 수 있는 제도를 도입한다는 것은 당사자의 동의가 있는 때에만 관련 정보의 공개를 허용한다는 의미이다. 이렇게 할 경우 출생신고를 거쳐 친양자 입양을 하더라도 친생부모의 익명성이나 입양의 비밀이 유지될 수 있으므로, 허위의 친생자출생신고를 할 필요가 없게 된다. 또한 친생부모에 관한 기록은 당사자의 동의가 없는 한 공개되지 않으나 보존은 되어 있으므로, 그 기록이 반드시 필요한 때에는 법원의 허가를 얻어 정보를 구하는 것이 가능해진다. 이러한 제도가 도입될 경우 '양자의 친생부모를 알 권리'는 충분히 실현되지 못한다. 그러나, 우리 사회의 실정을 고려해 본다면, 이 정도 수준에서 타협하는 것도 하나의 대안이 될 수 있다고 생각한다("입법은 충돌하는 여러 가지 이익간의 타협의 산물이다").

(2) 출생신고에 의해서 친생부모에 관한 정보가 가족관계등록부에 기록되는 것과는 별도로 입양을 알선하는 입양기관에서도 친생부모에 관한 정보를 기록, 관리한다. 입양될 영유아에 대해서 출생신고를 하지 않고 있다가 입양이 되어 양부모가 친생자출생신고를 하는 경우에는 가족관계등록부에 양자의 친생부모에 대한 기록이 남을 수가 없으므로, 이러한 때(허위의 친생자출생신고에 의해서 입양이 이루어지는 때)에는 친생부모에 관한 정보는 오로지 입양기관에만 보존된다.[53] 따라서 양자가 성년자가 된 후에 입양기관에 대해서 친생부모에 대한 정보의 공개를 요청하는 경우가 있을 수 있다. 현재 입양기관에서는 입양특례법상의 비밀누설금지조항(제12조 제3항)에 의해서, 친생부모의 동의가 없는 경우에는 정보를 공개하지 않는다는 원칙을 유지하고 있다. 위에서 언급한 바와 같이, 입양기관이 이러한 태도를 취함으로써 '양자의 친생부모를 알 권리'는 부분적으로 충족될 수밖에 없지만, 친생부모의 사생활 보호를 위해서는 불가피한 측면이 있다고 생각된다. 설령 입양된 자녀가 친생부모의 의사에 반하여, 입양기관에서 친생부모의 신상에 관한 정보를 제공받아 친생부모와의 접촉을 시도한다고 해도 친생부모가 이를 완강하게 거부하는 때에는 입양된 자녀의 입장에서도 소기의 목적(입양된 자녀들은 자신의 출생배경, 입양 당시의 사정 등 자신의 '지워진 과거사'에 대해서 알기를 원하는 경우가 대부분이다)을 달성하기 어렵다. 다만, 앞으로는 이러한 점을 법으로 보다 상세하게 규정하는 것이 바람직하다고 생각된다. 즉, 양자의 정보공개 요청이 있는 경우 입양기관은 친생부모에게 연락을 취하여 정보공개

53) 현재의 입양제도가 보완되어 친생부모의 익명성이나 입양의 비밀이 보장된다고 해도 허위의 친생자출생신고에 의해서 입양을 하는 관행이 쉽게 사라지지는 않을 것이다. 이 문제는 우리사회의 풍토와 깊은 관련이 있기 때문이다. 이러한 점을 고려한다면, 입양제도가 보완된다고 해도 입양당사자에게 공식적인 절차를 이용하도록 설득하고 계몽하는 작업이 필요하다고 생각된다.

에 대한 동의를 구하고, 친생부모가 동의하는 때에만 정보를 공개할 수 있다는 점을 명문으로 규정하는 것이다(친생부모에 대한 연락이 원활하게 이루어질 수 있도록 경찰 등 관계기관의 협조를 받을 수 있다는 점도 법으로 규정할 필요가 있다). 친생부모가 자신에 대한 정보의 공개에 동의하지 않는 경우에도 입양기관은 익명성의 보장을 전제로 하여 친생부모와 양자 사이를 연결하는 역할을 할 수 있을 것이다. 예를 들어서 양자의 편지를 친생부모에게 전달하고, 친생부모의 답장을 양자에게 전달하는 등 중간자의 역할을 함으로써 간접적으로나마 양자의 요구를 충족시킬 수 있도록 하는 것이다(이러한 내용도 법으로 규정되는 것이 바람직하다고 생각된다).

Ⅵ 맺음말

위에서 입양특례법을 중심으로 하여 입양과 관련된 몇 가지 문제점을 살펴보았는데,[54] 쟁점을 간단하게 정리하여 보면 다음과 같다.

우선, 현행 입양특례법에 우리의 법체계와 모순되는 부분이 있다는 점을 지적할 수 있다. 예를 들어보면, 입양의 동의를 할 때 부모가 친권을 포기한다는 의사표시를 하고, 이에 근거하여 아동을 인수한 입양기관의 장이 후견인이 되어 입양의 승낙을 한다는 것은 현행법체계와 배치된다. 우리의 법체계상 친권은 부모가 임의로 포기할 수 없는 것이며, 친권의 소멸을 전제로 하지 않고는 후견이 개시될 수 없기 때문이다. 이와 같은 입양실무가 계속 이어질 경우에는 입양특례법에 의한 입양의 효력과 관련하여 문제가 생길 소지가 있으므로, 관련된 법규정을 보완하여 문제를 해결할 필요가 있다고 생각된다. 또한 입양의 승낙(또는 동의)과 관련하여서도 정리되어야 할 여러 가지 쟁점(예컨대, 출산 전의 입양승낙이 허용되는가, 양부모가 결정되지 않은 상태에서 입양의 승낙을 할 수 있는가, 입양의 승낙 전에 숙려기간을 둘 것인가)들이 있는데, 이러한 문제에 대해서도 논의를 거쳐 필요하다고 인정된다면 명확한 규정을 두는 것이 바람직할 것이다.

현행 입양특례법에 의하면, 입양은 당사자의 합의와 신고에 의해서 성립하고, 민법상 일반양자의 효력이 발생된다. 그러나 입양특례법에 의해서 입양을 하려는 사람들은 민법상 일반양자의 효력이 발생하는 것을 원하지 않는 경우가 대부분이므로(입양 전의 친족관계가 소멸하지 않고, 입양의 사실이 외부에 공시된다는 문제가 있다), 처음

---

54) 파양 등 민법과 관련된 입양의 문제점은 이 논문에서 다루지 않았다. 민법상의 입양과 관련된 문제점과 그 대안에 대하여는 김상용, 양자법의 문제점과 개정방향 – 민법상의 쟁점을 중심으로 – , 법조 통권 632호(2009. 5). 38면 이하 참조.

부터 허위의 친생자출생신고를 하거나, 아니면 입양특례법에 의하여 입양신고를 한 후 다시 친양자 입양의 절차를 밟는 것이 현실이다(후자의 경우에는 결국 이중의 절차를 거치게 되어 당사자에게 큰 부담이 된다). 이와 같은 문제를 해결하기 위해서는 입양특례법에 의해서 입양을 하는 경우에 간소화된 법원의 절차를 거쳐 친양자 입양이 성립할 수 있도록 법제도를 보완하는 것이 필요할 것이다. 물론 이러한 대안이 실현되기 위해서는 그 전제로서 법원과 입양기관의 협력체제가 구축되는 것이 필요하다.

입양특례법과 직접적으로 관련되어 있는 것은 아니지만, 양부모 및 친생부모의 익명성을 어느 범위에서 인정할 것인가의 문제도 정리하고 넘어가야 할 쟁점 중의 하나이다. 특히 친생부모의 익명성을 보장할 것인가의 문제는 친생부모의 '사생활 보호'(또는 '자기결정권')와 양자로 된 자녀의 '친생부모를 알 권리'가 충돌하는 영역으로서, 관점에 따라 서로 다른 의견이 첨예하게 충돌할 수 있는 사안이다. 이 글에서는 친생부모와 양자가 된 자녀의 이익을 조화시킬 수 있는 하나의 대안으로서, 원칙적으로 사전에 친생부모의 동의를 얻어 양자가 된 자녀에게 친생부모에 관한 정보를 공개하는 방안을 제시하였다. 이 문제에 대해서는 앞으로 많은 논의가 진행될 것으로 기대된다.

〈가족법연구 제23권 제2호(2009) 수록〉

3. 가정위탁양육[1]에 관한 민법상의 쟁점

I 들어가는 말

미성년자녀의 양육은 일차적으로 친생부모의 의무이자 권리이다. 그러나 어떤 사정으로 인하여 부모가 직접 자녀를 양육할 수 없는 경우에는(사망, 경제적 곤란, 질병, 행방불명, 자녀학대 등), 누군가가 부모를 대신하여 자녀를 보호, 양육해야 하는 문제가 생긴다.[2] 부모가 양육할 수 없는 자녀는 아동보호시설에 입소하거나 다른 가정에서 성장하게 되는 것이 보통인데,[3] 시설보다는 가정에서 성장하는 것이 자녀의 복리 실현을 위해서 바람직하다는 점에는 이견이 없다.[4] 부모가 양육할 수 없는 자녀를 다른 가정에서 양육하는 경우에는 입양을 통해서 친자관계를 성립시키는 것도 가능하지만, 구체적인 사정에 따라서는 당장 입양을 할 수 없거나 입양이 적당하지 않은 경우도 있을 수 있다. 예를 들어서 부모가 일시적인 사정으로 인하여 현재는 자녀를 직접 양육할 수 없는 처지에 있으나, 장래에는 자녀를 스스로 양육할 수 있는 상태를 회복할 것으로 기대되는 경우에는 입양은 적절한 자녀의 보호방법이라고 보기 어렵다.

---

1) 현재 '가정위탁'이라는 용어는 아동복지법에서 사용되고 있으며, 사회복지학 분야와 아동복지실무(보건복지부 지침 등)에서도 보편적으로 사용되고 있다. 가정위탁이라는 용어가 법률용어로서 적절한가에 대해서는 견해의 차이가 있을 수 있으나, 앞으로 법학분야에서 이 주제에 관한 논의가 진전되면 용어에 대한 정리도 이루어질 것으로 전망된다. 이 논문에서는 아동복지법과 사회복지학 및 아동복지실무에서 보편적으로 사용되고 있는 가정위탁이라는 용어를 사용하기로 한다. 또한 가정위탁과 관련하여 사용되고 있는 다른 용어들 – 위탁양육, 위탁가정, 위탁부모, 위탁아동 등 –도 그대로 사용한다. '가정위탁'이라는 용어에 대한 비판적인 견해로는 우병창, 일본에 있어서 아동인권의 현황 – 일본의 里親制度를 중심으로 – , 가족법연구 제17권 2호(2003), 153면 이하 참조. 반면에 이은정 교수는 '가정위탁'이라는 용어를 사용하고 있다. 이은정, 가정위탁(Foster Care)제도에 대한 小考, 가족법연구 제16권 1호(2002), 209면 이하.

2) 2005년 한 해 동안 발생한 보호필요아동의 수는 9,420명에 이른다. 이 중 4,818명(51.1%)은 아동보호시설에 입소하였고, 1,873명(19.9%)은 입양되었으며, 407명(4.3%)은 소년소녀가정으로 지정되어 지원을 받고 있다. 가정위탁보호를 받는 아동의 수는 2,322명(24.6%)이다. 보건복지부 2005년 아동복지통계현황.

3) 소년소녀가정으로 지정되어 지원을 받는 경우에는 미성년자녀만으로 독립된 세대를 구성하기도 한다. 그러나 소년소녀가정으로 지정하여 외부에서 물질적으로 지원하는 방식에 대해서는 최근에 들어 많은 비판이 가해지고 있다. 문선화, 소년소녀가장을 위한 제도의 정착방안, 한국아동복지학 제11호(2001), 7면 이하.

4) 유엔아동권리협약 제20조는 자기 가정에서 양육될 수 없는 아동에 대하여 가정위탁, 입양 등의 조치가 시설보호에 비하여 우선적으로 고려되어야 한다는 점을 명언하고 있다. 또한 2003년에 유엔인권위원회는 한국에서 시설보호의 비중의 높다는 사실에 우려를 표명하면서 가정위탁 등 보호필요아동이 가정에서 성장할 수 있는 대안을 확충할 것을 권고한 바 있다.

이런 때에는 다른 가정에서 일시적으로 자녀를 보호, 양육하는 가정위탁양육이 바람직한 대안이 될 수 있다. 자녀를 받아들여 양육하는 가정은 친인척, 조부모의 가정일 수도 있고, 친족관계가 없는 일반가정일 수도 있다.

이러한 위탁가정이 공통적으로 안게 되는 문제 중의 하나는 실제로 자녀를 양육하고 있음에도 불구하고 법률상 양육권[5]이 인정되지 않는다는 점이다. 즉 위탁가정의 경우에는 위탁부모가 자녀를 양육하면서 양육과 관련하여 다양한 결정을 하고 자녀를 대리하는 등 사실상 상당한 범위에서 친권(양육권)을 행사하고 있으나, 이에 관한 아무런 법적 근거도 마련되어 있지 않은 것이 현실이다.[6] 특히 가정위탁양육이 장기화되는 경우에는 부모와 자녀 사이의 교류가 단절되는 사례도 많이 나타나고 있는데, 자녀의 양육에 아무런 관심을 보이지 않고 관여하지도 않는 부모에게는 친권이 그대로 유지되는 반면, 자녀를 일상적으로 양육하고 있는 위탁부모는 양육권을 전혀 갖지 못한다는 것은 문제점으로 지적될 수 있다.

실제로 자녀를 양육하는 위탁부모가 양육에 필요한 권리를 갖지 못하는 상태는 위탁양육관계(위탁부모와 자녀와의 관계)를 불안정하게 만들 뿐만 아니라, 구체적으로 자녀의 복리에 반하는 결과로 이어질 수도 있다(위탁아동의 전학, 전입, 통장개설, 여권발급, 긴급한 수술 등의 경우에 위탁부모의 양육권이 인정되지 않아서 곤란에 처하는 사례가 적지 않게 발생하고 있다). 이러한 문제를 해결하기 위해서는 민법에 위탁양육관계에 관한 규정이 신설될 필요가 있다고 생각된다(이는 자녀양육과 관련하여 위탁부모와 친부모의 법적 관계를 설정한다는 의미를 갖는다). 외국의 입법례를 보아도 민법(친족편)에 가정위탁양육에 관한 상세한 규정을 두고 있는 경우가 많음을 알 수 있다.

아래에서는 우선 가정위탁의 현황과 실태에 대해서 살펴본 다음 가정위탁양육과 관련된 민법상의 쟁점[7]에 대해서 검토하고 대안을 제시해 보려고 한다.

---

5) 이 논문에서 자주 사용되는 친권과 양육권의 관계에 대해서는 다음과 같이 정리한다: 친권에는 여러 가지 권리의무가 포함되어 있는데, 이는 크게 자녀의 양육에 관한 사항과 자녀의 재산에 관한 사항으로 나누어진다. 친권 중에서 자녀의 양육에 관한 사항으로는 사실상의 양육, 교육, 자녀의 거소지정, 징계, 자녀를 부당하게 억류하는 자에 대한 인도청구권, 양육을 방해하는 자에 대한 방해배제청구권 등이 있다. 재산에 관한 사항으로는 자녀의 재산관리권, 재산상 법률행위의 대리권과 동의권이 있다. 친권 중에서 양육에 관한 부분과 재산에 관한 부분은 분리될 수 있는데, 예를 들면 부모가 이혼한 후 모가 양육에 관한 사항을 전담하고, 부는 재산에 관한 부분을 맡기로 한 경우이다. 이런 경우 양육에 관한 사항은 모에게 속하고, 부는 자녀의 재산관리권과 재산상 법률행위의 대리권 · 동의권만을 갖는다(이런 경우 모를 양육자라고 하고, 부를 친권자라고 한다). 그러므로 이혼 후 친권자와 양육자가 따로 정해진 경우에는 친권자라고 해도 양육에 관한 사항에 대해서는 권한을 행사할 수 없으며, 이 부분에 대해서는 오직 양육자만이 권한을 행사할 수 있다. 예를 들어서 이혼 후 양육자로 정해진 모가 자녀를 양육하고 있는데, 친권자인 부가 자녀를 강제로 데려간 후 억류하고 있다면, 양육자인 모는 친권자인 부를 상대로 자녀의 인도를 청구할 수 있다. 부모는 친권 전부에 대해서는 임의로 사퇴할 수 없으나, 친권 중에서 양육권을 제외한 재산관리권과 법률행위의 대리권은 정당한 사유가 있는 경우에 법원의 허가를 받아 사퇴할 수 있다(민법 제927조).

6) 물론 당사자(부모와 위탁부모)들이 위탁양육에 관한 계약을 체결하고, 양육에 관하여 대리권을 수여하는 것은 가능하다. 그러나 실제로 이와 같은 내용의 계약이 체결되는 경우는 거의 없다.

Ⅱ 가정위탁의 현황과 실태

1. 가정위탁의 연혁과 법적 근거

(1) 연혁

우리나라에서 정부가 주도하여 가정위탁보호 시범사업을 실시한 것은 1988년이다(1988년 5월 인천과 광주에서 48가정이 67명의 아동을 위탁받아 양육하기 시작하였다). 애초에 정부는 이 시범사업을 계기로 하여 1991년부터는 가정위탁보호사업을 전국에 확대 실시할 방침이었으나, 정부측의 지원과 준비의 부족 등으로 인하여 실천되지 못하였고, 시범사업도 약 5년 후에는 중단되었다.[8]

1990년대까지는 보호필요아동이 발생하는 경우 아동보호시설에서 보호하거나 소년소녀가정으로 지정하여 지원하는 방식이 대세를 이루고 있었다. 그러나 1990년대 후반부터 시설보호와 소년소녀가정제도에 대한 비판이 제기되었고, 이에 대응하여 정부는 2000년 이후 보호필요아동이 발생하는 경우 우선 가정에서 보호하는 방향[9]으로 정책을 전환하였다. 이에 따라 정부는 2000년 이후 가정위탁보호를 활성화하기 위한 정책을 단계적으로 도입, 시행하고 있다. 우선 2000년부터 위탁가정에 양육보조금이 지급되기 시작하였다(당시 65,000원. 2004년부터 70,000원 이상으로 인상됨). 2000년부터 가정위탁지원센터가 시범적으로 운영되기 시작하여(강원도), 2003년에는 전국적으로 확대되었다(16개 광역 시 · 도에 17개소 설치). 2004년부터 위탁아동에 대해서 국민기초생활보장법에 의한 급여가 실시되었으며, 친족에 의한 가정위탁의 경우에는 전세자금(3천-4천만원) 대출 지원이 시작되었다. 2004년 7월에는 중앙가정위탁지원센터가 설치되었으며, 2005년 7월에는 아동복지법이 개정되어 가정위탁의 정의, 가정위탁지원센터의 설치, 업무 등에 관한 규정이 마련되었다.[10] 2006년부터 위탁아동에 대해서 상해보험료(1인당 연 10만원 이내)가 지원되기 시작하였다.

---

7) 가정위탁양육에 관하여 사회보장법적인 측면에서 제시한 입법론으로는 오정수 · 이혜원 · 정익중, 가정위탁보호지원법률안; 김상용, 가정위탁보호에 관한 특별법안 등이 있다. 이 두 법안은 보건복지부/중앙가정위탁지원센터, 가정위탁보호 법률안 마련을 위한 제안(자료집, 2006)에 수록되어 있다.

8) 민간차원에서는 한국복지재단이 1990년 3월부터 가정위탁보호사업을 실시하였고, 성가정입양원이 그 뒤를 이었으며, 그 후 1998년에 창립된 수양부모협회가 가정위탁보호사업에 참여하고 있다.

9) 보호필요아동을 가정에서 보호하는 방법으로는 그룹 홈, 가정위탁양육, 입양 등이 있다.

10) 가정위탁양육의 연혁에 대하여는 허남순, 가정위탁보호제도의 활성화 방안에 관한 연구, 한국아동복지학 9호(2000), 270면 이하; 모선영, 가정위탁 보호사업의 정책방향에 관한 연구(숙명여자대학교 정책대학원 석사학위논문, 2003), 33면 이하; 임은희, 아동위탁보호의 국가간 비교를 통한 한국 가정위탁보호사업의 개선방안 연구(대구가톨릭대학교 대학원 석사학위논문, 2005), 45면 이하; 이정숙, 가정위탁지원센터 운영의 문제점 및 활성화 방안(청주대학교 사회복지 · 행정대학원, 2004), 14면 이하.

(2) 근거 법령

현재 가정위탁에 관한 법적 근거는 아동복지법에서 찾을 수 있는데, 그 내용을 정리해 보면 다음과 같다.

우선 제2조 제7호는 가정위탁의 용어를 정의하고 있는데, 이에 의하면, "가정위탁이라 함은 보호를 필요로 하는 아동을 보호하기에 적합한 가정에 일정기간 위탁하는 것을 말한다". 보다 정확히 표현한다면, 가정위탁이란 부모가 직접 양육할 수 없는 아동을 제3자가 가정에서 보호, 양육하는 양육형태라고 볼 수 있을 것이다. 여기서 제3자란 조부모 등 친족과 친족관계가 없는 자를 모두 포함한다.

제10조(보호조치)는 보호필요아동이 발생한 경우 지방자치단체장에게 필요한 보호조치를 취할 의무를 부과하고 있는데, 구체적인 보호조치로서 제2호와 제3호에서 가정위탁을 언급하고 있다. 즉, 제2호에 의하면 지방자치단체장은 "보호자[11] 또는 대리양육을 원하는 연고자에 대하여 그 가정에서 보호양육할 수 있도록 필요한 조치"를 할 수 있으며, 제3호에 의하면 "아동의 보호를 희망하는 자에게 가정위탁하는" 조치를 취할 수 있다. 제2호는 조부모와 그 밖의 친족에 의한 위탁양육을, 제3호는 일반가정위탁을 의미하는 것으로 해석된다. 사회복지분야에서는 가정위탁을 대리양육(조부모에 의한 양육), 친인척위탁(조부모를 제외한 친족에 의한 양육) 및 일반가정위탁으로 분류하여 정의하는 것이 일반적이다. 아동복지법은 이러한 분류방식을 참고하여 제2호에서는 '대리양육 및 친인척위탁'을, 제3호에서는 '일반가정위탁'을 규정한 것으로 보인다.

제28조의 2(가정위탁지원센터의 설치 등)는 가정위탁지원센터의 법적 근거를 제공하고 있다. 이 규정에 의해서 국가는 "가정위탁사업을 활성화하고 지역 간 연계체계를 구축하기 위하여 중앙가정위탁지원센터"를 설치하여야 하며, 지방자치단체는 "보호를 필요로 하는 아동에 대한 가정위탁사업을 활성화하기 위하여 지역가정위탁지원센터를 두어야 한다".

제28조의 3(가정위탁지원센터의 업무)은 중앙가정위탁지원센터와 지역가정위탁지원센터의 업무에 관하여 각각 규정하고 있다. 이에 따르면, 중앙가정위탁지원센터의 업무는 "지역가정위탁센터에 대한 지원, 효과적인 가정위탁사업을 위한 연계체계 구축, 가정위탁사업과 관련된 연구 및 자료발간, 가정위탁사업을 위한 프로그램의 개발 및 평가, 상담원에 대한 교육 등 가정위탁에 관한 교육 및 홍보" 등이다. 지역가정위탁센터는 "가정위탁사업의 홍보 및 위탁가정의 발굴, 가정위탁을 하고자 하는 가정 및 가정위탁 대상 아동의 조사, 가정위탁 부모의 교육, 가정위탁을 하는 가정의 사

11) 아동복지법 제2조 제3호의 정의에 의하면, '보호자'란 "친권자, 후견인, 아동을 보호·양육·교육하거나 그 의무가 있는 자 또는 업무·고용 등의 관계로 사실상 아동을 보호·감독하는 자를 말한다."

후관리" 등이다.

제31조(비용보조)는 가정위탁양육에 따른 비용 및 가정위탁지원센터의 설치 · 운영에 소용되는 비용의 보조에 대해서 규정하고 있다. 이 규정에 의해서 국가 및 지방자치단체는 "보호를 필요로 하는 아동의 대리양육이나 가정위탁보호에 따른 비용(제2호)"과 "가정위탁지원센터의 설치 · 운영에 소요되는 비용(제4의 2호)"을 보조할 수 있다. 제2호 규정에 의해서 위탁아동 1인당 월 7만원 이상의 양육보조금이 지급된다.

이외에 아동복지법 시행령[12]과 시행규칙[13] 등에 가정위탁에 관한 규정이 마련되어 있다. 또한 위탁아동은 국민기초생활보장법에 의한 수급권자로 지정되어[14] 생계비(월 25만원에서 30만원 정도), 의료비(월 20만원한도), 교육비를 지급받을 수 있다.[15]

2. 가정위탁의 현황

위탁아동의 수를 위탁가정의 유형별로 살펴보면, 2003년에는 조부모가 양육하는 위탁가정 2,315세대(위탁아동 3,458명), 조부모를 제외한 친인척이 양육하는 위탁가정 2,563세대(위탁아동 3,541명), 친족이 아닌 일반가정에서 양육하는 위탁가정이 435세대(위탁아동 566명)로 나타났다. 2006년 9월 현재 전체 위탁아동의 수는 14,064명이며, 조부모가 양육하는 위탁가정 6,140세대(위탁아동 9,037명), 조부모를 제외한 친인척이 양육하는 위탁가정 2,843세대(위탁아동 3,857명),[16] 친족이 아닌 일반가정에서 양육하는 위탁가정이 916세대(위탁아동 1,170명)로 집계되었다.[17]

아동이 위탁양육되는 원인을 살펴보면, 부모의 가출 및 행방불명(35%), 부모사망(31%), 부모의 이혼(23%), 부모의 실직 및 빈곤(3%), 부모의 질병(3%), 학대 및 방임(1%) 등으로 나타났다.[18]

12) 아동복지법 시행령 제5조(아동보호의 신청 등), 제8조(귀가조치), 제9조(사후지도), 제18조의 2(가정위탁지원센터의 지정요건 및 절차), 제18조의 3(가정위탁지원센터 직원의 자격기준), 제18조의 4(가정위탁지원센터의 설치기준 등), 제18조의 5(중앙가정위탁지원센터의 업무).

13) 아동복지법 시행규칙 제3조(아동보호신청 등), 제5조(귀가신청), 제9조(보호조치의 변경), 제18조의 2(센터의 지정절차).

14) 중앙가정위탁지원센터가 조사한 결과에 의하면 위탁아동의 93.3%가 국민기초생활보장법에 의한 수급자로 지정되어 생계비를 지원받고 있는 것으로 나타났다. 보건복지부/중앙가정위탁지원센터, 위탁부모 및 위탁아동 만족도조사(2006), 21면.

15) 이외에 친족에 의한 가정위탁의 경우에는 일정한 요건이 충족되는 경우 위탁가정에 대해서 전세자금(3천-4천만원)이 지원(무이자대출)된다.

16) 조부모 등 친족이 양육하는 위탁가정의 수가 급격히 늘어난 이유는 그동안 소년소녀가정으로 분류되어 있었던 세대 중에서 조부모 등 친족과 함께 사는 가정의 경우에는 위탁가정으로 전환한 사례가 많았기 때문이다(그러나 소년소녀가정을 위탁가정으로 전환했을 때 제공되는 경제적 지원이나 서비스에 차이가 없다는 이유로 여전히 전환하지 않은 지역도 있다). 허남순, 가정위탁보호사업의 현황과 제도의 문제점, 가정위탁의 현황과 과제 심포지엄 자료집(2006. 9. 한국가정법률상담소 주최), 10면.

17) 보건복지부/중앙가정위탁지원센터, 가정위탁보호 현황 및 만족도 조사결과보고(자료집, 2006. 12), 13면.

주목할 만한 현상은 일반가정위탁의 수가 지난 3년 사이에 2배 이상 증가했다는 점이다. 이는 가정위탁이 우리사회에서도 보호필요아동을 위한 새로운 양육형태로 자리 잡을 수 있음을 보여주는 긍정적인 신호라고 해석된다. 그러나 이러한 현상을 지속적으로 유지, 발전시키기 위해서는 가정위탁에 대한 충분한 지원[19] 및 법제도의 정비와 아울러 적절한 홍보가 필요할 것이다.

3. 가정위탁의 실태

가정위탁의 실태에 관한 조사로는 한국가정법률상담소가 2006년 5월 25일부터 6월 24일에 걸쳐 일반위탁가정을 대상으로 실시한 것(위탁가정 256세대, 위탁아동 303명)[20]과 중앙가정위탁지원센터가 2006년 10월 16일부터 11월 30일 사이에 일반위탁가정과 친인척위탁가정, 대리양육가정(조부모위탁가정)을 대상으로 실시한 것(위탁가정 500세대, 위탁아동 164명)[21]이 있다. 아래에서 서술하는 내용은 위의 조사결과 중에서 이 논문의 쟁점과 관련이 있다고 생각되는 부분을 요약, 정리한 것이다.

(1) 위탁양육기간

일반위탁가정의 경우 설문조사 시점까지 위탁아동을 양육하고 있는 기간을 보면 3년 미만이 약 65%, 3년 이상이 약 35%인 것으로 나타났다. 또한 양육기간이 5년 이상인 경우가 전체의 약 22%를 차지하고 있어서 위탁양육이 처음에 예상했던 것보다 장기화되는 경우가 적지 않음을 보여주고 있다.[22] 이러한 수치에 비추어 볼 때, 장기간 아동을 양육하는 위탁부모에 대하여 양육권이 인정되지 않는 현실은 개선되어야 할 것으로 생각된다.

---

18) 보건복지부/중앙가정위탁지원센터(각주 17), 16면.

19) 현재 위탁아동 한명에 대해서 양육보조금(월 7만원)과 상해보험료(연 10만원)가 지원되고 있으며, 국민기초생활보장법상 기초생활보장대상자로 선정되어 한 달에 약 25만원에서 30만원 정도의 생계비가 지급되고 있다. 그러나 지방자치단체와 담당 공무원의 이해가 부족하여 이러한 지원마저 받지 못하는 경우도 있다. 아버지가 임시적으로 공장에서 아침 7시부터 오후 8시까지 일하는 상황에서 초등학교 2학년인 자녀를 제대로 돌볼 수가 없어서 가정위탁을 하였는데, 이 아동은 아버지에게 월 110만원의 수입이 있다는 이유로 양육보조금과 생계비 등을 지원받지 못했다. 정명화, 가정위탁보호사업의 법적 애로점과 사례, 가정위탁의 현황과 과제 세미나(2006. 4. 한국가정법률상담소 주최), 12면 이하. 위탁아동에 대해서는 일률적으로 양육보조금과 생계비 등을 지원하도록 하고, 만일 부모에게 재산과 수입이 있어서 양육비를 분담할 능력이 있다고 판단되는 경우에는 사후에 국가가 부모로부터 그 비용을 징수하는 방법을 도입함으로써 이러한 문제를 해결할 수 있을 것이다.

20) 한국가정법률상담소, 가정위탁 실태와 위탁부모 욕구에 관한 기초조사, 가정위탁의 현황과 과제 심포지엄 자료집(2006. 9), 47면 이하.

21) 보건복지부/중앙가정위탁지원센터(각주 17), 22면 이하.

22) 중앙가정위탁지원센터가 조사한 결과에 의하면, 일반위탁부모들은 평균 3년 6개월 정도가 위탁양육기간으로서 적당하다고 생각하고 있는 것으로 나타났다.

(2) 부모와의 면접교섭여부

보호양육 중인 위탁아동이 부모와 전혀 교류하지 않는 경우는 전체의 46.2%이며, 그 가운데 41.1%는 3년 이상 교류가 단절된 것으로 나타났다.[23] 부모와 면접교섭을 하는 방식은 전화(53%), 부모의 위탁가정방문(29.5%), 아동의 부모방문(4.5%) 순으로 나타났으며, 직접 만나는 경우의 횟수는 3-4주에 한번(33.6%), 2-3달에 1번(22.4%), 1-2주에 한번(18.4%) 등이었다.

부모와의 교류가 단절된 이유로는 "부모가 연락을 끊은" 경우가 가장 많았다(67.5%).

(3) 부모의 방임이 계속될 경우의 친권문제

위탁양육이 시작된 이후 부모가 자녀의 양육에 아무런 관심을 보이지 않고 방임하는 경우에는 부모의 친권을 제한 또는 상실시켜야 한다는 응답이 75.9%로 나타났다. 현행법에 의하면, 자녀의 친족 또는 검사(민법 제924조)나 시 · 도지사 또는 시장 · 군수 · 구청장(아동복지법 제12조)이 친권상실선고를 청구할 수 있는데, 이외에도 위탁부모(45.5%)나 가정위탁지원센터의 장(38.9%)이 청구권자에 포함되어야 한다는 의견이 많았다.

(4) 위탁아동의 법정대리인

위탁아동의 법정대리인으로서 누가 적합한가에 대한 설문에 대하여 '위탁부모'라고 응답한 비율이 가장 높았다(60.4%). 다음으로 '가정위탁지원센터장' (20%), '아동의 부모' (12.2%), 지방자치단체장(7.3%) 등이 뒤를 이었다. 위탁부모가 아동의 법정대리인이 되는 것이 바람직하다는 응답이 가장 많은 것은 실제로 아동을 양육하면서도 법정대리권이 인정되지 않아서 겪는 불편함을 반영한 것으로 풀이된다.

(5) 부모가 위탁아동을 갑자기 데려가려고 하는 경우의 대처방안

위탁아동의 부모가 갑자기 아동을 데려가려고 하는 경우에 어떻게 하겠는가라는 설문에 대해서는 "부모의 의견을 존중해 데려가게 한다"는 응답이 가장 높게 나타났다(49.8%). 한편, "부모의 의사보다는 법원, 기타 기관의 결정에 따른다"(26.5%), "정해진 기간 동안은 위탁가정에서 보호해야 한다"(11%), "아이의 의견을 존중하겠다"(5.7%), "상황을 고려해 판단하겠다"(4.9%)는 등 다른 의견을 표시한 경우도 거의 절반에 달했다.

23) 허남순, 친인척가정위탁과 일반가정위탁아동의 심리사회적 특성 및 위탁가정의 서비스 욕구에 대한 비교연구, 한국아동복지학 18호(2004), 255면에 의하면 약 절반가량의 위탁아동이 부모와 만나지 못하는 것으로 나타났다.

(6) 위탁아동을 입양할 의사가 있는지의 여부

현재 위탁양육 중인 아동을 입양할 의사가 있는지에 대해서는 약 절반 정도인 44.8%가 입양의사가 있다고 응답하였고, "입양할 의사가 없다", "잘 모르겠다"는 응답이 각각 33.2%, 22%를 차지했다. 위탁양육 중인 아동을 입양할 의사가 있다고 응답한 위탁부모들은 그 이유로 "아동에게 보다 안정된 가정을 마련해 주기 위해서"(60.9%), "아동과 정이 들어서"(28.2%) 등을 들었다. 한편 위탁아동을 입양할 의사가 없다고 응답한 위탁부모들은 "경제적 여건이 되지 않아서"(27.1%), "친자녀처럼 기를 자신이 없어서"(17.1%) 등을 그 이유로 들었다.

Ⅲ 가정위탁양육의 법률관계

1. 논의의 출발점

(1) 가정위탁양육의 기본 취지는 부모가 양육할 수 없는 자녀를 일정한 기간 동안 보호, 양육한 후 부모에게 다시 돌려보내는 데 있다고 한다.[24] 그러나 위에서 살펴본 가정위탁의 실태에서 나타난 바와 같이, 이와 같은 가정위탁양육의 기븐 취지가 항상 실현되는 것은 아니다(위탁아동이 부모에게 돌아가는 비율은 실제로 그리 높지 않다[25]). 실제로는 위탁양육이 장기화되는 사례가 적지 않으며, 이런 경우 위탁양육관계는 아동이 성년에 달함으로써 종료되는 것이 보통이다.[26] 위탁양육이 장기화되는 경우에는 위탁아동과 위탁부모 사이에 친생친자관계와 다름없는 사실상의 친자관계가 형성되는 경우가 많다(반면에 친생친자관계는 형해화되어 형식적으로만 유지되고 있는 경우가 대부분이다). 이런 경우에는 위탁부모가 아동을 입양하여 양친자관계를 성립시키거나 또는 부모의 친권을 상실시키고 후견이 개시되도록 한 후 후견인변경절차(민법 제940조)를 거쳐 위탁부모가 후견인이 되는 것이 바람직하다고 볼 수 있다. 그러나 실제로는 위탁양육이 장기화되는 경우에도 양친자관계가 성립되거나 후견이 개시되지

24) 허남순, 가정위탁양육관계법의 개정, 한국아동복지학 7호(1998), 158면; 보건복지부/중앙가정위탁지원센터, 자원봉사와 함께하는 가정위탁(2006), 13면은 '가정위탁보호의 목적' 가운데 하나로서 '가족기능 회복과 강화'를 들고 있는데, 이는 구체적으로 다음과 같은 내용을 갖는다. "아동이 보호 받는 동안 위기에 처한 아동과 가정사이의 연결고리를 유지해 주며, 애착관계를 강화하기 위해서 위탁보호아동과 친부모의 만남을 지원하여 아동이 조속한 시일에 친부모와 재결합할 수 있도록 돕는다."

25) 2006년 3/4분기까지 가정위탁양육이 종결된 사유를 보면, 원가정 복귀는 17%(267명)에 지나지 않았다. 보건복지부/중앙가정위탁지원센터, 가정위탁보호 법률안 마련을 위한 제안(자료집, 2006), 130면.

26) 2006년 3/4분기까지 가정위탁양육이 종결된 사유 중 위탁아동이 18세가 되어 종결된 경우는 762명으로 전체(1,528명)의 거의 절반에 이르고 있다. 보건복지부/중앙가정위탁지원센터(각주 25), 130면.

않고 위탁양육관계가 그대로 유지되는 경우가 적지 않다.[27] 위탁양육이 장기화되어 위탁부모와 아동 사이에 사실상의 친자관계가 형성되었음에도 이에 상응하는 권리의무관계가 인정되지 않는 현재의 법상태는 위탁양육관계를 불안정하게 만드는 요인이 되고 있으며, 결국 아동의 복리를 침해하는 결과를 낳고 있다.[28] 그러므로 위탁양육관계가 장기화되어 사실상의 친자관계가 형성된 경우에는 이러한 관계를 보호할 수 있는 법규정이 마련될 필요가 있다고 생각된다.

(2) 반면에 위탁양육관계를 안정시킬 목적으로 가정위탁이 시작될 때부터 위탁부모에게 많은 권리를 인정한다면(이는 부모의 친권을 제약하거나 침해하는 결과로 이어질 수 있다), 이는 또 다른 부작용을 낳을 수 있다. 부모가 애초에 가정위탁을 꺼릴 수도 있으며, 일단 가정위탁양육이 시작된 이후에도 위탁부모와 부모 사이에서 양육에 관한 충돌과 갈등이 발생할 소지가 있기 때문이다. 따라서 가정위탁이 시작될 때부터 부모의 친권을 일률적으로 제한하고 위탁부모에게 많은 권리를 인정하는 것은 바람직한 방향이라고 보기 어렵다. 처음부터 장기위탁이 예상되는 경우(예를 들어서 부모가 장기간의 징역형을 선고받고 복역 중인 경우)가 아니라면 가정위탁의 원래 취지 – 부모가 양육할 수 없는 아동을 일정 기간 양육하다가 다시 부모에게 돌려보낸다는 것 – 에 따라 위탁양육에 관한 법률관계를 설정하는 것이 타당할 것으로 생각된다. 아동의 원가정(原家庭) 복귀를 전제로 한다면, 부모와 자녀 사이의 관계가 유지될 수 있도록 정기적인 면접교섭을 촉진, 지원할 필요가 있으며, 자녀양육에 부모의 의견이 적극 반영될 수 있도록 배려하여야 한다. 이러한 전제하에서는 부모의 친권이 그대로 유지되는 것이 타당하다. 자녀를 실제로 양육하는 위탁부모에 대해서는 양육에 필요한 범위 내에서 부모를 대리할 권한을 인정하는 것으로 충분할 것이다. 예를 들어서 자녀의 친권자인 어머니가 질병으로 약 1년간 요양을 해야 하기 때문에 자녀를 직접 양육할 수 없어서 가정위탁을 한 경우라면 자녀양육의 기본방향을 정하고, 중요한 양육사항에 대해서 스스로 결정하는 것이 가능하다. 이런 경우 위탁부모는 일상적인 양육의 범위(음식의 제공, 여가활용 등)에서 부모의 친권을 대행함으로써 양육자로서의 역할을 수행할 수 있을 것이다.

(3) 가정위탁은 아동의 원가정 복귀를 기본 취지로 하지만, 위탁부모와 아동 사이

27) 2006년 3/4분기까지 위탁부모가 아동을 입양하여 가정위탁양육이 종결된 경우는 전체 1,526명의 아동 중에서 4명에 지나지 않았다. 보건복지부/중앙가정위탁지원센터(각주 25), 130면.

28) 2006년 9월 22일 가정법률상담소가 주최한 '가정위탁의 현황과 과제 심포지엄' 에서 두 분의 위탁부모가 사례를 발표하였는데, 장기간의 위탁양육으로 사실상의 친자관계가 형성되었음에도 법률상 양육권이 전혀 인정되지 않는 현실로 인해서 겪는 어려움을 호소하였다. 가정법률상담소(각주 20), 114면 이하.

에 애착관계, 나아가 사실상의 친자관계가 형성된 때에는 이러한 기본 취지를 실현하는 데에 상당한 어려움이 따른다. 이런 경우에는 자녀의 복리를 해치지 않고, 자녀를 부모에게 돌려보낸다는 것은 사실상 불가능하다. 자녀를 스스로 양육할 수 있는 여건을 회복한 부모는 친권자로서 자녀의 인도를 청구할 수 있는 것이 원칙이지만, 장기간의 위탁양육을 통하여 위탁부모에 대해서 애착관계를 형성한 아동을 즉시 부모에게 돌려보낸다면(자녀는 부모에 대해서 거의 기억을 하지 못하는 경우도 있다), 자녀는 심각한 충격을 받을 수 있다. 이런 경우에 부모의 친권과 자녀의 복리, 위탁양육관계의 보호라는 몇 가지 법익을 동시에 만족시키는 해법을 찾는다는 것은 사실상 불가능하다. 현행법에는 이러한 관계에 적용할 수 있는 적당한 규정이 마련되어 있지 않는데, 이런 경우를 대비하여 탄력적으로 대응할 수 있는 규정을 마련할 필요가 있다고 생각된다.

(4) 위에서 살펴 본 바와 같이, 가정위탁양육은 다양한 모습으로 전개될 수 있는데, 위탁양육에 관한 민법규정을 신설할 때에는 이 점을 충분히 고려해야 할 것이다. 예를 들어서 가정위탁의 원래 취지에 따라 위탁가정에서 비교적 단기간 아동을 보호, 양육한 후 부모에게 돌려보낼 수 있다고 판단되는 경우에는 부모의 친권을 그대로 유지한 상태에서 부모와 자녀의 관계가 유지될 수 있도록 지원, 촉진하는 방향으로 법률관계가 설정되어야 한다. 따라서 이러한 사례에서는 부모와 자녀의 관계를 강하게 보호하고, 위탁부모에 대해서는 일상적인 양육에 필요한 범위 내에서 일정한 권리를 인정하는 것으로 족하다고 생각된다(예를 들면 일상적인 양육에 있어서 부모를 대리하는 것). 반면에 이미 위탁양육이 장기간 지속되어 위탁부모와 아동 사이에는 사실상의 친자관계가 형성되었으나, 부모는 자녀와의 교류를 단절하여 친자관계가 형식적으로만 존속하는 때에는 위탁부모와 아동과의 관계를 보다 강하게 보호하는 것이 타당할 것이다(예를 들면 친권의 일부 또는 전부를 위탁부모에게 양도하는 것).

민법에 가정위탁양육에 관한 규정을 신설할 때에는 위탁양육관계가 현실에서 다양하게 전개될 수 있다는 점을 고려하여, 구체적인 관계에 따라 적절하게 대응할 수 있는 규정을 마련할 필요가 있다. 항상 기억되어야 할 기본전제는 이와 같은 법규정의 근본 취지가 위탁아동의 복리를 실현하는 데 있다는 점이다. 위탁양육관계에서는 자녀와 부모, 위탁부모 등 3자의 이익이 균형있게 고려되는 것이 이상적이지만, 이들 사이에 서로 권리가 충돌되는 경우가 발생한다면 자녀의 복리가 항상 우선적으로 고려되어야 할 것이다.

2. 현행법의 문제점

이미 위에서 언급한 바와 같이, 위탁부모는 실제로 아동을 양육하고 있으면서도 양육권을 가지고 있지 못한 것이 현실이다. 실제로 아동을 양육하는 위탁부모가 양육권을 갖지 못하는 상태는 아동의 복리에 반하는 결과로 이어질 수 있다. 실제로 위탁가정에서 외국으로 여행을 가는데, 부모와의 연락이 끊어진 위탁아동은 친권자의 동의를 받을 수가 없어서 여권을 발급받지 못했기 때문에 함께 여행을 가지 못한 사례도 있다. 그러나 이러한 예는 위탁부모에게 양육권이 인정되지 않는 결과 발생할 수 있는 많은 문제들 가운데 하나에 불과하다. 위탁부모는 실제로 위탁아동을 양육하면서 양육과 관련된 다양한 결정을 하고, 때로는 아동을 대리하여 의사표시를 하게 된다(예를 들어서, 아동에게 아침식사로 무엇을 제공할 것인가, 텔레비전 시청시간은 어느 정도가 적당하며, 어떤 프로그램을 시청하게 할 것인가, 미술학원을 다니게 할 것인가, 영어학원에 등록할 것인가 등 수많은 결정을 해야 하고, 병원에서 치료를 받는 경우에는 보호자로서 적절한 치료를 선택하고 아동을 대리하여 계약을 체결하여야 한다). 또한 위탁아동의 통장으로 지급되는 양육보조금과 생계비, 후원금 등을 인출하여 아동의 양육을 위해서 적절히 관리하며 지출해야 한다. 이러한 모든 결정과 행위는 원래 양육권(친권)에 기초하여 이루어지는 것이다. 현재도 위탁부모는 아동을 양육하면서 끊임없이 이와 같은 종류의 결정을 하고, 때로는 아동을 대리하여 법률행위를 하고 있다. 문제는 위탁부모가 아무런 법적 근거도 없이 사실상 양육권(친권)을 행사할 수밖에 없으며, 이로 인하여 많은 불편과 어려움이 발생하고 있다는 점이다.

이와 같은 법과 현실의 괴리를 해소하기 위해서는 위탁부모가 위탁아동을 양육하는 데 불편함이 없도록 필요한 범위에서 양육권이 인정되어야 할 것이다.[29] 위탁부모에게 양육권이 인정되는 것은 위탁양육관계를 안정시키는 효과를 가져 오고, 결과적으로 위탁아동의 복리를 실현하는 데에도 도움이 된다.[30] 문제는 위탁부모에게 어느 범위에서 양육권을 인정하는 것이 타당한가에 있다. 이와 관련하여 우선 친권자(또는 후견인)와 위탁부모가 협의하여 위탁양육기간 동안 위탁부모가 행사할 수 있는 권리의 범위를 정하는 방법을 생각해 볼 수 있다. 이는 일종의 가족법상의 계약이라고 볼 수 있는데, 그 계약의 핵심적인 내용은 위탁부모가 양육에 관한 권리를 행사할 수 있도록 친권자가 위탁부모에게 양육에 관한 대리권을 수여하는 데 있다.[31] 그러나 당사

---

29) Simitis, Thesen zur Neuregelung des Pflegekinderwesens, Forum Jugendhilfe 2/1977, 29f.

30) Salgo, Die Pflegekindschaft in der Kindschaftsrechtsreform vor dem Hintergrund verfassungs- und jugendhilferechtlicher Entwicklungen, FamRZ 1999, 344.

자가 협의하여 위탁양육에 관한 계약을 체결한다고 해도 내용이 불확실하여 실효성이 없거나 강행규정에 위반되는 요소로 인하여 무효가 될 가능성이 높다.[32] 이러한 사정을 고려해 본다면 당사자가 위탁양육과 관련된 법률관계에 대해서 합의하지 않은 경우나 합의한 내용이 불확실한 경우, 또는 합의한 내용이 무효인 경우에 일반적으로 적용될 수 있는 기본적인 규정이 민법에 마련될 필요가 있다고 생각된다. 예를 들어서, 당사자 간에 달리 정함이 없는 경우에는 위탁부모가 친권을 대행하도록 하는 규정을 두는 방안을 생각해 볼 수 있다. 이와 같은 규정은 부모와 위탁부모간의 법률관계를 명확히 하는 데 기여할 수 있을 것이다. 이어서 이 문제에 대하여 보다 자세히 살펴본다.

3. 위탁부모에 의한 친권대행

위에서 언급한 바와 같이, 가정위탁양육의 기본 취지는 부모가 양육할 수 없는 아

31) Schwab-Zenz, Soll die Rechtsstellung der Pflegekinder unter besonderer Berücksichtigung des Familien-, Sozialen-und Jugendrechts neu geregelt werden?, Gutachten A zum 54. DJT, 1982, 76f. 위탁양육계약에 의해서 위탁부모에게는 아동을 보호, 양육해야 할 의무가, 부모에게는 양육비를 지급해야 할 의무가 생긴다는 점에서 일종의 채권계약이라고 볼 수 있는 여지도 있다(실제로 부모가 위탁부모에 대하여 양육비를 지급하는 경우는 거의 없다고 해도 과언이 아니다). 그러나 위탁양육관계를 단순한 채권계약으로 보는 것은 위탁양육의 본질과 맞지 않을 뿐만 아니라 실제로 위탁양육관계에서 파생되는 문제를 해결할 수 없다는 문제가 있다. 이와 관련된 내용은 후술하는 III. 6. 가정위탁양육의 종료 부분 참조.

32) 지역가정위탁지원센터에서 사용하고 있는 일종의 표준 '아동위탁보호약정서' 서식을 보면, 위탁부모 및 부모의 권리의무에 관하여 다음과 같이 추상적으로 규정하고 있다. "위탁부모는 위탁보호아동의 심신의 건강상태를 유지하도록 정상적인 교육을 받게 하며 아동의 발달을 위해 노력하여야 한다. 위탁부모는 아동이 장차 친가로 복귀할 수 있도록 노력하고 부모의 월 ○ 회 이상 위탁아동과의 만남을 허용한다." "부모는 아동의 취학, 전학, 기타 법적인 문제로 친가의 호주나 세대주의 권리행사가 필요한 경우 가정위탁지원센터와 위탁부모의 협의에 따라 선의의 권리를 행사한다."; 지역가정위탁지원센터 중에서는 자체적으로 별도의 계약서를 만들어서 사용하는 곳도 있는데, 예를 들어서 어느 가정위탁지원센터의 계약서에는 다음과 같은 내용이 포함되어 있다. "아동의 친권은 부모에게 있으므로 위탁기간 동안 아동에게 발생하는 모든 일에 대한 책임은 부모에게 있다(단, 위탁가정의 명백한 부주의로 발생하는 일은 위탁가정이 책임을 진다). 위탁기간동안 위탁보호인은 아동을 사랑하고 보호할 의무가 있으므로 위탁기간 중 아동을 최선을 다해 양육해야 하며, 아동의 안전에 각별히 유의한다."; 또한 지역가정위탁지원센터 중에서는 부모로부터 다음과 같은 내용의 각서를 받는 경우도 있다. "본인은 상기 아동의 (부, 모, 기타)로서 가정형편상 아동의 양육이 불가능하여 양육권을 포기하고 귀 센터에 가정위탁 할 것을 의뢰하며, 아동을 의뢰한 날로부터 아동 양육 시 발생되는 질병으로 인한 병원 입·퇴원 및 사망 등의 사유로 아동의 신변에 어떠한 일이 발생하더라도 위탁아동에 대한 민, 형사상의 법적인 문제를 제기하지 않을 것을 각서하며, 위약 시 어떠한 처벌도 감수하겠습니다. 또한 특별한 사유나 사전 통보 없이 3개월 이상 연락이 무단 두절될 시는 친권자가 친권을 아동미래설계위원회에 일임하는 것으로 간주, 아동미래설계위원회에서 임의로 아동의 친권을 처리할 수도 있음을 확인합니다."반면에 같은 지역가정위탁지원센터는 부모로부터 다음과 같은 내용의 서약서를 받고 있는데, 이는 앞의 각서의 내용과 모순된다. "상기인은 00 시 가정위탁지원센터에 본인의 자녀를 위탁함에 있어 아래 준수사항을 필히 지킬 것이며, 이를 위반할 경우 귀 센터의 어떠한 처분에도 이의를 제기하지 않을 것임을 서약하는 바입니다/아동의 친권은 본인에게 있으므로 위탁기간 동안 아동에 대한 안전 및 상해보험을 가입, 매달 불입하며 아동에게 발생하는 모든 일에 대한 책임은 본인에게 있다(단, 위탁가정의 부주의로 발생하는 일은 위탁가정이 책임을 진다)."

동을 일정한 기간 동안 보호, 양육한 후 부모에게 다시 돌려보내는 데 있다. 이러한 가정위탁양육의 취지에 비추어 볼 때, 위탁가정에서 자녀를 양육하는 동안에도 자녀와 부모 사이의 관계가 유지될 수 있도록 지원하는 것은 법에 주어진 과제라고 할 수 있다. 부모가 자녀를 직접 양육하지는 못하지만 자녀와의 관계를 유지하면서 자녀의 양육에 관하여 의사를 표시할 수 있는 상태에 있을 때에는 양육의 기본방향을 정하고, 자녀의 장래에 영향을 미칠 수 있는 중요한 사안(예를 들면 교육, 의료시술, 종교 등에 관한 사안)에 대해서는 직접 결정하는 것이 바람직하다. 이렇게 본다면, 부모의 친권을 유지하면서 위탁부모에게는 친권을 대행할 수 있는 권한을 인정하는 방안이 하나의 대안으로 논의될 수 있을 것이다.[33] 즉, 위탁양육이 시작되기 전에 당사자 사이에 다른 합의가 이루어지지 않는 경우에는 위탁부모가 친권을 대행하도록 하는 방안이다[34](당사자 사이에 이와 다른 합의가 이루어진 때에는 그 합의에 의한다). 위탁부모에 의한 친권대행이란 '법률행위를 대리한다'는 민법상 대리의 범위를 넘어서 위탁아동의 사실상의 양육 및 그와 관련된 다양한 결정, 나아가 거소지정권, 법정대리권, 재산관리권(위탁부모는 위탁아동의 통장으로 입금되는 양육보조금, 생계비, 후원금 등을 관리하고 지출하여야 하므로 재산관리권도 필요하다) 등 친권 전반에 걸쳐서 부모의 친권행사를 대리한다는 의미로 풀이된다. 물론 친권대행의 범위를 어디까지로 할 것인가는 당사자의 협의에 의하여 축소되거나 확대될 수 있다. 예를 들어서 일상생활에서 반복적으로 행해지는 친권의 행사(예컨대 식단을 짜는 것, 아동도서를 선택하고 구입하는 것, 과제물에 서명하는 것 등)는 위탁부모가 하고, 아동의 장래에 장기적인 영향을 미치는 사항(학교의 선택, 종교의 선택, 중요한 의료시술 등)에 대해서는 부모가 친권을 행사한다는 협의가 이루어질 수 있으며, 이런 경우 위탁부모가 친권을 대행하는 범위는 일상생활에 관한 부분으로 제한될 것이다.[35]

위탁부모가 친권을 대행하는 경우에도 부모의 친권은 소멸하거나 축소되지 않는다.[36] 따라서 부모가 원하는 경우에는 직접 친권을 행사할 수도 있다. 그러므로 하나의 사안을 두고 친권대행자인 위탁부모와 친권자인 부모의 의견이 충돌하는 경우가 생길 수 있다. 이런 경우에는 친권자인 부모의 의견이 우선한다고 보아야 할 것이다.

---

33) Vorschläge der AGJ zur gesetzlichen Neuregelung des Pflegekinderwesens im BGB, Forum Jugendhilfe 2/1977, 63f.

34) 스위스민법 제300조 제1항이 이와 유사한 태도를 취하고 있으며, 그 외에도 프랑스민법 373조의 4, 독일민법 제1688조 제1항 등이 위탁부모의 친권대행에 대해서 규정하고 있다.

35) 독일민법 제1688조 제1항은 이러한 내용을 명문으로 규정하고 있다.

36) Flume, Allgemeiner Teil des Bürgerlichen Rechts, Bd. 2(4. Aufl., 1992), § 53, 6; 이영준, 민법총칙(2005), 525면("우리 법은 이른바 排除代理, 즉 代理權授與者(本人)의 법률행위를 배제하는 수권행위를 인정하지 않는다. 따라서 任意代理의 경우 본인이 수권행위를 하였다 하더라도 이에 의하여 그 범위 내에서 행위능력은 물론 처분능력을 제한받지 않는다.")

자녀양육의 일차적인 책임은 부모에게 있다고 해석되기 때문이다. 부모의 친권행사가 자녀의 복리에 반하는 경우에는(예를 들어서 인문적 소양이 있는 아동의 적성과 소질을 무시하고 실업고에 진학하도록 결정하는 경우) 우선 가정위탁지원센터와 같은 전문기관이 중재하여 아동의 복리에 맞는 방향으로 합의를 도출하는 것이 바람직하다.[37] 그래도 의견이 조정되지 않을 때에는, 부모의 친권행사가 친권남용으로서 친권상실의 원인(민법 제924조)에 해당되지 않는 한, 부모의 의견이 우선한다고 해석할 수밖에 없을 것이다. 이러한 결과가 구체적으로 아동의 복리에 반하는 경우도 있을 수 있지만, 위탁부모가 친권을 대행하는 한에 있어서는 감수할 수밖에 없는 한계로서 받아들여져야 할 것이다.

위탁부모가 친권을 대행하는 경우에는 그 성질상 일정한 제한이 필요하다. 예를 들면 15세 미만의 아동을 입양할 때에는 법정대리인의 입양승낙이 필요한데(민법 제869조 본문), 입양의 승낙과 관련하여 친권을 대행하는 위탁부모에게 친권자와 동일한 지위를 인정하는 것은 문제가 있다. 위탁부모가 친권대행자로서 위탁아동의 입양을 승낙할 때에는 일정한 제한을 받도록 하는 것이 타당할 것이다. 친권자와 달리 후견인이 입양을 승낙하는 경우에는 가정법원의 허가를 받아야 하는데(민법 제869조 단서), 친권을 대행하는 위탁부모에게도 이와 같은 제한이 가해질 필요가 있다. 이런 취지에서 위탁부모가 친권을 대행할 때에는 사안에 따라서 후견인과 같은 제한을 받도록 하는 것이 바람직하다고 생각된다.

위에서 서술한 내용을 바탕으로 하여 개정사안(私案)을 제시하여 보면 다음과 같다.

제910조(子의 親權의 代行) ① 친권자는 그 친권에 따르는 子에 갈음하여 그 子에 대한 친권을 행사한다.

② 위탁부모는 친권자에 갈음하여 위탁아동에 대한 친권을 행사한다. 그러나 친권자가 이와 다른 의사를 표시한 때에는 그 의사에 의한다.

③ 제869조 단서, 제899조 제2항, 제945조 단서, 제950조, 제951조의 규정은 위탁부모가 제2항의 규정에 의하여 친권을 대행하는 경우에 준용한다.

제956조(위임과 친권의 규정의 준용) ① 제681조, 제910조 제2항,[38] 제918조의

37) Schlußresolution des 5. Internationalen Expertengesprächs zur Jugendhilfe, Forum Jugendhilfe 2/1977, 57.

38) 후견인이 법정대리인으로서 위탁부모에게 아동(피후견인)의 양육을 맡긴 경우에 후견인이 다른 의사를 표시하지 않은 때에는 위탁부모가 후견인의 임무를 대행할 수 있게 하기 위하여 이와 같은 준용규정이 필요하다.

규정은 후견인에게 이를 준용한다.

4. 위탁부모에 대한 친권의 양도

가정위탁양육이 시작될 때 장기위탁이 예상되거나 혹은 위탁양육이 이미 오랜 기간 지속된 경우에는 당사자의 합의와 법원의 심판에 의하여 친권의 일부나 전부를 위탁부모에게 양도하는 방안을 생각해 볼 수 있다.[39] 친권양도와 관련하여 우선 검토가 필요한 부분은 친권의 양도가 현행법체계와 모순되지 않는가 하는 점이다.

(1) 현행법체계와 친권양도

전통적으로 친권은 부모가 포기하거나 타인에게 임의로 양도할 수 없는 것으로 이해되어 왔다.[40] 현행민법은 이와 같은 내용을 명문으로 규정하고 있지는 않지만, 이러한 민법의 태도에서 친권의 포기나 양도가 가능하다는 반대해석을 이끌어내기는 어렵다. 민법이 친권의 포기나 양도를 금지하는 규정을 두지 않는 이유는 이를 당연한 것으로 전제했기 때문일 것이다.[41]

현행민법상 친권은 부모의 권리라기보다는 자녀의 보호, 양육을 위해서 국가로부터 부여된 책임[42]이라고 보는 것이 타당하며, 따라서 부모는 이와 같은 책임을 자신의 의사에 따라 임의로 포기하거나 양도할 수 없다고 해석해야 할 것이다. 그러나 부모가 자녀에 대한 책임을 스스로 이행할 수 없는 상태에 있는 경우에는 형식적으로 친권을 유지하고 있다고 해도 자녀의 복리를 실현할 수 없으며, 오히려 자녀에게 해로운 결과로 이어질 수 있다. 부모가 자녀의 양육을 사실상 포기하겠다는 의사를 표시하였는데, 제3자(위탁부모)가 부모를 대신하여 자녀를 양육할 준비가 되어 있다면, 위탁부모에게 친권이 양도되도록 하는 것이 오히려 결과에 있어서 자녀의 복리를 위하여 바람직한 결정이 될 수 있다. 그러나 이런 경우에도 부모가 임의로 친권을 양도한다는 것은 당사자에 의한 자유로운 처분을 금지하는 친권의 본질에 반한다는 점에서 문제가 있다. 또한 당사자의 합의만으로 친권을 양도한다는 것은 자녀의 복리실현

---

39) 독일민법 제1630조 제3항, 오스트리아민법 제186조의 a, 1989년 영국아동법 제10조 제5항 (b), 스웨덴친자법 제6장 제8조 등이 위탁부모에 대하여 친권양도를 허용하는 법규정을 두고 있다. 이 중에서 독일을 제외한 나머지 국가에서는 자녀의 복리를 위하여 필요하다고 인정되는 경우 부모의 동의가 없는 때에도 위탁부모에 대한 친권양도가 가능하다.

40) 김유미, 자녀복리의 관점에서 본 한국 친권법(서울대학교 법과대학 박사학위논문, 1996), 178면.

41) 독일민법 초안은 제1561조에서 "친권은 포기할 수 없다"는 규정을 두고 있었다(Motive IV, 752f. 953f). 그러나 이 규정은 당연한 것으로 여겨져 그 후에 삭제되었다(Protokolle IV, 662). Frank, Grenzen der Adoption(1978), S. 153, Fn. 168 참조.

42) 1989년 영국아동법이 'guardianship'과 'custody'의 개념을 통합하여 'parental responsibility'이라는 개념을 창안한 것은 이러한 경향을 반영하는 하나의 징표라고 볼 수 있다.

이라는 관점에서 보아도 문제가 있다. 친권을 양도받아 자녀를 양육하겠다는 제3자가 자녀의 양육에 필요한 능력과 조건을 갖추고 있는가에 대해서 객관적으로 검토, 판단할 수 있는 과정을 거치지 않기 때문이다. 만일 친권을 양도받은 제3자가 자녀를 양육하면서 친권을 남용한다면 자녀의 복리는 회복하기 어려울 정도로 침해될 것이다.[43] 이러한 점들을 고려해 본다면, 당사자 사이에 친권양도에 대한 합의가 이루어진 경우에는 자녀의 복리실현에 대하여 최종적인 책임을 지는 국가가 개입하여 친권의 양도여부를 결정하는 것이 타당하다고 생각된다. 즉, 부모가 스스로 자녀를 양육하고 친권을 행사할 수 없는 상태에 있어서 친권을 양도하겠다는 의사를 표시하였고, 사실상 자녀를 양육하고 있는 위탁부모(혹은 앞으로 장기간 아동을 양육하게 될 위탁부모)가 친권을 양도받아 행사하는 것이 객관적으로 볼 때, 자녀의 복리실현을 위해서 필요하다고 판단되는 경우에는 법원의 허가를 받아 친권의 양도를 인정하는 것이 바람직하다고 생각된다. 이런 경우의 친권양도는 자녀의 복리실현을 의무로 하는 국가의 허가에 의한 것이며, 부모의 자유로운 의사에 따른 처분이 아니다.[44] 즉, 친권을 양도 또는 포기하겠다는 부모의 의사가 친권양도를 정당화하는 것이 아니라, 그러한 의사표시에서 나타나는 자녀의 보호필요성이 친권의 양도를 정당화한다고 볼 수 있다. 부모가 친권을 양도, 포기하겠다는 의사를 표시한 때에는 자녀의 복리가 위태로운 상태에 있다고 볼 수 있으며, 이런 경우에는 국가가 개입하여 자녀를 보호하는 것이 당연하기 때문이다. 이렇게 본다면, 법원의 허가에 의한 친권의 양도는 "친권은 부모가 임의로 양도, 포기할 수 없다"는 법리와 모순되지 않는다. 또한 자녀의 복리가 위태롭게 되었을 때, 국가가 개입하여 부모의 친권을 상실시키는 친권상실선고제도(민법 제924조)와 본질 면에서 다르지 않다고 볼 수 있다.

(2) 현행민법상의 친권양도

위에서 본 바와 같이, 친권은 그 성질상 당사자가 임의로 처분할 수 없는 것이며, 따라서 부모가 자신의 의사에 따라서 포기하거나 양도할 수 없는 것으로 이해되어 왔다. 친권에 대한 이와 같은 이해는 이제까지 별다른 의문없이 당연하게 받아들여져 왔으나, 실제로 우리민법에서 친권의 양도가 엄격히 금지되어 있는가에 대해서는 검토가 필요하다고 생각된다.

현행민법상의 입양규정에 의하면 입양은 당사자 사이의 합의와 입양신고에 의해서 성립하는데, 여기서 당사자란 양자될 자와 양친될 자를 의미한다. 따라서 신분행

43) 현행민법에 의하면 입양은 당사자의 합의와 호적법상의 신고만으로 성립하며, 양부모가 될 사람이 자녀의 양육에 필요한 자질과 능력, 양육조건 등을 갖추고 있는가에 대한 심사는 전혀 이르어지지 않는다. 이러한 입양규정의 허점으로 인하여 양자의 복리가 심각하게 침해되는 사례가 계속해서 보고되고 있다.

44) 이러한 취지의 주장으로는 Frank, Grenzen der Adoption(1978), S. 157.

위의 특성상 양친이 될 자는 물론 양자될 자도 스스로 입양의 의사표시를 하는 것이 원칙이라고 할 수 있다. 그러나 양자될 자는 어린 아동인 경우가 대부분이므로, 이와 같은 원칙을 관철시킨다면 보호를 필요로 하는 아동을 입양하는 것은 사실상 불가능해진다. 그러므로 민법은 양자가 될 아동이 15세 미만인 경우에는 법정대리인이 아동에 갈음하여 입양의 의사표시를 하도록 하여 예외를 인정하고 있다(민법 제869조). 이에 따라 친권자인 부모가 15세 미만의 자녀를 입양시키고자 하는 경우에는 양친이 될 자와 입양에 대해서 합의하고, 입양신고를 하면 입양이 성립한다(민법 제878조). 현행 민법에 의하여 입양을 할 때에는 법원의 허가가 필요하지 않다(입양촉진 및 절차에 관한 특례법에 의해서 입양하는 경우도 마찬가지다. 2008년 1월 1일부터 시행되는 친양자 입양의 경우에만 법원의 허가가 필요하다. 개정민법 908조의 2). 즉, 국가는 양친이 될 자가 자녀를 입양하여 양육할 수 있는 자질과 능력을 갖추고 있는가에 대해서 어떠한 판단도 하지 않는다. 입양이 성립하면 그 효력으로서 양친이 친권자가 되고(민법 제909조 제1항 후단), 친생부모의 친권은 소멸하는데, 이는 당사자의 합의에 의한 친권양도에 다름 아니다. 다른 말로 표현하면 현행민법이 규정하는 입양의 본질은 당사자의 합의에 의한 친권양도라고 할 수 있다. 이와 같이 당사자의 합의에 의해서 친권이 양도되는 입양의 효력은 "친권은 임의로 양도, 포기할 수 없다"는 친권의 본질과 정면으로 배치되는 것이다. 또한 자녀의 복리가 위태로운 상태에 있을 때, 개입하여 자녀를 보호해야 하는 국가의 책임과 의무를 망각한 입법이라는 비판을 피하기 어렵다.

이와 같은 점을 고려해 볼 때, 현행민법상 입양의 경우에 당사자의 합의에 의한 친권양도가 가능하다고 해도 이러한 법리를 위탁양육관계에 접목하려는 시도는 바람직하지 않다고 생각된다. 즉, 부모와 위탁부모의 합의만에 의해서 위탁부모에게 친권을 양도할 수 있게 하는 것은 친권의 본질과도 반하며, 자녀의 복리라는 관점에서 보아도 설득력이 없다. 반면에 당사자의 합의와 법원의 허가에 의해서 위탁부모에게 친권이 양도될 수 있도록 하는 방안은 친권의 본질과도 모순되지 않고 자녀의 복리실현에도 기여할 수 있는 대안으로 평가할 수 있을 것이다.

(3) 친권양도의 필요성

부모가 직접 자녀를 양육할 수 없는 중요한 사정이 있어서(예를 들어서 혼자 자녀를 양육하는 모나 부가 장기간 요양을 필요로 하는 질병에 걸린 경우, 직업과 육아를 병행하기 어려운 경우 등) 타인(위탁부모)에게 자녀의 양육을 맡기는 경우는 실제로 종종 발생한다. 부모는 자녀의 양육에 대해서 일차적인 책임이 있지만, 어떤 사정으로 자녀를 스스로 양육할 수 없는 경우에는 제3자에게 양육을 맡기는 것도 법률상 허용된다고 보아야 할 것이다. 만일 위탁가정에서 자녀의 복리가 위태롭게 된다면 자녀를 보호하기 위하여 국가가 개입할 필요가 있으나(구체적으로는 자녀를 위탁가정에서 격리시키고 보호조치를 취하는 방식으로 나타난다. 아동복지법 제27조, 제10조), 자녀가 위탁가정에서 건강하게 성장하는 경우에는 위탁양육관계를 보호하는 것이 자녀의 복리실현을 위해서도 바람직하다. 특히 위탁양육이 장기화되어 위탁부모와 아동 사이에 사실상의 친자관계가 형성된 경우에는 그에 상응하여 법적인 보호가 이루어질 필요가 있다.[45] 이런 경우에 부모가 위탁부모에 대하여 자녀를 양육하는 기간 동안 친권의 일부 또는 전부를 양도하겠다는 의사를 표시한다면, 이를 허용하는 것이 양육에 도움이 되고 자녀의 복리실현에도 기여하는 결과가 될 것이다[46](부모는 오랜 기간 자녀를 거의 만나지 못했거나 자녀의 양육에 관여하지 못한 반면, 위탁부모가 실제로 부모의 역할을 해왔다면, 위탁부모가 친권을 행사하는 것이 자녀의 복리실현을 위해서 바람직할 수 있다. 친권의 행사란 자녀의 적성과 희망, 소질 등을 구체적으로 파악하여 그때그때 적절한 결정을 내리는 것을 중요한 내용으로 하는데, 이러한 판단과 결정은 자녀를 실제로 양육하는 사람이 보다 정확하게 내릴 수 있기 때문이다).

친권의 양도를 허용하지 않는 현행법 하에서 위탁부모에게 친권이 양도되는 것과 유사한 효과를 얻으려면 위탁부모가 후견인이 되어야 한다. 그러나 위탁부모가 후견인이 되기 위해서는 복잡한 절차를 거쳐야만 한다는 단점이 있다. 우선 부모에 대하여 친권상실선고를 청구하여 법원에서 친권상실선고를 받아야 한다(민법 제924조, 아동복지법 제12조). 부모 자신이나 위탁부모는 친권상실선고를 청구할 수 없으므로, 친족 등 타인에게 부탁하여 친권상실선고를 청구하도록 할 수밖에 없다. 친권상실사유를 증명하여 법원에서 친권상실의 심판을 받는다고 해도 현재 자녀를 실제로 양육하고 있는 위탁부모가 후견인이 되는 것이 아니라 자녀의 양육과 무관한 혈족이 후견인이 된다(법정후견인. 민법 제932조, 제935조). 이런 경우에 위탁부모가 후견인이 되기 위해서는 다시 후견인 변경절차를 거쳐야만 한다(민법 제940조).

이러한 점들을 고려해 본다면, 당사자 사이에 친권양도의 합의가 있고 친권양도가 자녀의 복리실현에 기여한다고 판단되는 때에는 굳이 친권상실, 후견개시, 후견인 변경과 같은 복잡한 절차를 통하지 않더라도 법원의 허가를 거쳐 위탁부모에게 친권이 양도될 수 있도록 하는 법제도를 마련하는 것이 필요하다고 생각된다.

(4) 친권양도의 효과

친권의 전부가 양도되면 부모는 더 이상 친권을 행사할 수 없고, 친권을 양도받은

45) Simon, Reformüberlegungen zur Rechtsstellung der Pflegekinder, NJW 1982, 1675.

46) 가정위탁지원센터는 위탁양육과 관련하여 부모와 위탁부모, 위탁아동에게 상담서비스를 제공하는데, 상담과정에서 필요하다고 판단되는 경우에는 친권양도의 가능성에 대해서 조언할 수 있을 것이다.

위탁부모가 전적으로 친권을 행사하게 된다. 따라서 이 경우에는 친권행사에 관하여 부모와 위탁부모의 권한이 충돌하는 일은 생기지 않는다. 부모에게는 자녀와의 면접교섭권이 인정되어야 할 것이다(민법 제837조의 2의 유추적용). 위탁부모가 친권을 대행하는 경우에는 부모가 친권을 보유하고 있으므로, 친권에 기초하여 언제든지 자녀와 면접교섭하는 것이 이론상으로 가능하며, 이와 별도의 면접교섭권이 인정될 필요는 없다. 그러나 친권의 전부가 위탁부모에게 양도된 때에는 부모가 친권을 갖지 않은 상태가 되므로, 별도로 면접교섭권이 인정될 필요가 있다.

친권의 일부가 위탁부모에게 양도된 때에는 친권행사에 관하여 부모와 위탁부모 사이에서 의견의 충돌이 생길 수 있는 여지가 있다. 예를 들어서 교육, 종교, 중요한 의료시술에 관한 사항에 대해서는 위탁부모와 부모가 공동으로 결정하기로 하고, 친권의 나머지 부분은 위탁부모가 단독으로 행사하기로 하였는데, 자녀의 고등학교 진학과 관련하여 부모와 위탁부모의 의견이 다른 경우를 생각해 볼 수 있다(부모는 자녀를 실업계 고등학교에 진학시키려고 하는 반면, 위탁부모는 인문계 고등학교에 보내려고 하는 경우). 또 다른 예로서 위탁부모에게는 친권 중에서 자녀의 양육에 관한 부분을 양도하고, 부모는 친권 중에서 재산에 관한 부분을 보유하기로 하였는데, 어떤 사항이 자녀의 양육과 재산에 동시에 관계되는 경우를 생각해 볼 수 있다. 예를 들면, 고등학교에 재학 중인 자녀가 외국에서 공부하기를 원하는데, 그 비용을 자녀에게 속한 상속재산에서 충당하려고 하는 경우이다. 외국유학은 교육에 관한 사항이므로 자녀의 양육에 속한다고 볼 수 있으나, 자녀의 상속재산에서 유학비용을 지출하는 것은 자녀의 재산관리에 관한 문제가 된다. 이런 경우에 위탁부모와 부모 사이에서 의견이 합치되지 않는다면, 친권의 행사가 불가능하게 될 것이다. 이런 때에는 가정위탁지원센터와 같은 전문기관이 중재하여 의견을 조정하는 것이 바람직하지만, 끝내 의견이 일치되지 않는 때에는 당사자의 청구에 의하여 법원이 정하도록 하는 수밖에 없을 것이다.[47]

친권을 양도받은 위탁부모가 친권을 행사할 때에도 친권대행의 경우에서 본 바와 같이, 일정한 제한을 가할 필요가 있다. 즉, 친권을 양도받아 행사하는 위탁부모에 대해서는 후견인과 같은 지위를 인정함으로써 후견인에게 가해지는 제한이 적용되는 것이 바람직하다. 그러므로, 예컨대 친권을 양도받은 위탁부모가 자녀에 갈음하여 입양을 승낙할 때에는 가정법원의 허가를 받아야 할 것이다(민법 제869조 단서).

위탁부모가 친권을 양도받아 행사하는 경우에는 민법상 자녀의 감독의무자가 된다. 그러므로 책임능력이 없는 위탁아동이 제3자에게 불법행위를 한 경우에는 위탁

---

47) 독일민법 제1630조 제2항 참조.

부모는 감독의무자로서 손해배상의 책임을 진다(민법 제755조, 제753조). 한편 불법행위를 한 아동에게 책임능력이 있는 경우에는 감독의무자인 위탁부모는 감독의무위반과 손해의 발생 사이에 상당한 인과관계가 있는 경우에 한하여 손해배상의 책임을 지게 될 것이다(민법 제750조).[48] 위탁부모의 고의나 과실로 아동에게 손해가 발생한 경우에는(예를 들어서 과도한 징계로 아동이 상해를 입은 경우 등) 위탁부모는 아동에 대하여 손해배상의 책임을 진다(민법 제750조).

이와 같은 위탁부모의 손해배상책임은 위탁부모에게 큰 부담이 될 수 있으며, 결과적으로 가정위탁의 활성화를 저해하는 요인이 될 수도 있다. 이런 이유에서 국가는 2006년부터 아동복지법 제4조(책임), 제9조(아동의 건강 및 안전), 제10조(보호조치), 제31조(비용 보조) 규정에 근거하여 위탁아동을 위한 단체보험계약의 체결을 지원하고 있다. 이에 따라 국가는 위탁아동 1인당 연 10만원 내에서 보험료를 지원하고, 시·도지사가 위탁아동을 피보험자로 하는 보험계약(단체보험취급특약을 원칙으로 한다)을 체결한다(보건복지부지침에 의하면, 보험사와의 계약체결 시 "위탁부모에 대한 보험사의 구상권 포기"를 요구조건으로 제시하도록 되어 있다). 보험계약의 내용으로는 일상생활배상책임(위탁아동의 불법행위로 인한 손해에 대하여 1억원 한도에서 배상), 위탁아동 후유장해[49](보험가입금액 1억원), 입원의료비, 통원의료비 등이 포함되어 있다.

(5) 부모에 의한 친권반환청구

친권의 양도는 친자관계를 소멸시키는 것이 아니므로, 부모는 친권의 반환을 청구할 수 있다. 즉, 친권을 양도할 당시 합의한 기간이 경과하였거나 부모가 스스로 자녀를 양육할 수 있는 상태를 회복한 때에는 원칙적으로 친권의 반환을 청구할 수 있다고 보아야 할 것이다. 친권상실선고를 받은 부모도 친권상실의 원인이 소멸한 때에는 법원에 실권의 회복을 청구할 수 있다는 점에 비추어 보면(민법 제926조), 친권을 양도한 부모가 후에 반환을 청구할 수 있는 것은 당연하다. 다만, 부모는 언제나 - 예컨대 처음에 합의한 위탁양육기간이 경과하기 전에도 - 친권의 반환을 청구할 수 있는가 하는 점은 검토를 요한다. 부모와 위탁부모 사이에서 친권의 반환에 대한 합의가 이루어지고, 자녀의 복리라는 관점에서 보아도 문제가 없는 경우에는 친권의 반환을 인정해도 무방할 것이다. 그러나 친권의 반환이 위탁양육관계를 불안정하게 하고, 자녀의 복리를 침해할 우려가 있다고 판단되는 때에는 법원은 친권의 반환청구를 기각해야 할 것이다. 당사자가 합의한 친권양도기간이 경과한 때에도 친권의 반환이

---

48) 대법원 1994. 2. 8. 93다13605판결(전원합의체).

49) 일상생활 중 발생한 사고로 인해 상해를 입고 사고일로부터 1년 이내에 신체의 일부를 잃었거나 그 기능을 영구히 상실한 경우, 그 정도에 따라 후유장해 가입금액의 지급률을 적용하여 산출한 금액을 후유장해 보험금으로 지급한다.

자녀의 복리를 위태롭게 할 우려가 있다고 판단되는 경우에는 법원은 역시 친권의 반환청구를 기각할 수 있다고 해야 할 것이다. 친권이 반환되면 부모는 자녀에 대하여 직접 친권을 행사할 수 있을 뿐만 아니라, 위탁부모에 대해서 자녀의 인도를 청구할 수 있게 되는데, 이와 같은 친권반환의 결과가 자녀의 복리를 침해할 수 있기 대문이다. 예를 들어서 스스로 자녀를 양육할 수 있는 상태를 갖추지 못한 부모가 합의된 기간이 경과되었다는 이유로 친권의 반환을 청구한 경우에 이를 무조건 인용한다면, 자녀의 복리실현은 보장될 수 없다. 그러므로 합의된 기간이 경과되었다고 해서 당연히 친권의 반환청구를 인용할 것이 아니라, 구체적인 사안에서 친권의 반환이 자녀의 복리에 미치게 될 영향을 고려하여 법원에서 이 문제를 결정하는 것이 바람직하다고 생각된다. 이렇게 하지 않으면, 일단 친권이 부모에게 반환되고 나서 자녀의 복리가 구체적으로 침해되는 상태가 발생한 이후에야 비로소 친권상실선고를 청구하는 절차를 밟게 될 것이다. 이어서 결국 그전까지 자녀를 양육하던 이전의 위탁부모가 후견인이 되기 위하여 후견인변경절차를 거쳐야만 할 것이다. 이와 같이 자녀의 복리가 침해된 이후에 조치를 취하는 것은 자녀에게도 이롭지 않을 뿐만 아니라, 불필요한 절차를 거쳐야 한다는 점에서 문제가 있다. 친권의 반환이 자녀의 복리를 침해할 우려가 있다고 판단되는 때에는 친권의 반환청구를 기각함으로써 자녀의 복리침해를 사전에 예방하는 것이 보다 합리적인 해결책이라고 생각한다.

(6) 부모와 자녀의 면접교섭

위탁부모에게 친권이 양도된 경우(친권의 일부, 예컨대 거소지정권 및 제3자와의 면접교섭을 결정하는 권한 등이 양도된 경우도 같다)에는 부모는 더 이상 친권자가 아니므로, 친권에 기초하여 자유롭게 자녀와 면접교섭을 할 수 없게 된다. 친권을 양도받아 행사하는 위탁부모가 자녀의 거소를 지정하고, 자녀의 면접교섭여부 등을 결정하기 때문이다(이 점은 다음과 같은 사례를 보면 명확해진다. 이혼 후 부가 친권자로 지정되어 실제로는 조부모가 자녀를 양육하였는데, 갑자기 부가 사망하여 모가 친권자가 되면서 자녀를 직접 양육하게 되었고, 모가 자녀와 조부모의 면접교섭을 금지하는 사례가 있다. 모는 친권자로서 자녀가 누구와 면접교섭을 할 것인지의 여부를 결정할 수 있으므로, 자녀와 조부모의 면접교섭을 금지하는 것도 가능하다. 반면에 조부모는 모의 동의가 없는 한 손자녀와 면접교섭을 할 수 없다. 조부모는 친권자가 아니므로 친권에 기초하여 손자녀와 자유롭게 면접교섭을 할 수 없을 뿐만 아니라, 현행민법상 면접교섭권을 청구할 수도 없기 때문이다). 그러나 부모는 친권이 없는 경우에도 자녀와 면접교섭할 수 있는 권리를 갖는다. 면접교섭권은 부모의 지위 그 자체에서 파생되는 권리이기 때문이다(이런 이유에서 이혼 후 친권자로 지정되지 않은 부모의 일방도 자녀와 면접교섭할 수 있는 권리를 갖는다.

민법 제837조의 2). 따라서 위탁부모에게 친권을 양도한 후에도 부모는 자녀와 면접교섭을 할 수 있는 권리를 갖는다고 보아야 한다. 특히 가정위탁의 기본 취지 – 부모가 직접 양육할 수 없는 아동을 일정기간 위탁가정에서 보호, 양육하다가 부모가 양육할 수 있는 여건을 회복하면 부모에게 돌려보내는 것 – 를 고려해 본다면, 위탁아동과 부모의 면접교섭은 적극적으로 지원, 촉진되어야 할 것이다. 민법 제837조의 2 규정은 이혼 후 부모의 일방이 친권자가 되어 자녀를 양육하는 경우에 다른 일방이 면접교섭권을 가지는 것을 전제로 하고 있으나(따라서 면접교섭은 자녀를 양육하지 않는 부모의 일방이 다른 일방을 상대로 청구하도록 되어 있다. 가사소송규칙 제99조 제1항), 위탁부모에게 친권이 양도된 경우에도 유추적용될 수 있을 것이다. 따라서 면접교섭권의 행사방법과 범위는 일단 부모와 위탁부모가 협의에 의해서 정하며, 협의가 되지 않는 경우에는 가정법원이 당사자의 청구 또는 직권에 의해서 정하게 될 것이다(민법 제837조의 준용).[50] 부모와의 면접교섭이 자녀의 복리를 심각하게 침해하는 때에는 가정법원은 위탁부모의 청구 또는 직권에 의하여 면접교섭을 배제할 수 있다고 보아야 할 것이다.[51]

위에서 서술한 내용을 바탕으로 하여 개정사안을 제시해 보면 다음과 같다.

제910조의 2(친권의 양도) ① 법원은 자의 복리를 위하여 필요한 때에는 부모 또는 위탁부모의 청구에 의하여 친권의 전부 또는 일부를 위탁부모에게 양도할 수 있다. 위탁부모의 청구에 의하여 친권을 양도하는 때에는 부모의 동의가 있어야 한다.

② 위탁부모는 친권이 양도된 범위 내에서 후견인과 동일한 권리의무가 있다.

③ 부모는 법원에 친권의 반환을 청구할 수 있다. 다만 법원은 부모의 양육상황, 양육능력, 친권의 반환을 청구하는 동기 그 밖의 사정을 고려하여 친권의 반환이 적당하지 아니하다고 인정하는 경우에는 청구를 기각할 수 있다.

5. 부모에 대한 친권상실선고

친권대행이나 친권양도 등의 법적 수단으로 위탁아동의 복리를 충분히 보장할 수 없는 때에는 최후의 수단으로 친권을 상실시키는 조치가 불가피하다. 예를 들어서 부모가 자녀를 학대, 방임하여 아동을 보호하기 위한 조치로서 가정위탁이 시작된 경

50) 金疇洙 · 金相瑢, 親族 · 相續法(2007), 213면.

51) 자녀가 면접교섭을 거부하는 때에도 법원은 자녀의 의사를 청취한 후 면접교섭의 배제여부를 결정하여야 할 것이다(가사소송규칙 제99조 제1항, 제100조). 이 경우 자녀의 의사와 희망을 정확하게 탐지하기 위하여 법관에게 아동심리학 등 일정한 소양교육을 실시할 필요가 있다고 생각된다. Baer, Die neuen Regelungen der Reform des Rechts der elterlichen Sorge für das Dauerpflegekind, FamRZ 1982, 232.

우, 가정위탁양육이 시작된 이후 장기간 자녀에 대해서 아무런 관심을 보이지 않았고, 경제력이 있음에도 불구하고 양육비조차 지급하지 않는 경우, 부모가 장기간 행방불명된 경우 등에는 부모의 친권을 상실시키고 후견이 개시되도록 하는 것이 바람직한 대안이 될 수 있다(친권대행이나 친권양도는 자녀의 원가정 복귀를 전제로 하는 제도인데, 장래에도 부모가 자녀를 양육할 가능성이 희박하거나 아예 없는 경우에는 사실상 이러한 조치들을 취할 의미가 없다).

특히 위탁양육이 장기화되어 위탁부모와 아동 사이에 사실상의 친자관계가 형성된 반면, 부모와는 장기간 아무런 교류도 없는 경우에는 부모의 친권을 상실시키고 후견이 개시되도록 하여 위탁부모가 후견인이 되는 것이 바람직하다. 위탁부모가 후견인이 되면 위탁양육관계가 더욱 안정될 수 있고, 위탁아동에 대한 양육보조금, 생계비 등의 지원도 계속하여 받을 수 있다. 한걸음 더 나아가 위탁부모에게 자녀를 입양할 의사가 있다면, 입양이 최선의 대안이 될 수 있다(그러나 입양을 하는 경우에는 위탁아동에 대한 양육보조금, 생계비 등의 지원이 중단되므로, 입양가정의 경제적 여건이 약화될 수 있다. 실제로 위탁부모들은 경제적인 이유 때문에 위탁아동의 입양을 주저하는 경우가 적지 않다).

그러나 자녀의 복리를 위하여 후견의 개시나 입양이 필요한 때에도 현행 친권상실규정이 장애로 작용하는 경우가 적지 않다. 예를 들어서, 오랜 기간 동안 위탁부모가 사실상 부모의 역할을 해왔고, 아동도 위탁부모를 친부모라고 여기고 생활하는 경우에 위탁부모가 아동을 입양하려고 하지만, 친권자인 부모의 승낙을 받을 수 없어서 입양을 하지 못하는 사례도 있다(친권자가 행방불명인 경우, 친권자의 소재가 파악되지만 자녀와 교류하지 않는 경우 등). 이런 경우에는 부모의 친권을 상실시키고 후견이 개시되도록 한 다음 후견인의 승낙을 받아서(이 경우 가정법원의 허가가 필요하다. 민법 제869조 단서) 입양을 해야 하지만, 현행법이 규정하는 친권상실선고의 청구권자(민법 제924조: 제777조의 규정에 의한 자의 친족 또는 검사, 아동복지법 제12조: 시 · 도시자 또는 시장 · 군수 · 구청장)는 법원에 친권상실선고를 청구하지 않고, 위탁부모나 가정위탁지원센터, 아동보호전문기관 등은 청구권이 없는 것이 현실이다. 그러므로 자녀의 복리를 위하여 후견의 개시나 입양이 필요하다고 인정되는 경우에도 그 첫 단계인 친권상실선고가 되지 않아서 아예 그 다음 단계로 나가지 못하는 경우가 적지 않다. 이러한 결과는 입법의 미비와 더불어 청구권자의 소극적 태도에 기인하는 것이다(예를 들어서 시 · 도시자 또는 시장 · 군수 · 구청장이 친권상실선고를 청구한 경우는 이제까지 없었던 것으로 알려져 있다. 그러나 이는 실제로 친권상실선고를 청구해야 할 사안이 없었기 때문이 아니라, 관계공무원의 소극적인 태도에서 비롯된 것이라고 보는 것이 정확하다). 청구권자의 태도변화를 당장 기대하기 어렵다면, 우선 법규정을 보완하여 아동의 보호에 효율적인 제도를 마련하는 것이 시급하다고 생각된다. 이는 굳이 민법규정을 개정하지 않더라도 아동복지법 제12조를 보완함으로써 가능하다. 예를 들어서 아동복지법 제12조가 규정하는 친권상실선고 청구권자의 범위에 아동보호전문기관을 포함시키는 방안을 생각해 볼 수 있다.[52] 위탁부모나 가정위탁지원센터의 장 등이 친권상실선고를 청구할 수 있도록 하는 방안도 생각해 볼 수 있으나, 아동복지법의 전반적인 체계와 부합하지 않는다는 비판이 제기될 수 있다. 우선 아동보호전문기관이 친권상실선고를 청구할 수 있게 되면, 현행법의 미비점은 상당 부분 보완될 것으로 전망된다.

한편, 친권상실선고에 의해서 후견이 개시되는 경우에도 현재 아동(피후견인)을 보호, 양육하고 있는 위탁부모가 당연히 후견인이 되는 것은 아니다. 현행민법에 의하면 부모의 친권이 상실된 경우에 우선 위탁아동의 직계혈족, 3촌 이내의 방계혈족 중에서 1인이 후견인이 된다(민법 제932조, 제930조). 아동과 촌수가 가까운 사람이 우선이고, 같은 촌수에서는 연장자가 선순위이므로(민법 제935조 제1항) 조부모가 생존해 있는 경우에는 조부모 중의 연장자가 후견인이 된다. 그러나 후견인이 될 순위에 있는 조부모 등이 실제로 위탁아동의 양육에 관심이 없거나 사실상 후견인의 임무를 수행할 수 없는 상태에 있는 경우라면, 법규정에 의해서 당연히 후견인이 된다고 해도 후견인의 임무를 충실하게 수행하기는 어렵다. 이런 경우에 법정후견인보다 후견인으로서 보다 적합한 사람이 있다면, 그로 하여금 후견인의 임무를 수행하게 하는 것이 아동의 복리실현이라는 후견제도의 취지에 부합할 것이다. 2005년 민법일부 개정에 의해서 신설된 후견인의 변경 규정(민법 제940조)에 의해서 실제로 아동을 보호, 양육하는 사람이 후견인이 되는 것이 가능하게 되었다(민법 제940조 제1항: 가정법원은 피후견인의 복리를 위하여 후견인을 변경할 필요가 있다고 인정되는 경우에는 피후견인의 친족이나 검사의 청구 또는 직권에 의하여 후견인을 변경할 수 있다. 제940조 제2항: 제1항의 경우에는 제932조 내지 제935조에 규정된 후견인의 순위에 불구하고 4촌 이내의 친

52) 아동복지법에 규정되어 있는 아동보호전문기관은 학대아동의 발견, 보호, 치료와 관련하여 신속한 처리를 그 임무로 하는데(아동복지법 제24조-제27조), 이러한 임무를 효율적으로 수행하기 위해서는 친권상실선고를 청구할 수 있는 권한이 필요하다. 예를 들어서 아동보호전문기관이 자녀를 보호하기 위해서 부모로부터 자녀를 격리시킨 경우에 부모는 친권자로서 자녀의 인도청구를 할 수 있다. 친권자에 의한 자녀의 인도청구를 궁극적으로 저지하기 위해서는 자녀를 부모에게서 격리시킨 후 지체없이 법원에 친권상실선고를 청구할 필요가 있다. 이와 같이 신속하게 대응하려면, 자녀를 부모로부터 격리시킨 아동보호전문기관이 직접 법원에 친권상실선고를 청구할 수 있게 하여야 한다. 현행법에 의하면, 아동보호전문기관은 친권상실의 필요성이 있다고 판단하는 경우 시·도지사, 시장·군수·구청장 등에게 친권상실선고를 청구하도록 요청할 수 있을 뿐이다(아동복지법 제12조 제2항). 그러나 이와 같은 방식은 신속한 대응을 저해할 뿐만 아니라 관계공무원과 협력이 되지 않을 경우에는 실효성을 확보하기 어렵다는 단점이 있다. 이런 점을 감안해 볼 때, 아동복지법이 규정하는 친권상실선고 청구권자의 범위에는 적어도 아동보호전문기관을 포함시키는 것이 바람직하다고 생각된다.

족 그 밖에 적합한 자를 후견인으로 정할 수 있다). 이에 따라 부모의 친권이 상실된 경우 실제로 자녀를 양육하는 위탁부모가 후견인이 되는 것이 가능하게 되었다. 다만, 현행법에 의하면 후견인은 1인만을 두도록 되어 있는데(민법 제930조), 부부가 함께 위탁부모의 역할을 하는 경우에는 공동후견인이 될 수 있도록 규정을 개정할 필요가 있을 것이다.[53]

위에서 본 바와 같이, 위탁부모가 후견인이 되기 위해서는 친권상실선고, 법정후견인에 의한 후견개시, 후견인변경 등의 절차를 순차적으로 거쳐야 하는데, 이러한 절차를 보다 간소화 할 수 있다면 당사자에게도 편리하고 소송경제상으로도 이익이 될 것이다. 이런 취지에서 아동복지법 제12조에 의해서 친권상실선고를 하는 경우에는 법원이 직권 또는 청구에 의해서 아동의 보호에 적합한 사람을 후견인으로 선임할 수 있도록 하고, 이와 같이 선임된 후견인은 민법에 의한 후견인보다 선순위로 후견인이 된다는 규정을 둘 필요가 있을 것으로 생각된다. 이런 규정이 도입된다면, 친권상실선고를 하는 법원은 위탁부모 등 현재 자녀를 보호, 양육하고 있는 사람을 직접 후견인으로 선임할 수 있게 된다.

위에서 서술한 내용을 종합하여 개정사안을 제시해 보면 다음과 같다.

현행 아동복지법 제12조(친권상실 선고 등의 청구) ① 시 · 도지사 또는 시장 · 군수 · 구청장은 아동의 친권자가 그 친권을 남용하거나 현저한 비행 기타 친권을 행사할 수 없는 중대한 사유가 있는 것을 발견한 경우 아동의 복지를 위해서 필요하다고 인정할 때에는 법원에 친권행사의 제한 또는 친권상실의 선고를 청구하여야 한다.

② 제24조 제1항의 규정에 따른 아동보호전문기관의 장은 제1항의 사유에 해당하는 경우 시 · 도지사 또는 시장 · 군수 · 구청장에 대하여 친권행사 제한 또는 친권상실의 선고를 청구하도록 요청할 수 있다.

개정사안

아동복지법 제12조(친권상실선고 등의 청구) ① 시 · 도지사 또는 시장 · 군수 · 구청장은 아동의 친권자가 친권을 남용하거나 현저한 비행 기타 친권을 행사할 수 없는 중대한 사유가 있는 것을 발견한 때에는 법원에 친권상실의 선고를 청구하여야 한다.

② 제24조 제1항의 규정이 정하는 아동보호전문기관의 장은 제1항의 사유를 발견한 때에는 법원에 친권상실의 선고를 청구할 수 있다.

---

53) Baer(각주 51), 229 참조.

보충해설: 현행 아동복지법 제12조에는 "법원에 친권행사의 제한 또는 친권상실의 선고를 청구하여야 한다"라고 규정되어 있는데, 친권행사의 제한이란 현행민법상 존재하지 않는 개념이고, 따라서 어떤 내용인지 매우 불확실하므로 삭제하는 것이 타당하다.

현행 아동복지법 제13조(아동의 후견인 선임청구) ① 시·도지사 또는 시장·군수·구청장은 친권자 또는 후견인이 없는 아동을 발견한 경우 그 복지를 위하여 필요하다고 인정할 때에는 법원에 후견인의 선임 또는 그 해임을 청구하여야 한다. 이 경우 당해 아동의 의견을 존중하여야 한다.

② 아동복지시설에 입소 중인 보호를 필요로 하는 아동에 대해서는 "보호시설에 있는 미성년자의 후견직무에 관한 법률"을 적용한다.

개정사안

아동복지법 제13조(아동의 후견인 등) ① 시·도지사 또는 시장·군수·구청장은 친권자 또는 후견인이 없는 아동을 발견한 경우에는 법원에 후견인의 선임을 청구하여야 한다. 이 경우 당해 아동의 의견을 존중해야 한다.

② 제1항 규정의 청구에 의하여 법원이 후견인을 선임할 때까지는 시·도지사 또는 시장·군수·구청장이 아동의 후견인이 된다.

③ 시·도지사 또는 시장·군수·구청장은 아동의 복리를 위하여 후견인을 변경할 필요가 있다고 인정되는 경우에는 법원에 후견인의 변경을 청구할 수 있다.

④ 법원이 제12조 규정에 의하여 친권의 상실을 선고하는 때에는 직권 또는 당사자의 청구에 의하여 후견인을 선임할 수 있다.

⑤ 제3항 및 제4항 규정의 경우에는 민법 제932조, 제935조에 규정된 후견인의 순위에 불구하고 4촌 이내의 친족 그 밖에 적합한 자를 후견인으로 정할 수 있다.

보충해설

제1항: 현행 아동복지법 제13조는 "시·도지사 또는 시장·군수·구청장은 친권자 또는 후견인이 없는 아동을 발견한 경우 그 복지를 위하여 필요하다고 인정한 때에는 법원에 후견인의 선임 또는 그 해임을 청구하여야 한다. 이 경우 당해 아동의 의견을 존중해야 한다"라고 규정하고 있다. 후견인이 없는 아동을 발견한 경우에 법원에 후견인의 선임을 청구하는 것은 당연하지만, 후견인의 해임을 청구한다는 것은 앞뒤가 맞지 않는다. 따라서 "그 해임을 청구하여야 한다"는 부분은 삭제되어야 한다. 또한 후견인의 해임제도는 2005년 민법일부개정에 의해서 폐지되었으므로 아동복지

법에서도 후견인의 해임에 관한 부분은 민법에 따라 개정되어야 한다.

친권자나 후견인이 없는 아동을 발견한 때에는 당연히 후견인의 선임을 청구하여야 할 것이다. 미성년자에게 후견인이 없는 상태는 그 자체로서 아동의 복리에 반하기 때문이다. 그러므로 "그 복지를 위하여 필요하다고 인정할 때에는"이라는 요건은 불필요하다.

제2항: 제1항 규정의 청구에 의하여 법원이 후견인을 선임할 때까지는 시 · 도지사 또는 시장 · 군수 · 구청장이 임시로 아동의 후견인이 된다. 이는 아동보호의 법적 공백을 막는다는 취지와 더불어 실질적인 필요에서 규정된 것이다. 예를 들어서 아동에 대해서 가정위탁보호를 신청하고, 위탁부모와 가정위탁보호에 대해서 합의하며, 아동을 위탁부모에게 인도하는 것 등은 원래 법정대리인의 권리의무에 속하는데, 친권자나 후견인이 없는 보호필요아동에 대해서는 시 · 도지사 또는 시장 · 군수 · 구청장이 임시로 후견인이 되어 아동의 법정대리인으로서 이와 같은 임무를 수행하는 것이 필요하다.

제3항: 2005년 민법일부개정에 의해서 후견인의 해임에 관한 규정은 후견인의 변경 규정으로 대체되었다. 민법의 규정에 맞추어 아동복지법에도 후견인의 변경에 관한 규정이 신설될 필요가 있다.

제4항: 아동복지법 제12조의 규정에 의하여 법원이 친권의 상실을 선고하는 경우 현행법에 의하면 민법 제932조, 제935조 규정에 의해서 아동의 직계혈족, 3촌 이내의 방계혈족 중에서 1인이 후견인이 된다. 이 규정에 의해서 후견인이 된 사람이 아동의 보호자로서 적당하지 않은 경우에는 민법 제940조 규정에 의해서 법원에 후견인의 변경청구를 하여야 한다. 후견인의 변경청구를 받은 법원은 아동의 친족이 아니더라도 아동의 보호에 가장 적당한 사람(예를 들면 위탁부모)을 후견인으로 정할 수 있다. 그러나 이러한 절차를 거치는 것은 상당히 번거로운 일이므로, 아동복지법 제12조 규정에 의해서 법원이 친권상실선고를 할 때에는 직권 또는 친권상실선고를 청구한 사람의 청구에 의해서 아동의 보호에 적당한 사람(예를 들면 위탁부모 등)을 후견인으로 선임할 수 있게 하는 것이 합리적이다. 이 규정에 의해서 법원이 선임한 후견인은 민법 제932조, 제935조 규정에 의한 법정후견인 보다 선순위의 후견인이 된다.

제5항: 제3항 규정에 의해서 후견인을 변경하거나 제4항 규정에 의해서 법원이 후견인을 선임하는 때에는 아동의 보호에 가장 적당하다고 인정하는 사람을 후견인으로 정할 수 있다. 예를 들어서 위탁부모가 후견인이 되기를 원하고, 법원이 가정위탁지원센터 등의 의견을 참고하여 위탁부모가 후견인으로서 적당하다고 판단하는 때에는 위탁부모를 후견인으로 정할 수 있다.

민법 제930조(후견인의 수) 후견인은 1인으로 한다. 다만 법원이 후견인을 선임 또는 변경하는 경우에 피후견인의 복리를 위해서 필요하다고 인정하는 때에는 그러하지 아니하다.

6. 가정위탁양육의 종료

가정위탁양육은 합의한 위탁양육기간이 경과하였거나 위탁아동이 일정한 연령에 도달한 경우(현재 가정위탁실무, 즉, 보건복지부지침에 의하면 아동이 18세에 달한 때에 가정위탁이 종료한다. 다만, 아동이 고등학교 이하의 학교에 재학 중인 때에는 18세에 이른 경우에도 가정위탁이 종료하지 않으며, 교육과정 수료 시에 종료한다) 등 일정한 사유가 있는 때에 종료한다고 일반적으로 설명할 수 있다(이외에도 위탁아동이나 위탁부모의 사망, 합의에 의한 위탁양육계약의 해지, 위탁가정에서 아동의 복리가 위태롭게 되는 경우 아동보호전문기관에 의한 위탁아동의 격리조치 등이 가정위탁양육의 종료원인이 될 수 있다). 그러나 부모는 합의한 위탁양육기간이 경과하기 전에도 자녀의 인도를 청구함으로써 가정위탁양육을 종료시킬 수 있다고 해석된다. 가정위탁양육의 원래 취지는 부모가 양육할 수 없는 아동을 위탁가정에서 일정기간 보호, 양육하다가 부모가 스스로 자녀를 양육할 수 있게 되면 부모에게 돌려보내는 데 있다. 이와 같은 취지에 충실하게 해석한다면, 처음에 합의된 위탁양육기간이 경과하기 전이라도 부모가 스스로 자녀를 양육할 수 있는 여건을 회복한 때에는 당연히 자녀를 부모에게 돌려보내는 것이 타당하다. 또한 위탁부모가 친권을 대행하는 경우에는 부모가 친권을 계속하여 보유하고 있으므로, 스스로 자녀를 양육할 수 있는 여건을 회복한 때에는 친권에 기초하여 언제든지 자녀의 인도를 청구할 수 있다고 보아야 할 것이다(그 한계는 부모의 인도청구가 민법 제924조의 친권남용에 해당하는가의 여부에 의해서 결정될 것이다). 부모가 위탁부모에 대하여 친권을 양도한 경우라고 해도 부모는 역시 일정한 요건 하에서(양육여건이 회복되었고, 친권의 반환이 자녀의 복리에 반하지 않는 경우) 친권의 반환을 청구하면서 동시에 자녀의 인도를 청구할 수 있다고 해석된다. 이렇게 본다면, 위탁양육이 개시되기 전에 당사자의 합의에 의해서 정해진 위탁양육기간은 큰 의미가 없다고 볼 수 있으며, 이런 점에서 일반적인 계약이론[54]으로 위탁양육관계(특히 위탁양육관계의 종료)를 설명하는 데에는 무리가 따른다는 것을 알 수 있다.[55] 한편, 처음에 합

54) 김유미(각주 40), 177면은 "보호교양의 위탁은 보호교양의무자가 그 자의 보호교양을 타인에게 위탁하고, 타인이 이것을 승낙하는 것에 의해 성립하는 계약이고, 그 내용은 법률행위에 한하지 않고, 오히려 대개는 사실행위(사실상의 양육 소위 physical custody 또는 actual custody)를 포함하는 것으로 일종의 위임계약이라고 본다"는 설명을 하고 있다.

55) Danzig, Die Pflegefamilie als rechtliche und gesellschaftliche Aufgabe, Forum Jugendhilfe,

의한 위탁양육기간이 경과한 때에는 위탁양육관계가 당연히 종료되고, 따라서 부모는 위탁부모에 대하여 자녀의 인도를 청구할 수 있는가의 문제도 일반적인 계약이론으로는 해결하기 어려운 난제를 포함하고 있다. 특히 가정위탁양육이 처음에 예상했던 것과는 달리 장기화된 경우에는 아동과 위탁부모 사이에 사실상의 친자관계(애착관계)가 형성될 수 있는데(반면에 자녀와 부모 사이의 관계는 형식적으로만 존속하고 있는 경우가 많다),[56] 이런 경우에 부모의 인도청구에 의해서 자녀가 부모에게 돌아간다는 것은 자녀의 입장에서 보면 양육환경의 전면적인 변화와 애착관계의 단절을 의미한다. 즉, 이와 같은 경우에 자녀의 원가정 복귀는 필연적으로 자녀의 심리적 충격과 고통이라는 희생을 수반하게 된다.[57] 일반적인 계약이론에 의하면 처음에 합의한 위탁양육기간이 경과한 때에는 부모가 당연히 자녀의 인도를 청구할 수 있다고 볼 수 있겠지만, 자녀의 복리를 고려한다면, 위탁양육관계의 종료에 있어서 일반적인 계약이론을 그대로 관철하는 것은 무리가 따른다.[58] 또한 부모에게는 원칙적으로 자녀의 인도를 청구할 수 있는 권리가 인정되지만, 이와 같은 부모의 권리가 자녀의 복리를 심각하게 침해하는 때[59]에는 부모의 권리와 자녀의 복리(권리)가 충돌하게 되는데, 이런 경우에 부모의 권리를 관철시키기 위하여 자녀의 복리를 일방적으로 희생시키는 결과는 피하는 것이 바람직하다.

위탁아동의 원가정 복귀가 아동에게 회복할 수 없을 정도의 충격을 가져올 것으로 예상되고, 아동 자신이 위탁가정에서 계속 거주하기를 희망하는 경우에 현행민법이 취할 수 있는 방법은 부모의 친권을 상실시키는 것에 한정된다. 친권상실선고를 받은 부모는 더 이상 친권에 기초하여 자녀의 인도청구를 할 수 없게 되고, 일단 후견이 개시되면 후견인 변경절차를 거쳐 위탁부모가 후견인이 되는 것이 가능하다. 그러나 여기서 문제가 되는 점은 장기간의 위탁양육 후에 스스로 자녀를 양육할 수 있는 준비를 갖춘 부모가 자녀의 인도를 청구하는 것이 민법 제924조가 규정하는 친권상실선고의 요건에 해당하는가의 여부이다. 민법 제924조가 규정하는 친권상실선고의 요건에 해당하기 위해서는 부모가 “친권을 남용하거나 현저한 비행 기타 친권을 행사시킬 수 없는 중대한 사유가 있”어야 한다. 이와 관련된 일반적인 해석론을 보면,

---

2/1977, 34f.

56) Siedhoff, Probleme im Spannungsfeld zwischen Elternrecht und Kindeswohl im Rahmen des §1632 IV BGB, NJW 1994, 616/617.

57) Goldstein/Freud/Solnit, Jenseits des Kindeswohls(1974), S. 33ff.

58) Schwab-Zenz(각주 31), 115ff.

59) 위탁아동을 교도소에서 출소한 부에게 돌려보내려고 하자, 아동은 위탁가정에 머물기를 강력히 희망하면서 부에게 돌아가느니 차라리 자살하겠다고 하는 등의 강력한 반대의사를 표시하였는데, 이를 무시하고 부에게 돌려보낸 사례에서 아동은 결국 부와 함께 살지 못하고 다시 위탁부모의 보살핌을 받으며 살게 되었다. 보건복지부/중앙가정위탁지원센터, 가정위탁이야기(2006), 32면 이하.

우선 '친권의 남용'에 해당하기 위해서는 자녀에 대한 신체적 · 정신적 학대, 방임, 친권자의 이익을 위하여 자녀의 재산을 처분하는 등 자녀의 복리에 현저히 반하는 방식으로 친권을 행사하는 행위가 있어야 한다.[60] 이런 의미에서 이제 자녀를 스스로 양육하겠다는 의사를 가지고 자녀의 인도를 청구하는 부모의 행위가 친권의 남용에 해당한다고 보기는 어렵다. '현저한 비행'이란 친권자의 품행에 심각한 문제가 있어서 그와 같은 친권자에게 자녀의 양육을 맡기는 것이 자녀의 복리를 현저히 침해할 우려가 있을 때에 인정되는데(예를 들면 친권자의 상습적인 도박, 범죄 등), 자녀의 인도를 청구하는 부모에게 구체적으로 이와 같은 사정이 있다면 친권상실의 사유에 해당되겠지만, 그렇지 않은 경우에는 장기간의 위탁양육 후에 자녀의 인도를 청구한다는 사실 그 자체가 '현저한 비행'이 될 수 없음은 명확하다. 나아가 판례는 과거에 현저한 비행에 해당하는 사실이 있었다고 해도 이미 그와 같은 사유가 소멸하여 현재는 친권상실의 원인이 존재하지 않고, 자녀의 양육에 힘쓰고 있다면, 과거의 사정을 이유로 하여 친권을 상실시킬 수 없다는 태도를 취하고 있다.[61] '기타 친권을 행사시킬 수 없는 중대한 사유'란 객관적인 사정에 비추어 볼 때, 친권자에게 자녀의 적절한 양육을 기대할 수 없는 경우에 인정된다. 예를 들어서 친권자의 행방불명, 장기간의 의식불명, 중병 등이 여기에 해당한다. 자녀의 인도를 청구하는 부모에게 구체적으로 이러한 사정이 있다면 '친권을 행사시킬 수 없는 중대한 사유'에 해당하는 것으로 보아서 친권을 상실시키는 것이 가능하겠지만, 스스로 자녀를 양육하겠다는 의사를 가지고 일정한 수준의 양육환경을 갖추고 있다면 객관적으로 자녀의 양육을 기대할 수 없는 상태에 있다고 보기 어렵다.

결국 이렇게 본다면, 위탁양육이 개시될 때에는 자녀를 양육할 의사가 없었거나 또는 스스로 양육할 수 있는 능력을 갖추고 있지 못했으나, 그 후 상당한 세월이 흐른 후에 스스로 자녀를 양육하겠다는 의사를 가지게 된 부모가(양육의 여건을 갖추고 있는 상태를 전제로 한다) 자녀의 인도를 청구하는 경우에 이에 대하여 친권상실선고를 하는 것은 현행법의 해석상 쉽지 않다는 결론에 이르게 된다. 그렇다면 자녀의 원가정 복귀가 아동에게 회복할 수 없는 충격과 고통을 초래할 것으로 예상되고, 아동 자신이 원가정 복귀에 대해서 강하게 반대하는 경우에도 부모의 인도청구는 인용되어야만 할 것인가(예를 들어서 생후 1년만에 위탁가정에 맡겨져 10년간 위탁부모를 친부모처럼 여기며 생활하여 왔는데, 어느 날 갑자기 부모가 자녀의 인도청구를 하는 경우). 위에

60) 김유미, 현행 친권상실선고제도의 문제점과 대응책, 가족법연구 제11호(1997), 335면 이하; 金疇洙 · 金相瑢(각주 50), 384면 이하; 특히 상당히 극단적인 경우에만 친권상실선고를 내리는 법원의 태도에 비추어 본다면, 자녀를 양육하겠다는 의사를 가지고 자의 인도를 청구하는 부모의 행위를 친권남용에 해당하는 것으로 보기는 더욱 어렵다고 생각된다.

61) 대판 1959. 4. 16. 4291민상659.

서 본 바와 같이, 장기간의 위탁양육 후에 자녀를 스스로 양육하겠다는 부모의 의사가 진지하고 일시적인 감정에 의한 것이 아니라면, 이는 부모에게 당연히 인정되는 권리의 표출이라고 볼 수 있으며, 따라서 이러한 의사를 가지고 있다는 이유로 친권상실을 선고하기는 어렵다. 그러나 현실적으로 문제가 되는 것은 이러한 부모의 의사와 희망은 자녀의 희생을 감수하지 않고서는 실현될 수 없다는 점이다. 이 문제는 결국 부모의 권리와 자녀의 이익이 대립하는 상황에서 어느 쪽에 우선적인 가치를 두어야 할 것인가의 문제로 귀결된다. 궁극적으로 이 문제의 해답은 친권의 본질에서 구할 수 있다. 원래 친권이란 자녀의 복리실현을 위하여 국가가 부모에게 인정한 의무이자 권리인데, 특히 의무의 성격이 더 강하다고 볼 수 있다. 즉, 친권에는 본질적으로 의무적인 성격이 내재되어 있으므로, 부모는 항상 자녀의 복리에 부합하는 내용과 방식으로 친권을 행사하여야 할 의무가 있다고 보아야 한다. 민법 제912조(친권행사의 기준: "친권을 행사함에 있어서는 자의 복리를 우선적으로 고려하여야 한다")는 이러한 친권의 본질을 확인한 것으로 볼 수 있다. 이러한 친권의 본질에 비추어 본다면, 부모의 권리와 자녀의 복리가 충돌하는 경우에는 자녀의 복리를 우선하는 것이 타당하다. 그러므로 위탁가정에서 자녀를 분리하여 부모에게 돌려보내는 것이 자녀에게 회복할 수 없는 심리적 충격과 고통을 야기할 것으로 예상되는 경우에 아동을 보호하기 위한 제도적 장치가 마련될 필요가 있다.

현행법에 의하면, 부모가 위탁부모에 대하여 직접 자녀의 인도를 요구하거나 자녀를 데려가려고 하는 경우에 위탁부모의 입장에서는 아동을 보호하기 위하여 취할 수 있는 법적 수단이 없다(부모가 재판상 자녀의 인도를 청구하는 경우에는 법원이 자녀의 복리에 미치는 영향을 고려하여 청구를 기각할 수 있으나, 부모가 직접 위탁부모에 대하여 자녀의 인도를 요구하거나 자녀를 데려가려고 시도하는 때에는 위탁부모의 입장에서 취할 수 있는 방법이 없다). 독일민법은 이런 경우에 대비하여 위탁양육이 장기간 지속되어 자녀를 위탁가정에서 분리하는 것이 자녀의 복리를 위태롭게 할 우려가 있는 경우에 부모가 자녀를 데려가려고 하는 때에는 법원이 직권 또는 위탁부모의 청구에 의하여 '거주명령' (아동은 위탁가정에서 거주하라는 명령)을 내릴 수 있는 규정(제1632조 제4항)을 두고 있다. 이에 따라 독일에서는 위탁양육기간,[62] 위탁양육이 개시될 당시 및 현재의 아동의 연령, 아동이 위탁부모에 대해서 느끼는 애착의 정도, 자녀의 의사, 자녀와 부모의 관계(관계가 실제로 얼마나 소원해졌는가) 등 제반 사정을 종합적으로

62) 일부 아동심리학자들의 견해에 의하면, 위탁양육의 개시 당시 3세 미만이었던 아동은 길어도 12개월의 위탁양육기간이 경과한 경우 부모 보다 위탁부모에 대해서 더 강한 애착관계를 형성하며, 위탁양육 개시 당시 아동의 연령이 3세 이상이었던 경우에는 24개월이 경과하면 같은 효과가 나타난다고 한다. Goldstein/Freud/Solnit, Diesseits des Kindeswohls(1982), S. 47.

고려하여 위탁가정에서 아동을 분리하는 것이 아동에게 심각한 충격을 줄 것으로 우려되는 경우에는 아동이 위탁가정에서 계속 거주할 수 있도록 거주명령을 내린다는 판례의 태도가 형성되어 있다.[63] 1989년 영국아동법(Children Act 1989)도 거주명령(residence order)제도[64]를 마련하여 위탁아동이 위탁가정에서 안정적으로 성장할 수 있는 기반을 제공하고 있다.[65] 이에 따라 위탁아동을 3년 이상[66] 양육한 위탁부모는 법원에 거주명령을 신청할 수 있다.[67] 법원이 거주명령을 내리면 그 효과로서 위탁부모에게 친권이 양도되므로,[68] 위탁부모는 안정적으로 위탁아동을 양육할 수 있게 된다. 이러한 취지의 규정은 독일, 영국뿐만 아니라 가정위탁양육이 보편화된 외국의 입법례에서 공통적으로 찾아볼 수 있다.[69] 장기 가정위탁의 비율이 높은 우리사회의 현실을 고려해 볼 때, 우리도 이와 같은 취지의 규정을 도입하는 문제에 대해서 적극적으로 검토해 볼 필요가 있다고 생각된다. 이러한 규정은 자녀의 인도청구와 관련된 분쟁을 해결하는 기준이 될 뿐만 아니라, 아동이 위탁가정에서 안정적으로 성장할 수 있는 기반을 제공하는 데에도 기여할 수 있을 것이다.

한편, 법원의 거주명령에 의해서 자녀가 계속해서 위탁가정에서 생활하게 되는

63) MünchKomm/Huber, § 1632 Rn. 49ff; 이 문제에 대한 스위스의 판례에 대하여는 BSK ZGB I-Breitschmid/in, Art. 310 N 24ff. 참조.

64) 1989년 영국아동법 제8조 제1항: "a residence order means an order settling the arrangements to be made as to the person with whom a child is to live." Lowe/Douglas, Family Law(2007), pp. 514-577.

65) 1975년 영국아동법은 위탁아동의 보호를 중요한 과제로 삼고 있었는데, 법원이 위탁아동의 복리를 위해서 필요하다고 인정하는 때에는 위탁부모에게 친권을 양도할 수 있는 제도를 마련하였다(custodianship order. 1975 영국아동법 제33조 이하). 이에 의하면, 위탁부모는 부모의 동의가 있는 경우에는 12개월간 위탁아동을 양육한 후 법원에 친권양도를 신청할 수 있었다. 부모의 동의가 없는 때에는 위탁부모는 3년의 기간 동안 위탁아동을 양육한 경우에 친권양도를 신청할 수 있었다. 1989년 영국아동법은 이러한 태도를 계속 유지하면서 'custodianship order'를 'residence order'로 대체하였다. Breuer, Der englische Children Act 1989 und die Ausweitung des Selbstbestimmungsrechts der Familie(1998), S. 144ff.

66) 3년의 동거양육기간은 중단없이 계속될 것을 요하지 않는다. 그러나 이 기간은 늦어도 거주명령을 신청하기 5년 전에 개시되어야 하고, 신청 3개월 전에 만료되어야 한다. 1989년 영국아동법 제10조 제10항.

67) 1989년 영국아동법 제10조 제5항 (b): "any person with whom the child has lived for a period of at least three years"

68) 1989년 영국아동법 제12조 제2항: "Where the court makes a residence order in favour of any person who is not the parent or guardian of the child concerned that person shall have parental responsibility for the child while the residence order remains in force." 그러나 위탁부모는 친권행사에 있어서 일정한 제한을 받는다. 예를 들어서 위탁부모는 입양에 동의할 수 없으며, 아동의 성명을 변경할 수 없다. 1989년 영국아동법 제12조 제3항, 제13조 참조.

69) 독일의 '거주명령' 제도는 스위스민법을 참고로 하여 만들어졌다. 스위스민법 제310조 제3항에 의하면, 아동이 장기간 위탁가정에서 거주한 경우에 부모가 자녀를 데려가는 것이 자녀의 복리를 위태롭게 할 우려가 있는 때에는 후견기관이 이를 금지할 수 있다. 위탁부모가 실제로 부모의 역할을 하고 있고, 아동이 위탁부모를 자기의 부모로 여기고 생활하고 있으며, 위탁가정의 가족구성원으로서 정체성을 가지게 된 경우에 자녀를 위탁가정에서 분리하는 것은 자녀의 복리를 위태롭게 할 우려가 있다고 본다. Hegnauer, Grundriss des Kindesrechts(1999), S. 215; 스웨덴 1980년 사회보장법도 같은 취지의 규정을 두고 있다(제28조). Brötel, Der Anspruch auf Achtung des Familienlebens(1990), S. 413ff.

경우에도 이러한 법원의 명령에 기판력이 인정된다고 보기는 어렵다. 일단 법원이 거주명령을 내린 경우라고 해도 장래 일정한 조건 - 부모가 스스로 자녀를 양육하겠다는 의사를 가지고 일정한 수준의 양육환경을 갖추고 있으며, 자녀가 부모에게 돌아가더라도 큰 무리가 없다고 판단되는 때 - 이 갖추어진 경우에는 자녀의 원가정 복귀 가능성을 배제할 수 없다. 이는 가정위탁양육의 본질에서 나오는 당연한 논리적 귀결이라고 보아야 할 것이다. 이러한 점을 인정한다면 법원이 거주명령을 내리는 경우에도 부모와 자녀의 면접교섭 가능성에 대하여 보다 적극적으로 검토하고, 조정 또는 심판을 통하여 그 범위와 방법에 대해서 상세하게 정할 필요가 있다고 생각된다.[70] 면접교섭이 성공적으로 실행되어 그 결과 부모와 자녀 사이의 관계가 회복된 경우에는 자녀의 원가정 복귀에 대해서 다시 적극적으로 검토해 볼 수 있을 것이다. 반면에 면접교섭을 통해서도 부모와 자녀 사이의 관계가 회복되지 않을 뿐만 아니라(자녀가 면접교섭을 거부하는 경우도 있을 수 있다), 부모가 친권에 기초하여 계속해서 자녀의 인도를 청구한다든가 그 밖의 방법으로 양육을 방해하는 경우에는(예를 들어서 자녀의 전학을 시도하는 경우) 거주명령 이상의 조치가 필요하다. 현행법상 가능한 방법은 부모의 친권을 상실시키는 것뿐이지만, 입법론으로서는 부모의 동의가 없이도 법원의 심판에 의해서 위탁부모에게 친권을 양도하는 방법을 생각해 볼 수 있다.[71] 위(III. 4.)에서 본 바와 같이 친권의 양도는 부모의 동의를 요건으로 하지만, 법원이 거주명령을 내리는 경우(또는 부모의 자녀인도청구를 기각하는 경우)에 자녀의 복리를 위해서 필요하다고 인정하는 때에는 예외적으로 부모의 동의가 없어도 위탁부모에게 친권을 양도할 수 있도록 할 필요가 있다.[72]

위에서 서술한 내용을 정리하여 개정사안을 제시하면 다음과 같다.

제914조의 2(子의 인도청구 등) ① 친권자는 子를 정당한 이유없이 억류하는 者에 대하여 子의 인도를 청구할 수 있다.

② 위탁양육이 장기간 지속되어 자를 위탁가정에서 격리하는 것이 자의 복리에 반하는 경우에는 법원은 위탁부모의 청구에 의하여 자가 위탁가정에서 거주할 것을 명할 수 있다.

③ 제2항의 경우에 법원은 직권 또는 위탁부모의 청구에 의하여 친권의 일부 또는 전부를 위탁부모에게 양도할 수 있다.

---

70) Baer(각주 51), 228 참조.

71) Schwab-Zenz(각주 31), 130ff; Siedhoff, Konkurrenzprobleme zwischen § 1666 I S. 1 BGB und §1632 IV BGB, FamRZ 1995, 1254/1255; 오스트리아 민법 제186조의 a 및 1989년 영국아동법 Sec. 10(5)(b) 는 부모의 동의가 없는 경우에도 친권의 양도를 허용한다.

72) Luther, Familiengemeinschaft und Pflegekindschaft, FamRZ 1983, 436.

Ⅳ 맺음말

가정위탁양육의 기본 취지는 부모가 직접 양육할 수 없는 자녀를 위탁가정에서 일정기간 보호, 양육하다가 부모에게 돌려보내는 데 있다고 일반적으로 설명되고 있다. 가정위탁양육이 이와 같이 임시적 성격을 띤다면, 법규정도 그에 상응하여 부모와 자녀 사이의 관계가 유지될 수 있도록 지원하는 데 중점을 두고, 위탁부모에게는 사실상의 양육에 필요한 최소한의 권리만을 인정하는 것이 타당할 것이다. 즉, 부모가 친권을 그대로 유지하면서 자녀의 양육에 관한 중요한 결정을 하고, 위탁부모는 사실상 아동을 보호, 양육하면서 일상적인 양육의 범위 내에서 친권을 대행하는 것이 대안이 될 수 있다.

한편, 현실에 있어서는 위탁양육이 장기화되는 사례도 적지 않게 찾아볼 수 있는데, 이런 경우에는 위탁부모와 아동 사이에 사실상의 친자관계가 형성되는 것이 보통이다(반면에 부모와 자녀의 관계는 단지 형식적으로만 존속하는 경우가 대부분이다). 위탁부모가 사실상 아동의 부모 역할을 하고 있으며, 아동도 위탁부모를 부모처럼 여기고 생활하는 경우에는 그러한 관계에 상응하여 위탁양육관계의 보호에 초점을 맞출 필요가 있다. 이러한 단계에서 부모와 위탁부모 사이에 친권양도에 관한 합의가 이루어진다면, 법원의 허가에 의해서 위탁부모에게 친권이 양도되도록 하는 방안을 생각해 볼 수 있다. 여기서 한 걸음 더 나아가 친부모가 스스로 자녀를 양육할 가능성이 완전히 없어졌을 뿐만 아니라 친부모의 친권이 유지되는 것이 오히려 자녀의 복리를 해칠 수 있다고 판단되는 경우에는 부모의 친권을 상실시키고 후견을 개시시키는 것이 대안이 될 수 있다. 이런 경우에는 후견인 변경절차를 통하여 실제로 아동을 보호, 양육하고 있는 위탁부모가 후견인이 될 수 있을 것이다. 또한 여건이 허락한다면 위탁부모가 위탁아동을 입양하여 법률상으로도 친자관계를 성립시키는 것이 최선의 대안이 될 것이다.

위탁아동이 위탁부모에 대해서 애착을 형성하고 위탁가정의 가족구성원으로서 정체성을 확립한 경우에 그동안 교류가 없었던 부모의 청구에 의해서 자녀를 부모에게 돌려보낸다면 자녀의 복리는 심각하게 손상될 수 있다. 일반적인 계약이론에 따른다면, 합의된 위탁양육기간이 경과한 경우 부모는 당연히 자녀의 인도를 청구할 수 있고, 위탁부모는 이러한 청구를 물리칠 수 없다고 보아야 할 것이다. 그러나 이 문제는 일반적인 계약이론에 의해서 해결될 수 없으며, 자녀의 복리라는 관점에서 접근하여 해결책을 모색하여야 한다. 아동을 위탁가정에서 분리하는 것이 아동의 신체와 정서에 심각한 손상을 야기할 우려가 있는 때에는 법원은 위탁양육기간의 경과와 관계없이 부모의 인도청구를 기각할 수 있어야 하며, 위탁부모의 청구가 있는 때에는 거주명령과 아울러 친권양도의 심판을 하여 자녀가 안정적으로 위탁가정에서 성장할 수 있도록 하여야 할 것이다.

위에서 본 바와 같이, 위탁양육관계는 다양한 형태로 전개될 수 있다. 민법에 가정위탁양육에 관한 규정을 마련하는 경우에는 이러한 점을 충분히 고려하여, 개별적·구체적인 위탁양육관계의 실정에 따라 적절하게 적용될 수 있는 규정을 두어야 할 것이다. 부모와 자녀의 관계, 위탁부모와 아동의 관계 중에서 어느 관계를 우선적으로 보호해야 할 것인가에 대해서는 정해진 정답이 없으며, 따라서 일률적으로 답변할 수 없다. 구체적인 상황과 관계를 고려하여 그에 맞는 법규정을 적용할 수박에 없을 것이다. 다만, 항상 기억해야 할 점은 어떤 경우이든 자녀의 복리가 최우선의 기준이 되어야 한다는 것이다.

〈법조 2007년 7월호 수록〉

4. 가정위탁보호에 관한 특별법(안)

제1장 총 칙

제1조(목적) 이 법은 부모가 직접 양육할 수 없는 아동에 대하여 다른 가정에서 성장할 수 있는 기회를 제공함으로써 아동이 건강하게 성장할 수 있는 기반을 마련하는 것을 목적으로 한다.

해설: 법의 목적은 가정위탁보호의 취지에 맞게 포괄적으로 규정하였으며, 원가정의 기능 회복은 포함시키지 않았다. 만일 원가정의 기능 회복을 목적에 포함시킨다면, 원가정의 기능 회복을 위해서 필요한 지원 등이 법안에 함께 규정되어야 할 것이다.

제2조(정의) 이 법에서 사용하는 용어의 정의는 다음과 같다.

1. "가정위탁보호"라 함은 부모가 직접 양육할 수 없는 아동을 부모 아닌 제3자가 자신의 가정에서 보호, 양육하는 보호조치를 말한다.
2. "위탁부모"라 함은 제1호의 규정에 의하여 아동을 자신의 가정에서 보호, 양육하는 사람을 말한다.
3. "위탁아동"이라 함은 제1호의 규정에 의하여 부모 아닌 제3자가 그 가정에서 양육하는 아동을 말한다.
4. "위탁가정"이란 함은 위탁부모가 위탁아동을 보호, 양육하는 가족공동체를 말한다.
5. "부모"라 함은 법률상의 부모(친생부모와 양부모)를 말한다.

해설생략

제3조(가정위탁보호의 유형) 가정위탁보호의 유형은 다음 각 호와 같다.

1. 위탁아동의 조부모 등 친족에 의한 '친족가정위탁보호'
2. 위탁아동과 친족관계가 없는 자에 의한 '일반가정위탁보호'

해설: 가정위탁보호는 친족에 의한 가정위탁보호(이하 '친족가정위탁보호'라고 한다)와 일반가정위탁보호의 두 가지 유형으로 구분되는데, 이러한 구분은 가정위탁보

호의 결정절차(법안 제8조, 제9조), 위탁양육에 대한 지원 및 감독(법안 제13조) 등에 있어서 의미가 있다.

제4조(관할) ① 가정위탁보호에 관한 업무는 특별시 및 광역시에서는 구청장 · 군수가 관할하고, 그 밖의 지역에서는 도지사 · 시장이 관할한다(이하 "시 · 도지사 또는 시장 · 군수 · 구청장"이라 한다).

② 시 · 도지사 또는 시장 · 군수 · 구청장은 제1항의 규정에 의한 업무를 그 관할 지역의 가정위탁지원센터에 위탁할 수 있다.

해설생략

제5조(가정위탁의 날) ① 가정위탁에 대한 이해를 증진하고 가정위탁보호사업의 활성화를 위하여 5월 22일을 가정위탁의 날로 한다.

② 국가와 지방자치단체는 가정위탁의 날 취지에 적합한 행사 및 기타 사업을 실시하여야 한다.

해설생략

제2장 가정위탁보호의 요건

제6조(가정위탁보호의 대상) 18세 미만의 아동으로서 부모가 직접 양육할 수 없는 자는 가정위탁보호의 대상이 된다. 단 18세 이상의 아동이라도 고등학교 이하의 교육기관에 재학 중인 자는 가정위탁보호의 대상이 될 수 있다.

해설: "부모의 사망, 질병, 가출, 복역 등을 이유로 하여 부모가 직접 양육할 수 없는 18세 미만의 아동"과 같이 부모가 양육할 수 없는 사유를 구체적으로 예시할 수도 있으나, 이와 같은 사유의 예시가 반드시 필요한 것은 아니므로, 위와 같이 포괄적으로 규정하였다. 이렇게 규정할 경우 소년소녀가정세대, 시설보호아동, 학대로 인하여 격리보호가 필요한 아동 등은 당연히 가정위탁보호의 대상에 포함된다.

제7조(위탁부모의 자격) ① 이 법에 의하여 위탁부모가 될 자는 다음 각 호의 요건을 갖추어야 한다.

1. 위탁부모가 될 자 및 그 가족과 동거인에게 범죄, 가정폭력, 아동학대, 알코올, 약물중독 등의 전력이 없을 것
2. 위탁부모가 될 자가 25세 이상일 것

3. 위탁부모가 양육하는 아동의 총수가 4인 이하일 것
4. 가정위탁에 필요한 교육을 이수할 것

② 입양촉진 및 절차에 관한 특례법 제5조 제1항 제1호, 제2호, 제3호 및 제2항의 규정은 위탁부모의 자격에 이를 준용한다.

해설: 제3항으로 다음과 같은 내용을 규정하는 것도 가능하다. "제1항 및 제2항 규정의 요건을 갖추지 못한 경우에도 시 · 도지사 또는 시장 · 군수 · 구청장이 위탁부모로서 자격이 있다고 특별히 인정한 경우에는 위탁부모가 될 수 있다."

위탁부모의 자격과 관련하여 추가하여 규정할 사항이 있다면 시행령에서 보충하는 것이 가능하다.

제3장 가정위탁보호의 결정절차

제8조(친족가정위탁보호) ① 위탁부모가 되고자 하는 자가 아동의 친족인 때에는 아동의 법정대리인의 동의를 얻어 아동의 거주지를 관할하는 시 · 도지사 또는 시장 · 군수 · 구청장에게 가정위탁보호를 신청하여야 한다.

② 제1항의 규정에 의한 신청을 받은 시 · 도지사 또는 시장 · 군수 · 구청장은 신청인의 가정과 대상아동을 조사하여 가정위탁보호 여부를 결정하고 이를 지체없이 신청인에게 통보하여야 한다.

해설: 이 규정은 아동의 친족이 위탁부모가 되고자 하는 경우에 적용된다. 예를 들어서 부모가 사망하여 양육할 사람이 없어진 아동에 대하여 삼촌이 위탁부모로서 가정위탁보호를 하려고 하는 때에는 이 규정에 의하여 아동보호신청서를 제출하면 된다. 이 경우에는 대상아동이 이미 정해져 있으므로, 신청서에 대상아동에 관한 사항을 기재한다.

친족이 가정위탁보호를 신청할 때에도 아동의 법정대리인의 동의가 필요하다. 친권자인 부모가 있는 경우에는 부모가, 친권자가 없는 때에는 후견인이 법정대리인으로서 동의하여야 한다. 가정위탁보호는 자녀의 거소지정권 등 친권, 후견과 직접적인 관계가 있으므로, 신청단계에서 친권자나 후견인의 동의를 얻도록 하는 것이 필요하다.

가정위탁보호 신청을 받은 시 · 도지사 또는 시장 · 군수 · 구청장은 관계공무원으로 하여금 신청인의 가정과 대상아동을 조사하게 하고, 조사된 내용을 기초로 하여 가정위탁보호 여부를 결정한다. 시 · 도지사 또는 시장 · 군수 · 구청장은 가정위탁보호 여부의 결정에 앞서 법안 제22조에 의하여 가정위탁자문위원회의 자문을 구할 수 있다. 가정위탁보호가 결정되면 법안 제11조가 규정하는 각종 급여가 개시된다. 담

당 공무원은 신청인에게 가정위탁보호가 결정되었다는 사실과 그 효과(급여의 개시 등)에 대하여 통지, 설명하여야 한다.

제9조(일반가정위탁보호) ① 아동과 친족관계가 없는 자가 위탁부모가 되고자 하는 때에는 거주지를 관할하는 시 · 도지사 또는 시장 · 군수 · 구청장에게 위탁부모 신청을 하여야 한다.

② 제1항의 규정에 의한 신청을 받은 시 · 도지사 또는 시장 · 군수 · 구청장은 가정위탁지원센터에 이를 통보하여야 한다.

③ 제2항의 규정에 의하여 시 · 도지사 또는 시장 · 군수 · 구청장으로부터 통보를 받은 가정위탁지원센터는 신청인의 가정을 조사하고 위탁부모 적격여부를 결정한다.

④ 다음 각 호의 경우에는 아동의 거주지를 관할하는 시 · 도지사 또는 시장 · 군수 · 구청장은 대상아동과 그 가정에 대하여 조사하고 가정위탁보호 여부를 결정한 후 이를 지체없이 신청인과 가정위탁지원센터에 통보하여야 한다.

1. 아동의 법정대리인이 가정위탁보호를 신청한 때
2. 보호를 필요로 하는 아동을 발견한 때

⑤ 제4항의 규정에 의한 통보를 받은 가정위탁지원센터는 대상아동을 보호, 양육하기에 적합하다고 판단되는 위탁가정을 선정하여 위탁가정 소재지를 관할하는 시 · 도지사 또는 시장 · 군수 · 구청장에게 이를 보고하여야 한다.

⑥ 시 · 도지사 또는 시장 · 군수 · 구청장은 제5항의 규정에 의하여 선정된 위탁가정이 대상아동의 보호, 양육에 적합하다고 인정하는 때에는 위탁가정으로 결정하고 이를 가정위탁지원센터에 통보한다.

해설:

제1항: 이 규정은 아동과 친족관계가 없는 사람이 위탁부모가 되고자 하는 때 적용된다. 위탁부모 희망자가 아동보호신청서를 제출할 때에는 위탁아동이 정해져 있지 않은 경우가 일반적일 것이므로, 아동보호신청서에는 아동의 신상에 관한 사항을 기재하지 않는다.

제2항, 제3항: 신청을 받은 시 · 도지사 또는 시장 · 군수 · 구청장은 그 관할 지역의 가정위탁지원센터에 이를 통보하여야 하며, 가정위탁지원센터는 신청인과 그 가정환경을 조사하고 신청인이 위탁부모로서 적합한지의 여부를 결정한다. 조사가 보다 철저하게 이루어지기 위해서는 가정위탁지원센터에 신청인의 전과기록 등 아동의 복리에 영향을 미칠 수 있는 사항을 조사할 수 있는 권한이 부여되어야 할 것이다(또는 적어도 관계기관에 조회를 요청할 수 있는 권한이 인정되어야 할 것이다). 이러한 사항은 시행령에 규정할 수 있을 것으로 생각된다.

제4항: 이 규정은 아동의 법정대리인(친권자나 후견인)이 가정위탁보호를 신청하거나 보호를 필요로 하는 아동이 발견된 경우에 적용된다. 법정대리인이 없는 보호필요아동이 발견된 때에는 시 · 도지사 또는 시장 · 군수 · 구청장이 임시로 후견인이 되어 가정위탁보호를 신청하는 것이 타당하다. 이를 위해서는 아동복지법 제13조의 개정이 필요하다(뒷부분에 첨부하는 아동복지법 개정안 참조). 제8조의 해설에서 본 바와 같이 가정위탁보호는 거소지정권 등 친권, 후견과 직접적인 관계가 있으므로, 법이론상 법정대리인이 신청하는 것이 타당하다(제3자가 신청할 때에는 법정대리인의 동의를 얻어야 한다).

아동의 거주지를 관할하는 시 · 도지사 또는 시장 · 군수 · 구청장은 대상아동과 그 가정에 대하여 조사하고 가정위탁보호 여부를 결정한다(보호필요아동이 발견된 때에도 그 아동은 관할지역내에서 임시로 보호되고 있을 것이므로 관할지역내어 거주하는 것으로 볼 수 있다). 가정위탁보호결정에 의해서 아동이 수급권자로 지정되어 급여가 개시되는 것은 제8조의 경우와 같다.

제5항: 제4항에 의해서 가정위탁보호 결정을 통보받은 가정위탁지원센터는 제3항 규정에 의해서 위탁가정으로 적합하다고 인정된 가정들 중에서 대상아동에게 적합한 가정을 선정한 다음 위탁가정 소재지를 관할하는 시 · 도지사 또는 시장 · 군수 · 구청장에게 보고하여야 한다.

제6항: 제5항에 의하여 보고를 받은 시 · 도지사 또는 시장 · 군수 · 구청장은 가정위탁지원센터가 선정한 위탁가정이 대상아동의 보호, 양육에 적합하다고 인정하는 때에는 위탁가정으로 결정하고 이를 가정위탁지원센터에 통보한다.

제10조(위탁부모의 교육 등) ① 이 법 제8조 및 제9조의 규정에 의하여 위탁부모로 선정된 자는 거주지를 관할하는 가정위탁지원센터가 제공하는 위탁부모교육을 이수하여야 한다.

② 가정위탁지원센터는 아동에 대하여 위탁가정 적응을 위한 준비프로그램을 제공하여야 한다.

해설: 위탁부모교육의 내용, 시간, 수료증 교부, 보수교육, 위탁부모가 친족인 경우의 방문교육, 예외의 인정 등에 대해서는 시행령에 규정할 수 있다.

아동을 위한 준비프로그램뿐만 아니라 아동의 부모를 위한 프로그램도 제공할 것인가는 이 법의 목적과 실제 사정을 고려하여 결정해야 하며, 필요하고 가능하다고 인정되는 경우 추가할 수 있다.

제11조(가정위탁에 대한 합의 등) ① 아동의 법정대리인과 위탁부도는 아동을 위탁가정에서 보호, 양육하는 것에 대하여 합의하여야 한다.

② 제1항의 규정에 의한 합의가 성립한 때에는 아동의 법정대리인은 아동과 그 소유물품을 위탁부모에게 인도하여야 한다.

③ 가정위탁지원센터는 제1항 및 제2항의 규정에 의한 합의와 인도가 원만하게 이루어질 수 있도록 지원하여야 한다.

해설: 가정위탁보호에 의하여 아동은 일정한 기간 동안 위탁부모의 가정에서 성장하게 되는데, 이는 법정대리인(친권자 또는 후견인)이 위탁가정을 아동의 거소로 지정하고 위탁부모에게 자녀의 양육을 맡긴다는 의사와 위탁부모가 아동을 맡아서 자신의 가정에서 양육하겠다는 의사의 합치를 전제로 한다. 따라서 아동의 법정대리인과 위탁부모는 가정위탁보호가 시작되기 전에 위탁양육에 대해서 합의하여야 한다. 여기에 덧붙여 "아동의 의사를 청취해야 한다"든가 "아동의 의사를 존중해야 한다"는 규정을 추가하는 것도 가능하다.

아동의 법정대리인과 위탁부모 사이에 합의가 성립된 경우에는 법정대리인은 아동과 아동의 옷, 장난감 등 아동이 사용하던 물건을 위탁부모에게 인도하여야 한다.

가정위탁지원센터는 아동의 법정대리인, 아동, 위탁부모가 만나서 서로를 소개하고 익숙해 질 수 있는 기회를 마련하고, 위탁양육에 대한 합의와 인도가 자연스럽게 이루어질 수 있도록 지원하여야 한다. 이 부분에 대하여 보다 자세한 내용은 시행령에 규정할 수 있을 것이다.

제4장 가정위탁보호의 효력

제12조(급여의 실시) ① 위탁가정의 소재지를 관할하는 시 · 도지사 또는 시장 · 군수 · 구청장은 이 법 제8조 제2항 및 제9조 제4항의 규정에 의하여 가정위탁보호가 결정된 아동에 대하여 다음 각 호의 급여를 실시하여야 한다.

1. 국민기초생활보장법에 의한 생계급여, 주거급여, 교육급여
2. 의료급여법에 의한 의료급여
3. 양육보조금
4. 위탁아동의 질병 · 부상에 대비한 상해보험, 위탁아동이 타인에게 손해를 가할 경우에 대비한 손해보험, 위탁아동의 유괴, 납치 등의 경우에 위탁부모에게 제기될 수 있는 손해배상청구에 대비한 손해보험의 가입에 필요한 비용
5. 전세자금 지원(친족에 의한 가정위탁보호의 경우에 한한다)
6. 기타 시 · 도지사 또는 시장 · 군수 · 구청장이 필요하다고 인정하는 급여

② 제1항의 규정에 의한 급여는 가정위탁보호가 결정된 날로부터 개시한다.

해설: 가정위탁보호의 결정은 아동의 거주지를 관할하는 시 · 도지사 또는 시장 · 군수 · 구청장이 하지만, 가정위탁보호의 결정에 의해서 급여를 실시하는 주체는 위탁가정 소재지를 관할하는 시 · 도지사 또는 시장 · 군수 · 구청장이다.

가정위탁보호가 결정된 아동에 대해서는 예외없이 급여가 실시되는 것으로 한다. 가정위탁보호가 결정된 경우에는 아동의 부모 등 부양의무자가 사실상 부양을 할 수 없는 상태에 있는 경우가 대부분이므로, 일률적으로 급여를 실시하여 아동의 보호에 만전을 기하도록 하자는 취지이다. 부모 등의 부양의무자에게 부양능력이 있다는 사실이 확인된 경우에는 국민기초생활보장법 제46조에 의하여 사후에 부양의무자로부터 그 비용을 징수하면 될 것이다(법안 제24조 참조).

위에서 열거한 사항 외에 필요한 급여가 있으면 법안에 추가할 수 있다.

제13조(위탁양육에 대한 지원 및 감독) ① 위탁가정의 소재지를 관할하는 시 · 도지사 또는 시장 · 군수 · 구청장은 다음 각 호의 업무를 수행하여야 한다.

1. 위탁아동과 위탁부모에 대한 상담 및 양육지원
2. 아동의 양육 상태 및 위탁가정의 실태 파악

② 시 · 도지사 또는 시장 · 군수 · 구청장은 제1항의 규정에 의한 업무를 수행하기 위하여 위탁가정을 방문할 수 있다.

③ 일반가정위탁보호의 경우에는 가정위탁지원센터가 제1항 및 제2항 규정의 업무를 수행한다.

해설: 가정위탁보호가 시작된 후 위탁부모가 양육의 어려움을 겪는 경우가 적지 않은데, 위탁부모 스스로 이러한 문제를 극복하기란 쉽지 않다. 이 규정은 친족에 의한 가정위탁보호의 경우에는 담당 공무원이 위탁가정에 대한 상담 및 양육지원을 하고, 일반가정위탁보호의 경우에는 가정위탁지원센터가 이러한 업무를 수행하는 것을 전제로 한 것이다(필요하다면 변경 가능함). 위탁부모들이 서로 경험과 정보를 교류할 수 있고, 때로는 전문가의 상담과 지원을 받을 수 있다면, 위탁가정에서 겪는 양육의 어려움을 극복하는 데 도움이 될 수 있을 것이다(자조모임 등 구체적인 내용에 대해서는 시행령에 규정 가능).

가정위탁보호가 시작된 후에는 또한 아동의 양육 상태에 대한 점검과 감독이 필요하다. 담당 공무원 및 가정위탁센터의 직원이 일정한 기간마다(예를 들면 매분기별) 위탁가정을 방문할 수 있는 권한을 보장하여 아동의 양육 상태, 위탁가정의 환경 등을 점검할 수 있도록 법에 규정할 필요가 있다(이 부분에 관하여 자세한 내용은 시행령에 규정 가능).

제14조(응급조치) ① 위탁가정에서 아동의 복리가 위태롭게 된 때에는 가정위탁지원센터는 아동을 위탁가정에서 격리시킬 수 있으며, 치료가 필요한 때에는 치료기관에 인도할 수 있다.

② 가정위탁지원센터가 제1항의 규정에 의한 조치를 한 때에는 아동복지법 제10조 제1항 의 규정에 의한 보호조치를 의뢰할 수 있다.

해설: 위탁아동의 양육 상태 및 위탁가정의 환경 등을 점검, 감독하는 과정에서 학대, 방임 등 아동의 복리를 해치는 사실이 드러난 때에는 가정위탁센터의 직원(여기에 담당 공무원을 추가하는 것도 가능)이 아동을 위탁가정에서 격리시킬 수 있도록 권한이 인정되어야 한다. 아동을 위탁가정에서 격리한 후 치료가 필요한 경우에는 치료기관에 인도할 수 있다.

제1항의 규정에 의한 조치가 취해진 때에는 아동을 보호, 양육할 수 있는 새로운 대체방안이 마련되어야 한다. 부모가 직접 양육할 수 없는 경우에는 아동복지법 제10조에 의하여 보호조치가 이루어져야 할 것이다. 여기에는 아동을 새로운 위탁가정에 배치하는 것, 아동보호시설에 입소시키는 것 등이 포함된다.

제15조(신고의무) ① 위탁부모는 다음 각 호의 사유가 있는 때에는 이를 지체없이 시 · 도지사 또는 시장 · 군수 · 구청장에게 신고하여야 한다.

1. 위탁부모가 아동을 부모에게 인도하고자 하는 때
2. 아동의 가출
3. 아동의 질병, 사고, 사망
4. 위탁가정의 전입, 전출
5. 위탁가정 구성원의 질병
6. 기타 위탁아동의 복리에 현저한 영향을 미칠 수 있는 사항으로서 대통령령으로 정한 사항

② 일반가정위탁보호의 경우에 제1항에 규정된 사유가 발생한 때에는 위탁부모는 이를 지체없이 가정위탁지원센터에 신고하여야 한다.

③ 위탁부모가 제1항 및 제2항의 규정에 의한 신고의무를 위반한 때에는 시 · 도지사 또는 시장 · 군수 · 구청장은 가정위탁보호 결정을 취소할 수 있다.

해설: 위에서 열거한 예는 위탁아동의 보호, 양육에 상당한 영향을 미칠 수 있는 사항이므로, 위탁부모로 하여금 담담 공무원(친족에 의한 가정위탁보호의 경우)이나 가정위탁지원센터(일반가정위탁보호의 경우)에 신고하도록 의무를 부과한 것이다. 예를 들어서 위탁부모가 아동을 부모에게 인도하려고 하는 때에는 사전에 반드시 신고를 하도록 함으로써 법안 제18조가 규정하는 귀가조치 절차를 밟도록 해야 한다. 법안

第18조의 귀가조치 규정에 의한 심사에 의해서, 부모가 자녀를 스스로 양육할 수 있는 조건을 회복하였는가, 아동이 부모에게 돌아가는 경우 적응의 문제는 없는가 등의 문제를 검토, 확인할 수 있기 때문이다.

위탁부모가 신고의무에 위반한 경우에는 시 · 도지사 또는 시장 · 군수 · 구청장은 가정위탁보호 결정을 취소할 수 있다. 이는 위탁부모에 대한 제재로서의 성질을 갖는다기보다는 위탁아동의 복리를 위하여 필요한 조치라고 볼 수 있다.

제5장 가정위탁보호의 종료

第16조(종료의 원인) 가정위탁보호는 다음 각 호의 원인이 있는 때에 종료한다.

1. 위탁부모 또는 위탁아동의 사망
2. 위탁아동이 18세에 이른 때. 단, 위탁아동이 18세에 이른 때에도 고등학교 이하의 교육기관에 재학 중인 경우에는 교육종료 시
3. 위탁부모가 위탁아동을 부모에게 인도한 때
4. 위탁부모가 위탁아동의 보호, 양육을 포기하겠다는 의사를 표시하여 아동을 보호시설 등에 인도한 때
5. 시 · 도지사 또는 시장 · 군수 · 구청장이 가정위탁보호 결정을 취소한 때

해설: "위탁기간(계약기간)의 만료"를 가정위탁보호 종료의 원인으로 열거할 수도 있으나, 가정위탁의 성질과 부합하지 않는 측면이 있다고 생각되어 포함시키지 않았다. 예를 들어서 처음에 위탁양육기간을 1년으로 정했다고 해도 사정에 따라서는 정해진 기간을 넘어 위탁양육이 장기화되는 경우도 있을 수 있는데, 이런 경우 위탁기간의 경과로 인하여 가정위탁보호가 종료된다고 보는 것은 적당하지 않다. 반대로 계약기간이 만료되기 전에도 위탁부모는 위탁아동을 더 이상 양육할 수 없다는 의사를 표시할 수 있는데, 이런 경우에 위탁부모에 대해서 정해진 기간 동안 아동을 양육하라고 강제할 수도 없을 뿐만 아니라 설령 가능하다고 해도 위탁부모가 원하지 않는 양육의 강제는 아동의 복리를 해치는 결과를 낳을 뿐이다.

위탁기간이 만료되어 위탁부모가 부모에게 아동을 인도하는 경우에는 제3호에 의해서 가정위탁보호가 종료된다. 위탁기간이 만료되었으나 부모는 자녀를 스스로 양육할 수 있는 조건을 회복하지 못하였고, 위탁부모도 더 이상 아동을 양육할 수 없는 때에는 제4호에 의해서 가정위탁보호가 종료된다.

第17조(종료의 지원) ① 위탁가정 소재지를 관할하는 시 · 도지사 또는 시장 · 군수 · 구청장은 가정위탁보호가 종료되기 전에 위탁아동과 위탁부모, 부모 등 관계인

의 적응을 위한 상담과 지원을 제공하여야 한다.

② 일반가정위탁보호의 경우에는 가정위탁지원센터가 제1항 규정의 업무를 수행한다.

해설: 가정위탁보호가 종료되어 아동이 원가정에 복귀하는 경우를 대비하여 당사자들이 새로운 환경에 적응할 수 있도록 서비스를 제공할 필요가 있다. 이와 별도로 18세에 달하여 가정위탁보호가 종료된 아동에 대한 자립지원서비스를 추가로 규정할 수 있다.

친족에 의한 가정위탁보호와 일반가정위탁보호를 구분하여 서비스를 제공하는 주체를 달리 규정하였다.

구체적인 서비스의 내용은 시행령에 규정하는 것이 바람직하다.

제18조(귀가조치) ① 위탁아동의 부모가 직접 자녀를 양육하고자 하는 때에는 아동의 가정위탁보호를 결정한 시 · 도지사 또는 시장 · 군수 · 구청장에게 아동의 귀가를 신청하여야 한다.

② 제1항의 규정에 의하여 귀가신청을 받은 시 · 도지사 또는 시장 · 군수 · 구청장은 가정위탁지원센터, 가정위탁자문위원회의 의견을 들어 아동의 귀가여부를 결정한다. 아동의 귀가조치가 당해 아동의 복리에 반한다고 인정되는 때에는 시 · 도지사 또는 시장 · 군수 · 구청장은 귀가조치를 하지 아니할 수 있다.

해설: 위탁아동의 부모가 자녀를 양육할 수 있는 조건을 회복하여 직접 자녀를 양육하고자 하는 때에는 아동의 가정위탁보호를 결정한 시 · 도지사 또는 시장 · 군수 · 구청장에게 귀가신청서를 제출하여야 한다. 친권자인 부모는 위탁기간이 만료되기 전에도 귀가신청을 할 수 있다고 해석된다.

귀가신청을 받은 시 · 도지사 또는 시장 · 군수 · 구청장은 가정위탁지원센터, 법안 제22조에 의한 가정위탁자문위원회의 의견을 들어 아동의 귀가여부를 결정한다. 위탁부모, 위탁아동의 의견을 들을 필요가 있는 경우도 있을 것이다(법안 또는 시행령에 추가 가능).

아동의 원가정 복귀가 아동의 복리에 반한다고 판단되는 경우에는 시 · 도지사 또는 시장 · 군수 · 구청장은 귀가조치를 하지 않을 수 있다. 이러한 경우에 위탁부모와 아동이 원한다면 가정위탁보호가 계속될 수 있다. 다만, 부모는 친권자로서 민법상 자녀의 인도청구를 법원에 할 수 있는데, 시 · 도지사 또는 시장 · 군수 · 구청장의 귀가조치 거부가 법원의 판결을 구속하는 것은 아니다. 따라서 법원에서는 자녀를 부모에게 인도하라는 판결을 선고할 가능성도 배제할 수 없다.

제6장 가정위탁지원센터

제19조(가정위탁지원센터의 설치 등) ① 국가는 가정위탁사업을 활성화하고 지역간 연계체계를 구축하기 위하여 중앙가정위탁지원센터를 둔다.

② 지방자치단체는 보호를 필요로 하는 아동에 대한 가정위탁지원사업을 활성화하기 위하여 지역가정위탁지원센터를 둔다.

③ 보건복지부장관 및 시·도지사는 가정위탁지원을 목적으로 하는 비영리법인을 지정하여 제1항 및 제2항의 규정에 따른 중앙가정위탁지원센터 및 지역가정위탁지원센터의 운영을 위탁할 수 있다.

④ 가정위탁지원센터의 상담원의 자격 및 배치기준 등 설치기준과 운영, 제3항의 규정에 따른 지정의 요건 등에 관하여 필요한 사항은 대통령령으로 정한다.

해설생략

제20조(가정위탁지원센터의 업무) ① 중앙가정위탁지원센터는 다음 각 호의 업무를 수행한다.

1. 지역가정위탁지원센터에 대한 지원
2. 효과적인 가정위탁사업을 위한 연계체계 구축
3. 가정위탁사업과 관련된 연구 및 자료발간
4. 가정위탁사업을 위한 프로그램의 개발 및 평가
5. 상담원에 대한 교육 등 가정위탁에 대한 교육 및 홍보
6. 가정위탁사업을 위한 정보기반 구축 및 정보제공
7. 그 밖에 대통령령이 정하는 가정위탁사업과 관련된 업무

② 지역가정위탁지원센터는 다음 각 호의 업무를 수행한다.

1. 가정위탁사업의 홍보 및 위탁가정의 발굴
2. 가정위탁을 하고자 하는 가정의 조사
3. 위탁부모의 교육
4. 위탁가정의 사후관리
5. 그 밖에 대통령령이 정하는 가정위탁사업과 관련된 업무

해설생략

제21조(비용보조) 국가 및 지방자치단체는 대통령령이 정하는 기준에 따라 가정위탁지원센터의 설치 및 운영에 소요되는 비용을 보조할 수 있다.

해설생략

제7장 가정위탁자문위원회

제22조(가정위탁자문위원회) ① 이 법에 의한 가정위탁보호에 관한 사항을 자문하기 위하여 시 · 도 또는 시 · 군 · 구에 가정위탁자문위원회를 둔다.

② 가정위탁자문위원회는 다음 각 호의 사항에 관하여 자문을 할 수 있다.

1. 가정위탁보호 여부의 결정
2. 위탁가정의 선정
3. 대상아동에 적합한 위탁가정의 결정
4. 가정위탁보호 결정의 취소
5. 기타 위원장이 가정위탁보호와 관련하여 필요하다고 인정하여 부의하는 사항

③ 가정위탁자문위원회는 위원장을 포함하여 10인 이내의 위원으로 구성하고 위원은 시 · 도지사 또는 시장 · 군수 · 구청장이 다음 각 호의 1에 해당하는 자 중에서 위촉 · 지명하되 민간인 위원이 3분의 2 이상이 되도록 하여야 한다. 위원장은 당해 시 · 도지사 또는 시장 · 군수 · 구청장이 된다.

1. 가정위탁에 관한 학식과 경험이 있는 자
2. 아동복지에 관한 학식과 경험이 있는 자
3. 관계행정기관소속의 공무원

④ 가정위탁자문위원회의 기능과 구성 · 운영 등에 관하여 필요한 사항은 대통령령으로 정한다.

해설: 시 · 도지사 또는 시장 · 군수 · 구청장이나 가정위탁지원센터가 위에서 열거한 사항에 대하여 판단을 하는 경우에는 가정위탁자문위원회의 자문을 구할 수 있다. 결정과정에서 전문가로 구성된 자문위원회의 의견을 참고함으로써 대상아동의 복리에 가장 적합한 결정이 내려질 수 있도록 하기 위한 조치라고 볼 수 있다. 자문위원회의 역할은 위에서 열거한 사항에 대하여 심의하고 자문하는 데 그치며, 최종적인 결정권을 갖는 것은 아니다.

자문위원회를 구성할 때에는 민간인 전문가의 비율이 2/3 이상이 되게 함으로써 위원회의 전문성을 제고하고, 관료주의적 성향을 제어할 수 있게 한다(예를 들어서 위원회가 9인으로 구성된 경우 그 중 6인은 민간인 전문가이어야 함).

제23조(자문우선의 원칙) 시 · 도지사 또는 시장 · 군수 · 구청장은 그 관할구역 안에서 보호를 필요로 하는 아동을 발견한 때에는 아동복지법 제10조 제1항의 규정에 의한 조치를 취하기 전에 가정위탁자문위원회의 자문을 얻어야 한다.

해설: 시 · 도지사 또는 시장 · 군수 · 구청장이 그 관할구역 안에서 보호를 필요로 하는 아동을 발견한 경우에는 아동복지법 제10조 제1항의 규정에 의한 보호조치를 취하기에 앞서 가정위탁자문위원회의 자문을 구하도록 의무화한 것이다. 이는 관계 공무원의 행정 편의적 발상으로 인하여 보호필요아동 중에서 가정위탁보호에 적합한 아동이 있는 경우에도 이러한 가능성에 대해서 충분히 고려하지 않고, 아동보호시설에 입소시키는 조치를 취하는 관행에 제동을 걸고 개별적인 보호필요아동에게 가장 적합한 보호조치가 취해질 수 있도록 하기 위한 것이다. 시 · 도지사 또는 시장 · 군수 · 구청장이 이 규정에 위반한 때에는 법안 제26조에 의하여 300만원 이하의 벌금 또는 과료에 처해지는데, 이는 규정의 실효성을 확보하기 위한 것이다.

제8장 보 칙

제24조(준용규정) 가정위탁보호에 관하여 이 법에 특별한 규정이 있는 경우를 제외하고는 그 성질에 반하는 아니하는 범위 안에서 국민기초생활보장법과 아동복지법의 규정을 준용한다.

해설: 가정위탁보호와 관련하여 법률의 적용이 문제되는 경우에는 우선 이 법(안)의 규정이 적용된다. 예를 들어서 위탁아동에 대한 급여에 관해서는 이 법(안) 제12조의 규정이 우선 적용되므로, 가정위탁보호가 결정되는 경우 모든 위탁아동에 대해서 일률적으로 급여가 실시되며, 이와 별도로 국민기초생활보장법의 규정이 경합하여 적용되지 않는다.

그러나 이 법(안)에 해당조항이 없는 경우에는 가정위탁보호의 목적, 취지 등에 반하지 않는 범위 내에서 국민기초생활보장법과 아동복지법의 규정이 적용된다. 예를 들어서 국민기초생활보장법 제9조 규정(생계급여의 방법)이 가정위탁보호의 경우에 준용됨으로써 생계급여는 금전지급을 원칙으로 하고(제1항), 수급자, 즉 아동에게 지급하는 것을 원칙으로 한다(제3항). 또한 가정위탁보호가 결정된 아동에 대해서는 이 법(안) 제12조에 의해서 일단 일률적으로 급여가 개시되지만, 아동의 부양의무자(예를 들어서 부모)에게 부양능력이 있다는 사실이 확인되면 국민기초생활보장법 제46조 규정(비용의 징수)에 의해서 급여로 지급된 금액의 전부 또는 일부를 부양의무의 범위 안에서 회수할 수 있게 된다.

제25조(비밀유지의무) 이 법 제8조 제2항 및 제9조 제4항의 규정에 의하여 신청인의 가정과 대상아동 및 그 가정을 조사한 공무원, 제9조 제3항의 규정에 의하여 신청

인의 가정을 조사한 가정위탁센터의 직원, 제22조 제2항의 규정에 의하여 자문을 한 자문위원은 그 과정에서 얻은 정보와 자료를 이 법이 정한 목적 외에 다른 용도로 사용하거나 다른 사람 또는 기관에 제공하여서는 아니된다.

해설생략

제9장 벌 칙

제26조(벌칙) 시 · 도지사 및 시장 · 군수 · 구청장이 이 법 제23조 규정을 위반한 때에는 300만원 이하의 벌금 또는 과료에 처한다.

제27조(벌칙) 이 법 제25조에 위반한 자는 3년 이하의 징역 또는 1천만원 이하의 벌금에 처한다.

제28조(벌칙) 사위 기타 부정한 방법에 의하여 급여를 받거나 또는 타인으로 하여금 급여를 받게 한 자는 1년 이하의 징역, 500만원 이하의 벌금, 구류 또는 과료에 처한다.

제29조(양벌규정) 법인의 대표자나 법인 또는 개인의 대리인 · 사용인 기타 종업원이 그 법인 또는 개인의 업무에 관하여 제27조 또는 제28조 규정의 위반행위를 한 때에는 행위자를 벌하는 외에 그 법인 또는 개인에 대하여도 각 해당조의 벌금 또는 과료의 형을 과한다.

제26조 - 제29조 해설생략

아동복지법에서 개정이 필요한 부분

아동복지법 제12조(친권상실선고 등의 청구) ① 시 · 도지사 또는 시장 · 군수 · 구청장은 아동의 친권자가 친권을 남용하거나 현저한 비행 기타 친권을 행사할 수 없는 중대한 사유가 있는 것을 발견한 때에는 법원에 친권상실의 선고를 청구하여야 한다.

② 제24조 제1항 규정이 정하는 아동보호전문기관의 장 및 가정위탁지원센터의 장은 제1항의 사유를 발견한 때에는 법원에 친권상실의 선고를 청구할 수 있다.

해설: 현행민법이나 아동복지법에 의하면 아동보호전문기관이나 가정위탁지원센

터의 장은 친권상실선고를 청구할 수 없는데, 적어도 아동복지법 제12조가 규정하는 청구권자의 범위에는 이와 같이 아동의 보호에 이해관계가 있는 자를 포함시킬 필요가 있다. 아동보호전문기관은 학대아동의 발견, 보호, 치료와 관련하여 신속한 처리를 그 임무로 하는데(아동복지법 제24조-제27조), 이러한 임무를 효율적으로 수행하기 위해서는 친권상실선고를 청구할 수 있는 권한이 필요하다. 예를 들어서 아동보호전문기관이 아동을 보호하기 위해서 부모로부터 자녀를 격리시킨 경우에 부모는 친권자로서 자녀의 인도청구를 할 수 있다. 친권자에 의한 자녀의 인도청구를 궁극적으로 저지하기 위해서는 자녀를 부모에게서 격리시킨 후 지체없이 법원에 친권상실선고를 청구할 필요가 있다. 이와 같이 신속하게 대응하려면, 자녀를 부모로부터 격리시킨 아동보호전문기관이 직접 법원에 친권상실선고를 청구할 수 있게 하여야 한다. 현행법에 의하면, 아동보호전문기관은 친권상실의 필요성이 있다고 판단하는 경우 시·도지사, 시장·군수·구청장 등에게 친권상실선고의 청구를 요청할 수 있을 뿐이다. 그러나 이와 같은 방식은 신속한 대응을 저해할 뿐만 아니라 담당 공무원과 협력이 되지 않을 경우에는 실효성을 확보하기 어렵다는 문제점이 있다.

가정위탁보호가 장기간 지속되고 있으나 아동의 부모는 자녀의 양육에 아무런 관심을 보이지 않는 경우 등에도 부모의 친권을 상실시킬 필요가 있는데, 이런 경우에는 가정위탁지원센터의 장(위탁부모를 청구권자에 포함시키는 것도 가능함)이 친권상실선고를 청구할 수 있도록 하는 것이 아동의 보호를 위해서 바람직하다.

현행 아동복지법 제12조에는 "법원에 친권행사의 제한 또는 친권상실의 선고를 청구하여야 한다"라고 규정되어 있는데, 친권행사의 제한이란 현행민법상 존재하지 않는 개념이고, 따라서 어떤 내용인지 매우 불확실하므로 삭제하는 것이 타당하다.

아동복지법 제13조(아동의 후견인 등) ① 시·도지사 또는 시장·군수·구청장은 친권자 또는 후견인이 없는 아동을 발견한 경우에는 법원에 후견인의 선임을 청구하여야 한다. 이 경우 당해 아동의 의견을 존중해야 한다.

② 제1항 규정의 청구에 의하여 법원이 후견인을 선임할 때까지는 시·도지사 또는 시장·군수·구청장이 아동의 후견인이 된다.

③ 시·도지사 또는 시장·군수·구청장은 아동의 복리를 위하여 후견인을 변경할 필요가 있다고 인정되는 경우에는 법원에 후견인의 변경을 청구할 수 있다.

④ 법원이 제12조 규정에 의하여 친권의 상실을 선고하는 때에는 직권 또는 당사자의 청구에 의하여 후견인을 선임할 수 있다.

⑤ 제3항 및 제4항 규정의 경우에는 민법 제932조, 제935조에 규정된 후견인의 순위에 불구하고 4촌 이내의 친족 그 밖에 적합한 자를 후견인으로 정할 수 있다.

해설

제1항: 현행 아동복지법 제13조에는 "시 · 도지사 또는 시장 · 군수 · 구청장은 친권자 또는 후견인이 없는 아동을 발견한 경우 그 복지를 위하여 필요하다고 인정한 때에는 법원에 후견인의 선임 또는 그 해임을 청구하여야 한다. 이 경우 당해 아동의 의견을 존중해야 한다"라고 규정되어 있다. 후견인이 없는 아동을 발견한 경우에 법원에 후견인의 선임을 청구하는 것은 당연하지만, 후견인의 해임을 청구한다는 것은 앞뒤가 맞지 않는다. 따라서 "그 해임을 청구하여야 한다"는 부분은 삭제되어야 한다. 또한 후견인의 해임제도는 2005년 민법일부개정에 의해서 폐지되었으므로 아동복지법에서도 후견인의 해임에 관한 부분은 민법에 따라 개정되어야 한다.

친권자나 후견인이 없는 아동을 발견한 때에는 당연히 후견인의 선임을 청구하여야 할 것이다. 미성년자에게 후견인이 없는 상태는 그 자체로서 아동의 복리에 반하기 때문이다. 그러므로 "그 복지를 위하여 필요하다고 인정할 때에는"이라는 요건은 불필요하다.

제2항: 제1항 규정의 청구에 의하여 법원이 후견인을 선임할 때까지는 시 · 도지사 또는 시장 · 군수 · 구청장이 임시로 아동의 후견인이 된다. 이는 아동보호의 법적 공백을 막는다는 취지와 더불어 실질적인 필요에서 규정된 것이다. 예를 들어서 아동에 대해서 가정위탁보호를 신청하고, 위탁부모와 가정위탁보호에 대해서 합의하며, 아동을 위탁부모에게 인도하는 것은 원래 법정대리인의 권리의무에 속하는데, 친권자나 후견인이 없는 보호필요아동에 대해서는 시 · 도지사 또는 시장 · 군수 · 구청장이 임시로 후견인이 되어 아동의 법정대리인으로서 이와 같은 임무를 수행하는 것이 필요하다.

제3항: 2005년 민법일부개정에 의해서 후견인의 해임에 관한 규정은 후견인의 변경 규정으로 대체되었다. 민법의 규정에 맞추어 아동복지법에도 후견인의 변경에 관한 규정이 신설될 필요가 있다.

제4항: 아동복지법 제12조 규정에 의하여 법원이 친권의 상실을 선고하는 경우 현행법에 의하면 민법 제932조, 제935조 규정에 의해서 아동의 직계혈족, 3촌 이내의 방계혈족 중에서 한 사람이 후견인이 된다. 이 규정에 의해서 후견인이 된 사람이 아동의 보호자로서 적당하지 않은 경우에는 민법 제940조 규정에 의해서 법원에 후견인의 변경청구를 하여야 한다. 후견인의 변경 청구를 받은 법원은 아동의 친족이 아니더라도 아동의 보호에 가장 적당한 사람(예를 들면 위탁부모)을 후견인으로 정할 수 있다. 그러나 이러한 절차를 거치는 것은 상당히 번거로운 일이므로, 아동복지법 제12조 규정에 의해서 법원이 친권상실선고를 할 때에는 직권 또는 친권상실선고를 청구한 사람의 청구에 의해서 아동의 보호에 적당한 사람(예를 들면 위탁부모 등)을

후견인으로 선임할 수 있게 하는 것이 합리적이다. 이 규정에 의해서 법원이 선임한 후견인은 민법 제932조, 제935조 규정에 의한 법정후견인 보다 선순위의 후견인이 된다.

제5항: 제3항 규정에 의해서 후견인을 변경하거나 제4항 규정에 의해서 법원이 후견인을 선임하는 때에는 아동의 보호에 가장 적당하다고 인정하는 사람을 후견인으로 정할 수 있다. 예를 들어서 위탁부모가 후견인이 되기를 원하고, 법원이 가정위탁지원센터 등의 의견을 참고하여 위탁부모가 후견인으로서 적당하다고 판단하는 때에는 위탁부모를 후견인으로 정할 수 있다.

제28조의 2 삭제

제28조의 3 삭제

제31조 중 2 및 4의 2 삭제

〈중앙가정위탁지원센터의 부탁을 받아 작성한 법안임〉

5. 소위 "친권자동부활론"에 대한 비판적 고찰

I 들어가는 말

이혼 시 단독친권자로 정해진 부모의 일방이 사망한 경우 생존한 다른 일방(생존친)의 친권이 당연히 부활되어 자동으로 자녀의 친권자가 된다는 것이 "친권자동부활론"의 핵심 내용이다. 현재 법원은 이와 같은 "친권자동부활론"을 지지하고 있는데, 이에 대해서는 여러 각도에서 비판이 가해질 수 있다. 현행법에는 단독친권자로 정해진 부모의 일방이 사망한 경우 생존친의 친권이 당연히 부활한다는 명문의 규정이 없으므로, "친권자동부활론"은 결국 해석론인데, 이러한 해석이 현행법체계상 가능한가에 대해서는 의문이 있다. 또한 "친권자동부활론"에 의하면, 이혼 시 단독친권자로 지정되어 자녀를 양육해온 부모의 일방이 사망한 경우 생존친이 자동으로 자녀의 친권자가 되는데, 구체적인 사정에 비추어 볼 때, 이러한 결과가 자녀의 복리에 부합하는가의 여부는 전혀 고려되지 않는다. 외국의 입법례와 판례를 살펴보면, 우리와 같이 "친권자동부활론"을 취하고 있는 경우는 찾아볼 수가 없는데, 이는 "친권자동부활론"이 초래하는 현실적인 부작용을 사전에 예방하기 위한 노력의 소산이라고 볼 수 있다.

아래에서는 먼저 "친권자동부활론"이 갖는 해석론상의 문제점을 살펴보고, 이러한 해석론은 우리사회의 현실과도 맞지 않는다는 점을 지적하려고 한다. 이어서 외국의 입법례와 판례를 소개한 다음, 자녀의 복리실현에 기여할 수 있는 입법론을 제시하고자 한다.

II "친권자동부활론"이 갖는 해석론상의 문제점

1. 현재 법원이 "친권자동부활론"을 취하고 있다는 것은 하나의 판결[1]과 가족관계등록예규[2]를 통해서 알 수 있다. 위의 대법원판결은 이혼 시 친권자로 지정되지 않

1) 대판 1994.4.29, 94다1302.

은 부모의 일방의 친권이 "상실"한다고 전제하고 있다. 그리고 이혼 시 단독친권자로 정해진 부 또는 모가 사망한 경우에는 생존친의 "상실"되었던 친권이 자동으로 "부활"된다는 해석론을 전개한다. 그런데, 이혼 시 "상실"되었던 친권이 단독친권자의 사망으로 인하여 자동으로 "부활"되는 근거에 대해서는 아무런 설명이 없다. 이러한 법원의 태도를 뒷받침하는 해석론은 판결이나 예규가 아닌 다른 곳에서 발견된다(조대현, '개정민법상의 친권자 – 새로운 이론정립 시급하다 –', 법률신문 1991.1.28). 이 글은 1990년에 개정된 민법(1991년 1월 1일부터 시행) 중 친권자에 관한 제909조와 관련하여 새로운 해석론을 전개하고 있다. 당시 제909조 제4항은 "혼인 외의 자가 인지된 경우와 부모가 이혼한 경우에는 부모의 협의로 친권을 행사할 자를 정하고, 협의할 수 없거나 협의가 이루어지지 아니하는 경우에는 당사자의 청구에 의하여 가정법원이 이를 정한다. 친권자를 변경할 필요가 있는 경우에도 또한 같다"라고 규정되어 있었다. 위의 글은 "부모가 이혼한 경우에는 부모의 협의로 친권을 행사할 자"[3]를 정할 수 있다는 구절에서 "친권보유자"와 "친권행사자"라는 서로 구별되는 개념을 추출해 내고, 이혼 시 "친권행사자"로 지정되지 않은 부모의 일방은 친권 그 자체를 잃는 것이 아니라, 여전히 친권을 보유하면서 단시 그 행사만이 정지된다는 해석론을 전개하였다. 따라서 이혼 후 "친권행사자"로 지정된 부모의 일방이 사망한 경우에는 생존친의 정지되었던 친권이 부활되어 생존친이 친권행사자로 된다는 것이다.

2. 그러나 이러한 해석론은 2005년 민법개정에 의하여 제909조 제4항에서 "친권을 행사할 자"라는 용어가 삭제된 오늘날에는 더 이상 유지될 수 없게 되었다. 현행 민법 제909조 제4항은 "친권을 행사할 자"라는 용어 대신 "친권자"라는 용어를 사용하고 있다. "친권을 행사할 자"가 "친권자"로 대체된 배경에는 "친권자동부활론"에 대한 비판이 자리 잡고 있었다. 민법 제909조(친권자)에 대한 개정안은 2005년에 국회에서 통과되었으나, 그 개정원안은 이미 1998년에 법무부에서 마련된 것이다. 당시 법무부(민법개정특별분과위원회. 위원장: 金疇洙 교수)는 민법개정안을 마련하여 1998년 5월 22일 민법개정안에 대한 공청회를 개최하였는데, 공청회 당시 제출된 개정안 제909조 제4항과 제5항의 내용은 다음과 같았다. 제4항: "혼인 외의 자가 인지된 경우와 부모가 이혼한 경우에는 부모의 협의로 친권을 행사할 자를 정하고, 협의할 수 없거나 협의가 이루어지지 아니하는 경우에는 당사자의 청구에 의하여 가정법

2) 제286호 제10조: 친권자로 지정된 사람이 사망, 실종선고, 대리권과 관리권의 상실(사퇴)로 인하여 친권을 행사할 수 없는 경우에도 다른 부 또는 모가 있는 때에는 후견이 개시되지 않으므로 후견개시신고를 할 수 없다.

3) 밑줄은 필자가 강조하기 위한 목적으로 임의로 그은 것임(이하 동일).

원이 이를 정한다. 친권자를 변경할 필요가 있는 경우에도 또한 같다". 제5항: "혼인의 취소, 재판상 이혼 또는 인지청구의 소의 경우에는 직권으로 친권을 행사할 자를 정한다" 당시 공청회에서는 이 규정에 관하여 비판이 제기되었는데(지정토론자: 金相瑢 교수), "친권을 행사할 자"와 관련된 내용만을 소개하면 다음과 같다.[4)]

「개정안 제909조 제4항과 제5항은 "친권을 행사할 자"라는 용어를 사용하고, 제6항에서는 "친권자"라는 용어를 사용하고 있어 불필요한 혼동과 논쟁의 불씨를 제공하고 있음. "친권을 행사할 자"라는 용어는 소위 "친권행사자론"의 근거가 됨. 즉, 친권자의 개념 속에서 친권보유자와 친권행사자라는 구별되는 개념을 추출해내고, 이혼 시 친권행사자로 지정되지 않은 부모의 일방은 친권 그 자체를 상실하는 것이 아니라, 여전히 친권을 보유하면서 단지 그 행사가 정지된다고 보는 이론의 근거가 되고 있음. 이 이론은 이혼 후 친권행사자로 지정된 부모의 일방이 사망한 경우 생존친의 정지되었던 친권이 부활되어 생존친이 자동적으로 친권행사자로 된다는 결과로 이어짐. 그러나 이는 자녀의 복리에 반하는 결과를 초래할 가능성이 있다는 점에서 문제를 안고 있음. 이혼 시 친권자로 지정되지 않았던 생존친이 모든 경우에 있어서 반드시 자녀의 친권자로서 적합하다고는 볼 수 없으며, 생존친이 친권자로 되는 것이 자녀의 복리에 반하지 않는다고 판단되는 경우에 비로소 생존친에게 친권을 양도하는 것이 타당함」

공청회 이후 법무부 민법개정특별분과위원회에서는 공청회에서 제기된 의견을 참고하여 조문을 수정한 후 입법예고를 하였는데, 공청회에서 제기된 위의 의견을 반영하여 "친권을 행사할 자"라는 용어를 삭제하고 "친권자"로 대체하였다.[5)] 당시 입법예고된 개정안 중 해당되는 부분만을 소개하면 다음과 같다.

「제909조 제4항 중 "친권을 행사할 자를 정하고"를 "친권자를 정하여야 하고"로, "당사자의 청구에 의하여 가정법원이 이를 정한다. 친권자를 변경할 필요가 있는 경우에도 또한 같다"를 "당사자는 가정법원에 그 지정을 청구하여야 한다"로 하며, 제5항을 다음과 같이 하고, 동조에 제6항을 다음과 같이 신설한다.

⑤ 혼인의 취소, 재판상 이혼 또는 인지청구의 소의 경우에는 가정법원은 직권으로 친권자를 정한다.

⑥ 가정법원은 자의 이익을 위하여 필요하다고 인정하는 경우에는 자의 4촌 이내

4) 법무부, 가족법개정공청회 자료집(1988년 5월 22일), 31면 이하.

5) 법률신문 1998년 7월 27일자 15면.

의 친족의 청구에 의하여 친권자를 다른 일방으로 변경할 수 있다.」

이와 같이 공청회에서 제기된 의견을 반영하여 수정된 개정안은 그대로 유지되어 그 후 2005년에 국회에서 통과되었으며, 이로써 "친권을 행사할 자"라는 용어는 법전에서 완전히 삭제되었다(제909조 제4항은 2007년 12월에 다시 개정되었으나, "친권자"라는 용어는 계속 유지되고 있다).

3. 현행민법에 의하면, 부모가 이혼하는 경우에는 "친권을 행사할 자"를 정하는 것이 아니라, 친권자를 정하게 된다. 과거와 같이 이혼 시 "친권을 행사할 자"를 정한다고 했을 때에는 "친권을 행사할 자"로 정해지지 않은 부모의 일방도 친권을 계속 보유하지만, 현실적으로 친권을 행사하지 못할 뿐이라는 해석론이 전개될 수 있는 여지가 있었다. 그리고 이를 전제로 하여, 이혼 시 친권행사자로 정해진 부모의 일방이 사망한 경우에는 행사가 정지되어 있었던 생존친의 친권이 부활된다는 이론이 성립되었던 것이다. 그러나 민법에서 "친권을 행사할 자"라는 용어가 삭제된 오늘날에는 이러한 해석론은 더 이상 유지될 수 없게 되었다. 현행민법에 의하면, 부모가 이혼하는 경우에는 "친권자"를 정하게 되므로, 친권자로 정해지지 않은 다른 일방은 더 이상 친권자가 아닌 것으로 볼 수밖에 없다. 만약 부모 쌍방이 이혼 후에도 계속해서 친권자로 남기를 원한다면 공동친권자가 되는 방법이 있다.[6] 그러나 부모의 일방을 단독친권자로 정한 경우에는 다른 일방을 "친권보유자"라고 볼 수 있는 근거가 없으며, 따라서 친권을 보유하고 있으나 다만 행사만이 정지되어 있을 뿐이라는 해석론도 설 자리가 없다. 결국 단독친권자가 사망한 경우 생존친의 정지되어 있었던 친권이 자동으로 부활한다는 해석론은 현행법체계와도 맞지 않는 무리한 주장일 뿐이다.

4. 한편, 일부에서는 민법 909조 제3항("부모의 일방이 친권을 행사할 수 없을 때에는 다른 일방이 이를 행사한다")을 "친권자동부활론"의 근거로 제시하기도 한다. 이 견해는 부모가 사망한 경우를 "부모의 일방이 친권을 행사할 수 없을 때"에 해당한다고 보는 것인데, 이는 해석의 오류에서 비롯된 것으로 생각된다. 우선, "어떤 권리를 행사할 수 없는 상태"란 권리능력을 가지고 있으나 권리행사에 제한을 받는 경우라고 볼 수 있는데, 친권자인 부모가 사망한 때에는 권리능력이 소멸하므로(일신전속권인

6) 현재 실무에서는 이혼 후에도 부모의 공동친권을 인정하는 사례가 적지 않다. 정승원, 면접교섭권- 부모의 권리인가, 자녀의 복리인가(한국가정법률상담소 주최 심포지엄 자료집, 2008년 11월 26일), 11면 이하 참조; 이혼 후의 공동친권 일반에 관하여는 김상용, 이혼 후의 공동친권 – 그 가능성과 한계 –, 가족법연구 I(2002), 200면 이하 참조.

친권도 동시에 소멸한다), "친권을 행사할 수 없을 때"에 해당된다고 할 수 없다. 또한 부모의 일방이 친권을 행사할 수 없는 경우에(예컨대, 금치산선고를 받은 경우 등) 다른 일방이 친권을 행사하려면, 그 다른 일방이 친권을 가지고 있다는 것이 전제되어야 한다. 그러나 위에서 본 바와 같이, 이혼 시 친권자로 정해지지 않은 일방은 더 이상 친권자가 아니므로, 설령 이혼 시 단독친권자로 정해진 부모의 일방이 장기간 의식불명 상태에 있어서 친권을 행사할 수 없다고 해도 친권자가 아닌 다른 일방이 당연히 친권을 행사할 수 있는 것은 아니다(이런 경우에는 일단 후견이 개시되는 것으로 해석하여야 할 것이다).

5. 이혼 시 단독친권자로 지정된 부모의 일방이 사망한 경우에 생존친이 자동으로 친권자가 된다는 것은 「가족관계의 등록 등에 관한 법률」(이하 '가족관계등록법' 이라 한다)에 의해서 발급되는 어떤 종류의 증명서[7]에도 기재되지 않는다. 가족관계등록부 실무기재례[8]에 의하면, 이혼 후 친권자로 지정된 부모의 일방이 사망한 경우에는 자녀의 기본증명서에 이를 기재하지만, 그로 인하여 생존친이 새로 친권자가 되었다는 것을 기재하지는 않는다. 따라서 자녀의 기본증명서를 보면, 이혼 시 단독친권자로 정해진 부모의 일방이 사망했다는 사실은 알 수 있으나, 그 후 누가 친권자가 되었는지는 알 수 없다. 법원의 태도에 의하면, 자녀의 가족관계증명서를 통하여 생존한 부모를 확인할 수 있으므로, 가족관계증명서와 기본증명서를 함께 제출하면 현재 누가 자녀의 친권자인가를 알 수 있다는 것이다(예컨대, 이혼 후 단독친권자로 정해진 母가 사망하여 자녀가 은행예금을 상속하였는데, 父가 친권자로서 자녀를 대리하여 은행예금을 인출하려고 하는 경우에 은행직원은 두 가지 종류의 증명서를 보고 母의 사후에 父가 친권자가 되었음을 알 수 있다는 것이다). 그러나 전문적인 법률지식이 없는 일반인의 입장에서는 두 가지 종류의 증명서를 보아도 누가 현재 자녀의 친권자인가를 정확하게 판단할 수 없으므로, 결국 중요한 거래를 하는 경우에는 법원에 문의를 하지 않을 수 없다(법원에 직접 문의하면, 생존친이 친권자라는 안내를 해준다고 한다). 자녀의 친권자가 누구인가는 매우 중요한 사항이므로, 신분증명서(기본증명서)에 기재하여 공시하는 것이 필요하다고 생각된다. 이런 점에 비추어 볼 때, 단독친권자의 사망 후 생존친이 친권자가 되었는가의 여부를 명확하게 기재하지 않는 법원의 태도는 무책임하다는 비판을 받을 수 있다. 또한 법원의 이와 같은 모호한 태도는 결국 "친권자동부활론"에 대한 확신의 결여에서 비롯된 것이 아닌가 하는 의구심을 자아내고 있다.

---

7) 가족관계등록법 제15조에 의하면 가족관계증명서, 기본증명서, 혼인관계증명서, 입양관계증명서, 친양자입양관계증명서 등 5종의 증명서가 발급된다.

8) 가족관계등록실무자료집(대법원행정처, 2007), 142면 참조.

Ⅲ 새로운 해석론의 제시

1. 이혼 시 부모의 일방이 친권자로 정해진 경우에 다른 일방은 더 이상 친권자가 아니라고 본다면, 친권자로 정해진 부모의 일방이 사망한 때에는 친권자가 없는 상태가 되므로, 후견이 개시된다고 해석해야 할 것이다(민법 제928조: 미성년자에 대하여 친권자가 없거나 친권자가 법률행위의 대리권 및 재산관리권을 행사할 수 없는 때에는 그 후견인을 두어야 한다). 이렇게 해석한다면, 사망한 친권자가 유언으로 후견인을 지정하지 않은 한, 일단 생존친이 후견인이 된다(민법 제932조, 제935조).[9] 후견인이 된 생존친이 미성년자녀의 부동산 또는 중요한 재산의 득실변경을 목적으로 행위를 함에 있어서는 반드시 친족회의 동의를 얻어야 하므로(민법 제950조), 후견인이 된 생존친이 피후견인인 자녀의 재산을 자기의 이익을 위하여 함부로 처분할 수 없게 된다. 생존친이 자동적으로 친권자가 되는 경우와 비교해 볼 때, 최소한 미성년자녀의 재산이 보호될 수 있다는 장점이 있다.[10]

2. 이혼 시 친권자로 지정된 부모의 일방이 사망한 경우에 생존친의 의사를 묻지 않고 자동으로 친권을 부활시킨다고 해도 생존친이 실제로 친권자로서의 역할을 할 수 없는 때에는 누구에게도 도움이 되지 않는다. 예를 들어서, 친권자가 된 생존친이 친권자로서의 의무를 이행할 수 없는 어려운 사정(생존친이 이미 재혼하여 새로운 가정을 꾸렸기 때문에 자녀를 보호 · 교양하기 어려운 사정이 있는 경우 등)이 있어서 사퇴를 원하는 경우에도 민법에는 친권의 사퇴에 관한 규정이 없기 때문에 사퇴가 불가능하다(그러나 이런 경우에 사퇴를 허용하지 않는다고 해서 자신의 의사와 무관하게 친권자가 된 생존친이 친권자의 역할을 하는 것은 아니다. 결과적으로 생존친은 형식적으로는 친권자로 남아 있으나 실제로는 친권자로서의 역할을 하지 않는 상태가 발생한다. 즉, 자녀의 보호에 공백상태가 생기는 것이다). 이런 경우에 실제로 자녀를 보호, 양육하고 있는 사람(예컨대 조부모 등)이 있다면, 이러한 사람이 후견인이 되는 것이 자녀의 복리라는 관점에서 보더라도 바람직할 것이다. 그러나 후견이 개시되기 위해서는 사전에 생존친의 친권을 상실시켜야 하므로, 친권상실선고의 절차를 거쳐야 한다는 어려움이 있다. 반면에 이혼 후 단독친권자로 정해진 부모의 일방이 사망한 경우에는 후견이 개

9) 부모가 후견인이 된다는 것이 생소하게 느껴질 수도 있겠으나, 양자의 양부모가 모두 사망하고 유언에 의한 지정후견인이 없는 경우에는 후견이 개시되어 친생부 또는 친생모가 후견인이 될 수 있다는 해석론(호적선례 1-219)에 비추어 보면 이해할 수 있을 것이다.

10) 김주수 · 김상용, 친족상속법(2008), 368면 이하.

시된다고 해석한다면, 이러한 어려움을 피할 수 있다. 후견이 개시된다고 해석하면 일단 생존친이 후견인이 되지만, 생존친에게 실제로 자녀를 보호 · 교양할 수 없는 사정이 있는 때에는 가정법원의 허가를 얻어 사퇴하는 것이 가능하기 때문이다(민법 제939조).

3. 미성년자 후견은 친권의 연장이므로 후견인이 된 생존친은 이제 피후견인이 된 자녀를 실제로 보호 · 교양할 의무를 부담하게 된다. 만일 생존친이 후견인의 의무를 실제로 이행하지 않는다면, 이는 민법 제940조가 규정하는 후견인의 변경사유에 해당하므로, 가정법원은 자녀의 보호와 교양에 적당한 사람(실제로 자녀를 보호하고 있는 조부모 등)으로 후견인을 변경할 수 있다. 생존친이 후견인으로서 적당하지 않은 경우에는(자녀를 폭행한 전력이 있는 경우 등) 생존친이 후견개시신고를 하기 전에 후견인 변경청구를 하는 것도 가능하다. 후견인 변경청구가 있는 경우 가정법원은 사전처분으로 후견인의 직무집행을 정지시킬 수 있으며,[11] 이때에는 심판의 확정시까지 후견인의 임무를 대행할 수 있는 대행자를 지정하여야 할 것이다.[12]

만일 생존친이 친권자가 되기를 원한다면, 민법 제909조 제6항의 친권자 변경에 관한 규정을 유추적용하여 가정법원에 친권자 변경을 청구할 수 있다고 해석함으로써 생존친이 친권자가 될 수 있는 길을 열어주는 것도 필요하다. 제909조 제6항은 부모 쌍방이 생존해 있는 경우에만 적용될 수 있다는 규정이므로, 친권자로 정해진 부모의 일방이 사망한 때에는 적용될 수 없다는 반론이 제기될 수 있으나, 이는 민법의 해석방법론에 비추어 볼 때, 단순하고 거친 주장이라고 생각된다. 제909조 6항(가정법원은 자의 복리를 위하여 필요하다고 인정되는 경우에는 자의 4촌 이내의 친족의 청구에 의하여 정하여진 친권자를 다른 일방으로 변경할 수 있다)은 자녀의 복리를 실현하기 위하여 친권자의 변경을 인정한 규정이다. 즉, 친권자로 정해진 부모의 일방에게 친권자로서 적당하지 않은 사정이 생긴 경우에 그러한 친권자에게 자녀의 보호와 교양을 계속 맡긴다면 자녀의 복리가 침해될 우려가 있으므로, 친권자를 다른 일방으로 변경할 수 있도록 하여 자녀를 보호하겠다는 것이 제909조 제6항의 입법취지라고 할 수 있다. 예를 들어서 이혼 시 친권자로 정해진 모가 장기간 의식불명 상태에 있다면, 자녀를 위하여 친권자로서의 역할을 할 수 없으므로 사실상 친권의 공백상태가 발생한 것이며, 이로 인하여 자녀의 복리가 침해될 수 있다. 이런 경우에 이혼 시 친권자로 정해지지 않은 父가 친권자의 역할을 할 수 있는 의사와 능력이 있다면, 자녀의 복리

11) 가사소송법 제62조 제1항.

12) 가사소송규칙 제102조 제1항의 준용. 심판의 효력이 발생할 때까지 후견인의 직무집행을 정지시키고, 청구인을 그 대행자로 선임하는 내용의 사전처분을 하는 것도 가능할 것이다.

라는 관점에서 볼 때, 친권자를 부로 변경하는 것이 바람직하다. 이와 유사한 예로서 이혼 시 친권자로 정해진 모가 사망한 경우를 생각해 본다. 이혼 시 친권자로 정해진 모가 사망한 경우에는 자녀에게 친권자가 없는 상태가 되며, 이는 곧 친권의 공백상태를 의미한다(이 점에서 본질적으로 친권자로 정해진 모가 장기간 의식불명 상태에 있는 경우와 다를 바 없다). 이런 경우에 생존친인 부에게 친권자의 역할을 할 수 있는 의사와 능력이 인정된다면, 자녀의 복리라는 관점에서 볼 때, 부를 친권자로 변경하는 것이 최선의 대안이 될 수 있다(친권자의 변경이 친권의 자동부활과 다른 점은 명백하다. “친권자동부활론”에 의하면, 부에게 친권자가 될 의사나 능력이 있는가와 관계없이 당연히 부의 친권이 부활하여 친권자가 된다. 반면에 친권자 변경의 경우에는 법원에 친권자 변경의 심판을 청구해야 하므로, 우선 부에게 친권자가 되겠다는 의사가 있어야 한다. 또한 법원에서는 친권자가 되기를 원하는 부가 친권자로서의 의무를 이행할 수 있는 능력과 환경을 갖추고 있는가를 심사하게 되므로, 친권자로서 적당하지 않은 생존친이 친권자가 되는 것을 막을 수 있다). 결국 위에서 든 두 가지 예에서, 친권자로 정해진 모가 장기간 의식불명 상태에 있는 경우나 사망한 경우는 모두 친권의 공백이라는 사실상태가 발생한다는 점에서 공통점이 발견된다. 또한 그로 인하여 자녀의 복리가 위태롭게 될 우려가 있다는 점도 같다. 그렇다면 자녀의 복리라는 관점에서 볼 때, 친권자로 정해진 모가 장기간 의식불명 상태에 있는 경우에 적용될 수 있는 친권자 변경규정을 친권자로 정해진 모가 사망한 경우에 유추적용하는 데에는 해석론상으로 아무런 문제가 없음을 인정해야 할 것이다. 제909조 제6항의 친권자 변경에 관한 규정은 자녀의 복리라는 가치의 실현을 위하여 마련된 것이며, 이러한 입법취지에 비추어 볼 때 친권자로 정해진 부모의 일방이 장기간 의식불명 상태에 있는 경우와 사망한 경우는 본질적으로 차이가 없기 때문이다.

Ⅳ “친권자동부활론”이 현실에서 초래하는 문제

1. “친권자동부활론”에 따르면, 이혼 시 단독친권자로 정해진 부모의 일방이 사망한 경우 다른 일방이 자동으로 친권자가 되는데, 그 다른 일방이 이혼 시 친권자로 정하여지지 않은 이유나 현재 친권자로서 역할을 할 수 있는 상태에 있는가의 여부 등 구체적 사정은 전혀 고려하지 않는다. 그 결과 “친권자동부활론”을 제한없이 관철하는 경우에는 자녀의 복리가 심각하게 침해되는 폐해가 발생할 수 있는데, 몇 가지 실제 사례를 통하여 문제점을 짚어본다.

사례 1. 갑(夫)과 을(妻)은 부부였는데, 을의 무단가출로 인하여 혼인관계가 파탄되어 이혼하였고, 갑이 친권자로 지정되어 자녀를 양육하여 왔다(갑이 직장생활을 하는 관계로 실제 양육의 상당 부분은 갑의 母가 담당하였다). 갑이 사고로 갑자기 사망하자 이혼 후 몇 년간 한 번도 자녀를 찾지 않았던 을(모)가 나타나 자녀의 친권자라고 주장하면서 자녀가 상속한 갑의 은행예금, 자녀가 수익자로 지정되어 있는 보험금 등을 모두 수령한 후 종적을 감추었다.

이런 경우에 모를 상대로 친권상실선고를 청구하면 된다는 생각을 할 수도 있으나, 실제에 있어서는 자녀의 재산을 지키는 데 도움이 되지 않는다. 위의 사례에서 갑의 모가 을에 대하여 친권상실선고를 청구했다고 해도 법원에서 판결이 확정될 때까지는 상당한 기간이 경과하게 되므로, 친권자로 된 을이 이미 그전에 자녀의 재산을 전부 소비할 수 있기 때문이다. 가정법원은 사전처분으로 친권행사를 정지시킬 수 있으나, 이러한 처분은 집행력을 갖지 못하므로[13] 실효성을 확보하기 어렵다.[14]

사례 2. A(夫)와 B(妻)는 부부였는데, 협의이혼한 후 A가 친권자가 되어 자녀 C를 양육하여왔다. B는 재혼하여 새로운 가정을 이루었으며, 이혼 후 한번도 C와 면접교섭을 한 적이 없다. C가 중학교 2학년일 때 A가 사망하였는데, 사업을 하던 A에게는 상당한 채무가 있었다. 자동으로 친권자가 된 B가 C의 법정대리인으로서 C를 대리하여 상속포기신고를 해야 하는데, B는 이 문제에 대해서 아무런 관심도 보이지 않았고, 결국 상속포기기간[15]이 도과되어 단순승인이 확정되었다(즉, 상속인 C는 父 A가 남긴 채무를 전액 상속한 것으로 확정되었고, 이런 경우 C는 A가 남긴 채무를 변제해야 할 책임이 있다).[16] 이런 경우 A의 채권자는 소멸시효 중단의 방법을 이용하여 채권을 존속시킬 수 있으며, C가 성년자가 되어 직장에서 월급을 받게 되면 이에 대하서 강제집행을 할 수 있다.

이와 같이 생존친이 친권자로서 의무를 이행할 의사와 능력이 없는 경우에 이러한 사정을 고려하지 않고, 친권을 자동으로 부활시키는 것은 실제에 있어서 자녀의 보호에 공백을 초래할 뿐이다. 이런 경우에는 국가(법원)가 개입하여 자녀의 보호에 적당한 사람을 후견인으로 선임하는 것이 필요할 것이다(보다 구체적인 내용은 VI. 입

---

13) 가사소송법 제62조 제5항. 이에 위반한 경우 과태료의 제재를 받는 데 그친다. 가사소송법 제67조 제1항.

14) 호적선례 1-14에 따르면, 친권행사금지가처분결정은 호적에 기재되지도 않는다.

15) 상속인은 상속개시 있음을 안 날로부터 3월내에 단순승인이나 한정승인 또는 포기를 할 수 있다(민법 제1019조 제1항). 상속인이 무능력자인 때에는 이 기간은 그 법정대리인이 상속개시 있음을 안 날로부터 기산한다(민법 제1020조).

16) 상속인이 민법 제1019조 제1항의 기간 내에 한정승인 또는 포기를 하지 아니한 때에는 단순승인을 한 것으로 본다(민법 제1026조 제2호).

법론 부분 참조).

사례 3. X(夫)와 Y(妻)는 부부였는데, X는 처 Y와 子 Z를 상습적으로 폭행하였고, 이를 견디다 못한 Y가 이혼청구를 하여 재판상 이혼이 성립되었다. 이혼 후 Y가 친권자로서 Z를 양육하였고, X는 Z를 한 번도 찾아오지 않았다. Y가 병으로 사망하였을 때 X는 연락이 되지 않았으므로, Z는 동사무소의 주선에 의하여 다른 가정에 위탁되어 위탁부모의 양육을 받으며 성장하였다. 그 후 5년의 세월이 흘러 중학생이 된 Z는 위탁가정에서 안정된 생활을 하고 있는데, 교도소에서 출감한 X가 위탁부모에 대하여 자기가 친권자임을 주장하며 Z의 인도를 청구하였다. Z는 父 X에게 가지 않겠다고 하며, 위탁부모에게 자신을 돌려보내지 말아달라고 부탁했으나, 사실상 자녀를 양육하고 있을 뿐 아무런 권리도 없는 위탁부모는 Z를 친권자인 X에게 돌려보낼 수밖에 없었다.

이 사례에서 X는 Y가 사망했을 당시 그 사실을 알지 못했지만, 이와 무관하게 자동으로 친권자가 된다(따라서 X는 자기가 친권자가 되었다는 사실조차 모를 수 있다. 이러한 X에게 친권자로서의 역할을 기대할 수 없다는 것은 설명을 요하지 않을 것이다). 설령 X가 교도소에 수감 중이었다고 해도 X는 당연히 자동으로 친권자가 된다. 교도소에서 출소한 X가 친권자임을 주장하며 위탁부모에게 Z의 인도를 청구했을 때, X의 친권을 상실시키는 방법을 생각해 볼 수 있다(Z의 복리와 의사를 고려한다면, Z가 위탁가정에서 계속 성장할 수 있도록 배려하는 것이 최선의 방법이며, 따라서 X가 Z를 데려갈 수 없게 하는 조치가 필요하다). 그러나 위탁부모는 친권상실선고의 청구권자가 될 수 없으며, 그 외에 법률에 규정되어 있는 청구권자(민법 제924조에 의한 검사, 아동복지법 제12조에 의한 시 · 도지사 또는 시장 · 군수 · 구청장)는 실제로 이런 경우에 친권상실선고를 청구한 사례가 없으므로, X의 친권을 상실시키는 것은 현실적으로 기대하기 어렵다. 결국 친권의 자동부활로 인하여 子 Z의 복리는 매우 위태로운 상태에 처하게 되는데, 이런 결과를 초래하는 해석론이 정당화될 수는 없을 것이다.

2. 2007년 민법개정에 의하여 자녀에게도 면접교섭권이 인정되었다(민법 제837조의 2 제1항: 子를 직접 양육하지 아니하는 부모의 일방과 자는 상호 면접교섭할 수 있는 권리를 가진다). 개정되기 전의 규정은 면접교섭권을 부모의 일방적 권리로 규정하여(개정 전 민법 제837조의 2 제1항: 子를 직접 양육하지 않는 부모 중 일방은 면접교섭권을 가진다), 면접교섭권이 본질적으로 자녀의 복리실현을 위한 제도라는 점을 간과하고 있다는 비판을 받았다.[17] 이러한 비판을 받아들여 개정된 규정에 의해서 자녀는 면접교섭의 주체로서의 지위를 가지게 되었으며, 이에 따라 비양육친에 대하여 면접교섭을

청구할 수 있는 권리가 인정되었다. 이는 비양육친의 입장에서 보면, 자녀와 면접교섭을 할 의무를 부담하게 되었다는 의미이다(즉, 비양육친은 자녀와 면접교섭할 수 있는 권리를 가지는 동시에 의무를 부담하게 된 것이다).

면접교섭과 양육비의 지급은 이혼 후 친권자(양육자)로 정해지지 않은 부모의 일방이 자녀에 대해서 가지는 기본적인 의무이다. 따라서 이 두 가지 의무를 이행하지 않는 경우에는 부모로서의 기본적인 의무와 책임을 저버린 것이라고 볼 수 있다. 이혼 시 친권자로 정해져서 자녀를 양육해온 부모의 일방이 사망하는 경우에 생존친이 자동으로 친권자가 된다는 것이 현재 법원의 태도인데, 친권이 자동으로 부활되는 데에는 이혼 후에 생존친이 부모로서의 기본적인 의무(면접교섭의무, 양육비 지급의무)를 이행하였는가의 여부가 전혀 고려되지 않는다. 친권이란 부모로서 자녀를 보호하고 교양해야 할 의무이자 책임이라고 볼 수 있는데, 이혼 후 부모로서의 의무를 전혀 이행하지 않은 부모를 어떻게 신뢰하고 이와 같이 중요한 의무 내지 책임(친권이란 부모로서의 의무와 책임의 총체, 집합체라고 할 수 있다)을 전적으로 맡길 수 있는지 이해할 수 없다.

2006년 12월에 나온 여성가족부의 이혼 후 자녀양육실태에 의하면,[18] 이혼 후 비양육친이 양육비를 지급하는 비율은 12.7%이며, 정기적으로 면접교섭을 하는 비율은 9.8%에 불과하다. 즉, 이혼 후 부모로서의 기본적인 의무를 이행하는 비율은 약 10% 정도에 지나지 않음을 알 수 있다. 다른 말로 표현하면, 이혼 후 대부분의 비양육친은 부모로서의 기본적인 의무를 이행하지 않는다는 것이다. 그런데 이와 같이 부모로서의 기본의무를 이행하지 않은 비양육친에게 아무런 검증절차도 없이 부모의 의무 그 자체인 친권을 '부활' 시킨다는 것은 매우 무책임한 발상이 아닐 수 없다.

V 외국의 입법례와 판례

외국의 입법례와 판례를 살펴보면, 이혼 후 단독친권자로 지정되어 자녀를 양육해온 부모의 일방이 사망한 경우에 생존친이 자동으로 친권자가 되는 예는 찾아볼 수

17) 김상용, 면접교섭권, 가족법연구 I(2002), 43면 이하.

18) 여성가족부는 2006년 5월 30일부터 12월 2일까지 한국여성개발원에 의뢰하여 '이혼 후 자녀양육실태'를 조사하였다. 이 조사에서는 이혼 후 자녀를 홀로 양육하는 한부모 387명(모 320명, 부 67명)을 대상으로 한 설문조사와 11명을 대상으로 한 심층면접의 방식이 병행되었다; 한국가정법률상담소가 2001년에 조사한 결과를 보아도 이혼 후 비양육친이 양육비를 정기적으로 지급하는 비율은 약 10% 정도에 불과하다. 한국가정법률상담소 창립45주년 기념 심포지엄 자료집(2001년 5월), 이혼가정과 자녀양육, 양육비 제대로 받고 있는가.

없다.

1. 독일민법에 의하면, 단독친권자였던 부모의 일방이 사망한 경우, 생존친에게 친권을 귀속시키는 것이 자녀의 복리에 반하지 않는 경우에 한하여, 가정법원이 생존친에게 친권을 양도하도록 되어 있다(제1680조 제2항). 독일에서도 1979년 친권법 개정[19](1980년 1월 1일부터 시행) 이전에는 단독친권자가 사망한 경우 당연히 생존친에게 친권이 이전되었다. 그러나 구체적인 사정을 고려하지 않고, 생존친에게 당연히 친권이 이전되도록 하는 것은 자녀의 복리를 위태롭게 한다는 문제의식이 공감대를 형성하고 확산되면서 이 규정은 존속의 기반을 상실하였다.[20] 이 규정에 의해서 자동적으로 친권자가 된 생존친이 그때까지 장기간 자녀를 양육해온 조부모 등의 양육자에 대해서 자녀의 인도를 청구하는 사례가 많았고, 이에 따라 자녀가 어쩔 수 없이 생존친에게 돌아간 경우에 자녀의 복리가 침해되는 사례가 끊임없이 발생하였다(당시의 법규정에 의하면, 이런 경우에 자녀가 생존친에게 돌아가지 않으려면 생존친의 친권을 상실시키는 것이 유일한 방법이었다). 이러한 문제를 해결하기 위하여 독일에서는 단독친권자가 사망한 경우 자동으로 생존친에게 친권이 이전되도록 한 규정을 폐지하고, 대신 법원이 개입하여 생존친이 친권자로서 적합한가의 여부를 심사한 후 문제가 없다고 판단되는 경우에 한하여 생존친에게 친권을 양도하는 규정을 도입하였다.

독일가정법원은 자녀의 유대관계, 양육의 계속성(안정성), 자녀의 의사 등을 고려하여 생존친에게 친권을 양도할 것인가의 여부를 결정한다.[21] 단독친권자가 부모(자녀의 조부모)나 배우자(자녀의 계부 또는 계모)와 함께 자녀를 양육해온 경우에는 자녀와 조부모 등 사실상의 양육자 사이에는 강한 유대관계가 형성되어 있는 것이 보통이다(또한 자녀는 지금까지의 양육환경 - 가정, 학교, 교우관계 등 - 에 완전히 뿌리를 내리고 있다고 보아야 한다). 만약 이런 경우에 생존친과 자녀 사이에 장기간 교류가 단절되어 있었다면, 이제까지 살아온 환경에서 자녀를 분리하여 생존친에게 인도하는 것은 자녀의 복리에 반하는 결과를 초래할 것이다. 그러므로 이런 경우 법원은 생존친에게 친권을 양도하지 않는다는 결정을 함으로써 자녀의 복리를 실현하고자 한다.[22]

2. 스위스민법에 의하면, 단독친권자였던 부모의 일방이 사망한 경우에는 후견기

19) Gesetz zur Neuregelung des Rechts der elterlichen Sorge vom 18. 9. 1979.
20) BT-Drucks. 8/2788, S. 66.
21) Staudinger/Coester(2004), § 1680 Rn. 11.
22) BayObLG, FamRZ 1988, 973/974; 2000, 972/973f.

관이 새롭게 친권자를 정한다(즉, 생존친이 당연히 친권자가 되는 것은 아니며, 생존친의 청구에 의하여 친권이 양도되었을 때 비로소 친권자가 된다. 제134조 제1항, 제3항).[23)]

3. 오스트리아민법에 의하면, 단독친권자였던 부모의 일방이 사망한 경우 법원은 자녀의 복리를 고려하여 친권의 일부 또는 전부를 생존친에게 귀속시킬 것인가 또는 조부모에게 귀속시킬 것인가를 정한다(제145조). 자녀의 복리를 기준으로 하여 판단할 때, 생존친과 조부모의 조건에 차이가 거의 없는 경우에는 생존친에게 우선권이 인정된다는 것이 판례의 태도이다.[24)]

4. 프랑스민법에 의하면, 부모의 별거 또는 이혼 후 친권자로 지정된 부모의 일방이 사망한 경우에는 법원은 생존한 부모에게 자녀의 양육을 위탁하지 않을 것을 결정할 수 있으며, 이때에는 임시로 자녀의 양육을 위탁할 사람을 지정할 수 있다(제286조, 제373조의 3 제3항). 자녀의 양육을 위탁받은 제3자는 후견을 청구할 의무가 있다.[25)]

5. 유럽가족법위원회(Commission on European Family Law: CEFL)[26)]는 2007년에 친권에 관한 유럽가족법의 원칙을 발표하였다.[27)] 총 8장으로 이루어진 이 원칙은 제6장에서 친권의 종료에 관한 내용을 다루고 있는데, 그 중에서 원칙 3:31은 부모의 사망으로 친권이 종료한 경우에 관하여 규정하고 있다. 이에 따르면, 단독친권자가 사망한 경우에는 친권은 관할국가기관의 판단을 거쳐 생존친 또는 제3자에게 귀속하도록 되어 있다(원칙 3:31 제2항). 즉, 이 원칙은 단독친권자가 사망한 경우에 생존친이 당연히 친권자가 되는 것은 아니라는 점을 분명히 하고 있다. 또한 관할국가기관이 심사를 통하여 이 문제를 결정하는 것이 자녀의 복리에 부합한다는 점을 밝히고 있다.[28)]

---

23) BSK ZGB I-Breitschmid/IN, Art. 134 N 6; Hegnauer, Grundriss des Kindesrechts(5. Aufl., 1999), S. 185f. 이혼 시 친권자로 정해지지 않은 부 또는 모에게는 친권이 소멸하므로 단독친권자로 정해진 부모의 일방이 사망한 경우에도 생존친이 당연히 친권자가 되는 것은 아니다.

24) Stabentheiner in Rummel, § 145 Rz 2a.

25) Francois Terré, Dominique Fenouillet, Droit civil Les personnes La famille Les incapacités, Dalloz, 7e éd., 2005, p. 1155.

26) 유럽가족법위원회는 가족법에 관한 원칙을 제시함으로써 유럽가족법의 조화를 실현할 목적으로 2001년에 구성되었으며, 2004년에 이혼 및 부양법에 관한 원칙을 발표한 바 있다. Pintens, Materielles Familienrecht in Europa - Rechtseinheit oder-vielfalt?, in: Freitag/Leible/Sippel/Wanitzek(Hrsg.). Internationales Familienrecht für das 21. Jahrhundert(2006), S. 145ff.

27) Kohler/Pintens, Ehe und Familie im europäischen Recht - Entwicklungen und Tendenzen, FamRZ 2007, 1486ff.

28) Pintens, Europäische Prinzipien zur elterlichen Verantwortung, in: Helms/Zeppernick,

6. 일본에는 해당 법규정은 없으나 판례[29]를 확립하여 문제를 해결하고 있다: 단독친권자였던 부모의 일방이 사망한 경우 원칙적으로 후견이 개시되지만, 미성년자의 보호를 위해서 특히 필요할 때에는 친권자 변경청구를 하여 생존친을 친권자로 변경할 수도 있다. 단독친권자가 사망하여 후견이 개시되는 경우에는 법원은 자녀의 보호와 양육에 가장 적합한 사람을 후견인으로 선임한다.[30]

위에서 살펴본 외국의 입법례와 판례에서 우리는 다음과 같은 공통점을 읽을 수 있다: 이혼 후 단독친권자로 정해진 부모의 일방이 사망한 경우에는 생존친이 당연히 친권자가 되는 것이 아니라, 국가기관(법원 또는 후견기관)이 심사하여 생존친이 친권자로서 적당하다고 인정하는 경우에 한하여 친권자가 될 수 있다. 이 경우에 판단의 기준이 되는 것은 자녀의 복리이다. 외국의 법규정과 판례가 이와 같이 동일한 방향으로 발전하게 된 이유는 친권의 자동부활이 자녀의 복리를 위태롭게 할 수 있다는 점에 인식을 같이 하고, 이를 예방하기 위한 대안을 추구하였기 때문이다.

Ⅵ 입법론(改正私案)

1. 가족관계의 등록 등에 관한 법률

제66조의 2(파양 등의 통지)

양자가 미성년자인 동안 입양이 취소되거나 파양된 경우에는 법원은 친생부모에게 지체없이 이 사실을 통지하여야 한다.

해설: 현행법상 입양은 일반입양과 친양자 입양으로 구별되는데, 이 두 가지 종류의 입양은 효력면에서 상당한 차이가 있다. 일반입양의 경우에는 입양 후에도 종전의 친족관계가 그대로 유지되는 반면, 친양자 입양을 한 때에는 입양 전의 친족관계는 소멸한다. 일반입양을 한 때에는 입양 전의 친족관계가 소멸하지 않으므로, 입양 후에도 친생부모와 양자간의 친자관계는 존속하지만 친권자는 양부모가 된다(민법 제909조 제1항). 친양자 입양의 경우에는 친생부모와 양자 사이의 친족관계가 소멸하고, 양부모만이 양자의 부모가 되므로, 당연히 양부모가 친권자가 된다.

Lebendiges Familienrecht(Festschrift für Rainer Frank, 2008), S. 481.

29) 岡山家審 昭和 40년 11월 18일 家裁月報 18권 5호 57면; 仙台家審 昭和 45년 10월 26일 家裁月報 23권 3호 19면; 名古屋高裁 金澤支決 昭和 52년 3월 23일 家裁月報 29권 8호 32면; 山口家裁岩國 支審 昭和 50면 3월 10일 家裁月報 27권 12호 58면 등.

30) 久貴忠彦, 親族法(1984), 252-253면.

「가족관계등록법 개정안」 제66조의 2는 일반양자의 경우에 적용되는 규정이다. 일반입양이 취소되거나 파양된 경우에 누가 친권자가 되는가(혹은 후견이 개시되는가)에 대해서는 현행법상 명문의 규정이 없으며, 다만 해석론으로서 친생부모가 친권자가 된다고 보고 있을 뿐이다. 그러나 입양의 취소나 파양 등으로 양친자관계가 소멸되었을 때, 친생부모가 친권자의 역할을 할 수 있는 의사와 조건을 반드시 갖추고 있다고 볼 수는 없다. 경우에 따라서는 친생부모가 입양의 취소나 파양의 사실을 알지 못할 수도 있다. 따라서 이런 경우에는 우선 친생부모에게 입양의 취소나 파양의 사실을 통지하고, 민법 개정안 제909조의 2 제2항에 의해서 친권자 변경청구를 할 수 있게 할 필요가 있다. 이에 따라 친생부모가 친권자 변경청구를 하면, 가정법원이 구체적인 사정을 종합적으로 고려하여 친생부모를 친권자로 변경할 것인가의 여부를 결정하게 될 것이다.

제70조의 2(준용규정)

제66조의 2는 친양자 입양이 취소되거나 파양된 경우에 준용한다.

해설: 「가족관계등록법 개정안」 제70조의 2는 친양자 입양에 대해서 적용되는 규정이다. 친양자 입양이 취소되거나 파양된 경우에는 친양자관계는 소멸하고 입양 전의 친족관계가 부활한다(민법 제908조의 7 제1항). 이에 따라 양부모의 친권은 소멸하고 친생부모가 친권자가 되는데, 이러한 결과는 현실적으로 적지 않은 문제를 야기할 수 있다. 통계를 살펴보면, 우리사회에서 입양되는 자녀의 친생부모는 그 상당수가 독신모라는 사실을 알 수 있다.[31] 이들은 대부분 스스로 자녀를 양육할 수 있는 능력이 없기 때문에 자녀양육을 포기한다. 친양자 입양이 파양된 경우(입양 직후이거나 상당한 시간이 흐른 후이거나에 관계없이), 이들이 자녀를 스스로 양육할 수 있는 능력과 환경을 갖추고 있을 것으로 기대하기는 어렵다(친생부모를 찾는 것 자체가 불가능한 때도 있을 수 있다). 이러한 사정을 고려해 보면, 친양자관계가 소멸된 후 친생부모의 친권이 당연히 부활한다는 것은 결국 자녀를 보호의 공백상태에 방치하는 결과가 될 수 있다. 그러므로 친양자 입양이 취소 또는 파양된 경우에는 우선 친생부모를 찾아서 이 사실을 통지하는 것이 필요하다고 생각된다. 친생부모가 친권자가 될 의사가 있다면 법원에 친권자 변경청구를 할 것이고, 가정법원이 구체적인 사정을 종합적으로 고려하여 친생부모를 친권자로 변경할 것인가의 여부를 결정하게 될 것이다(친생부모의

31) 보건복지부 통계에 따르면, 입양아동의 약 90%는 독신모가 낳은 자녀들이다. 1998년 전체(국내외) 입양아동수: 3,675명, 독신모 자녀: 3,338명, 1999년 전체 입양아동수: 4,135명, 독신모 자녀: 3,622명, 2000년 전체입양아동수: 4,046명, 독신모 자녀: 3,706명, 2001년 전체입양아동수: 4,206명, 독신모 자녀: 3,862명, 2002년 전체입양아동수: 4,059명, 독신모 자녀: 3,708명. 2003년 전체입양아동수: 3,851명, 독신도 자녀 3,464명. 2004년 전체입양아동수: 4,099명, 독신모 자녀: 3,507명.

친권부활이 자녀의 복리에 반하는 경우에는 후견이 개시되도록 하고,[32] 이러한 경우를 위하여 후견제도를 개선 · 정비하여야 할 것이다. 예를 들어 신뢰할 수 있는 아동복지기관을 후견인으로 선임하는 방법 등을 생각할 수 있다).

제85조의 2(사망의 통지)

① 이혼, 혼인의 취소 또는 인지 후 단독친권자로 정하여진 부모의 일방이 사망한 경우에는 법원은 생존한 부 또는 모에게 지체없이 이 사실을 통지하여야 한다.

② 미성년자인 양자의 양부모가 사망한 경우에는 법원은 양자의 친생부모에게 지체없이 이 사실을 통지하여야 한다.

③ 제2항은 친양자의 양부모가 사망한 경우에는 적용하지 아니한다.

해설: ① 이혼, 혼인의 취소 또는 인지 후(이하 “이혼 후”라고 한다) 단독친권자로 정해진 부모의 일방이 사망한 경우에는 생존친에게 이 사실을 통지하는 절차가 필요하다. 그렇지 않으면 생존친은 이혼 후 단독친권자로 정해진 부모의 일방이 사망하였다는 사실을 모를 수도 있다. 단독친권자의 사망을 통지할 때, 법원은 생존친이 친권자 변경청구를 하여 친권자가 될 수 있다는 점을 안내하여야 할 것이다.

② 일반양자의 경우에 미성년자인 양자의 양부모가 사망한 때에는 후견이 개시된다고 해석하는 것이 현재 법원의 태도이다. 이에 따라 양자의 친생부모가 생존해 있는 때에는 친생부 또는 모가 후견인이 된다(이러한 결과가 자녀의 복리에 반하는 경우에는 양조부모 등이 후견인 변경청구를 할 수 있다). 한편 친생부모가 친권자로 되는 것이 자녀의 복리에 이로운 경우도 있을 수 있으므로, 친생부모에게 양부모의 사망 사실을 통지하여 친권자 변경청구를 할 수 있는 기회를 제공하는 것도 필요하다(친생부모가 자신이 후견인이 되었다는 사실을 알기 위해서도 양부모의 사망 사실은 통지될 필요가 있다).

③ 친양자 입양의 경우에는 친생부모와 양자 사이의 친족관계가 소멸하므로, 양부모가 사망한 때에도 친생부모는 후견인이 될 수 없으며, 친권자 변경절차를 거쳐 친권자가 되는 것도 불가능하다(친양자의 조부모 등이 후견인이 된다).

32) 독일민법 제1764조 제4항, 제1773조 참조.

2. 민법

민법 제909조의 2(친권자의 변경 등)

① 이혼, 혼인의 취소 또는 인지 후 단독친권자로 정해진 부모의 일방이 사망한 경우에는 생존한 부 또는 모는 이 사실을 안 날로부터 1월내에 가정법원에 검사를 상대로 하여 친권자의 변경을 청구할 수 있다.

② 입양이 취소, 파양되었거나 양부모가 사망한 경우에는 친생부모는 이 사실을 안 날로부터 1월내에 가정법원에 검사를 상대로 하여 친권자의 변경을 청구할 수 있다. 다만, 친양자의 양부모가 사망한 경우에는 친생부모는 친권자 변경청구를 할 수 없다.

③ 가정법원은 친권자의 변경을 청구한 부모의 양육 상황, 양육능력, 친권자 변경을 청구한 동기, 자의 의사 그 밖의 사정을 고려하여 친권자 변경이 자녀의 복리를 위하여 적당하지 아니하다고 인정되는 경우에는 제1항 또는 제2항의 청구를 기각할 수 있다.

④ 제1항 및 제2항의 기간 내에 부모가 친권자 변경청구를 하지 않았거나 친권자 변경청구가 기각된 경우에는 가정법원은 직권으로 또는 제777조에 의한 자의 친족이나 검사의 청구에 따라 후견인을 선임한다.

⑤ 제4항의 경우에는 제932조 내지 제935조에 규정된 후견인의 순위에 불구하고 4촌 이내의 친족 그 밖에 적합한 자를 후견인으로 정할 수 있다.

⑥ 제1항 또는 제2항에 해당하는 사정이 발생한 경우에 자의 복리를 위하여 필요하다고 인정되는 때에는 법원은 직권으로 또는 제777조에 의한 자의 친족이나 검사의 청구에 따라 자의 법정대리인이 정해질 때까지 후견인의 임무를 대행할 자를 선임할 수 있다. 제25조 및 제954조의 규정은 후견인의 임무를 대행할 자에게 이를 준용한다.

해설: ①「가족관계등록법 개정안」제85조의 2 제1항 규정에 의해서 단독친권자의 사망 사실을 통지받은 생존친이 친권자가 될 의사가 있는 경우에는 이 날로부터 1월내에 가정법원에 친권자 변경청구를 할 수 있다. 부모 쌍방이 생존해 있는 경우에 친권자가 아닌 부모의 일방이 민법 제909조 제6항에 의하여 친권자 변경청구를 하는 때에는 청구 당시 친권자인 다른 일방을 상대방으로 하게 된다(가사소송규칙 제99조 제1항). 단독친권자가 사망한 경우에 생존친이 개정사안 제909조의 2 제1항에 의해서 친권자 변경청구를 하는 때에는 누구를 상대방으로 할 것인가의 문제가 제기될 수 있다. 생존친이 검사를 상대로 하여 친권자 변경청구를 하는 방법을 생각해 볼 수 있다(민법 제864조, 제865조 제2항 등 참조).

② 친생부모가 「가족관계등록법 개정안」제66조의 2 규정에 의해서 일반입양의 취소나 파양의 통지를 받은 경우, 이 개정안 제70조의 2 규정에 의해서 친양자 입양의 취소나 파양의 통지를 받은 경우, 역시 같은 개정안 제85조의 2 제2항 규정에 의해서 일반양자의 양부모가 사망했다는 통지를 받은 때에는 이 날로부터 1월내에 가정법원에 친권자 변경청구를 할 수 있다. 친양자의 양부모가 사망한 때에도 친양자와 친생부모의 친족관계는 회복되지 않으므로, 친생부모는 친권자나 후견인이 될 수 없다. 이 경우에는 친양자를 위하여 후견이 개시되어 양조부모 등이 후견인이 된다.

③ 가정법원은 친권자의 변경을 청구한 부모의 양육능력, 동기, 양육환경, 자녀의 의사 등을 종합적으로 고려하여 친권자의 변경이 자녀의 복리에 이롭다고 판단되는 경우에만 청구를 인용하여야 할 것이다.

④ 제1항 및 제2항 규정에 의한 통지를 받은 날로부터 1월내에 부모가 친권자의 변경을 청구하지 않았거나 친권자 변경청구를 하였으나 기각된 경우에는 가정법원은 직권 또는 민법 제777조에 의한 자녀의 친족이나 검사의 청구에 의하여 자녀의 후견인을 선임하여야 한다. 가정법원은 신속하게 후견인을 선임하여 자녀의 보호에 공백상태가 발생하지 않도록 배려하여야 할 것이다.

⑤ 제4항에 의해서 가정법원이 후견인을 선임하는 경우에는 민법이 규정하는 법정후견인의 범위와 순위에 구애받지 않고 자녀의 보호에 적당한 사람(예컨대 현재 자녀를 양육하고 있는 조부모 등)을 후견인으로 정할 수 있다.

⑥ 이혼, 혼인의 취소 또는 인지 후 단독친권자로 정해진 부모의 일방이 사망한 경우, 일반입양이 취소 또는 파양된 경우, 친양자 입양이 취소 또는 파양된 경우, 일반양자의 양부모가 사망한 경우에는 자녀에게 친권자가 없는 상태가 발생하므로, 자녀의 보호에 공백이 생길 우려가 있다. 법정대리인이 없는 상태가 자녀의 복리를 침해할 가능성이 있는 때에는 가정법원은 직권으로 또는 제777조에 의한 자의 친족이나 검사의 청구에 따라 임시로 후견인의 임무를 대행할 사람을 선임할 수 있다. 이렇게 선임된 후견대행인은 자녀의 친권자나 후견인이 정하여질 때까지 법원의 감독을 받으며 자녀의 법정대리인으로서 역할을 하게 될 것이다.

Ⅶ 맺음말

이혼 시 단독친권자로 정하여진 부모의 일방이 사망한 경우에 생존친이 당연히 친권자가 된다는 법원의 태도("친권자동부활론")는 현행민법상 근거를 찾을 수 없는 해석론으로서 더 이상 유지되기 어렵다. 또한 "친권자동부활론"은 우리사회의 현실과도 맞지 않는다. 이혼 시 부모의 일방을 친권자로 정할 때, 다른 일방이 친권자로 정하여지지 않은 이유는 여러 가지가 있을 수 있다. 부모 쌍방이 친권자로서 모두 적합하였으나 그 중 일방만을 친권자로 정한 경우도 있지만, 스스로 친권자가 되기를 원하지 않았거나 친권자로서의 자질을 갖추지 못했기 때문에 친권자로 지정되지 않은 경우도 있다(배우자와 자녀에게 폭력을 행사한 경우 등). 또한 이혼 후 상당한 세월이 흘러서 생존친에게 친권자로서의 역할을 기대할 수 없는 새로운 사정이 생긴 경우도 있을 수 있다(재혼하여 새로운 가정을 이룬 경우 등). 그런데 "친권자동부활론"은 이러한 사정을 전혀 고려하지 않고 생존친의 친권이 당연히 부활한다는 태도를 취하고 있다. 이러한 해석론에 의하면, 단독친권자가 사망하는 순간 생존친의 친권이 부활하게 되어 자녀의 보호에 공백이 발생하지 않으므로, 얼핏 보면 자녀의 복리에 유리한 것처럼 보일 수도 있다. 그러나 이는 현실과 동떨어진 허구적인 관념에 지나지 않는다. 형식적으로 자녀에게 친권자가 있다는 것이 곧 자녀의 보호에 문제가 없는 상태를 의미하지는 않는다. 오히려 자녀의 보호에 적합하지 않은 부모가 형식적으로 친권자가 되는 것이 자녀의 복리를 침해할 수도 있다. 외국의 입법례와 판례가 예외없이 "친권자동부활론"을 배척한 것은 우연이 아니며, 오랜 경험을 통하여 친권의 자동부활이 자녀의 복리를 해칠 수 있다는 인식에 도달한 결과라고 할 수 있다.

"친권자동부활론"은 국가의 입장에서 볼 때에는 가장 편리한 해석론이라고 볼 수 있다. 단독친권자가 사망한 경우에는 생존친이 당연히 친권자가 되어 문제없이 자녀를 보호·교양할 것이라고 믿고 아무런 후견적 역할도 할 필요가 없기 때문이다. 그러나 친권이 형식적으로 자동 부활되어 친권자가 된 부모가 실제로 친권자로서의 역할을 하지 않는 경우에는 그야말로 자녀는 보호의 공백상태에 처하게 된다(친권자가 형식적으로 존재하므로, 후견도 개시되지 않는다). 따라서 "친권자동부활론"은 국가의 입장에서 볼 때는 가장 편리한 해석론이지만, 자녀의 복리라는 관점에서 본다면 가장 무책임한 해석론이라는 비판을 피할 수 없다.

"친권자동부활론"의 근저에는 자녀를 여전히 부모의 소유물로 보는 관념이 자리잡고 있는 것으로 보인다. 즉, "친권자동부활론"은 친권을 부모의 자녀에 대한 지배권으로 보는 가부장적 가족관과 무관하지 않다. 이혼 시 단독친권자로 정하여진 부모의 일방이 사망한 경우 생존친이 "부모이기 때문에" 무조건, 당연히 친권자가 되어야 한다는 믿음의 이면에는 이러한 가부장적 사고방식이 존재한다. 친권의 본질은 "자녀의 복리실현을 위하여 부모에게 부여된 의무"라는 점을 상기한다면, "부모이기 때문에 당연히 친권이 부활한다"고 말하기에 앞서 "친권의 부활이 자녀의 복리를 위하여 바람직한 것인가"를 먼저 물어야 할 것이다.

〈법학논문집 제32집 제2호(2008) 수록〉

6. 친권법 개정에 반대하는 의견에 대한 반론

이혼 시 단독친권자로 정해진 부모의 일방이 사망한 경우에 생존친이 자동으로 친권자가 되어야 한다고 주장하는 측(그 대표적인 것이 법원이다. 이하 '반대론자'라고 한다)이 내세우는 논거를 소개하고 이에 대한 반론을 제기한다.

반대의견 1: 이혼 시 친권자로 정해지지 않은 부모의 일방을 친권자가 아닌 것으로 볼 수 없으며, '잠재적인 친권자'로 보아야 한다. 이혼 시 단독친권자로 정해진 부모의 일방이 사망한 경우에는 '잠재적인 친권자'였던 생존친이 당연히 '법률상의 친권자'가 되므로, 법원의 판단을 거칠 필요가 없다.

반론: 첫째, 이혼 시 친권자로 정해지지 않은 부모를 '잠재적인 친권자'로 본다는 것은 아무런 법적 근거가 없는 무리한 해석론이다. 이러한 주장을 내세우는 측에서도 이를 뒷받침할 수 있는 아무런 근거도 제시하지 못하고 있다.

둘째, 설령 이혼 시 친권자로 정해지지 않은 부모를 '잠재적인 친권자'로 본다고 해도 이것이 '친권자동부활론'의 근거가 될 수는 없다. 현행민법 제909조 제6항은 친권자의 변경에 대해서 규정하고 있는데, 이에 의하면 "가정법원은 자의 복리를 위하여 필요하다고 인정되는 경우에는 자의 4촌 이내의 친족의 청구에 의하여 정하여진 친권자를 다른 일방으로 변경할 수 있다." 이 규정에 따라, 예를 들어서, 이혼할 당시 모를 친권자로 정하였으나, 몇 년의 세월이 흐른 후에 부가 친권자가 되기를 원하는 경우에는 법원에 자신을 친권자로 변경해 달라는 취지의 청구를 할 수 있다(또는 자신을 모와 함께 공동친권자로 해 달라는 취지의 청구도 할 수 있다). 이 경우 법원은 자녀의 복리를 기준으로 하여 친권자가 되기를 원하는 부의 청구에 대해서 판단하게 된다. 예를 들어서 현재 친권자인 모가 자녀를 양육하는 데 문제가 없으며, 자녀도 현재의 상태를 유지하기를 원하고 있는 반면, 부는 이혼 후 자녀의 양육비를 지급하지 않았고, 면접교섭도 하지 않는 등 부모로서의 의무를 이행하지 않았다면 부를 친권자로 변경할 이유가 없다(또는 부를 공동친권자로 변경할 이유가 없다). 이런 경우 부에게 친권자의 지위를 부여하는 것은 자녀의 양육과 관련하여 혼란을 야기할 뿐이며, 결국 자녀의 복리를 해치는 결과로 이어지게 된다.

즉, 반대론자들의 주장과 같이 이혼 시 친권자로 정해지지 않은 부를 '잠재적인 친권자'로 본다고 해도, '잠재적인 친권자'였던 부가 원한다고 해서 마음대로 '법률상의 친권자'가 될 수 있는 것은 아니다. 현행민법에 의하면 '잠재적인 친권자'였던 부가 '법률상의 친권자'가 되기 위해서는 반드시 법원의 판단을 거쳐야 하며, 이와 같은 절차를 거치도록 한 이유는 친권자의 변경이 자녀의 복리를 해치는 결과로 이어지는 것을 사전에 예방하려는 데 있다. 과거에는 부모의 협의만으로 친권자를 변경하는 것이 가능하였으나, 2005년 민법개정에 의하여 친권자의 변경은 반드시 법원의 판단을 거쳐야만 하는 것으로 바뀌었다. 친권자 변경에 관한 민법규정이 이와 같이 개정된 이유는 다음과 같다: 친권자의 변경은 자녀의 복리에 매우 중대한 영향을 미치는 사안이므로, 국가기관인 법원이 개입하여 자녀의 복리라는 관점에서 친권자의 변경이 타당한 것인가를 심사하고 결정하겠다는 것이다. 즉, 자녀의 복리와 관련하여 국가(법원)의 후견적 역할을 강화하겠다는 것이 입법자의 의사이며, 이러한 취지는 2005년 개정민법의 전반에 걸쳐 관철되었다(예를 들면 이혼 시 친권자 및 양육자 결정에 있어서 법원의 후견적 역할 강화).

위에서 본 예에서와 같이, 이혼 시 단독친권자로 정해진 모가 자녀를 양육하고 있는데 부가 친권자 변경청구를 하는 때에는 모를 상대로 하게 되며, 청구의 상대방이 된 모는 법원에서 자녀의 양육 상태, 자녀와 부의 관계 등을 설명하고, 친권자의 변경에 대한 자신의 의견을 밝힘으로써 부적절한 친권자 변경을 막을 수 있다. 다시 말하면, 친권자의 변경이라는 자녀의 복리에 중대한 영향을 미치는 사안에 있어서 현재의 친권자인 모가 자녀의 입장에서 방어를 하는 것이 가능하다.

이와 달리 단독친권자였던 모가 사망한 경우는 일반적으로 자녀의 복리가 위태롭게 될 가능성이 매우 높을 뿐만 아니라, 부를 친권자로 변경하는 것이 자녀의 복리를 침해할 우려가 있다고 해도 자녀의 입장에서 방어를 할 수 있는 사람이 없을 수도 있다. 즉, 부모가 모두 생존해 있는 동안에 친권자 변경청구를 통하여 친권자가 변경되는 경우와 비교해 본다면, 단독친권자가 사망하여 친권자가 변경되는 경우는 자녀의 복리가 더욱 위태롭게 될 수 있으며, 그만큼 자녀를 보호할 필요성이 절실하다고 볼 수 있다.

현행민법은 부모가 모두 생존해 있는 경우에 친권자를 변경하기 위해서는 반드시 법원의 판단을 거치도록 함으로써 부적절한 친권자 변경이 초래할 수 있는 위험으로부터 자녀를 보호하려고 한다. 그런데 단독친권자가 사망하여 친권자가 변경되는 경우는 자녀의 복리가 더욱 위태롭게 될 수 있는 상황임에도 불구하고 아무런 검증 없이 생존친이 당연히 친권자가 되어야 한다는 주장은 현행민법체계와 정면으로 배치된다.

또한 '친권자동부활론'은 자녀와 관련된 모든 결정에서 자녀의 복리가 최우선의 기준이 되어야 한다는 친자법의 기본이념을 무시한 것일 뿐만 아니라, 자녀의 복리가 위태롭게 될 수 있는 상황에서 이를 외면하는 무책임한 태도라는 비판을 면할 수 없다.

반대의견 2: 이혼 시 단독친권자로 정해진 부모의 일방이 사망한 경우 생존친이 법원의 판단을 거쳐 친권자로 되어야 한다면, 생존친에게 부담을 줄 수 있으므로 '친권자동부활'이 바람직하다.

반론: '친권자동부활론'은 이혼 시 친권자로 정해지지 않은 부모가 항상 친권자로서 적합하다는 전제에서, 생존친이 아무런 검증절차를 거치지 않고 자동으로 친권자가 되어도 자녀의 복리에 해가 되지 않는다는 입장을 취한다. 따라서 생존친이 친권자로서 적합한가의 여부를 심사하는 것은 번거로운 절차이며, 생존친에게 부담을 주는 것이므로 불필요하다고 주장한다. 그러나 이러한 반대론자의 주장은 기본전제가 잘못되어 있다. 간단히 말해서, 모든 생존친이 친권자로서 적합하기 때문에 친권자로 되는 데 아무런 검증절차가 필요하지 않다는 믿음은 아무런 근거도 없으며, 우리사회의 현실과도 맞지 않는 허상에 불과하다. 이미 수많은 구체적인 피해사례가 이를 증명하고 있으며, 이혼 후 친권자로 정해지지 않은 부모 중 상당수가 양육비를 지급하지 않고, 자녀와의 관계를 단절시킨다는 통계가 이를 뒷받침하고 있다.

친권의 자동부활이 자녀에게 미치는 구체적인 피해사례를 애써 외면하지 않는다면, 이혼 시 친권자로 정해지지 않은 부모가 자녀의 친권자로서 적합한가의 여부를 검증하는 절차가 필요하다는 점을 부정할 수는 없을 것이다. 결국 이 문제는 자녀의 복리를 우선할 것인가, 아니면 친권자 변경의 검증절차를 생략함으로써 생존친에게 편의를 제공할 것인가의 쟁점으로 귀결된다. 자녀와 관련된 문제를 결정함에 있어서 자녀의 복리가 최우선의 기준이 되어야 한다는 원칙에 이의를 제기하는 사람은 없을 것이다. 이 원칙은 친권자가 사망한 경우에도 그대로 적용되어야 한다. 생존친이 법원에 친권자 변경청구를 하는 것이 번거롭게 느껴질 수도 있겠으나, 이는 자녀를 보호하기 위해서 불가피한 절차로 이해되어야 한다(실제로는 친권자가 될 의사가 없어서 친권자 변경청구를 하지 않는 부모도 적지 않을 것이다. 이런 경우에는 법원이 직권으로 또는 청구에 의하여 후견인을 선임함으로써 자녀의 보호에 공백이 발생하지 않도록 하여야 할 것이다). 법원은 친권자 변경절차가 당사자에게 부담이 되지 않도록 편의를 제공하고 신속하게 절차를 진행하여야 할 것이다. 친권자 변경절차를 이용하여 법원은 생존친에게 부모의 사망과 친권자(양육자)의 변경이 자녀에게 미치는 영향 등 양육에 필요한 정보를 제공하고, 전문상담기관과 생존친, 자녀를 연결하는 서비스를 제공할 수도 있을 것이다.

법원이 이러한 점을 도외시하고 계속해서 생존친에게 부담을 준다는 이유를 내세워 친권법의 개정에 반대한다면, 실제로는 법원의 부담이 증가하는 것을 염려하여 법개정에 반대한다는 인상을 심어줄 수 있다.

반대의견 3: '친권자동부활'에 의해서 자녀에게 발생하는 피해는 친권상실선고제도(또는 친권상실선고제도의 완화)를 통하여 막을 수 있으므로, '친권자동부활론'을 유지해도 문제가 될 것은 없다.

반론: 이혼 시 단독친권자로 정하여진 부모가 사망했을 때 생존한 부모 중에는 친권자로서 적합하지 않은 사람이 얼마든지 있을 수 있다. 이런 부모가 자동으로 친권자가 되는 경우에는 자녀의 복리가 회복할 수 없을 정도로 침해될 수 있는데, 친권상실선고제도에 의해서 이러한 결과를 예방할 수 있다는 주장은 이해하기 어렵다(친권의 자동부활이 야기하는 폐해를 친권상실선고에 의해서 예방하는 것이 실제로 가능하다면, 이제까지 법원이 왜 그러한 예방조치를 취하지 않았는지 묻고 싶다). 예를 들어서, 이혼 시 단독친권자로 정하여진 부모가 자녀를 양육하다가 갑자기 사망한 경우 자녀는 재산을 상속하고, 각종 보험금과 손해배상금 등을 수령하게 되는데, '친권자동부활론'에 의하면, 생존친이 자동으로 친권자가 되어 이 재산을 관리, 처분할 수 있게 된다. 생존친이 자녀의 양육에는 관심이 없고 재산만을 노리는 경우에는 이 재산을 모두 자기의 이익을 위하여 사용할 수 있으며, 이를 막을 방법이 없는 것이 현실이다. 또한 '친권자동부활론'에 의하면, 생존친이 자녀를 학대한 전력이 있는 경우에도 자동으로 친권자가 되는데, 이러한 결과는 자녀의 신체와 정신에 돌이킬 수 없는 피해를 줄 수 있다. 친권자가 된 생존친은 자녀를 데려와서 다시 학대를 할 수 있기 때문이다. 반대론자들은 이런 경우에 생존친의 친권을 상실시킴으로써 문제를 해결할 수 있다고 하지만, 이는 현실과 거리가 먼 공허한 주장일 뿐이다. 법원에서 친권상실선고를 하는 데에는 상당한 시간이 필요한 반면, 단독친권자의 사망과 동시에 친권자가 된 생존친은 그때까지 얼마든지 친권을 남용할 수 있다(즉, 자녀의 재산을 처분하고 소비할 수 있으며, 자녀를 신체적 · 정신적으로 학대할 수도 있다). 더구나 법원은 자녀의 복리가 위태로운 상태에 처하게 된다고 해도 이를 인지할 수 있는 능력도 없으며, 자녀의 친족이나 검사 등의 청구가 있어야 비로소 개입할 수 있을 뿐이다. 그런데, 검사가 친권상실선고를 청구한 사례는 거의 없으며, 친족의 경우에도 상당한 비용과 시간, 관심을 요하는 친권상실선고의 청구를 기피하는 것이 현실이다. 즉, 친권의 남용으로 구체적인 피해사례가 발생한 경우에도 쉽게 포착되지 않는 것은 물론

이거니와 이 사실이 법원에까지 전달되는 경우는 매우 드물다. 이는 근본적으로 우리 사회의 아동보호체계가 매우 허술하다는 점에 기인하는 것이다. 반대론자들은 친권상실선고제도의 개선을 통하여 문제를 해결할 수 있다고 주장하지만, 이와 같이 허술한 아동보호체계를 근본적으로 바꾸지 않는 한, 친권상실선고에 관한 조문 몇 개를 고친다고 해서 문제가 해결되지는 않는다. 그리고 현재 우리사회의 의식수준과 정부의 의지에 비추어 볼 때, 이와 같이 문제점이 많은 아동보호체계는 단시일 내에 개선되지 않을 것으로 전망된다. 이렇게 볼 때, 친권상실선고제도의 개선을 통하여 '친권자동부활'의 폐해를 예방할 수 있다는 반대론자의 주장은 설득력이 없다는 점을 인정해야 할 것이다. 아이들이 길을 건너고 있는데 어느 음주운전자가 자동차를 난폭하게 운전하고 있어서 아이들이 다칠 가능성이 있다면, 신속하게 음주운전 차량을 정지시키고 음주운전자로 하여금 더 이상 운전을 할 수 없게 하는 것이 아이들을 보호하는 길이다. 음주운전자가 아이들을 칠 때까지 기다렸다가 운전면허를 취소하고 음주운전자를 처벌한다고 해서 다친 아이들이 다시 건강해지지는 않는다. 친권상실선고제도를 이용하여 '친권자동부활'의 부작용을 막겠다는 발상은 아이들이 다친 다음에 구급차를 보내면 된다는 것과 본질적으로 다르지 않다.

반대의견 4: 현재 법원의 실무는 이혼 후에도 부모의 협력을 강조하는 방향으로 나가고 있는데, 생존친이 법원의 판단을 거쳐 친권자로 변경될 수 있게 하는 방법은 현재 실무의 경향과 맞지 않는다.

반론: 이러한 주장은 이해의 부족에서 비롯된 것이라고 밖에 볼 수 없다. 현재 일부 법원에서 이혼 후에도 자녀의 양육과 관련하여 부모의 협력이 중요하다는 점을 인식하여 이를 실무에 반영하고 있으며, 이러한 시도는 구체적으로 이혼 후의 공동친권을 인정하는 결과로 나타나고 있다. 그러나 이러한 법원의 시도는 전체 이혼사건 중 극히 일부에 제한되어 있을 뿐이며, 전국적으로 보편화되어 있지 않다. 또한 이러한 일부 법원의 시도가 긍정적인 성과를 올린 것으로 평가하기에는 아직 이르다. 즉, 법원이 이혼 후의 공동친권을 인정한 사례에서 해당 부모가 실제로 이혼 후에도 자녀의 양육과 관련하여 원만하게 협력하여 성공적인 양육모델을 만들어나가고 있는가에 대해서는 알려진 바가 없다. 이런 상태에서 "이혼 후에도 부모의 협력을 강조하는 것이 실무의 일반적인 경향"이라고 말하는 것은 경솔하게 들린다. 일부 법원에서 그러한 시도를 하고 있다고 해도 이는 그야말로 일부에 국한된 것이며, 더구나 이러한 시도가 성공을 거두고 있다는 근거자료는 어디에도 없기 때문이다. 이혼 후에 공동친권이 차지하는 비율이 약 75%에 이르는 독일의 경우에는 "이혼 후에도 자녀의 양육과 관

련하여 부모의 협력을 강조하는 것이 실무의 경향"이라고 말할 수 있을 것이다. 그러나 독일에서 '친권자동부활론'을 주장하는 사람은 찾아볼 수 없다. 이혼 후의 공동친권이 상당히 보편화되고, 이혼 후에 자녀의 양육과 관련하여 부모가 협력할 수 있도록 많은 지원을 하고 있지만, 그럼에도 불구하고 이혼 후에 부모로서의 의무를 이행하지 않는 부모는 엄연히 존재하며, 이러한 부모가 자동으로 친권을 가지게 된다는 것은 자녀의 복리를 해친다는 사실을 분명히 인식하고 있기 때문이다. 독일에서는 아동복지기관과 가정법원이 거의 같은 비중으로 이혼절차에 관여한다고 말해도 좋을 정도로 이혼에 있어서 아동복지기관의 역할이 크다. 이혼을 하려는 부모에 대하여 이혼 후의 공동친권에 대해서 구체적으로 설명하고, 이혼 후에 부모가 실제로 공동으로 친권을 행사하면서 어려움을 겪는 경우에는 상담과 지원서비스를 제공하며 이혼 후의 공동친권이 성공적으로 정착될 수 있도록 후견적 역할을 담당하고 있다. 실제로 이혼 후의 공동친권은 아동복지기관의 상담과 지원이 없이는 성공적으로 실행되기 어렵다는 것이 독일에서의 일반적인 의견이다. 이러한 지원체계가 전무한 우리사회에서 이혼 후의 공동친권을 시도하는 것은 신중을 기해야 하며, 그 결과를 제대로 분석하지 않은 상태에서 적용을 섣불리 확대하는 것 역시 경계되어야 한다. 이와 같은 우리사회의 현실에 비추어 볼 때 "이혼 후에 부모의 협력을 강화하는 것이 실무의 일반적인 경향"이라는 주장은 과장된 것이라고 평가하지 않을 수 없다. 또한 설령 이러한 주장이 타당하다고 하더라도 이것이 '친권자동부활론'이 고수되어야 할 명분이 될 수 없음은 재론을 요하지 않는다.

현재 법원은 '친권자동부활론'을 뒷받침할 수 있는 어떠한 이론적 근거도 제시하지 못한 채 단지 실무의 태도에는 변함이 없다는 점만을 확인하고 있을 뿐이다. '친권자동부활론'을 이론으로 뒷받침할 수 없다면 이를 폐기하는 것이 책임 있는 태도라고 생각한다. 이론에 의해서 뒷받침되지 않는 실무는 위험하기 때문이다. 만일 법원에서 당장 '친권자동부활론'을 폐기하는 데 어려움이 있다면, 적어도 친권법 개정에 대해서 반대하는 태도를 취하는 것은 삼가야 할 것이다.

〈가정상담 2009년 3월호 수록〉

7. 후견제도의 문제점과 대안

I 문제의 제기

현행 법제도상 미성년자녀의 보호와 관련하여 발생할 수 있는 여러 가지 문제들을 몇 가지 사례를 통하여 보기로 한다.

사례 1: 미성년자녀 갑의 부모는 모두 사망하였다. 갑은 부모로부터 채무만을 상속하였다. 갑에게는 삼촌 등 친척이 있으나 갑에 대해서 별 관심이 없다. 이런 경우 법정후견이 개시되어 갑의 삼촌이 자동으로 후견인이 된다고 해도 실질적인 갑의 보호는 기대하기 어렵다. 심지어 갑의 삼촌은 자신이 후견인이 되었다는 사실을 알지 못하는 경우도 있다. 갑이 상속채무에서 벗어나기 위해서는 후견인인 갑의 삼촌이 갑을 대리하여 법원에 상속포기신고를 해야 하는데, 후견인인 갑의 삼촌이 피후견인인 갑이 채무만을 상속하였다는 사실을 알면서도 상속포기신고를 하지 않는다면 갑은 상속채무를 변제해야 할 책임을 지게 된다.

사례 2: 미성년자녀 을의 부모는 이혼하였다. 이혼 시 을의 아버지가 친권자 및 양육자로 지정되어 을을 양육하여 왔으며, 을의 어머니와는 소식이 끊어졌다. 어느 날 을의 아버지는 사고로 갑자기 사망하였다. 이런 경우에는 을의 어머니가 자동으로 친권자가 되므로, 을에게는 후견이 개시될 여지가 없다. 결국 을은 사실상 친권자도 후견인도 없는 상태가 되어 보호와 양육의 공백상태에 처하게 된다. 이런 경우에 을의 어머니를 적극적으로 찾아서 친권자가 되었다고 알려주는 제도는 존재하지 않는다.

사례 3: 미성년자녀 병은 아버지가 사망한 후 어머니와 함께 살고 있었다. 병의 어머니는 병을 키우면서 생활비를 벌기 위한 노동을 하였으나, 여의치 않아서 병을 위탁가정에 맡기기로 하였다. 병의 어머니는 병을 위탁가정에 맡긴 후 처음에는 연락을 하였으나, 시간이 흐르면서 연락이 두절되었고, 결국 소재를 알 수 없는 상태가 되었다. 이런 경우에 병에게는 형식적으로는 법정대리인으로서 친권자가 있으므로, 후견이 개시되지 않는다. 그러나 병의 어머니는 실제로는 친권자로서의 역할을 하지 못하므로, 병은 사실상 법정대리인이 없는 것과 같은 상태에 처하게 된다. 병이 위탁부모와 해외여행을 하기 위하여 여권을 신청하거나, 은행에 통장을 개설하는 경우, 병의 치료와 수술에 동의하는 경우 등에는 법정대리인이 필요한데, 병에게는 친권자가 있으나 소재불명인 상태이고, 친권자가 형식적으로 존재하여 후견도 개시되지 않으므로 사실상 법정대리인이 없어서 곤경에 처할 수 있다.

모든 미성년자녀에게는 신뢰할 수 있는 법률상의 보호자(법정대리인: 친권자 또는 후견인)가 필요하다. 그러나 우리사회의 현실은 그렇지 못하다. 위에서 본 사례들은 모두 미성년자녀에게 믿을 수 있는 법률상의 보호자가 없어서 문제가 되고 있는 경우들이다. 그러나 현행법상 이러한 불안한 상태를 신속히 제거하는 것은 불가능에 가깝다. 즉, 미성년자녀에게 신뢰할 수 있는 보호자가 없는 경우에는 미성년자녀의 보호에 적신호가 켜진 상태이므로, 신속한 조치가 이루어질 필요가 있으나(여기서 신속한 조치란 미성년자녀를 실제로 보호할 수 있는 사람을 후견인으로 정하는 것을 말한다), 현행법상 그러한 조치는 기대하기 어렵다. 이와 같은 제도의 미비로 말미암아 발생하는 피해는 결국 고스란히 미성년자녀에게 돌아가게 된다. 스스로를 방어할 능력이 부족한 사회적 약자인 미성년자녀를 보호하는 것은 그 사회의 어른들이 해야 할 몫이다. 우리사회에서 미성년자녀의 보호에 큰 공백이 발생하고 있으며, 이러한 문제점이 오늘날까지 해결되지 않고 방치되고 있다는 사실은 어른들이 해야 할 일을 방기하고 있다는 것을 의미한다.

Ⅱ 미성년자녀 후견의 의미

사람은 대부분의 다른 생명체와 마찬가지로 태어나서 바로 독립하여 살 수 없으며, 일정한 기간 동안 다른 사람의 보살핌을 받으며 성장하여야 한다. 우리민법은 이 기간을 20년으로 보고 있다. 즉, 사람은 태어나서 만 20세가 될 때까지는 누군가의 보살핌(보호, 양육)을 받아야 하며, 이러한 보호, 양육의 책임은 일차적으로 부모에게 있다. 민법에 의해서 부모가 미성년자녀의 친권자가 된다는 것은 이러한 의미이다. 그런데 부모가 어떠한 사정으로 자녀를 보호, 양육할 수 없는 경우(부모가 사망한 경우, 부모에게 자녀의 보호와 양육을 맡길 수 없는 특별한 사유 – 예컨대 자녀학대 – 가 있어서 친권을 상실시킨 경우 등)에는 누군가가 부모를 대신하여 친권자와 같은 역할(즉 후견인의 역할)을 하여야 한다. 민법은 이런 경우에 국가가 우선적으로 개입하지 않으며, 미성년자녀의 친족(혈족)이 이러한 역할을 맡아야 한다는 태도를 취하고 있다(민법 932조, 제935조).[1] 즉, 미성년자녀에게 친권자가 없는 대부분의 경우에는 법정후견이 개시되어 미성년자녀의 혈족 중의 1인이 후견인이 된다. 후견인은 미성년자녀(피후견인)의 보호, 양육을 비롯하여 원래 친권자가 했어야 할 역할을 대신 맡게 된다(민법 제945조). 이러한 역할은 후견인에게는 매우 무거운 것이라고 할 수 있다(특히 미성년자녀에게 재산이 없는 경우에는 후견인은 아무런 보수도 받지 못하고 이러한 역할을 수행해야 한다. 즉, 이런 경우 후견인에게는 책임과 의무만 있고 재산적인 이익은 없다). 물론 후견인이 반드시 피후견인과 함께 거주하면서 보호, 양육하여야 하는 것은 아니다. 후견인은 피후견인의 법정대리인이 되지만, 사실상의 양육은 제3자(예컨대 위탁부모)에게 맡길 수도 있다. 또한 후견인에게 피후견인의 양육비를 부담할 의무가 있는 것도 아니다.[2]

Ⅲ 후견인이 되는 사람

미성년자녀의 후견인이 되는 사람은 민법에 규정되어 있다. 우선 친권자인 부모는 유언으로 후견인을 지정할 수 있다(민법 제931조). 예를 들어서 부모 중 아버지는 이미 사망하였고, 어머니가 단독친권자로서 자녀를 양육하고 있다가 얼마 살지 못한다는 사실을 알게 된 경우에는 자기가 신뢰하는 친구를 후견인으로 지정하고, 자녀의 장래를 부탁할 수 있다(부모 중 어머니가 사망해도 친권자로서 아버지가 있는 경우에는 유언으로 후견인을 지정할 수 없다. 이런 경우는 후견개시의 사유가 되지 않기 때문이다). 그러나 이와 같이 유언으로 후견인을 지정하는 경우는 많지 않으므로, 후견개시의 사유가 있는 경우에는 대부분 법정후견인이 후견인이 된다(민법 제932조, 제935조). 즉, 미성년자녀의 직계혈족, 3촌 이내의 방계혈족 중에서 촌수가 가까운 사람이 후견인이 되며, 촌수가 같은 사람이 여러 명 있는 때에는(예를 들어, 외조부모와 친조부모가

1) 친권자는 사망하기 전에 유언으로 후견인을 지정할 수 있다(민법 제931조). 친권자가 유언으로 후견인을 지정할 수 있는 경우는 친권자가 사망함으로써 더 이상 친권자가 없게 되는 경우를 말한다. 예를 들어서 부모 중에 부가 먼저 사망하여 모가 단독친권자가 되었는데, 모도 사망하게 되는 경우에는 모는 유언으로 후견인을 지정할 수 있다. 그러나 부모가 공동친권자인데, 그 중 모가 사망하게 될 경우에는 모는 유언으로 후견인을 지정할 수 없다. 부가 친권자로서 남아 있기 때문이다. 그러나 유언으로 후견인을 지정하는 경우는 드물기 때문에 친권자가 없는 경우에는 대부분 법정후견이 개시되어 미성년자녀의 혈족 중 1인이 후견인이 된다.

2) 예를 들어서 삼촌이 후견인이 되었다면, 삼촌은 후견인으로서 조카인 피후견인의 양육비를 부담할 의무가 없다. 또한 삼촌과 조카라는 친족관계에서도 부양의무가 당연히 인정되는 것은 아니므로, 삼촌은 후견인으로서도, 그리고 친족으로서도 양육비를 부담할 의무를 지지 않는다. 조부모가 후견인이 되는 경우에도 조부모는 후견인으로서는 부양의무를 지지 않지만, 직계혈족으로서(조부모와 손자녀는 직계혈족이다) 부양의무를 부담하게 된다. 민법 제974조 참조.

모두 생존해 있는 경우) 연장자가 후견인이 된다. 민법은 복수의 후견인을 인정하지 않으므로, 후견인은 1인으로 한정된다. 이와 같은 민법의 순위에 해당하는 사람은 자신의 의사와 관계없이 당연히 후견인이 되는데, 경우에 따라서는 자기가 후견인이 되었다는 사실을 모를 수도 있다. 우리사회에는 법정후견인이 된 사람에게 후견인이 되었다는 사실을 통지해 주는 시스템은 존재하지 않는다.[3] 후견인은 취임일로부터(후견인이 된 날로부터) 1월내에 후견개시의 신고를 하여야 하지만, 후견개시의 신고를 하지 않았다고 해서 후견인의 지위를 당연히 잃는 것은 아니다(따라서 자기가 후견인이 되었다는 사실을 알지 못하는 후견인은 당연히 후견개시의 신고도 하지 않을 것이지만, 그럼에도 불구하고 법률상 후견인의 지위를 그대로 유지한다. 다만 신고를 하지 않았으므로 피후견인의 기본증명서에 공시되지는 않는다). 자신의 의사와 무관하게 법률이 정한 순서에 따라서 당연히 후견인이 된 사람이 후견인의 임무를 충실하게 수행할 것이라고 기대하기는 어렵다.[4] 나아가 자기가 후견인이 되었다는 사실조차 모르는 사람에게 후견인으로서의 역할을 기대할 수는 없을 것이다. 위에서 잠시 언급한 바와 같이, 후견인은 피후견인의 보호와 양육을 비롯하여 많은 의무와 책임[5]을 부담하게 되는 반면, 피후견인에게 재산이 없을 때에는 아무런 보수도 받을 수 없다(민법 제955조).[6] 이와 같이 무보수로 오로지 미성년자녀를 위한다는 사명감을 가지고 후견인의 역할을 수행하는 것은 상당한 수준의 윤리의식과 책임감을 요하는 것인데, 법률규정에 의하여 자동으로 후견인이 된 사람이 이와 같이 높은 수준의 인격을 갖추고 있을 것이라고 기대하는 것은 경험칙과 맞지 않는다. 결국 자신의 의사와 무관하게 법률규정에 의해서 자동으로 후견인이 된 사람은 후견인으로서의 역할을 제대로 하지 않는 경우가 많

---

3) 현재 우리사회에서는 친권자인 부모가 사망하여 후견이 개시되는 경우에 민법이 정한 순서에 따라서 법정후견인이 정해지지만, 법정후견인이 된 사람은 자기가 후견인이 되었다는 사실을 모르는 경우도 있다. 이런 경우에도 국가가 친권자의 사망으로 인하여 법정후견인이 된 사람을 찾아서 후견인이 되었다는 사실을 통지해 주는 제도는 존재하지 않는다. 또한 부모가 이혼하여 부모의 일방이 친권자가 되어 자녀를 양육해 오다가 사망한 경우에는 후견이 개시되지 않고 부모의 다른 일방이 자동으로 친권자가 되지만, 자동으로 친권자가 된 부모의 일방과는 연락이 단절된 경우도 적지 않다. 이런 경우에도 자동으로 친권자가 된 부모를 찾아서 친권자가 되었음을 통지해 주는 서비스는 존재하지 않는다. 보호자가 없게 된 미성년자녀의 복리를 생각한다면, 적어도 이런 경우에는 후견인 또는 친권자가 된 사람을 국가가 찾아내어 후견개시 또는 친권부활의 사실을 통지해 주는 제도를 시급하게 도입해야 할 것이다.

4) 후견인으로 된 사람이 후견인으로서의 역할을 하지 않는 경우에는 후견인의 변경사유에 해당되어 다른 사람으로 후견인을 변경하는 것이 가능하다(민법 제940조). 그러나 후견인의 변경을 위해서는 가정법원이 미성년자녀의 친족이나 검사의 청구 또는 직권에 의하여 후견인 변경의 심판을 하여야 하는데, 이는 미성년자녀의 복리에 관심이 있는 사람이 있을 때에만 가능하다. 애초에 미성년자녀의 복리에 적극적으로 관심을 갖는 어른이 없을 때에는 후견인의 변경도 기대할 수 없을 것이다.

5) 피후견인이 불법행위를 하여 타인에게 손해를 입힌 경우 후견인은 법정감독의무자로서 손해를 배상해야 하는 책임이 생길 수 있다(민법 제755조).

6) 민법 제955조: 법원은 후견인의 청구에 의하여 피후견인의 재산상태 기타 사정을 참작하여 피후견인의 재산 중에서 상당한 보수를 후견인에게 수여할 수 있다.

을 것이며,[7] 이런 상태는 미성년자녀를 보호의 사각지대에 방치하는 결과로 이어질 것이다.

이와 같이 현행법규정에 의하면, 후견인이 될 사람의 의사와 자질과 무관하게 법률규정에 의해서 자동으로 후견인이 되는데, 이러한 구조에서는 미성년자녀에게 상당한 재산이 있을 때에도(부모의 사망으로 재산을 상속한 경우) 역시 문제가 생길 수 있다. 후견인은 미성년자녀의 법정대리인으로서 재산관리권과 재산상의 법률행위의 대리권을 갖게 되므로, 미성년자녀를 대리하여 그 재산을 처분하는 것이 가능하다.[8] 따라서 후견인이 자기의 이익을 위하여 미성년자녀의 재산을 처분하는 경우도 있을 수 있다(예컨대, 후견인인 삼촌이 자기의 사업자금을 마련하기 위하여 피후견인인 조카가 상속한 주택을 팔아서 그 대금을 이용하는 경우). 이러한 문제를 미리 예방하기 위해서는 후견인이 될 사람의 자질과 품성, 재산상태, 직업 등을 사전에 검증하는 시스템이 필요하다. 현행법에 의하면, 전과조회 등 기본적인 검증절차도 없이 누구나 법률규정에 의해서 후견인이 될 수 있게 되어 있다.

법정후견제도의 기본적인 문제점은 후견인이 될 사람의 의사, 자질, 품성 등 기본적인 사실에 대한 검증도 거치지 않고 누구나 법률규정에 의하여 자동으로 후견인이 된다는 것이다. 이러한 문제점을 해결하기 위해서 후견인이 될 사람에 대한 검증절차를 도입하는 것이 필요하다는 점은 의문의 여지가 없다. 이는 결국 법정후견제도를 폐지하고 법원이 후견인을 선임하는 제도(선임후견제도)를 전면적으로 도입하자는 주장으로 귀결된다(현행법상으로도 선임후견제도가 있으나, 이는 법정후견인이 될 사람이 없는 경우에만 보충적으로 이용될 뿐이다[9]). 후견개시의 사유가 있는 경우에는 법원이 미성년자녀에 관한 정보(친족관계, 재산상태 등)를 종합하여 미성년자녀의 복리실현에 가장 적합한 사람을 후견인으로 선임하는 것이다. 이론상으로는 미성년자녀의 복리를 위하여 법정후견제도를 선임후견제도로 대체하는 것이 바람직하다는 점에 대하여 다른 의견이 있을 수 없다. 그러나 문제는 누구를 후견인으로 선임할 것인가에 있다. 미성년자녀에게 재산도 없고, 친족 중에서 후견인으로서 적당한 사람도 없는 경우, 의무와 책임만이 따를 뿐 아무런 재산상의 이익도 없는 후견인의 역할을 하려는 사람

7) 민법 제939조에 의하여 후견인은 정당한 사유가 있는 때에는 법원의 허가를 얻어 사퇴할 수 있게 되어 있으나, 자기가 후견인이 되었다는 사실을 모르는 후견인이나 후견인으로서의 역할에 관심이 없는 후견인은 굳이 사퇴의 필요성도 느끼지 않는 경우가 대부분이다.

8) 물론 후견인이 피후견인의 부동산을 매도하는 경우와 같이 중요한 행위를 하는 때에는 민법 제950조에 의해서 친족회의 동의를 얻도록 되어 있으나, 후견인과 친족회가 통모하여 피후견인의 재산을 처분하는 경우는 얼마든지 있을 수 있다.

9) 민법 제936조(법원에 의한 후견인의 선임): ① 전4조의 규정에 의하여 후견인이 될 자가 없는 경우에는 법원은 제777조의 규정에 의한 피후견인의 친족 기타 이해관계인의 청구에 의하여 후견인을 선임하여야 한다. ② 후견인이 사망, 결격 기타 사유로 인하여 흠결된 때에 전4조의 규정에 의하여 후견인이 될 자가 없는 경우에도 전항과 같다.

을 법원이 찾을 수 있을 것인가? 이 문제를 해결하지 못하는 한, 선임후견제도를 전면적으로 도입한다고 해도 애초에 기대했던 결과를 실현하는 것은 불가능하다.

Ⅳ 후견개시사유

1. 현행법상으로 미성년자녀를 위한 후견은 친권자가 없는 때에 개시된다(민법 제928조[10]). 여기서 친권자가 없는 때란 친권자가 모두 사망한 경우와 부모 쌍방이 친권을 상실한 경우를 의미한다.[11] 따라서 현행법상으로는 친권자인 부모가 행방불명된 경우에 후견이 개시되는가의 여부가 명확하지 않다.[12] 친권자의 소재가 불명한 때에도 사망한 것으로 의제할 수는 없고, 따라서 친권자가 없는 경우에 해당하지 않으므로 후견이 개시되지 않는다는 해석이 가능하다.[13] 그러나 미성년자녀의 복리를 생각한다면, 이러한 경우는 후견개시의 사유로 보아야 할 것이다. 친권자가 행방불명되었다면, 자녀의 보호와 양육에 공백이 발생하고, 그 결과 자녀의 복리는 위태롭게 될 것이다. 이러한 경우에는 후견이 개시되도록 하여 후견인으로 하여금 자녀의 보호와 양육을 책임지게 하는 것이 바람직하다.[14] 그러나 위에서 본 바와 같이, 현행법은 친권자인 부모의 소재가 불명한 경우를 후견개시의 사유로 명확하게 규정하고 있지 않다. 다만, 가족관계등록예규에 의하면, 미성년자의 친권자가 모두 장기간 행방불명인 경우에는 친권자가 없는 때에 해당하여 후견이 개시되므로, 민법에 정해진 후견순위에 따라 후견인이 될 사람이 친권자의 행방불명을 증명하는 서면(예컨대 행방불명으로 직권 말소된 주민등록표 등본 또는 이 · 통 · 반장 작성의 확인서 등)을 첨부하여 후견개시 신고를 하여야 하며, 선순위의 법정후견인이 후견개시 전에 행방불명된 경우에는 「민법」제937조 제6호에 해당하는 사유[15]가 있음을 증명하는 서면(위와 같은 서면 등)을 첨부하여 다음 순위의 법정후견인이 후견개시신고를 하여야 한다(가족관계등록예

---

10) 민법 제928조: 미성년자녀에 대하여 친권자가 없거나 친권자가 법률행위의 대리권 및 재산관리권을 행사할 수 없는 때에는 그 후견인을 두어야 한다.

11) 부모가 친권 중 재산관리권 및 재산상의 법률행위의 대리권만을 갖지 못하는 경우에는 그 부분에 대해서만 후견이 개시된다.

12) 친권자가 금치산, 한정치산선고를 받은 경우에도 같은 문제가 있다.

13) 친권자가 한정치산, 금치산산고를 받은 때에도 친권자가 없는 경우에 해당한다고 볼 수 없다면, 후견은 개시되지 않는다.

14) 친권자가 한정치산, 금치산선고를 받은 경우에도 미성년자녀를 위하여 후견이 개시된다고 보는 것이 합리적이다. 친권자가 한정치산이나 금치산선고를 받았다는 것은 정신적 능력이 제한되어 있으며, 판단력이 상당히 부족한 상태에 있다는 것을 의미하는데, 이러한 부모에게 자녀의 보호에 대한 책임을 지게 하는 것은 바람직하다고 볼 수 없다.

15) 후견인의 결격사유로서 행방이 불명한 자.

규 제179호). 그러나 이러한 실무지침만으로 모든 문제를 해결할 수 있는 것은 아니다. 이에 따르면, 예를 들어서 위탁아동의 친권자가 행방불명된 경우에는 법정후견인이 될 사람(예컨대 조부, 조모, 삼촌 중 법정후견인의 순위에 해당하는 1인)이 후견개시신고를 하여야 한다는 것인데, 이러한 사람들이 후견인이 될 생각이 없다면 굳이 후견개시신고를 하지 않을 것이기 때문이다(또한 법정후견인이 될 사람과 연락을 하는 것 자체가 쉽지 않을 수도 있다).

2. 친권자가 행방불명된 경우에 친권상실선고를 하는 방법도 생각해 볼 수 있으나(부모의 친권이 상실되면 후견이 개시된다), 이것도 그렇게 수월하지는 않다. 민법에 의하면, 법원은 "부 또는 모가 친권을 남용하거나 현저한 비행 기타 친권을 행사시킬 수 없는 중대한 사유가 있는 때"에 친족이나 검사의 청구에 의하여 친권상실선고를 할 수 있다(민법 제924조). 또한 아동복지법에 의하면, 시 · 도지사 또는 시장 · 군수 · 구청장이 법원에 친권상실선고를 청구할 수 있게 되어 있고, 아동보호전문기관의 장은 시 · 도지사 또는 시장 · 군수 · 구청장에 대하여 친권상실의 선고를 청구하도록 요청할 수 있다(아동복지법 제12조).[16] 그러나 이와 같은 민법과 아동복지법의 규정은 그 실효성이 크지 않다. 예를 들어서, 위탁아동의 친권자가 행방불명되었다면 이러한 경우는 친권상실선고의 사유에 해당한다고 볼 수 있다. 그러나 친권상실선고를 청구할 수 있는 사람의 범위는 제한되어 있으므로(위탁아동의 친족, 검사, 시 · 도지사 또는 시장 · 군수 · 구청장), 이러한 사람들이 법원에 친권상실선고를 청구하지 않는 한 행방불명된 부모의 친권을 상실시킬 수 없으며, 따라서 후견도 개시되지 않는다(실제로 친권상실사유가 있어도 친권상실선고의 청구가 없어서 친권이 그대로 유지되는 경우가 적지 않다). 위탁부모나 가정위탁지원센터의 장은 친권상실선고의 청구권자로 되어 있지 않으므로, 법원에 친권상실선고를 청구할 수 없다. 친권상실선고 청구권자의 범위를 이와 같이 제한할 합리적인 이유는 없다. 아동복지법은 시 · 도지사 또는 시장 · 군수 · 구청장에 대해서만 친권상실선고의 청구권을 인정하고 있는데, 그 배경에는 행

16) 이외에 「청소년의 성보호에 관한 법률」에 친권상실선고의 청구에 관한 규정이 있다.
「청소년의 성보호에 관한 법률」 제14조 (친권상실청구 등)
① 청소년대상 성범죄 사건을 수사하는 검사는 그 사건의 가해자가 피해청소년의 친권자나 후견인인 경우에 법원에 「민법」 제924조의 친권상실선고 또는 같은 법 제940조의 후견인 변경 결정을 청구할 수 있다.
② 다음 각 호의 기관 · 시설 또는 단체의 장은 검사에게 제1항의 청구를 하도록 요청할 수 있다.
1. 「아동복지법」 제24조의 아동보호전문기관
2. 「성폭력범죄의 처벌 및 피해자보호 등에 관한 법률」 제23조의 성폭력피해상담소 및 같은 법 제25조의 성폭력피해자보호시설
3. 「청소년기본법」 제46조의 청소년상담 및 긴급구조 등의 기관 및 같은 법 제46조의2의 청소년지원 등의 기관
4. 「청소년복지지원법」 제14조의 청소년쉼터

정기관이 친권상실선고의 청구권을 독점하는 것이 바람직하다는 사고방식이 자리 잡고 있는 것으로 보인다. 그러나 이러한 사고방식은 정당화되기 어렵다. 친권상실선고란 부모에게 친권자로서 부적합한 사유가 있어서 아동의 복리가 위태롭게 되었을 때, 부모의 친권을 상실시키고 후견을 개시시킴으로써 아동을 보호하려는 취지에서 인정되는 것이다. 그리고 친권상실선고의 청구권이란 아동의 복리가 위태롭게 되었다는 사실을 알게 된 사람이 아동을 보호하기 위하여 이 사실을 법원에 알리고 법원의 개입을 요청할 수 있는 권리라고 볼 수 있다. 이러한 취지에 비추어 본다면, 원론적으로 아동의 복리가 위태롭게 되었다는 사실을 알게 된 사람은 누구나 친권상실선고를 청구할 수 있다고 규정하는 것이 바람직하다고 볼 수 있다(혹은 법원에 신고를 할 수 있게 하여 법원에서 직권으로 친권상실선고를 할 수 있게 하는 방법이 바람직하다고 할 수 있다). 누구나 친권상실선고를 청구할 수 있게 할 경우 혼란이 예상된다는 이유에서 청구권자의 범위를 어느 정도 합리적으로 제한하는 것이 필요하다는 점은 수긍할 수 있을 것이다. 그러나 이러한 합리적인 제한의 필요성을 인정한다고 해도, 현행 아동복지법과 같이, 친권상실선고의 청구권자를 행정기관으로 한정하는 것은 과도한 제한이라고 생각된다. 아동의 복리가 위기에 처했을 때, 아동의 보호를 위하여 법원에 그 사실을 알리고 개입을 요청하는 권리를 행정기관이 독점해야 한다는 발상은 관료주의(행정편의주의)에서 비롯된 것이라는 비판을 피하기 어려울 것이다. 아동의 복리가 위태롭게 되었을 때에는 법원이 신속하게 개입하여 적절한 조치를 취하는 것이 필요하며, 이를 위하여는 아동의 복리가 위태롭게 되었을 때, 이 사실을 신속하게 법원에 알릴 수 있는 전달체계가 갖추어져 있어야 한다. 이러한 점에 비추어 본다면, 업무의 특성상 아동의 복리가 위기에 처해있다는 사실을 먼저 접하게 될 가능성이 높은 아동보호전문기관이나 가정위탁지원센터에 대해서, 법원에 그 사실을 알리고 개입을 요청할 수 있는 권리(여기서는 친권상실선고의 청구권)를 인정하는 방안에 대해서 진지하게 검토해 볼 필요가 있을 것이다. 친권상실선고 청구권자의 범위를 확대할 경우에는 청구권이 남용될 가능성이 있다는 우려가 있을 수 있으나, 이 점에 대해서는 염려할 필요가 없다. 법원에 친권상실선고를 청구하기 위해서 청구자는 상당한 시간과 비용을 감수해야 하는 반면(경우에 따라서는 청구의 상대방인 친권자로부터 위해를 당할 수 있다는 점도 감수해야 한다), 자신이 얻을 수 있는 이익은 없다. 그러므로 아동보호전문기관이나 가정위탁지원센터에 친권상실선고의 청구권을 인정한다고 해도 이러한 기관이 청구권을 남용할 가능성은 없다고 보아야 할 것이다.

친권상실선고 청구권자의 범위를 합리적으로 확대한다고 해도 문제는 여전히 남는다. 예를 들어서, 위탁아동의 친권자가 행방불명이 되어 가정위탁지원센터에서 친권상실선고를 청구했다고 가정해 본다. 법원에서 이 청구를 받아들여 친권상실선고를 하는 경우에는 민법의 규정에 따라 법정후견인이 되는 순서에 따라서 후견인이 정해진다. 설령 법정후견인이 되는 사람이 위탁아동에 대하여 아무런 관심이 없다고 해도 결과는 다르지 않다. 이런 경우에는 민법 제940조에 의하여 후견인의 변경이 가능하지만, 다시 이러한 절차를 거쳐야 한다는 것은 효율적이지 못하다. 법원에서 친권상실선고를 하는 때에는 미성년자녀의 후견인으로서 적합하다고 판단되는 사람을 후견인으로 선임할 수 있도록 관련 법규정을 개정할 필요가 있다고 생각된다.

V 대 안

1. 위탁아동의 친권자가 소재불명인 때에는 친권이 정지되는 것으로 규정하여 후견이 개시되도록 하는 것이 바람직하다.

'친권행사의 정지' 란 부모가 친권을 보유하고 있기는 하지만, 이를 행사할 수 있는 권한은 인정되지 않는 상태를 의미한다.[17)]

위에서 본 바와 같이, 친권자가 한정치산이나 금치산선고를 받은 경우에는 자녀에 대한 친권을 행사하기에 적합하지 않은 상태에 있다고 볼 수 있는데(한정치산자나 금치산자는 판단력의 부족으로 인하여 자기 자신의 사무도 제대로 처리할 수 없다고 보는데, 친권자로서 자녀의 재산을 관리하고 재산에 관한 법률행위를 대리하는 등의 능력을 인정하는 것은 문제가 있다), 현행법상으로는 이런 경우에 부모가 친권을 계속 행사할 수 있는가에 대한 명확한 규정이 없다. 또한 친권자가 장기간 의식불명 상태에 있다든가, 장기간 수감 중인 경우, 소재가 불명한 경우와 같이 자녀의 보호와 양육에 관여할 수 없는 상태가 장기간 지속되는 때에도 부모가 친권을 계속 행사할 수 있는가에 대한 명확한 규정이 없다. 이런 경우에는 부모가 사실상 친권을 행사할 수 없는 것으로 보아서 친권의 행사가 정지된다고 보는 것이 합리적이다(따라서 이런 경우에는 법원의 확인을 받아서 친권이 정지되는 것으로 규정하여야 할 것이다[18)]. 다만 후에 친권자가 자녀를 다시 양육할 수 있게 된 때에는 다시 친권을 행사할 수 있도록 해주어야 할 것이다.[19)]).

---

17) '子의 친권의 대행' 에 관하여 규정하고 있는 민법 제910조에 의하면, 혼인하지 않은 미성년자(갑)가 자녀(을)를 출산하여 부모가 된 경우에는 자녀(을)의 친권자가 되지만, 스스로 그 자녀(을)에 대한 친권을 행사할 수는 없으며, 미성년자인 친권자(갑)의 친권자(갑의 부모, 병)가 갑의 자녀(을)에 대한 친권을 행사하게 된다. 즉, 미성년자인 친권자(갑)는 자신의 자녀(을)에 대한 친권을 보유하고 있기는 하지만, 그 행사는 할 수 없고, 그의 친권자(병)가 갑에 갈음하여 을에 대한 친권을 행사하는 것이다. 이런 경우 미성년자인 친권자 갑의 친권은 '그 행사가 정지되어 있다' 고 볼 수 있다.

18) 이러한 규정이 도입된다면, 친권행사가 정지되는 경우에는 자녀의 기본증명서에 친권행사의 정지와 후견개시 및 후견인을 기록하게 될 것이다.

19) 이런 경우에는 후견인과 친권자의 신고에 의하여 자녀의 기본증명서에 '친권행사정지가 종료되어 친

이와 같은 사유로 친권자의 친권행사가 정지된 때에는 후견이 개시되고, 위탁아동의 경우에는 시 · 도지사 또는 시장 · 군수 · 구청장이 임시로 후견인이 될 수 있다는 규정을 둘 수 있을 것이다. 이런 경우에는 시 · 도지사 또는 시장 · 군수 · 구청장이 위탁아동의 후견인이 되어 아동의 법정대리인이 되고(후견인으로서 아동의 보호와 양육에 대한 법률상의 책임을 지게 된다), 위탁부모는 사실상 위탁아동을 보호, 양육하게 된다(즉, 위탁부모는 후견인인 시 · 도지사 또는 시장 · 군수 · 구청장으로부터 위탁아동의 양육을 위임받은 것이 된다). 따라서 위탁아동이 여권발급을 신청하거나 은행에 통장발급을 신청하는 경우, 위탁아동의 수술에 동의를 요하는 경우 등에는 시 · 도지사 또는 시장 · 군수 · 구청장이 후견인의 자격으로서 동의를 하게 될 것이다. 위탁아동이 불법행위를 하여 타인에게 손해를 입힌 경우(예컨대, 다른 아이를 때려서 다치게 한 경우)에도 후견인인 시 · 도지사 또는 시장 · 군수 · 구청장이 일차적으로 손해배상의 책임을 진다고 해석될 수 있을 것이다(이에 관한 명문의 규정을 두는 것도 가능하다고 생각된다). 다만, 사실상 양육을 책임지고 있는 위탁부모가 보호와 양육의 의무를 게을리하여 위와 같은 결과가 발생한 때에는 자신의 손해배상책임을 면할 수 없을 것이다.

2. 위에서 본 대안은 아동에게 위탁부모와 같은 사실상의 양육자가 있는 경우에 한하여 유용하고 의미가 있다. 친권자인 부모가 사망하거나 행방불명되었으나, 실제로 아동을 보살펴줄 수 있는 사람이 없는 경우에는 위와 같은 대안은 별로 도움이 되지 않는다. 이런 경우에 시 · 도지사 또는 시장 · 군수 · 구청장을 후견인으로 정한다고 해도 시 · 도지사 또는 시장 · 군수 · 구청장이 직접 후견인의 역할을 할 수는 없을 것이고, 소속 공무원에게 위임하여 후견인의 역할을 하게 하는 것도 기대하기 어렵다. 이런 점을 고려해 볼 때, 사실상 후견인이 없는 아동을 위하여 시 · 도지사 또는 시장 · 군수 · 구청장을 후견인으로 정하는 것만으로는 문제를 해결하는 데 한계가 있음을 인정해야 할 것이다.

우리사회에서 후견은 친권자가 없는 미성년자녀의 경우에만 문제가 되는 것은 아니다. 성년자이지만 정신적 능력이 제한되어 있는 사람을 보호(신상에 대한 보호, 재산관리를 포함한다)하는 수단으로서도 후견이 갖는 의미는 매우 크다. 그러나 미성년자녀의 후견에 있어서와 마찬가지로 성년자를 위한 후견에 있어서도 항상 문제가 되는

권자가 다시 친권을 행사한다는 취지' 와 후견 종료의 사실을 기록하여야 할 것이다; 친권자가 한정치산이나 금치산선고를 받아서 친권행사가 정지된 경우에는 한정치산 또는 금치산선고의 취소에 의해서 친권의 행사가 다시 가능해진다고 보아야 할 것이다; 친권자의 장기간 의식불명이나 수감, 소재불명 등으로 인하여 사실상 친권을 행사할 수 없어서 법원의 확인을 받아 친권의 행사가 정지된 때에는 친권자가 가정법원에 '친권을 다시 행사할 수 있도록 허가해 달라' 는 취지의 청구를 하여, 법원의 허가를 받아서 다시 친권을 행사할 수 있도록 하는 것이 자녀의 복리에 부합할 것이다.

것은 누구를 후견인으로 정할 것인가 하는 점이다. 현행법상 법정후견제도에 문제점이 있다는 점은 충분히 인식되고 있으나, 이를 선임후견제도로 대체하지 못하는 이유는 법원이 후견인으로 선임할 사람을 구할 수 없기 때문이다. 우리사회에서 후견을 필요로 하는 사람의 수가 적지 않고 이들의 보호가 필요하다는 점을 인정한다면, 결국 국가가 나서서 이 문제를 해결할 수밖에 없을 것이다. 후견을 위한 전문국가기관을 설치하고, 전문후견인을 양성하여 이들로 하여금 후견인의 임무를 수행하게 한다면, 후견인으로 적합한 사람을 구하지 못하여 법원에서 후견인을 선임하지 못하는 곤혹스런 상황을 타개할 수 있을 것이다. 이런 경우 국가기관이 후견인이 되고, 국가기관에 속한 전문후견인은 후견인의 임무를 위임받아 후견인으로서의 역할을 하게 될 것이다.

〈2009년 11월 27일 가정위탁정책세미나 「가정위탁보호아동의 권리와 복지를 위한 대안」에서 발표〉

제 2 장

혼인의 해소

8. 이혼법의 역사적 전개 - 한국과 독일의 경우를 비교하여 -
9. 사실혼의 해소와 재산분할청구

8. 이혼법의 역사적 전개

- 한국과 독일의 경우를 비교하여 -

I 들어가는 말

이혼법은 그 사회를 지배하는 시대정신과 사회구조를 반영한다. 독일에서는 가톨릭의 영향 하에 있었던 중세부터 종교개혁 이전까지는 이혼이 허용되지 않았다. 이는 '혼인은 해소될 수 없다'는 당시의 종교적 혼인관을 그대로 반영하는 것이다. 종교개혁 이후 계몽사상의 보급에 의하여 혼인을 당사자 사이의 계약으로 보는 세속적 혼인관이 등장하면서 이혼법도 크게 변화하였다. 파탄주의와 합의에 의한 이혼을 인정한 1794년 프로이센일반란트법의 이혼규정은 이러한 변화를 반영하는 대표적인 예라고 할 수 있다. 19세기에 들어와 다시 기독교적 혼인관이 부활하면서 그 영향을 받아 제정된 독일민법전의 이혼규정은 파탄주의와 합의에 의한 이혼을 배제하고 엄격한 유책주의를 취하였다. 독일민법 제정 이후 이혼법에 대해서는 많은 개정논의가 있었으며, 이는 1938년 이혼법으로 귀결되었다. 1938년 이혼법을 통하여 나치정권은 인구정책적 차원에서 다시 파탄주의를 도입하였으나, 종전 이후 기독교의 영향력이 강화되면서 파탄주의 이혼법은 다시 쇠퇴하였다. 그러나 1960년대와 70년대에 걸쳐 사회구조와 시민의식이 변화하면서 유책주의 이혼법은 더 이상 규범으로서의 기능을 유지할 수 없게 되었다. 그 결과 1976년 이혼법 개정은 유책주의를 포기하고 파탄주의를 전면적으로 도입하였는데, 이는 그 당시의 시대정신과 사회구조를 반영한 것으로 보아야 한다.

우리나라에서의 이혼법의 변천을 보면, 유교적 예제가 널리 보급되기 이전인 고려시대까지는 이혼과 재혼이 비교적 자유로웠던 것으로 전해진다. 그러나 조선시대에 들어와 국가정책적으로 성리학과 종법제가 보급되기 시작하면서 여성의 지위가 크게 저하되었으며, 그 결과 일정한 사유가 있는 경우 처를 축출하는 방식으로 이혼이 이루어지게 되었다. 일제 강점기에 일제는 일본명치민법의 이혼제도를 우리나라에 이식하였고, 이혼제도는 재판상 이혼과 협의상 이혼으로 이원화되었다. 재판상 이혼에 있어서는 엄격한 유책주의 원리가 지배하여 이혼이 제한되었던 반면, 협의이혼에 있어서는 당사자의 합의만 있으면 이혼이 가능하도록 하여 이혼의 자유가 무제한 인정되었다. 해방 이후 제정된 민법도 재판상 이혼제도와 협의상 이혼제도를 두었는데, 재판상 이혼원인에 있어서는 기본적으로 유책주의를 취하면서도 파탄주의적 요소를 추가하여 일제 강점기의 재판상 이혼원인과 차별을 시도하였다. 반면에 협의이혼에 있어서는 일제 강점기의 협의이혼제도를 그대로 답습하여 당사자의 합의만 있으면 이혼이 가능하도록 하였다. 민법전 제정을 전후하여 우리사회에서는 협의이혼제도의 문제점을 지적하고 이를 개선하려는 논의가 이어져 왔다. 또한 파탄주의 이혼법의 확대여부와 관련해서도 적지 않은 견해가 제출되었다.

아래에서는 우선 한국과 독일의 이혼법이 어떠한 역사적 배경 하에서 변천되어 왔는가를 살펴보려고 한다. 이어서 두 나라의 경험을 비교, 분석하면서 우리이혼제도의 문제점과 앞으로의 개정방향을 전망해 본다.

Ⅱ 독일이혼법에 대한 역사적 고찰

중세 이후 독일에서는 가톨릭교회의 영향 아래 "혼인은 해소될 수 없다"는 원칙(婚姻非解消의 원칙)이 지배하고 있었다.[1] 그러나 종교개혁에 의하여 가톨릭의 혼인관은 부정되기 시작하였으며, 그 결과 혼인비해소의 원칙도 포기되지 않을 수 없었다.[2] 종교개혁 이후 이혼의 가능성이 열리고 이혼원인에 대한 논의도 시작되었으나, 여기에는 명확한 한계가 있었으며, 개신교 지역에서도 이혼은 제한적으로만 인정되었을 뿐이다. 그 후, 계몽사상의 보급에 의하여 혼인을 당사자 사이의 계약으로 파악하는 '세속적인 혼인관'(기독교적 혼인관에 대립되는 개념으로 이해한다)이 등장하였고,[3] 이는 자유주의에 기초한 이혼법의 탄생에 결정적인 계기를 제공하였다. 1794년의 프로이센일반란트법[4]의 이혼규정은 이러한 역사적 배경에서 출현하였다.

1. 독일민법 시행 이전 - 1794년 프로이센일반란트법의 이혼규정을 중심으로 -

프로이센일반란트법의 이혼규정은 계몽사상의 영향을 받아 이혼을 폭넓게 인정

1) Mikat, Rechtsgeschichtliche und rechtspolitische Erwägungen zum Zerrüttungsprinzip, FamRZ 1962, 81ff.

2) Müller-Freienfels, Ehe und Recht(1962), S. 18ff.

3) Schwab, Grundlage und Gestalt der staatlichen Ehegesetzgebung in der Neuzeit(1967), S. 172ff; Hesse, Evangelisches Ehescheidungsrecht in Deutschland(1960), S. 73ff.

4) Das preußische Allgemeine Landrecht von 1794.

하는 태도를 취하였다.[5] 프로이센일반란트법 제716조 제2항 제1호에 의하면, 자녀가 없는 부부는 합의에 의하여 이혼할 수 있었다("다만 그 합의가 경솔하거나 성급하거나 강요된 경우에는 그러하지 아니하다"는 단서가 있었다). 이 규정은 프로이센일반란트법이 취하고 있었던 혼인관 -"혼인의 주된 목적은 자녀를 출산하고 양육하는 것이다" -과 밀접한 관련이 있었다.

당사자의 합의에 의한 이혼가능성을 인정한 것 외에도 프로이센일반란트법은 파탄주의에 입각한 이혼원인에 대하여 규정하고 있었다. 즉, 프로이센일반란트법 제718조의 a 제2항 제1호는 부부 사이의 반감이 너무 강하여 화해의 가능성이 없는 경우에는 판사가 이혼을 허용할 수 있다고 규정하고 있었다.

또한 프로이센일반란트법은 유책주의 이혼원인(간통, 악의의 유기)뿐만 아니라 무책주의 이혼원인(악질, 정신병 등)에 대해서도 규정하고 있었다.

그러나 이 시기에 독일 대부분의 지역에서는 이혼을 엄격하게 제한하는 이혼법이 시행되고 있었으며, 1815년을 고비로 하여 프로이센에서도 이혼법에 대한 강한 비판이 제기되었다. 이어서 19세기 중반 프로이센에서는 이혼을 엄격하게 제한하는 방향으로 이혼법을 개정하자는 논의가 시작되었다. 이와 같은 개정논의의 저변에는 '기독교적 혼인관으로의 회귀' 와 더불어 '혼인은 당사자가 사적으로 처분할 수 없는 제도' 라는 사고가 깔려 있었다. 이러한 혼인관을 주장하고 전파한 대표적인 학자는 사비니였다.[6] 사비니의 혼인관은 독일민법 초안의 심의과정에 지대한 영향을 미쳤다. 1887년 독일민법 초안의 작성자들은 사비니의 혼인관에 따른다는 점을 분명히 하였으며,[7] 그 결과 다음과 같은 기본적인 관점이 정립되었다: 독일민족의 기독교적 세계관에 따라 혼인은 부부 당사자의 의사와는 독립된 윤리적 · 법적 질서로 본다. 여기서는 개인의 자유라는 원칙이 지배할 수 없다. 혼인은 그 개념과 본질에 비추어 볼 때 해소될 수 없는 것이며, 따라서 이혼은 항상 비정상적인 것이다.[8]

이러한 혼인관에 기초하여 만들어진 독일민법 초안은 유책주의 이혼원인만을 규정하고 있었다. 프로이센일반란트법에 규정되어 있었던 무책주의 이혼원인들(정신병, 합의에 기초한 이혼 등)은 모두 배제되었으며, 그 후에 정신병에 의한 이혼만이 가까스

---

5) 프로이센일반란트법이 이혼을 폭넓게 인정하는 태도를 취했던 또 하나의 이유는 인구정책과 관련이 있었다. 당시 프로이센은 병력의 부족현상을 타개하기 위하여 고민하고 있었다. 따라서 자녀를 출산할 가망이 없을 정도로 파탄된 부부관계는 해소를 허용하고, 재혼하여 자녀를 출산하도록 유도한다는 방침을 세우고 있었다. Weber-Will, Die rechtliche Stellung der Frau im Privatrecht des preußischen Allgemeinen Landrecht von 1794(1983), S. 135ff.

6) Buchholz, Savignys Stellungnahme zum Ehe-und Familienrecht, in: Ius commune, Bd. VIII(1979), S. 165ff; Dörner, Industrialisierung un Familienrecht(1974), S. 82ff.

7) Motive IV, S. 562ff.

8) Motive IV, S. 563ff.

로 의회에서 통과되어 이혼원인으로 포함되었다.[9)]

1900년부터 시행된 독일민법은 유책주의에 기초하여 세 가지 절대적 이혼원인[10)](간통,[11)] 배우자에 대한 살인미수,[12)] 1년 이상 지속된 악의의 유기[13)])을 규정하고 있었는데, 이러한 이혼원인들은 혼인의무 위반에 대한 제재의 성격을 갖는 것이다. 이외에도 독일민법은 상대적 이혼원인[14)]을 규정하고 있었는데, 이 경우에는 상대방의 유책사유가 증명되어도 판사가 혼인관계의 파탄에 대해서 확신을 가지는 때에만 이혼이 허용되었다.

1900년 독일민법은 당사자의 합의에 의한 이혼가능성을 배제하였는데, 이 또한 사비니의 영향에 의한 것이라고 볼 수 있다. 1842년 이래 프로이센에서 나온 이혼법 개정안은 모두 합의에 의한 이혼을 배제하였는데, 그 이유는 합의에 의한 이혼이 "혼인의 본질[15)]"과 맞지 않는다는 것이었다.

2. 독일민법 시행 이후

위에서 본 바와 같이, 1900년 독일민법의 이혼규정은 엄격한 유책주의에 기초하고 있었다(그 유일한 예외가 정신병에 의한 이혼이었다). 그러나 이러한 독일민법의 태도에 대해서 비판이 시작되기까지는 오랜 시간이 필요하지 않았으며, 이러한 비판은 제1차 세계대전의 종전 후 상당한 호응을 얻게 되었다.[16)] 이미 1921년에 법무부가 이혼법 개정작업에 착수하였으며, 바이마르공화국의 여러 정당들이 파탄주의에 입각한 이혼법 개정안을 제출하였다.[17)] 그러나 당시의 이혼법 개정운동은 가톨릭계열 정당의 반대에 의하여 모두 좌절되었으며, 바이마르공화국 말기에 이르기까지 아무런 성과를 거두지 못했다.

그 후 등장한 나치정권은 1934년 오스트리아와의 병합을 계기로 이혼법 개정을 추진하기 시작하였다.[18)] 그 결과 탄생한 1938년 혼인법[19)]은 여전히 유책주의의 기조

---

9) Dritte Beratung im Plenum des Reichstags, 118. Sitzung, Mugdan IV, S. 1414.

10) 이러한 이혼사유가 증명되면, 판사의 재량이 개입할 여지없이 무조건 이혼이 허용된다는 의미에서 '절대적' 이혼원인이라고 한다.

11) 1900년 독일민법 제1565조 제1항.

12) 1900년 독일민법 제1566조.

13) 1900년 독일민법 제1567조.

14) 1900년 독일민법 제1444조, 1445조.

15) 혼인은 부부가 임의로 처분할 수 없는 제도라고 보았으므로, 부부가 합의에 의하여 혼인을 해소시킨다는 것은 혼인의 본질에 배치된다고 생각했던 것이다. Motive IV, S. 569.

16) Wolf/Lüke/Hax, Scheidung und Scheidungsrecht. Grundfragen der Ehescheidung in Deutschland(1959), S. 73ff.

17) 바이마르공화국 시대의 이혼법 개정운동에 관하여는 Blasius, Ehescheidung in Deutschland 1794-1945: Scheidung und Scheidungsrecht in historischer Perspektive(1987), S. 164ff.

위에 서있었으나, 몇 가지 파탄주의 이혼원인을 새로 도입하였다. 그 중 중요한 것은 1938년 혼인법 제55조 규정인데, 이에 의하면, 부부가 3년 이상 별거하여 혼인공동체가 더 이상 존재하지 않고, 혼인의 본질에 맞는 생활공동체의 회복이 기대되지 않는 경우에는 부부의 일방이 이혼을 청구할 수 있었다. 다만, 이혼을 청구한 자가 혼인관계의 파탄에 주된 책임이 있는 배우자인 경우에는 상대방 배우자는 이혼에 반대하는 의사를 표시할 수 있었다.[20] 그러나 혼인의 본질과 부부 쌍방의 태도를 종합적으로 고려해 볼 때, 혼인의 유지가 윤리적으로 정당화될 수 없을 때에는 상대방 배우자의 항변은 고려되지 않았다.[21] 실제로 무책배우자의 항변은 당시 법원에서 거의 고려되지 않았는데,[22] 그 이유는 나치정권의 인구정책과 밀접한 관련이 있었다.[23] 이미 파탄된 부부관계에서는 자녀가 태어날 가망이 없으므로, 이혼을 허용한 후 재혼하도록 하여 자녀를 출산하게 하는 것이 인구증가에 도움이 된다는 것이 나치정권의 판단이었다. 이외에도 1938년 혼인법에는 나치정권의 인종 · 인구정책적 요소가 포함되어 있었는데, 그 대표적인 예는 불임[24]과 임신거부[25]를 이혼원인으로 규정한 것이다.

제2차 세계대전이 끝난 후 1946년에 연합국은 1938년 혼인법 중에서 나치 이데올로기에 기반한 조항들을 삭제한 후 나머지 부분은 거의 그대로 존속시켰다. 1938년 혼인법 제55조 제2항 규정은 1946년 혼인법 제48조로 위치가 변경되었으나, 그 내용은 그대로 유지되었다. 그러나 재판실무에서 이 조항을 다루는 태도에는 큰 변화가 있었다. 위에서 언급한 바와 같이, 나치정권 하에서는 유책배우자가 혼인관계의 파탄을 이유로 이혼청구를 한 경우 법원이 무책배우자의 항변을 거의 고려하지 않았으나, 종전(終戰) 이후의 법원은 이와 반대로 무책배우자의 항변이 있는 경우 유책배우자의 이혼청구를 기각하였다.[26] 그 결과 혼인관계가 회복될 수 없을 정도로 완전히 파탄된 경우에도 무책배우자가 이혼에 동의하지 않는 경우에는 이혼이 성립될 수 없었다. 법원의 이와 같은 태도변화는 전후 독일사회에서 교회의 영향력이 확대된 것과 관련이 있었다. 교회는 다른 사회단체와 비교해 볼 때, 나치정권 하에서 상대적으로

---

18) 독일과 오스트리아의 상이한 이혼법 규정을 통일할 필요가 있었기 때문이다.

19) Ehegesetz von 1938. 1938년 혼인법의 제정에 의하여 이혼법은 민법전에서 분리되어 혼인법 제47조 이하에 규정되었다. 1938년 혼인법에 대하여는 Ramm, Eherecht und Nationalsozialismus, in: Klassenjustiz und Pluralismus, Festschrift für Fraenkel zum 75. Geburtstag(1973), S. 151ff.

20) 1938년 혼인법 제55조 제2항 1문.

21) 1938년 혼인법 제55조 제2항 2문.

22) RGZ 160, 147.

23) Lüthers, Die unbegrenzte Auslegung. Zum Wandel der Privatrechtsordnung im Nationalsozialismus(3.Aufl., 1988), S. 404ff.

24) 1938년 혼인법 제53조.

25) 1938년 혼인법 제48조.

26) Wolf/Lüke/Hax(각주 16), S. 310ff; BGHZ 1, 356.

안정된 태도를 유지하였으며, 부분적으로는 나치정권에 저항하는 모습을 보여주었기 때문에 전후 독일사회에서 자신의 권위를 높일 수 있었다. 이러한 사회분위기에 힘입어 교회는 전후 독일사회에서 문화, 교육, 가족정책 등의 분야에 있어서 상당한 영향력을 행사하였다.[27)]

1961년 법개정[28)]을 통하여 이러한 판례의 태도는 명문으로 규정되었다. 개정된 1946년 혼인법 제48조 제2항에 의하면, 혼인관계의 파탄에 주된 책임이 있는 배우자가 이혼을 청구한 경우에 상대방 배우자가 반대의 의사를 표시하면 이혼은 허용되지 않는다. 다만, 상대방 배우자에게 혼인을 계속할 의사가 없는 때에는 이러한 항변은 고려되지 않았다.

그러나 유책주의 이혼법을 강화하려는 판례와 의회의 태도는 그 후 오래 지속되지 못하였다. 전후 독일사회의 변화 속에서 유책주의 이혼법은 근간이 흔들리기 시작했다. 1950년대에는 이혼원인 중에서 혼인법 제48조가 차지하는 비율이 전체의 약 10% 수준이었는데, 이 비율은 60년대에 5%로 줄었고, 70년대에는 다시 3%대로 떨어졌다. 반면에 간통,[29)] 심각한 혼인의무 위반[30)]이 이혼원인 중에서 차지하는 비율은 계속 증가하여 1976년에는 약 97%에 이르렀다.[31)] 전체 이혼 중에서 파탄주의 이혼원인이 차지하는 비율은 감소한 반면, 유책주의 이혼원인이 차지하는 비율이 증가한 주된 이유는 이혼을 하려는 부부가 사전에 합의하여 유책사유가 있다고 법원에서 거짓으로 진술하는 데 있었다. 유책사유 없이 혼인관계가 파탄된 경우에 부부가 이혼하려면, 혼인법 제48조에 의하여 3년간 별거할 것이 요구되는데, 이혼을 원하는 대다수의 부부들은 3년의 별거를 거치지 않고 더 빨리 이혼할 수 있는 길을 찾았다. 부부가 서로 합의하여 부부의 일방은 상대방의 간통사실을 주장하고, 상대방은 이를 인정하면 3년간의 별거를 거치지 않고도 쉽게 이혼을 할 수 있었다.[32)] 이와 같이 변화한 사회현실에서 유책주의에 기초한 이혼법은 더 이상 규범으로서의 기능을 유지할 수 없었다.

1976년의 이혼법 개정은 이러한 현실인식에 기초하여 법과 사회현실의 괴리를 극복하고, 법에 대한 신뢰의 회복을 그 목표로 하였다. 그 결과 1976년 이혼법[33)]은 유책주의를 포기하고 파탄주의를 전면적으로 도입하였다. 이러한 사회현실의 변화 외에도 1976년 이혼법이 유책주의를 포기한 또 다른 이유는 다음과 같이 설명되었

27) Zeidler, Ehe und Familie, in: Benda/Maihofer/Vogel(Hrsg.), Handbuch des Verfassungsrechts der BRD(1983), S. 560f.

28) Familienrechtsänderungsgesetz 1961.

29) 1946년 혼인법 제42조.

30) 1946년 혼인법 제43조.

31) Statistisches Jahrbuch für BRD(1978), S. 75.

32) 당시 전체 이혼의 약 80-90%는 이처럼 당사자가 사전에 합의하여 유책사유가 있는 것으로 꾸민 것에 의해서 이루어졌다고 한다. Giesen, Aktuelle Probleme einer Reform des Scheidungsrechts(1971), S. 7f.

다: 유책주의 이혼법 하에서는 일방 배우자는 이혼소송에서 친권, 부양청구권 등과 관련하여 유리한 결과를 이끌어내기 위한 방편으로 상대방 배우자를 최대한 공격할 수밖에 없는데, 이와 같은 당사자의 대립구조는 이혼의 결과에 관한 적절한 합의의 도출을 불가능하게 한다.[34] 또한 유책주의 이혼법 하에서는 유책사유의 존부를 판단하기 위하여 법원이 부부 개인의 사생활을 조사해야 한다는 문제가 있는데, 파탄주의 이혼법을 도입하면 혼인파탄의 사실만 확인하면 충분하므로 이혼을 하려는 부부도 개인의 사생활을 드러낼 필요가 없다는 것이 장점으로 부각되었다.[35]

1976년 이혼법은 혼인의 파탄을 유일한 이혼원인으로 규정하였으며,[36] 혼인파탄의 사실을 용이하게 확인할 수 있는 기준으로서 일정한 기간의 별거를 규정하였다. 즉, 부부가 1년간 별거하고 이혼에 합의한 경우에는 혼인의 파탄이 추정되어 이혼이 허용된다.[37] 또한 부부가 3년간 별거한 때에는 혼인의 파탄이 추정되어 이혼이 허용된다.[38] 그러므로 유책배우자도 3년간의 별거기간이 경과한 후에는 언제든지 상대방 배우자(무책배우자)에 대하여 이혼청구를 할 수 있으며, 이러한 경우에도 혼인관계는 파탄된 것으로 보아서 이혼청구가 인용된다. 무책배우자가 이혼에 반대한다고 해도 이는 원칙적으로 고려되지 않는다. 다만, 예외적으로 자녀의 복리를 위하여 혼인의 유지가 필요하다고 인정되는 경우[39] 또는 이혼이 피청구인(이혼을 반대하는 배우자)에게 가혹한 결과가 되리라고 예상되는 때[40]에는 이혼이 허용되지 않는다.[41]

1976년 이혼법 개정에 의하여 독일이혼법은 유책주의에서 파탄주의로 이행하였으며,[42] 이러한 상태는 오늘날까지 지속되고 있다.

---

33) 1. Eherechtsreformgesetz vom 14.7.1976. 1976년 이혼법은 1977년 7월 1일부터 시행되었다. 그리고 이혼에 관한 규정은 다시 민법에 편입되어 민법 제1564조 이하에 위치하게 되었다.

34) Giesen(각주 32), S. 8f.

35) Neuhaus, Ehe und Kindschaft in rechtsvergleichender Sicht(1979), S. 179ff.

36) 독일민법 제1565조 제1항.

37) 독일민법 제1566조 제1항. 여기서의 이혼에 대한 합의란 구체적으로 다음과 같은 형식으로 나타난다. 즉, 부부 쌍방이 각자 이혼을 청구하거나 부부의 일방이 이혼을 청구하고 다른 일방(피청구인)이 이혼에 동의하는 경우이다.

38) 독일민법 제1566조 제2항.

39) 이 규정에 의해서 이혼청구를 기각하는 사례는 실제로 거의 없다. OLG Hamburg FamRZ 1986, 469f. 판결은 부모가 이혼하는 경우 자녀가 자살할 가능성이 높다는 전문가의 감정에 근거하여 이혼청구를 기각한 바 있다.

40) BVerfGE 55, 134: 피청구인인 처가 암에 걸려 있으며, 자살의 위험이 있는 경우; BGH, NJW 1979, 1042: 피청구인인 처는 36년간 지속된 혼인기간 동안 가족을 위하여 헌신해왔고, 이혼소송 중 아들이 사망한 경우; OLG Karlruhe, FamRZ 1979, 512: 피청구인인 처가 암에 결려 있는 상태에서 여명이 1년 남짓 밖에 남아 있지 않은 경우; KG, FamRZ 1983, 1133: 혼인기간이 30년이고, 피청구인인 처는 중증 장애인인데, 이혼 시 자살의 위험이 있는 경우; OLG Hamm, FamRZ 1985, 189: 피청구인인 처가 오랜 기간 장애인인 아들을 돌보아 온 경우.

41) 독일민법 제1568조.

42) Gernhuber, Familienrecht(3.Aufl., 1980), S. 266. 물론 독일민법에서 유책주의적 요소가 완전히 사

III 한국이혼법에 대한 역사적 고찰 - 파탄주의 이혼원인과 협의이혼제도를 중심으로

기독교가 지배한 중세 유럽에서 이혼이 허용되지 않았던 것과는 달리 우리나라에서는 고대나 고려시대에는 이혼과 재혼이 상대적으로 자유로웠다.[43] 부부가 합의한 경우나 부부 중 일방이 부부의 도리를 저버린 경우에는 이혼이 가능하였다. 이는 조선시대에 여성의 재혼이 금지되고 수절이 강요되었던 것과는 대조적인 양상이다. 조선시대에 들어와 성리학과 종법제가 보급되기 시작하면서 여성의 지위는 크게 저하되었으며, 소위 칠거지악(七去之惡)[44]에 의하여 일방적으로 처를 축출하는 것이 가능하게 되었다. 물론 이에 대한 예외로서 삼불거(三不去)[45]라는 것이 있었는데, 칠거에 해당되더라도 삼불거의 사유가 있으면 처를 축출할 수 없었다.[46] 그러나 실제로 조선시대에 양반층에서는 이혼이 거의 이루어지지 않았는데, 그 이유는 나라에서 이혼을 억제했기 때문이었다.[47] 이외에 서민층에서 일종의 협의이혼으로서 사정파의(事情罷議: 부부쌍방이 이혼을 원하는 경우에 부부가 그 사정을 이야기하고 이별인사를 하여 서로 응낙하는 방식으로 이혼이 이루어진다)라는 관습이 있었으나, 실제에 있어서는 남편에 의한 일방적인 기처(棄妻)에 지나지 않았다.[48]

1. 일제 강점기

(1) 재판상 이혼

일제는 우리나라를 강점한 후 1912년 3월 18일 제령(制令) 제7호로 조선민사령을

라진 것은 아니다. 예를 들면 이혼 후의 부양청구와 관련하여, 부양권리자가 부양의무자에게 고의의 범죄행위를 한 경우에는 부양청구권이 부인되거나 청구금액이 감축될 수 있다(독일민법 제1579조 참조).

43) 정형지, 우리나라 여성들은 어떻게 살았을까 1(1999), 73면; 고려시대에는 왕의 부인 중에도 재혼녀가 있었다. 충숙왕비인 수비권씨는 전형이라는 사람과 이혼하고 왕비가 되었으며, 충렬왕의 세 번째 부인인 숙창원비도 과부였는데, 왕과 재혼하였다. 정진영, 우리전통문화의 이해(2002), 23면 이하.

44) 시부모에게 불순한 것, 아들을 낳지 못하는 것, 음란한 행위를 하는 것, 질투가 심한 것, 나쁜 질병이 있는 것, 남을 험담하여 구설수에 오르는 것, 도둑질을 하는 것.

45) 갈 곳이 없는 경우, 시부모 상(喪)을 함께 치른 경우, 조강지처(糟糠之妻.)

46) 물론 삼불거에 해당하는 경우에도 나쁜 병에 걸렸다거나 간통을 한 경우, 시부모에 대하여 불효를 한 때에는 처를 축출하는 것이 가능했다.

47) 조선시대에 나라가 이혼을 억제한 이유는 정절이데올로기와 관련이 있다. 남편의 사망 후에도 정절을 지키게 하려면 재혼을 금지할 수밖에 없었는데, 재혼이 금지된 사회에서 이혼한 여성은 사회적으로 큰 문제가 되기 때문이다(예를 들면, 누가 이들을 부양할 것인가). 또한 양반층에 있어서의 혼인이란 가문과 가문의 결합이었기 때문에 가문에 수치가 될 수 있는 이혼을 피하려는 경향이 있었다. 정진영(각주 43), 31면.

48) 정광현, 한국가족법연구(1967), 99면; 김두헌, 한국가족제도연구(1969), 524면; 이태영, 한국이혼연구(1969), 7면.

공포하였는데, 그 11호에 의하면, 친족·상속에 관하여는 일본민법을 의용하지 않고 조선의 관습에 의하도록 되어 있었다. 따라서 이에 의하면, 이혼에 관하여는 조선의 관습에 의하여 재판을 하도록 되어 있었으나, 실제에 있어서는 일본민법의 이혼에 관한 규정이 거의 그대로 적용되었다.[49] 그 후 일제는 조선민사령 제11조 제2차 개정을 통해 1923년 7월 1일부터 재판상 이혼에 관한 일본민법규정을 직접 우리나라에 적용하기 시작하였다.[50] 당시 일본민법(1898년 명치민법)은 다음과 같은 사유를 이혼원인으로 규정하고 있었다.[51]

i) 배우자의 중혼(제813조 제1호)

ii) 배우자의 간통. 남편은 처의 간통을 이유로 하여 이혼을 청구할 수 있었으나(제813조 제2호), 처는 남편이 간통했다는 사실만으로는 이혼청구를 할 수 없었으며, 남편이 간음죄로 처벌된 때[52]에 한하여 이혼을 청구할 수 있었다(제813조 제3호).

iii) 배우자의 처형(제813조 제4호). 배우자가 절도, 강도, 사기죄 등으로 벌금형 이상에 처하여졌을 때 다른 일방 배우자는 이혼을 청구할 수 있었다.

iv) 배우자에 대한 동거할 수 없을 정도의 학대나 중대한 모욕(제813조 제5호)

v) 배우자로부터 악의의 유기를 당한 경우(제813조 제6호)

vi) 배우자의 직계존속으로부터의 학대나 중대한 모욕(제813조 제7호)

vii) 배우자의 직계존속에 대한 학대나 중대한 모욕(제813조 제8호)

viii) 배우자의 생사가 3년 이상 불분명한 때(제813조 제9호)

이상에서 본 바와 같이 당시 일본민법의 재판상 이혼원인은 유책주의에 기반하고 있었으며, 가부장적 성격을 강하게 나타내고 있었다.

(2) 협의상 이혼

일제는 처음에는 협의이혼의 관습을 인정하지 않았으나(1914년 4월 9일자 정무총감 회답), 1년 후에 입장을 번복하여 조선에 협의이혼의 관습이 있다고 하였다(1915년 4월 19일자 정무총감 회답).[53] 그 후 일제는 1922년에 조선민사령을 개정하여(제령 13호) 제11조 제2항에 "협의이혼은 이를 시장·구청장 또는 읍·면장에게 신고함으로써 그 효력이 생긴다"는 규정을 추가하였으며, 이에 따라 1923년 7월 1일부터 우리나라에서 협의이혼제도가 시행되었다. 일제는 협의이혼제도가 조선의 관습에 의한 것

49) 김주수, 혼인법연구(1969), 166면; 이태영(각주 48), 8면.

50) 이승일, 일제시대 친족관습의 변화와 조선민사령 개정에 관한 연구, 한국학논집 제33집(1999), 174면.

51) 자세한 내용은 정광현(각주 48), 104면 이하 참조.

52) 남편이 유부녀와의 간통이나 강간죄로 처벌된 경우에 한하여 처가 이혼을 청구할 수 있었다는 의미이다. 정광현(각주 48), 105면.

53) 이승일(각주 50), 176면 이하.

이라는 태도를 취하였으나, 실제로 이 제도는 당시 일본민법의 규정(제808조)과 동일한 것으로서 관습을 가장하여 일본민법을 이식한 것이라고 보는 것이 사실에 부합한다(사실 일제는 많은 일본민법규정을 조선의 관습이라고 왜곡하여 우리나라에 강제로 이식하였다. 호주제도 그 예의 하나이다).[54] 따라서 일제 강점기에 우리나라에서 관습이라는 명목으로 시행된 협의이혼제도의 본질을 이해하기 위해서는 일본명치민법의 협의이혼제도에 대해서 살펴볼 필요가 있다.

일본은 1898년 민법전 제정 당시 협의이혼제도를 창안하였다. 즉, 일본의 협의이혼제도는 일본의 전통도 아니고, 외국법을 계수한 것도 아니며, 당시 입법자의 창안에 의한 것이었다.[55] 그 이전에 일본에서는 남편이 처를 강제로 축출하는 방식으로 이혼이 행하여졌으며, 처가 남편에 대하여 이혼을 청구하는 것은 허용되지 않았다. 즉, 명치유신 전까지 일본에서는 '축출이혼'이 행하여 졌을 뿐이다.[56]

남편의 전권에 의한 '축출이혼'이 행하여졌던 일본이 민법전 제정 당시에 협의이혼제도를 창안한 이유는, 부부의 자유로운 협의에 따른 이혼이라는 미명 하에 실제로는 봉건시대와 다름없이 남편에 의한 축출이혼을 가능하게 하려는 데 있었다고 볼 수 있다. 이에 대하여 일본의 학자들은 다음과 같은 문제를 제기한 바 있다. 예를 들면 黑木三郎은 "우리나라에 있어서와 같이, 반봉건적 아세아적 가족제도의식이 농후한 경우에는 자유이혼제는 도리어 강자 즉, 남자의 일방적인 의사에 의한 축출이혼을 합법화시키는 작용을 하는 경우가 많다. 따라서 여성의 지위를 남성과 대등하게 높이고, 여성해방이 사회적으로 이루어져 있는 조건에서 협의이혼제를 인정하는 것이 '이혼의 자유'를 위하여 바람직한 것이며, 그때까지는 재판이혼제를 취하는 것이 바람직하다"라고 하였다.[57] 또한 靑山道夫는 "우리나라에 있어서의 이제까지의 실태를 보면, 협의이혼의 자유는 남편의 자유이기는 해도 처의 자유는 아니었다는 것을 실증하고 있다고 해도 지나친 말이 아니다"라고 하였다.[58] 이를 실증하는 사례로서 湯澤

---

54) 김주수(각주 49), 159면. 일제당국은 조선시대에 서민층에서 사정파의가 행하여졌다는 사실을 근거로 하여 협의이혼의 관습이 있었다고 인정한 것으로 보인다. 그러나 사정파의에서 부부의 합의란 명목에 지나지 않았으며, 실제로는 남편의 일방적 의사에 의한 기처(棄妻)가 행하여졌을 뿐이다. 따라서 조선시대에 실질적인 의미에서의 협의이혼이 시행되고 있었다고는 볼 수 없다. 일제는 우리나라에 일본민법상의 협의이혼제도를 도입하면서, 이는 일본민법의 규정을 가져오는 것이 아니라 조선의 관습을 따르는 것이라는 태도를 취했으나, 실제로는 일본민법을 적용하기 위하여 겉으로만 관습을 내세운 것에 지나지 않았다. 일제는 친족·상속 분야에 있어서는 한국인들의 감정을 무마하기 위하여 조선의 관습에 의한다는 태도를 취하였으나, 실제로는 일본민법규정을 조선의 관습이라고 왜곡하는 방식으로 친족·상속 분야에 있어서도 일본민법규정을 이식하였다.

55) 原田慶吉, 日本民法典の史的素描(1954), 138면.

56) 穗積重遠. 親族法(1933), 364면 이하; 高柳眞三, 明治民法以前の離婚法. 家族問題와 家族法 III(1958), 118면 이하.

57) 黑木三郎, 家族法提要(1959), 72면.

58) 靑山道夫, 改訂家族法論 I(1971), 121면.

擁彦은 "현실적으로는, 강박을 받아 이혼이 되는 경우(축출이혼), 일방이 전혀 알지 못하는 사이에 서명 날인을 위조한 이혼신고가 되는 경우(부지중의 이혼), 이혼의 의사나 사실이 없는데 형식상으로만 이혼하는 경우(가장이혼) 등의 사례가 적지 않게 있다"고 지적하고 있다.[59]

협의이혼제도는 부부의 실질적 평등, 특히 법적 · 경제적 · 사회적 평등을 전제로 해서만 제대로 실행될 수 있는 제도인데,[60] 19세기 명치민법을 제정할 당시 일본 사회의 분위기는 이와 거리가 멀었다. 이는 당시 일본민법이 취한 가부장적 태도를 보아도 쉽게 알 수 있다. 당시 일본민법은 호주제, 장남에 의한 독점상속, 처의 무능력자 제도 등을 규정하고 있었다. 뿐만 아니라 위에서 본 바와 같이, 남편의 간통은 재판상 이혼사유가 되지 않는 반면, 아내의 간통은 이혼원인이 되었다. 이혼 후에는 물론 혼인 중에도 부(父)만이 자녀의 친권자가 되었으며, 모는 친권자가 될 수 없었다. 이와 같이 가부장적 · 권위주의적 기조 위에서 성립한 당시 일본민법이 협의이혼제도와 같은 부부평등 · 자유주의에 기초한 제도를 둔 것은 형식적인 법규정의 체계만을 놓고 보면 매우 모순된 것처럼 보인다.

그러나 실상을 살펴보면, 당시 일본민법의 협의이혼제도는 가부장적인 의식의 연장선상에서 나온 것임을 알 수 있다. 당시 일본민법의 입법자들은 협의이혼의 경우 이혼절차에 국가(법원)가 전혀 개입하지 않도록 하여 이혼을 당사자 간의 사적인 문제로 방치함으로써, 우월한 지위에 있는 남편이 협의이혼이라는 미명 하에 실제로는 처를 축출하는 관습이 온존될 수 있는 토양을 제공한 것이다.

이러한 사정은 일제 강점기의 우리나라에서도 다르지 않았다. 부부의 실질적인 평등이 실현되어 있지 않았던 당시 사회에서 협의이혼은 남편이 처를 일방적으로 축출하는 수단으로 악용되는 경우가 적지 않았다.

2. 민법전 시행 이후

(1) 재판상 이혼

해방 후 제정된 민법전은 제840조에서 다음과 같은 재판상 이혼원인을 규정하고 있다. i) 배우자의 부정행위(不貞行爲, 제840조 제1호), ii) 악의의 유기(제840조 제2호), iii) 배우자 또는 그 직계존속으로부터 심히 부당한 대우를 받은 경우(제840조 제3호), iv) 자기의 직계존속이 배우자로부터 심히 부당한 대우를 받은 경우(제840조 제4호),

---

59) 湯澤擁彦, 家庭事件の法社會學(1968), 66면.

60) 오늘날 양성평등이 상당히 진전된 외국에서도 우리나라나 일본과 같은 협의이혼제드의 도입을 주저하는 이유 중의 하나는 이러한 제도를 실행할 수 있는 사회적 여건이 아직까지 성숙되지 않았다는 판단에 근거하는 것이다.

v) 3년 이상의 생사불명(제840조 제5호), vi) 기타 혼인을 계속하기 어려운 중대한 사유(제840조 제6호).

이와 같은 재판상 이혼원인은 일제 강점기에 적용된 일본민법상의 재판상 이혼원인과 비교해 볼 때 진일보한 것으로 평가할 수 있다. 이혼원인에 있어서 부부평등이 실현되었으며, 파탄주의에 입각한 규정이 신설되어 다양한 사실관계에 대응할 수 있는 가능성이 넓어졌기 때문이다. 그러나 민법상의 재판상 이혼원인은 여전히 유책주의의 기조 위에 서있다고 볼 수 있다. 제840조 제1호에서 제4호까지의 이혼원인이 유책주의에 기초하고 있으며, 제6호 사유도 몇 가지 예외(예를 들면 불치의 정신병)를 제외하고는 실질적으로 유책주의의 기조에 서있기 때문이다.[61] 이러한 경향은 유책배우자의 이혼청구를 원칙적으로 허용하지 않는 학설[62]과 판례[63]의 태도를 통해서 더욱 분명히 드러난다. 재판상 이혼원인은 이처럼 유책주의에 근거하고 있으므로, 실제로 혼인관계가 완전히 파탄된 경우라 할지라도 당사자의 유책사유가 증명되지 않는다면, 이혼은 원칙적으로 허용되지 않는다. 혼인관계는 반드시 당사자의 유책행위에 의해서만 파탄되는 것은 아니며, 결정적인 유책행위가 없는 경우에도 다양한 경로를 거쳐 파탄에 이를 수 있다. 그러나 이러한 경우에는 당사자 일방에게 혼인관계를 파탄시킨 책임을 물을 수 없으므로, 당사자 사이에 이혼의 합의가 이루어지지 않는다면, 재판을 통한 이혼은 어렵게 된다. 또한 혼인파탄에 주된 책임이 있는 배우자는 상대방 배우자의 의사에 반하여 이혼청구를 할 수 없으므로, 실제로 부부가 별거하여 상당한 기간(예를 들면 10년 이상)이 경과하여도 재판을 통하여 이혼을 하는 것은 불가능하다.

앞으로 파탄주의의 이혼법이 확대될 것으로 전망하는 견해가 있지만,[64] 단기간에 큰 변화는 없을 것으로 예상되며, 유책주의를 파탄주의로 완전히 대체하는 수준의 개정은 없을 것으로 전망된다.

(2) 협의상 이혼

해방 이후 제정된 민법은 위에서 본 조선민사령의 규정을 답습하여(즉, 결과적으로 일본민법전의 규정을 모방하여) 협의이혼제도를 규정하였다. 이에 대해서는 정일형 의원 등 33인의 의원이 수정안을 제출하였으나, 이 수정안은 부결되었다. 이 수정안

61) 민법 제840조 제6호의 성격과 관련된 판례의 태도에 대해서는 이화숙, 이혼원인에 있어 유책주의와 파탄주의, 경원대 법학논총 2호(1995년 4월), 72면 이하 참조.

62) 김주수 · 김상용, 친족 · 상속법(2007), 195면 이하; 유책배우자의 이혼청구를 제한적으로 인정하자는 견해로는 한봉희, 가족법(2007), 161면. 한봉희 교수는 일정한 별거기간이 경과하면, 유 · 무책에 관계없이 이혼을 허용하는 것이 타당하다고 주장한다.

63) 예를 들면, 대판 2004.9.24. 2004므1033.

64) 김주수 · 김상용(각주 62), 170면; 이강원, 이혼법 개정에 대한 소고, 실무연구 X(2005), 592면.

은 협의이혼제도의 문제점을 다음과 같이 지적하였다. 협의이혼제도는 "경제적 · 사회적 강자인 夫가 약자인 처를 일방적으로 축출하는 데에 이용되고 있으며, 합의만 있으면 이유는 고사하고 일시적인 감정으로 인하여 협의이혼신고 일통을 구청장, 시장, 면장에게 제출하면 부부라는 신성하고 중대한 관계는 소멸되고 만다. 서구제국의 협의이혼은 그 절차와 조건을 매우 복잡하게 하고 또 제한하여 경솔하고 일방적 · 강제적인 협의이혼을 방지하고 있으며, 그 중 白耳義(벨기에: 필자주)의 협의이혼절차는 참으로 복잡하다(중략)."[65]

그 후 가사심판법을 제정하기 위하여 마련된 '가정법원설치요강'에서 협의이혼제도의 개정론이 제시되었다. '요강'(16면)은 다음과 같이 보고하고 있다. "전국의 이혼통계를 보면 재판이혼은 협의이혼의 2%에 불과하다. 협의이혼제도어서 협의라는 미명 하에 아내가 하등의 위자료나 자녀의 부양료도 받지 못하고 이혼당하는 경우가 허다하다. 그러므로, 협의이혼 시에는 (중략) 가정법원 또는 거주관할법원의 확인을 받는 제도를 신설하여 약자인 여성의 권리를 보호하여야 한다."

이에 따라 호적법의 제79조의 2로 협의이혼신고의 심사제도가 신설되었다("협의이혼신고는 그 서면의 진정 성립의 여부를 확인한 후에 수리하여야 한다." 이 규정은 1963년 10월 1일부터 시행되었다). 그러나 이 제도만으로는 충분한 실효를 거둘 수가 없었기 때문에 1977년 민법개정을 통하여 협의이혼의사확인제도가 도입되었다. 즉, 협의이혼을 하기 전에 부부가 함께 법원에 출석하여 실제로 이혼의사가 있는지의 여부를 확인받도록 하는 장치가 마련된 것이다(민법 제836조 제1항).

이상에서 본 바와 같이, 현행 협의이혼제도의 모태는 일본민법상의 협의이혼제도에서 찾을 수 있다. 일본민법상의 협의이혼제도가 일제 강점기를 통해서 우리나라에 이식되었으며, 같은 내용의 규정이 해방 후에 제정된 민법전에 자리를 잡은 것이다. 애초에 협의이혼제도가 도입된 목적은 부부의 협의에 따른 자유로운 이혼을 보장하는 것과는 거리가 멀었다. 오히려 협의라는 명목 하에 남편에 의한 일방적인 이혼을 가능하게 하는 수단으로 악용되는 경우가 많았다. 이러한 문제점을 외면할 수 없었기에 1963년과 1977년 두 차례에 걸쳐 협의이혼제도가 부분적으로 수정, 보완된 것이다. 그러나 이 개정은 협의라는 미명 하에 이루어지는 일방적인 축출이혼을 방지하는 데 초점을 두고 있었으므로, 협의이혼에 따른 자녀의 양육문제 등에 대해서는 아무런 해결책을 제시하지 못했다는 한계를 안고 있었다.

현행 협의이혼제도에 의하면, 자녀양육 등 이혼의 결과와 관련하여 실제로 아무런 합의가 없어도 이혼의사만 합치되면 간단하게 이혼할 수 있다. 이와 같은 이혼제

65) 제안자 대표 정일형 민법수정안 16–18면; 정광현, 한국가족법연구(1967) 부록, 123–124면.

도 하에서는 경솔한 이혼이 가능할 뿐 아니라, 사회적 약자인 자녀의 복리가 고려될 수 있는 여지가 없다. 이러한 점에 비추어 볼 때, 협의이혼을 하는 경우 당사자가 이혼의사를 보다 신중하게 결정할 수 있도록 하고, 자녀의 양육에 대해서도 합의를 유도할 수 있도록 하는 제도적 보완이 요구된다. 이러한 취지에서 법무부는 2006년에 협의이혼제도 개정안[66]을 마련하여 국회에 제출하였다. 이어서 법무부 개정안을 소개하고 각 조문에 대하여 해설한다.

제836조의 2(이혼의 절차) ① 협의상 이혼을 하고자 하는 자는 가정법원이 제공하는 이혼에 관한 안내를 받아야 하고, 가정법원은 필요한 경우 당사자에게 전문상담원의 상담을 받을 것을 권고할 수 있다.

② 이혼의사의 확인을 신청한 당사자는 제1항의 안내를 받은 날로부터 다음 각 호에 정해진 기간이 경과하여야 확인을 받을 수 있다.

1. 양육하여야 할 자(포태중인 자를 포함한다)가 있는 경우에는 3개월
2. 제1호에 해당하지 않는 경우에는 1개월

③ 가정법원은 폭력으로 인하여 당사자 일방에게 참을 수 없는 고통이 예상되는 등 이혼을 하여야 할 급박한 사정이 있는 경우에는 제2항에 정하여진 기간을 단축할 수 있다.

④ 제2항 제1호에 해당하는 경우 당사자는 제837조에 의한 자의 양육과 제909조에 제4항에 의한 자의 친권자 결정에 관한 협의서 또는 가정법원의 심판정본을 제출하여야 한다.

해설

제1항: 협의이혼을 신청한 부부(협의이혼의사의 확인을 신청한 부부)는 가정법원이 제공하는 이혼에 관한 안내를 받을 의무가 있다. 이혼에 관한 안내에는 이혼절차, 이혼의 결과(재산분할, 친권, 양육, 양육비, 면접교섭 등), 이혼이 자녀에게 미치는 영향 등 이혼에 관한 전반적 설명이 포함된다. 이와 같은 안내는 이혼을 하려는 부부에 대하여 개별적으로 상담원에 의해서 이루어지는 것이 바람직하다. 이혼에 관한 안내를 하는 과정에서 상담원이 당해 부부에 대하여 본격적인 상담의 필요성이 있다고 판단하는 경우에는 법원은 당해 부부에 대하여 전문상담원(법원 외부의 전문상담기관과 법원에 속한 가사조사관 등을 포함한다)의 상담을 받을 것을 권고할 수 있다. 이는 권고에 그치므로, 당사자인 부부가 법원의 권고에 따라 상담을 받아야 할 의무가 생기는 것

66) 2006년 7월 26일 입법예고된 법무부 민법(친족 · 상속편) 일부 개정 법률안.

은 아니다. 즉, 안내 이외의 상담을 받을 것인지의 여부는 당사자인 부부의 의사에 달려있다. 안내를 받은 부부는 이 날로부터 일정한 기간이 경과한 후에 법원에서 이혼의사의 확인을 받을 수 있다. 그러므로 안내를 받은 날은 이른바 '이혼숙려기간'의 기산점이 된다.

제2항: 법원에서 이혼에 관한 전반적인 안내를 받은 부부는 일정한 기간이 경과한 후에 법원으로부터 이혼의사의 확인을 받을 수 있는데, 그 기간은 미성년의 자녀가 있는가의 여부에 따라 다르다. 즉, 미성년의 자녀가 있는 경우에는 안내를 받은 날로부터 3개월이 지나야 이혼의사의 확인을 받을 수 있다. '양육하여야 할 자(子)'에는 부부의 친생자, 양자가 포함되는 것은 물론이고, 부부일방의 자녀이지만 이제까지 부부가 공동으로 양육하여 온 자녀도 포함된다고 해석하여야 할 것이다. 이 규정은 자녀의 복리를 위하여 신설되는 것이므로, 반드시 부부 공동의 자녀가 아니라고 해도 부모의 이혼으로 인하여 영향을 받게 되는 자녀가 있는 경우에는 적용된다고 해석하는 것이 타당하다. 3개월의 기간 동안 부부는 자녀의 양육, 친권 등에 관한 사항에 대하여 협의할 수 있으며, 필요하다고 판단하는 때에는 전문상담원의 도움을 받을 수도 있다. 3개월의 기간이 경과하여 법원에서 이혼의사확인을 받을 때에는 양육사항에 대한 협의서, 친권자 결정에 대한 협의서 등을 반드시 함께 제출해야만 하므로, 이 3개월의 기간은 이러한 협의를 하는 시간으로 이용될 것이다.

미성년의 자녀가 없는 부부는 안내를 받은 날로부터 1개월이 경과하면 법원에서 이혼의사의 확인을 받을 수 있다. 이 경우 부부는 자녀의 양육 등과 관련하여 협의할 의무가 없으므로, 1개월의 기간은 이혼 자체에 대해서 재고하는 시간이라는 의미를 갖는다.

제3항: 부부일방의 폭력 등으로 인하여 혼인의 지속이 다른 일방 배우자에게 참을 수 없는 고통이 된다고 판단되는 경우에는 법원은 재량에 의하여 숙려기간을 단축시킬 수 있다. 여기서 규정하는 '폭력'은 하나의 예시이므로, 그 외에도 혼인의 지속이 다른 일방 배우자에게 참을 수 없는 고통이 된다고 인정될 때에는 숙려기간이 단축될 수 있다. 숙려기간의 '단축'에는 구체적인 사정에 따라서 면제도 포함될 것이다. 가정폭력 등으로 인하여 혼인의 지속이 일방 배우자에게 참을 수 없는 고통이 되는 경우에는 부부가 협의에 의하여 이혼할 가능성이 높지 않으므로, 이 규정의 의의는 크다고 보기 어렵다. 가정폭력 등으로 인하여 그와 같이 심각한 사태가 발생한 때에는 형사법절차에 의하여 가해자를 구속시키고 재판상 이혼원인이 있음을 이유로 하여 재판상 이혼을 하는 것이 합리적이다. 외국에서도 가정폭력은 끊임없이 사회적

인 문제가 되고 있으나, 이혼절차에 있어서 이와 같은 예외규정을 두지 않은 이유는 바로 이런 점에서 찾을 수 있다.

제4항: 미성년의 자녀가 있는 부부는 협의이혼의사의 확인을 신청할 때나 숙려기간이 경과한 후 이혼의사확인을 받기 위하여 법원에 출석할 때에 자녀의 양육사항(양육자, 양육비용, 면접교섭) 및 친권자 결정에 관한 협의서를 제출하여야 한다. 부부가 이러한 사항에 대하여 스스로 협의하지 못한 경우에는 법원에 이에 대한 결정을 청구하여 법원의 심판을 받은 다음 그 심판정본을 제출하여야 한다. 당사자가 제출한 양육사항 및 친권자 결정에 관한 협의서의 내용이 자녀의 복리에 반하는 경우 법원은 보정을 명할 수 있으며, 필요에 따라서는 직권으로 이를 정할 수도 있다(개정안 제837조 제3항, 제909조 제4항). 이 규정에 의하여 자녀의 양육사항 및 친권자에 관하여 정하지 않은 상태에서는 협의이혼이 이루어질 수 없게 된다. 제3항에 의하여 숙려기간이 단축되는 경우에도 제4항 규정의 적용을 피할 수는 없으므로, 제3항에 해당하는 특별한 사정이 있는 경우에도 자녀의 양육사항과 친권자 결정에 관한 협의서 또는 이에 관한 법원의 심판정본을 제출해야 한다고 해석된다.

제837조(이혼과 자의 양육책임) ① 당사자는 그 자의 양육에 관한 사항을 협의에 의하여 정한다.

② 제1항의 협의는 다음의 사항을 포함하여야 한다.

1. 양육자의 결정
2. 양육비용의 부담
3. 면접교섭권의 행사여부 및 그 방법

③ 제1항의 규정에 의한 협의가 자의 복리에 반하는 경우에는 가정법원은 보정을 명하거나 직권으로 그 자의 의사, 연령, 부모의 재산상황 기타 사정을 참작하여 양육에 필요한 사항을 정한다.

④ 양육에 관한 사항의 협의가 이루어지지 아니하거나 협의할 수 없는 때에는 당사자는 가정법원에 이에 관하여 결정할 것을 청구할 수 있다. 이 경우에는 가정법원은 제3항의 사정을 참작하여 양육에 필요한 사항을 정한다.

⑤ 가정법원은 자의 복리를 위하여 필요하다고 인정되는 경우 부, 모, 자 및 검사의 청구 또는 직권에 의하여 자의 양육에 관한 사항을 변경하거나 또는 다른 적당한 처분을 할 수 있다.

⑥ 제3항부터 제5항까지의 규정은 양육에 관한 사항 외에는 부모의 권리의무에 변경을 가져오지 아니한다.

해설

제1항: 이혼을 하려는 부부(협의이혼과 재판상 이혼을 포함한다)는 미성년자녀의 양육에 관한 사항을 우선 협의에 의하여 정할 수 있다. 이혼 후 자녀의 양육에 관한 사항이 원만하게 실행되기 위해서는 무엇보다도 당사자인 부모의 협력이 필요한데, 양육에 관한 당사자의 합의는 이러한 협력을 위한 중요한 기초가 된다. 이러한 이유에서 이혼 후의 양육사항은 1차적으로 부모가 협의에 의해서 정하도록 한 것이다.

제2항: 부모가 협의에 의하여 정하여야 할 사항으로는, i) 이혼 후에 누가 자녀를 양육할 것인가, ii) 양육비용을 어떻게 부담할 것이며, 양육비는 어떤 방식으로 언제 지급되도록 할 것인가, iii) 자녀를 양육하지 않는 부 또는 모는 자녀와 면접교섭을 할 것인가, 면접교섭을 하는 경우에는 어떤 방법(횟수, 면접교섭의 장소, 날짜, 지속시간 등)으로 할 것인가 등이다. 이러한 사항에 대하여 협의된 내용은 궁극적으로 서면으로 작성되어야 한다. 이렇게 작성된 협의서는 개정안 제836조의 2에 의한 법원의 확인을 거쳐 집행권원이 된다(가사소송법 개정안 제65조의 2[67]).

제3항: 자녀의 양육사항에 대한 부모의 협의가 자녀의 복리에 반한다고 판단되는 경우(예를 들어서 양육비를 지급하지 않기로 하거나 또는 정해진 양육비 액수가 부모의 재산, 수입상태에 비추어 부당하게 소액인 경우 등)에는 법원은 부모에게 협의사항에 대한 보정을 명할 수 있다. 이 경우 법원은 부모에게 구체적인 사정에 맞는 대안을 제시하여 부모로 하여금 자녀의 복리에 반하는 협의내용을 수정하도록 할 수 있을 것이다. 만일 부모가 이러한 법원의 대안을 받아들이지 않고, 또 스스로 자녀의 복리에 반하는 협의를 수정하지도 않는다면, 법원은 직권으로 자녀의 양육에 관한 사항을 정할 수 있다. 이때 법원은 자녀의 의사 등 자녀의 복리에 관계되는 사항을 종합적으로 고려하여 양육에 관한 사항을 정한다. 자녀의 정확한 의사를 알기 위하여 법원은 자녀의 의견을 들을 수 있다(가사소송규칙 제100조: 이 규정에 의하면, 자녀가 15세 이상인 경우에 의견을 듣도록 되어 있으나, 15세 미만의 자녀라 할지라도 자기의 의견을 밝힐 수 있는 경우에는 그 의견을 들어 참고할 필요가 있다). 이혼에 직면한 부부는 자신들의 문제에 몰두하고 있는 경향이 있으므로, 양육사항에 대한 부모의 합의가 항상 자녀의 복리에 부합한다고 보기는 어렵다. 따라서 국가(법원)가 개입하여 양육에 대한 협의를 구체적으로 검토, 심사해야 할 필요성과 정당성이 인정된다. 국가는 부모의 이혼이라는 위기상황에서 자녀의 복리를 실현해야 할 의무가 있기 때문이다. 이 규정은

67) 가사소송법 개정안 제65조의 2(양육비용협의서와 집행) ① 민법 제836조의 2 제4항, 제837조 제2항 제2호에 의한 양육비용의 부담에 관한 협의서는 민사집행법에 의한 집행권원이 된다.

이러한 국가의 의무를 구체화한 것이라고 볼 수 있다.

제4항: 부모가 협의하여 양육에 관한 사항을 정할 수 없는 경우에는 법원에 양육사항에 관한 심판을 청구할 수 있다. 협의이혼을 하는 경우에는 이혼의사확인 시까지 양육에 관한 협의서나 법원의 심판정본을 제출해야 하므로(개정안 제836조의 2 제4항), 부부가 협의이혼을 하려고 하는데 양육에 관하여 협의가 되지 않는 때에는 이혼의사확인 전에 먼저 법원에 양육에 관한 심판청구를 하여 이에 관한 결정을 받아야 한다. 재판상 이혼의 경우에도 우선 당사자가 협의하여 양육에 관한 사항을 정하고, 당사자가 협의하여 정할 수 없는 때에는 당사자의 청구에 의하여 법원이 양육에 관한 사항을 정하게 된다. 만약 당사자가 양육에 관한 사항에 대하여 협의도 하지 않고, 법원에 청구도 하지 않을 때에는 법원이 직권으로 양육자와 양육비에 관하여 정한다(개정안 제843조의 2). 법원이 양육에 관한 사항을 정할 때에는 제3항의 경우와 마찬가지로 자녀의 의사 등 자녀의 복리에 관계되는 사항을 종합적으로 고려하여야 한다.

제5항: 자녀의 양육에 관한 사항이 부모의 협의나 법원의 심판에 의해서 정해진 경우에도 자녀의 복리를 위하여 필요하다고 인정되는 때에는 언제든지 변경될 수 있다. 협의나 심판의 내용이 애초에 자녀의 복리에 부합하지 않았던 경우는 물론, 예상하지 못한 사정이 발생하여 변경이 불가피하게 되는 경우나 세월이 흘러 처음의 협의나 심판이 변화된 사정에 맞지 않는 경우 등이 모두 정당한 변경 사유가 된다. 청구권자는 부, 모, 자녀 및 검사이고, 법원은 청구가 없어도 직권으로 개입하여 양육에 관한 사항을 변경할 수 있다.

제6항: 제3항부터 제5항 규정에 의하여 당사자의 협의나 법원의 심판에 의하여 양육에 관한 사항이 정해진 경우, 또는 양육에 관한 사항이 변경된 경우에도 이는 양육에 관한 사항에 한정되므로, 그 외의 부모의 권리의무는 이로 인하여 영향을 받지 않는다. 따라서 양육과 친권이 분리되어 모가 양육자로 부가 친권자로 정해진 경우에는 양육 이외의 친권에 관한 사항은 부에게 속한다. 또한 자녀를 직접 양육하지 않는 부 또는 모의 자녀에 대한 부양의무는 소멸되지 않으며, 상속관계도 영향을 받지 않는다.

제843조의2(직권에 의한 양육자 등 결정) 가정법원은 양육자 결정 및 양육비용의 부담에 관하여 당사자의 청구가 없는 경우에는 직권으로 이를 정한다.

해설: 재판상 이혼의 경우에도 부모는 협의하여 양육에 관한 사항을 정할 수 있으

며, 협의가 이루어지지 않는 경우에는 법원에 양육사항에 관한 심판을 청구할 수도 있다(제843조에 의한 개정안 제837조의 준용). 만약 당사자가 양육사항에 관하여 협의도 하지 않고, 법원에 심판을 청구하지도 않는다면, 본조에 의하여 법원이 직권으로 개입하여 양육자와 양육비에 관한 사항을 정하게 된다. 따라서 재판상 이혼의 경우에도 협의이혼의 경우와 마찬가지로 양육자와 양육비에 관한 사항을 정하지 않은 상태에서는 이혼이 성립할 수 없다.

제909조(친권자) ④ 혼인 외의 자가 인지된 경우와 부모가 이혼하는 경우에는 부모의 협의로 친권자를 정하여야 하고, 협의할 수 없거나 협의가 이루어지지 아니하는 경우에는 당사자는 가정법원에 그 지정을 청구하여야 한다. 다만 전단의 규정에 의한 부모의 협의가 자의 복리에 반한 경우에는 가정법원은 보정을 명하거나 직권으로 친권자를 정한다.

해설: 본조는 협의이혼에 대해서 적용되는 규정이다(재판상 이혼에 대해서는 제909조 제5항이 적용된다). 협의이혼을 하려는 부모는 우선 협의에 의해서 친권자를 정할 수 있다. 친권자에 관한 부모의 협의가 자녀의 복리에 반하는 경우에는 법원은 보정을 명하거나 직권으로 친권자를 정한다. 이는 양육사항에 관한 당사자의 협의가 자녀의 복리에 반하는 경우에 법원이 취하는 조치와 같다(개정안 제837조 제3항). 당사자가 협의에 의해서 친권자를 정하지 못하는 경우에는 법원에 친권자의 지정을 청구하여 심판을 받아야 한다. 개정안 제836조의 2에 의하면, 협의이혼을 하려는 부부는 이혼의사확인 시까지 친권자 결정에 관한 당사자의 협의서 또는 가정법원의 심판정본을 제출해야만 하므로, 이러한 요건이 충족되지 않으면 협의이혼은 성립되지 않는다.

Ⅳ 한국과 독일의 비교 및 검토

(1) 유책주의 이혼법은 '혼인은 당사자인 부부 사이에 혼인의무의 위반이 없는 한 해소되지 않는다'는 것을 전제로 한다. 따라서 부부의 일방이 혼인의무에 위반한 경우(예컨대 부정행위를 한 경우)에는 그에 대한 일종의 제재로서 이혼이 허용되지만, 부부 사이에 혼인의무의 위반사실이 없을 때에는 설령 혼인관계가 회복될 수 없을 정도로 파탄된 경우에도 이혼청구가 인용되지 않는다. 그러나 부부관계는 반드시 명확한 유책사유(혼인의무 위반 사실)가 없더라도 다양한 원인과 경위를 거쳐 파탄에 이를 수 있다. 유책주의 이혼법은 이와 같이, 유책사유가 명확하지 않은 경우에는 이혼을 허용하지 않는다는 것을 원칙으로 하며, 따라서 이혼을 제한하는 결과로 이어지게 된

다. 기독교적 혼인관에 입각하여 '혼인비해소의 원칙'을 따랐던 독일민법의 입법자들이 엄격한 유책주의 이혼법을 제정한 것은 당연하다고 볼 수 있다. '부부 사이에 혼인의무의 위반사실이 없는 한 혼인은 해소될 수 없다'는 유책주의 하에서는 국가(법원)가 이혼에 개입하여 혼인의무의 위반 사실을 판단하는 것이 당연하다. 따라서 이혼을 하려는 부부는 반드시 법원에 이혼을 청구해야 하며, 법원은 혼인의무 위반사실을 조사한 후 유책사유가 확인되는 때에만 이혼판결을 한다. 유책사유가 확인되지 않는 한 이혼은 허용될 수 없으므로, 당사자인 부부가 이혼에 합의했다는 것만으로는 이혼사유가 될 수 없다. 이혼원인으로서 엄격한 유책주의를 채택한 1900년 독일민법이 협의이혼제도를 인정하지 않은 것은 논리적으로 일관된다고 볼 수 있다.

(2) 일제 강점기인 1923년 7월 1일부터 1960년 민법시행 전까지 우리나라에 적용된 재판상 이혼제도와 협의이혼제도는 이혼에 관하여 매우 대조적인 입장을 취하고 있었다. 재판상 이혼원인은 엄격한 유책주의에 기초하여 이혼을 제한하려는 입장을 보였던 반면, 협의이혼에 있어서는 당사자의 합의만 있으면, 이혼을 허용한다는 입장을 취하여 이혼의 자유를 제한없이 인정하고 있었다. 재판상 이혼에 있어서는 1900년 독일민법과 마찬가지로 유책사유가 없는 한 혼인이 파탄된 경우에도 이혼을 허용하지 않으며, 유책사유의 존부는 국가(법원)가 판단하도록 되어 있었다. 이러한 재판상 이혼제도 하에서 이혼의 자유는 상당한 제한을 받지 않을 수 없었다. 반면에 협의이혼에 있어서는 국가(법원)가 전혀 개입하지 않았고, 부부가 합의하여 이혼신고를 하는 것만으로 간단하게 이혼이 성립되었다. 이와 같이 이혼의 자유를 무제한 인정하는 입법례는 당시는 물론이고 오늘날에도 찾아보기 어렵다. 유책주의가 전제로 삼고 있는 혼인관 – '혼인은 부부 사이에 혼인의무 위반 사실이 없는 한 해소될 수 없다' –과 협의이혼제도가 기초하고 있는 혼인관 – '혼인은 당사자의 합의만 있으면 해소될 수 있다' – 사이에는 극복될 수 없는 모순이 존재하는 것이 사실이다. 따라서 일제가 우리나라에 유책주의에 근거한 재판상 이혼원인과 자유주의에 기초한 협의이혼제도를 동시에 이식한 것은 논리적 일관성이 없으며, 법체계상으로도 문제가 있다고 볼 수 있다.

(3) 해방 후에 제정된 우리민법은 제840조 제6호에서 파탄주의 이혼원인에 대하여 규정하고 있다. 그러나 유책배우자의 이혼청구를 원칙적으로 배척하는 판례의 태도에 비추어 볼 때, 우리나라에서 파탄주의는 제한적으로만 적용되고 있다고 보아야 할 것이다. 이러한 우리의 법상태는 제2차 세계대전 이후 독일에서 유책배우자의 이혼청구를 기각했던 당시의 상황과 유사한 점이 있다(위의 II. 2 참조). 그러나 이와 같

이 파탄주의를 제한하고 유책주의를 강화하려던 독일 법원과 의회의 태드는 그 후 오래 지속되지 못하였으며, 결국 독일은 1976년에 유책주의 이혼법을 파탄주의 이혼법으로 대체할 수밖에 없었다. 독일이 이처럼 파탄주의 이혼법을 채택할 수밖에 없었던 이유는 사회현실의 변화에 있었다. 당시 독일에서는 유책사유 없이 혼인이 파탄된 경우에는 3년간의 별거를 거쳐야만 이혼을 할 수 있었는데(부부가 이혼에 합의해도 이 요건을 피할 수 없었다), 혼인관계가 파탄된 부부들이 빠른 시일 내에 이혼판결을 받기 위한 방편으로 사전에 합의하여 법원에서 거짓으로 유책사유를 주장하는 경우가 많았다. 이러한 법과 현실의 괴리를 해소하기 위하여 독일은 파탄주의 이혼법을 도입하지 않을 수 없었던 것이다.

우리나라의 경우에는 독일과 같이 파탄주의 이혼법을 전면적으로 도입할 가능성은 없다고 생각한다. 우리나라에는 협의이혼제도가 있어서 혼인관계가 파탄된 부부의 대다수는 이 제도를 이용하여 이혼을 하고 있다.[68] 즉, 협의이혼제도가 파탄주의 이혼법의 기능을 상당 부분 수행하고 있기 때문에[69] 재판상 이혼원인에서 유책주의를 파탄주의로 전면 대체해야 할 필요성은 없다고 할 수 있다. 그러나 재판상 이혼에 있어서 유책주의를 전적으로 포기하고 파탄주의로 대체하는 것은 불가능하다고 해도 파탄주의를 현재보다 확대 적용할 가능성은 배제하기 어렵다(즉, 유책배우자의 이혼청구를 인용하는 범위가 확대될 수 있다). 그러나 유책배우자의 이혼청구를 인정하는 범위가 확대될 경우 사회적 약자인 배우자(많은 경우 처)는 이혼으로 인하여 부양청구권을 상실하게 된다는 비판이 제기될 수 있다. 따라서 파탄주의를 확대 적용하려면, 그 전제로서 이혼 후에도 전배우자에 대한 부양청구권을 인정하는 제도를 도입할 필요가 있다(독일민법 제1569조 이하 참조). 이혼 후 무책배우자에 대한 부양문제가 해결되지 않은 상태에서 파탄주의를 확대한다는 것은 사회적 약자의 보호라는 관점에서 볼 때 받아들이기 어렵다. 한편 무책배우자의 의사에 반하여 유책배우자의 이혼청구를 인용하는 것은 신의칙에 반할 뿐만 아니라, 혼인제도 자체의 보호와 관련하여서도 문제가 된다는 지적이 있을 수 있다. 이미 혼인관계는 회복될 수 없을 정도로 파탄되었으나 무책배우자가 혼인관계의 유지를 원하는 경우에 그 의사에 반하여 이혼을 허용할 것인가의 문제는 관점에 따라 결론이 달라질 수 있다. 파탄주의를 적극적으로 수

68) 오늘날 전체 이혼건수에서 협의이혼이 차지하는 비율은 약 85%에 이른다. 2005년에 이루어진 128,468건의 이혼 중 협의이혼은 111,127건이었다. 2006년에는 125,032건의 이혼 중 108,347건이 협의이혼이었다. 통계청 자료 참조.

69) 우리나라 이혼법은 재판상 이혼원인에 있어서는 유책주의의 기조를 유지하고 있으나, 협의이혼에 있어서는 완전한 파탄주의를 실현하고 있다고 보아야 한다. 협의이혼이란 당사자가 이혼에 합의하는 경우 혼인관계가 파탄되었다고 보아서 파탄의 경위와 원인 등을 묻지 않고 이혼을 허용하는 이혼방식이다. 즉, 민법상의 협의이혼은 파탄주의 이혼법의 발전단계에서 최정점에 서있는 이혼제도라고 보는 것이 타당하다.

용한 독일에서는 실제 생활에 있어서 이미 파탄되어 존재하지 않는 혼인관계를 법의 영역에서만 존속하게 한다고 해도 혼인제도의 보호라는 목적은 달성될 수 없다고 보았다. 또한 유책배우자의 이혼청구를 부정하는 태도는 결국 혼인관계를 파탄시킨 배우자를 그 의사에 반하여 평생 법률상의 혼인관계에 묶어둠으로써 제재를 가하겠다는 의도로 풀이될 수도 있는데, 이와 같은 태도는 현대 가족법의 기본 이념과 조화될 수 없다고 결론지었다. 결국 이 문제는 국민의 의식과 정서에 따라 결론이 달라질 수 있는 성질의 것이라고 생각된다. 단언하기는 어려우나 현재 우리나라 국민의 의식과 정서에 비추어 볼 때, 유책배우자의 이혼청구를 인용하는 범위를 단기간 내에 크게 확대하기는 어려울 것으로 보인다.

(4) 독일은 1976년 이혼법 개정을 통하여 유책주의를 파탄주의로 대체하면서 당사자의 합의에 의한 이혼 가능성을 인정하였다(독일민법 제1566조 제1항). 이에 의하면, 1년의 별거 후 부부 쌍방이 각자 이혼청구를 하거나, 혹은 부부의 일방이 이혼청구를 하고 상대방이 이혼에 동의하는 의사표시를 하는 경우에는 혼인의 파탄이 추정되어 이혼이 허용된다. 그러나 이 경우에도 법원이 이혼판결을 내리기 위해서는 반드시 이혼의 결과에 대한 당사자의 합의가 제출되어야 한다. 이혼결과에 대한 당사자의 합의는 자녀의 부양, 전배우자에 대한 부양, 이혼 후 가옥의 귀속과 가재도구의 분할 등에 대한 문제를 포함하는 것이어야 한다.[70] 그 뿐 아니라 당사자는 이러한 합의사항의 이행을 위해서 집행 가능한 집행권원을 법원에 제출해야 한다.[71] 여기서 본 바와 같이, 독일의 협의이혼제도는 당사자의 합의에 기초한다는 점에서는 우리나라의 협의이혼제도와 공통점이 있으나, 그 외에는 큰 차이가 있다. 우선 당사자가 이혼에 합의한 경우에도 반드시 법원에 이혼을 청구하여 이혼판결을 받아야만 이혼이 성립한다. 이는 "혼인은 당사자가 임의로 처분할 수 없는 제도"라는 기독교적 혼인관이 반영된 것으로 볼 수 있다. 또한 사회적 약자인 배우자와 자녀를 보호하기 위하여 국가가 이혼에 개입한다는 후견적 측면도 고려되어 있다. 독일에서는 부부가 이혼에 합의한 때에도 1년간 별거한 후가 아니면 이혼이 허용되지 않는다. 이 별거기간은 혼인의 파탄을 확인하는 기준이 되는 동시에 이혼에 대해서 숙려하는 기회로서의 의미를 갖는다.[72] 당사자의 합의 외에 일정한 기간의 별거를 요건으로 하는 독일의 협의이혼

70) 독일 민사소송법 제630조 제1항 제3호.

71) 독일 민사소송법 제630조 제3항. 여기서 집행권원이란 독일 민사소송법 제794조 제1항 제1호에 의한 화해조서, 독일 민사소송법 제794조 제1항 제5호가 규정하는 공증문서, 독일사회법 제8편 제59조 제1항 제3호, 제60조에 의하여 아동복지기관(Jugendamt)에서 작성된 합의문서를 의미한다. Schwab, Handbuch des Scheidungsrechts(4. Aufl., 2000), Teil I, Rn. 275.

72) 독일 이혼법이 협의이혼의 전제요건으로 1년간의 별거를 규정한 주된 이유는 경솔한 이혼을 방지하자

제도에서 혼인제도를 보호하겠다는 독일입법자의 태도를 읽을 수 있다. 또한 독일에서는 협의이혼의 요건으로서 이혼에 대한 합의 외에 이혼의 결과에 대한 합의를 요구한다. 이는 협의이혼에 따르는 당사자의 책임을 강조하는 의미라고 볼 수 있다.

우리나라에서는 부부가 이혼에 합의하여 신고하는 것으로 이혼이 성립한다. 국가가 사회적 약자인 배우자나 자녀를 보호하기 위한 목적으로 이혼에 개입하지 않으므로, 특히 자녀의 보호라는 면에서 볼 때 문제가 있다. 축출이혼을 방지할 목적으로 법원에서 협의이혼의사를 확인하는 제도를 두고 있으나, 국가의 후견적 역할로서는 미흡하다고 하지 않을 수 없다. 협의이혼 시 이혼결과에 대한 합의(자녀의 양육에 대한 합의)를 제출할 필요가 없으므로, 이혼 후 자녀양육 등의 문제에 대해서 아무 것도 정하지 않은 상태에서도 이혼이 가능하다. 이혼 전에 이혼에 대하여 재고해 볼 수 있는 기회를 제공하는 제도적 장치(별거기간 또는 숙려기간)가 마련되어 있지 않으므로, 이혼에 대한 준비가 되어 있지 않은 상태에서 성급하게 이혼을 하는 경우가 생길 수 있다. 현행 협의이혼제도가 가지는 이러한 문제들을 해결하기 위해서는 이혼법의 개정이 필요하다는 데 공감대가 형성되었으며, 그 결과로서 나온 것이 위에서 소개한 법무부의 이혼법 개정안이다. 이 개정안의 핵심은 다음과 같이 요약할 수 있다. 우선 이혼에 따르는 부모로서의 책임을 실현하는 방안으로서 협의이혼에 앞서 이혼 후의 자녀양육 문제에 대하여 협의하도록 제도화하였다. 그리고 이혼에 앞서 이혼과 자녀양육 문제에 대해서 협의하고 숙고할 수 있는 제도적 장치로서 숙려기간을 도입하고, 이 기간 동안 상담과 조정을 통하여 부모들이 이혼 후의 자녀양육 문제에 대해서 스스로 합의할 수 있도록 지원하는 체계를 마련하였다. 또한 숙려기간을 통하여 이혼을 결심한 당사자들에게 이혼 후에 현실로 다가올 문제들에 대해서 사전에 진지하게 고민해 볼 수 있는 기회를 제공하고, 자신들의 혼인관계가 돌이킬 수 없을 정도로 파탄된 것인지, 이혼결정이 최선의 대안인지의 여부에 대해서도 다시 한 번 생각해 볼 수 있는 계기를 마련하였다.

V 맺음말

이혼법은 그 시대를 지배한 정신과 사회구조에 따라 변화해왔다. 1976년에 독일이 이혼법을 개정하여 유책주의를 포기하고 파탄주의를 전면적으로 도입한 것은 이

는 데 있었다. Schwab, Das Recht der Ehescheidung nach dem 1. EheRG: die Scheidungsgründe, FamRZ 1976, 491/504.

혼 자체에 대한 국가의 간섭을 줄이고, 개인의 사생활을 보호하겠다는 의미로 해석될 수 있다. 이는 그 당시 독일국민의 대다수가 원했던 바를 반영한 것이다. 독일은 1976년 이혼법 개정을 통하여 파탄주의를 도입하면서 합의에 의한 이혼 가능성을 인정하였다. 그러나 당사자가 이혼에 합의한 경우에도 일정한 기간의 별거와 이혼결과에 대한 합의를 요구함으로써 당사자의 합의만으로는 이혼이 성립될 수 없다는 태도를 취하였다. 이는 국가가 이혼에 개입하여 사회적 약자인 배우자와 자녀를 보호하겠다는 의도로 풀이된다. 또한 사회를 구성하는 기본단위인 가족의 기초가 되는 혼인이 쉽게 해소되지 않도록 함으로써 혼인제도를 보호하겠다는 의도도 담겨있다. 나아가 자녀의 부양에 대한 합의를 요구함으로써 이혼으로 인한 부모의 책임을 강조하고 있다. 이러한 독일법의 태도에서 이혼은 비교적 자유롭게 허용하되, 이혼의 결과와 관련해서는 사회적 약자의 보호 차원에서 국가가 개입한다는 기본입장을 읽을 수 있다.

우리나라의 이혼법은 재판상 이혼에 있어서는 대체로 유책주의를 취하고 있으며, 부분적으로 파탄주의를 인정하고 있다. 앞으로도 독일과 같이 재판상 이혼원인에 있어서 유책주의를 파탄주의로 전면 대체할 가능성은 보이지 않는다. 혼인관계가 파탄되어 이혼을 원하는 부부의 대다수는 협의이혼제도를 통하여 간단하게 목적을 이룰 수 있으므로, 굳이 재판상 이혼원인을 유책주의에서 파탄주의로 대체할 필요가 없다. 사실 협의이혼제도는 당사자가 이혼에 합의하면, 혼인관계가 파탄된 것으로 보아서 이혼을 허용한다는 것으로서 파탄주의 이혼법의 최정점에 서있는 제도라고 볼 수 있다. 우리사회에서는 협의이혼제도를 통하여 사실상 파탄주의가 상당부분 관철되고 있으므로, 재판상 이혼원인을 유책주의에서 파탄주의로 대체할 필요성은 그만큼 적다고 할 수 있다.

현행 협의이혼제도는 일제 강점기에 이식된 일본민법의 협의이혼제도에서 그 뿌리를 찾을 수 있는데, 당사자의 합의만으로 이혼이 성립한다는 점에서 이혼의 자유를 최대한 보장하는 제도라고 볼 수 있다. 그러나 이혼으로 인한 최대의 피해자인 자녀의 보호를 위한 장치가 마련되어 있지 않으며, 이혼에 대해서 재고해 볼 수 있는 기회도 제공하지 않는다는 점에서 문제가 있다. 즉, 현행 협의이혼제도에 있어서 국가는 사회적 약자의 보호를 위하여 어떠한 후견적 역할도 하지 않는데, 이는 국가가 자신의 의무를 방기하는 것이라는 비판을 받을 수 있다. 2006년에 국회에 제출된 법무부의 협의이혼제도 개정안은 이러한 문제점을 해결하기 위한 목적으로 마련된 것이다. 이 법안은 협의이혼으로 인한 자녀의 피해를 최소화시킬 목적으로 부모가 이혼 전에 자녀의 양육에 대해서 합의하도록 의무화하였다. 또한 협의이혼을 하려는 부부에 대해서 일정한 숙려기간을 거치도록 함으로써 자녀양육에 대하여 협의하고 이혼을 재고할 수 있는 기회로 활용할 수 있게 하였다. 1990년대 이후 우리사회에서 이혼이 급증하면서 이혼자녀의 복리와 가족의 보호문제는 끊임없이 사회적 과제로 대두되었으며, 이 문제에 대한 해결책의 하나로서 협의이혼제도의 개정이 요구되었다. 법무부의 협의이혼제도 개정안은 이러한 사회적 요구에 의하여 마련된 것이며, 이혼자녀와 가족의 보호라는 우리시대의 정신을 반영하고 있다고 생각한다.

〈법학논문집 제31집 제1호(2007) 수록〉

9. 사실혼의 해소와 재산분할청구
- 대상판결: 대법원 2009.2.9.자 2008스105결정 -

Ⅰ 들어가는 말

대상판결은 사실혼 부부의 일방(갑)이 의식불명에 빠진 상태에서 다른 일방(을)이 사실혼 해소를 주장하며 재산분할심판청구를 한 이후, 의식불명 상태에 있던 사실혼 부부의 일방(갑)이 사망한 경우에 재산분할이 허용되는가의 문제를 다루고 있다. 대상판결은 이 문제에 관하여 다음과 같은 법리를 전개하고 있다. 즉, 사실혼관계는 당사자의 일방적 의사에 의하여 언제든지 해소될 수 있는 것이며, 상대방이 그 의사표시를 수령할 것을 요건으로 하지 않는다. 따라서 사실혼 부부의 일방(갑)이 의식불명 상태에 있는 경우에도 다른 일방(을)은 사실혼을 일방적 의사에 의하여 파기할 수 있고, 이로써 사실혼은 해소된다고 보아야 한다. 그리고 사실혼의 해소에 의하여 사실혼 부부관계에 있었던 일방(을)은 상대방(갑)에 대하여 재산분할청구권을 가지게 되고, 반면에 상대방(갑)은 재산분할의무를 부담하게 되는데, 이 사건에서는 상대방(갑)이 사망하였으므로, 그의 상속인(병, 정)에게 재산분할의무가 승계된다. 그러므로 사실혼 부부관계에 있었던 일방(을)은 상대방(갑)의 상속인(병, 정)에 대하여 재산분할청구를 할 수 있다(갑의 상속인 병, 정에 의한 소송수계가 허용된다).

이와 같은 대법원의 법리전개는 타당한 것으로 보인다. 다만, 필자가 문제의식을 갖는 부분은 사실혼의 배우자(갑)가 의식불명에 빠진 상태에서 다른 일방 배우자(을)가 왜 급하게 사실혼 해소를 주장하며, 재산분할심판청구를 할 수밖에 없었을까 하는 점이다. 사실혼 부부 사이에서도 동거, 부양, 협조의무가 인정된다는 법리를 굳이 들추지 않더라도, 부부의 일방이 위독한 상황에 처해 있을 때, 다른 일방이 그 옆을 지키면서 간병에 전념하는 것은 인간사회의 기본적인 도리로서 법률혼 부부와 사실혼 부부 사이에 차이가 있다고 볼 수 없다. 그러나 사실혼관계에 있던 배우자가 이러한 도리에 따라 충실하게 간병에만 힘쓰다가 상대방 배우자가 사망하게 된다면, 사실혼은 일방의 사망을 원인으로 해소된 것이 되어 생존한 사실혼 배우자는 상속권은 물론이고 재산분할청구도 할 수 없게 된다(대법원 2006. 3. 24. 선고 2005두15595 판결). 사실혼의 존속기간 동안 공동의 협력으로 형성한 재산이 있다고 해도 생존한 사실혼 배우자는 이로부터 아무것도 받을 수 없고, 생존한 사실혼 배우자가 사망한 사실혼 배우자 명의의 재산에 대해서 가지는 실질적인 공유지분은 상속재산에 포함되어 그의 상속인들이 상속하게 된다. 생존한 사실혼 배우자의 입장에서 볼 때 이러한 결과는 매우 부당한 것이며, 이러한 결과를 피하기 위해서는 상대방 배우자가 위급한 상황에 처하게 되었을 때, 서둘러서 사실혼의 해소를 선언하고 재산분할청구를 할 수밖에 없다. 대상판결과 위의 2006년 대법원판결을 비교해 볼 때, 사실혼의 해소와 관련하여 현재 대법원이 취하는 법리는, 결코 의도한 것은 아니라고 할지라도, 결과적으로는 사실혼 배우자의 생명이 위독한 상황에서 다른 일방 배우자에게 위와 같은 선택을 강요하는 것이 되고 있다. 이러한 법상태는 바람직하다고 볼 수 없으므로, 궁극적으로는 사실혼이 일방의 사망에 의하여 해소된 경우에도 생존한 사실혼 배우자를 보호할 수 있는 해결책(해석론 또는 입법론)이 마련되어야 할 것이다.

아래에서는 우선 대상판결에 대하여 분석하고, 사실혼관계가 일방의 사망으로 해소된 경우에 생존한 사실혼 배우자를 보호하기 위한 방법으로 이제까지 제시된 학설(해석론과 입법론)을 살펴본 다음, 이 문제에 관한 필자 개인의 의견을 제시하고자 한다.

Ⅱ 사실관계

갑(남)은 1969년 9월 30일 A와 혼인하여 그 사이에서 병, 정을 낳았으나, 1994년 6월 10일 이혼하였다. 그 후 갑은 을과 동거하며 사실혼 부부로 생활하여 왔다. 갑은 2007년 3월 12일 배드민턴을 치다가 갑자기 의식을 잃고 쓰러져 X병원으로 이송되었는데, 2007년 4월 16일 갑의 두 아들 병과 정이 찾아와 갑을 Y병원으로 옮겼다. 그러나 갑은 의식을 회복하지 못하고 2007년 5월 10일 사망하였다. 갑의 사실혼 배우자 을은 병과 정이 갑을 Y병원으로 옮긴 직후인 2007년 4월 18일에 사실혼관계의 해소를 주장하면서 갑을 상대로 서울가정법원에 재산분할심판청구를 하였고, 갑이 2007년 5월 10일 사망하자 2007년 6월 8일 병과 정(갑의 법정상속인)에 의한 소송수계를 허가해 달라는 취지의 소송수계신청을 하였다.

Ⅲ 판결 요지

1. 항고심: 서울고등법원 2008. 9. 30.자 2008브7 결정

가. 사실혼관계의 당사자 중 일방인 망인이 갑자기 의식불명 상태에 빠지고 그 의식불명 기간에 다른 일방인 청구인이 사실혼관계를 해소하는 의사표시를 하였으나, 망인이 그러한 의사표시를 수령하지 못한 상태에서 끝내 의식을 회복하지 못한 채 사망한 경우, 그 사실혼관계는 청구인의 의사표시에 의해서 해소된 것이 아니라 망인의 사망으로 종료된 것으로 보아야 할 것이므로, 청구인에게는 재산분할청구권이 인정된다고 할 수 없다.

나. 사실혼관계가 일방 당사자의 사망으로 인하여 종료된 경우, 생존한 상대방에게 상속권도 인정되지 아니하고 재산분할청구권도 인정되지 아니하는 것은 사실혼 보호라는 관점에서 문제가 있으나, 이는 사실혼 배우자를 상속인에 포함시키지 않는 우리의 법제에 기인한 것으로서 입법론은 별론으로 하고 해석론으로서는 어쩔 수 없다고 할 것이다.

2. 대법원 결정(대법원 2009. 2. 9.자 2008스105 결정)

사실혼관계는 사실상의 관계를 기초로 하여 존재하는 것으로서 당사자 일방의 의사에 의하여 해소될 수 있고, 당사자 일방의 파기로 인하여 공동생활의 사실이 없게 되면 사실상의 혼인관계는 해소되는 것이며, 다만 정당한 사유 없이 해소된 때에는 유책자가 상대방에 대하여 손해배상의 책임을 지는 데 지나지 않는다.

이 사건 사실관계에 의하면, 청구인 을이 사실혼관계의 해소를 주장하며 재산분할심판청구를 함으로써 청구인 을과 갑의 사실혼관계는 청구인의 일방적 의사에 의하여 해소되었고 공동생활의 사실도 없게 되었다고 봄이 상당하다. 따라서 사실혼관계의 해소에 따라 청구인에게 재산분할청구권이 인정된다고 할 것이다.

이 사건과 같이, 일방이 의식불명이 된 상태에서 상대방이 일방적으로 사실혼관계를 해소하는 것을 인정하는 것은 전자로서는 사실혼이라는 중대한 신분관계의 변동을 알 수 없어서 부당하지 않은가 하는 점이 문제될 수 있겠다. 그러나 상대방이 의사능력이 없거나 생사가 3년 이상 불명인 경우 등에서의 재판상 이혼과의 균형상으로도 굳이 상대방에 대한 의사표시 및 그 수령 등을 그 해소의 요건으로 할 필요는 없다. 나아가 현재 우리 판례는 당사자의 사망으로 인한 사실혼관계 해소의 경우에 재산분할청구권을 부인하는 태도를 취하고 있는데(대법원 2006. 3. 24. 선고 2005두15595 판결), 이러한 법상태를 전제로 하더라도 재산분할청구제도의 제반 취지를 살릴 방도는 무엇인지를 강구할 필요가 있다는 점도 고려되어야 할 것이다.

그렇게 보면 이 사건 재산분할심판청구 이후 일방 당사자인 갑이 사망하였으므로 그 상속인들(병, 정)에 의한 수계를 허용함이 상당하다.

Ⅳ 대상판결에 대한 분석과 평가

1. 사실혼 해소에 관한 법리

(1) 법률혼과는 달리 사실혼관계에 있는 당사자는 언제든지 자유롭게 사실혼을 해소할 수 있다. 즉, 사실혼은 당사자 쌍방의 합의에 의해서 해소될 수 있을 뿐만 아니라, 당사사 일방의 일방적인 파기에 의해서도 해소될 수 있다.[1] 사실혼 해소의 정당한 사유가 없는데 사실혼을 일방적으로 파기한 일방 당사자는 상대방에 대하여 불법행위로 인한 손해배상책임을 진다.[2] 상대방의 유책사유로 사실혼관계가 파탄된 경우에는 다른 일방이 사실혼을 해소하면서 손해배상을 청구할 수도 있다. 사실혼의 해소에 관하여 일반적으로 확립되어 있는 이러한 법리에 비추어 볼 때, 더상판결이 사실혼부부의 일방인 을의 일방적인 의사에 의하여 갑과 을 사이의 사실흔관계가 해소되었다고 본 것은 타당하다고 생각된다.

(2) 사실혼 부부가 공동으로 협력하여 이룩한 재산이 있다면, 그 재산은 명의에 관계없이 사실혼 부부의 실질적인 공유재산이라고 보아야 할 것이다. 이 점에 있어서는 법률혼 부부와 사실혼 부부 사이에 차이가 있을 수 없으므로, 법률혼이 해소되는 경우에 적용되는 재산분할청구에 관한 규정(민법 제839조의 2)이 사실혼 해소의 경우에도 유추적용되는 것이 타당하다. 사실혼관계가 일방적으로 파기된 경우에도 재산분할청구에 관한 규정이 유추적용된다.[3] 공동의 노력으로 형성한 재산(사실혼 부부의 실질적인 공유재산)을 청산할 필요성이 있다는 점에서 본다면, 사실혼관계가 어떤 방식으로 해소되었는가(합의에 의한 해소 또는 일방적인 파기)는 재산분할의 허용여부를

1) 김주수 · 김상용, 친족상속법(2008), 255면 이하.
2) 대법원 1994. 11. 4. 선고 94므1133 판결.
3) 대법원 1995. 3. 10. 선고 94므1379 판결; 대법원 1995. 3. 28. 선고 94므1584 판결.

결정함에 있어서 큰 의미를 갖지 못하기 때문이다. 이러한 법리에 비추어 볼 때 대상판결이 갑과 을 사이의 사실혼관계가 을의 일방적인 의사로 해소되었고, 그로 인하여 을이 재산분할청구권을 행사할 수 있다고 본 것은 타당하다.

2. 사실혼 해소의 의사표시를 상대방이 수령할 필요가 있는가의 여부

상대방에 대한 의사표시와 상대방에 의한 그 수령이 사실혼 해소의 요건이라고 본다면, 상대방이 행방불명인 경우라든가 중증의 정신병에 걸려 있어서 의사능력이 없는 경우와 같은 때에는 사실혼의 해소가 사실상 불가능한 것이 되어 문제가 될 수 있다. 법률혼의 경우에도 위와 같은 사유가 있는 때에는 재판상 이혼원인으로 인정되어 혼인의 해소가 가능한데, 법률혼에 비하여 그 제도적 보호의 정도가 약한 사실혼의 경우에 해소가 가능하지 않다면 형평에 반하는 불균형한 결과가 초래된다는 비판을 피할 수 없다.

약혼해제의 방법에 관한 민법 제805조는 "약혼의 해제는 상대방에 대한 의사표시로 한다. 그러나 상대방에 대하여 의사표시를 할 수 없는 때에는 그 해제의 원인있음을 안 때에 해제된 것으로 본다"라고 규정하고 있는데, 이 규정도 상대방에 대하여 약혼해제의 의사표시를 할 수 없는 경우에는 굳이 그 의사표시를 하지 않아도 약혼을 해제시키고 약혼관계에서 벗어날 수 있게 하려는 취지라고 이해된다. 예를 들어서 약혼자가 불치의 정신병에 걸려서 의사능력이 없는 경우라든가 1년 이상 생사불명인 경우 등에는 약혼 당사자의 일방이 약혼해제의 의사표시를 하여도 상대방은 이를 수령할 수 없는데, 이런 경우에도 상대방에 의한 의사표시의 수령을 요건으로 한다면, 약혼 당사자의 일방을 약혼관계에 부당하게 구속하는 결과가 될 것이다. 약혼과 사실혼은 당사자의 일방적인 의사에 의해서 파기될 수 있는 관계라는 점을 고려해 본다면, 약혼해제에 관한 위 규정은 사실혼 해소의 경우에도 유추적용될 수 있다고 생각된다.

3. 재산분할의무의 상속성

대상판결에서 사실혼 부부의 일방인 을은 다른 일방인 갑이 생존하고 있는 동안 사실혼의 해소를 주장하면서 갑을 상대방으로 하여 재산분할심판청구를 하였고, 그로부터 약 20일 후 청구의 상대방인 갑은 사망하였다. 법률혼에 있어서 재산분할청구권은 이혼의 성립을 전제로 하여 인정되는 권리라고 이해되고 있는데,[4] 이러한 법리를 사실혼에 유추해 본다면, 사실혼의 경우에는 사실혼의 해소에 의해서 재산분할청구권이 발생하는 것으로 볼 수 있다. 그렇다면 을은 갑과 을 사이의 사실혼관계가 해소되었을 때, 갑에 대하여 재산분할청구권을 가지게 되었다고 볼 수 있다(반면에 갑에게는 재산분할의무가 생긴다고 볼 수 있다). 그런데, 대상판결에서는 재산분할심판청구의 상대방인 갑이 사망하였으므로, 갑에게 발생한 재산분할의무가 갑의 상속인에게 승계될 수 있는가가 문제이다. 재산분할의무는 일신전속적인 성격을 갖는 것이 아니므로,[5] 갑의 상속인 병과 정은 갑의 재산분할의무를 상속한다고 보아야 할 것이다. 갑의 상속인 병과 정은 갑의 명의로 되어 있는 재산(재산분할청구의 대상이 되는 재산)을 상속하였는데, 갑의 명의로 되어 있는 재산이 사실혼관계가 존속되는 동안 을과의 협력에 의하여 형성된 것이고, 따라서 갑과 을의 실질적인 공유재산으로 볼 여지가 있다면, 병과 정이 상속한 갑의 재산에는 사실상 을의 공유지분이 포함되어 있다고 볼 수 있다. 이런 경우에 을은 자신의 실질적인 공유지분이 포함되어 있는 상속재산에 대하여 분할을 청구할 수 있어야 하며, 그 청구의 상대방은 상속인인 병과 정이 될 수밖에 없을 것이다. 을이 갑의 상속인 병과 정을 상대로 하여 재산분할을 청구할 수 없다면, 사실혼관계의 해소로 인한 재산관계의 청산은 이루어질 수 없으며(즉, 을은 자신의 실질적인 공유지분을 받지 못하는 결과가 된다), 상속인 병과 정은 원래 을에게 속한 재산(갑의 명의로 된 재산 중 을의 실질적인 공유지분에 해당하는 재산)까지 상속하게 되어 부당한 이득을 보게 된다. 이와 같이 사실혼관계의 해소로 인한 부부재산관계의 청산이라는 관점에서 보더라도 갑의 상속인 병과 정이 갑의 재산분할의무를 승계한다고 보는 것이 타당하다(다만 재산분할청구권의 요소 중에서 부양적 요소에 해당하는 부분은 상속되지 않는다고 보아야 할 것이다). 그러므로 을이 재산분할심판청구를 한 이후 상대방인 갑이 사망한 이 사건에서 그의 상속인인 병과 정에 의한 수계를 허용해야 한다는 대상판결의 태도는 옳다고 생각된다.

V 사실혼관계가 일방의 사망으로 해소된 경우 생존 배우자를 보호하기 위한 학설의 전개

현재 판례는 사실혼관계가 일방의 사망으로 인하여 해소된 경우에 생존한 사실혼 배우자의 재산분할청구권을 인정하지 않는다는 태도를 취하고 있다(대법원 2006. 3. 24. 선고 2005두15595 판결은 이 문제에 관하여 다음과 같이 설시하고 있다. "법률상 혼인관계가 일방 당사자의 사망으로 인하여 종료된 경우에도 생존 배우자에게 재산분할청구권

4) 대법원 1994. 10. 28. 선고 94므246 판결.

5) 재산분할의무 중에서 부양적 요소에 해당하는 부분은 상속되지 않는 것으로 본다.

이 인정되지 아니하고 단지 상속에 관한 법률규정에 따라서 망인의 재산에 관한 상속권만이 인정된다는 점 등에 비추어 보면, 사실혼관계가 일방 당사자의 사망으로 인하여 종료된 경우에는 그 상대방에게 재산분할청구권이 인정된다고 할 수 없다."). 이에 따라 사실혼관계가 일방의 사망으로 인하여 해소된 경우에는 생존한 사실혼 배우자는 상속권도 갖지 못하고 재산분할청구도 할 수 없는 결과가 된다. 생전에 사실혼이 해소된 경우와 비교해 볼 때, 이러한 결과는 생존한 사실혼 배우자에게 매우 가혹한 것이므로, 사실혼관계에 있는 당사자로서는 이러한 결과를 피할 수 있는 가능한 방법을 강구하지 않을 수 없다. 대상판결에서 사실혼 부부의 일방이 위독한 상황에 처하게 되었을 때, 다른 일방이 사실혼관계의 해소를 선언하면서 재산분할심판청구를 한 것은 이러한 맥락에서 이해할 수 있다. 그러나 사실혼 부부가 동거하면서 법률혼 부부와 다름없이 생활해 오다가 상대방의 임종에 직면하여 단지 재산분할을 청구하기 위한 목적으로 사실혼을 인위적으로 해소할 수밖에 없다는 것은 결코 바람직하지 않을 뿐만 아니라, 일반적인 법감정에도 반하는 것이라고 생각된다.

위에서 잠시 언급한 바와 같이, 사실혼관계가 존속하는 동안 부부가 서로 협력하여 이룩한 재산이 있다면 그 재산은 사실혼 부부의 실질적인 공유재산이라고 보아야 하므로, 사실혼이 해소되는 경우에는 재산형성에 대한 기여도 등을 고려하여 청산되는 것이 마땅하다(이것은 원래 각자에게 속한 실질적인 공유지분을 각자에게 귀속시킨다는 성질을 갖는 것이다). 또한 사실혼의 해소로 인한 부부재산관계의 청산이라는 점에서 본다면, 사실혼이 생전에 해소된 경우와 일방의 사망에 의해서 해소된 경우에 본질적인 차이가 있을 수 없다. 이렇게 볼 때, 사실혼이 일방의 사망에 의해서 해소된 경우에도 부부재산관계의 실질에 부합하는 청산이 이루어져야 한다는 주장은 충분히 설득력이 있다고 생각된다. 다만, 사실혼의 해소 후에 재산관계가 구체적으로 어떤 방식으로 청산되어야 하는가, 혹은 생존한 사실혼 배우자를 보호하기 위한 방법으로 어떠한 것이 있는가 등의 구체적인 문제와 관련하여서는 다양한 의견이 있을 수 있다. 아래에서는 먼저 이와 관련된 기존의 논의(해석론 및 입법론)를 살펴보고, 이어서 필자 개인의 의견을 제시하고자 한다.

1. 기존의 논의

(1) 사실혼이 일방의 사망으로 해소된 경우에도 재산분할청구권을 인정하자는 견해

사실혼이 일방의 사망으로 인하여 해소된 경우에 판례가 생존배우자에 대하여 재산분할청구권을 인정하지 않는 이유는 간단하다. 법률혼이 부부 일방의 사망으로 인하여 해소된 때에도 생존배우자에게는 상속권만이 인정되고 재산분할청구권은 인정되지 않는데, 사실혼이 일방의 사망으로 인하여 해소된 경우에 생존한 사실혼 배우자에게 재산분할청구권을 인정한다면 이는 사실혼을 법률혼보다 더 우대하는 결과가 되어 부당하다는 것이다. 이에 대해서 사실혼이 사망으로 해소된 경우에도 생존한 사실혼 배우자에게 재산분할청구권을 인정해야 한다는 견해[6]는 다음과 같은 반론을 제기한다: 법률혼이든 사실혼이든 부부가 공동생활을 하면서 공동의 협력으로 형성한 재산은 부부 일방의 명의로 되어 있다고 해도 부부의 실질적인 공유재산이라고 보아야 하고, 혼인이 해소될 때에는 재산형성에 대한 기여도 등을 고려하여 부부재산관계의 실질에 부합하는 청산을 하는 것이 타당하다. 법률혼이 생전에 이혼 등으로 해소되는 경우에는 재산분할청구제도에 의하여 부부재산관계의 청산이 이루어지고, 일방의 사망으로 해소되는 때에는 생존배우자는 상속을 통하여 상속재산(사망한 배우자의 명의로 되어 있는 재산)에 대한 자신의 기여를 보상받게 된다. 이에 반하여 사실혼에 있어서는 생전 해소의 경우에는 재산분할청구가 인정되어 실질적인 부부재산관계에 따른 청산이 이루어지지만, 일방의 사망으로 인하여 해소된 때에는 생존한 사실혼 배우자는 공동의 협력으로 이룩한 재산에 대해서 청산을 받을 수 있는 길이 없다(즉, 피상속인 명의로 되어 있는 재산 중 자신의 실질적인 공유지분을 받지 못한다). 법률혼이 사망으로 해소되는 경우에는 상속에 의하여 부부재산관계의 청산이 이루어지므로, 별도로 재산분할청구권이 인정되지 않아도 큰 문제가 없지만, 사실혼이 일방의 사망으로 해소된 경우에는 어떤 방식으로도 부부재산관계의 청산이 이루어지지 않으므로 생전 해소의 경우와 비교해 볼 때 균형이 맞지 않는다. 이러한 불균형한 상태를 조정하기 위해서는 사실혼이 일방의 사망으로 인하여 해소된 경우에도 재산분할청구를 인정할 필요가 있다. 사실혼이 일방의 사망으로 해소된 경우에 상속권을 갖지 못하는 생존배우자의 재산분할청구를 허용한다고 해도 이는 법률혼과 다른 방식으로 부부재산관계의 청산을 인정하는 것에 지나지 않으며, 특별히 사실혼을 우대하는 것이라고 볼 수는 없다. 오히려 사실혼이 일방의 사망으로 인하여 해소된 경우에는 상속을 통한 부부재산관계의 청산이 이루어지지 않으므로, 이를 보완하는 수단으로서 재산분할청구를 인정하는 것이 법률혼과의 형평에 부합한다.

이 견해의 이론적 기초에 대해서 기본적으로 동의하지만, 이 견해에 따를 경우 다음과 같은 문제가 발생할 여지가 있다. 예를 들어서, 평생을 해로한 법률혼 부부의 일방이 사망한 경우 피상속인이 유언을 하지 않았다면 법정상속이 개시되는데, 자녀의 수가 많을수록 배우자의 상속분은 줄어들게 된다. 배우자의 상속분은 자녀가 3명인 경우에는 3/9, 4명인 경우에는 3/11이 된다. 만약 생존배우자가 상속개시 이전에 이

6) 박인환, 사망에 의한 사실혼의 해소와 재산분할의 유추, 가족법연구 제21권 3호(2007), 169면 이하.

혼을 하고 재산분할청구를 했더라면 이 보다 더 많은 비율의 재산을 분할 받을 수도 있었을 것이다. 그러나 사망으로 상속이 개시된 경우 생존배우자는 재산분할청구를 할 수 없으므로, 법정상속분에 만족할 수밖에 없는데, 이는 결과적으로 생존배우자에게 불리한 결과가 될 수도 있다. 만약 사실혼이 일방의 사망으로 인하여 해소된 경우에 생존한 사실혼 배우자에게 재산분할청구권이 인정된다면, 경우에 따라서는 재산분할을 받은 사실혼 배우자가 상속을 받은 법률혼 배우자보다 더 많은 재산을 받게 될 가능성도 배제할 수 없다(A라는 법률혼 부부와 B라는 사실혼 부부가 똑같이 40년간 부부공동생활을 유지하다가 남편이 사망하여 부부관계가 해소되었고, 처는 가사노동에만 종사한 경우에 A 법률혼 부부에게 자녀의 수가 많다면, 법정상속을 받는 법률혼의 배우자보다 재산분할을 받은 사실혼 배우자가 더 유리하게 될 가능성이 있다). 생존한 사실혼 배우자에게 재산분할청구권을 인정할 경우에 이러한 결과가 발생한다면, 이는 도리어 법률혼부부를 차별하는 것이 되어 부당하다. 사실혼이 일방의 사망으로 인하여 해소된 경우에도 생존배우자에게 재산분할청구권을 인정해야 한다고 주장하는 입장에서는 이러한 문제점에 대한 보완책을 강구할 필요가 있을 것이다.

(2) 재산법적 이론구성에 의해서 해결하자는 견해

이 견해[7]에 의하면, 사실혼부부가 사실혼 존속 중에 공동의 협력으로 형성한 재산은 설령 일방의 명의로 되어 있다고 해도 실질적으로는 사실혼 부부의 공유재산으로 보아야 하므로, 일방의 사망으로 인하여 사실혼이 해소되는 경우에는 재산법상의 공유물 분할이나 부부간의 명의신탁 해지의 방법을 통하여 생존한 사실혼 배우자에게 그 실질적인 지분을 귀속시킬 수 있다고 한다. 이 견해에 대해서는 다음과 같은 문제점이 지적될 수 있다: 사실혼이 일방의 사망으로 인하여 해소된 경우에 이 견해에 따라서 부부재산관계를 청산한다면, 현재 판례의 태도에 비추어 볼 때, 사실혼이 존속하는 동안 가사노동에만 종사한 사실혼 배우자(대부분의 경우 처)의 경우에는 공유지분이 인정될 가능성이 거의 없으며, 따라서 부부재산관계의 청산도 기대하기 어렵다. 현재 판례는 부부가 혼인 중에 협력하여 마련한 재산이라도 원칙적으로 명의자로 되어 있는 부부 일방의 특유재산으로 본다는 태도를 취하고 있다. 다만 재산을 취득할 때, 다른 일방이 대가를 부담한 경우와 같이 구체적인 기여를 했다고 인정되는 경우에는 특유재산의 추정이 번복되어 부부 쌍방의 공유나 다른 일방의 소유로 볼 수 있는 여지가 있다고 한다. 반면에 배우자의 가사노동이나 내조의 공은 구체적인 기여로 볼 수 없으므로, 명의자의 특유재산이라는 추정을 번복시킬 수 있는 근거가 될 수

7) 김상준, 혼외가족의 법률문제, 민사판례연구 제18권(1996), 536면 이하; 손승온, 사실혼관계 해소와 관련한 문제점, 가정법원사건의 제문제(법원자료 101집), 359면 이하; 지원림, 사실혼에 관한 약간의 비판적 고찰, 가족법연구 제22권 3호(2008), 488면 이하.

없다고 한다.[8] 이와 같은 판례의 법리는 사실혼에도 그대로 적용되고 있다.[9] 이러한 판례의 태도에 따른다면, 사실혼이 존속하는 동안 가사노동에만 종사한 사실혼 배우자는 상대방 배우자의 명의로 되어있는 재산에 대하여 공유지분을 가질 수 없다. 따라서 상대방 배우자의 사망으로 인하여 사실혼관계가 해소되었을 때, 공유물의 분할을 주장한다고 해도 법원은 이를 받아들이지 않을 것이다. 결국 재산법적 이론구성에 의해서 문제를 해결하려고 한다면, 가사노동에만 종사한 사실혼 배우자는 보호를 받을 수 없다는 한계가 있다(반면에 생존한 사실혼 배우자에게 재산분할청구권이 인정된다면, 가사노동에만 종사한 사실혼 배우자도 재산분할을 받을 수 있게 된다. 재산분할심판에 있어서는 가사노동의 가치가 인정되기 때문이다). 혼인이 이혼 등으로 해소될 때 이와 같은 재산법적 이론구성에 의해서 문제를 해결할 수 있었다면(즉, 실질적인 부부재산관계에 부합하는 청산이 가능했다면), 1990년 민법개정 당시 재산분할청구권제도가 신설될 필요도 없었을 것이다. 당시 민법개정에 의해서 재산분할청구권제도가 새롭게 도입된 이유는 바로 이와 같은 재산법적 이론구성의 한계를 극복하고 가사노동에만 종사한 배우자에 대해서도 기여에 따른 보상을 가능하게 하려는 데 있었다고 볼 수 있다. 재산법적 이론구성이 이러한 한계를 극복하지 못한다면, 사실혼이 일방의 사망으로 해소된 경우에 생존한 사실혼 배우자를 보호하는 방법으로서 미흡하다는 비판을 피하기 어려울 것이다.

(3) 부양청구권의 인정에 의해서 해결하자는 견해

이 견해[10]는 사실혼이 일방의 사망에 의해서 해소된 경우에 생존한 사실혼 배우자가 사망한 사실혼 배우자의 상속인에 대하여 부양청구권을 행사할 수 있도록 하자는 것이다.[11] 이러한 주장에 대해서는 다음과 같은 문제를 제기할 수 있다. 우선, 사망한 사실혼 배우자의 상속인이 생존한 사실혼 배우자를 부양할 의무가 있는가하는 문제가 제기될 수 있다. 생존한 사실혼 배우자가 사망한 사실혼 배우자의 상속인에 대하여 부양청구권을 갖는다는 것은 사망한 사실혼 배우자의 상속인(이하 '상속인'이라고만 한다)이 생존한 사실혼 배우자에 대하여 부양의무를 부담한다는 것을 전제로

---

8) 대법원 1990. 10. 23. 선고 90다카5624; 대법원 1995. 10. 12. 선고 95다25695; 대법원 2007. 4. 26. 선고 2006다79704.

9) 대법원 1994. 12. 12. 선고 93다52068은 "사실혼관계에 있는 부부의 일방이 사실혼 중에 자기명의로 취득한 재산은 그 명의자의 특유재산으로 추정되나, 실질적으로 다른 일방 또는 쌍방이 그 재산의 대가를 부담하여 취득한 것이 증명된 때에는 특유재산의 추정은 번복되어 그 다른 일방의 소유이거나 쌍방의 공유라고 보아야 할 것이다"라고 판시하고 있다.

10) 윤진수, 사실혼 배우자 일방이 사망한 경우의 재산문제, 저스티스 통권 제100호(2007), 36면 이하.

11) 이 견해는 사실혼이 일방의 사망으로 인하여 해소된 경우 생존한 사실혼 배우자에게 원칙적으로 부부재산관계의 청산을 위한 청구권을 인정하지 않는다는 입장이다. 다만, 생존한 사실혼 배우자가 상대방 배우자의 재산형성에 현저한 기여를 한 경우에는 이를 고려할 수 있다고 한다.

하는 것이다. 생존한 사실혼 배우자와 상속인 사이에 친자관계가 없는 때에는(예컨대, 사망한 사실혼 배우자의 법률혼 관계에서 자녀가 태어나고, 법률혼이 해소된 후 사실혼 관계를 형성한 경우) 이들 사이는 혈족도 아니고 인척에도 해당되지 않으므로, 친족관계에 기초한 부양의무가 있다고 볼 수는 없다.12) 그러므로 피상속인(사망한 사실혼 배우자)이 생전에 상대방 배우자에 대하여 부담하고 있던 부양의무가 상속인에게 상속되었다는 것을 전제로 하지 않는다면, 생존한 사실혼 배우자가 상속인에 대하여 부양청구권을 갖는다는 이론구성은 불가능하다. 그렇다면 상속인이 이와 같은 부양의무를 상속하는가에 대해서 살펴볼 필요가 있다. 이와 관련하여 먼저 재산분할의무 중에서 부양적 요소에 해당하는 부분이 상속되는가의 문제를 검토한 다음, 일반적인 부양의무의 상속성에 관하여 살펴본다.

일반적으로 재산분할청구권은 부부재산관계의 청산적 요소와 사후 부양적 요소로 나누어지는 것으로 이해되고 있으며, 이 중 청산적 요소는 상속이 되지만, 부양적 요소는 상속이 되지 않는 것으로 설명되고 있다.13) 이와 마찬가지로, 재산분할의무도 일반적으로 청산적 요소를 갖는 부분과 부양적 요소를 갖는 부분으로 나누어 볼 수 있고, 이 중에서 부부재산관계의 청산적 요소에 해당하는 부분의 상속성은 인정하지만, 부양적 요소에 해당하는 부분의 상속성은 부정하는 것이 일반적인 견해이다.14) 부부재산관계의 청산적 요소에 해당하는 부분은 재산적 성격을 갖는 것이므로 상속성을 인정해도 무방하나, 부양적 요소는 인격(구체적으로는 당사자 사이의 친족관계나 유대관계)과 관련된 측면이 강하므로, 일신전속적인 성격을 갖는 것으로 보아야 하기 때문이다. 위의 견해는 재산분할의무 중에서 청산적 요소에 해당하는 부분도 상속되지 않는다는 입장을 취하고 있는데,15) 재산적 성격을 갖는 청산적 요소의 상속성을 부정하면서 인격적 성격이 강한 부양적 요소의 상속성을 전제로 하여 입법론을 구성하는 것은 논리적으로 이해하기 어렵다.

재산분할의무 중에서 부양적 요소에 해당하는 부분이 상속되지 않는 것과 같은

---

12) 민법 제974조(부양의무) 다음 각 호의 친족은 서로 부양의 의무가 있다.
1. 직계혈족 및 그 배우자간 2. (1990.1.13 삭제) 3. 기타 친족간(생계를 같이 하는 경우에 한한다)

13) 다수설, 김주수 · 김상용, 친족상속법(2008), 241면; 박동섭, 친족상속법(2006), 221면; 박병호, 가족법(1991), 137면 이하; 한봉희, 가족법(2007), 177면.

14) 김주수, 주석 민법, 친족 2(2002), 132면; 황경웅, 재산분할청구권의 상속성, 중앙법학 제9집 제2호(2007), 493면.

15) 윤진수, 앞의 글, 33면. "사실혼 배우자 일방이 사망한 경우에까지 재산분할청구를 인정한다면 입법자의 의사나 민법의 체계와는 너무 괴리되는 것이다." 즉, 사실혼이 일방의 사망으로 해소된 경우에는 재산분할청구권을 인정하지 않는 것이 타당하다고 한다. 이 의견에 의하면, 생존한 사실혼 배우자에게는 재산분할청구권이 인정되지 않고, 그 반면으로서 사망한 사실혼 배우자의 상속인에게는 재산분할의무가 상속되지 않는다. 이와 같이 재산분할의무의 상속성을 전반적으로 부정한다면, 재산분할의무 중에서 큰 비중을 차지하는 청산적 요소의 상속성도 당연히 부정된다.

이유에서 부양의무의 상속성은 일반적으로 인정되지 않는다고 보아야 한다.[16] 예를 들어서 父가 동생과 생계를 같이 하면서 부양하다가 사망한 경우, 그 자녀인 상속인들이 피상속인인 父의 부양의무를 상속하여 그의 동생을 부양해야 할 의무가 있다고 볼 수는 없을 것이다(물론 상속인과 父의 동생 사이에는 친족관계가 있으므로, 생계를 같이 하는 때에는 부양의무가 인정될 수 있는 가능성이 있으나, 이는 법률규정에 의한 것이며 부양의무의 상속과는 관계가 없다).

피상속인이 생전에 부양하고 있었던 친족에 대해서도 상속인이 당연히 부양의무를 지는 것으로 이론구성을 할 수 없는데(위의 예에서 父의 동생과 상속인은 3촌인 혈족관계이다), 하물며 상속인과 아무런 친족관계도 없는 생존한 사실혼 배우자에 대한 부양의무를 상속인에게 부담시킨다는 것은 친족 간의 부양을 원칙으로 하는 현행법체계와 조화될 수 없다.

나아가 부양의무를 인정할 때에는 당사자 간의 유대관계가 중요한 요소로 고려되는데,[17] 생존한 사실혼 배우자와 상속인 사이에 아무런 인간적 관계가 없거나 혹은 서로 적대적 관계에 있다면, 이런 경우에 상속인에게 생존한 사실혼 배우자에 대한 부양의무를 인정할 수 있을지는 의문이 아닐 수 없다.

물론 이 견해는 입법론이므로, 현행법체계에 따른 이론구성과는 무관하게 제시될 수 있다는 반론이 제기될 수도 있을 것이다.[18] 그러나 민법에 새로운 규정을 신설하고자 한다면, 이는 원칙적으로 현행민법체계와 조화를 이룰 수 있어야 한다고 생각한다(즉, 기존의 법체계와 정합성이 있어야 하며, 전체법체계를 혼란시키는 요소가 있으면 곤란하다). 생존한 사실혼 배우자와 상속인 사이에 친족관계도 존재하지 않고, 상속인이 피상속인(사망한 사실혼 배우자)의 부양의무를 상속하는 것도 아니라면, 상속인이 자기 고유의 의무로서 생존한 사실혼 배우자에 대하여 부양의무를 부담해야 한다는 의미로 이해된다. 그러나 설령 상속인에게 그러한 고유의 의무를 인정하는 법규정을 신설한다고 해도, 이를 뒷받침할 수 있는 이론적인 근거를 찾기는 어렵다고 생각한

---

16) 金云淏, 채무상속, 상속법의 제문제(재판자료 제78집), 685면 이하. "부양의 의무는 협의나 심판에 의해 그 구체적 내용이 확정된 경우라 할지라도 상속되지 않는다 할 것이다. (중략) 단, 구체적 내용이 확정된 부양의 의무 중에 이행기가 도래한 遲延扶養料債務는 통상의 금전채무 그 자체이기 때문에 상속된다."; Staudinger/Frank(2000), § 1615 Rn. 4; Rauscher, Familienrecht(2.Aufl. 2008), S. 829; Lange/Kuchinke, Lehrbuch des Erbrechts(4. Aufl. 1995), S.91. 독일민법 제1615조(부양청구권의 소멸)는 이를 명문으로 규정하고 있다.

17) 김주수 · 김상용, 친족상속법(2008), 448면.

18) 필자가 2009년 7월 민사판례연구회에서 이 글을 발표하였을 당시 윤진수 교수는 "생존한 사실혼 배우자가 사망한 사실혼 배우자의 상속인에 대하여 부양청구를 하는 것이 아니라, 상속재산에 대해서 부양청구를 한다는 의미로 이해하면 좋을 것이다"는 취지의 발언을 하였다. 그러나 현행법상 상속재산은 독립된 법인(재단법인)을 구성하는 것이 아니고 상속인의 공유에 속하는 것이므로, 권리의무의 주체가 될 수 없는 상속재산에 대해서 부양청구를 한다는 것은 입법론으로서도 역시 무리가 따른다고 생각된다.

다. 위의 견해는 이 문제와 관련하여 다음과 같이 설명하고 있다. "부양을 필요로 하는 사람이 부양을 받아야 한다는 것은 인간으로서의 기본적인 생존을 위한 최소한의 요구이며, 어떤 면에서는 재산상의 손실을 입었기 때문에 이를 보상받아야 한다는 것보다 더 절실한 문제라고 할 수 있다. 물론 이러한 부양청구권을 인정한다면, 상속인이나 수유자 등 상속재산에 대하여 이해관계를 가진 다른 사람들의 이익을 침해하는 면이 있으나, 이러한 정도의 사실혼 배우자에 대한 배려는 위와 같은 이해관계인도 용인하여야 할 최소한의 것으로서 사회통념상 받아들일 수 있는 것이고 결코 무리한 요구라고는 할 수 없을 것이다." 이러한 설명은 윤리적인 관점에서는 충분히 수긍할 수 있는 것이지만, 상속인에게 생존한 사실혼 배우자를 부양해야 한다는 법률상의 부양의무를 강제해야 할 법리상의 근거를 제시하는 데에는 미치지 못한 것으로 보인다. 이와 같은 설명방식에 따르면, 상속인은 피상속인의 사실혼 배우자뿐만 아니라 생전에 피상속인이 부양하던 사람 누구에 대해서나 부양의무가 있다는 논리가 성립할 수 있다. 물론 사실혼 부부 사이에는 부양의무가 인정되므로, 생전에 피상속인이 부양의무와 무관하게 임의로 부양했던 사람들과는 다르다는 반론이 있을 수 있으나, 어차피 부양의무가 상속되지 않는다고 본다면, 상속인의 입장에서는 생존한 사실혼 배우자나 피상속인이 생전에 임의로 부양하던 사람(예컨대 친구의 자녀)이나 차이가 없다.

현행민법체계 내에서 이론적으로 뒷받침될 수 없는 입법론은 설득력이 떨어진다는 비판을 받을 수 있으므로, 가능하면 피하는 것이 바람직하다고 본다.

2. 대안[19] – 사망으로 혼인이 해소되는 경우에도 부부재산관계의 청산을 인정하는 방안

(1) 법률혼이 생전에 해소된 경우와 사망으로 인하여 해소된 경우의 불균형

사실혼이 일방의 사망에 의하여 해소되는 경우에는 재산분할청구권이 인정되지 않으므로 부부재산관계의 청산이 전혀 이루어지지 않는 데 비하여, 법률혼이 부부 일방의 사망으로 해소되는 때에는 생존배우자가 상속인이 되므로, 부부재산관계의 청산이라는 점에서 문제가 없는 것처럼 보일 수도 있다. 즉, 법률혼이 생전에 해소될 때에는 재산분할청구에 의하여 부부재산관계가 청산되고, 사망으로 해소되는 경우에는 재산분할은 할 수 없지만 그 대신 상속을 통해서 부부재산관계의 청산이 이루어지므로, 생전 해소의 경우와 사망에 의한 해소의 경우에 불균형이 생기지 않는다고 볼 수도 있다. 그러나 재산분할청구권과 상속은 본래 그 성질이 다르며, 사망으로 인한 혼

19) 이 부분 중 많은 분량은 김상용, 자녀의 유류분권과 배우자 상속분에 관한 입법론적 고찰, 민사법학 특별호(제36호) 우리 민법학은 지금 어디에 서 있는가?(2007), 685면 이하에서 일부 발췌한 것임.

인해소 시 상속이 재산분할청구권의 기능을 전적으로 대체할 수 있는 것도 아니다.

재산분할제도는 부부가 혼인 중에 공동의 협력으로 형성한 재산을 부부의 실질적인 공유재산으로 본다는 전제에서 출발한다.[20] 상대방 배우자의 명의로 재산을 취득하는데 대금을 부담한 경우와 같이 직접적인 기여를 한 경우뿐만 아니라, 가사와 자녀양육에 전념한 경우에도 간접적으로 재산형성에 기여를 한 것으로 평가되며, 그에 따라 혼인 중에 상대방 배우자의 명의로 취득한 특유재산에 대하여 실질적인(혹은 잠재적인) 공유지분을 갖는 것으로 본다.[21] 그러므로 이혼 시 재산분할은 무상의 증여와는 성질이 다르며, 본래 부부 각자에게 속해 있던 것을 혼인의 해소를 계기로 각자에게 귀속시킨다는 의미를 갖는다. 이혼으로 인하여 혼인이 해소될 때에는 재산분할을 통하여 각자의 몫을 각자에게 귀속시킴으로써 부부 사이의 실질적 공유관계가 청산되는 반면, 사망으로 인한 혼인해소의 경우에는 이와 같은 방식으로 부부재산관계가 청산되지 않는다. 배우자의 사망으로 혼인이 해소된 경우에는 생존배우자는 다른 공동상속인과 함께 피상속인인 배우자의 재산을 상속할 뿐이며, 사망한 배우자(피상속인)의 재산에 대하여 실질적인 공유지분에 따른 청산을 요구할 수 없다. 이런 경우 상속재산에는 사망한 배우자(피상속인)의 재산뿐만 아니라, 생존배우자의 재산도 포함되어 있다고 볼 수 있는데, 경우에 따라서 생존배우자는 피상속인의 재산에 대하여 자신이 갖는 실질적인 공유지분보다 더 적은 몫을 상속분으로 받을 수도 있다. 예를 들어서 갑과 을이 법률혼 부부로서 50년간 해로하다가 남편 갑이 사망한 경우에 만약 을이 재산분할청구를 할 수 있다면(아내 을이 가사와 자녀양육을 전담했던 전업주부였다고 해도), 갑의 명의로 되어 있는 재산 중에서 50% 정도를 재산분할로 받는 것이 가능하다.[22] 그러나 갑과 을 사이에 4명의 자녀(A, B, C, D)가 있다면, 을의 법정상속분은 3/11이 되므로 재산분할의 비율로서 인정될 수 있는 것보다 적다. 오늘날 자녀(직계비속)가 부모의 재산(상속재산)의 형성에 기여하는 경우가 드물다는 점을 고려해 볼 때, 자녀가 상속인으로서 받는 상속분은 형식적으로는 물론 실질적으로도 피상속인의 재산이라고 할 수 있다(거기에 더하여 피상속인의 배우자의 실질적인 공유지분이 상속

---

20) 대법원 1993. 5. 11.자 93스6 결정: "재산분할제도는 부부가 혼인 중에 취득한 실질적인 공동재산을 청산·분배하는 것을 주된 목적으로 한다": 헌재결 1997. 10. 30. 96헌바14: "경험칙상 혼인 중 형성되는 재산의 상당부분은 부부 쌍방의 협력에 의하여 이루어지는 것이 틀림없음에도 소유명의는 어느 일방에 귀속되어 있는 경우가 많은데, 재산분할제도는 바로 위와 같은 경우 부부의 실질적 공유재산을 청산한다는 데에 그 본질이 있다."

21) 헌재결 1997. 10. 30. 96헌바14: "재산분할의 본질은 실질적인 부부공동재산의 청산에 있으므로 재산분할에 의하여 분할되는 재산은 사실상 재산취득자의 소유에 지나지 아니하고, 재산분할에 의한 자산이전은 공유물의 분할 내지 잠재화되어 있던 지분권의 현재화에 지나지 않는다."

22) 전주혜, 재산분할에 관한 판결례 분석, 가사재판연구 I(2007), 305면 이하의 조사결과에 의하면, 재산분할사건 중 50% 이상의 재산분할비율을 인정한 사례가 전체의 약 40%에 이른다.

재산과 분리되지 않는 결과, 실질적으로는 생존배우자에게 속하는 재산도 상속재산에 포함되어 직계비속에게 상속될 수 있다). 반면에 피상속인의 배우자는 실질적인 피상속인의 재산으로부터는 거의 상속을 받지 못하고, 자신의 실질적인 공유지분에 상당하는 부분을 상속분으로 받거나(예컨대 공동상속인의 수가 적은 경우), 경우에 따라서는 자기의 실질적인 공유지분에도 미치지 못하는 부분을 상속분으로 받게 된다. 배우자가 상속재산의 일부를 구성하는 자기의 실질적인 공유지분을 제외하고 실질적인 피상속인의 재산(순 상속재산)으로부터 상속을 받을 수 있을 때, 배우자와 다른 공동상속인 사이에 형평이 실현된다고 볼 수 있을 것이다.

부부재산관계의 청산이라는 면에서 볼 때, 이혼에 의해서 혼인이 해소되는 경우와 사망으로 인하여 혼인이 해소되는 경우 사이에 차이가 생기는 것은 합리적인 이유에 의해서 설명되기 어렵다.[23] 부부가 혼인 중에 취득한 재산을 형식적인 소유명의에 관계없이 실질적인 부부의 공유재산으로 보는 데 동의한다면, 이혼에 의해서 혼인이 해소되는 경우뿐만 아니라 사망으로 인하여 혼인이 해소될 때에도 부부 사이의 실질적인 공유관계를 청산하여 원래 각자에게 속한 것을 각자에게 귀속시키는 것이 논리적으로 일관된다고 할 수 있다.[24] 이혼으로 인하여 혼인이 해소될 때와는 달리 사망으로 인한 혼인해소 시에는 부부재산관계의 청산을 생략한다면, 생존배우자의 지위가 이혼 시 배우자의 지위보다 불리하게 될 수 있다. 반면에 다른 공동상속인들은 피상속인의 재산에 더하여 실질적으로 생존배우자에게 속한 재산 위에도 상속분을 가지게 되므로, 부당한 이득을 보는 결과가 된다. 이혼으로 인한 혼인해소 시와 사망으로 인한 혼인해소의 경우에 부부재산관계의 청산과 관련하여 차이가 나는 점은 분할청구의 상대방이 달라진다는 점이다. 이혼의 경우에는 상대방 배우자에 대하여 분할을 청구하는 데 반하여, 사망으로 인한 혼인해소 시에는 생존배우자는 다른 상속인(생존배우자를 제외한 공동상속인, 예를 들면 피상속인의 직계비속)에 대하여 분할을 청구하여야 한다. 여기서 생존배우자와 다른 상속인 사이의 분쟁이 우려될 수 있고, 나아가 증명, 분할비율과 관련하여 복잡한 문제가 생길 수 있다는 비판이 제기될 수 있다.[25] 그러나 현행법에 의하더라도 상속재산의 분할은 공동상속인 간의 협의에 의하도록 되어 있고, 협의가 되지 않는 경우에는 당사자의 청구에 의하여 법원이 정하도록 되어 있으므로(민법 제1013조), 부부재산관계의 청산도 이와 같은 방식으로 처리할

23) Strätz, Gesetzliches Erbrecht und Pflichtteilsrecht, FamRZ 1998, 1558.

24) 같은 취지 조미경, 영국 무유언상속법상의 배우자상속분, 가족법연구 제13호(1999), 416면 이하; 박종용, 배우자상속권의 강화에 관한 연구, 가족법연구 제16권 제2호(2002), 251면 이하; 최금숙, 현행민법상 상속인규정에 관한 재검토, 가족법연구 제18권 제1호(2004), 101면 이하; 이은정, 법정상속인에 대한 재검토, 가족법연구 제18권 제2호(2004), 246면.

25) 윤진수, 앞의 글, 35면 이하.

수 있을 것으로 생각된다(실제로 부부재산관계의 청산과 상속재산분할협의는 동시에 이루어질 가능성이 높다). 다만, 사실상의 문제로서 재산을 더 많이 가지려는 상속인이 있는 경우 상속인 간에 분쟁이 발생할 가능성이 있는데, 이러한 문제는 현행법 하에서도 얼마든지 벌어질 수 있다. 부부재산관계의 청산을 생략하고, 법정상속에 의해서 상속이 이루어지는 현재의 법체계에서도 당사자들 사이에 상속재산분할협의가 되지 않아서 분쟁이 생기는 경우는 피할 수 없다. 요컨대 문제는 상속인들의 태도에 달려 있다고 볼 수 있다. 생존배우자와 그 외의 공동상속인들이 상속재산을 분할하는 과정에서 합리적인 태도를 보인다면, 어느 방식에 의하더라도 큰 문제없이 재산을 분할할 수 있을 것으로 생각된다. 반면에 생존배우자와 다른 상속인 사이에 친자관계가 없는 경우와 같이 상속재산을 둘러싼 다툼이 예상될 수 있는 때에는 현행법에 의해서 상속재산을 분할하는 경우에도 분쟁이 발생할 수 있다. 이렇게 본다면, 생존배우자와 상속인 사이의 분쟁이나 절차의 복잡함이 우려된다고 하여도, 그것이 사망으로 인한 혼인해소 시 부부재산관계의 청산을 생략해야만 하는 결정적인 이유가 될 수는 없을 것이다.

이러한 점들을 고려해 볼 때, 배우자의 사망으로 인하여 혼인이 해소되는 경우에도 부부재산관계를 청산하도록 하고,[26] 배우자의 상속분을 자녀와 균분으로 하되 최소한 1/3(또는 1/4)을 보장하는 방식을 대안으로서 생각해 볼 수 있다.[27] 이와 같은 규정이 도입된다면, 혼인기간이 길었던 부부의 경우에는 생존배우자가 우선 피상속인의 재산 중 대략 절반 정도를 부부재산관계의 청산으로서 분할 받게 될 것이고(피상속인의 재산 중 상당 부분이 혼인 중에 취득한 재산이라고 전제할 때), 나머지 재산에 대해서는 상속인으로서 자녀와 동등한 상속분을 가지게 된다(자녀가 3명이 넘는 경우에는 자녀의 수와 관계없이 1/3의 상속분이 인정된다). 혼인기간이 짧았던 부부의 경우에는 혼인 중에 부부의 협력으로 형성한 재산이 많지 않을 것이므로, 부부재산관계의 청산으로서 피상속인의 재산에서 분할을 받을 수 있는 지분이 거의 없을 수도 있다. 이런 경우에는 생존배우자는 공동상속인과 더불어 균분상속을 하는 것으로 만족할 수밖에 없다. 그러나 혼인기간이 짧았던 경우에는 이러한 결과가 오히려 형평에 맞는 것이라고 생각된다.

---

26) 혼인 중에 증가한 재산의 절반을 분할하는 것을 원칙으로 하되, 구체적인 사정에 따라 가감할 수 있는 것으로 한다. 부부가 혼인 중에 취득한 재산은 부부공동의 노동과 협력에 의한 것이고, 혼인공동체의 유지를 위한 부부의 노동은 동일한 가치로 평가하는 것이 타당하므로, 혼인이 종료하는 경우 부부의 일방은 원칙적으로 다른 일방이 혼인 중에 취득한 재산의 절반에 대해서 분할을 청구할 수 있도록 하는 것이다. 2006년에 법무부가 마련한 개정안은 이러한 취지를 반영하여 제839조의 2 제2항 후단에 "당사자 쌍방의 협력으로 이룩한 재산은 균등하게 분할함을 원칙으로 한다"는 규정을 추가하는 것으로 되어 있었다.

27) 이와 유사한 방식을 취하는 외국의 입법례에 관하여는 말미에 첨부하는 자료를 참고하시오.

(2) 법률혼 해소시의 부부재산관계 청산에 관한 규정을 사실혼 해소에 유추적용하는 방안

위에서는 법률혼이 생전에 해소되는 경우와 사망에 의해서 해소되는 경우의 불균형을 시정하기 위한 하나의 대안을 제시하였는데, 이에 따르면, 혼인이 부부 일방의 사망에 의해서 해소되는 경우 생존배우자가 우선 부부재산관계의 청산으로서 사망한 배우자의 재산에 대하여 분할을 청구할 수 있으며, 이 부분을 제외한 나머지 재산이 상속재산이 되어 공동상속인 사이에서 분할된다. 만약 이러한 취지의 규정이 신설된다면, 사실혼이 일방의 사망으로 인하여 해소되는 경우에도 그 규정을 준용 또는 유추적용함으로써 사실혼이 생전에 해소되는 경우와의 불균형을 시정할 수 있을 것으로 생각된다. 그렇게 될 경우 생존한 사실혼 배우자는 상속재산에 포함되어 있는 자신의 실질적인 공유지분을 확보할 수 있고, 상속인은 생존한 사실혼 배우자의 지분을 제외한 나머지 재산(순 상속재산)에 대해서만 상속분을 갖게 되므로 공평한 결과가 실현될 수 있다. 그러나 생존한 사실혼 배우자에게는 상속권이 인정되지 않으므로, 사실혼을 법률혼과 동등하게 취급한다거나 또는 법률혼보다 우대한다는 비판에서도 자유로울 수 있다.

Ⅵ 맺음말

판례에 의하면, 사실혼이 생전에 해소되는 경우에는 재산분할에 의한 부부재산관계의 청산이 가능한 것과는 달리, 일방의 사망으로 인하여 해소되는 경우에는 재산분할청구가 허용되지 않으므로 부부재산관계의 청산이 이루어지지 않는다. 사실혼 해소의 원인에 따라 이러한 불균형이 생기는 것은 바람직하지 않을 뿐만 아니라, 정당화될 수 있는 합리적인 이유도 없으므로 이는 어떤 방법으로든 시정되어야 할 것이다.

한편, 사망으로 인하여 혼인관계가 해소되는 경우에 부부재산관계의 청산이 이루어지지 않아서 발생하는 불균형의 문제는 비단 사실혼에만 국한되는 것은 아니다. 법률혼이 부부 일방의 사망으로 해소되는 경우에도 본질적으로는 동일한 문제가 생길 수 있다. 물론 법률혼의 경우에는 생존배우자가 상속권을 가지므로, 상속을 통하여 어느 정도의 범위에서 부부재산관계의 청산이 이루어진다고 볼 수도 있다. 그러나 부부가 혼인 중에 공동의 협력에 의하여 형성한 재산을 부부의 실질적인 공유재산이라고 본다면, 혼인이 생전에 해소되는가 혹은 사망에 의해서 해소되는가에 관계없이 혼인의 해소를 계기로 하여 각자에게 자신의 실질적인 지분을 귀속시키는 것이 논리적으로 일관된다고 생각된다. 법률혼이 부부 일방의 사망으로 인하여 해소되는 때에는 이와 같은 부부재산관계의 청산절차를 생략하기 때문에 쉽게 납득하기 어려운 결과

에 이르기도 한다. 즉, 배우자와 사별할 때까지 해로하다가 상속을 받는 경우와 비교하여, 생전에 혼인관계를 해소하고 재산분할청구를 하는 것이 재산상으로 보면 더 유리한 결과가 될 수도 있다. 이러한 불합리한 점을 해결하기 위해서는 법률혼이 부부 일방의 사망으로 해소되는 때에도 생전 해소의 경우와 같이 부부재산관계의 청산을 허용하는 것이 바람직하다.

사실혼 부부이든 법률혼 부부이든 혼인 중에 서로 동거, 부양, 협조하고 공동의 노력으로 재산을 형성한다는 점에서는 본질적인 차이가 없다. 현재 판례가 사실혼이 생전에 해소되는 경우에 (법률혼이 생전에 해소되는 경우에 적용되는) 재산분할청구에 관한 규정을 유추적용하는 것도 이러한 이유에서 설명될 수 있다. 한편, 부부가 혼인 중에 공동의 협력으로 이룩한 재산이 있다면, 이는 혼인의 해소원인과 관계없이 혼인의 해소를 계기로 청산되는 것이 논리적으로 일관된다. 따라서 법률혼이 생전에 해소되는 경우에 재산분할청구에 의해서 부부재산관계의 청산이 가능한 것과 마찬가지로, 사망으로 인하여 해소되는 때에도 우선 부부재산관계의 청산이 이루어질 수 있도록 허용하고 남은 상속재산을 공동상속인 사이에서 분할하는 것이 형평에 맞는다고 생각된다. 만일 민법개정에 의해서 법률혼이 사망으로 해소되는 경우에 이와 같은 방식으로 부부재산관계의 청산을 허용하는 규정이 신설된다면, 이를 사망으로 인한 사실혼 해소의 경우에도 준용 또는 유추적용할 수 있을 것이고, 이렇게 함으로써 사실혼이 생전에 해소된 경우와 사망으로 해소된 경우 사이에 발생하는 불균형을 시정할 수 있을 것이다.

현재 판례의 태도에 의하면, 사실혼이든 법률혼이든 사망으로 인하여 해소되는 경우에는 부부재산관계의 청산이 이루어질 수 없으므로, 생전에 해소되는 경우와 비교하여 불리하게 되는 결과를 피할 수 없다. 법률혼이 부부 일방의 사망으로 인하여 해소되는 경우에도 부부재산관계의 청산을 가능하게 하는 법규정을 마련하고, 이를 사망으로 인한 사실혼 해소의 경우에 준용 또는 유추적용한다면, 법률혼이나 사실혼이 사망으로 해소되는 경우에 발생할 수 있는 불균형의 문제를 통일적으로 해결할 수 있을 것이다. 대상판결에서 생존한 사실혼 배우자 을은 사실혼이 사망으로 해소되는 경우에는 재산분할을 받을 수 없다는 긴박감 속에서 서둘러 사실혼의 해소를 주장하고 위독한 상태에 있는 상대방 배우자 갑에 대하여 재산분할청구를 한 것으로 보인다. 장래에 민법개정을 통하여 위에서 제시한 바와 같은 해결방식이 현실화된다면, 사실혼관계에 있는 배우자가 상대방 배우자의 임종을 앞둔 힘든 상황에서 사실혼의 해소를 주장하며 재산분할심판청구를 해야만 하는 곤혹스러운 상황은 더 이상 발생하지 않을 것으로 기대된다.

[참고자료]

사망으로 인한 혼인해소 시 부부재산관계의 청산과 배우자 상속에 대한 비교법적 고찰

1. 스위스

스위스민법이 규정하는 법정부부재산제의 특징은 다음과 같이 설명될 수 있다. 부부는 혼인 전부터 가지고 있던 고유재산과 혼인 중에 취득한 특유재산을 원칙적으로[28] 각자 사용, 수익, 처분한다(스위스민법 제201조 제1항). 또한 채무에 대해서도 각자의 재산으로 책임을 진다(스위스민법 제202조). 이혼이나 배우자 일방의 사망으로 인하여 혼인이 해소된 때에는 부부 각자가 혼인 중에 취득한 재산의 액수[29]에서 채무를 공제한 후 남은 재산을 혼인 중에 취득한 재산으로 보고, 부부 쌍방이 각각 혼인 중에 취득한 재산의 가액을 더한 다음 이를 절반으로 분할한다(스위스민법 제215조 제1항). 다른 말로 표현하면, 혼인 중에 더 많은 재산을 취득한 부부 일방의 재산가액에서 다른 일방의 재산가액을 공제한 후, 그 차액의 절반을 혼인 중에 재산의 취득이 적었던 다른 일방에게 지급하는 것이다[30](예를 들어서 갑이 혼인 중에 취득한 재산이 2억이고, 을이 혼인 중에 취득한 재산이 3억이라면, 을은 3억에서 2억을 뺀 1억의 절반, 즉 5천만원을 갑에게 지급하여야 한다).

배우자 일방의 사망으로 혼인이 해소된 때에는 부부재산제에 따른 재산관계의 청산이 상속에 우선하여 이루어진다. 부부재산관계의 청산이 끝난 후 남은 재산에 대하여 피상속인의 배우자는 또한 상속인으로서 상속분을 갖는다(스위스민법 제462조). 배우자의 법정상속분은 직계비속과 공동으로 상속할 때에는 상속재산의 1/2이며, 피상속인의 부모와 공동으로 상속할 때에는 상속재산의 3/4이다. 예를 들어서 피상속인 갑에게 배우자 을과 직계비속 병, 정이 있고, 갑의 재산으로는 혼인 전부터 가지고 있

---

28) 이러한 원칙에는 일정한 제한이 가해진다. 즉, 부부 각자의 고유재산이나 특유재산이라 할지라도 일정한 경우에는 처분에 제한이 가해질 수 있다. 예를 들어서 가족생활의 근거가 되는 주택의 임대차계약을 해지하거나 그와 같은 주택을 매각처분하는 경우 등에는 배우자의 동의가 필요하다(스위스민법 제169조).

29) 고유재산(혼인 전부터 가지고 있던 재산 및 혼인 중에 상속, 증여 등을 통하여 무상으로 취득한 재산)은 청산에서 제외되나(스위스민법 제198조 제2호), 고유재산으로부터 생긴 과실은 청산의 대상이 된다(스위스민법 제197조 제2항 제4호). 그러나 고유재산의 가격상승분(예컨대 혼인 전부터 소유하고 있던 부동산의 가격상승)은 분할의 대상이 되지 않는다. 부부의 모든 재산은 반증이 있을 때까지 혼인 중에 취득한 재산으로서 분할의 대상이 되는 것으로 추정된다(스위스민법 제200조 제3항).

30) 혼인 중에 취득한 재산의 가액이 적은 부부의 일방이 다른 일방에 대해서 갖는 분할청구권은 금전채권이다.

던 고유재산 1억과 혼인 중에 취득한 재산 3억이 있으며, 을은 혼인 중에 취득한 재산이 없다고 할 때, 을은 우선 부부재산관계의 청산으로서 갑이 혼인 중에 취득한 재산(3억)의 절반인 1억 5천만원의 분할을 청구할 수 있다. 을이 재산분할을 받고 남은 재산, 즉 갑이 혼인 중에 취득한 재산 중에서 분할 후에 남은 1억 5천만원과 갑의 고유재산 1억을 합친 2억 5천만원이 상속재산이 되며, 이에 대하여 을은 1/2(1억 2천 5백만원)의 상속분을 갖는다. 병과 정은 상속재산에 대하여 각각 1/4씩의 상속분을 갖는다.

스위스민법에 의하면 부부재산관계의 청산과 관련하여 배우자의 사망으로 인하여 혼인이 해소되는 경우와 이혼으로 혼인이 해소되는 경우 사이에 아무런 차이가 없다. 따라서 생존배우자가 혼인 중에 취득한 재산의 가액이 피상속인이 혼인 중에 취득한 재산가액보다 큰 경우에는 생존배우자가 그 차액의 1/2을 우선 피상속인의 재산에 더해야 하며, 이렇게 하여 합산된 재산이 상속재산이 된다. 즉, 이런 경우에는 상속인이 생존배우자에 대하여 부부재산관계의 청산에 관한 청구권을 갖는다[31](예를 들면 피상속인 갑이 혼인 중에 취득한 재산가액이 1억이고, 생존배우자 을이 혼인 중에 취득한 재산의 가액이 3억이라면, 을은 1억((3억−1억) × $\frac{1}{2}$)을 피상속인 갑의 재산에 더해야 하며, 이렇게 하여 합산된 가액 2억이 상속재산이 된다).

2. 스웨덴

스웨덴에서도 배우자의 사망으로 인하여 혼인이 해소되는 경우 우선 부부재산관계가 청산되고, 남은 재산이 상속의 대상이 된다. 스웨덴의 법정부부재산제는 기본적으로 위에서 본 스위스의 법정부부재산제와 유사한 구조를 가지고 있다.[32] 즉, 혼인 중에는 부부가 각자 자기의 고유재산과 특유재산을 관리, 처분할 수 있고, 채무에 대해서도 각자 자기의 재산으로 책임을 진다(스웨덴혼인법 제1장 제3조). 혼인이 해소되는 경우(이혼이나 사망에 의한 해소)에 비로소 부부재산관계의 청산을 위한 청구권이 생기며, 부부가 혼인 중에 취득한 재산은 물론 혼인 전부터 가지고 있던 재산도 분할의 대상이 된다. 부부 각자가 혼인 전부터 가지고 있던 재산과 혼인 중에 취득한 재산을 합산한 후 채무를 공제하여 각자의 재산가액을 확정한 다음, 부부 쌍방의 재산가

31) "부부의 일방 또는 그 상속인은 다른 일방이 혼인 중에 취득한 재산의 절반에 대하여 분할청구권을 갖는다"는 스위스민법 제215조 제1항 규정은 생존배우자가 혼인 중에 취득한 재산가액이 피상속인의 그것보다 더 큰 경우를 고려한 것이라고 볼 수 있다.

32) 노르웨이, 덴마크, 핀란드 등의 북구제국도 스웨덴과 유사한 법정부부재산제를 채택하고 있다. Boström, Familienerbrecht und Testierfreiheit in Schweden und anderen skandinavischen Ländern, in: Familienerbrecht und Testierfreiheit im europäischen Vergleich(2001), S. 253. 다만, 노르웨이에서는 배우자가 혼인 전부터 가지고 있던 재산과 혼인 중에 상속, 증여 등을 통하여 무상으로 취득한 재산은 청산의 대상이 되지 않는다.

액을 합하여 절반으로 분할한다(스웨덴혼인법 제7장 제1조-제3조, 제10장 제1조-제4조, 제11장 제1조-제3조).

배우자의 사망으로 인하여 혼인이 해소되는 경우에 생존배우자는 일방적인 의사표시에 의하여 부부재산관계의 청산을 거절할 수 있다. 이런 경우 생존배우자는 피상속인의 재산에 대하여 분할청구권을 갖지 않는다(즉, 이런 경우에는 피상속인의 재산이 전부 상속재산이 된다). 생존배우자의 재산가액이 피상속인의 재산가액보다 클 때에 부부재산관계의 청산이 이루어진다면, 결국 상속인(예컨대 피상속인의 직계비속)이 생존배우자를 상대로 하여 분할청구권을 행사하게 될 것이므로, 생존배우자에게 불리한 결과가 된다. 스웨덴혼인법은 생존배우자에게 부부재산관계의 청산여부를 결정할 수 있는 권리를 부여함으로써 부부재산관계의 청산이 생존배우자에게 불리하게 작용할 수 있는 가능성을 아예 차단한 것이다.[33]

부부재산관계의 청산 후 남은 재산은 상속재산이 되는데, 피상속인(예를 들어 父)에게 유족으로서 생존배우자(母)와 자녀(피상속인과 생존배우자의 친생자 및 양자)가 있는 경우 생존배우자는 단독상속인이 된다. 피상속인의 자녀는 생존배우자인 母가 사망한 후에야 비로소 父가 남긴 상속재산에 대한 상속권을 갖게 된다(그 전에는 유류분도 갖지 못한다).[34] 그러나 피상속인의 자녀와 생존배우자 사이에 친자관계가 존재하지 않는 경우에는(피상속인의 자녀가 생존배우자의 자녀가 아닌 경우, 즉 생존배우자가 계모나 계부인 경우), 피상속인의 자녀는 상속개시와 동시에 상속권을 취득한다.[35]

3. 그리스

그리스의 법정부부재산제 역시 위에서 본 스위스, 스웨덴의 법정부부재산제와 기본적으로 유사한 구조를 가지고 있다. 즉, 혼인 중에는 별산제가 유지되며, 혼인이 해소될 때 비로소 부부재산관계의 청산에 관한 청구권이 발생한다. 청산의 대상이 되는 재산은 혼인 중에 부부가 협력하여 형성한 재산으로 한정된다.[36] 혼인해소 시 부부의 일방은 원칙적으로 다른 일방이 혼인 중에 형성한 재산의 1/3에 대하여 분할청구권을 갖는다. 그러나 부부 일방이 다른 일방의 재산형성에 이보다 더 많이 기여했다든가 혹은 더 적게 기여했다는 사실이 입증되면, 이에 따라 재산분할의 비율이 증감될 수 있다.[37]

---

33) Boström, Familienerbrecht und Testierfreiheit in Schweden und anderen skandinavischen Ländern, in: Familienerbrecht und Testierfreiheit im europäischen Vergleich(2001), S. 252.

34) 母는 남편(즉 자녀의 父)으로부터 상속받은 재산을 유언에 의해서 처분할 수 없다.

35) 스웨덴상속법 제3장 제1조.

36) 가사와 육아도 재산형성을 위한 기여로서 인정되지만, 복권당첨금은 배우자의 기여와 무관한 것이므

사망으로 혼인이 해소되는 경우 생존배우자는 부부재산관계의 청산으로서 피상속인이 혼인 중에 형성한 재산 중에서 자기의 기여에 상당하는 부분(법률규정에 의해서 1/3로 추정된다)에 대하여 분할청구권을 갖는다. 생존배우자는 상속인(예를 들어 피상속인의 자녀)에 대하여 분할청구권을 행사할 수 있다(반면에 상속인에게는 이러한 분할청구권이 인정되지 않으므로, 생존배우자를 상대로 하여 분할청구를 할 수 없다). 부부재산관계의 청산 후 남은 재산(상속재산)에 대하여 생존배우자는 또한 상속인으로서 참여한다. 배우자의 법정상속분은 직계비속과 공동으로 상속하는 경우에는 상속재산의 1/4이며(그리스민법 제1813조), 그 외의 친족(예를 들어 배우자의 부모)과 공동으로 상속할 때에는 1/2이다(그리스민법 제1814조).

예를 들어서 피상속인이 전재산을 혼인 중에 취득한 경우라면, 생존배우자는 우선 피상속인의 재산 중 1/3(4/12)에 대하여 분할청구권을 갖는다(이 비율은 구체적인 사정에 따라 증감될 수 있다). 피상속인의 유족으로 배우자와 자녀가 있다면, 배우자는 상속재산에 대하여 또한 1/4의 상속분을 갖는다. 여기서의 상속재산은 피상속인의 재산 중 배우자의 지분(부부재산관계의 청산으로 분할되는 부분, 즉 4/12)을 공제한 나머지이므로, 피상속인의 재산 중 8/12이 된다. 따라서 배우자의 상속분은 2/12가 된다(8/12×1/4). 결과적으로 배우자는 부부재산관계의 청산으로서 4/12를, 상속분으로서 2/12를 받게 되어 합계 6/12, 즉 피상속인의 재산 중 절반을 받게 되는 것이다.[38]

〈민사판례연구 XXXII(2010) 수록〉

로 청산의 대상에 포함되지 않는다. Vlassopoulou, Rechtsprechung zum Zugewinnausgleich nach griechischem Recht, in: Henrich/Schwab(Hrsg.), Eheliche Gemeinschaft, Partnerschaft und Vermögen im europäischen Vergleich(1999), S. 115. 1989년 아테네 항소법원은 전업주부의 노동가치는 가사사용인의 그것과 비교할 수 없는 것이라고 하면서, 夫가 혼인 중에 형성한 재산의 1/2에 대하여 분할을 인정하였다.

37) 그리스민법 제1400조-1402조. Bergmann-Ferid, Internationales Ehe-und Kindschaftsrecht, Band III, sub. Griechenland, S. 22f.

38) Papantoniou, Die Auswirkungen des Zugewinnausgleichs auf das Erbrecht, FamRZ 1988, 685.

제 3 장

상 속

10. 자녀의 유류분권과 배우자 상속분에 관한 입법론적 고찰
    – 유류분상실제도의 신설과 배우자 상속분의 증가 문제를 중심으로 –
11. 사실혼 배우자의 상속권에 관한 시론(試論)

10. 자녀의 유류분권과 배우자 상속분에 관한 입법론적 고찰
- 유류분상실제도의 신설과 배우자 상속분의 증가 문제를 중심으로 -

I 들어가는 말

우리사회에서 민법이 시행된 지 이미 45년이 넘는 세월이 흘렀다. 45년이라는 세월 자체도 짧은 시간이 아니지만, 그동안 우리사회가 변화, 발전해 온 속도를 감안해 본다면 이 기간은 다른 사회에서의 45년과 비교될 수 없는 압축적인 의미를 갖는다. 다른 사회에서 100년, 200년이 넘는 기간 동안 이루어져 왔던 변화 - 산업화와 사회구조의 변화, 그에 따른 가족의 변화 및 시민의식의 변화 - 가 우리사회에서는 불과 수십 년의 기간 동안 급속하게 이루어져 왔기 때문이다. 이 중에서도 특히 상속법 분야에 영향을 미칠 수 있는 대표적인 변화로는 가족구조의 변화와 평균수명의 연장에 따른 인구의 고령화를 들 수 있을 것이다. 민법 시행 이후 45년 동안 이루어진 가족구조와 인구구조의 변화에 비추어 보면, 상속법 자체의 개정은 오히려 적었던 편이라고 볼 수 있다. 특히 이 기간 동안 친족법 분야에서 이루어진 개정의 폭과 깊이를 조명해 볼 때, 상속법 분야에서의 개정은 상대적으로 적었던 것으로 평가할 수 있을 것이다. 그러나 이러한 결과는 상속법 분야의 개정 필요성이 상대적으로 적어서라기보다는 그동안 우리사회에서의 논의가 주로 양성평등에 반하는 법제도를 폐지하는 데 집중되어 있었기 때문일 것으로 풀이된다.

평균수명의 연장은 상속법의 관점에서 본다면, 일반적으로 상속개시의 시점이 늦추어진다는 것을 의미한다. 평균수명이 80세를 바라보는 오늘날 부모의 사망으로 상속이 개시될 때 이미 자녀는 40대에 이른 경우가 많고, 경제적으로 독립하여 부모에 대해서 부양청구권을 갖지 않는 경우가 대부분이다. 한편 평균수명의 연장으로 인하여 부부가 함께 사는 기간은 과거보다 훨씬 길어졌으며, 노후에 부부만 따로 사는 가구가 증가하면서 배우자에 대한 상호의존도가 높아지게 되었다. 사회보장제도가 불충분한 우리사회의 현실에 비추어 볼 때,[1] 부부가 노후에 사별하는 경우 생존배우자

1) 2003년에 65세 이상 인구 중 기초생활보장 수급자는 8.6%였다. 한편, 2004년에 65세 이상 인구 중 공적연금을 받는 비율은 13.9%였다(그 중 11%가 국민연금수급자). 통계청, 고령자통계(2005).

(많은 경우 처)는 상속재산이나 자녀의 부양에 의지하여 생활을 유지할 가능성이 높다. 많은 노인들이 노후에도 건강이 유지되는 한 자녀와 독립된 생활을 유지하기를 원하고,[2] 자녀들도 부모와 동거하며 부양하는 것을 점점 부담스럽게 생각하는 현실을 고려해 본다면, 생존배우자의 상속분을 증가시킴으로써 노후생활의 기반을 안정시키는 것이 바람직한 개선방향이라고 생각된다. 한편 부모들은 노후에 독립된 생활을 유지하더라도 자녀와 가까이 살면서 자주 만나기를 원하는 경우가 대부분이고,[3] 또 언젠가는 질병과 고령 등으로 인하여 독립된 생활을 포기하고 자녀들에게 의지해야 되는 때가 올 수 있다. 노후에 부모가 정서적 · 신체적으로 어려운 상황에 처하여 자녀의 도움을 필요로 하게 되었을 때, 성실하게 부모에 대한 자신의 의무를 다하는 자녀가 있는가 하면, 무관심과 냉대로 일관하는 자녀도 있을 수 있다. 이런 경우에 부모는 자신을 헌신적으로 봉양한 자녀에게 더 많은 재산을 주겠다는 생각을 가질 수 있고, 이러한 의사가 유증으로 표현될 수 있다. 유증에 의해서 상속에서 배제된 자녀는 유류분권리자로서 유류분 반환청구를 할 수 있는데, 이러한 경우에 자녀에게 유류분권을 인정할 필요가 있는지에 대해서는 검토가 필요하다고 생각된다. 유류분제도의 존재의의에 비추어 볼 때, 이미 경제적으로 독립하여 부모에 대해서 부양청구권을 갖지 않는 자녀에게 무조건 유류분을 인정할 필요는 없다는 주장이 제기될 수 있으며, 경우에 따라서는 피상속인의 유언의 자유를 확대하여 자녀의 유류분을 제한 또는 상실시키는 것이 타당하다는 의견도 제시될 수 있다.

아래에서는 우리사회의 변화 – 특히 가족구조의 변화와 인구의 고령화 – 에 비추어 볼 때 상속법 분야에서 특히 토론이 필요하다고 생각되는 주제, 즉, 유류분상실제도의 도입과 배우자상속분의 증가문제에 대하여 논의를 이어가고자 한다.

Ⅱ 상속제도 및 유류분제도의 존재이유

1. 상속제도의 근거[4]

상속제도에 대해서는 역사적으로 많은 비판이 있었다. 그 비판의 중요한 논거로

---

2) 신화경, 예비 여성 노인의 노후생활계획에 관한 연구, 한국주거학회논문집 제14권 제4호(2003), 33면에 소개된 설문조사결과에 의하면, 노후에 부부가 따로 살거나 혼자서 살고 싶다는 답변이 83.4%를 차지하고 있다. 반면에 자녀와의 동거를 희망한다고 답변한 비율은 13.2%에 지나지 않았다.

3) 신화경(각주 2), 34면에 게재된 설문조사결과에 의하면, 주 1회 이상 자녀와 만나고 싶다는 응답의 비율이 52%, 1달에 한번 정도 만나고 싶다는 비율이 31%로 나타나 있다.

4) 김용욱, 현대 상속법의 근거에 관한 소고, 한국가족의 법과 역사(1996), 793면 이하; 김주수 · 김상용,

서는 상속이 불로소득의 성격을 갖는다는 점과 상속제도로 인하여 인간의 불평등이 심화된다는 점이 주로 제기되었다. 이러한 이유에서 상속제도의 폐지가 주장되기도 하였으나,[5] 상속제도는 사유재산제와 불가분의 관계에 있으며, 사유재산제가 존재하는 한 상속제도의 폐지는 불가능하다는 것이 역사적으로 증명되었다. 또한 생산수단에 대한 사적 소유와 상속을 폐지했던 사회주의 국가에서도 개인의 소유물에 대해서는 소유권과 상속을 인정하고 있었다. 소련에서는 혁명 직후인 1918년에 상속법을 폐지하였으나, 1922년부터 다시 상속법을 도입하기 시작하였다. 동독에서도 개인의 소유물(예를 들면 임금, 저축예금, 개인적인 사용물품, 주택과 대지 및 휴양을 위한 별장 등)에 대한 상속은 인정되고 있었다.

사유재산제에서 경제생활의 동력을 찾는 자본주의 사회에서 상속제도가 인정되는 것은 당연하다. 그러나 자본주의 사회에서도 상속제도가 가지는 부정적인 측면을 완전히 외면할 수는 없었으므로, 상속세를 통하여 이러한 문제를 완화하려는 시도를 해왔다.

상속제도가 갖는 일부 부정적인 기능에도 불구하고 오늘날까지 존속하고 있다는 사실은 상속제도가 사회적으로 필요한 제도이며, 또 그 나름의 정당성을 가지고 있다는 것을 보여준다. 상속제도의 존재이유는 전통적으로 다음과 같은 측면에서 설명되어 왔다.

첫째, 상속이 개시되면, 피상속인의 배우자와 직계비속 등의 근친이 상속인으로서 상속재산을 승계하게 되는데(법정상속제도), 이와 같은 사람들을 법정상속인으로 규정하여 상속을 인정하는 이유는 피상속인의 사후에 유족의 부양을 보장하기 위한 것이다(사후 부양의 기능).

둘째, 상속재산은 피상속인 개인뿐만 아니라, 배우자나 그 밖의 가족의 공동의 협력에 의하여 형성된 경우가 많을 것이라고 전제하고, 상속의 개시를 계기로 상속재산의 형성에 따른 기여를 청산할 필요가 있다는 것이다(잠재적 공유관계의 청산).

셋째, 피상속인에게 속한 재산은 피상속인 사후에 누구에게인가 귀속되어야 하는데, 피상속인의 생전에 긴밀한 관계에 있던 배우자나 친족에게 승계되는 것이 타당하며(피상속인이 유언을 하였다면, 이들에게 재산을 유증하였을 것으로 추측된다), 이보다 더 합리적인 대안을 찾기 어렵다.[6]

친족 · 상속법(2006), 499면 이하; 상속제도의 헌법적 근거에 관한 논문으로는 윤진수, 상속제도의 헌법적 근거, 헌법논총 제10집(1999년), 173면 이하.

5) 그 대표적인 것이 1848년의 공산당 선언이다. 그러나 마르크스는 생산수단의 사유화와 상속을 반대하였을 뿐이며, 개인이 노동에 의해서 취득한 재산에 대한 소유권과 상속까지 부정한 것은 아니었다. Marx/Engels, Das kommunistische Manifest(1848), MEW Bd. 4, S. 475.

6) MünchKomm/Leipold, BGB(1997), Einleitung Rn. 10.

넷째, 사람이 사망하는 경우에 피상속인에게 속한 재산상의 권리의무(특히 채권채무관계)가 상속되지 않는다면, 경제생활관계에 심각한 혼란이 발생하게 될 것이다.[7)]

2. 유류분제도의 근거

민법은 사적 자치의 원칙의 연장선상에서 유언의 자유를 인정하고 있는데, 이에 따라 피상속인은 법정상속(법정상속인, 법정상속분)과 다르게 자유로이 자신의 재산을 처분할 수 있다. 유언에 의하여 법정상속인이 상속에서 배제될 수도 있고, 상속인의 범위에 속하지 않은 사람이 상속재산을 증여받을 수도 있다(유증은 법정상속에 우선한다). 피상속인에게 유언의 자유가 인정되는 결과, 법정상속인이 모두 상속에서 배제되는 경우도 생길 수 있다. 그러나 이러한 결과는 법정상속제도를 인정한 취지에 정면으로 반하는 것이다. 피상속인의 배우자와 가까운 친족에게 상속권을 인정한 이유는 무엇보다도 피상속인 사후에 이들에 대한 부양을 보장하기 위한 것인데, 피상속인이 유언에 의하여 자유로이 재산을 처분한 결과 유족들에게는 아무런 재산도 남지 않게 된다면 이들의 생계가 위협을 받을 수 있기 때문이다. 이런 경우 유족에 대한 부양기능을 첫 번째로 내세우는 법정상속제도의 취지는 상실되지 않을 수 없다.

유언자유의 원칙과 법정상속 사이에 존재하는 이와 같은 모순을 해결하기 위하여 도입된 제도가 바로 유류분제도이며, 이러한 의미에서 유류분제도는 유언자유의 원칙과 법정상속제도의 절충안이라고 정의될 수 있다.[8)] 이렇게 볼 때, 유류분제도의 근거는 상속제도의 근거와 본질적으로 차이가 없다고 할 수 있다. 즉, 일정한 범위의 상속인에 대해서는 피상속인의 재산 중 일정한 비율을 확보할 수 있게 함으로써 피상속인의 사후에도 생계의 기초를 유지할 수 있도록 배려하는 것이다.[9)] 그러나 유류분은 피상속인의 유언의 자유를 제한하는 제도이므로, 합리적인 범위 내에서만 그 정당성이 인정될 수 있다. 즉, 상속인에게 유류분을 인정해야 할 필요가 전혀 없는 경우에까지 무조건 유류분을 보장하는 것은 합리적인 이유없이 유언의 자유를 침해하는 결과가 될 수 있다는 뜻이다.

---

7) Papantoniou, Die soziale Funktion des Erbrechts, AcP 173(1973), 389.

8) Frank, Erbrecht(2005), S. 270.

9) 1977년 민법개정 당시 국회의 법안심사과정에서도 "현행법상 유언절대자유의 원칙에 따른 무사려한 유증으로 부양가족의 생활을 곤란케 할 위험이 있"다는 점을 들어 유류분제도의 도입필요성을 인정하고 있다. 제98회 국회 제28차 본회의 1977년 12월 17일 회의록 제23호 부록, 30-46면 참조. 1977년 민법개정안의 초안 작성에 참여했던 金疇洙 교수(당시 민법개정안 초안 작성에는 이태영 변호사, 김주수 교수, 김용한 교수, 박병호 교수, 한봉희 교수가 참여하였다)도 "유족들의 공헌의 산물이라고 볼 수 있는 상속재산의 일부에 대하여 상속인이 취득하여야 할 권리를 인정하여야 하며, 피상속인의 자력으로 생계를 유지하여 오던 생계능력이 없는 유족에 대한 사회정책적인 혜택이 인정되어야 한다는 점에서 유류분제도의 신설은 타당하다고 본다"는 의견을 제시하였다. 家族法의 改正私案과 立法 · 改正의 경과, 한국가족법과 과제(1993), 970면.

아래에서는 우리사회의 변화, 특히 인구구조의 변화를 살펴보고, 변화한 사회현실에 비추어 볼 때, 자녀에 대한 유류분의 인정이 여전히 전통적인 설명방식에 의해서 정당화될 수 있는가에 대해서 검토해 보려고 한다. 이어서 자녀에 대하여 예외없이 유류분을 인정하는 현행민법의 태도에 문제가 있다면, 유류분에 관한 규정이 앞으로 어떤 방향으로 개선되어야 할 것인지에 대해서도 논의를 전개하고자 한다.

Ⅲ 자녀의 상속권(유류분권)에 대한 검토

1. 평균수명의 연장과 자녀의 상속권(유류분권)

위에서 본 상속제도 및 유류분제도의 근거에 대한 전통적인 설명방식에 대해서는 최근에 들어 적지 않은 의문이 제기되고 있다. 이러한 문제제기를 가능하게 하는 가장 큰 원인은 평균수명의 연장과 그에 따른 인구구조의 변화에서 찾을 수 있다. 1960년 민법시행 당시의 평균수명은 여자 53.7세, 남자 51.1세(평균 52.4세)에 지나지 않았으나, 2003년에는 여자 80.8세, 남자 73.4세(평균 77.5세)로 크게 증가하였다.[10] 평균수명의 연장은 피상속인의 사망으로 인한 상속개시의 시점을 상당히 늦추는 결과로 이어졌으며, 2004년을 기준으로 볼 때, 상속개시 당시 피상속인의 연령이 65세 이상인 경우가 전체의 2/3(66%)를 차지하게 되었다(피상속인의 연령이 45세에서 64세 사이인 비율은 2004년에 전체의 24%였다).[11] 이는 20년 전인 1984년의 49%와 비교해 보아도 상당히 증가한 수치라고 할 수 있다(1984년에는 45세에서 64세 사이에 사망한 비율이 전체 사망 중 31.6%를 차지하였다). 피상속인의 연령이 높아지는 추세는 앞으로 더욱 가속화될 전망이다.[12]

---

10) 연도별 평균수명 추이

	1960	1970	1980	1990	2000	2010	2020
계	52.4	63.2	65.8	71.6	76.5	78.8	80.7
남	51.1	59.8	62.7	67.7	72.8	75.5	77.5
여	53.7	66.7	69.9	75.2	80.0	82.2	84.1

통계청, 장래인구추계(2001. 12) 및 생명표(수록기간 1971-2003).

11) 통계청(kosis.nso.go.kr), 2004년 출생 · 사망통계결과(출생 · 사망신고에 의한 집계), V. 참고통계표, 7. 성 · 연령별 사망자수.

12) 2005년 현재 총인구 중 65세 이상 인구가 차지하는 비율은 9.3%(4,365,000명)이다. 우리사회는 2000년에 65세 이상 인구비율이 7.2%에 이르러 '고령화사회'에 진입했으며, 2018년에는 이 비율이 14.3%가 되어 '고령사회'에 들어설 것으로 전망된다. 나아가 지금으로부터 20년 후인 2026년에는 65세 이상 인구의 비율이 20.8%가 되어 '초고령사회'에 도달할 것으로 예상된다. 통계청, 고령자통계(2005) 및 2005 인구주택총조사 전수집계결과(인구부문) 참조.

이와 같이 피상속인의 평균 연령이 높아짐에 따라 상속개시 시 자녀의 연령도 상당히 높아지게 되었다. 즉, 상속개시 당시 자녀의 연령이 이미 30-40대에 이른 경우가 전체 상속건수 중 상당한 비율을 차지하게 된 것이다. 이러한 경우 자녀들은 이미 직업에 필요한 교육을 이수한 후 경제력을 갖추고 독립하여 생계를 유지하고 있는 경우가 대부분이라고 할 수 있다. 따라서 전통적으로 상속제도의 중요한 기능으로 인정되었던 피상속인 사후의 부양의 필요성은 더 이상 존재하지 않는 경우가 보통이다. 또한 오늘날에는 부모가 재산을 형성하는 데 자녀가 기여하는 경우는 찾아보기 어려우므로, 상속의 근거를 상속재산의 형성에 따른 기여의 청산이라는 측면에서 구하는 관점에서 보아도 자녀의 상속권은 그 정당성을 찾기 어렵다. 그러나 일반적으로 피상속인의 자녀는 생전에 피상속인과 긴밀한 유대관계에 있었던 사람이라고 볼 수 있으므로, 이러한 관계 자체에서 자녀에 의한 상속의 정당성이 인정될 수 있다.[13] 그러므로 피상속인이 유언을 하지 않은 경우(이런 경우는 피상속인이 법정상속에 동의한 것이라고 볼 수 있다)에는, 설령 자녀에 대한 부양의 필요성이 존재하지 않고, 또 자녀들이 상속재산의 형성에 기여한 바가 없다고 해도 법정상속인으로서 피상속인의 재산을 상속하는 것은 문제가 없다. 그러나 피상속인이 유언에 의해서 법정상속과 다르게 재산을 처분하겠다는 의사를 표시한 때에는 사정이 달라진다. 예를 들어서 피상속인 갑에게 자녀 을, 병, 정이 있는데, 그 중 을은 갑의 노후에 갑의 근처에 살면서 자주 방문하여 모든 생활의 편의를 보아 주었고, 갑 또한 사망 시까지 을에게 전적으로 의지한 반면, 병과 정은 갑이 노환으로 어려운 상태에 있을 때에도 아무런 관심을 보이지 않은 경우를 생각해 본다. 갑은 사망하기 전에 유언을 하여 자신의 전재산과 다름없는 주택을 을에게 유증하였는데, 갑의 사망 후 유증의 사실을 알게 된 병과 정은 을에 대하여 유류분의 반환을 청구하였다. 이런 경우 정과 병에게 유류분이 인정될 필요성이 있는가에 대해서는 진지한 검토를 요한다. 위에서 본 바와 같이, 유류분제도는 피상속인과 가까운 유족에 대한 사후 부양을 보장하기 위한 장치로서 도입되어, 오늘날까지 유지되고 있다. 그러나 위의 예에서 본 바와 같이, 피상속인 갑의 사망으로 상속이 개시되었을 때 자녀인 병과 정이 이미 40대에 이르러 경제적으로 독립하여 있다면, 이들을 상속재산으로 부양할 필요성은 인정될 수 없다. 보다 엄격히 말한다면 피상속인이 생전에 자녀를 부양하고 있었던 경우에 한하여, 피상속인 사후에도 상속재산에 의한 부양의 필요성이 인정된다고 볼 수 있다.[14] 이렇게 본다면, 갑에 대해서 부

13) Lipp, Finanzielle Solidarität zwischen Verwandten im Privat-und im Sozialrecht, NJW 2002, 2206.

14) 이런 관점에서 본다면, 원칙적으로 부양의무가 없는 형제자매 사이에 유류분을 인정한 민법의 태도에 대해서도 비판적인 검토를 해 볼 필요가 있다고 생각된다. 스위스는 1984년 민법개정에 의하여 형제자매에 대한 유류분을 삭제하였다. Strätz, Gesetzliches Erbrecht und Pflichtteilsrecht, FamRZ 1998, 1565.

양청구권을 가지고 있지 않았던 병과 정에게 유류분을 인정할 근거는 크게 줄어든다. 또한 병과 정이 갑의 상속재산인 주택의 형성에 기여한 것이 없다면(실제로 이런 경우가 대부분이다), 상속재산의 형성에 대한 기여의 청산으로서 유류분을 주장할 근거도 없다.[15] 나아가 피상속인 갑과 병, 정 사이에는 일반적인 친자관계에 다르는 긴밀한 유대관계도 존재하지 않았으므로, 친족관계 그 자체에서 상속권, 나아가 유류분권을 구하는 견해에 의하더라도 을과 병에게는 유류분을 인정해야 할 근거가 희박하다. 그렇다면 이런 경우에는 갑의 유언을 존중하여 병과 정의 유류분권을 인정하지 않는 것이 논리적으로 타당하다는 주장이 제기될 수 있다. 즉, 유류분을 인정해야 할 정당한 이유가 존재하지 않는 경우에는 피상속인의 유언의 자유를 보다 넓게 인정하는 것이 타당하다고 볼 수 있다.

2. 가족구조의 변화와 자녀의 상속권(유류분권)

지난 수십 년간 우리사회를 휩쓴 변화의 물결 속에서 가족도 예외일 수는 없었다. 흔히 '대가족제도의 해체와 핵가족에 의한 대체'로 일컬어지는 가족구조의 변화는 그동안 우리사회에서 일어난 산업구조의 변화와도 깊은 관계가 있다. 과거 농경사회에서는 가족구성원이 모두 협력하여 농업에 종사하는 경우가 많았고, 이런 의미에서 가족은 하나의 생산공동체라고 부를 수 있었다. 또한 이렇게 가족의 공동노동에 의해서 형성된 재산은 가족전체의 재산(家産)이라고 볼 수 있는 여지가 있었다. 이러한 가산의 유지와 증식은 가족공동체의 번영과 직결되는 사항이었으므로, 가산은 가족공동체내에서 승계시키고, 상속에 의해서 분산되지 않도록 하려는 경향이 형성되었다. 주로 조선후기 사회와 일제 강점기에 형성된 이러한 관념은 민법제정 당시에도 반영되어 특히 딸에 대해서는 상속분을 축소시키려는 시도로 귀결되었다. 그러나 산업화의 급속한 진전과 그로 인한 산업구조의 변화[16]는 가족의 구조와 성격에도 직접적 영향을 미치게 되었으며,[17] 그 결과 오늘날의 가족에서는 생산공동체의 성격을 더 이상 찾아볼 수 없게 되었다. 가족은 소비와 휴식, 자녀양육을 위한 공동체의 성격을 가지

---

15) Dauner-Lieb, Pflichtteilsrecht und Pflichtteilsentziehung auf dem Prüfstand, FF 2001, 79.

16) 산업화가 본격적으로 시작되기 이전인 1963년에 농 · 림 · 수산업 등 1차산업 종사자의 비율은 전체 취업인구의 63%를 차지하였는데, 약 36년이 흐른 2005년에는 7.9%(2000년: 10.6%, 1990년: 17.9%, 1980년: 34%, 1970년: 50.4%)로 줄어들었다. 반면에 광 · 공 · 제조업 등 2차산업 종사자의 비율은 1963년에 8.7%에 불과하였으나, 2005년에는 18.6%(2000년: 20.4%, 1990년: 27.6%, 1980년: 22.5%, 1970년: 14.3%)로 증가하였으며, 사무 · 관리직 등 3차산업 종사자의 비율은 같은 기간 28.3%에서 73.5%(2000년: 69%, 1990: 54.5%, 1980년: 43.5%, 1970년: 35.3%)로 뛰어 올랐다. 통계청, 산업별취업자수(2006)

17) 한 가구당 인원수는 1960년에는 5.6명에 이르렀으나, 2000년에는 3.09명으로 감소하였고, 2005년에는 다시 2.87명으로 줄었다. 통계청, 2005 인구주택총조사 잠정집계결과(2006).

게 되었으며, 이와 같이 변화한 가족에서는 가족 전체의 노동에 의하여 형성된 '가산' 이라는 개념은 더 이상 존재하지 않게 되었다(재산증가에 대한 배우자의 기여는 과거에 비하여 높이 평가되고 있으나, 이는 부부 간의 재산관계에 관한 문제이며, 가산이라는 개념과는 무관하다). 만일 직계비속에 대한 법정상속 내지 유류분제도에 최소한의 가산을 직계혈족에게 남기도록 함으로써 혈족 내에서 가산을 보존하도록 하려는 취지가 있다면,[18] 이러한 관념은 이미 시대에 뒤떨어진 것으로서 유류분제도를 지탱하는 근거가 될 수 없다.

Ⅳ 직계비속에 대한 유류분상실(제한)제도의 도입가능성

1. 자녀에 대하여 예외없이 유류분을 인정하는 민법규정에 대한 문제제기

위에서 본 바와 같이, 상속제도(유류분제도)와 관련된 사회적 조건은 최근 수십 년간 크게 변화하였다. 이러한 변화 중에서 특히 주목할 만한 현상은 평균수명의 연장으로 인하여 상속개시 시 자녀의 연령이 상당히 높아졌으며, 이미 경제적으로 독립하고 있는 경우가 많다는 것이다. 피상속인의 사후 유족, 특히 자녀에 대한 부양은 전통적으로 상속법에 주어진 대표적인 사회적 기능으로 인식되어 왔으나, 위와 같은 사회구조의 변화는 상속법의 부양적 기능을 매우 약화시킨 것이 사실이다. 상속재산으로써 피상속인의 자녀를 부양해야 할 필요성이 크게 줄었다는 사실은 자녀들의 유류분을 예외없이 인정해야 할 당위성이 그만큼 약화되었다는 것을 의미한다. 오늘날 부모는 자녀가 교육과정을 마칠 때까지 들어가는 비용을 부담함으로써 부모로서의 부양의무를 이행할 뿐만 아니라, 자녀의 혼인비용 등 자녀의 사회적 독립을 위한 비용을 별도로 지출함으로써 사실상 상속분을 선급하는 경우가 많다. 이와 같이 부모로서의 부양의무를 다한 이후에 부모가 자신의 이성적인 판단에 의하여 재산을 처분하기로 하였다면, 이러한 부모의 의사는 특별한 사정이 없는 한 존중되는 것이 타당하다고 생각된다. 이런 경우에까지 법이 개입하여 더 이상 부양의 필요가 없는 자녀에게 상속재산 중 일정한 부분을 남기도록 강제한다면,[19] 이는 유언의 자유에 대한 지나친 제한이라는 비판이 가해질 수 있다.[20]

18) Lange/Kuchinke, Lehrbuch des Erbrechts(1995), S. 1.

19) 자녀에 대한 부양의 필요가 없는 경우에도 유류분을 보장하는 것은 기껏해야 자녀의 재산을 늘려주는 기능을 하는 데 지나지 않는다.

20) Pintens, Grundgedanken und Perspektiven einer Europäisierung des Familien-und Erbrechts Teil 2, FamRZ 2003, 422.

더구나 부모가 자녀와의 관계를 유지하고자 하였으나, 자녀가 부모를 찾아오지 않아서 관계가 단절되었고, 노후에 부모가 도움이 필요한 때에도 자녀가 이를 외면하였다면, 부모와 자녀의 유대관계 그 자체에서 유류분의 근거를 찾는 이론에 따르더라도 유류분을 인정할 근거는 매우 희박하다. 특히 이런 경우에 자녀 중 한명이 노후에 부모의 곁을 지키면서 헌신적으로 봉양하였고, 부모가 이에 대한 보답으로 자기의 전 재산을 유증하기로 결심하였다면, 이러한 유언은 더욱 존중될 필요가 있다. 이런 경우에 피상속인에게 유류분에 의해서 제한되지 않는 유언의 자유가 보장된다면, 부모는 노후에 자신을 돌보아 준 자녀에게 확실한 보답을 해줄 수 있고, 또한 자녀는 자신의 수고에 대해서 보상을 받게 된다는 확신을 가질 수 있기 때문이다(형제자매로부터 유류분 반환청구를 받을 염려가 없어진다). 노후에 부모를 돌보는 것은 자녀로서의 당연한 도리이며, 그에 대한 대가를 바라지 않는 것이 바람직하다는 생각을 할 수도 있으나, 실제로 부모를 모시고 요양, 간호를 한다는 것은 많은 시간과 수고를 필요로 하는 일이므로 그에 대해서 재산으로써 보상을 받는 것을 부정적으로 볼 이유는 없다. 이와 같은 경우에 유언의 자유와 상속인(경제적으로 독립하여 더 이상 부양의 필요가 없으며, 피상속인과의 유대관계도 소원해진 자녀)의 유류분이 충돌한다면, 유언의 자유를 존중하는 것이 합리적인 판단이라고 생각된다.[21] 즉, 피상속인은 자신이 판단하는 유대관계의 후박(厚薄)에 따라 자기와 긴밀한 관계를 유지한 자녀에게는 재산상의 이익을 주고, 자기와의 관계를 단절한 자녀는 상속에서 배제할 수 있는(혹은 유류분을 감축할 수 있는) 권리를 가지는 것이 타당하다.[22]

그동안 변화한 우리사회의 가족구조를 고려해 볼 때, 자녀에게 일률적으로 유류분을 인정하는 현행민법의 규정은 사회현실에 뒤떨어진 것임을 알 수 있다. 또한 자녀에 대한 획일적인 유류분의 보장은 가족관계의 구체적인 실정에도 반할 수 있다. 만일 일정한 경우에 피상속인이 유언에 의해서 자녀의 유류분을 상실시키거나 제한할 수 있는 가능성이 인정된다면, 이는 변화한 가족구조와 현행법 사이에 존재하는 모순을 완화시키는 데에 기여할 것으로 생각된다.

이어서 유류분권의 상실에 관한 외국의 입법례를 소개하고,[23] 이러한 제도의 도

---

21) Gerken, Zur Familien-und Lebenssituation alter Menschen - Wandel in den Grundlagen des Erbrechts, ZRP 1991, 430.

22) Henrich, Familienerbrecht und Testierfreiheit im europäischen Vergleich, in: Henrich/Schwab (Hrsg.), Familienerbrecht und Testierfreiheit im europäischen Vergleich(2001), S. 384.

23) 우리나라에서도 민법전 제정 당시 유언에 의해서 상속권(호주상속권)을 박탈하는 제도(相續人의 廢除)를 도입하자는 의견이 제시된 바 있다. 정일형의원(외33인)의 民法案中親族相續編修正案의 이유서에는 "제21 相續人의 廢除의 認定"이라는 제하에 다음과 같은 의견이 제시되어 있다. "被相續人에 대하여 虐待를 한다든가 중대한 侮辱을 가한 경우에 그 者의 相續權을 박탈하는 것은 도의상 타당할 것이며, 또 장남이 우매하고 병약하고 혹은 기타 여러 가지 부적당한 결점의 소유자임을 자타가 공인하는 경우 被相續人의 의사로

입가능성에 대해서 논의를 전개하고자 한다.

2. 유류분권 상실에 관한 외국의 입법례와 개정논의

(1) 오스트리아

오스트리아민법에 의하면, 피상속인은 다음과 같은 경우에 자녀의 유류분권을 상실시킬 수 있다.[24] i) 피상속인이 곤경에 처해 있을 때 자녀가 조력을 제공하지 않고 방임한 경우(오스트리아민법 제768조 제2호), ii) 자녀가 고의에 의한 범죄행위로 인하여 무기 또는 20년 이상의 자유형에 처해지는 유죄판결을 받은 경우(오스트리아민법 제768조 제3호). iii) 자녀가 공서양속에 반하는 생활방식을 고수하는 경우(오스트리아민법 제768조 제4호. 예를 들면, 끊임없이 절도행각을 반복하는 경우가 여기에 해당한다[25]). 이외에도 상속결격사유가 존재하는 경우에는 유류분권도 상실되는데, 상속결격사유로는 다음과 같은 것이 있다. i) 상속인이 고의로 피상속인에 대하여 1년 이상의 자유형에 처해질 수 있는 범죄행위를 한 때, ii) 상속인이 피상속인에 대하여 친자관계에서 발생하는 의무를 현저히 해태한 때(이상 오스트리아민법 제540조), iii) 피상속인의 유언에 대하여 부정행위를 한 때(강박으로 유언을 하게 한 경우 등. 오스트리아민법 제542조).

또한 오스트리아민법은 유류분의 감축에 대해서 규정하고 있다(오스트리아민법 제773조의 a). 이에 의하면, 부모와 자녀 사이에 일반적인 친자관계에서 형성되는 유대관계가 존재한 적이 없는 때에는 피상속인의 의사에 의하여 유류분이 절반으로 감축될 수 있다(예를 들면 혼인 외의 자와 생부 사이에 실질적인 친자관계가 형성되지 않은 경

그 者의 相續權을 박탈할 수 있게 하는 것이 一族의 복리와 공서양속의 유지상 필요한 것이다. 그러므로 상속인의 결격사유에 관한 정부안 제998조에서 열거한 사유 즉, 戶主相續人이 고의로 직계존속인 피상속인과 그 배우자 또는 호주상속의 선순위자를 살해하거나 살해를 기도한 경우보다 약간 輕한 경우를 廢除의 法定原因으로 규정함이 可하다. 본수정안의 廢除事由는 대개 이러한 견지에서 규정한 것이다." 구체적인 廢除事由는 다음과 같이 규정되어 있었다.

수정안 제998조의 2 法定推定戶主相續人에게 다음 각 호에 해당하는 사유가 있을 때에는 被相續人은 그 推定戶主相續人의 廢嫡을 法院에 請求할 수 있다.

一. 被相續人에게 虐待 또는 侮辱을 가한 때

二. 질병 기타사유로 인하여 그 職能을 행사할 수 없는 때

三. 家門에 불명예가 되는 범죄로 인하여 刑에 처하여진 때

四. 낭비자로서 家産을 탕진할 염려가 있을 때

五. 기타 정당한 사유가 있을 때

수정안 제998조의 3 被相續人이 遺言으로 推定戶主相續人을 廢嫡할 의사를 표시한 때에는 遺言執行人은 그 遺言의 효력이 발생한 후 지체없이 法院에 廢嫡請求를 하여야 한다. 廢嫡의 決定이 있을 때에는 被相續人의 사망일에 소급하여 그 效力이 생긴다.

이상, 정광현, 한국가족법연구(1967), 부록 131, 139면.

24) 동일한 사유로 배우자나 부모의 유류분권도 상실시킬 수 있다. 여기서 열거한 사유 이외에도 배우자의

우). 그러나 피상속인이 유류분권리자와의 교류를 이유없이 거부한 때에는 유류분을 감축할 수 있는 권리가 인정되지 않는다(오스트리아민법 제773조의 a 제3항. 이 규정은 혼인 외의 자에 대한 차별을 막을 목적으로 신설되어 2001년 7월 1일부터 시행되고 있다[26]).

유류분권의 상실사유가 있다는 증명책임은 상속인[27]에게 있다(오스트리아민법 제771조).

(2) 독일

독일민법은 다음과 같은 사유가 있는 경우, 피상속인이 유언에 의하여 자녀(직계비속)의 유류분권을 상실시킬 수 있다고 규정하고 있다(독일민법 제2333조[28]). i) 직계비속이 피상속인, 피상속인의 배우자, 피상속인의 직계비속을 살해하려고 한 때(독일민법 제2333조 제1호)[29], ii) 직계비속이 피상속인 또는 피상속인의 배우자[30]를 신체적으로 학대한 때(독일민법 제2333조 제2호), iii) 직계비속이 피상속인 또는 피상속인의 배우자에 대하여 범죄행위를 한 때(독일민법 제2333조 제3호), iv) 직계비속이 피상속인에 대한 부양의무를 악의로 이행하지 않은 때(독일민법 제2333조 제4호), v) 직계비속이 피상속인의 의사에 반하여 가족의 명예와 공서양속에 반하는 생활태도를 고수하는 때(독일민법 제2333조 제5호).[31]

피상속인이 직계비속의 유류분권을 상실시키려고 할 때에는 그 취지와 사유[32]를

경우에는 협조의무를 현저히 해태한 것도 유류분권의 상실사유가 된다(오스트리아민법 제762조).

25) Welser in Rummel, § 768 Rz 8.

26) Ferrari, Familienerbrecht und Testierfreiheit in Österreich, in: Henrich/Schwab(Hrsg.), Familienerbrecht und Testierfreiheit im europäischen Vergleich(2001), S. 183.

27) 오스트리아에서는 유언이나 상속계약에 의해서 상속인을 지정하는 것이 가능하며, 이들도 법정상속인과 함께 상속인의 개념에 포함된다.

28) 유류분상실에 관한 독일민법 제2333조에 대해서는 그 범위가 지나치게 좁다는 비판이 가해지고 있다. 피상속인과 자녀 사이에 아무런 유대관계도 남아 있지 않은 경우에도 자녀에게 유류분을 인정하는 것은 유언의 자유에 대한 지나친 제한이며, 따라서 독일민법 제2333조는 위헌이라는 주장이 제기되고 있다. Dauner-Lieb, Pflichtteilsrecht und Pflichtteilsentziehung auf dem Prüfstand, FF 2001, 80.

29) 피상속인을 살해한 경우는 상속결격사유가 되며(독일민법 제2339조 제1항 1호), 상속결격자는 유류분권도 갖지 못한다(독일민법 제2345조 제1항). 독일민법은 이외에도 상속결격사유로서 유언에 대한 부정행위(피상속인의 유언을 방해한 경우, 사기 또는 강박으로 피상속인에게 유언을 하게 한 경우, 유언서의 위조, 변조, 파기 등)를 규정하고 있다(독일민법 제2339조 제1항 2호-4호).

30) 피상속인의 배우자가 가해자인 子의 직계존속인 경우에만 유류분권의 상실사유가 된다. 계모(부)에 대한 子의 신체적 학대는 계모(부)가 그 자를 입양한 경우에 한하여 유류분권의 상실사유가 된다. MünchKomm/Frank, § 2333 Rn. 10.

31) 이 요건에 해당하기 위해서는 일회의 행위만으로는 부족하며, 습벽에 의한 지속적인 생활태도가 요구된다. 예를 들면 도박, 마약, 알코올의 습벽 등이 여기에 해당할 수 있다. MünchKomm/Frank, § 2333 Rn. 15.

32) 유류분권의 상실사유는 유언당시에도 존재하여야 한다(독일민법 제2336조 제2항). 그러나 유류분권의 상실사유에 해당하는 행위가 과거에 있었던 경우에도 피상속인이 이를 용서하지 않은 대에는 그 사유가 유언당시에 존재하는 것으로 본다(독일민법 제2337조). 다만 제2333조 제5호의 경우에는 가족의 명예와 공서

유언서에 기재하여야 한다(독일민법 제2336조 제1항, 제2항). 사유의 기재는 핵심적인 사실관계를 설명하는 것으로 충분하다[33](예를 들면 자녀가 피상속인의 얼굴을 주먹으로 쳤다는 사실을 기재하는 것). 유류분권의 상실사유가 존재한다는 입증책임은 유류분반환청구의 상대방, 즉, 상속인과 수증자에게 있다(독일민법 제2336조 제3항). 피상속인은 자신의 사후에 상속인이 부담하게 될 입증의 어려움을 덜어주기 위한 목적으로 증거보전절차를 신청할 수 있다(독일민사소송법 제485조).[34] 피상속인 사후에 벌어질 유류분상실사유에 관한 다툼을 미연에 방지하기 위하여 피상속인은 생전에 유류분상실사유의 존재여부에 관한 확인의 소를 제기할 수도 있다[35](일정한 경우에는 유류분권리자도 장래의 피상속인을 상대로 하여 이와 같은 확인의 소를 제기할 수 있다[36]).

(3) 그 외의 입법례[37]

체코공화국민법은 제469조의 a에서 직계비속의 유류분상실에 관하여 규정하고 있다. 이에 의하면, i) 피상속인이 질병, 노령 기타 곤경에 처해 있을 때 조력을 제공하지 않은 때, ii) 피상속인에 대하여 직계비속으로서 당연히 가져야 할 관심을 장기간 보이지 않은 때, iii) 고의에 의한 범죄행위로 인하여 1년 이상의 자유형에 처해지는 유죄판결을 받은 때, iv) 공서양속에 반하는 생활방식을 장기간 고수한 때에는, 피상속인은 유언에 의하여 직계비속의 유류분권을 박탈할 수 있다. 피상속인은 유언서에 유류분의 상실사유를 기재하여야 한다. 피상속인은 자녀의 유류분을 상실시키면서 그의 직계비속(손자녀)의 유류분도 상실시킬 수 있다(손자녀에게 유류분상실의 사유가 없는 경우에도 가능하다).[38]

한편, 구동독에서는 피상속인의 배우자에 대해서만 조건없는 유류분권을 인정하고, 자녀, 손자녀, 부모에 대해서는 상속개시 시 피상속인에 대하여 부양청구권이 있는 경우에 한하여 유류분권을 인정하였다(구동독민법 제396조 제1항 2호). 이는 유류분제도의 존재이유가 피상속인 사후의 유족부양에 있다고 보고, 부양을 받을 필요가 있는 유족에 대해서만 유류분을 인정하는 것이 타당하다는 입장에서 비롯된 규정이다.

양속에 반하는 생활태도가 유언당시와 상속개시 시까지 존속하여야 한다(독일민법 제2336조 제4항).

33) BGH, NJW 1964, 549.

34) MünchKomm/Frank, § 2336 Rn. 8; von Dickhuth-Harrach, Ärgernis Pflichtteil? Möglichkeiten der Pflichtteilsreduzierung im Überblick, in: Notar und Rechtsgestaltung. Tradition und Zukunft. Jubiläums-Festschrift des Rheinischen Notariats(1998), S. 200.

35) BGH, NJW 1974, 1084.

36) BGH, NJW 1990, 911ff.

37) 일본의 相續廢除制度에 관하여는 오종근, 상속 결격사유 - 낙태의 경우, 가족법연구 제7호(1993), 287면 참조.

38) Hrusakova,, Familienerbrecht und Testierfreiheit in der Tschechischen Republik, in: Henrich/Schwab(Hrsg.), Familienerbrecht und Testierfreiheit im europäischen Vergleich(2001), 345f.

이러한 구동독민법의 태도는 독일통일 후 독일에서의 유류분 개정논의에 상당한 영향을 미친 것으로 평가된다.[39]

3. 유류분상실제도에 관한 외국에서의 개정논의

유류분제도와 관련된 외국(유럽)에서의 개정논의를 보면, 유류분 자체를 폐지하자는 주장은 찾아보기 어렵고, 유류분의 상실사유를 확대하자는 쪽으로 방향이 모아지고 있음을 알 수 있다.[40] 그러나 유류분의 상실사유를 확대하자는 의견도 부양의 필요가 없는 자녀를 대상으로 하는 것이며, 배우자나 부양의 필요가 있는 자녀에 대해서 유류분의 상실사유를 확대하자는 주장은 찾아보기 어렵다.

유류분상실제도의 개정과 관련된 중요한 견해를 정리해 보면 다음과 같다. 첫째, 상속이 개시되기 전에 상당한 기간 동안(예를 들면 몇 년간) 피상속인과 자녀(유류분권자) 사이에 유대관계가 존재하지 않았고, 이와 같이 관계가 소원해지게 된 책임이 자녀에게 있는 경우에는 피상속인이 당해 자녀의 유류분을 상실시키거나 감축시킬 수 있게 하자는 견해가 상당한 설득력을 얻고 있다.[41] 둘째, 상속개시 시 피상속인에 대하여 부양청구권을 가진 직계비속 등에 한하여 유류분권을 인정하자는 견해도 꾸준히 제기되고 있다.[42]

4. 정리 및 평가 – 유류분상실제도의 신설가능성

상속결격제도만을 두고 있는 우리민법과는 달리 외국의 많은 입법례는 상속결격과는 별도로 유류분의 상실에 관하여 규정하고 있다. 상속결격의 사유가 있는 경우에는 피상속인이 아무런 의사표시를 하지 않아도 당해 상속인의 상속권이 상실될 수 있는 데 반하여,[43] 유류분의 상실사유가 있는 때에는 피상속인이 유언으로써 당해 상속

---

39) Bosch, Familien-und Erbrecht als Themen der Rechtsangleichung nach dem Beitritt der DDR zur Bundesrepublik Deutschland, FamRZ 1992, 999. Bosch 교수는 이러한 구동독민법의 태도를 정당한 것으로 평가하였다.

40) Frank, Grenzen der Adoption(1978), S. 238; Pintens(각주 20), 421ff.

41) Ferrari(각주 26), S. 189; Dauner-Lieb, Pflichtteilsrecht und Pflichtteilsentziehung auf dem Prüfstand, FF 2001, 80; Kluge, Pflichtteilsentziehung gegenüber Abkömmlingen, ZRP 1976, 285.

42) Schilcher, Die veränderten sozialen und weltanschaulichen Grundlagen des Erbrechts, in: Kaan/Cronenberg & Partner(Hrsg.), Recht betrachtet, FS zum 100 jährigen Bestand der Kanzlei(1998), S. 103ff. ; Leipold, Wandlungen in den Grundlagen des Erbrechts?, AcP180(1980), 175 ; Otte, Das Pflichtteilsrecht-Verfassungsrechtsprechung und Rechtspolitk, AcP202(2002), 331.

43) 일반적으로 상속결격의 발생에는 법원의 선고도 요하지 않는다(프랑스, 스위스, 오스트리아 등). 이에 관하여는 양창수, 상속결격제도 일반, 서울대학교 법학 제37권 제2호(1996), 161면 참조

인을 상속에서 제외시키고, 유류분권도 박탈한다는 의사를 표시하여야 한다.

유류분은 피상속인의 재산처분의 자유를 상당히 제한하게 되는데, 이와 같은 제한에는 객관적으로 피상속인이 납득할 수 있을 만한 정당한 이유가 있어야 한다. 피상속인에게는 생전처분 또는 유증에 의해서 자신의 재산을 자유로이 처분할 수 있는 권리가 있으며, 이러한 권리는 합리적인 이유에 의해서만 제한될 수 있기 때문이다. 만일 피상속인의 재산처분에 대한 제한이 합리적인 이유에 의해서 뒷받침되지 못한다면, 이는 피상속인의 권리에 대한 부당한 침해가 될 수 있다.

유류분은 피상속인과 유류분권자의 유대관계를 전제로 하여 인정되는 것이므로, 이러한 관계가 더 이상 존재하지 않는 경우에까지 유류분을 인정할 필요는 없을 것이다. 유류분상실에 대한 외국의 입법례를 보면, 자녀에게 책임 있는 행위로 인하여 피상속인과 자녀 간의 관계가 심각하게 훼손된 때에는 피상속인에게 유류분을 상실시킬 수 있는 권리를 인정하고 있음을 알 수 있다. 이는 곧 유류분을 인정해야 할 정당한 이유가 없는 경우에는 피상속인의 유언의 자유가 확대된다는 의미로 받아들여질 수 있다. 이와 같이 외국에서는 유류분상실제도를 규정하고 있는 경우가 많지만, 이미 1970년대부터 유류분상실사유를 보다 넓게 인정해야 한다는 주장이 끊임없이 제기되고 있다.

우리민법은 유류분상실에 관한 규정을 두고 있지 않다. 물론 상속결격자가 되는 경우에는 당연히 유류분권도 상실된다. 그러나 상속결격의 범위는 매우 좁게 규정되어 있으므로(민법 제1004조), 상속인은 지극히 예외적인 경우를 제외하고는 결격자가 되지 않는다. 예를 들어서 자녀가 지속적으로 부모를 신체적, 정신적으로 심하게 학대한 경우에도 그 자체만으로는 상속결격자가 되지 않으며, 따라서 부모가 유언에 의해서 그 자녀를 상속에서 배제하더라도 원칙적으로 유류분 반환청구를 할 수 있다.[44) 유류분은 단순히 피상속인의 혈족이라는 이유에서 인정되는 것이 아니며, 혈족관계에 상응하는 실질적인 유대관계를 전제로 하는 것이다. 그러므로 자기가 스스로 비난받을 행위를 하여 친자관계에서 일탈하고, 부모와의 관계를 단절한 자녀에 대해서는 유류분을 인정해야 할 정당한 이유가 없다고 볼 수 있다. 이런 경우에는 피상속인의 의사를 존중하여, 부모에게 신의를 지킨 자녀에 대해서는 그에 상응하는 보상을 하고, 그와 반대되는 행위를 한 자녀에 대해서는 그에 따르는 제재를 할 수 있도록 하는 것이 타당하다. 즉, 유류분을 인정해야 할 정당한 이유가 없는 경우에는 피상속인의

44) 사안에 따라서는 신의칙이나 권리남용의 법리를 적용하여 유류분 반환청구권을 배척하는 해석론도 가능할 것이다. 부산지법 동부지원 1993.6.17. 선고 92가합4498 판결은 "모가 8년간이나 투병생활을 하는 동안 자식으로서의 의무를 저버리고 오로지 다른 형제 1인에게만 병간호 등 모든 것을 부담시키다가 모가 사망하자 그 형제가 이미 10년 전에 증여받은 모의 재산에 관하여 분배를 요구하면서 유류분 반환청구권을 행사하는 것은 신의성실의 원칙에 위반되어 허용될 수 없다"고 판시하였다.

재산처분의 자유를 넓게 인정해 주는 것이 바람직하다. 이렇게 본다면, 자녀가 패륜행위를 한 경우(상속결격사유에 해당하지 않을 정도의 패륜행위. 예를 들면 피상속인 또는 그 배우자에 대한 신체적, 정신적 학대 등), 노후에 피상속인을 외면하고 관계를 단절시킨 경우 등에는 피상속인에게 자녀(직계비속)의 유류분을 상실시킬 수 있는 권리를 주는 것이 타당하다고 생각된다. 또한 이미 경제적으로 독립하여 부양의 필요가 없는 자녀에 대해서는 피상속인의 의사에 따라 유류분권을 감축할 수 있게 함으로써, 구체적인 상황에 따라서 유류분을 탄력적으로 정할 수 있도록 하는 방안도 생각해 볼 수 있을 것이다(예를 들어서 패륜행위가 없었더라도 자신을 특별히 봉양한 자녀에게 많은 재산을 유증하고, 다른 자녀들의 유류분을 절반으로 감축하는 것).

평균수명의 급속한 연장에 따라 앞으로 우리사회는 본격적인 고령사회에 접어들게 될 것이며, 부모의 사망 후 상속재산으로 자녀를 부양해야 할 필요성은 꾸준히 감소할 것이다. 개인주의의 발달에 따라 부모로부터 독립한 자녀들이 노후에 부모를 외면하는 경우도 점차 늘어날 것으로 예상된다. 이러한 상황속에서 노인의 부양, 생활환경과 관련된 문제(거주, 요양, 간호 등에 관한 문제)가 끊임없이 사회문제로 제기될 것이다. 다른 한편, 그 동안 우리사회의 경제성장은 상당한 재산을 소유한 중산층을 출현하게 하였으며, 이에 따라 현재의 장년층은 과거의 부모세대와는 달리 상당한 재산을 축적하고 있는 경우가 많다. 장래 이 세대가 노인인구에 편입될 때에는 예상되는 상속재산의 액수도 상당히 증가할 것이다. 장기적으로 이러한 상황의 전개는 현행 유류분제도에 대한 전반적인 검토를 요구하게 될 것으로 보인다. 이러한 관점에서 볼 때, 앞으로 유류분상실제도의 도입가능성에 대하여 논의가 이어질 필요가 있다고 생각된다.

V 배우자상속분에 대한 검토

1. 평균수명의 연장과 부부관계의 변화

평균수명의 연장으로 인하여 부부가 평생 함께 사는 기간은 과거에 비하여 훨씬 길어졌으며, 특히 노후에 부부만 따로 사는 경우가 늘어나고 있다. 2005년 현재 부모가 장성한 자녀와 동거하지 않고 따로 사는 경우는 전체의 59.1%에 이른다.[45] 이러한 사실은 부부가 평생 해로하는 경우 함께 사는 기간이 길어졌을 뿐만 아니라, 노후에

45) 통계청(kosis.nso.go.kr), 2005년 사회통계조사(복지), 현재 자녀와 동거여부-60세 이상 가구원.

자녀에게 의존하기보다는 배우자에게 서로 의지하는 경향이 강해졌음을 보여주고 있다. 즉, 부부관계가 과거보다 더 긴밀해졌음을 의미하는 것이다. 여자의 평균수명이 남자보다 약 7세가량 길다는 사실과 혼인 당시 남녀의 연령차(남편이 아내보다 연령이 높은 경우가 많다)에 비추어 볼 때, 부부가 평생 해로하다가 사별하는 경우에는 남편이 먼저 사망할 가능성이 상대적으로 높다.[46] 실제로 통계를 보면, 2004년에 사별한 65세 이상의 부부 중 처가 먼저 사망한 경우는 20.3%였던 반면, 남편이 먼저 사망한 경우는 79.7%에 달한다.[47] 즉, 노후에 배우자의 사망으로 혼인이 해소된 경우에는 여자노인이 생존배우자로서 남은 삶을 혼자 살아갈 가능성이 훨씬 높다. 여자노인들은 과거에 전업주부로서 가사와 육아에 종사한 경우가 많으므로, 자기만의 재산을 형성하지 못한 경우가 많고 연금을 받는 경우도 매우 드물다.[48] 결국 이러한 여자노인들이 생계를 위하여 의지할 수 있는 것은 남편에게서 받은 상속재산과 자녀들의 부양뿐이다. 특히 자녀가 부양을 하지 않는 여자노인의 경우에는 거의 전적으로 상속재산에 의지하여 생계를 이어가게 되므로, 상속재산이 가지는 중요성은 더욱 크다. 반면에 자녀들은 이미 장성하여 경제력을 갖추고 독립하여 생활하고 있으므로, 상속재산이 없더라도 살아가는 데 별 지장이 없는 경우가 대부분이다. 그렇다면 사회정책적인 측면에서 볼 때, 생존배우자의 상속분을 늘리는 것이 타당하다는 주장이 제기될 수 있다.

2. 부부재산관계의 청산과 배우자 상속분

민법이 제정, 시행될 당시와 비교해 볼 때, 그동안 부부재산관계를 바라보는 우리 사회의 시각에는 큰 변화가 있었다. 이러한 변화를 단적으로 나타내는 것이 1990년 민법개정에 의하여 도입된 이혼 시 재산분할청구권이다(민법 제839조의 2). 재산분할제도는 부부가 혼인 중에 취득한 재산을 부부의 실질적인 공동재산으로 본다는 전제에서 출발한다.[49] 배우자가 소득활동을 하지 않고, 가사와 육아를 담당한 전업주부인 경우에도 상대방 배우자의 재산취득(혹은 유지, 증가)에 기여한 것으로 평가하며, 따라서 상대방 배우자의 재산에 대해서 잠재적인 공유지분을 갖는 것으로 본다.[50] 그

46) 65세 이상 인구의 성비(여자 100명당 남자인구)는 2005년 67.1에 지나지 않는다. 통계청, 고령자통계(2005).

47) 통계청(kosis.nso.go.kr), 2004년 인구동태(출생, 사망): 제25표(5세계급) 및 혼인상태별사망.

48) 65세 이상 인구 중 연금을 받는 비율은 13.9%에 지나지 않는다(더구나 이들의 대부분은 남자라고 추정된다). 통계청, 고령자통계(2005).

49) 대결 1993. 5. 11, 93스6, "재산분할제도는 부부가 혼인 중에 취득한 실질적인 공동재산을 청산·분배하는 것을 주된 목적으로 한다"; 헌재결 1997. 10. 30, 96헌바14, "경험칙상 혼인 중 형성되는 재산의 상당부분은 부부 쌍방의 협력에 의하여 이루어지는 것이 틀림없음에도 소유명의는 어느 일방에 귀속되어 있는 경우가 많은데, 재산분할제도는 바로 위와 같은 경우 부부의 실질적 공유재산을 청산한다는 데에 그 본질이 있다."

러므로 이혼 시 재산분할은 무상의 증여와는 성질을 달리하며, 원래 부부 각자에게 속해있던 것을 혼인의 해소를 계기로 하여 각자에게 귀속시킨다는 의미를 갖는다. 이혼으로 인하여 혼인이 해소될 때, 각자의 몫을 각자에게 귀속시킴으로써 부부 사이의 실질적 공유관계가 청산될 수 있는 것과는 달리, 사망으로 인한 혼인해소의 경우에는 이와 같은 부부재산관계의 청산이 일어나지 않는다. 배우자가 사망하여 혼인이 해소된 경우에는 생존배우자는 직계비속 등의 공동상속인과 더불어 피상속인인 배우자의 재산을 상속할 뿐이며, 배우자의 재산에 대하여 실질적인 공유지분에 따른 청산을 주장할 수 없다. 이런 경우 상속재산에는 사망한 배우자(피상속인)의 재산뿐만 아니라, 생존배우자의 재산도 포함되어 있다고 볼 수 있는데, 경우에 따라서 생존배우자는 피상속인의 재산에 대하여 자신이 갖는 실질적인 공유지분보다 더 적은 몫을 상속분으로 받을 수도 있다(예를 들어서 피상속인 갑에게 배우자 을 및 직계비속 A, B, C, D가 있다면, 을의 법정상속분은 3/11이 되는데, 이는 일반적으로 재산분할의 비율로서 인정되는 30-50% 보다도 적은 것이다). 오늘날 직계비속이 상속재산의 형성에 기여하는 경우가 거의 없다는 사실을 감안해 볼 때, 직계비속이 상속인으로서 받는 상속분은 형식적으로는 물론 실질적으로도 피상속인의 재산이라고 볼 수 있다(게다가 피상속인의 배우자의 실질적인 공유지분이 상속재산과 분리되지 않는 결과, 실질적으로는 배우자에게 속하는 재산도 상속재산에 포함되어 직계비속에게 상속될 수 있다). 반면에 피상속인의 배우자는 실질적인 피상속인의 재산으로부터는 거의 상속을 받지 못하고, 기껏해야 자신의 실질적인 공유지분에 상당하는 부분을 상속분으로 받거나, 경우에 따라서는 자기의 실질적인 공유지분에도 미치지 못하는 부분을 상속분으로 받게 된다. 배우자가 상속재산의 일부를 구성하는 실질적인 자기의 공유지분을 제외하고 실질적인 피상속인의 재산(순 상속재산)으로부터 상속을 받을 수 있을 때, 비로소 배우자와 다른 공동상속인의 형평이 실현된다고 말할 수 있을 것이다.

부부재산관계의 청산이라는 면에서 볼 때, 이혼에 의해서 혼인이 해소되는 경우와 사망으로 인하여 혼인이 해소되는 경우 사이에 차이가 생기는 것은 합리적인 이유에 의해서 설명되기 어렵다.[51] 부부가 혼인 중에 취득한 재산을 형식적인 소유명의에 관계없이 실질적인 부부의 공동재산으로 보는 데 동의한다면, 이혼에 의해서 혼인이 해소되는 경우뿐만 아니라 사망으로 인하여 혼인이 해소될 때에도 부부 사이의 실질적인 공유관계를 청산하여 원래 각자에게 속한 것을 각자에게 귀속시키는 것이 논리

50) 헌재결 1997. 10. 30, 96헌바14: "재산분할의 본질은 실질적인 부부공동재산의 청산에 있으므로 재산분할에 의하여 분할되는 재산은 사실상 재산취득자의 소유에 지나지 아니하고, 재산분할에 의한 자산이전은 공유물의 분할 내지 잠재화되어 있던 지분권의 현재화에 지나지 않는다."

51) Strätz, Gesetzliches Erbrecht und Pflichtteilsrecht, FamRZ 1998, 1558.

적으로 일관된다고 할 수 있다. 부부일방의 사망으로 인한 혼인해소 시에도 부부재산관계의 청산이 인정된다면, 부부재산제와 상속은 불가분의 관계에 있게 되며, 법정부부재산제로서 어떤 형태의 부부재산제가 규정되는가에 따라서 배우자의 상속분뿐만 아니라 다른 공동상속인의 상속분도 큰 영향을 받게 된다. 이어서 외국에서는 사망으로 인하여 혼인이 해소될 때 부부재산관계가 어떻게 청산되는지를 살펴보고, 이러한 청산방식이 상속에 미치는 영향에 대해서 조명해 본다.

3. 사망으로 인한 혼인해소 시 부부재산관계의 청산과 배우자 상속에 대한 비교법적 고찰

(1) 스위스

스위스민법이 규정하는 법정부부재산제의 특징은 다음과 같이 설명될 수 있다. 부부는 혼인 전부터 가지고 있던 고유재산과 혼인 중에 취득한 특유재산을 원칙적으로[52] 각자 사용, 수익, 처분한다(스위스민법 제201조 제1항). 또한 채무에 대해서도 각자의 재산으로 책임을 진다(스위스민법 제202조). 이혼이나 배우자 일방의 사망으로 인하여 혼인이 해소된 때에는 부부 각자가 혼인 중에 취득한 재산의 액수[53]에서 채무를 공제한 후 남은 재산을 혼인 중에 취득한 재산으로 보고, 부부 쌍방이 각각 혼인 중에 취득한 재산의 가액을 더한 다음 이를 절반으로 분할한다(스위스민법 제215조 제1항). 다른 말로 표현하면, 혼인 중에 더 많은 재산을 취득한 부부 일방의 재산가액에서 다른 일방의 재산가액을 공제한 후, 그 차액의 절반을 혼인 중에 재산의 취득이 적었던 다른 일방에게 지급하는 것이다[54](예를 들어서 갑이 혼인 중에 취득한 재산이 2억이고, 을이 혼인 중에 취득한 재산이 3억이라면, 을은 3억에서 2억을 뺀 1억의 절반, 즉, 5천만원을 갑에게 지급하여야 한다).

배우자 일방의 사망으로 혼인이 해소된 때에는 부부재산제에 따른 재산관계의 청산이 상속에 우선하여 이루어진다. 부부재산관계의 청산이 끝난 후 남은 재산에 대하여 피상속인의 배우자는 또한 상속인으로서 상속분을 갖는다(스위스민법 제462조). 배

52) 이러한 원칙에는 일정한 제한이 가해진다. 즉, 부부 각자의 고유재산이나 특유재산이라 할지라도 일정한 경우에는 처분에 제한이 가해질 수 있다. 예를 들어서 가족생활의 근거가 되는 주택의 임대차계약을 해지하거나 그와 같은 주택을 매각처분하는 경우 등에는 배우자의 동의가 필요하다(스위스민법 제169조).

53) 고유재산(혼인 전부터 가지고 있던 재산 및 혼인 중에 상속, 증여 등을 통하여 무상으로 취득한 재산)은 청산에서 제외되나(스위스민법 제198조 제2호), 고유재산으로부터 생긴 과실은 청산의 대상이 된다(스위스민법 제197조 제2항 제4호). 그러나 고유재산의 가격상승분(예컨대 혼인 전부터 소유하고 있던 부동산의 가격상승)은 분할의 대상이 되지 않는다. 부부의 모든 재산은 반증이 있을 때까지 혼인 중에 취득한 재산으로서 분할의 대상이 되는 것으로 추정된다(스위스민법 제200조 제3항).

54) 혼인 중에 취득한 재산의 가액이 적은 부부의 일방이 다른 일방에 대해서 갖는 분할청구권은 금전채권이다.

우자의 법정상속분은 직계비속과 공동으로 상속할 때에는 상속재산의 1/2이며, 피상속인의 부모와 공동으로 상속할 때에는 상속재산의 3/4이다. 예를 들어서 피상속인 갑에게 배우자 을과 직계비속 병, 정이 있고, 갑의 재산으로는 혼인 전부터 가지고 있던 고유재산 1억과 혼인 중에 취득한 재산 3억이 있으며, 을은 혼인 중에 취득한 재산이 없다고 할 때, 을은 우선 부부재산관계의 청산으로서 갑이 혼인 중에 취득한 재산(3억)의 절반인 1억 5천만원의 분할을 청구할 수 있다. 을이 재산분할을 받고 남은 재산, 즉, 갑이 혼인 중에 취득한 재산 중에서 분할 후에 남은 1억 5천만원과 갑의 고유재산 1억을 합친 2억 5천만원이 상속재산이 되며, 이에 대하여 을은 1/2(1억 2천 5백만원)의 상속분을 갖는다. 병과 정은 상속재산에 대하여 각각 1/4씩의 상속분을 갖는다.

스위스민법에 의하면, 부부재산관계의 청산과 관련하여 배우자의 사망으로 인하여 혼인이 해소되는 경우와 이혼으로 혼인이 해소되는 경우 사이에 아무런 차이가 없다. 따라서 생존배우자가 혼인 중에 취득한 재산의 가액이 피상속인이 혼인 중에 취득한 재산가액보다 큰 경우에는 생존배우자가 그 차액의 1/2을 우선 피상속인의 재산에 더해야 하며, 이렇게 하여 합산된 재산이 상속재산이 된다. 즉, 이런 경우에는 상속인이 생존배우자에 대하여 부부재산관계의 청산에 관한 청구권을 갖는다[55](예를 들면 피상속인 갑이 혼인 중에 취득한 재산가액이 1억이고, 생존배우자 을이 혼인 중에 취득한 재산의 가액이 3억이라면, 을은 1억((3억−1억)×$\frac{1}{2}$)을 피상속인 갑의 재산에 더해야 하며, 이렇게 하여 합산된 가액 2억이 상속재산이 된다).

(2) 스웨덴

스웨덴에서도 배우자의 사망으로 인하여 혼인이 해소되는 경우 우선 부부재산관계가 청산되고, 남은 재산이 상속의 대상이 된다. 스웨덴의 법정부부재산제는 기본적으로 위에서 본 스위스의 법정부부재산제와 유사한 구조를 가지고 있다.[56] 즉, 혼인 중에는 부부가 각자 자기의 고유재산과 특유재산을 관리, 처분할 수 있고, 채무에 대해서도 각자 자기의 재산으로 책임을 진다(스웨덴혼인법 제1장 제3조). 혼인이 해소되는 경우(이혼이나 사망에 의한 해소)에 비로소 부부재산관계의 청산을 위한 청구권이 생기며, 부부가 혼인 중에 취득한 재산은 물론 혼인 전부터 가지고 있던 재산도 분할

---

55) "부부의 일방 또는 그 상속인은 다른 일방이 혼인 중에 취득한 재산의 절반에 대하여 분할청구권을 갖는다"는 스위스민법 제215조 제1항 규정은 생존배우자가 혼인 중에 취득한 재산가액이 피상속인의 그것보다 더 큰 경우를 고려한 것이라고 볼 수 있다.

56) 노르웨이, 덴마크, 핀란드 등의 북구제국도 스웨덴과 유사한 법정부부재산제를 채택하고 있다. Boström, Familienerbrecht und Testierfreiheit in Schweden und anderen skandinavischen Ländern, in: Familienerbrecht und Testierfreiheit im europäischen Vergleich(2001), S. 253. 다만, 노르웨이에서는 배우자가 혼인 전부터 가지고 있던 재산과 혼인 중에 상속, 증여 등을 통하여 무상으로 취득한 재산은 청산의 대상이 되지 않는다.

의 대상이 된다. 부부 각자가 혼인 전부터 가지고 있던 재산과 혼인 중에 취득한 재산을 합산한 후 채무를 공제하여 각자의 재산가액을 확정한 다음, 부부 쌍방의 재산가액을 합하여 절반으로 분할한다(스웨덴혼인법 제7장 제1조-제3조, 제10장 제1조-제4조, 제11장 제1조-제3조).

배우자의 사망으로 인하여 혼인이 해소되는 경우에 생존배우자는 일방적인 의사표시에 의하여 부부재산관계의 청산을 거절할 수 있다. 이런 경우 생존배우자는 피상속인의 재산에 대하여 분할청구권을 갖지 않는다(즉, 이런 경우에는 피상속인의 재산이 전부 상속재산이 된다). 생존배우자의 재산가액이 피상속인의 재산가액보다 클 때에 부부재산관계의 청산이 이루어진다면, 결국 상속인(예컨대 피상속인의 직계비속)이 생존배우자를 상대로 하여 분할청구권을 행사하게 될 것이므로, 생존배우자에게 불리한 결과가 된다. 스웨덴혼인법은 생존배우자에게 부부재산관계의 청산여부를 결정할 수 있는 권리를 부여함으로써 부부재산관계의 청산이 생존배우자에게 불리하게 작용할 수 있는 가능성을 아예 차단한 것이다.[57]

부부재산관계의 청산 후 남은 재산은 상속재산이 되는데, 피상속인(예를 들어 父)에게 유족으로서 생존배우자(母)와 자녀(피상속인과 생존배우자의 친생자 및 양자)가 있는 경우 생존배우자는 단독상속인이 된다. 피상속인의 자녀는 생존배우자인 母가 사망한 후에야 비로소 父가 남긴 상속재산에 대한 상속권을 갖게 된다(그 전에는 유류분도 갖지 못한다).[58] 그러나 피상속인의 자녀와 생존배우자 사이에 친자관계가 존재하지 않는 경우에는(피상속인의 자녀가 생존배우자의 자녀가 아닌 경우, 즉, 생존배우자가 계모나 계부인 경우), 피상속인의 자녀는 상속개시와 동시에 상속권을 취득한다.[59]

(3) 그리스

그리스의 법정부부재산제 역시 위에서 본 스위스, 스웨덴의 법정부부재산제와 기본적으로 유사한 구조를 가지고 있다. 즉, 혼인 중에는 별산제가 유지되며, 혼인이 해소될 때 비로소 부부재산관계의 청산에 관한 청구권이 발생한다. 청산의 대상이 되는 재산은 혼인 중에 부부가 협력하여 형성한 재산으로 한정된다.[60] 혼인해소 시 부부의 일방은 원칙적으로 다른 일방이 혼인 중에 형성한 재산의 1/3에 대하여 분할청구

---

57) Boström(각주 56), S. 252.

58) 母는 남편(즉 자녀의 父)으로부터 상속받은 재산을 유언에 의해서 처분할 수 없다.

59) 스웨덴상속법 제3장 제1조.

60) 가사와 육아도 재산형성을 위한 기여로서 인정되지만, 복권당첨금은 배우자의 기여와 무관한 것이므로 청산의 대상에 포함되지 않는다. Vlassopoulou, Rechtsprechung zum Zugewinnausgleich nach griechischem Recht, in: Henrich/Schwab(Hrsg.), Eheliche Gemeinschaft, Partnerschaft und Vermögen im europäischen Vergleich(1999), S. 115. 1989년 아테네 항소법원은 전업주부의 노동가치는 가사사용인의 그것과 비교할 수 없는 것이라고 하면서, 夫가 혼인 중에 형성한 재산의 1/2에 대하여 분할을 인정하였다.

권을 갖는다. 그러나 부부 일방이 다른 일방의 재산형성에 이보다 더 많이 기여했다든가 혹은 더 적게 기여했다는 사실이 입증되면, 이에 따라 재산분할의 비율이 증감될 수 있다.[61)]

사망으로 혼인이 해소되는 경우 생존배우자는 부부재산관계의 청산으로서 피상속인이 혼인 중에 형성한 재산 중에서 자기의 기여에 상당하는 부분(법률규정에 의해서 1/3로 추정된다)에 대하여 분할청구권을 갖는다. 생존배우자는 상속인(예를 들어 피상속인의 자녀)에 대하여 분할청구권을 행사할 수 있다(반면에 상속인에게는 이러한 분할청구권이 인정되지 않으므로, 생존배우자를 상대로 하여 분할청구를 할 수 없다). 부부재산관계의 청산 후 남은 재산(상속재산)에 대하여 생존배우자는 또한 상속인으로서 참여한다. 배우자의 법정상속분은 직계비속과 공동으로 상속하는 경우에는 상속재산의 1/4이며(그리스민법 제1813조), 그 외의 친족(예를 들어 배우자의 부모)과 공동으로 상속할 때에는 1/2이다(그리스민법 제1814조).

예를 들어서 피상속인이 전재산을 혼인 중에 취득한 경우라면, 생존배우자는 우선 피상속인의 재산 중 1/3(4/12)에 대하여 분할청구권을 갖는다(이 비율은 구체적인 사정에 따라 증감될 수 있다). 피상속인의 유족으로 배우자와 자녀가 있다면, 배우자는 상속재산에 대하여 또한 1/4의 상속분을 갖는다. 여기서의 상속재산은 피상속인의 재산 중 배우자의 지분(부부재산관계의 청산으로 분할되는 부분, 즉 4/12)을 공제한 나머지이므로, 피상속인의 재산 중 8/12이 된다. 따라서 배우자의 상속분은 2/12가 된다(8/12×1/4). 결과적으로 배우자는 부부재산관계의 청산으로서 4/12를, 상속분으로서 2/12를 받게 되어 합계 6/12, 즉, 피상속인의 재산 중 절반을 받게 되는 것이다.[62)]

4. 정리 - 배우자 상속에 관한 외국법의 경향과 개정논의

(1) 사망으로 인한 혼인해소 시 부부재산관계의 청산

배우자의 사망으로 혼인이 해소되는 경우에 부부재산관계가 어떻게 청산되는가는 부부재산제와 밀접한 관련이 있다. 유럽의 상당수 국가들은 법정부부재산제로서 혼인 중에는 별산제를 유지하되, 혼인해소 시에는 혼인 중에 증가한 재산을 절반으로 분할하는 형태의 부부재산제를 채택하고 있다.[63)] 이에 따라 사망으로 혼인이 해소되

61) 그리스민법 제1400조-1402조. Bergmann-Ferid, Internationales Ehe-und Kindschaftsrecht, Band III, sub. Griechenland, S. 22f.

62) Papantoniou, Die Auswirkungen des Zugewinnausgleichs auf das Erbrecht, FamRZ 1988, 685.

63) 유럽의 많은 국가들이 이와 같은 형태의 부부재산제를 법정부부재산제로 채택한 이유는 다음과 같이 설명될 수 있다: 거래의 안정과 신속성을 요하는 시장경제의 요구를 충족시키고, 부부 각자의 경제적 독립성을 보장하기 위해서 혼인 중에는 원칙적으로 별산제가 적용되는 것이 바람직하다. 혼인 중에 별산제가 적용되는 경우 부부는 각자에게 속한 재산을 자유롭게 관리, 처분할 수 있으며, 이에 상대방의 동의를 요하지 않

는 때에도 생존배우자는 사망한 배우자의 재산(일반적으로 혼인 중에 취득한 재산)으로부터 우선 절반에 대하여 분할을 청구할 수 있으며, 이 부분을 공제한 나머지 재산(혼인 중에 취득한 재산의 절반과 혼인 전부터 가지고 있던 고유재산 등)이 상속재산이 된다. 예외적으로 독일만이 이와 다른 청산방식을 규정하고 있을 뿐이다.[64] 독일민법에 의하면, 사망으로 혼인이 해소되는 경우에는 생존배우자의 법정상속분에 일률적으로 상속재산의 1/4을 가산하는 방식으로 부부재산관계가 청산된다(독일민법 제1371조 제1항). 즉, 혼인 중에 실제로 증가된 재산의 가액을 계산하여 이를 절반으로 분할하는 절차를 생략하고, 생존배우자에 대해서는 무조건 자신의 법정상속분에 더하여 상속재산의 1/4을 가산하는 것이다. 피상속인의 재산이 혼인 중에 실제로 증가하였는가, 그리고 피상속인의 혼인 중 재산증가액이 생존배우자의 그것보다 더 많은가 등의 사정은 여기서 전혀 고려되지 않는다. 예를 들어서 생존배우자 갑이 혼인 중에 형성한 재산가액이 3억이고, 사망한 배우자(피상속인) 을에게는 혼인 전부터 가지고 있던 재산이 1억, 혼인 중에 형성한 재산이 1억이 있었다면, 일반적인 청산방식에 의할 경우(예를 들어 이혼 시에 부부재산관계를 청산하는 경우) 갑은 을에게 1억((3억−1억)× $\frac{1}{2}$)을 지급하여야 한다. 그러나 을의 사망으로 혼인이 해소된 때에는 갑은 부부재산관계의 청산으로서 을의 재산 중 1/4, 즉 5천만원을 받게 된다. 을에게 직계비속 병과 정이 있다면, 갑의 법정상속분은 1/4[65]이 되므로, 결국 갑이 을의 재산에서 받는 재산의 총액은 1억($\frac{1}{4}+\frac{1}{4}=\frac{1}{2}$, 즉, 을의 재산의 1/2)이 된다. 병과 정은 각각 균분하여 5천만원씩을 상속한다. 이와 같이 생존배우자의 법정상속분에 상속재산의 일정한 비율을 가산함으로써 일률적으로 부부재산관계를 청산하는 방식을 채택한 나라는 독일이 유일하다. 1957년 입법당시 독일이 이러한 방식을 택한 이유는 사망으로 인하여 혼인이 해소되는 경우에 부부재산관계의 청산과정에서 발생하는 복잡한 문제를 피하고 아울러 생존배우자와 상속인(직계비속) 사이의 분쟁을 미연에 방지하자는 데에 있었다.[66] 그러나 독일민법의 이와 같은 태도에 대해서는 비논리적일 뿐만 아니라, 구체적 타당

는다. 따라서 부부의 일방과 거래하는 상대방도 다른 일방의 동의유무를 일일이 확인할 필요가 없으며, 나중에 부부의 다른 일방에 의하여 계약이 취소될 가능성도 없으므로 거래의 안정성이 높아진다. 그러나 혼인이 종료될 때에도 이와 같은 별산제의 원칙이 그대로 적용된다면, 부부 간의 실질적 평등과 구체적 타당성을 실현할 수 없을 것이다. 그러므로 혼인이 종료하는 경우에는 부부공동재산제의 취지를 반영하여 혼인 중에 취득한 재산에 대한 참여를 보장할 필요가 있다. 즉, 부부가 혼인 중에 취득한 재산은 부부 공동의 노동과 협력에 의한 것이므로(혼인공동체를 유지하기 위한 부부의 노동을 동일한 가치로 평가하는 것은 선진국의 공통된 입법태도이다), 혼인이 종료하는 경우 부부의 일방은 다른 일방이 혼인 중에 취득한 재산의 절반에 대하여 분할을 청구할 수 있도록 해야 한다.

64) 독일민법의 부부재산제에 관한 자세한 내용은 曺美卿, 獨逸法上의 配偶者相續分, 가족법연구 제14호(2000), 245면 이하 참조.

65) 배우자가 직계비속과 공동으로 상속하는 경우 배우자의 상속분은 1/4이다(독일민법 제1931조제1항).

66) MünchKomm/Gernhuber, § 1371 Rn. 1.

성에 반한다는 비판이 끊임없이 이어지고 있다.[67)]

(2) 배우자 상속분에 대한 비판과 개정논의

위에서 본 바와 같이, 외국에서는 배우자의 사망으로 혼인이 해소되는 경우, 우선 부부재산관계를 청산하고 남은 상속재산에 대해서 생존배우자가 상속인으로서 참여하는 입법례가 보편적이라고 할 수 있다. 배우자의 상속분은 나라에 따라 다양하게 규정되어 있다. 직계비속과 공동으로 상속하는 경우 배우자의 상속분은 1/2(스위스[68)], 일본), 1/3(오스트리아, 덴마크, 핀란드, 미국의 대부분의 주[69)]), 1/4(그리스, 독일), 자녀와 균분(구동독민법[70)], 네덜란드 구민법[71)]), 단독상속(스웨덴, 네덜란드 신민법) 등으로 다양하다.

상속분에 관한 외국의 입법례를 살펴보면, 배우자 상속분이 증가하는 추세에 있음을 알 수 있다. 이는 다른 각도에서 보면, 직계비속 등 다른 공동상속인의 상속분이 그만큼 축소되고 있음을 의미한다. 이러한 변화의 원인은 위에서 이미 본 바와 같이, 평균수명의 연장으로 인하여 일반적으로 상속개시의 시점이 늦어지고 있다는 사정에서 찾을 수 있다. 부부의 일방이 사망하여 상속이 개시될 때에 자녀들은 이미 장성하여 경제적으로 독립되어 있는 경우가 많으므로 상속재산에 의한 부양의 필요성이 없는 반면, 생존배우자는 상속재산이 없으면 기존의 생활수준을 유지할 수 없기 때문이다. 이러한 경향을 가장 명확하게 보여준 입법례가 스웨덴과 네덜란드의 상속법이다. 1987년에 개정된 스웨덴상속법은 피상속인에게 배우자와 자녀(여기서의 자녀는 피상속인과 생존배우자 공동의 자녀를 말한다)가 있는 경우에 배우자가 단독상속인이 된다고 규정하였다.[72)] 다만, 생존배우자는 피상속인으로부터 상속한 재산을 유언에 의하여 처분할 수 없다(생전처분에는 제한이 없다). 생존배우자가 사망한 때에 비로소 자녀는 그 이전에 사망한 피상속인의 상속재산에 대한 상속권을 갖는다. 그러나 피상속인의 자녀가 생존배우자와 친자관계가 없는 경우에는(즉, 피상속인이 재혼하여 생존배우자가 계모나 계부인 경우 등) 자녀는 피상속인의 사망과 동시에 상속권을 갖는다.[73)] 2003년부터 시행되고 있는 네덜란드 신민법에 의하면, 배우자는 피상속인의 자녀가 있는 경우에도 사실상 모든 상속재산을 단독으로 상속한다. 자녀에게는 상속분에 따

67) Lange, Die Stellung des überlebendenden Ehegatten bei der Zugewinngemeinschaft, NJW 1957, 1384f.; Leipold(각주 42), 176; Lange/Kuchinke(각주 18), S. 249f; Frank(각주 8), S. 32.

68) 스위스민법의 배우자 상속분에 관하여는 曺美卿, 스위법상의 配偶者相續分, 가족법연구 제15권 제1호(2001), 279면 이하 참조.

69) Lange/Kuchinke(각주 18), S. 231.

70) Kipp · Coing, Erbrecht(1990), S. 46.

71) 네덜란드 1923년 민법 제4편 879조, 899조의 a. 이 규정은 2002년까지 적용되었다.

72) 스웨덴상속법 제3장 제1조.

73) Boström(각주 56), S. 255f.

른 금전지급청구권만이 인정될 뿐이며, 이 청구권도 생존배우자가 사망한 후에야 행사가 가능하다. 다만, 이에 대해서는 몇 가지 예외가 인정된다. 예를 들어서 피상속인이 재혼하였기 때문에 그 자녀와 생존배우자 사이에 친자관계가 없는 때에는 곧바로 청구가 가능하다(생존배우자가 계모 또는 계부인 경우). 또한 생존배우자와 피상속인의 자녀 사이에 친자관계가 있는 경우에도 피상속인 사후 생존배우자가 재혼하는 때에는 자녀는 즉시 청구권을 행사할 수 있다.[74)]

한편, 이와 같이 배우자의 상속분이 증가하는 경향에 대해서는 경계의 시각도 존재한다. 부부가 혼인하여 평생 해로하다가 사별한 경우에는 배우자의 상속분이 크게 인정된다고 해도 자녀들은 이를 수인할 수 있을 것이다. 그러나 피상속인이 노후에 재혼하여 혼인기간이 매우 짧았던 경우에도 배우자에 대하여 많은 상속분을 인정한다면, 자녀들의 입장에서는 이에 대하여 불만을 가질 수 있다. 이러한 문제의식에서 출발하여 혼인기간에 따라 배우자 상속분을 규정하자는 방안이 논의되고 있으나(즉, 혼인기간이 짧았던 경우에는 상속분을 축소시키는 방안), 구체적인 개정안을 제시하는 데에는 이르지 못하고 있다.[75)]

5. 우리나라에서의 부부재산제 개정논의와 배우자 상속분

(1) 부부재산제 개정논의와 부부재산관계의 청산

현재 우리사회에서도 부부재산제의 개정에 관한 논의가 진행되고 있다. 논의의 핵심을 간단히 정리해 보면 다음과 같다.[76)] 부부재산제 개정에 관한 논의는 우선 민법상의 법정부부재산제인 부부별산제가 부부의 실질적 평등을 실현하지 못한다는 문제의식에서 출발한다. 예를 들어서, 부부가 혼인 중에 공동의 협력으로 취득한 재산(예를 들면 주택)도 소유명의에 따라 부부 일방의 특유재산으로 추정되므로, 상대방 배우자의 동의 없이도 마음대로 처분할 수 있는데, 이런 경우 그 재산의 형성에 기여한 배우자의 협력이 무시되는 것은 물론이고, 가족 전체의 생활기반이 위태롭게 될 수도 있다. 부부별산제의 문제점을 완화하려는 노력의 일환으로 1990년 민법개정에 의하여 이혼 시 재산분할청구제도가 도입되었지만, 부부의 일방이 혼인 중에 이미 재

---

74) Pintens(각주 20), 419; Breemhaar, Familiäre Bindung und Testierfreiheit im neuen niederländischen Erbrecht, in: Henrich/Schwab, Familienerbrecht und Testierfreiheit im europäischen Vergleich(2001), S. 162.

75) Androulidakis-Dimitriadis, Ehegattenerbrecht und Testierfreiheit im griechischen Recht, in: Henrich/Schwab(Hrsg.), Familienerbrecht und Testierfreiheit im europäischen Vergleich(2001), S. 123; Leipold(각주 42), 178; Schilcher(각주 42), S. 116.

76) 자세한 내용은 金相瑢, 부부재산제 개정을 위한 하나의 대안, 법조 2002년 11월호(통권 554호), 131면 이하 참조.

산을 처분한 경우에는 실제로 분할을 받는 것이 어려울 뿐만 아니라, 재산분할의 비율에 대한 객관적인 기준도 결여되어 있다는 비판이 가해지고 있다.

현재 부부별산제에 대한 대안으로서 제시되고 있는 부부재산제는 위에서 본 여러 나라들(스위스, 스웨덴, 독일, 그리스 등)의 법정부부재산제와 유사한 구조를 취하고 있다.[77] 즉, 혼인 중에는 거래의 안정과 신속성을 요하는 시장경제의 요구를 충족시키고, 부부 각자의 경제적 독립성을 보호하기 위하여 원칙적으로 별산제가 적용된다. 따라서 혼인 중에는 원칙적으로 부부가 각자 자기의 재산을 관리, 처분할 수 있지만, 여기에는 일정한 제한이 가해지게 된다. 부부의 일방이 혼인 중에 아무런 제한없이 특유재산을 처분할 수 있다면, 이런 행위로 인하여 가족 전체의 생활기반이 위협을 받을 수 있는 것은 물론, 부부의 다른 일방이 혼인종료 시에 행사할 수 있는 장래의 분할청구권도 위태롭게 되기 때문이다. 따라서 부부의 일방이 중요한 재산(예를 들면 주택[78])을 처분할 때에는 사전에 배우자의 동의를 얻어야 한다. 혼인이 종료될 때에는 혼인 중에 취득한 재산을 원칙적으로 동일한 비율로 분할한다. 부부가 혼인 중에 취득한 재산은 부부공동의 노동과 협력에 의한 것이고, 혼인공동체의 유지를 위한 부부의 노동은 동일한 가치로 평가하는 것이 타당하므로, 혼인이 종료하는 경우 부부의 일방은 원칙적으로 다른 일방이 혼인 중에 취득한 재산의 절반에 대해서 분할을 청구할 수 있도록 한 것이다(재산분할의 비율은 구체적인 사정에 따라서 증감될 수 있다).

이와 같은 방향으로 법정부부재산제가 개정될 경우, 배우자의 사망으로 인한 혼인해소 시에도 이혼에 의해서 혼인이 해소되는 경우와 같은 방식으로 부부재산관계가 청산되는 것이 논리적으로 타당하다는 주장이 성립할 수 있다.[79] 이혼할 때, 부부가 혼인 중에 공동의 협력으로 취득한 재산에 대해서 원칙적으로 절반의 분할을 인정하자는 이유는 이러한 재산을 부부의 실질적인 공동재산으로 보아서(지분은 동일), 혼인이 해소되는 경우에는 각자에게 자신의 지분을 귀속시키는 것이 타당하다는 데에 있다. 이혼에 의해서 혼인이 해소되는 경우에 부부재산관계가 청산되어야 하는 이유는 사망으로 인한 혼인해소 시에도 그대로 적용될 수 있다. 즉, 사망한 배우자가 가지고 있던 재산 중에 생존배우자의 실질적인 지분이 있다면, 그 지분은 우선적으로 생

77) 한명숙 의원안, 이계경 의원안 및 현재 법무부에서 준비 중인 개정안은 기본적인 틀에서 보면 서로 크게 다르지 않다. 즉, 혼인 중에는 별산제를 유지하되, 중요한 재산의 처분에는 제한을 가하며, 혼인이 해소될 때에는 혼인 중에 증가한 재산의 절반에 대하여 분할청구권(일종의 채권)을 인정한다.

78) 배우자의 동의를 얻어서 처분할 수 있는 주택의 범위에 모든 주택을 포함시킬 것인가, 혼인주택(현재 가족이 거주하는 주택)만을 포함시킬 것인가에 대해서는 법무부 가족법개정위원회 내부에서 견해의 대립이 있다.

79) 조미경, 영국 무유언상속법상의 배우자상속분, 가족법연구 제13호(1999), 416면 이하; 최금숙, 현행민법상 상속인규정에 관한 재검토, 101면 이하; 가족법연구 제18권 제1호(2004); 박종용, 배우자상속권의 강화에 관한 연구, 가족법연구 제16권 제2호(2002), 251면 이하; 이은정, 법정상속인에 대한 재검토, 가족법연구 18권 제2호(2004), 246면.

존배우자에게 귀속시키는 것이 타당하며, 이를 제외한 나머지 재산을 상속재산으로 보아서 상속분에 따라 분할하는 것이 논리적이다. 만일 이혼으로 인하여 혼인이 해소될 때와는 달리 사망으로 인한 혼인해소 시에는 부부재산관계의 청산을 생략한다면, 생존배우자의 지위가 이혼 시 배우자의 지위보다 불리해지는 결과가 된다. 반면에 다른 공동상속인들은 피상속인의 재산에 더하여 실질적으로 생존배우자에게 속한 재산 위에 상속분을 가지게 되므로, 부당한 이득을 보는 결과가 된다. 이혼으로 인한 혼인해소 시와 사망으로 인한 혼인해소의 경우에 부부재산관계의 청산과 관련하여 차이가 나는 점은 분할청구의 상대방이 달라진다는 것이다. 이혼의 경우에는 상대방 배우자에 대하여 분할을 청구하는 데 반하여, 사망으로 인한 혼인해소 시에는 생존배우자는 일종의 상속채권자로서 다른 상속인(생존배우자를 제외한 공동상속인, 예를 들면 직계비속)에 대하여 분할을 청구하여야 한다. 여기서 생존배우자와 다른 상속인 사이의 분쟁이 우려될 수 있고, 나아가 입증, 분할비율과 관련하여 복잡한 문제가 생길 수 있다는 비판이 제기될 수 있다. 그러나 현행법에 의하더라도 상속재산의 분할은 공동상속인 간의 협의에 의하도록 되어 있고, 협의가 되지 않는 경우에는 당사자의 청구에 의하여 법원이 정하도록 되어 있으므로(민법 제1013조), 부부재산관계의 청산도 이와 같은 방식으로 처리할 수 있을 것으로 생각된다(실제로 부부재산관계의 청산과 상속재산분할협의는 동시에 이루어질 가능성이 높다). 다만, 사실상의 문제로서 재산을 더 많이 가지려는 상속인이 있는 경우 상속인 간에 분쟁이 발생할 가능성이 있는데, 이러한 문제는 현행법체제 하에서도 얼마든지 벌어질 수 있다. 부부재산관계의 청산을 생략하고, 법정상속분에 따라서 상속이 이루어지는 현재의 법체계에서도 당사자들 사이에 상속재산분할의 협의가 되지 않아서 분쟁이 생기는 경우는 피할 수 없다. 요컨대 문제는 상속인들의 태도에 있다고 할 수 있다. 생존배우자와 그 외의 공동상속인들이 상속재산을 분할하는 과정에서 합리적인 태도를 보인다면, 어느 방식에 의하더라도 큰 문제없이 재산을 분할할 수 있을 것으로 생각된다. 예를 들어서 생존배우자가 어머니이고 다른 공동상속인이 자녀인 경우에 정상적인 가족관계가 유지되고 있다면, 상속재산을 분할하는 과정에서 복잡한 문제는 발생하지 않을 것으로 기대된다. 반면에 생존배우자와 다른 상속인 사이에 친자관계가 없는 경우와 같이 상속재산을 둘러싼 다툼이 예상될 수 있는 때에는 현행법에 의해서 상속재산을 분할하는 경우에도 분쟁이 발생할 수 있다. 이렇게 본다면, 생존배우자와 상속인 간의 분쟁이나 절차의 복잡함을 우려하여 부부재산관계의 청산을 생략하자는 주장은 설득력이 떨어지는 것으로 보인다. 또 한 가지 짚고 넘어가야 할 점은 이와 같은 부부재산제를 도입한 나라 가운데 사망으로 인한 혼인해소 시에 부부재산관계의 청산을 생략한 예는 찾아볼 수 없다는 것이다(예외적으로 독일이 구체적인 계산에 의하여 부부재산관계를 청산하는 방식 대신 일률적으로 생존배우자의 상속분을 1/4 향상시키는 방식을 취하고 있으나, 이것은 방법의 차이일 뿐 부부재산관계의 청산을 부정하거나 생략하는 것은 아니다). 이와 같이 외국의 입법례가 공통적인 경향을 추구하는 이유는 부부가 혼인 중에 취득한 재산을 부부의 실질적인 공동재산이라고 전제할 때, 혼인이 해소되는 경우에는 그 원인에 관계없이 재산관계가 청산되는 것이 논리적으로 타당하다고 보기 때문이다.

(2) 배우자 상속분에 대한 개정논의

그동안 우리나라에서도 배우자의 상속분을 증가시켜야 한다는 주장이 여러 차례 논문을 통하여 제기된 바 있다.[80] 노후에 배우자의 사망으로 혼인이 해소된 경우에 생존배우자(많은 경우 처)의 생활을 보장하기 위해서는 현행법상의 배우자 상속분으로는 부족하다는 점이 지적되었고, 특히 현행법규정에 의하면, 자녀의 수에 비례하여 배우자의 상속분이 줄어들게 되어 있는데, 이러한 상속구조는 자녀가 많은 가정의 배우자에게 상속에서 불리한 결과를 가져오게 되어 불합리하다는 비판이 제기되었다. 그러나 다른 한편, 예를 들어서 배우자의 상속분을 고정적으로 1/2로 규정한다고 가정해 본다면, 이러한 규정에 대해서도 적지 않은 비판이 제기될 것으로 예상된다. 부부가 평생 해로하다가 사별한 경우에는 생존배우자의 상속분을 크게 인정하는 것에 대하여 반대할 이유가 없겠지만, 혼인기간이 짧았던 경우(예를 들어 노후에 재혼하여 혼인지속기간이 2, 3년에 불과한 경우)에도 동일한 상속분을 인정한다면, 이는 공동상속인의 반발에 부딪히게 될 가능성이 높다(우리사회의 법감정상 문제가 될 수 있다는 의미이다). 이러한 점들을 두루 고려해 본다면, 배우자의 사망으로 혼인이 해소되는 경우에도 부부재산관계를 청산한다는 전제 하에서(위에서 본 바와 같이, 혼인 중에 증가한 재산을 절반으로 분할하는 방식으로 부부재산관계를 청산하는 것을 의미함) 배우자의 상속분을 자녀와 균분으로 하되, 최소한 1/3(또는 1/4)을 보장하는 규정방식이 상속으로 인한 다양한 이해관계를 비교적 만족시킬 수 있는 방안이 될 수 있지 않을까 생각된다. 이와 같은 규정이 도입된다면, 혼인기간이 길었던 부부의 경우에는 생존배우자가 우선 피상속인의 재산 중에서 대략 절반을 부부재산관계의 청산으로서 분할 받게 될 것이고(피상속인의 재산 상당부분이 혼인 중에 형성된 재산이라고 전제할 때), 나머지 재산에 대해서는 상속인으로서 자녀와 동등한 상속분을 가지게 된다(자녀가 3명이 넘는 경우에는 자녀의 수에 관계없이 1/3의 상속분이 인정된다). 혼인기간이 짧았던 부부의 경우에는 혼인 중에 부부의 협력으로 형성한 재산이 많지 않을 것이므로, 부부재산관계의 청산으로서 피상속인의 재산에서 분할을 받을 수 있는 지분이 거의 없을 수

---

80) 이은정, 상속의 효력 규정의 정비를 위한 검토, 가족법연구 제18권 제1호(2004), 137면 이하; 조미경(각주 68), 279면 이하; 박종용(각주 79), 236면 이하; 최금숙(각주 79), 100면 이하.

도 있다. 이런 경우에는 생존배우자는 공동상속인과 더불어 균분상속을 하는 것으로 만족할 수밖에 없다. 그러나 혼인기간이 짧았던 경우에는 이러한 결과가 오히려 형평에 맞는 것이라고 생각된다.

이와 더불어 배우자 상속과 관련하여 제시할 수 있는 또 하나의 방안은, 일정한 요건이 갖추어진 경우에 배우자의 단독상속을 인정하는 것이다. 즉, 공동상속인이 피상속인과 생존배우자의 자녀이고(피상속인과 생존배우자 사이에서 태어난 친생자 및 공동으로 입양한 양자, 배우자의 친생자를 입양하여 양친자관계가 성립한 경우 등), 이미 경제적으로 독립하여 상속개시 당시 피상속인에 대하여 부양청구권을 가지고 있지 않았던 경우에는 생존배우자가 상속재산을 단독으로 상속하게 하는 것이다. 이러한 요건이 갖추어져 있는 경우에 배우자의 단독상속을 인정한다면, 생존배우자의 생활환경이 그대로 유지될 수 있다는 장점이 있다(예를 들어서 생존배우자는 피상속인과 동거하던 주택에 계속 거주할 수 있다. 자녀들이 이러한 재산에 대하여 상속재산분할청구를 할 수 없기 때문이다[81]). 또한 배우자의 단독상속은 생존배우자에게 노후생활의 안정을 가져올 수 있다는 장점이 있다. 생존배우자가 노후에 일정한 생활수준을 유지하기 위해서는 상당한 재산이 필요한데, 상속재산이 분산되어 생존배우자에게 돌아온 몫이 충분하지 못하면 노후의 생활이 매우 곤란하게 될 수 있다. 특히 생존배우자가 처인 경우에는 별도의 재산을 가지고 있지 못한 경우가 많으므로, 상속재산에 의해서 노후생활을 보장해야 할 필요성은 더욱 크다고 볼 수 있다. 반면에 자녀들이 이미 장성하여 경제적으로 독립한 상태에 있는 경우에는 상속이 개시되기 전에도 피상속인에 대해서 부양청구권을 가지고 있었던 것이 아니므로, 상속재산이 없어도 생활을 유지하는 데 어려움이 없다. 이런 경우에 자녀들이 상속재산을 분할 받는다면, 이는 기존의 생활을 보다 윤택하게 하는 의미가 있을 뿐이다. 이러한 상황을 종합적으로 고려해 본다면, 생존배우자의 이익과 자녀의 이익 중에서 생존배우자의 이익을 우선하여 배우자의 상속분을 향상시키는 것이 타당하다고 볼 수 있으며, 한걸음 더 나아가 배우자의 단독상속을 인정해도 큰 무리는 없을 것으로 생각된다.[82] 자녀들은 생존배우자

---

81) 부부가 시가 3억원 상당의 주택에 거주하다가 주택의 명의자인 남편이 사망한 경우, 3명의 자녀들이 상속재산분할청구를 한다면, 현행법에 의할 경우 생존배우자는 1억밖에 받을 수 없게 된다. 배우자의 상속분을 1/2로 향상시킨다고 해도 생존배우자에게 돌아오는 몫은 1억 5천만원에 지나지 않는다. 결국 생존배우자는 피상속인과 함께 살던 주택을 떠나서 임차주택을 구하게 될 가능성이 높다. 이러한 결과는 생존배우자의 노후를 정서적 · 물질적으로 매우 불안정하게 만드는 요인이 된다.

82) 독일에서도 이미 1970년대에 배우자에 의한 단독상속을 주장하는 견해가 있었다. Firsching, Zur Reform des deutschen Erbrechts, JZ 1972, 455; 우리사회에 배우자 단독상속에 관한 규정이 도입될 경우에는 기술적으로 해결되어야 할 문제들이 있다. 우선 상속인의 확정과 관련된 문제가 제기될 것이다. 공동상속인인 직계비속이 피상속인에 대해서 부양청구권을 가지고 있지 않았던 경우에 한하여 배우자의 단독상속이 인정되므로, 직계비속이 피상속인에 대하여 부양청구권을 가지고 있었는가의 여부에 따라서 상속인이 달라지기 때문이다. 생존배우자와 직계비속 사이에서 이 문제에 대하여 협의가 된 경우에는(상속개시 전에 이

의 사망 후 어차피 부모의 재산을 함께 상속할 수 있으므로, 상속권이 본질적으로 침해되는 것은 아니다. 생존배우자가 생전에 재산을 증여하거나 유증을 하는 것에 대한 우려가 있을 수 있으나, 이런 경우에는 유류분제도에 의해서 어느 정도 구제를 받을 수 있을 것이다. 또한 이러한 요건이 갖추어져 있는 경우에 배우자의 단독상속을 인정한다면, 사실상 별도로 부부재산관계의 청산을 거칠 필요가 없으므로, 상속으로 인한 법률관계가 간단해 질 수 있다.[83]

다른 한편, 피상속인의 자녀와 생존배우자 사이에 친자관계가 없는 경우(피상속인

미 직계비속이 경제적으로 독립하여 피상속인에게 부양청구권을 가지고 있지 않았음을 인정한 경우) 법원에 이에 관한 신고를 하여 배우자의 단독상속을 확정할 수 있을 것이다. 반대로 직계비속이 성년자이기는 해도 아직 경제적으로 독립하지 못한 때(예를 들면 대학생인 경우)에는 생존배우자와 공동으로 상속인이 된다는 취지의 신고를 해야 할 것이다(이해관계인의 보호를 위하여 신고기간을 법정할 필요가 있을 것으로 생각된다). 법원에서 신고를 수리하여 상속인이 확정된 날로부터 3월내에 승인 또는 포기를 할 수 있다고 해석된다(제1019조 제1항). 상속개시 당시 직계비속이 모두 미성년자인 때에는 별도의 신고를 하지 않아도 당연히 배우자와 공동상속인이 된다는 규정도 필요할 것이다. 만약 생존배우자와 직계비속 사이에서 협의가 되지 않는 경우에는(성년자인 직계비속의 전부 또는 일부가 피상속인에 대하여 부양청구권을 가지고 있었음을 주장하는데, 생존배우자가 이를 수긍하지 않는 경우) 직계비속은 생존배우자를 상대로 피상속인에 대하여 부양청구권이 있었음을 주장하여 상속권존재확인의 소를 제기하여 판결을 받을 수 있을 것이다. 직계비속이 이러한 방법으로 상속권이 있음을 증명한 경우에는 생존배우자와 부양청구권 있는 직계비속이 공동으로 상속인이 된다. 이 경우에도 상속채권자 등의 이해관계인을 위하여 법원에 신고를 할 필요가 있을 것이다. 이러한 방법에 의해서 상속인이 확정되기까지는 일정 정도 시간의 경과가 불가피하므로, 이 기간 동안 상속채권자의 보호가 문제가 될 수 있다. 이 기간 동안에는 제1019조 제1항에 의한 승인 또는 포기가 불가능하므로 상속관계가 확정될 수 없고, 따라서 상속채권의 변제를 거절할 수 있는 것으로 해석되기 때문이다. 이런 경우에는 법원이 이해관계인의 청구에 의하여 상속재산관리인을 선임할 수 있는 규정을 두고, 변제기가 도래한 채권에 대해서는 상속재산관리인이 법원의 허가를 얻어 변제할 수 있도록 함으로써 상속채권자를 보호할 수 있을 것이다. 어느 상속채권자에 대하여 변제한 후에 상속재산 중 채무가 적극재산을 초과한다는 사실이 밝혀진 경우에는 다른 상속채권자에게 손해가 발생한다는 문제가 생길 수 있으나, 이런 경우에는 제1019조 제3항, 제1038조 규정에 의해서 해결할 수 있을 것이다. 상속인의 확정을 위한 신고기간 내에 신고가 없었던 경우에는 배우자의 단독상속이 된다고 본다(그러나, 직계비속이 모두 미성년자인 경우에는 별도의 신고가 없어도 배우자와 자녀는 공동상속인이 된다). 법원은 성년자인 직계비속의 청구에 의하여 신고기간을 연장할 수 있다(성년자인 직계비속은 법원에 부양청구권존재확인의 소를 제기했다는 사실을 증명하여 신고기간의 연장을 청구할 수 있을 것이다).

83) 예를 들어서 갑(夫)은 혼인 전에 1억의 재산을 가지고 있었고, 혼인 중에 3억의 재산을 형성한 반면, 을(妻)은 혼인 전에 1억의 재산을 가지고 있었고, 혼인 중에 1억의 재산을 형성하였다고 가정해 본다. 갑이 사망하여 상속이 개시된 경우 을은 부부재산관계의 청산으로서 갑의 재산에서 1억을 청구할 수 있다((3억−1억)×$\frac{1}{2}$). 이를 제외하고 갑이 혼인 중에 취득한 재산 2억과 혼인 전부터 가지고 있던 고유재산 1억이 상속재산이 된다(상속재산의 합계 3억). 을이 단독상속을 하는 경우 을은 결과적으로 갑의 재산에서 4억을 받게 되므로(상속재산 3억+재산분할가액 1억), 을의 재산은 결과적으로 6억(이 가운데 갑으로부터 받은 상속재산이 3억, 즉, 전체 재산가액의 1/2이다)에 이르게 된다. 갑과 을 사이에 자녀 병과 정이 있다면 병과 정은 갑의 상속재산에 대해서 일단 상속권을 갖지 못한다. 나중에 을이 사망하는 경우에 비로소 병과 정은 갑의 상속재산에 대하여 상속권을 갖는다. 을이 사망하였을 때 을의 재산가액이 8억으로 상승해 있었다면, 병과 정은 그 중 1/2(이것이 을의 재산 중 갑의 상속재산이 차지하는 비율이다)에 대하여 우선 상속권을 갖는다. 즉 병과 정은 을의 재산(8억) 중 갑의 상속재산이 차지하는 비율(1/2)에 따른 가액, 즉 4억을 균분상속하게 된다(각각 2억씩을 상속하게 된다). 을의 재산 중 나머지 1/2, 즉, 4억에 대해서도 병과 정은 당연히 상속분을 갖는다. 그러나 만일 을에게 전혼 중의 자녀 A와 B가 있다면, 이 재산에 대해서는 병과 정은 A, B와 함께 공동으로 상속하게 된다. 즉 병, 정, A, B는 을의 남은 재산에서 각각 1억씩을 상속하게 된다.

의 전혼관계에서 출생한 자, 혼인 외의 자)에는 상속이 개시되면 피상속인의 자녀는 상속권을 가지며, 자신의 상속분에 따른 분할을 청구할 수 있도록 보장하는 것이 타당하다. 이런 경우 피상속인의 자녀는 나중에 생존배우자가 사망하여 상속이 개시되더라도 상속인이 될 수 없기 때문이다. 또한 피상속인의 자녀와 생존배우자 사이에 친자관계가 있는 경우에도 상속재산을 단독으로 상속한 생존배우자가 후에 재혼을 할 때에는[84] 자녀들이 상속재산분할을 청구할 수 있도록 보장하여야 할 것이다.

Ⅵ 맺음말

1950년대에 민법전이 제정된 이후 우리사회는 급격한 변화를 경험하였다. 특히 1960대 이후 진행된 급속한 산업화와 경제성장은 가족의 구조와 기능에도 큰 영향을 미쳤다. 핵가족이 보편적인 가족형태로 자리잡게 되었고, 개인주의가 발달하기 시작하였으며, 평균수명의 연장에 따라 노인인구가 급증하고 있다. 상속법분야와 관련하여 우리가 특히 주목하는 현상은 평균수명의 연장으로 인하여 상속개시의 시점이 상당히 늦어졌다는 점이다. 상속이 개시될 때, 피상속인의 자녀가 이미 경제적으로 독립한 상태에 있는 경우가 많아졌고, 이러한 자녀들은 상속재산을 받지 않아도 생활에 어려움이 없는 것이 보통이다. 상속 또는 유류분의 근거를 피상속인 사후 상속인의 생활보장에서 구했던 전통적인 이론에 비추어 볼 때, 이러한 자녀들에 대하여 상속, 특히 유류분을 인정할 근거는 상당히 약화된 것이 사실이다. 현행민법에 의하면, 피상속인의 자녀(직계비속)는 항상 법정상속분의 1/2에 대해서 유류분을 확보할 수 있도록 되어 있으나, 이러한 일률적인 유류분의 보장은 다른 각도에서 보면, 피상속인의 유언의 자유를 지나치게 제한하는 것이라고 볼 수도 있다. 따라서 오늘날 우리사회의 실정에 맞게 유류분과 유언의 자유를 조화시킬 필요가 있다고 생각된다. 예를 들어서 자녀에 대한 부양의 필요성이 존재하지 않는 경우에는 피상속인이 유언에 의하여 자녀의 유류분을 감축시킬 수 있는 방안에 대해서 생각해 볼 수 있다. 또한 피상속인에 대하여 자녀가 신의에 반하는 행위를 한 경우에는 피상속인이 유언에 의해서 유류분을 상실시킬 수 있는 가능성에 대해서도 논의해 볼 수 있을 것이다.

한편 평균수명의 연장은 배우자 상속분과 관련하여서도 새로운 논의를 촉발시키는 계기를 제공하고 있다. 평균수명이 길어짐에 따라 부부가 평생 함께 사는 기간은

84) 2004년 우리사회에서 65세 이상 노인이 재혼한 수를 보면, 남편을 기준으로 할 때 1,417건(이 중 사별 후 재혼한 경우 661건), 처를 기준으로 할 때 338건(이 중 사별 후 재혼한 경우 143건)이었다. 통계청, 고령자 통계(2005).

과거에 비하여 훨씬 늘어났으며, 노후에 자녀와 동거하지 않고 부부만 따로 사는 경우가 많아지면서 배우자에 대한 의존도가 강화되는 경향이 나타나고 있다. 이러한 상황에서 사망으로 혼인이 해소되는 경우에 생존배우자의 생활보장문제가 대두되고 있다. 현실적으로 생존배우자는 처인 경우가 대부분인데, 이들은 과거에 전업주부로서 직접적인 소득활동을 할 기회가 적었고, 따라서 자기명의의 재산을 형성하지 못한 경우가 많다. 이러한 상황에서 다른 공동상속인(자녀)과 법정상속분에 따라 상속재산을 분할한다면, 생존배우자의 생활기반은 크게 흔들릴 수 있다. 생존배우자의 노후생활을 보장한다는 사회정책적인 측면에서 보더라도 배우자의 상속분을 증가시키는 것이 타당하다는 주장은 충분히 설득력이 있다고 생각된다. 이를 위하여 구체적인 방안으로서, 우선 사망으로 혼인이 해소되는 경우에도 부부재산관계의 청산이 이루어지도록 법제도를 정비하는 방법을 생각해 볼 수 있다(이는 부부재산제의 개정을 전제로 한다). 피상속인의 재산 중에서 생존배우자의 실질적인 소유에 상당하는 지분은 생존배우자에게 귀속시키고, 나머지 재산(상속재산)에 대해서는 생존배우자와 다른 공동상속인이 법정상속분에 따라 분할하도록 하는 것이다. 이러한 청산방식을 취할 경우 피상속인과 평생 혼인관계를 유지해온 생존배우자는 보다 많은 재산을 취득하게 되어 노후생활의 안정을 기대할 수 있을 것이다.

생존배우자의 노후생활을 안정시킬 수 있는 현실적인 방법 중의 하나는 생존배우자가 기존의 생활수준을 그대로 유지할 수 있는 조건을 마련해 주는 것이다. 이는 생존배우자가 피상속인의 명의로 되어 있던 주택을 비롯하여 그밖에 생활에 필요한 재산을 포괄적으로 상속함으로써 가능하다. 자녀들의 상속권이 침해된다는 문제가 제기될 수 있으나, 생존배우자와 친자관계가 있는 자녀들은 생존배우자가 사망하면 그 때 부모의 재산을 함께 상속할 수 있으므로, 상속권이 본질적으로 침해되는 것은 아니다. 또한 생존배우자의 노후생활 보장과 장성하여 경제적으로 독립한 자녀들의 상속권이 충돌하는 경우에는 생존배우자의 이익을 우선하는 것이 상속제도의 존재의의에도 부합한다고 생각된다. 다만 생존배우자와 피상속인의 자녀 사이에 친자관계가 없는 경우나 친자관계가 있더라도 생존배우자가 나중에 재혼하는 경우에는 자녀의 상속권을 인정함으로써 이들의 이익을 보호할 필요가 있을 것이다.

평균수명의 연장으로 인한 인구구조의 변화는 앞으로 더욱 가속화될 전망이며, 이에 대응하여 법제도의 정비와 정책의 개발도 촉진될 것이다. 상속법 분야에서도 이러한 문제와 관련하여 배우자 상속분과 유류분제도 등에 대한 개정논의가 심화될 것으로 기대된다.

〈민사법학 특별호(제36호) 「우리 민법학은 지금 어디에 서 있는가?」(2008) 수록〉

11. 사실혼 배우자의 상속권에 관한 시론(試論)

I 들어가는 말

사실혼 배우자에게 상속권을 인정할 것인가의 문제에 대해서는 오래 전부터 찬반 양론이 있었다.[1] 이 논문에서는 우선 상속제도의 존재의의에 비추어 볼 때, 사실혼 배우자에게 상속권을 인정하는 것이 타당한가에 대해서 검토해 보려고 한다. 상속제도의 존재의의 – 피상속인 사후의 부양, 잠재적 공유관계의 청산 – 에 비추어 볼 때, 사실혼 배우자에게 상속권을 인정하는 것이 논리적으로 타당하다는 결론에 도달한다고 해도, 이로부터 곧바로 사실혼 배우자의 상속권을 보장해야 한다는 주장을 펴는 것은 무리가 있다. 사실혼 배우자는 법률혼 배우자와는 달리 상속개시 시에 객관적으로 확정되어 있지 않을 뿐만 아니라(당사자가 피상속인의 사실혼 배우자라고 주장하는 경우에도 객관적으로 볼 때, 사실혼으로 인정되지 않는 사례가 있을 수 있기 때문이다), 호적상[2]으로도 공시되지 않으므로, 상속채권자와 같은 이해관계인이 그 존재를 알기 어렵다. 따라서 상속채권자와 같은 이해관계인을 보호하는 제도가 보완되어 있지 않은 상태에서 사실혼 배우자에게 상속권을 인정한다면, 이는 이해관계인의 이익을 부당하게 침해하고 결과적으로 상속으로 인한 법률관계를 불안정하게 만드는 요인이 될 것이다. 이런 이유에서 사실혼 배우자에 대하여 상속권을 인정하려면, 그 전제로서 상속채권자와 같은 이해관계인의 이익을 보호할 수 있는 제도적 보완이 반드시 필요하다.

이하에서는 우선 상속제도의 존재의의에 비추어 볼 때, 사실혼 배우자에게 상속권을 인정하는 것이 타당한가의 문제에 대해서 검토하려고 한다. 이어서 사실혼 배우자에게 상속권을 인정하는 경우에 그로 인하여 발생할 수 있는 상속관계의 불안정을

1) 사실혼 배우자에게 상속권을 인정해야 한다는 견해로는 정광현, 신친족상속법요론(1961), 154면; 김용한, 친족상속법(1977), 171면; 최금숙, 현행민법상 상속인규정에 대한 재검토, 가족법연구 제18권 1호(2004), 92면 등이 있으며, 부정적인 견해로는 곽윤직, 상속법(2001), 113면 이하; 이근식 · 한봉희, 신친족상속법(1982), 130면; 박병호, 가족법(1999), 141면; 이은정, 법정상속인에 대한 재검토, 가족법연구 제18권 2호(2004), 242면 등이 있다.

2) 현재의 호적은 2008년 1월 1일부터 시행될 예정인 '가족관계의 등록 등에 관한 법률'에 의하여 '가족관계등록부'로 대체된다.

해소하기 위하여 구체적으로 어떤 규정이 보완되어야 하는가에 대해서 입법론을 제시하고자 한다. 그리고 마지막으로 사실혼 배우자의 상속권에 관한 외국의 입법례를 소개하고, 이것이 우리에게 시사하는 바를 정리한다.

Ⅱ 상속제도의 존재의의와 사실혼 배우자의 상속권

사실혼 배우자에게 상속권을 인정하는 것이 원론적으로 타당한가에 대한 답은 궁극적으로 상속제도의 존재의의에서 구할 수 있다.

상속제도의 존재의의[3]는 주로 다음과 같은 두 가지 측면에서 설명되고 있다.

첫째, 상속이 개시되면, 피상속인의 배우자와 직계존비속 등의 근친이 상속인으로서 상속재산을 승계하게 되는데(법정상속제도), 이와 같은 사람들을 법정상속인으로 규정하여 상속을 인정하는 이유는 피상속인 사후에 유족의 부양을 보장하기 위한 것이다(사후 부양의 기능, 유족의 생활보장 기능).

둘째, 상속재산은 피상속인 개인뿐만 아니라, 배우자나 그 밖의 가족의 공동의 협력에 의하여 형성된 경우가 많을 것이라고 전제하고, 상속의 개시를 계기로 상속재산의 형성에 따른 기여를 청산할 필요가 있다는 것이다(잠재적 공유관계의 청산).

먼저 상속제도의 존재의의 중에서 사후 부양의 기능과 관련하여 살펴보면, 이는 구체적으로 다음과 같은 의미를 갖는다. 사망으로 인하여 피상속인은 자신이 생전에 부양하고 있던 배우자와 친족을 더 이상 부양할 수 없게 되는데, 피상속인으로부터 부양을 받던 이들은 이로 인하여 생활의 곤란을 겪게 될 가능성이 높다. 이와 같은 사정을 고려해 본다면, 피상속인의 부양을 받아 생활하던 배우자와 친족이 피상속인의 재산을 상속할 수 있게 하여, 피상속인의 사후에도 생활을 유지할 수 있는 근거를 마련하여 주는 것이 바람직하다고 볼 수 있다. 이와 같은 유족의 생활보장은 전통적으로 상속제도의 가장 중요한 기능이라고 설명되어 왔다. 그렇다면 여기서 사실혼 배우자는 상속제도가 피상속인의 사후에 그 생활을 보장하고자 하는 유족의 범위에 포함되는가 하는 점에 대해서 살펴볼 필요가 있을 것이다.

사실혼으로 인정되기 위해서는 주관적으로 당사자 사이에 혼인의사가 있고, 객관적으로 부부공동생활의 실체가 존재하여야 하는데,[4] 이러한 요건을 갖춘 사실혼 부

3) 상속제도의 존재의의에 대하여는 김상용, 자녀의 유류분권과 배우자 상속분에 관한 입법론적 고찰, 민사법학 제36호(2007), 671면 이하 참조; 상속제도의 헌법적 근거에 관한 논문으로는 윤진수, 상속제도의 헌법적 근거, 헌법논총 제10집(1999), 173면 이하 참조.

4) 김주수 · 김상용, 친족 · 상속법(2007), 243면; 대판 2001.4.13. 2000다52943.

부에 대해서는 민법 제826조 제1항이 규정하는 동거 · 부양 · 협조의무가 인정된다.[5] 즉, 사실혼 관계에 있는 부부도 서로 동거하고 부양, 협조해야 한다는 점에서는 법률혼의 부부와 아무런 차이가 없다. 사실혼 부부 사이에 부양의무를 인정하는 이와 같은 학설과 판례의 태도는 입법에도 반영되어 있다. 각종 연금(보험)관계법령에서 사실혼 배우자가 법률혼 배우자와 같이 취급되어 유족연금의 제1순위 수급권자로 규정되어 있는 것이 그 대표적인 예이다. 근로기준법 시행령 제48조는 유족보상의 제1순위자인 배우자에 '사실상 혼인관계에 있던 자'를 포함시키고 있으며, 그 외에도 공무원연금법(제3조 제1항 제3호), 산업재해보상보험법(제5조 제3호) 등 여러 법률이 사실혼 배우자를 유족의 범위에 포함시키고, 연금수급권을 인정하고 있다.[6] 이러한 법률규정은 사실혼 부부 사이에 부양의무가 있음을 전제로 하여, 사실혼 부부의 일방이 사망한 경우에는 생존배우자가 유족연금을 수령할 수 있도록 함으로써 사실혼 부부 일방의 사망 후 생존배우자의 생활을 보장하려는 취지에서 마련된 것이다. 즉, 이와 같은 법률들은 사실혼 배우자를 사실혼 부부 일방의 사후에 그 생활을 보장해야 할 유족의 범위에 포함시키고 있다. 이러한 법률의 태도에서 알 수 있는 점은 유족의 사후 부양이라는 관점에서 볼 때, 사실혼 배우자와 법률혼 배우자 사이에는 본질적으로 차이가 없다는 것이다.

사실혼의 본질에 비추어 볼 때, 사실혼 배우자에 대하여 유족으로서 연금수급권을 인정함으로써 사실혼 부부 일방의 사후에 생활의 근거를 마련하여 주는 것이 입법정책상 타당하다는 점에는 의문의 여지가 없다. 이와 같은 이유에서 사실혼 배우자에 대해서 상속권을 인정하는 것도 역시 입법정책의 차원에서 본다면 충분히 수긍할 수 있다. 사실혼 관계에 있던 일방이 사망한 경우에 생존한 다른 일방이 연금수급권을 갖게 되는 경우가 많지 않다는 점을 고려해 볼 때, 사실혼의 배우자에게 상속권이 인정된다면, 이는 사실혼 부부 일방의 사망 후 생존한 사실혼 배우자의 생활 안정에 크게 기여하게 될 것이기 때문이다. 사실혼이 부부 일방의 사망으로 해소된 경우 생존배우자의 생활을 경제적으로 안정시키는 것은 이미 여러 법률에 의해서 입법정책으로서 추진되고 있다.[7] 사실혼 배우자에 대해서 상속권을 인정하는 입법조치는 이러

5) 한봉희, 가족법(2007), 125면; 김주수 · 김상용(각주 4), 247면; 대판 1998.8.21. 97므544, 551.

6) 물론 법률혼의 배우자가 있는 경우에는, 법률혼이 사실상 이혼상태에 있는 경우와 같이 예외적인 사정이 없는 한, 법률혼의 배우자가 유족으로서 연금수급권을 갖는다. 대판 1993.7.27. 93누1497.

7) 또 다른 예로서 주택임대차보호법을 들 수 있다. 주택임대차보호법 제9조 제1항에 의하면, 주택임차인이 상속권자 없이 사망한 경우에 그 주택에서 가정공동생활을 하던 사실혼의 배우자는 임차인의 권리와 의무를 승계한다. 또한 주택임대차보호법 제9조 제2항에 따르면, 임차인이 사망한 경우에 사망 당시 상속권자가 그 주택에서 가정공동생활을 하고 있지 않은 때에는 그 주택에서 가정공동생활을 하던 사실혼 배우자와 2촌 이내의 친족은 공동으로 임차인의 권리와 의무를 승계한다. 이러한 규정은 사실혼이 부부 일방의 사망으로 해소된 경우에 생존배우자의 생활을 안정시키기 위한 정책으로서 도입된 것이다.

한 입법정책의 연장선상에서 이해될 수 있으며, 각종 연금관계법령이나 주택임대차보호법 등의 특별법에 의한 조치와 비교될 수 없을 정도의 큰 효과를 얻을 수 있을 것이다.

이어서 상속제도의 존재의의 가운데 위에서 두 번째로 언급한 '잠재적 공유관계의 청산' 이라는 관점에서 사실혼 배우자의 상속에 관한 문제를 조명해 본다.

민법 제839조의 2는 이혼 시 재산분할청구에 관하여 규정하고 있는데, 이 규정은 사실혼 해소의 경우에도 유추적용된다.[8] 이혼 시 재산분할제도는 부부가 혼인 중에 협력하여 형성한 재산을 부부의 실질적인 공동재산으로 본다는 전제에서 출발한다.[9] 혼인 중에 부부가 공동의 노력으로 취득한 재산이 부부의 실질적인 공동재산이라는 점을 인정한다면, 혼인이 해소되는 경우에 이러한 재산이 부부 각자의 기여에 따라 청산, 분배되는 것은 당연하다. 사실혼 부부도 생활공동체를 형성하여 서로 동거, 부양, 협조하면서 공동의 노력으로 재산을 형성한다는 점에 있어서는 법률혼 부부와 다를 것이 없으므로, 법률혼이 이혼으로 해소되는 경우에 적용되는 재산분할에 관한 규정을 사실혼 해소의 경우에 유추적용하는 것은 논리적으로 타당하다. 재산분할에 관한 학설과 판례는 배우자가 소득활동을 하여 직접적으로 재산취득에 기여한 경우뿐만 아니라, 소득활동을 하지 않고 가사와 육아를 담당한 경우에도 상대방 배우자의 재산취득(또는 유지, 증가)에 기여한 것으로 평가하며, 상대방 배우자의 재산에 대하여 잠재적인 공유지분을 갖는 것으로 본다.[10] 이러한 견해에 따를 때, 대부분의 사실혼 배우자는 상대방 배우자의 명의로 되어 있는 재산에 대하여 잠재적인 공유지분을 가지고 있다고 볼 수 있다(사실혼 부부 중 누구에게 속한 것인지 분명하지 않은 재산은 법률혼의 경우와 마찬가지로 공유로 추정된다[11]). 사실혼관계가 생전에 해소되는 경우에는 이러한 사실혼 부부의 실질적인 공동재산은 재산분할제도에 의해서 적절히 청산, 분배될 수 있으나, 사실혼이 일방의 사망에 의해서 해소될 때에는 이러한 청산과 분배가 이루어지지 않는다.[12] 상속제도의 중요한 존재의의 중 하나는, 위에서 언급한

---

8) 김주수 · 김상용(각주 4), 254면; 대판 1995.3.10. 94므1379; 대판 1995.3.28. 94므1584.

9) 대결 1993.5.11. 93스6: "재산분할제도는 부부가 혼인 중에 취득한 실질적인 공동재산을 청산 · 분배하는 것을 주된 목적으로 한다"; 헌재결 1997.10.30. 96헌바14: "경험칙상 혼인 중 형성되는 재산의 상당 부분은 부부 쌍방의 협력에 의하여 이루어지는 것이 틀림없음에도 혼인 중 형성되는 재산의 상당 부분은 어느 일방에 귀속되어 있는 경우가 많은데, 재산분할제도는 바로 위와 같은 경우 부부의 실질적 공유재산을 청산한다는 데 그 본질이 있다."

10) 헌재결 1997.10.30. 96헌바14: "재산분할의 본질은 실질적인 부부공동재산의 청산에 있으므로 재산분할에 의하여 분할되는 재산은 사실상 재산취득자의 소유에 지나지 아니하고, 재산분할에 의한 자산이전은 공유물의 분할 내지 잠재화되어 있던 지분권의 현재화에 지나지 않는다."

11) 대판 1997.11.11. 97다34273.

12) 대판 2006.3.24. 2005두15595.

바와 같이, 피상속인이 배우자 등 가족과 협력하여 형성한 재산을 피상속인과 가족의 실질적인 공동재산으로 보고, 상속의 개시를 계기로 상속재산의 형성에 따른 기여를 청산한다는 점에 있다(잠재적 공유관계의 청산). 이러한 상속제도의 존재의의에 비추어 본다면, 사실혼 배우자에게도 상속권을 인정하는 것이 타당하다는 점에 동의할 수 있을 것이다. 사실혼 배우자도 법률혼 배우자와 다름없이 사망한 배우자의 생전 재산 취득에 기여한 경우가 일반적이므로, 사망한 배우자의 명의로 되어 있는 재산에 대해서 잠재적인 공유지분을 가진다고 볼 수 있으며, 배우자가 사망한 경우에는 상속을 통하여 이러한 재산(부부의 실질적인 공동재산)의 청산, 분배에 참여하는 것이 합리적이기 때문이다.

반면에 사실혼이 일방의 사망으로 해소되는 경우에 생존배우자가 사망한 배우자 명의의 재산에 대하여 실질적인 공유지분을 가지고 있으면서도, 이에 대하여 아무런 권리도 행사하지 못한다는 것은 상속제도의 존재의의에 비추어 볼 때에도 부당하다. 사실혼이 일방의 사망으로 해소된 경우 피상속인의 명의로 되어 있는 재산은 상속재산으로서 피상속인의 직계비속 등 법정상속인이 상속하게 된다. 피상속인의 명의로 되어 있는 상속재산에는 생존한 사실혼 배우자의 지분이 포함되어 있는데(예컨대, 사실혼이 생전에 해소된 경우에 생존배우자가 재산분할에 의해서 상대방 배우자의 재산으로부터 대략 30-50% 정도를 분할 받을 수 있었다고 한다면, 이는 생존배우자가 피상속인의 명의로 된 재산에 대하여 약 30-50% 정도의 잠재적 공유지분을 가지고 있었음을 의미하는 것이다), 이에 대하여 생존배우자는 아무런 권리를 갖지 못하고, 피상속인의 직계비속 등의 법정상속인은 원래 생존배우자에게 속하는 지분까지 모두 상속하게 되어 부당한 이득을 보게 된다. 이러한 결과는 상속재산의 형성에 따른 기여를 청산한다는 상속제도의 의의에 배치되는 것이다.

이상의 논의에서 도출할 수 있는 결론은 사실혼 배우자에 대하여 상속권을 인정하는 것이 상속제도의 존재의의 - 피상속인 사후 유족의 생활보장, 잠재적 공유관계의 청산 - 에 부합한다는 사실이다. 그러나 사실혼 배우자에 대하여 상속권을 인정하는 것이 원론적으로 타당하다고 해도, 그로 인하여 상속채권자 등 이해관계인의 이익이 침해되거나 상속관계가 불안정하게 된다면 실제로 입법화하기는 어렵다. 그러므로 사실혼 배우자에 대하여 상속권을 인정하여 상속제도의 존재의의를 살리면서도, 상속으로 인한 법률관계의 안정을 해치지 않을 수 있는 방안을 모색하는 것이 다음에 해결해야 할 과제라고 할 수 있다. 이어서 이 문제에 대하여 집중적으로 살펴본다.

Ⅲ 사실혼 배우자의 상속권 보장을 위한 방안

1. 사실혼 배우자에게 상속권을 인정하는 경우에 발생하는 문제

현재의 법상태에서 제도적 보완을 거치지 않고 사실혼 배우자의 상속권을 인정한다면, 상속채권자 등 이해관계인의 이익이 침해되고, 상속으로 인한 법률관계가 불안정하게 되는 부작용을 막을 수 없다. 사실혼 배우자에게 상속권을 인정하는 법규정이 마련된다고 해도, 상속개시 당시에 피상속인에게 사실혼의 배우자가 있었는가의 여부가 객관적으로 확정될 수 없기 때문에[13] 상속개시의 시점에서 상속인이 확정될 수 없다는 문제가 남는다. 피상속인과 사실혼관계에 있던 자는 자신이 피상속인의 사실혼 배우자였다는 점을 증명해야 하므로, 이를 위하여 피상속인 사후에 사실상혼인관계존재확인청구의 소를 제기하여야 할 것이다.[14] 사실혼관계를 확인하는 재판이 확정될 때까지는 상당한 기간이 소요되는데, 이 기간 동안에는 상속인이 확정되지 않은 상태가 지속되므로, 상속인들은 상속재산을 분할할 수 없게 된다. 또한 상속인이 확정될 때까지 상속채권자나 유증받은 자는 변제를 청구할 수 없게 되어 손해를 입게 된다. 사실혼 배우자의 상속권을 인정했을 때, 발생할 수 있는 이와 같은 문제들을 해결할 수 있는 방안이 제시되지 않는 한, 사실혼 배우자에게 상속권을 인정하는 입법은 기대하기 어렵다.

이어서 사실혼 배우자에게 상속권을 인정하면서도 상속관계의 안정을 해치지 않을 수 있는 구체적 방안을 모색해 본다.

2. 사실혼 배우자의 상속권 보장을 위한 구체적 방안

피상속인의 사후 인지판결을 받은 혼인 외의 자는 상속권을 가지게 되는데, 이 경우 혼인 외의 자의 상속에 관한 문제를 해결하는 법리는 사실혼 배우자의 상속권과 관련하여 시사하는 바가 크다.

피상속인 사후에 인지청구를 하여(민법 제864조) 인지판결을 받은 혼인 외의 자는

13) 대판 2001.4.13. 2000다52943; 대판 2001.1.30. 2000도4942 등의 판례를 살펴보면, 당사자가 망인과 사실혼관계에 있었다고 주장하는 경우에도 객관적으로는 사실혼관계를 인정할 수 없는 사례가 적지 않음을 알 수 있다.

14) 김주수, 과거의 사실상혼인관계 존부확인청구와 제소기간, 법률신문 1520호(1983.12); 대판 1995.3.28. 94므1447. 사실혼 당사자의 일방이 사망한 후에도 사실혼의 존재를 확인할 이익이 인정되는 한 민법 제864조, 제865조 제2항을 유추적용하여 사실혼 당사자의 일방이 사망한 사실을 안 날로부터 2년 내에 검사를 상대로 하여 소를 제기할 수 있다.

인지의 소급효(민법 제860조 본문)에 의하여 피상속인의 직계비속으로서 상속권을 가지게 된다. 따라서 그동안 다른 공동상속인이 상속재산을 분할하거나 처분하지 않았다면, 혼인 외의 자는 상속인의 자격으로 다른 공동상속인(피상속인의 배우자, 혼인 중의 자 등)과 더불어 상속재산의 분할에 참가할 수 있다. 이 점에 있어서 혼인 외의 자는 상속에 있어서 아무런 차별도 받지 않는다.

그러나 인지판결의 확정에 의하여 상속개시 시로 소급하여 상속권을 취득하게 된 혼인 외의 자는 인지의 소급효를 제한하는 민법 제860조 단서 규정에 의하여 제3자의 권리를 해하지 못한다. 예를 들어서 상속개시 후 인지판결이 확정되기 전까지 다른 공동상속인들이 상속재산인 부동산을 제3자 갑에게 매각처분하였다면, 혼인 외의 자는 부동산에 대하여 소유권이전등기를 마친 갑에 대하여 자신의 상속분에 따른 지분의 말소청구를 할 수 없다(즉, 혼인 외의 자는 이 경우 부동산의 매수인 갑에 대하여 민법 제999조에 의한 상속회복청구를 할 수 없다). 갑은 민법 제860조 단서가 보호하는 제3자에 해당하기 때문이다. 이런 경우 혼인 외의 자는 다른 공동상속인에 대해서 자신의 상속분에 상당한 가액의 지급을 청구할 수 있다(민법 제1014조). 민법은 이러한 해결방식을 통하여 제3자 갑의 권리를 보호하고 상속으로 인한 법률관계의 안정을 꾀하는 한편, 혼인 외의 자의 상속권도 보장하는 효과를 거두고 있다. 물론 이 경우 혼인외의 자의 상속권은 일반 상속인의 상속권과 비교하여 볼 때, 약하게 보호된다는 비판을 받을 수도 있다. 일반 상속인이라면, 위에서 본 사례의 경우에 공동상속인으로부터 상속부동산을 양수한 제3자 갑에 대하여 상속회복청구를 할 수 있기 때문이다. 이와는 달리 혼인 외의 자는 다른 공동상속인에 대하여 자신의 상속분에 따르는 가액의 지급을 청구하는 것으로 만족할 수밖에 없는데, 만일 공동상속인들이 무자력 상태에 있다면, 실제로는 상속을 받지 못하는 결과가 될 수도 있다. 이와 같이 피상속인 사후 인지판결에 의해서 상속권을 취득한 혼인 외의 자는 일반 상속인에 비해서 불리한 지위에 있는 것이 사실이지만, 이는 혼인 외의 자의 상속권을 실현하는 과정에서 발생할 수 있는 상속관계의 불안정을 해소하기 위해서 불가피하다.

한편 인지되지 않은 혼인 외의 자는 상속이 개시될 때에는 상속인으로서 고려할 여지가 없으므로, 이를 제외한 피상속인의 배우자, 혼인 중의 자 등만이 상속인이 된다(상속개시 전에 피상속인을 상대로 하여 인지청구의 소를 제기한 자가 있다면, 인지판결의 확정에 의해서 상속인의 자격을 가지게 될 가능성이 있으나, 인지판결이 확정되기 전까지는 상속인의 신분을 가지지 못하므로, 이를 제외한 나머지 공동상속인으로 상속인이 확정된다). 이러한 상속인은 상속개시 있음을 안 날로부터 3월의 고려기간 내에 승인, 포기의 의사표시를 할 수 있으며(민법 제1019조 제1항 본문), 이 기간 내에 승인 또는 포기를 하지 않은 경우에는 단순승인을 한 것으로 되므로(민법 제1026조 제2호), 별도의 의사표시를 하지 않아도 이 기간이 경과하면 상속인이 확정된다. 상속채권자나 유증받은 자 등은 확정된 상속인에 대하여 각자의 상속분에 따른 변제를 청구할 수 있으므로, 상속인이 확정되지 않은 상태가 장기화됨으로써 상속채권자 등의 이해관계인에게 손해가 발생하는 경우는 생기지 않는다(사후에 혼인 외의 자가 인지판결에 의해서 상속권을 가지게 되는 경우에는 혼인 외의 자도 자신의 상속분에 따른 채무를 부담하게 되므로, 이미 다른 공동상속인들이 변제한 채무의 액수를 고려하여 상속재산을 분할하면 된다).

이와 같이 상속인이 확정되면, 피상속인의 배우자와 혼인 중의 자 등의 공동상속인도 인지되지 않은 혼인 외의 자를 고려할 필요없이 상속재산을 분할할 수 있다. 상속재산의 분할 후에 인지판결에 의해서 혼인 외의 자가 상속권을 가지게 된 경우에는 민법 제1014조에 의해서 문제를 해결하면 된다. 즉, 혼인 외의 자가 공동상속인에 대해서 자신의 상속분에 상당한 가액의 지급을 청구하면, 공동상속인은 각자의 상속분에 따른 비율로 혼인 외의 자에게 가액을 지급하여야 한다.[15] 이 경우 공동상속인의 이익이 침해되는 것처럼 보일 수도 있으나, 인지된 혼인 외의 자는 현행민법상 당연히 상속권을 가지므로, 피상속인 사후 인지판결에 의해서 상속권을 가지게 된 혼인 외의 자가 상속회복청구를 하는 것은 다른 공동상속인의 이익을 침해하는 결과가 되지 않는다(판례는 민법 제860조 단서가 규정하는 제3자에 상속인은 포함되지 않는 것으로 보는데,[16] 이러한 판례의 태도도 같은 맥락에서 이해될 수 있다).

위에서 살펴본 혼인 외의 자의 상속에 관한 법리를 기초로 하여 사실혼 배우자의 상속에 관한 이론구성을 시도해 본다.

상속이 개시되었을 때에는 피상속인에게 사실혼 배우자가 있는지의 여부를 객관적으로 확정할 수 없다. 따라서 사실혼 배우자는 상속개시 시에는 상속인의 자격을 가질 수 없는 것으로 전제하여야 한다. 그러므로 피상속인이 사실혼관계에 있었다고 해도 사실혼 배우자를 제외한 나머지 상속인(예를 들면, 피상속인의 부모, 자녀 등)이 일단 상속재산을 승계한다. 이들 상속인은 상속개시 있음을 안 날로부터 3월의 고려기간 내에 승인, 포기를 할 수 있으며(민법 제1019조 제1항 본문), 이 기간 내에 아무런

15) 김주수 · 김상용(각주 4), 630면; 대판 1993.8.24. 93다12. 이 가액은 상속재산을 사실심 변론종결 시의 시가로 평가하여 이에 대한 혼인 외의 자의 상속분을 산출하여 이를 각 공동상속인에게 안분한 것이다. 예를 들어서 A의 상속인(직계비속) 갑, 을, 병이 1억 8000만원 상당의 상속재산을 균분하여 분할하였는데, 그로부터 2년 후 사후 인지청구에 의해서 상속권을 취득한 A의 혼인 외의 자 정이 법원에 대하여 갑, 을, 병을 상대로 상속분에 상당한 가액의 지급청구를 하였다. 사실심 변론종결 시에는 상속재산의 가액이 2억 4000만원으로 상승해 있었다. 이 경우 정은 사실심 변론종결 시 상속재산의 가액 2억 4000만원의 1/4, 즉, 6000만원의 지급을 청구할 수 있다. 갑, 을, 병은 각각 2000원씩을 정에게 지급하여야 한다.

16) 대판 1974.2.26. 72다1739; 대판 1993.3.12. 92다48512.

의사표시를 하지 않은 경우에는 단순승인으로 의제되므로(민법 제1026조 제2호), 이 기간이 경과하면 자동으로 상속인이 확정된다. 상속인이 확정되면, 상속채권자, 유증받은 자 등의 이해관계인은 상속인에 대하여 변제를 청구할 수 있으므로, 피상속인에게 사실혼 배우자가 있었던 경우에도 상속인의 불확정으로 인한 손해를 입을 염려가 없다. 또한 상속인이 확정되면, 공동상속인은 상속재산을 분할할 수 있으므로, 상속인의 불확정으로 인하여 상속재산의 분할을 연기해야 하는 불편을 겪지 않아도 된다.

다른 한편, 사실혼 배우자에게 상속권을 보장하려면, 우선 사실혼 배우자를 상속인의 범위에 포함시키는 법규정이 마련되어야 한다(구체적으로는 사실혼 배우자의 상속순위에 관한 규정이 마련되어야 한다). 그러나 그와 같은 규정이 마련된다고 해도 사실혼 배우자가 어떤 방식으로 상속권을 취득하며, 행사할 수 있는가에 대해서 구체적인 규정이 보완되지 않으면 사실혼 배우자의 상속권은 실현되기 어렵다. 사실혼 배우자에 대하여 법률혼 배우자와 동일한 상속순위를 인정한다[17]는 전제 하에 사실혼 배우자의 상속권을 실현하기 위한 구체적인 입법론을 전개해 본다.

피상속인의 사실혼 배우자는 피상속인의 사망을 안 날로부터 2년 내에 검사를 상대로 하여 사실상혼인관계존재확인청구를 할 수 있다. 피상속인과 청구인 사이에 사실혼관계가 있었음을 확인하는 재판이 확정되면, 청구인은 상속개시 시로 소급하여 상속권을 취득한다(사실혼 배우자의 상속권을 인정하는 법규정이 마련되어 있다면, 사실혼관계의 존재를 확인하는 재판의 확정에 의하여 사실혼 배우자는 당연히 상속권을 취득하게 된다. 왜냐하면 피상속인의 사망으로 상속이 개시될 때, 사실혼관계에 있었던 자는 상속인이 되기 때문이다). 그러므로 다른 공동상속인이 상속재산을 분할하지 않은 경우에는 사실혼 배우자도 상속인으로서 상속재산의 분할에 참가할 수 있다. 만일 다른 공동상속인들이 이미 상속재산을 분할했거나 처분한 경우에는 사실혼 배우자는 다른 공동상속인에 대하여 자신의 상속분에 상당하는 가액의 지급을 청구하는 것으로 만족해야 할 것이다(사실혼 배우자도 상속인으로서 자신의 상속분에 따르는 상속채무를 부담하므로, 다른 공동상속인이 이미 상속채무를 변제한 때에는 이를 고려하여 청구금액이 결정될 것이다). 예를 들어서 공동상속인들이 상속재산인 부동산을 제3자에게 매각처분한 경우에 사실혼 배우자는 그 제3자를 상대로 상속회복청구를 할 수 없으며, 단지 다른 공동상속인들을 상대로 자신의 상속분에 상당한 가액의 지급만을 청구할 수 있다. 이렇게 하지 않으면, 제3자의 권리가 침해되고 상속으로 인한 법률관계가 불안정하게 되는 부작용을 막을 수 없기 때문이다.

---

17) 각종 연금관계법령이 사실혼 배우자를 법률혼 배우자와 마찬가지로 제1순위 수급권자로 규정하고 있는 취지에 비추어 볼 때, 사실혼 배우자에게 상속권을 인정하는 경우에도 상속순위는 법률혼 배우자와 동일하게 하는 것이 타당하다고 생각된다.

사실혼 배우자가 상속권을 가지기 위해서는 반드시 재판을 거쳐야 한다는 점이 단점으로 지적될 수 있으나, 이는 사실혼이 호적에 의해서 공시되지 않는다는 점을 감안할 때 불가피한 절차라고 보아야 한다.

이상의 논의를 정리하여 법안(改正私案)을 제시하여 보면 다음과 같다.

민법 제812조의 2(사실상혼인관계존재확인청구) ① 사실상 혼인관계에 있거나 있었던 자의 일방은 다른 일방을 상대로 하여 사실상혼인관계존재확인의 소를 제기할 수 있다.

② 사실상혼인관계존재확인의 재판이 확정된 때에는 심판을 청구한 자가 호적법에 정한 바에 의하여 신고함으로써 혼인이 성립한다.

③ 사실상 혼인관계에 있었던 자의 일방이 사망한 때에는 다른 일방은 그 사망을 안 날로부터 2년 내에 검사를 상대로 하여 사실상혼인관계존재확인의 소를 제기할 수 있다.

④ 제3항의 경우에는 재판이 확정된 때에도 심판을 청구한 자는 혼인신고를 하지 못한다.

민법 제1003조(배우자의 상속순위) ① 피상속인의 배우자는 제1000조 제1항 제1호와 제2호의 규정에 의한 상속인이 있는 경우에는 그 상속인과 동순위로 상속인이 되고 그 상속인이 없는 때에는 단독상속인이 된다.

② 제1001조의 경우에 상속개시 전에 사망 또는 결격된 자의 배우자는 동조의 규정에 의한 상속인과 동순위로 공동상속인이 되고, 그 상속인이 없는 때에는 단독상속인이 된다.

③ 제1항과 제2항의 규정은 상속개시 시 피상속인과 사실상 혼인관계에 있었던 자에 대하여 이를 준용한다.

민법 제1003조의 2(상속인이 되는 사실혼의 배우자) ① 피상속인과 사실상 혼인관계에 있었던 자가 제1003조 제3항 규정에 의하여 상속인이 되기 위해서는 제812조의 2 제3항 규정에 의한 사실상혼인관계존재확인의 소를 제기하여야 한다.

② 사실상혼인관계존재확인의 재판이 확정된 경우에는 피상속인과 사실상 혼인관계에 있었던 자는 상속개시 시로 소급하여 상속권을 취득한다. 다만, 제3자가 취득한 권리를 해하지 못한다.

민법 제1009조(법정상속분) ① 동순위의 상속인이 수인인 때에는 그 상속분은 균분으로 한다.

② 피상속인의 배우자의 상속분은 직계비속과 공동으로 상속하는 때에는 직계비속의 상속분의 5할을 가산하고, 직계존속과 공동으로 상속하는 때에는 직계존속의 상속분의 5할을 가산한다.

③ 제2항의 규정은 상속개시 시 피상속인과 사실상 혼인관계에 있었던 자에 대하여 이를 준용한다.

민법 제1010조(대습상속분) ① 제1001조의 규정에 의하여 사망 또는 결격된 자에 갈음하여 상속인이 된 자의 상속분은 사망 또는 결격된 자의 상속분에 의한다.

② 전항의 경우에 사망 또는 결격된 자의 직계비속이 수인인 때에는 그 상속분은 사망 또는 결격된 자의 상속분의 한도에서 제1009조의 규정에 의하여 이를 정한다. 제1003조 제2항, 제3항의 경우에도 또한 같다.

해설: ① 개정사안 제1003조 제3항에 의해서 사실혼 배우자는 법률혼의 배우자와 같이 제1순위 상속인이 된다. 즉, 피상속인의 직계비속이 있는 경우에는 직계비속과 공동으로 상속인이 되며, 피상속인의 직계존속이 있는 때에는 직계존속과 공동으로 상속인이 된다. 피상속인에게 직계비속도 없고 직계존속도 없는 경우에는 단독상속인이 된다. 각종 연금관계법령이 사실혼 배우자를 유족연금의 제1순위 수급권자로 규정하고 있는 취지와 일반적으로 사실혼 배우자가 상대방 배우자의 재산(상속재산) 형성에 기여하는 정도를 고려해 볼 때(경험칙상 사실혼 배우자는 다른 공동상속인에 비하여 상속재산의 형성에 더 많이 기여한 것으로 본다), 사실혼 배우자를 제1순위 상속인으로 규정하는 것은 타당하다.

② 개정사안 제1009조 제3항에 의해서 사실혼의 배우자는 법률혼의 배우자와 같은 상속분을 갖는다. 사실혼 부부와 법률혼 부부 사이에 부양의무의 차이가 없다는 점을 고려하면, 부부 일방의 사후에도 동등한 상속분을 인정함으로써 사후 부양에 있어서도 사실혼 배우자와 법률혼 배우자를 동등하게 취급하는 것이 논리적으로 일관된다. 또한 사실혼 부부도 법률혼 부부와 같이 생활공동체를 구성하고 서로 동거, 부양, 협조한다는 점에 비추어 볼 때, 상대방 배우자의 재산형성에 기여하는 정도에 있어서도 사실혼 배우자와 법률혼 배우자 사이에는 차이가 있을 수 없다. 따라서 상속재산(상속개시 시 상대방 배우자에게 속한 재산)의 형성에 따른 기여를 청산한다는 관점에서 보더라도 사실혼 배우자에 대하여 법률혼 배우자와 동일한 상속분을 인정하는 것은 문제가 없다. 같은 논리에서 사실혼 배우자가 대습상속인이 되는 경우에도 그 상속분은 법률혼 배우자와 동일하여야 한다(개정사안 제1010조 제2항 후단).

③ 상속개시 시에는 피상속인이 사실혼관계에 있었는가의 여부가 객관적으로 확정될 수 없으므로, 사실혼 배우자라고 생각되는 자도 상속개시 시에는 상속인의 신분을 갖지 못한다. 사실혼 배우자가 상속인이 되기 위해서는 상속개시 시에 피상속인과 사실상 혼인관계에 있었다는 점을 증명하여야 할 것이다. 이를 위하여 사실혼 배우자는 상대방 배우자의 사망을 안 날로부터 2년 내에 검사를 상대로 하여 사실상혼인관계존재확인의 소를 제기할 수 있다(개정사안 제812조의 2 제3항, 제1003조의 2 제1항). 사실상 혼인관계의 존재를 확인하는 재판이 확정되면, 사실혼 배우자는 상속개시 시부터 상속인이었던 것으로 된다(개정사안 제1003조의 2 제2항 본문). 현재 판례는 소위 중혼적 사실혼(사실혼관계에 있었던 자 일방 또는 쌍방이 법률혼 상태에 있으면서 중복하여 사실혼관계를 맺은 경우)에 대하여 사실혼으로 인정하지 않는다는 태도를 보이고 있으므로, 중혼적 사실혼관계에 있었던 자가 사실상혼인관계존재확인청구를 한 때에는 법원에서 이를 기각할 것이다. 따라서 중혼적 사실혼관계에 있었던 자는 사실혼 배우자로서 상속권을 갖지 못하게 된다.

④ 재판의 확정에 의해서 상속인이 된 사실혼의 배우자는, 공동상속인이 그때까지 상속재산을 분할하거나 처분하지 않은 때에는 상속재산의 분할에 참여할 수 있다(즉, 상속재산분할협의에 참가할 수 있으며, 협의가 되지 않은 때에는 상속재산분할심판을 청구할 수 있다. 민법 제1013조). 공동상속인이 이미 상속재산을 분할하거나 처분한 때에는 재분할을 청구할 수 없으며, 공동상속인에 대하여 자기의 상속분에 상당한 가액의 지급을 청구할 수 있을 뿐이다(민법 제1014조). 민법 제1014조는 "상속개시 후의 인지 또는 재판의 확정에 의하여 공동상속인이 된 자가 상속재산의 분할을 청구할 경우에 다른 공동상속인이 이미 분할 기타 처분을 한 때에는 그 상속분에 상당한 가액의 지급을 청구할 권리가 있다"라고 규정하고 있는데, 사실상혼인관계존재확인청구를 하여 재판의 확정에 의해서 상속권을 갖게 된 사실혼 배우자는 민법 제1014조가 규정하는 "재판의 확정에 의하여 공동상속인이 된 자"에 해당하기 때문이다.

다른 공동상속인이 상속재산을 이미 제3자에게 매각처분한 경우에는 사실혼 배우자는 제3자에 대하여 상속회복청구를 할 수 없다(개정사안 제1003조의 2 제2항 단서). 예를 들어서 사실상 혼인관계의 존재를 확인하는 재판이 확정되기 전에 다른 공동상속인이 상속재산인 부동산을 제3자 A에게 매각처분하였고, A가 이 부동산에 대하여 소유권이전등기를 경료한 경우에 재판에 의해서 상속인이 된 사실혼 배우자는 A를 상대로 자신의 상속분에 상당한 지분의 말소청구를 할 수 없다. 이런 경우에는 재판에 의해서 상속인이 된 사실혼 배우자는 위에서 본 바와 같이, 다른 공동상속인에 대하여 상속분에 상당한 가액의 지급을 청구할 수 있을 뿐이다(민법 제1014조).

Ⅳ 외국의 입법례

1. 슬로베니아

슬로베니아에서는 사실혼 배우자에 대하여 법률혼 배우자와 동일한 상속인의 지위를 인정한다.[18] 사실혼 배우자로서 상속권이 인정되기 위해서는 피상속인과 사실상 혼인관계에 있었다는 사실이 증명되어야 하는데, 사실상 혼인관계로 인정되려면 다음과 같은 세 가지 요건을 충족시켜야 한다.[19] 첫째, 한 쌍의 남녀로 구성된 생활공동체가 존재해야 한다. 둘째, 이러한 공동체가 상당한 기간 존속해야 한다(어느 정도가 상당한 기간인가에 대해서는 명문의 규정이 없으며, 법원의 판단에 의해서 결정된다 20)), 셋째, 두 사람 사이에 혼인무효에 해당하는 사유가 없어야 한다(예를 들어서 두 사람 중 일방이 타인과 법률혼관계에 있는 경우에는 사실상 혼인관계로 인정되지 않는다).

사실상 혼인관계에서 공동으로 생활하던 한 쌍의 남녀 중 일방이 사망한 경우에 생존한 다른 일방이 상속권을 인정받기 위해서는 사실상 혼인관계의 존재를 확인하는 심판을 청구하여야 한다.[21] 법원에서 사실상의 혼인관계가 존재하였음을 확인하는 재판이 확정되어야만 생존한 다른 일방은 사실혼 배우자로서 상속권을 가지게 된다. 만일 재판을 통해서 사실상의 혼인관계가 상당한 기간 존속하지 않았다거나 공동생활을 했던 남녀 사이에 혼인무효사유가 있었다는 사실이 확인된다면, 이러한 생활공동체는 사실혼관계로 인정되지 않으며, 따라서 상속권이 인정될 여지가 없다.[22]

법원의 재판을 통해서 사실상의 혼인관계가 존재했다는 사실이 확인되면, 생존한 사실혼 배우자에 대해서는 법률혼 배우자와 동일한 상속법상의 지위가 인정된다. 이에 따라 피상속인에게 자녀(직계비속)가 있는 경우에는 그와 동순위로 공동상속인이 되며, 피상속인에게 직계비속이 없는 때에는 피상속인의 부모와 더불어 공동상속인이 된다. 사실혼 배우자가 피상속인의 직계비속과 공동상속인이 되는 때에는 직계비

18) 슬로베니아 상속법 제10조 제2항.

19) 슬로베니아 혼인가족법 제12조.

20) Gec-Korosec/Kraljic, Vermögensrechtliche Verhältnisse in der Ehe und der nichtehelichen Lebensgemeinschaft nach slowenischem Recht, in: Henrich/Schwab(Hrsg.), Eheliche Gemeinschaft, Partnerschaft und Vermögen im europäischen Vergleich(1999), S. 273.

21) Gec-Korosec/Kraljic, Familienerbrecht und Testierfreiheit im slowenischen Recht, in: Henrich/Schwab(Hrsg.), Familienerbrecht und Testierfreiheit im europäischen Vergleich(2001), S. 280.

22) 한때 사실상 혼인관계가 존재하였다고 해도 생존 배우자의 유책사유나 사실혼 부부 쌍방의 합의에 의해서 사실상의 혼인관계가 해소되었고, 그러한 상태가 장기간 지속되는 동안에 일방이 사망했다면, 생존 배우자의 상속권은 인정되지 않는다. 슬로베니아 상속법 제22조.

속과 동일한 상속분을 갖는다.[23] 따라서 피상속인에게 4명의 자녀가 있다면, 사실혼 배우자와 자녀의 상속분은 각각 1/5이 된다. 그러나 사실상 혼인관계의 성립 이후에 피상속인이 근로에 의해서 취득한 재산은 사실혼 부부의 공유재산으로 인정되므로(지분은 동일한 것으로 추정된다),[24] 생존배우자는 상속재산의 분할 전에 이러한 재산으로부터 우선 자신의 지분에 상당하는 부분을 취득한다. 그러므로 피상속인의 재산이 전부 사실혼 부부 쌍방의 공유로 인정되는 경우라면, 생존한 사실혼 배우자는 우선 피상속인의 재산 중 50%를 공유지분의 분할로써 취득하고, 나머지 상속재산 중에서 자신의 상속분에 따른 지분을 취득한다(4명의 자녀와 공동상속인이 되는 때에는 생존한 사실혼 배우자는 피상속인의 재산 중에서 우선 50%를 취득하고, 나머지 50%의 재산 중에서는 자신의 상속분에 상당한 1/5, 즉 10%를 추가로 취득하므로, 결과적으로 피상속인의 재산 중 60%를 취득하게 된다[25]).

사실혼 배우자가 피상속인의 부모와 공동상속인이 되는 경우에는 사실혼 배우자의 상속분은 1/2이며, 피상속인의 부모는 나머지 상속재산을 균분하여 상속한다[26](즉, 피상속인의 부모 쌍방이 생존하는 경우에 부모의 상속분은 각각 1/4이 된다). 이 경우에도 피상속인이 사실혼 성립 이후에 근로에 의해서 취득한 재산은 사실혼 부부 쌍방의 공유로 인정되므로, 사실혼 배우자는 그 중에서 자신의 공유지분에 상당하는 부분을 우선적으로 취득하고, 나머지 재산을 상속분에 따라 분할하게 된다.[27]

---

23) 슬로베니아 상속법 제11조 참조.

24) 슬로베니아에서는 사실혼 배우자에 대하여 법률혼 배우자와 동일한 법적 지위가 인정된다(슬로베니아 혼인가족법 제12조 제1항). 따라서 법률혼 부부 사이에 적용되는 부부재산관계에 관한 규정은 사실혼 부부에게도 적용된다. 부부재산관계에 관한 슬로베니아의 법규정은 대체로 다음과 같은 내용을 갖는다. 우선 혼인기간 중에 부부가 근로에 의해서 취득한 재산은 부부의 공유가 된다(슬로베니아 혼인가족법 제51조 제2항). 여기서 근로의 개념에는 직장에서의 근로와 가사, 육아 등이 모두 포함된다. 이러한 공유재산은 원칙적으로 부부가 공동으로 관리하고, 처분한다. 따라서 부부의 일방이 단독으로 매도하거나 담보로 제공할 수 없다(슬로베니아 혼인가족법 제54조). 부부의 공유재산은 혼인이 종료되는 경우에 분할될 수 있는데, 분할의 액수와 방법은 부부가 협의에 의하여 정할 수 있다. 분할의 액수와 방법에 대해서 협의가 되지 않는 때에는 일방의 청구에 의하여 법원이 이를 정한다. 슬로베니아 혼인가족법은 부부공유재산에 대한 부부 각자의 지분은 동등한 것으로 추정한다. 이러한 추정을 번복하기 위해서는 재산형성에 대한 부부의 기여도가 동일하지 않다는 사실을 당사자가 증명해야 한다(슬로베니아 혼인가족법 제59조 제1항). 공유재산에 대한 부부의 지분에 관하여 다툼이 있는 경우에 법원은 부부 각자의 수입뿐만 아니라, 가사노동, 육아, 재산유지에 대한 기여 등을 종합적으로 고려하여 판단한다(슬로베니아 혼인가족법 제59조 제2항). 이상 Gec-Korosec/Kraljic(각주 20), S. 263ff. 참조.

25) Gec-Korosec/Kraljic(각주 21), S. 282.

26) 슬로베니아 상속법 제14조, 제15조 참조.

27) Gec-Korosec/Kraljic(각주 21), S. 283.

2. 네덜란드

네덜란드에서는 동성(同性) 또는 이성(異性)간의 생활공동체관계를 신분등록부에 등록할 수 있는데,[28] 이와 같이 등록된 생활공동체관계에서 동거하던 일방이 사망하는 경우 다른 일방은 법률혼의 배우자와 동일한 상속인의 지위를 갖는다.[29]

생활공동체관계로서 신분등록부에 등록하기 위해서는 다음과 같은 요건을 충족시켜야 한다. 우선, 이미 등록된 생활공동체관계에 있는 자는 중복하여 다른 사람과의 생활공동체관계를 등록할 수 없다.[30] 이 규정은 네덜란드민법이 채택하고 있는 일부일처제에 상응하는 것이다.[31] 또한 혼인상태에 있는 자는 신분등록부에 생활공동체관계를 등록할 수 없다.[32] 반대로 현재 신분등록부에 생활공동체관계로서 등록되어 있는 자는 혼인할 수 없다.[33] 혼인금지에 관한 규정이 생활공동체관계의 등록에 준용되는 결과, 근친관계에 있는 자 사이에서는 생활공동체관계의 등록이 금지된다.[34]

생활공동체관계는 신분등록공무원이 생활공동체관계의 등록에 관한 증명서를 작성함으로써 성립한다.[35]

등록된 생활공동체관계에 대해서는 혼인과 유사한 효력이 인정된다. 생활공동체관계로 등록된 일방과 다른 일방의 혈족(예를 들면 자녀) 사이에는 인척관계가 발생한

---

28) 1997년 5월 7일 법률(Änderung von Buch 1 des Bürgerlichen Gesetzbuches und der Zivilprozeßordnung aufgrund der Aufnahme von Bestimmungen über die Registrierung des bürgerlichen Standes. Staatsblad 1997, S. 324). 이 법은 1998년 1월 1일부터 시행되었다. 이 법률에 관한 자세한 내용은 Pintens, Partnerschaft im belgischen und niederländischen Recht, FamRZ 2000, 75ff; Breemhaar, Eheliche Gemeinschaft, Partnerschaft und Vermögen im niederländischen Recht, in: Henrich/Schwab(Hrsg.), Eheliche Gemeinschaft, Partnerschaft und Vermögen im europäischen Vergleich(1999), S. 153ff; Schlüter/Heckes/Stommel, Die gesetzliche Regelung von außerehelichen Partnerschaften gleichen und verschiedenen Geschlechts im Ausland und die deutschen Reformvorhaben, DEuFamR 2000, 4 참조.

29) 네덜란드민법 제4편 879조의 a.

30) 네덜란드민법 제1편 제80조의 a 제3항.

31) 네덜란드민법 제1편 제33조.

32) 네덜란드민법 제1편 제80조의 a 제4항.

33) 네덜란드민법 제1편 제42조. 생활공동체관계는 재판 또는 당사자의 합의에 의해서 해소될 수 있다. 생활공동체관계에 있던 일방이 법원에 관계의 해소를 청구하면, 이혼절차와 유사한 재판절차가 진행된다. 생활공동체관계해소에 관한 판결은 신분등록부에 기재된다. 생활공동체관계에 있는 당사자 쌍방이 관계의 해소에 합의하는 경우에는 생활공동체관계의 해소에 관한 계약을 체결할 수 있다. 계약서에는 생활공동체관계의 종료일이 명기되어야 한다. 당사자는 계약서에 변호사 또는 공증인이 서명을 받은 후, 이를 신분등록공무원에게 제출하여야 한다. Schlüter/Heckes/Stommel(각주 28), 4.

34) 네덜란드민법 제1편 제80조의 a 제8항, 제9항.

35) 네덜란드민법 제1편 제80조의 a 제5항.

다.[36] 법률혼 부부와 마찬가지로 생활공동체관계에 있는 당사자 간에는 동거, 부양, 협조의무가 생긴다.[37] 또한 법률혼 부부에게 적용되는 부부재산제도 준용되며, 위에서 언급한 바와 같이, 생활공동체관계에 있던 일방이 사망한 경우 다른 일방은 법률혼의 배우자[38]와 동일한 상속인의 지위를 갖는다.

3. 호 주

호주에서는 가족법 분야 중 혼인성립과 이혼에 관해서만 연방이 입법권을 가지고, 그 밖의 다른 분야(입양, 사실혼 등)에 대한 입법권은 주에게 있다. 이런 이유에서 사실상의 혼인관계에 관한 법규정은 주에 따라 차이가 있으며, 전체적으로 통일되어 있지 않다.[39] 여기서는 South Australia 주와 New South Wales 주의 입법례를 살펴본다.

South Australia 주에서는 다음과 같은 요건을 갖춘 경우에 사실혼 배우자의 신분이 인정될 수 있다. i) 한 쌍의 남녀가 사실상의 부부로서 5년간 혼인과 유사한 생활공동체관계를 유지한 경우, ii) 이러한 생활공동체의 존속 기간이 5년에 달하지 않더라도 그 관계에서 자녀가 출생한 경우.[40]

사실혼 배우자라는 신분이 인정되기 위해서는 생활공동체관계에 있는 일방의 청구에 의하여 법원이 사실혼 배우자의 신분을 확인하는 재판을 하여야 한다.[41] 재판에 의해서 신분이 확인된 사실혼 배우자에 대해서는 법률혼 배우자와 같은 상속법상의 지위가 인정된다. 생활공동체관계에 있던 일방이 사망한 후에도 생존한 다른 일방은 법원에 사실혼 배우자의 신분확인을 청구할 수 있다.[42]

피상속인의 법률혼 배우자와 사실혼 배우자가 상속인으로서 경합하는 경우에는

---

36) 네덜란드민법 제1편 제3조 제2항.

37) 네덜란드민법 제1편 제81조, 제83조, 제84조.

38) 2003년부터 시행되고 있는 네덜란드 신민법에 의하면, 배우자는 피상속인의 자녀가 있는 경우에도 사실상 모든 상속재산을 단독으로 상속한다. 자녀에게는 상속분에 따른 금전지급청구권만이 인정될 뿐이며, 이 청구권도 생존배우자가 사망한 후에야 행사가 가능하다. 다만, 이에 대해서는 몇 가지 예외가 인정된다. 예를 들어서 피상속인이 재혼하였기 때문에 그 자녀와 생존배우자 사이에 친자관계가 없는 때에는 곧바로 청구가 가능하다(생존배우자가 계모 또는 계부인 경우). 또한 생존배우자와 피상속인의 자녀 사이에 친자관계가 있는 경우에도 피상속인 사후 생존배우자가 재혼하는 때에는 자녀는 즉시 청구권을 행사할 수 있다. Pintens, Grundgedanken und Perspektiven einer Europäisierung des Familien-und Erbrechts-Teil 2, FamRZ 2003, 419; Breemhaar, Familiäre Bindung und Testierfreiheit im neuen niederländischen Erbrecht, in: Henrich/Schwab, Familienerbrecht und Testierfreiheit im europäischen Vergleich(2001), S. 162.

39) Schlüter/Heckes/Stommel(각주 28), 4.

40) Family Relations Act 1975 Sec. 11.

41) Family Relations Act 1975 Sec. 2.

42) Schatte, Die Rechtslage der nichtehelichen Lebensgemeinschaft in Australien, FamRZ 1987, 21.

배우자의 상속분을 균분하여 상속한다.[43)]

New South Wales 주에서는 1985년부터 사실혼 배우자에게 상속권이 인정되고 있다.[44)] 사실혼 배우자로서 인정되기 위해서는 한 쌍의 남녀가 상당한 기간 동안 부부처럼 생활공동체를 이루고 동거하였을 것이 요구되며, 청구권에 따라서는 이러한 생활공동체가 일정한 기간 존속하였을 것을 요건으로 하는 경우도 있다. 예를 들어서 재산분할청구권이 인정되기 위해서는 최소한 2년간 생활공동체관계가 존속하였을 것이 요구되며(두 사람 사이에서 자녀가 태어난 경우는 이러한 최소 존속기간이 요구되지 않는다),[45)] 상대방에 대한 부양청구도 생활공동체관계가 최소한 2년간 유지된 후에야 가능하다.[46)] 반면에 사실혼 배우자로서 상속권이 인정되는 데에는 생활공동체관계가 일정한 기간 존속하였을 것이 요구되지 않는다. 다만, 피상속인에게 법률혼 배우자가 있는 경우에는 예외적으로 일정한 기간 생활공동체관계가 유지되었을 것이 요구된다. 즉, 이런 경우 사실혼 배우자가 상속인이 되기 위해서는 상속개시 전 적어도 2년간 피상속인과 사실혼 배우자 사이에 생활공동체관계가 존속하였을 것이 요구된다. 또한 같은 기간 동안 피상속인과 법률혼 배우자 사이의 관계는 단절되어 있었어야 한다. 피상속인에게 법률혼 배우자는 없으나 자녀가 있는 경우에도 사실혼 배우자가 상속인이 되기 위해서는 상속개시 전 적어도 2년간 피상속인과 사실혼 배우자 사이에 생활공동체관계가 존속하였을 것이 요구된다.

4. 정리 및 검토

(1) 사실혼 배우자에게 상속권을 인정하는 외국의 입법례는 크게 다음과 같은 두 가지 유형으로 분류될 수 있다. 사실상 부부관계의 등록과 공시를 요건으로 하여 상속권을 인정하는 입법례(네덜란드)와 그와 같은 등록, 공시를 요구하지 않고 상속권을 인정하는 입법례(슬로베니아, 호주)가 그것이다. 후자의 입법례를 선택한 나라의 경우에는 사실상 부부관계에 있었던 자가 상속권을 취득하려면, 사실상의 혼인관계가 존재하였다는 사실을 법원에서 확인받는 절차를 거쳐야 한다. 이와 같은 두 가지 유형의 입법례는 우리에게 다음과 같은 두 가지 점을 시사하고 있다. 첫째, 사실혼 배우자

---

43) Müller-Freienfels, Rechtsfolgen nichtehelicher Gemeinschaften und Eheschließungsrecht, in: Lange/Nörr/Westermann(Hrsg.), Festschrift für Gernhuber(1993), S. 764.

44) De Facto Relationships Act 1984(1985년 1월 1일부터 시행). 이 법은 "de facto relationship"을 다음과 같이 정의하고 있다. "the relationship between de facto partners, being the relationship of living or having lived together as husband and wife on a bona fide domestic basis although not married to each other." Heun, Gleichgeschlechtliche Ehen in rechtsvergleichender Sicht(1999), S. 240.

45) De Facto Relationships Act 1984 Sec. 17.

46) De Facto Relationships Act 1984 Sec. 26ff.

에게 상속권을 인정하기 위해서는 우선 그 전제로서 누가 사실혼 배우자인가를 확인하는 문제가 선결되어야 한다. 둘째, 사실혼 배우자의 신분을 확인하는 방법으로는 사실혼관계를 신분등록부에 등록하게 함으로써 일률적으로 해결하는 방안과 개별적으로 법원에서 재판을 통하여 확인하는 방안이 있다.

우리나라에서도 사실혼 배우자에게 상속권을 인정하려면, 그 전제로서 사실혼 배우자의 신분을 확인하는 문제가 우선 해결되어야 하는데, 위에서 언급한 두 가지 방법이 참고가 될 수 있을 것이다. 다만, 사실혼관계를 신분등록부에 등록하게 하는 방법은 우리사회의 현실과 정서에 비추어 볼 때, 현재로서는 도입하기 어렵다고 생각된다. 이미 위(III. 2)에서 살펴본 바와 같이, 사실혼 부부 중 일방이 사망한 경우 생존한 다른 일방의 청구에 의하여 법원에서 재판을 통하여 사실혼관계의 존재여부를 확인하는 방법이 현실적인 대안으로 제출될 수 있을 것이다.

(2) 슬로베니아와 네덜란드에서는 피상속인에게 법률혼 배우자가 있는 경우에는 사실혼 배우자로서 인정될 수 없으며, 따라서 상속인도 될 수 없다. 반면에 호주의 South Australia 주에서는 법률혼 배우자와 사실혼 배우자가 배우자의 상속분을 균분하여 상속하며, New South Wales 주에서는 일정한 요건이 충족되는 경우에 법률혼 배우자에 우선하여 사실혼 배우자에게 상속권을 인정한다.

우리의 경우에는 피상속인에게 법률혼 배우자가 있는 때에는 사실혼 배우자의 상속권을 원칙적으로 인정하지 않는 것이 타당하다고 생각된다. 현재 우리의 법체계상 소위 중혼적 사실혼은 공서양속에 반하는 것으로서 법의 보호를 받을 수 없기 때문이다.[47] 다만, 법률혼이 사실상 이혼상태에 있었거나 중혼적 사실혼관계에 있었던 생존 배우자가 선의인 경우에는 예외적으로 상속권을 인정해도 무방하다고 생각된다(이런 경우 법률혼 배우자와 사실혼 배우자가 배우자의 상속분을 절반씩 상속하는 방법을 생각해 볼 수 있다[48]).

---

47) 현재 판례는 법률혼 상태에 있는 자가 사실혼 관계를 맺는 경우를 중혼적 사실혼이라는 개념으로 분류하고, 중혼적 사실혼에 대해서는 법적 보호를 허용하지 않는다는 태도를 취하고 있다(다만, 법률혼이 사실상 이혼상태에 있는 경우에는 예외적으로 중혼적 사실혼도 법적 보호를 받을 수 있는 여지를 남겨 놓고 있다). 예컨대, 판례는 중혼적 사실혼관계에 있던 자에 대해서 재산분할청구를 원칙적으로 인정하지 않는다는 태도를 유지하고 있다 대판 1996.9.20. 96므530; 대판 2001.4.13. 2000다52943. 각종 연금관계법령에서 사실혼 배우자와 법률혼 배우자가 제1순위 유족연금 수급권자로 규정되어 있는 경우가 많은데, 이 경우에도 사실혼 배우자와 법률혼 배우자가 경합하는 때에는 법률혼 배우자가 연금수급권을 가진다는 것이 판례의 태도이다. 대판 1993.7.27. 93누1497.

48) 대판 1996.12.23. 95다48308. 이 판결에서 대법원은 중혼이 성립한 상태에서 피상속인이 사망하여 상속이 개시된 경우 전혼의 배우자와 후혼의 배우자가 배우자의 상속분을 절반씩 상속한다는 원심의 태도를 정당한 것으로 확인하고 있다.

(3) 사실혼 배우자로서 상속권이 인정되기 위한 요건으로서 외국의 입법례는 공통적으로 부부와 같은 공동생활의 실체가 존재할 것을 요구하고 있다. 우리의 경우 사실혼 부부로 인정되기 위해서는 객관적 요건으로서 부부공동생활의 실체 외에도 주관적 요건으로서 혼인의사가 요구되는데, 외국의 경우에는 부부와 같은 생활공동체의 존재 외에 당사자 사이에 혼인의사가 있을 것을 명시적으로 요구하지는 않는 것으로 보인다(네덜란드에서는 이성간에도 생활공동체관계를 신분등록부에 등록할 수 있는데, 이 경우에는 당사자 사이에 혼인의사가 없다는 것이 명백하다. 왜냐하면 이들은 법률혼을 성립시킬 수 있는데도 이를 기피하고 대신 신분등록부에 생활공동체관계를 등록하는 방법을 선택했기 때문이다).

우리의 경우에는 만약 사실혼 배우자에게 상속권을 인정하는 법규정이 마련된다고 해도, 구체적으로 누가 사실혼 배우자로서 상속인이 될 수 있는가의 문제는 개별적으로 법원의 재판을 통해서 해결될 것으로 전망된다. 이렇게 될 경우 법원은 전통적인 이론에 근거하여 부부공동생활의 실체와 혼인의사가 있었는가의 여부를 판단기준으로 삼을 것이다. 부부공동생활의 실체는 외부에 드러나는 것이므로 객관적인 근거에 의해서 그 존재여부를 판단할 수 있지만, 혼인의사는 외부에 명확하게 드러나는 것이 아니므로 그 존재여부를 객관적인 기준에 의해서 판단하는 데 어려움이 있다. 그러므로 예외적인 사정(예컨대 당사자 사이에 혼인신고를 하지 않기로 하는 합의를 한 경우)이 없는 한 당사자 사이에 부부와 같은 공동생활의 실체(당사자가 서로 동거, 부양, 협조하면서 경제적 공동체를 이루고 정조의무를 지켰는가 등이 판단기준이 될 것이다)가 존재했던 경우에는 일반적으로 혼인의사가 존재했던 것으로 추정하게 될 것이다.[49] 이렇게 된다면, 슬로베니아의 입법례와 같이 당사자 사이에 부부와 같은 공동생활의 실체가 존재한 경우에는 사실혼 배우자로서 상속권이 인정될 가능성이 높을 것으로 보인다. 반면에 중혼적 사실혼의 경우(호주에서는 이 경우에도 사실혼 배우자가 상속인이 될 수 있다)나 동성(同性) 간의 생활공동체가 존재했던 경우(네덜란드에서는 동성간의 생활공동체가 신분등록부에 등록된 경우에 생존한 일방은 상속인이 된다) 등에는 법원이 혼인의사의 존재를 인정하지 않을 것이며, 따라서 생존한 일방에게 사실혼 배우자의 신분이 인정되지 않는 결과 상속권도 부정될 것으로 예측된다.

(4) 비교법적으로 고찰해 보아도 사실혼 배우자에게 상속권을 인정하는 입법례는 예외에 속함을 알 수 있다. 그러나 외국의 경우를 살펴보면, 사실상의 부부관계가 사망에 의해서 해소되었을 때, 사실혼 배우자에게 상속권은 인정되지 않지만 다른 방식

49) 대판 2000.4.11. 99므1329 참조.

으로 부부재산관계의 청산을 허용하는 경우가 있음을 알 수 있다. 우리의 판례는 사실혼관계가 생전에 해소된 경우(합의에 의한 해소, 당사자 일방에 의한 일방적 파기)와 일방의 사망에 의해서 해소된 경우를 구별하여 전자의 경우에는 재산분할청구가 인정되지만, 후자의 경우에는 재산분할청구가 허용되지 않는다는 태도를 취하고 있다[50](즉, 생존한 사실혼 배우자는 사망한 사실혼 배우자의 상속인을 상대로 하여 재산분할청구를 할 수 없다). 따라서 우리사회에서는 사실혼이 일방의 사망에 의해서 해소된 경우, 생존한 사실혼 배우자는 재산분할도 받지 못하고, 상속도 받지 못하는 불리한 처지에 놓이게 된다. 특히 생존한 사실혼 배우자가 피상속인의 재산(상속재산) 형성에 기여한 경우를 생각해 보면, 이러한 결과는 부당하다는 비판을 피하기 어렵다. 이런 이유에서 외국에서는 사실혼 배우자에 대하여 상속권을 인정하지는 않더라도 재산분할의 가능성을 열어 놓음으로써 사망에 의한 사실혼의 해소가 생존한 일방에게 부당한 결과가 되지 않도록 배려하고 있다. 예를 들어서 스웨덴에서는 1987년에 관련법을 제정하여[51] 사실상의 혼인관계가 해소된 경우에 당사자를 보호할 수 있는 근거를 마련하였다.[52] 즉, 한 쌍의 남녀(이들은 모두 미혼이어야 한다)가 혼인과 유사한 생활공동체를 형성하여 동거하여 오다가 그 생활공동체를 해소시키는 경우에는 공동으로 사용하던 주택과 가재도구를 절반으로 분할한다.[53] 일방의 사망에 의해서 생활공동체관계가 해소된 경우에도 생존한 다른 일방은 사망한 자의 상속인에 대하여 공동으로 사용하던 주택과 가재도구의 분할을 청구할 수 있다. 반면에 생활공동체관계에서 생활하다가 사망한 일방의 상속인은 생존한 다른 일방에 대하여 그와 같은 분할을 청구할 수 없다[54](예를 들어서 주택이 생존한 사실혼 배우자의 소유인 경우에 사망한 사실혼 배우자의 상속인은 그 주택의 분할을 청구할 수 없다는 의미이다. 이는 생존한 사실혼 배우자의 생활을 안정시키기 위한 배려에서 비롯된 규정이다).

이외에 독일,[55] 미국,[56] 영국,[57] 캐나다[58] 등에서도 사실상의 부부관계가 일방의

50) 대판 2006.3.24. 2005두15595.

51) Gesetz über das gemeinsame Heim Zusammenlebender(이 법은 1988년부터 시행되었다). Boström, Familienerbrecht und Testierfreiheit in Schweden und anderen skandinavischen Ländern, in: Henrich/Schwab(Hrsg.), Familienerbrecht und Testierfreiheit im europäischen Vergleich(2001), S. 265ff.

52) Verschraegen, Nichteheliche Partnerschaft – Eine rechtsvergleichende Einführung, FamRZ 2000, 67.

53) Agell, Die schwedische Gesetzgebung über nichteheliche Lebensgemeinschaften, FamRZ 1990, 819. 각주 51의 법률 제5조. 그러나 동거기간과 경제상황을 고려해 볼 때, 절반의 분할이 형평에 반할 때에는 그러하지 아니하다(동법 제9조).

54) 각주 51의 법률 제12조. Müller-Freienfels(각주 43), S. 763.

55) BGH, FamRZ 1982, 1965.

56) Schwenzer, Vom Status zur Realbeziehung(1987), S. 213.

57) Meston, Familienerbrecht und Testierfreiheit in Schottland und England, in: Henrich/

사망으로 인하여 해소된 경우에 생존한 다른 일방에 대하여 재산관계의 청산을 청구할 수 있는 권리나 부양료청구권을 인정하고 있다.

이미 위에서 언급한 바와 같이, 우리의 판례는 사실혼이 일방의 사망으로 해소된 경우에 생존한 사실혼 배우자에게 재산분할청구권을 인정하지 않음으로써 사실혼의 존속 중에 공동의 노력으로 형성한 재산의 청산을 인정하지 않을 뿐만 아니라, 생존 배우자에 대한 사후 부양도 고려하지 않는다는 태도를 보이고 있다. 이러한 태도는 비록 상속권은 인정하지 않지만 재산관계의 청산이나 부양청구권을 인정함으로써 생존한 사실혼 배우자의 보호를 도모하는 외국의 일반적 경향과 비교해 볼 때, 뒤떨어진 것으로 평가할 수 있다. 사실혼관계가 일방의 사망으로 인하여 해소되었을 때, 생존한 사실혼 배우자의 생활을 안정시키기 위한 제도적 장치가 미흡한 우리사회에서는 사실혼 배우자의 상속권을 입법화할 필요성이 더욱 크다고 볼 수 있다. 이렇게 본다면, 사실혼 배우자의 상속권을 인정하는 외국의 입법례가 적다는 것이 우리사회에서 사실혼 배우자의 상속권을 신설하는 데 반대하는 논거가 될 수는 없을 것으로 생각된다.

V 맺음말

우리사회에서 사실혼으로 인정되기 위해서는 부부공동생활의 실체와 혼인의사가 필요하다. 이러한 사실혼은 형식적으로 혼인신고를 하지 않았다는 점을 제외하면 본질 면에서 법률혼과 다르지 않다. 사실혼의 부부도 서로 동거, 부양, 협조하고, 정조의무를 지키며, 공동의 협력으로 재산을 형성한다. 상속제도의 존재이유를 크게 피상속인 사후 유족의 생활보장과 상속재산의 형성에 따른 기여의 청산이라고 볼 때, 사실혼 배우자에게 상속권을 인정하는 것은 원론적으로 타당하다고 생각한다. 사실혼 배우자도 법률혼 배우자와 마찬가지로 피상속인의 사후 상속재산에 의해서 생활을 유지해야 할 필요성이 인정되며, 상속재산의 형성에 대한 기여에 상응하여 상속분을 가지는 것이 타당하기 때문이다. 사실혼 배우자에게 상속권을 인정하는 것은 사회적 약자의 보호라는 사회정책적인 관점에서도 설득력이 있다고 생각된다. 각종 연금(보험)관계법령이나 주택임대차보호법 등에서 사실혼 배우자를 보호하는 규정을 두고 있는 것은 이러한 정책적 배려를 반영하는 것이다. 그러나 사실혼 배우자에게 상속권

Schwab(Hrsg.), Familienerbrecht und Testierfreiheit im europäischen Vergleich(2001), S. 85; Pinten(각주 38), 420.

58) Müller-Freienfels(각주 43), S. 767f.

을 인정하는 것이 상속제도의 존재의의나 정책적 차원에서 볼 때 타당하다고 해도, 이것만으로는 사실혼 배우자의 상속권을 입법화하는 데 한계가 있다. 사실혼 배우자의 상속권을 도입하려면, 사전에 그에 수반하여 나타날 수 있는 문제점 - 상속채권자와 같은 이해관계인의 이익 침해, 상속으로 인한 법률관계의 불안정 - 을 해결할 수 있는 구체적 방안이 마련되어야 한다. 이 논문에서는 피상속인의 사후 인지판결에 의해서 상속권을 취득하게 되는 혼인 외의 자의 상속에 관한 법리에 기초하여 하나의 대안을 제시하였다. 이에 의하면, 사실혼관계가 일방의 사망으로 해소된 경우에 생존한 일방이 상속인이 되기 위해서는 반드시 법원에 사실상혼인관계존재확인청구를 하여야 한다. 사실혼의 존재를 확인하는 재판의 확정에 의해서 청구인은 사실혼 배우자의 신분을 인정받게 되고, 상속개시 시로 소급하여 상속권을 취득한다. 그러나 이러한 소급효는 제3자의 권리를 해하지 못한다. 따라서 재판이 확정되기 전에 다른 공동상속인이 이미 상속재산을 제3자에게 매각처분한 때에는 사실혼 배우자는 제3자에 대하여 상속회복청구를 할 수 없으며, 단지 공동상속인에 대하여 자신의 상속분에 따른 가액의 지급을 청구하는 것으로 만족해야 한다. 이와 같은 제도를 마련함으로써 사실혼 배우자의 상속권을 보장하는 한편, 동시에 상속관계의 안정도 실현하는 결과를 얻을 수 있을 것으로 기대한다.

비교법적으로 고찰해 볼 때, 사실혼 배우자에게 상속권을 인정하는 입법례는 소수에 지나지 않는다. 그러나 외국의 경우를 살펴보면, 사실혼 배우자에 대하여 상속권은 인정하지 않더라도 다른 방법으로 재산관계의 청산이나 부양료 청구를 인정함으로써 일방의 사망으로 인한 사실혼의 해소가 생존한 다른 일방에게 가혹한 결과가 되지 않도록 배려하고 있음을 알 수 있다. 우리의 경우에는 사실혼이 사망으로 해소된 경우에 생존한 사실혼 배우자에게 상속권은 물론 재산분할청구나 부양료청구를 인정하지 않음으로써 외국의 경우와 대조적인 태도를 보이고 있다. 사실혼이 사망으로 해소된 경우에 생존한 사실혼 배우자를 보호할 필요가 있다는 점에 동의한다면, 재산분할청구나 부양료청구를 인정하지 않는 우리사회에서 사실혼 배우자의 상속권을 입법화할 필요성은 더욱 큰 것으로 보인다.

〈중앙법학 제9집 제2호(2007) 수록〉

제 4 장

그 밖의 쟁점

12. 독일가정법원의 기능과 역할
13. 가족법의 교육내용 및 방법
14. 가족법의 변화 – 평가와 전망
15. 성년후견법안의 문제점
16. 가족관계등록법의 문제점
17. Die elterliche Sorge und das Umgangsrecht nach der Scheidung in Korea

12. 독일가정법원의 기능과 역할

I 들어가는 말

오늘날 많은 나라들이 가족과 관련된 법률문제를 전문적으로 다루는 가정법원을 설치하여 운영하고 있다. 가족에 관한 법률문제를 일반 민사법원이 아니라 가정법원에서 다루도록 하는 이유는 가사사건의 특성에서 찾을 수 있다. 일반적으로 가사사건에서는 한 가족을 구성하는 부부 간의 관계, 부모와 자녀의 관계 등 가족구성원의 관계에 대하여 법원이 결정을 내리게 되는데, 이러한 법원의 결정은 관련된 당사자에게는 일회적인 사건으로 그치는 것이 아니라 일생에 걸쳐서 지속적으로 큰 영향을 미칠 수 있다. 이러한 가사사건의 특성은 이혼사건, 특히 자녀가 있는 부부의 이혼사건에서 가장 명확하게 나타난다. 이혼으로 인하여 부부관계는 해소되지만, 부모와 자녀의 법률상 친자관계는 변함없이 유지되며, 자녀의 정서적 안정과 건강한 성장을 위해서는 이혼 후에도 자녀와 비양육친 사이의 관계가 원만하게 유지, 발전되는 것이 필요하다. 이런 점에 주목한다면, 이혼으로 인하여 가족은 해체되는 것이 아니라 재구성된다고 보는 것이 올바른 관점이라고 생각된다. 이러한 관점에 동의한다면, 법원은 자신의 역할을 과거에 한 가족 내에서 발생한 사실관계의 분석과 이에 기초한 법조문의 적용에 한정할 것이 아니라, 구체적으로 자신의 결정이 장래 가족구성원에게 미칠 영향을 세심하게 고려하여 가족의 재구성에 도움을 줄 수 있는 판단을 내려야 할 의무가 있다고 볼 수 있다(구체적으로 자녀의 친권, 양육에 관한 사항, 면접교섭, 재산분할 등을 정하는 방식으로 나타날 것이다).

법원이 가족관계를 안정시키고 가족구성원의 복리를 실현하는 데 기여하는 결정을 내리기 위해서는 일반적인 민사재판절차와 구별되는 특별한 절차원리가 도입되어야 하며, 이와 아울러 재판절차를 보완하고 법관의 업무를 지원하는 별도의 절차와 제도가 마련될 필요가 있다. 우선 당사자인 가족구성원에 대하여 필요한 정보(해당 사건과 관련된 법률정보, 아동심리학, 교육학 등에 관한 정보)를 제공함으로써 당사자들이 스스로 자신이 처한 현재의 상태와 미래의 모습을 정확하게 인식할 수 있도록 돕는 절차가 필요하다. 그리고 당사자가 원하는 경우 전문가로부터 상담을 받을 수 있는 기회를 제공하여 관계회복의 가능성이 남아 있는가를 스스로 살펴볼 수 있도록 하고, 관계의 회복이 불가능하여 이혼을 피할 수 없는 경우라고 해도 이혼의 결과와 관련하여서는 스스로 합의를 도출할 수 있도록 지원할 필요가 있다. 당사자가 협의하여 스스로 도출한 합의는 법원의 일방적인 결정에 비하여 당사자에 의해서 준수될 가능성이 높다는 점에서 이와 같은 상담과 조정서비스는 중요한 의미를 갖는다.

법원이 당해 가족에 맞는 최선의 결정을 내리기 위해서는 구체적인 가족관계를 정확하게 파악할 필요가 있는데(예를 들어서 자녀의 양육자로서 부모 중 누가 더 적합한가를 결정해야 하는데 판단이 쉽지 않은 경우), 구체적인 가족관계나 아동의 심리상태를 정확하게 이해하는 것은 일반적으로 법관의 능력과 업무의 범위를 넘어서는 것이다. 이런 경우에는 해당 분야의 전문가로 하여금 필요한 사항을 조사하게 하고 조사결과를 참고하여 법원이 판단을 하는 것이 필요하다. 가사사건의 특수성을 감안해 볼 때, 당사자에 대한 정보제공서비스, 상담과 조정서비스 및 전문가에 의한 조사 등은 가정법원이 자신의 역할을 충실하게 수행하기 위하여 반드시 필요한 제도라고 볼 수 있다. 나아가 가정법원의 역할이 당해 사건에 대하여 단순히 어떤 법적인 결정을 내리는 데 그치는 것이 아니라, 이러한 결정이 사후에 당사자에 의하여 정확하게 이행될 수 있도록 함으로써 가족의 복리가 실현되는 것까지 보장하는 데 있다고 한다면, 효율적인 이행확보수단을 마련하는 것도 필요하다(예를 들어서 법원이 비양육친에게 양육비의 지급을 명하는 심판을 했다고 해도, 당사자가 스스로 이행하지 않는 경우에 이를 강제할 수 있는 효율적인 수단이 없다면 법원의 결정은 실효성이 없는 것이 되며, 결국 이는 가정법원의 기능을 크게 약화시키는 결과가 된다).

위에서 언급한 여러 가지 제도와 절차 – 해당 가족에 대한 각종 서비스의 제공, 필요한 경우 전문가에 의한 가족관계의 조사, 효율적인 강제집행체계의 확보 등 – 는 가정법원이 자신의 역할을 충실하게 수행하기 위하여 반드시 갖추어야 할 지원체계라고 할 수 있다. 다만 이와 같이 가정법원의 업무를 지원하는 기능을 누가 수행할 것인가에 대해서는 견해의 차이가 있을 수 있다. 하나는 이러한 지원업무를 담당하는 전문가를 법원에서 채용하여 이러한 기능을 법원의 내부에서 독자적으로 수행하는 방법이고(이런 경우 가정법원은 재판을 담당하는 법관뿐만 아니라 법관의 업무를 지원하는 다양한 전문가로 구성되는 방대한 조직체가 된다), 다른 하나는 법원이 내부에 이와 관련된 별도의 전문가나 조직을 두지 않고, 외부의 전문기관과 협력체계를 구축하여 법원을 지원하는 기능을 수행하게 하는 것이다. 이러한 두 가지 대안 중 어느 것을 선택할 것인가는 그 사회가 갖추고 있는 인적 · 물적 기반(예를 들어서 이미 법원 외부에 법원의 업무를 지원할 수 있는 조건을 갖춘 전문 서비스 기관이 설치되어 있어서 법원과의 협력체계 구축이 가능한가, 아니면 사회에 이러한 서비스기반이 미약하여 법원이 독자적으로 전문가를 채용하고 법원내부에서 조직을 운용할 필요가 있는가) 등을 고려하여 결정해야 할 것이다.

독일에서는 1976년 혼인법 개정과 더불어 가정법원이 설치되었는데, 가정법원이 자신의 역할과 기능을 충실하게 수행하기 위하여 갖추어야 할 기본적인 조건들에 관하여 상당한 논쟁이 있었다. 아래에서는 가정법원의 설치에 관한 당시 독일사회의 논의를 정리하고, 이러한 논의의 결과 독일가정법원이 어떤 모습과 기능을 갖추게 되었는가에 대하여 살펴본다. 그리고 현재 독일사회에서 가정법원이 수행하는 역할과 기능, 아동복지기관과 같은 외부 전문기관과의 협력체계 등에 대해서 살펴보고, 독일의 경험이 우리사회에 시사하는 바를 정리하고자 한다.

Ⅱ 가정법원 설치에 관한 논의

1. 가정법원 설치에 관한 논의의 역사

(1) 독일사회에서 가정법원 설치에 관한 논의가 시작된 것은 1928년이다. 1928년 제35차 독일법률가 대회에서 발표자였던 Schiffer[1]는 법원이 이혼소송절차에서 사회심리학의 연구성과와 방법론을 도입, 활용하여야 한다고 주장하였으며, 이를 위하여는 이혼소송절차와 법원조직이 개혁되어야 한다는 의견을 제시하였다.[2] 이러한 제안은 당시 사회에서는 아무런 성과도 얻지 못하였으나, 제2차 세계대전 이후 이혼법과 이혼절차에 대한 비판이 제기되고 개정과 관련된 논의가 계속 이어지면서 점차 지지를 얻게 되었다.[3] 이혼법[4]과 이혼절차에 대한 개정론은 결국 가정법원의 설치에 관한 요구로 이어졌으며, 이러한 요구는 시대의 흐름에 따라 더욱 강하게 제기되었다.

---

1) Eugen Schiffer. 당시 제국법무부장관으로서 사법개혁을 주도했던 인물이다.

2) Leonardy, Der Familienrichter – ein großer Wurf geriet zu kurz, DRiZ 1977, 353/354.

3) Habscheid, Das Familiengericht, FamRZ 1955, 153; Habscheid, Bericht der Kommission zur Vorbereitung einer Reform der Zivilgerichtsbarkeit(1961), S. 109. Habscheid 교수는 가정법원의 구성과 관련하여 1인의 전문법관과 2인의 비전문가(그 중 1인은 여성이어야 함)로 구성된 재판부를 제안하였다. 또한 가정법원과 재판업무를 지원하는 전문 인력의 조직적 결합을 강조하였다; Müller-Freienfels, Ehe und Recht(1962), S. 304. Müller-Freienfels 교수는 가정법원이 성공하기 위한 필수조건으로 가정법원판사의 자질확보를 강조하였다. 이를 실현하기 위한 손쉬운 방법의 하나로서 나이가 적당히 든 기혼자를 가정법원판사로 임명할 것을 제안하기도 하였다. Müller-Freienfels 교수도 역시 가정법원과 심리학, 교육학, 사회복지학 전문가의 조직적 결합을 제안하였다; Bosch, Probleme einer Reform des Unehelichenrechts, FamRZ 1961, 457/463.

4) 2차 대전 이후 서독사회에서의 이혼법 개정 논의는 유책주의 이혼법을 폐지하고 파탄주의 이혼법을 도입하자는 것으로 요약될 수 있다. 자세한 내용은 김상용, 이혼법의 역사적 전개, 법학논문집(중앙대) 제31집 제1호(2007), 133면 이하 참조.

(2) 당시 가정법원 설치운동에서 가장 기본적인 요구는, i) 가사사건에 관한 관할을 가정법원으로 통일할 필요가 있다는 것, ii) 가정법원이 이혼과 이혼의 결과(친권, 부양, 재산분할 등)에 관하여 동일한 절차에서 병합심리하여 재판할 필요가 있다는 것으로 요약될 수 있다.[5] 당시 독일에서는 친권, 부양, 재산분할에 관한 사건은 구법원(Amtsgericht[6])의 관할이었고, 이혼사건은 지방법원(Landgericht)의 관할로 되어 있는 등 절차와 관할에 있어서 많은 문제점을 드러내고 있었다. 독일에서 가정법원을 설치하고자 했던 첫 번째 이유는 가사사건에 관한 관할과 절차상의 문제점을 해결하려는 데에 있었다고 할 수 있다. 1972년 2월 18일에 독일정부가 제시한 개정에 관한 제안은 이러한 요구를 담고 있었으며, 이러한 내용은 그 후의 공식 개정안에도 반영되었다.[7]

(3) 당시의 개정안에 의하면, 이혼과 이혼의 결과(이혼 후의 배우자 부양, 연금분할, 재산분할, 친권, 자녀의 부양 등)에 관한 사건은 가정법원이 관할하며, 이와 밀접한 관련이 있는 그 외의 가사사건(혼인취소 등)에 대해서도 가정법원이 관할권을 갖는다. 가정법원은 이혼과 이혼의 결과에 관하여 병합심리하여 동시에 사건을 종결할 수 있도록 한다. 가정법원은 구법원에 설치하며, 단독판사가 사건을 처리한다. 가정법원판사는 그 분야에 대하여 특히 전문지식을 가진 판사로 임명하여 절차와 결론에 있어서의 적정성을 보장한다. 단독판사가 가사사건을 처리하는 경우 당사자와의 관계형성과 의사소통이 원활하게 이루어질 수 있어서 개별 가족관계를 정확하게 이해할 수 있으며, 이에 의하여 적절한 결정을 내릴 수 있다는 장점이 있다.[8]

2. 개정안에 대한 비판

(1) 개정안은 가정법원에 단독판사제를 도입하는 것과 관련하여, 특별한 자질과 경험을 갖춘 판사를 가정법원판사로 임명함으로써 공정하고 합리적인 재판을 보장할 수 있다는 입장을 취하고 있었다.[9] 또한 단독판사가 사건을 처리하는 가정법원을 각

---

5) 이외에도, 특별한 교육을 통하여 전문법관을 양성할 필요가 있다는 것, 전문 인력(아동심리학, 교육학 등의 전문가)을 채용하여 판사의 재판업무를 지원하게 할 필요가 있다는 것, 재판절차에 앞서 비공식적인 상담, 치유절차(당사자에 대한 심리치료 등을 포함한다)를 운용할 필요가 있다는 것 등이 가정법원 설치와 관련하여 주장되었다. Eherechtskommission, Vorschläge zur Reform des Verfahrensrechts in Ehesachen zum Recht der Kinder geschiedener und getrennt lebender Eltern zur Behandlung der Ehewohnung und des Hausrats sowie zum ehe-und familiengerechten Steuerrechts(1971), S. 40.

6) 구법원(區法院)은 소액사건(소송가액 5000유로 이하), 임대차 사건 등을 담당하는 제1심법원이며, 단독판사가 사건을 처리한다. 독일법원조직법(GVG) 제22조 이하. 2006년 12월 31일 현재 독일에는 668개의 구법원이 설치되어 있다. 독일통계청(www.destatis.de) 자료.

7) BT-Drucks. 7/4361.

8) BT-Drucks. 7/4361, S. 23.

지역에 다수 설치함으로써 당사자와 판사(법원)의 접촉을 용이하게 하고, 이를 통하여 가사재판절차에서 당사자의 문제를 보다 정확하게 이해하는 것이 가능하다는 입장이었다.[10] 이에 대하여 Giesen 교수는 가사사건을 단독판사가 처리하는 경우 담당판사의 주관적 가치관이 판결을 좌우할 염려가 있다는 이유를 들어 단독판사제에 반대하였다.[11] 그에 대한 대안으로 Giesen 교수는 가정법원에서 3인으로 구성된 재판부가 사건을 처리하는 방안을 제시하였는데, 3인으로 구성된 재판부에서 재판을 하는 경우에는 판사 1인의 주관적 경험이나 가치관에 치우친 판결의 형성을 견제하는 것이 가능하고, 판사 상호 간에 부족한 식견과 지식, 경험을 보완하는 긍정적인 효과도 기대할 수 있다는 것을 근거로 들었다.

(2) 개정안은 가정법원에 관한 미국과 일본 등 외국의 사례를 면밀하게 검토한 끝에 가정법원판사의 업무를 지원, 보조하는 전문 인력(상담원, 조사원 등)을 채용하여 법원의 조직으로 흡수하는 방안을 채택하지 않았다. 개정안에 의하면, 법원에 가족치료(이는 곧 부부와 부모 등 당사자를 교육시켜 긍정적인 변화를 도모한다는 것을 의미한다)의 업무를 제도적으로 부과하는 것은 문제가 있을 뿐만 아니라, 정신과 의사나 전문상담원이 담당해야 할 과제까지 법원에 부담시키는 것은 법원에 대한 과도한 요구라는 것이었다.[12] 그러나 이러한 개정안의 태도는 가정법원의 본질적 기능과 맞지 않는다는 비판이 제기되었다: 가사사건의 처리에 있어서 가정법원의 역할은 과거에 발생한 사실관계를 분석하고 이에 대하여 법규정을 적용하는 데 한정되지 않는다. 가정법원은 가족구성원이 현재의 갈등을 극복하고 장래에 가족을 재구성하는 데 도움이 되는 건설적인 판단을 내리는 것을 자신의 역할로 상정하여야 한다. 이를 위하여 가정법원에서는 당사자에 대하여 상담, 조정서비스를 제공하고, 당사자의 합의를 유도하여야 하며, 필요한 경우에는 전문가에게 위임하여 가족관계, 아동의 심리상태 등을 조사하게 하고, 이를 판단의 기초로 삼아야 한다. 가정법원이 이러한 기능을 충실하게 수행하기 위해서는 법학 이외에 다른 전문분야의 지식과 경험을 활용하는 것이 필요하며, 가능하다면 이러한 전문 인력을 법원의 조직으로 흡수하는 것이

---

9) BT-Drucks. 7/650, S. 81.

10) BT-Drucks. 7/4361, S. 23.

11) Giesen, Zur Problematik der Einführung einer Familiengerichtsbarkeit in der Bundesrepublik Deutschland(1975), S. 37.

12) Eherechtskommission(각주 5), S. 44f. 당시 위원회의 입장에 의하면, 가정법원의 권한은 혼인의 파탄을 확신할 수 없는 경우 당사자에게 상담기관을 방문하여 상담을 받아 볼 것을 권고할 수 있는 데 그친다. 또한 가정법원은 필요하다고 인정하는 경우 외부의 전문가에게 사실조사 및 평가를 의뢰할 수 있고, 이러한 감정서를 재판의 참고자료로 활용할 수 있으므로, 굳이 법원 내부에 전문가 조직을 둘 필요가 없다는 입장이었다.

바람직한 방향이다.[13]

(3) 개정안은, 가사사건의 특성을 고려해 볼 때, 가정법원판사에게 전문성이 요구된다는 점을 분명히 하였다. 이를 위하여 개정안은 "풍부한 경험과 높은 수준의 자질을 가진" 판사들 중에서 가정법원판사를 임명하여야 한다는 점을 강조하였으나, 구체적으로 어떤 방법으로 가정법원판사의 전문성을 담보할 것인지에 대한 대안을 제시하지는 못했다. 또한 가정법원판사로 하여금 특별한 교육(예를 들면 심리학 교육 등)을 받게 할 의무에 대해서도 별도의 규정을 둘 필요가 없다고 보았다.[14] 굳이 이러한 규정을 두지 않아도 일정한 자질을 갖춘 판사를 가정법원판사로 확보하는 데 문제가 없다고 본 것이다. 그러나 이러한 개정안의 태도에 대해서는 다음과 같이 비판이 가해졌다: 가정법원판사가 가족의 복리실현에 기여하는 결정을 내리기 위해서는 많은 경우에 다른 분야 전문가의 경험과 지식을 활용할 필요가 있는데, 가정법원판사는 적어도 다른 분야 전문가의 의견을 스스로 평가, 종합하고 반영의 범위를 정할 수 있을 정도의 소양과 식견을 갖출 필요가 있다.[15] 또한 가정법원판사 스스로도 당사자, 특히 아동을 직접 만나서 의견을 청취하는 경우에 취해야 할 태도, 조심해야 할 점 등에 대해서 기본지식을 갖추는 것이 필수적이므로, 이에 관한 일정한 교육이나 연수과정을 거치는 것이 필요하다.

3. 논의의 결과

1976년의 혼인법 개정안은 의회를 통과하여 1977년 7월 1일부터 시행되었으며,[16] 이에 의해서 당시 서독사회에 가정법원(Familiengericht)이 설치되었다. 이렇게 설치된 독일가정법원은 다음과 같은 체제와 조직을 갖추고 있었다.

(1) 가정법원은 구법원에 설치되었으며,[17] 단독판사제가 도입되어 판사 1인이 가

---

13) Giesen(각주 11), S. 27ff.

14) BT-Drucks. 7/650, S. 82.

15) Giesen(각주 11), S. 50ff. 이를 위하여 Giesen 교수는 대학에서 가족법 교육을 강화하고 이와 아울러 법대생에게 다른 학문분야의 강의를 받게 할 필요가 있다고 강조하였다.

16) Erstes Gesetz zur Reform des Ehe-und Familienrechts(1. EheRG) von 14.6.1976.

17) 모든 구법원에는 하나 이상의 가정법원이 설치된다. 하나의 구법원에 몇 개의 가정법원(가사부)을 설치할 것인가는 가사사건의 수에 따라 탄력적으로 정해지며, 법정사항이 아니다. 하나의 구법원에 두 개 이상의 가정법원이 설치되는 경우에 각 가정법원은 동일한 당사자와 관련된 모든 사건(예컨대 이혼사건과 이혼 후의 부양사건)을 전담하여 처리한다(독일법원조직법 제23의 b조 제2항 1문). Kissel/Mayer, Gerichtsverfassungsgesetz(5.Aufl., 2008), § 23b Rn. 14f., 18; Diederichsen, Die Einführung der Familiengerichte durch das 1. EheRG, NJW 1977, 601/602.

사사건을 처리하게 되었다. 가사사건에 대한 심급은 가정법원, 지방고등법원(항소심. 여기서는 가사사건에 관한 재판부(판사 3인으로 구성[18])가 설치되어 가사사건 항소심을 담당한다), 연방대법원으로 이어지는 구조를 갖게 되었다.[19]

(2) 독일가정법원은 법원 내부에 판사의 업무를 지원하는 전문가 조직을 두지 않았다. 당사자에 대한 상담, 조정의 기능은 법원과 독립된 아동복지기관(Jugendamt)이 담당하고 있으며, 법원은 이러한 아동복지기관과 협력체계를 구축하여 필요한 의견을 청취하고 정보를 구한다. 가사재판절차에서 판사가 필요하다고 판단하는 경우에는 외부의 전문가에게 의뢰하여 가족관계와 아동의 심리상태, 희망사항 등을 조사하게 하고, 그 결과를 참고하여 판결에 반영한다.

(3) 독일은 가정법원판사의 전문성을 확보하기 위하여 특별한 제도를 도입하지는 않았다.[20] 판사의 전문성은 판사 각자의 노력과 의지에 의해서 확보되는 것으로 보이며, 한번 판사가 되면, 평생 판사로서 근무하다가 퇴직하는 풍토[21] 및 본인이 원하는 경우 동일한 법원에서 퇴직할 때까지 장기간 근무할 수 있는 조건이 개개의 판사로 하여금 자신의 적성에 따라 가정법원에서의 경험과 지식의 축적을 가능하게 하고 있다.[22]

4. 그 후의 변화와 평가

(1) 1997년 개정 친자법[23](1998년 7월 1일부터 시행)에 의해서 가정법원의 관할이 확대되었다. 혼인 외의 출생자의 친권, 면접교섭 등이 가정법원의 관할로 되었고,[24] 자녀의 복리가 위태롭게 되는 경우에 과거에는 후견법원이 개입하여 필요한 조치(친권상실선고 등)를 취하였으나, 법개정에 의해서 가정법원이 후견법원의 역할을 이어받게 되었다.[25]

---

18) 독일법원조직법(GVG), 제122조 제1항.

19) 독일법원조직법, 제119조.

20) Kissel/Meyer(각주 17), § 23b Rn. 87. 다만 독일법관아카데미(Deutsche Richterakademie)에서 자체적으로 가정법원판사에 대한 입문교육과 보수교육을 실시하고 있다.

21) 독일에서는 판사가 정년퇴직하기 전에 임의로 퇴직하여 변호사 개업을 하는 경우는 극히 드물다.

22) 예를 들면 독일에서는 가정법원판사로서 20년 이상 근무한 판사를 찾는 것은 어려운 일이 아니다. 이러한 판사들은 전문법관으로서의 풍부한 경험과 지식을 갖추고 있으며, 선배법관으로서 신임 가정법원판사에 대하여 가사사건의 해결에 필요한 지식과 경험을 개인적으로 전수하는 역할도 수행하고 있다.

23) Gesetz zur Reform des Kindschaftsrechts(KindRG) von 16.12.1997.

24) 독일법원조직법 제23조의 b 제1항 제2호-제4호, 독일민사소송법(ZPO) 제621조 제1항 제1호-제3호.

25) 독일민법(BGB) 제1666조, 제1666조의 a, 제1667조.

(2) 가사재판절차에서는 주로 부부나 부모 등이 주체가 되어 자신의 이익을 추구하는 반면 자녀는 절차에서 소외되어 단지 객체로 취급되며, 따라서 자녀의 복리가 실현되기 어렵다는 비판이 제기되어 이에 대한 대책이 마련되었다. 우선 1979년 친권법 개정[26](1980년 1월 1일부터 시행)에 의하여 자녀와 관련된 재판절차에서 자녀의 의사를 청취하는 절차가 마련되었다.[27] 그리고 1997년 개정 친자법은 자녀와 관련된 가사재판절차에서 자녀의 의사와 입장을 반영하고 자녀의 복리를 실현하기 위하여 절차보조인제도(Verfahrenspfleger. 일명 '자녀의 변호사'(Anwalt des Kindes)라고도 한다)를 마련하였는데, 이에 따라 법원은 필요하다고 판단하는 경우 가사재판절차에서 자녀를 대리할 절차보조인을 선임할 수 있게 되었다.[28] 자녀의 이익을 위하여 절차보조인을 선임할 필요가 있는 경우란, 예를 들면, 가사재판절차에서 법정대리인과 자녀의 이익이 상반되는 경우이다. 절차보조인제도가 도입됨으로써 자녀와 관련된 재판절차에서 자녀는 더 이상 단지 객체의 지위에 머물지 않고, 대등한 주체로서 참여할 수 있는 지위가 인정되었다.

(3) 가사재판절차에 관하여 통합된 단일법을 제정하려는 시도가 성과를 거두어 2008년 6월 27일 법안이 독일의회에서 통과되었다. 새로 제정된 독일가사소송법[29])은 2009년 9월 1일부터 시행될 예정이다.

현재의 독일법체계에서는 가사재판절차에 대한 관련법규정들이 민사소송법, 비송사건절차법 등에 흩어져 있어서 일목요연하게 정리되어 있지 않으며, 이로 인하여 필요한 법규정을 찾아서 적용하는 데 적지 않은 불편과 어려움이 따르는 것이 현실이다.[30] 가사재판절차에 대한 통합된 단일법이 제정됨에 따라 이러한 불편은 곧 사라질 것으로 기대된다.

가정법원의 관할을 확대하여 현재 일반민사법원이나 후견법원에서 다루고 있는 가족관련 사건(예를 들면 후견인의 선임과 감독, 입양 등)들을 가정법원의 관할에 포함시키는 것이 바람직하다는 의견이 큰 공감을 얻었으며, 이는 독일에서 통합된 가사소송법의 제정 필요성을 뒷받침하는 또 하나의 근거가 되었다.[31] 새로운 가사소송법에 의하여 가정법원의 관할이 확대됨에 따라 후견법원은 폐지될 예정이다.

---

26) Gesetz zur Neuregelung des Rechts der elterlichen Sorge von 1979.

27) 독일비송사건절차법(FGG) 제50조의 b.

28) 독일비송사건절차법 제50조 제1항.

29) Gesetz über das Verfahren in Familiensachen und in den Angelegenheiten der freiwilligen Gerichtbarkeit(FamFG).

30) BT-Drucks. 16/6308, S. 1.

31) Meyer-Seitz/Kröger/Heiter, Auf dem Weg zu einem modernen Familienverfahrensrecht – die familienverfahrensrechtlichen Regelungen im Entwurf eines FamFG, FamRZ 2005, 1431ff.

새로운 독일가사소송법의 중요한 특징은 재판절차에 있어서 자녀의 권리와 지위를 강화하는 데 역점을 두고 있다는 것이다. 이에 관한 몇 가지 예를 들어보면 다음과 같다. i) 자녀와 관련된 재판절차, 특히 면접교섭에 관한 절차는 우선적으로 신속하게 처리된다.[32] ii) 법원은 부모 간의 갈등이 당사자의 합의에 의해서 해결될 수 있도록 노력하여야 하며, 면접교섭에 관한 부모의 합의는 법원의 승인을 받는 경우 재판상 화해로 인정된다.[33] 면접교섭, 자녀의 거소 등에 관하여 합의가 되지 않는 경우에는 법원은 당사자와의 대화를 거쳐 사전처분을 할 수 있다.[34] 이는 자녀와 비양육친의 면접교섭이 장기간 단절됨으로써 이들의 관계에 부정적인 영향을 미치는 것을 방지하기 위한 조치로 이해된다. iii) 가사재판절차에서 자녀의 이익과 입장을 대리하는 절차보조인제도의 미비점이 보완되었다. 새롭게 규정된 절차보조인(명칭도 'Verfahrensbeistand'로 변경됨)은 대화를 통하여 당사자 간의 합의를 이끌어내는 데 적극적으로 관여할 수 있다[35](예컨대 당사자와의 대화를 통하여 면접교섭에 관한 당사자의 합의를 유도한다). iv) 가정위탁양육이 장기간 지속된 경우에는 위탁아동과 관련된 절차에서 위탁부모의 참여가 보장된다[36](아동이 위탁가정에서 장기간 생활한 때에는 친부모보다도 위탁부모가 위탁아동에 대해서 더 많은 것을 이해하고 있는 경우가 많기 때문이다). v) 효율적인 면접교섭권의 이행확보를 위하여 새로운 제도가 도입되었다. 법원은 의무위반자(양육친)에 대하여 범칙금(Ordnungsgeld)을 부과할 수 있으며, 범칙금을 납부하지 않는 경우 일종의 감치(Ordnungshaft)를 명할 수 있다.[37] 또한 면접교섭과 관련하여 부모 간의 갈등이 심각한 경우에는 이를 조정하고, 면접교섭의 이행을 보조하는 면접교섭보조인(Umgangspfleger)을 선임할 수 있게 된다.[38]

(4) 독일에서 가정법원이 설치되어 운영된 지 30여년이 흐른 오늘날 가정법원의

32) 독일가사소송법 제155조 제1항(2009년 9월 1일부터 시행예정. 이하 '신독일가사소송법'이라고 함). 자녀와 관련된 청구(예컨대 이혼 후 친권자 지정, 면접교섭 등)가 있는 경우 법원은 청구일로부터 늦어도 1개월 내에 기일을 정하여 당사자와 대화를 하여야 한다(제155조 제2항).

33) 신(新)독일가사소송법 제156조 제2항.

34) 신독일가사소송법 제156조 제3항.

35) 신독일가사소송법 제158조 제4항.

36) 신독일가사소송법 제161조 제1항.

37) 신독일가사소송법 제89조. 현행법에 의하면, 법원은 의무위반자에 대하여 과태료(Zwangsgeld)를 부과할 수 있으나, 이는 의무이행이 현실적으로 가능한 동안에만 부과할 수 있다는 한계가 있다(예컨대 성탄절 휴가기간 동안 양육친인 모가 합의에 위반하여 자녀를 부에게 보내지 않았다면, 성탄절 휴가가 지난 후에는 법원은 양육친에 대하여 과태료를 명할 수 없다. 이에 반하여 새로 도입된 범칙금(Ordnungsgeld)은 사후에도 부과할 수 있으므로, 의무위반자에 대하여 보다 강한 압박수단이 될 수 있다).

38) 독일민법 제1684조 제3항. BT-Drucks. 16/6308, S. 345f. 면접교섭보조인은 브모 간의 갈등이 심각한 상황에서 중재의 역할을 하여 면접교섭의 장소와 시간을 정하고, 양육친으로부터 자녀를 인도받아 면접교섭권자에게 데려다주는 등의 역할을 한다.

역할과 기능에 대한 독일사회의 평가는 전반적으로 긍정적이며,[39] 근본적인 개혁의 필요성을 주장하는 의견은 보이지 않는다.

Ⅲ 독일 가사재판의 특징

독일 가사재판의 특징을 간단하게 요약한다면, i) 법원의 결정에 앞서 당사자가 스스로 협의하여 합의에 이를 수 있도록 지원한다는 점, ii) 가사사건의 처리에 있어서 당사자의 의견을 청취하고, 가족관계를 정확하게 이해하기 위하여 법원과 지역의 아동복지기관이 긴밀하게 협력한다는 점, iii) 법원이 필요하다고 판단하는 경우에는 전문가에게 의뢰하여 가족관계나 아동의 심리상태 등을 조사하게 하고, 조사결과를 참고하여 결정을 한다는 점, iv) 자녀와 관련된 모든 절차에서 자녀의 의사와 입장을 충분히 반영하여(자녀의 주체로서의 지위 인정), 자녀의 복리를 최대한 실현할 수 있는 결정을 내리기 위하여 노력한다는 점이다.

1. 당사자에 의한 합의의 지원

가사재판절차 중 특히 양육, 친권, 면접교섭에 관한 절차에서는 부모 스스로 협의하여 갈등을 극복하고 합의에 이를 수 있도록 지원하는 것을 목표로 삼고 있다(이러한 독일법의 태도는 "법원의 개입에 앞서 당사자에게 문제해결을 위한 도움을 제공한다(Hilfe vor Eingriff[40])"는 말로 요약될 수 있다). 이러한 목표를 실현하기 위한 구체적 방안으로서 독일에는 다음과 같은 법제도가 마련되어 있다.

(1) 미성년자녀를 둔 부부가 이혼을 청구한 경우 가정법원은 아동복지기관에 대하여 당사자의 성명과 주소를 통지하여야 한다.[41] 가정법원으로부터 통지를 받은 아동복지기관은 양육, 친권, 면접교섭의 문제와 관련하여 부모가 협의하여 합의를 도출

---

39) Peschel-Gutzeit, 25 Jahre Familiengericht in Deutschland, NJW 2002, 2737ff; Luthin, Willkommen der Abschied - Aus einem Richterleben -, FamRZ 1999, 16ff; Willutzki, 20 Jahre Eherechtsreform, FamRZ 1997, 777/779: "1976년 혼인법 개정의 긍정적인 결과 중의 하나는 독일에 가정법원을 도입한 것이다."

40) Wiesner, Zur gemeinsamen Verantwortung von Jugendamt und Familiengericht für die Sicherung des Kindeswohls, ZfJ 2003, 121.

41) 독일사회법 제8편(SGB VIII Kinder-und Jugendhilfgesetz) 제17조 제3항. 이혼청구서에는 미성년자녀의 유무와 친권에 관한 부모의 의사(공동친권으로 합의가 되었는가, 부모 일방의 단독친권을 원하는가, 협의가 되지 않았는가 등)를 표시하여야 한다(독일민사소송법 제622조 제2항 1문, 630조 제1항 2호).

할 수 있도록 상담서비스를 제공한다는 사실을 부모에게 알려야 한다.[42] 이 규정들에 의해서, 법원에 이혼청구가 접수되는 경우 법원은 즉시 아동복지기관에 미성년자녀가 있는 부부의 이혼소송이 계속되었음을 통지하게 되며, 이러한 통지를 받은 아동복지기관은 신속하게 해당 부모에게 연락하여 상담서비스를 제공할 수 있게 된다. 즉, 이 규정들은 이혼을 하려는 부모에게 최대한 이른 시점에서 상담서비스를 제공하기 위하여 마련된 것이다[43](변론기일에 법원이 당사자에 대하여 상담기관에 의한 상담 가능성을 알려주는 것은 너무 늦다고 보는 것이다).

또한 가정법원은 절차의 어느 단계에서든(가능하면 초기단계에서) 자녀의 양육, 친권에 관하여 당사자의 합의를 유도해야 할 의무가 있으며,[44] 가능한 한 초기에 이에 대한 당사자의 의견을 청취해야 한다. 그리고 원하는 경우에는 이혼 후의 양육, 친권과 관련하여 상담기관에서 상담을 받을 수 있다는 사실을 당사자에게 고지하여야 한다[45](법원은 당사자에게 상담기관명, 주소, 전화번호 등에 관한 정보를 제공한다[46]). 이와 같이 독일에서는 자녀의 양육, 친권, 면접교섭 등과 관련하여 상담기관에 의한 상담이 가능하다는 사실을 부모에게 반복해서 인식시키고 있는데, 이는 국가가 부모에게 상담을 강제할 수는 없으나, 가능한 한 많은 부모들이 상담서비스를 받을 수 있도록 유도하여 자녀와 관련된 문제를 합의에 의해서 해결할 수 있도록 하기 위한 것이다.

이외에도 가정법원은, i) 당사자가 양육, 친권, 면접교섭과 관련하여 아동복지기관이 제공하는 상담을 받을 준비가 되어 있는 경우[47], ii) 법원이 판단하기에 당사자가 이에 대하여 합의를 할 가능성이 있는 경우에는 언제든지 가사재판절차를 중단시킬 수 있으며[48](이런 경우 가정법원은 당사자가 상담을 받도록 적극적으로 권유해야 한다[49]), 이런 때에는 직권으로 친권, 면접교섭 등에 관한 사전처분을 할 수 있다[50](절차의 지연으로 자녀의 복리에 부정적인 영향을 미칠 우려가 있다고 판단되는 경우[51]). 이와 같이 독일의 가사재판절차는 법원에 의한 결정보다는 법원 외부에서 상담을 통하여 당사자 사이에서 합의를 도출하는 것에 우선순위를 두고 있다.[52] 그 이유는 법원의

42) Kunkel in LPK-SGB VIII(3.Aufl., 2006), § 17 Rn. 20.

43) Wiesner(각주 40), 121/125.

44) 독일비송사건절차법 제52조 제1항 1문.

45) 독일민사소송법 제613조 제1항 2문; 독일비송사건절차법 제52조 제1항 2문.

46) Zöller/Phlippi, Zivilprozessordnung(26. Aufl., 2007), § 613 Rn. 2a.

47) 당사자가 상담을 통하여 친권, 면접교섭 등에 대한 합의에 이르기 위해서는 3개월 정도의 상담기간이 필요하다고 본다. Kunkel(각주 42), § 17 Rn. 11.

48) 독일비송사건절차법 제52조 제2항.

49) Kunkel(각주 42), § 17 Rn. 11.

50) 독일비송사건절차법 제52조 제3항.

51) Johannsen/Henrich/Brudermüller, Eherecht(3.Aufl., 1998), § 52a FGG Rn. 8.

52) Büttner, Änderungen im Familienverfahrensrecht durch das Kindschaftsrechtsreformgesetz, in: Schwab(Hrsg.), Das neue Familienrecht(1998), S. 482.

재판절차가 자녀에게 큰 부담이 될 뿐만 아니라, 당사자의 합의에 기초하지 않은 법원의 결정은 부모 간의 갈등을 해소시키지 못하고 오히려 연장, 심화시킴으로써 자녀의 고통을 가중시킬 수 있다고 보기 때문이다.[53] 그러나 독일의 입법자는 법원의 절차가 개시되기 전에 당사자로 하여금 법원외부에서 상담, 조정을 받도록 의무화하는 방안은 채택하지 않았다. 그 이유는 i) 당사자의 의사에 반하여 상담과 조정을 강제하는 것은 당사자에 의한 자율적인 갈등의 해결이라는 조정제도의 이념에 반한다는 것, ii) 당사자가 원하지 않는 조정을 시도한다고 해도 당사자의 합의에 의한 문제의 해결이라는 소기의 성과를 거두기는 어렵고, 단지 절차를 지연시키는 결과를 초래할 수 있다는 것이었다.[54]

(2) 이혼 후의 양육, 친권, 면접교섭과 관련된 상담의 목적은 부모로 하여금 자녀에 대한 책임을 인식하게 하고, 부모가 스스로 이 문제에 대하여 합의할 수 있도록 지원하는 데 있다(이 경우 자녀의 의견이 충분히 반영될 수 있도록 자녀와의 상담이 병행된다)[55] 상담(Beratung)은 당사자가 스스로 문제를 이해하고 극복하도록 돕는 것에 중점을 두며, 조정(Mediation)은 당사자에 대하여 필요한 정보[56](이혼의 결과, 이혼이 당사자 및 자녀에게 미치는 영향에 관한 정보, 특히 부모의 다툼이 장기화될 경우 자녀에게 미치는 부정적인 영향에 관한 정보)를 제공하고, 당사자 사이의 갈등을 완화시켜 합의에 이를 수 있도록 유도하는 것을 목적으로 한다.[57] 독일의 아동복지기관이 제공하는 상담의 개념에는 이러한 의미에서의 상담과 조정이 모두 포함되어 있다고 할 수 있다.

미성년자녀를 둔 부모가 상담을 받게 되는 경로는 다양하다. 위에서 본 바와 같이, i) 가정법원으로부터 연락을 받은 아동복지기관이 해당 부모에게 상담서비스의 제공을 알리고, 상담기관을 방문해 줄 것을 요청하는 방식으로 이루어지는 경우[58], ii) 가정법원이 당사자에게 외부의 상담기관에서 상담을 받아볼 것을 권유하여 이루어지는 경우, iii) 이혼소송을 제기하기 전에 부모가 스스로 상담의 필요성을 느껴서 상담기관을 방문하여 상담을 받는 경우(독일에서는 이와 같이 무상으로 상담을 청구할

53) Willutzki, Familiengericht und Jugendamt - neue Formen der Zusammenarbeit, ZfJ, 1994, 202/203.

54) BT-Drucks. 13/4899, S. 75.

55) 독일사회법 제8편 제17조 제1항 3호, 제17조 제2항.

56) 법률정보와 심리학, 교육학과 관련된 정보를 종합적으로 제공하여 당사자가 자신이 처한 상황을 스스로 이해하고 이에 기초하여 합의에 이를 수 있도록 돕는 것을 목적으로 한다.

57) Balloff, Familiengerichtshilfe als Aufgabe der Jugendämter, ZfJ 1991, 379/385f.

58) 방문을 요청하는 편지의 예: "우리는 가정법원의 연락을 받고 귀하에게 이혼의사가 있다는 사실을 알게 되었습니다. 부모의 이혼은 자녀에게 매우 힘든 상황을 의미하며, 자녀의 입장에서는 부모의 결정을 이해하는 것이 쉽지 않습니다. 물론 귀하는 부모로서 자녀에 대한 책임을 어떻게 져야 하는가에 대해서 생각을

수 있는 권리가 법으로 규정되어 있다[59]) 등이다. 대화와 상담은 아동복지기관 또는 제3의 장소(당사자의 가정)에서 이루어질 수 있으며, 경우에 따라서는 전화나 편지로도 가능하다. 그러나 양육, 친권에 관한 상담의 경우에는 반드시 부모와 자녀를 직접 만나는 것이 필요하며, 전화나 편지를 통한 대화, 상담만으로는 부족하다고 본다. 일반적으로는 아동복지기관에 부모와 자녀를 초대하여 상담을 하는 것으로 충분하다. 경우에 따라서는 가정을 방문하여 상담을 하기도 하는데, 특히 부모와 자녀의 일상적인 관계나 주거환경(자녀의 성장에 적합한 환경인가)을 조사할 필요가 있는 대에는 방문상담의 형식을 취하기도 한다.[60]

(3) 이혼 후의 양육, 친권과 관련된 상담의 경우를 보다 구체적으로 살펴본다. 우선 아동복지기관은 당사자에 대하여 이혼 후의 양육, 친권이 어떤 형식(공동친권, 단독친권)으로 정해질 수 있는가에 대해서 상담을 한다. 만일 부모가 이혼 후에도 공동으로 친권을 행사하기로 합의한다면(이런 경우에는 당사자가 법원에 대하여 친권자 지정 청구를 할 필요가 없으며, 이혼 후에도 혼인 중과 같이 공동친권이 유지된다. 즉, 부모가 공동친권에 합의한 때에는 법원은 친권에 관하여 재판하지 않는다), 이혼한 부모가 실제로 어떻게 공동으로 친권을 행사할 수 있는가[61]에 대하여 정보를 제공하고 상담한다(독일민법 제1687조는 이혼 후의 공동친권에 관하여 규정하고 있는데, 아동복지기관은 이 규정의 내용에 대하여 설명한다). 이혼 후의 공동친권이 자녀의 복리에 적합하지 않다고 판단되는 때에는 아동복지기관은 부모와 자녀에 대하여 공동친권의 대안으로서 단독친권[62]에 대하여 설명하고 당사자의 합의를 유도한다(부모의 일방이 단독친권자가 되는 것에 대하여 당사자 사이에서 합의가 이루어진 경우 이러한 합의는 법원에 전달되어 재판의 기초자료로 이용된다[63]). 상담 결과 단독친권자가 되기를 원하는 부모의 일방은 가정법원에 자신을 단독친권자로 지정해달라는 취지의 청구를 할 수 있다(친권의 일부, 예컨대 거소지정권에 대해서만 단독친권자로 지정해달라는 청구도 가능하다). 부모의 다른 일방(청구의 상대방)이 단독친권에 동의하고, 자녀(14세 이상)가 반대의 의사를

하고 계실 것입니다. 이 문제에 대하여 우리는 귀하와 대화를 나누고 싶고, 원하신다면 상담을 통하여 도와드릴 수 있습니다. 우리와의 대화는 법원에서의 재판절차를 준비하는 데에도 도움이 될 것입니다. 우리는 0일 0시에 귀하가 배우자와 함께 대화에 참석하여 주실 것을 부탁드립니다. 우리가 정한 시간이 귀하에게 적당하지 않다면, 사전에 연락하여 주시기 바랍니다. 그러면 귀하와 의논하여 다른 시간을 잡도록 하겠습니다."

59) 독일사회법 제8편 제17조 제1항, 제2항.

60) Oberloskamp, Jugendhilferechtliche Fälle für Studium und Praxis(10. Aufl., 2001), S. 317f.

61) 공동친권의 구체적 실현방식에 대해서는 김상용, 이혼 후의 공동친권, 가족법연구 I(2002), 208면 이하 참조.

62) 독일민법 제1671조.

63) 독일사회법 제8편 제17조 제2항.

표시하지 않는 경우에는 가정법원은 청구를 인용한다.[64] 부모의 다른 일방이 단독친권에 동의하지 않고, 자녀가 반대의 의사를 표시한 경우에도 단독친권이 자녀의 복리를 실현하는 최선의 대안이라고 판단되는 때에는 가정법원은 청구를 인용한다(이런 경우 가정법원은 위에서 본 바와 같이, 당사자의 합의를 유도하기 위한 방편으로 당사자에 대하여 상담기관에 의한 상담을 권유하고, 재판절차를 중단시킬 수 있다[65]). 그러나 부모의 다른 일방이 단독친권에 동의하고, 자녀가 이에 대하여 반대의 의사를 표시하지 않는 경우라고 해도 청구인을 단독친권자로 지정하는 것이 자녀의 복리를 위태롭게 할 우려가 있는 때에는(이러한 판단은 아동복지기관과 가정법원이 하게 된다. 보다 구체적으로 말한다면, 아동복지기관의 보고에 의하여 가정법원이 결정을 내리는 형식으로 이루어진다[66]) 가정법원은 청구를 기각할 수 있다. 이러한 경우에는 가정법원은 부모의 친권을 상실시키고 즉시 후견인을 선임할 수 있다.[67]

부모가 단독친권에 합의한 경우에는 아동복지기관은 면접교섭과 관련하여 상담과 지원서비스를 제공한다는 사실을 알리고,[68] 단독친권자가 된 부모의 일방에 대해서는 자녀의 양육비확보를 위하여 아동복지기관이 부양청구를 대리하는 서비스(보좌제도[69])를 제공한다는 사실을 알려야 한다.

2. 가정법원과 아동복지기관의 협력

(1) 아동복지기관은 자녀에 관한 사안[70]에 있어서 가정법원과 협력해야 하며, 가정법원의 업무를 지원해야 한다.[71] 이에 따라 아동복지기관은 사실관계를 조사하고,[72] 조사된 사실관계를 분석, 평가하며, 이에 근거하여 사안의 적절한 해결을 위한 의견을 제시해야 한다(예컨대 이혼 후의 친권에 관한 사안의 경우 아동복지기관은 부모와 자녀의 관계, 주거환경[73] 등 관련된 사항을 조사, 분석하여 부모 중 누가 친권자로서 적합

64) 독일민법 제1671조 제2항 1호.

65) 독일비송사건절차법 제52조.

66) 독일사회법 제8편 제8조의 a 제3항.

67) 독일민법 제1697조.

68) 독일사회법 제8편 제18조.

69) 독일민법 제1712조 이하. 김상용, 한부모 가정의 자녀 양육비 확보를 위한 제도개선방안, 가족법연구 I(2002), 118면 이하.

70) 자녀에 관한 사안이란 친권상실선고, 이혼 후의 친권자 결정, 면접교섭권, 자녀의 인도청구 등에 관한 것이다(독일비송사건절차법 제49조의 a 제1항).

71) 독일사회법 제8편 제50조.

72) 가사재판절차에서 법원은 직권으로 사실관계를 파악하고 증거를 조사해야 할 의무가 있다(독일비송사건절차법 제12조). 아동복지기관의 사실조사 및 사실관계의 분석, 평가 작업은 이와 같은 법원 고유의 업무를 뒷받침하는 성격을 갖는다.

73) 필요에 따라서는 부모가 없는 장소에서 자녀와 만나 대화를 하기도 하고, 부모의 동의를 얻어 부모가

한가, 혹은 공동친권이 바람직한가 등의 의견을 제시하여야 한다).[74] 아동복지기관이 제출하는 의견[75]은 법원의 판단을 충분히 뒷받침할 수 있을 정도의 근거를 제시하는 것이어야 하며, 이에 미치지 못할 때에는 법원은 아동복지기관에 대하여 보완을 요구할 수 있다. 예를 들어서 단순히 당사자와 상담원과의 대화내용만이 기록되어 있거나 이혼이 자녀에게 미치는 영향에 관한 일반론을 서술한 것만으로는 법원이 요구하는 의견서의 수준을 갖추지 못한 것으로 본다.[76] 아동복지기관의 의견서에는 단순한 사실의 전달을 넘어서 사실관계의 분석과 평가, 이에 기초한 전문가의 의견이 포함되어 있어야 한다[77](이것은 전문기관으로서의 아동복지기관에 대한 당연한 요구이며, '자녀의 복리실현' 이라는 아동복지기관의 임무에 상응하는 것이라고 볼 수 있다).

당사자가 아동복지기관과의 상담을 거부하는 경우에는 이를 강제할 수 있는 방법은 존재하지 않으며, 아동복지기관은 자신의 전문지식과 경험에 기초하여 가능한 범위내에서 사실을 조사하고 분석, 평가하여야 한다(예컨대 자녀의 학교나 이웃을 통하여 사실조사를 하는 방식에 의해서).[78]

아동복지기관이 상담과정에서 얻은 당사자에 대한 정보를 법원에 제공하려면, 사전에 당사자의 동의를 얻어야 한다. 다만, 자녀의 복리가 위태롭게 될 우려가 있는 때에는 당사자의 동의가 없어도 법원에 필요한 정보를 제공할 수 있다.[79]

(2) 가정법원은 자녀와 관련된 사안[80]에 관하여 결정을 하기 전에 아동복지기관의 의견을 청취하여야 한다.[81] 가정법원이 아동복지기관의 의견을 청취해야 할 의무는 독일비송사건절차법 제49조의 a가 규정하고 있는데, 이는 바로 위에서 살펴본 '가정법원에 대한 아동복지기관의 협력 · 지원 의무' (이에 관하여는 독일사회법 제8편 제50조가 규정하고 있다)와 불가분의 관계에 있으며, 따라서 이 두 규정은 동전의 양면과도 같은 성격을 갖는다.[82]

있는 상태에서 가정을 방문하여 부모와 자녀의 관계를 관찰하기도 한다.

74) 다른 각도에서 보면, 아동복지기관은 자녀의 신상과 관련된 모든 사안에 개입할 수 있는 권한을 갖는다는 의미이다. Kunkel(각주 42), § 50 Rn. 5.

75) 아동복기지관이 법원에 제출하는 의견은 서면의 형식을 갖추는 것이 일반적이지만, 재판절차에서 구술로 의견을 밝히는 것도 가능하다.

76) BGH, FamRZ 1954, 219; OLG Frankfurt, DAVorm 1991, 1075ff; Willutzki(각주 53), 202/203.

77) 아동복지기관의 의견서에는 당사자에게 제공된 서비스의 종류(대표적인 것은 이혼상담서비스이다), 자녀의 성장, 발달과 관련된 과거, 현재의 상태와 분석 및 진단, 향후 제공될 필요가 있다고 판단하는 서비스의 종류 등을 기록하게 되어 있다. 독일사회법 제8편 제50조 제2항.

78) Oberloskamp(각주 60), S. 316.

79) 독일사회법 제8편 제65조.

80) 자녀에 관한 사안이란 친권상실선고, 이혼 후의 친권자 결정, 면접교섭권, 자녀의 인도청구 등에 관한 것이다(독일비송사건절차법 제49조의 a 제1항).

81) 독일비송사건절차법 제49조의 a.

가정법원이 아동복지기관의 의견을 청취하는 목적은 i) 사실관계를 정확하게 파악하고, ii) 전문기관의 지원을 받아 자녀의 복리에 적합한 결정을 내리고자 하는데 있다.[83] 이를 위하여 아동복지기관은 법원에 대하여 사실관계를 파악하여 전달해야 할 뿐만 아니라 법원의 결정에 참고가 될 수 있는 의견을 제시할 필요가 있다.[84]

가정법원이 아동복지기관의 의견을 청취해야 하는 사안 중에서 특기할 만한 것은 가정폭력의 피해자와 그 자녀를 보호하기 위한 조치와 관련이 있다. 독일민법 제1361조의 b에 의하면, 배우자의 일방(청구인)이 다른 일방(피청구인)으로부터 폭행을 당한 경우에는 법원에 대하여 혼인주택을 단독으로 사용하게 해달라는 청구를 할 수 있다.[85] 자녀가 그 주택에서 동거하고 있는 때에는 법원이 이러한 청구를 기각하기 전에 아동복지기관의 의견을 청취해야 한다.[86] 이 규정은 가정법원으로 하여금 청구를 기각하기 전에 아동복지기관의 의견을 청취하게 함으로써 사안을 종합적으로 파악하게 하고, 청구를 기각하는 데 신중을 기하게 함으로써 가정폭력의 피해자인 부부의 일방과 그 자녀를 보호하기 위한 목적으로 마련되었다.[87]

(3) 자녀의 복리가 위태롭게 되는 것을 막기 위하여 가정법원의 개입이 필요하다고 판단되는 때에는 아동복지기관은 가정법원에 그 사실을 통지하여야 한다.[88] 아동복지기관으로부터 이러한 사실을 통지받은 가정법원은 자녀의 복리가 위태롭게 되는 것을 막기 위하여 필요한 조치를 취하게 된다(예를 들어 친권자와 자녀의 분리, 친권의 부분상실 또는 친권의 전부상실 등). 어떤 경우에 자녀의 복리가 위태롭게 된다고 볼 것인가에 대한 판단기준은 독일민법[89]에서 찾을 수 있는데, 그 대표적인 것은 i) 자녀의 신체적, 정신적 복리가 친권의 남용, 방임에 의해서 위태롭게 되는 경우, ii) 부모에게 책임이 없는 사유로 인하여 친권을 행사시킬 수 없는 경우(정신질환 등), iii) 제3자에 의하여 자녀의 복리가 위태롭게 되는 경우 등이다.

---

82) BT-Drucks. 11/5948, S. 118.

83) Jansen/Zorn, FGG(3.Aufl., 2005), § 49a Rn. 22.

84) BGH, FamRZ 1986, 895.

85) 폭력방지법(Gesetz zum zivilrechtlichen Schutz vor Gewalttaten und Nachstellungen (Gewaltschutzgesetz - GewSchG) 제2조도 이와 유사한 취지를 규정하고 있다.

86) 독일비송사건절차법 제49조의 a 제2항.

87) BT-Drucks. 14/5429, S. 40.

88) 독일사회법 제8편 제8조의 a 제3항. 아동복지기관은 자녀의 복리를 지키기 위하여 가정법원의 개입이 필요한 이유에 대해서 의견서(감정서) 형식의 서면을 제출하는 것이 일반적이다. Röchling, Die Stellung des Jugendamtes in familiengerichtlichen Verfahren, ZfJ 2004, 257/259.

89) 독일민법 제1666조, 제1666조의 a. 예를 들어서, 어린이집의 선생이 아동을 돌보다가 학대받은 흔적을 발견하였다면 지역의 아동복지기관에 이 사실을 알리게 되며, 이 경우 아동복지기관은 법이 허용하는 범위 내에서 필요한 모든 수단과 방법(가정방문, 면접조사 등)을 이용하여 사실을 조사한다. 이러한 조사의 결과 가정법원의 개입이 필요하다고 판단하는 경우에는 아동복지기관은 법원에 이 사실을 통지하는 것이다.

이와 같이 가정법원과 아동복지기관은 자녀의 복리가 위태롭게 되는 경우에 자녀를 보호하기 위하여 긴밀하게 협력하게 되며, 어느 일방의 협력이 없이는 다른 일방도 자신에게 주어진 과제를 수행하기 어렵게 된다: 아동복지기관은 자녀의 복리가 위태롭게 되는 상황을 인지하고 사실을 조사하여, 필요하다고 판단하는 경우 가정법원에 이를 통지하여 법원의 개입을 요청한다(즉, 이러한 아동복지기관의 통지가 없으면 법원은 자녀의 복리가 위태롭게 되는 상황을 스스로 인지하지 못하고, 필요한 조치를 취하지 못하게 되어 결과적으로 자녀의 복리를 보호해야 하는 자신의 의무를 이행할 수 없게 된다). 아동복지기관으로부터 이러한 통지를 받은 가정법원은 자녀를 보호하기 위하여 필요한 조치(친권의 상실, 자녀를 부모로부터 분리하여 보호시설이나 다른 가정에서 보호하는 조치 등)를 취하게 된다(법원이 자녀를 보호하기 위하여 궁극적으로 이러한 조치를 취하지 않으면, 아동복지기관으로서는 자녀를 보호해야 하는 자신의 과제를 수행하지 못한 결과가 된다). 이러한 의미에서 가정법원은 아동복지기관과 함께 자녀의 복리를 보호하기 위한 '책임공동체'를 형성한다고 볼 수 있다.

3. 자녀의 의견청취

(1) 1979년 친권법 개정(1980년 1월 1일부터 시행)에 의해서 친권에 관한 결정을 하는 경우에 법원에서 자녀의 의견을 청취하는 것이 제도화되었다.[90] 가정법원판사는 원칙적으로 자녀를 직접 만나서 대화를 통하여 의견을 청취하여야 한다. 아동이 자신의 생각을 정리하여 서면으로 작성, 제출한다는 것은 일반적으로 기대하기 어렵기 때문이다. 법원에서 자녀의 의견을 청취하는 기본적인 이유는 사실관계를 정확하게 파악하기 위한 것이다.[91]

(2) 법원이 자녀의 의견을 청취할 필요가 있는 경우에 대하여 법률은 다음과 같이 규정하고 있다.[92] i) 자녀의 유대관계, 의사가 재판에 중요한 의미가 있다고 판단되는 경우[93]. 이 경우에는 자녀가 일정한 연령에 이르러 자신의 의사를 어느 정도 정확하게 표시할 수 있는 능력이 필요하다. ii) 사실관계의 확인을 위하여 자녀를 직접 만나

90) 독일비송사건절차법 제50조의 b. 법원에서 자녀의 의견을 묻는 것이 자녀에게 해롭다는 주장도 있었으나, 자녀를 기본권의 주체로서 인정하고 인격을 존중한다면, 자녀와 직접 관련된 결정을 하는 경우에 본인의 의사를 반영하는 것이 타당하다는 주장이 설득력을 얻었다. BT-Drucks. 8/2788, S. 73.

91) 자녀가 법원에 대하여 가족구성원에 대한 자신의 개인적인 관계를 밝힐 수 있는 기회가 보장되어야만 법원은 자녀의 복리에 적합한 결정을 내릴 수 있다. BVerfG, NJW 1981, 218f.

92) 독일비송사건절차법 제50조의 b 제1항.

93) 자녀의 보호를 위하여 친권상실 등의 조치를 취할 필요가 있는 경우(독일민법 제1666조, 1666조의 a), 이혼 후 친권자를 결정하는 경우(독일민법 제1671조, 제1672조) 등.

는 것이 필요하다고 판단되는 경우. 이 경우에는 가정법원판사는 자녀의 연령에 관계없이 자녀의 행동과 태도를 관찰하여 자녀가 이제까지 형성해 온 부모와의 관계 등을 확인할 수 있다.[94]

(3) 자녀의 의견청취와 관련하여 법률은 연령을 제한하지 않고 있으며, 학설과 판례는 만 3세부터 아동의 의견을 청취한다는 데 대하여 대개 의견이 합치되어 있다.[95] 가정법원에서는 3-4세 연령의 아동의 경우에는 주로 부모와 자녀 사이의 상호 반응과 행동을 관찰하는 것으로 의견청취에 갈음하며, 스스로의 생각을 표현할 수 있는 아동의 경우에는 대화를 통하여 자녀의 의사와 희망, 선호, 부모 쌍방과의 관계 등을 파악한다.

(4) 법원은 자녀의 복리를 위하여 중대한 이유가 있는 때에 한하여 자녀의 의견청취를 생략할 수 있다.[96] 법원은 자녀의 의견청취를 통해서 얻는 이익(사실관계의 파악)과 자녀에게 미치는 부정적인 영향을 비교하여 형량한 후, 자녀의 복리에 해로운 점이 더 많다고 판단되는 때에는 자녀의 의견청취를 생략한다.[97] 이런 경우에도 자녀의 의견청취를 강행한다면, 이는 이 제도를 도입한 취지에 반하는 결과로 이어질 것이기 때문이다.

자녀가 의견청취를 거부하는 경우에는 법원은 자녀의 의견청취를 생략할 것인가 또는 자녀에게 편안한 장소(예컨대, 자녀의 집)에서 다시 의견청취를 시도할 것인가를 판단하여 결정한다.[98]

(5) 가정법원판사는 자녀를 직접 만나서 의견을 청취하여야 하며, 법원은 자녀가 부담없이 자신의 생각을 표현할 수 있도록 주위환경과 분위기를 조성하여야 한다.[99]

---

94) BGH, FamRZ 1990, 392/393.

95) Luthin, Nochmals: Zu den durch das SorgeRG normierten Anhörunngspflichten, FamRZ 1981, 1149ff; KG FamRZ 1983, 1159/1161; OLG Frankfurt/M FamRZ 1997, 571.

96) 독일비송사건절차법 제50조의b 제3항. 자녀의 의견청취를 생략할 수 있는 '중대한 이유'가 있는가를 판단하는 기준은 자녀의 복리이다. BT-Drucks. 7/2788, S. 74; Luthin, Aus der Praxis zum SorgeRG, FamRZ 1981, 111/114.

97) BGH NJW-RR 1986, 1130: 아동복지기관의 사회복지사가 자녀를 직접 만나서 대화를 해본 후 교육학적인 견지에서 법원에 의한 자녀의 의견청취에 반대하는 의견을 표시한 경우; OLG Köln FamRZ 1997, 1549: 법원이 자녀의 의견을 청취하는 경우 자녀의 심리적인 안정이 크게 흔들릴 가능성이 있고, 건강에도 악영향을 미칠 것이 우려되어 자녀의 의견청취를 생략한 사례.

98) 이런 경우에 부모가 이혼 후의 친권 및 면접교섭에 대하여 이미 합의를 한 바 있고, 합의된 내용이 아동복지기관의 의견과 일치하는 경우에는 자녀의 의견청취를 통하여 사실관계를 파악할 필요성이 그만큼 감소한다고 보아 자녀의 의견청취를 생략할 수 있을 것이다. AG Kamen, FamRZ 1981, 705/706.

99) 이를 위하여 가정법원판사는 아동과 대화를 이끌어가는 기법을 익힐 필요가 있다. 또한 아동의 생각과

자녀의 의견청취는 부모와 변호사가 없는 곳에서 이루어지는 것이 원칙이다[100](이는 자녀가 주위의 눈치를 살피지 않고 자신의 감정과 생각을 표현할 수 있도록 하기 위한 배려이다. 다만, 4세 미만의 어린 자녀의 경우에는 부모의 참여가 필요한 경우가 있다). 가정법원판사는 자신의 사무실뿐만 아니라 법원에 설치된 놀이방, 대화방 등에서 자녀의 의견을 청취할 수 있다. 한 번 자녀의 의견을 청취하는 데 드는 시간은 보통 10분에서 1시간 정도인 것으로 알려져 있다.[101] 가정법원판사는 자녀의 의견을 청취하기 전에 먼저 자신의 역할을 소개하고, 자녀의 의견을 듣는 이유를 설명한다. 재판과 관계없는 가벼운 주제에 관하여 대화를 시작함으로써 자녀가 긴장을 풀 수 있게 배려하고, 질문은 간단하게 하며(숙제를 할 때 누가 도와주니? 누가 아침을 차려주니? 누구와 노는 것이 가장 재미있니? 등), 대화의 내용을 기록하거나 녹취하는 것을 삼간다.

(6) 한편, 가정법원은 친권, 양육과 관련된 재판절차(예컨대, 이혼절차, 친권상실선고절차 등)에서 부모의 의견도 청취하여야 한다.[102] 독일민법에 의하면, 이혼 시 부모가 법원에 친권자 지정청구를 하지 않는 경우에는 혼인 중과 같이 공동친권이 유지된다. 그러나 이와 같은 법규정 하에서는 부모가 이혼 후의 자녀양육에 대하여 관심을 갖지 않고, 이 문제를 방치한 결과 단지 형식적으로만 공동친권이 유지되는 경우가 발생할 수 있다(이런 경우 실제로 자녀는 양육의 공백상태에 처할 위험이 있다). 이러한 문제를 예방하는 차원에서 독일법은 법원에 대하여 자녀의 양육, 친권과 관련된 재판절차(그 대표적인 것은 이혼절차이다)에서 부모의 의견을 청취하고, 이혼 후의 단독친권, 공동친권 등 친권의 형식 및 양육의 방법에 대하여 설명할 의무를 부여하였다. 이로써 부모가 이혼절차에서 이혼 후의 친권, 양육의 문제를 방치하는 사태를 방지하고, 가정법원판사와의 대화를 통하여 자녀복리의 관점에서 이혼 후의 친권(양육)형식(공동친권을 유지할 것인가, 부모일방의 단독친권으로 전환할 것인가. 후자를 원하는 경우 단독친권자가 되기를 원하는 부모의 일방은 법원에 친권자 지정청구를 하여야 한다)을 결정할 수 있는 기초가 마련되었다.[103] 법원이 부모의 의견을 청취할 때에는 아동복지기관에서 상담을 받을 수 있다는 사실을 안내함으로써 당사자가 상담을 통하여 자녀의 양육, 친권에 관한 합의에 이를 수 있도록 유도한다.[104]

태도를 정확하게 이해하기 위하여 아동심리학 등의 기초지식이 요구된다. Prestien, Zur Wiederherstellung der Selbstverantwortung der Familienmitglieder: Der/Die RichterIn als Drehscheibe interdisziplinärer Zusammenarbeit, ZfJ 1995, 166/168.

100) BGH FamRZ 1986, 895/896.

101) Balloff, Kinder vor dem Familiengericht(2004), S. 169.

102) 독일비송사건절차법 제50조의 a.

103) BT-Drucks. 14/4899, S. 160.

104) 독일민사소송법 제613조 제1항 2문.

4. 절차보조인('자녀의 변호사')

(1) 1997년 친자법 개정(1998년 7월 1일부터 시행)에 의하여 미성년자녀의 이익을 위하여 필요한 경우에는 자녀와 관련된 절차에서 법원이 자녀를 위한 절차보조인(Verfahrenpfleger. 일명 '자녀의 변호사'(Anwalt des Kindes)라고도 한다)을 선임할 수 있게 되었다.[105] 가정법원은 자녀와 법정대리인 사이에 이해관계가 현저하게 상반되는 경우와 같이 자녀의 복리를 위하여 필요하다고 인정하는 때에는 재량에 의하여 절차보조인을 선임할 수 있다.[106] 절차보조인은 법정대리인에 갈음하여 가사재판절차에서 미성년자녀를 대리한다.

(2) 1997년 친자법 개정 당시 절차보조인제도를 도입한 기본적인 이유는 가사재판절차에서 자녀의 지위를 강화하겠다는 데 있다. 가사재판절차에서 자녀의 복리를 실현하기 위하여 적지 않은 규정(직권탐지주의, 자녀의 의견청취, 아동복지기관의 의견청취, 14세 이상 자녀의 항소권 인정)이 마련되어 있음에도 불구하고 여전히 개별적인 사례에서 자녀의 이익이 충분히 보호되지 않는 사례가 발생하고 있다. 절차보조인제도가 신설되기 전까지는 자녀와 법정대리인 사이에 이해관계가 현저히 상반되어 법정대리인이 가사재판절차에서 자녀의 이익을 실현할 의사가 없는 경우에는 실질적으로 자녀의 이익을 대리하는 사람이 없는 상태가 발생하였다. 1997년 개정 친자법은 가사재판절차에서 자녀의 의사와 입장을 대변하는 절차보조인제도를 도입함으로써 자녀의 이익을 보호하고, 자녀가 자신과 관련된 재판절차에서 단순히 객체로서 취급되는 것이 아니라, 하나의 주체로서 참여할 수 있는 제도적 기반을 마련하였다.[107] 독일에서 절차보조인제도를 시행한 지 약 10년이 경과한 오늘날 절차보조인제도는 가사재판절차에서 반드시 필요한 제도로 평가받고 있으며, 절차보조인을 선임하는 사례도 계속하여 증가하고 있다.[108]

(3) 가정법원은 개별적인 사안을 검토한 후 절차보조인의 선임여부를 결정한다. 법원의 결정에 일반적인 기준이 되는 것은 다음과 같이 정리할 수 있다. i) 법정대리

105) 독일비송사건절차법 제50조 제1항.
106) 독일비송사건절차법 제50조 제2항.
107) BT-Drucks. 13/4899, S. 129ff.
108) 절차보조인의 선임건수: 1999년 2,544건, 2000년 3,767건, 2001년 5,483건, 2005년 8,765건. Statistisches Bundesamt, Fachserie 10, Reihe 2.2: Rechtspflege-Familiengerichte 2005(Stand: Dezember 2006).

인이 자기의 이익에 매몰되어 자녀의 이익을 충분히 실현할 수 없는 상태에 있을 것, ii) 그 재판절차가 자녀에게 미치는 중요성에 비추어 볼 때, 자녀 자신의 의사와 입장을 정확하게 파악하는 것이 필요하다고 인정될 것, iii) 법원이 자녀와 아동복지기관의 의견을 청취하는 것만으로는 자녀의 의사와 입장을 충분히 파악하여 반영할 수 없다고 판단되는 경우이다. 법원이 절차보조인을 선임하는 대표적인 사례는 양육, 친권, 면접교섭 등과 관련하여 부모 쌍방이 상반되는 입장에서 다투는 경우이다[109](부모 쌍방이 각자 자기를 친권자로 지정해달라는 청구를 한 경우, 비양육친이 면접교섭을 청구하였으나 양육친이 이에 반대하는 경우 등)[110]. 이와 같은 경우 법원은 구체적으로 어느 부모의 일방과 자녀 사이에 이해가 상반되는가를 확인하지 않은 상태에서도 재판절차가 개시될 때 이미 절차보조인을 선임할 수 있다.[111]

(4) 어떤 사람을 절차보조인으로 선임할 것인가는 법원의 재량에 맡겨져 있다. 법원은 사안의 특성을 고려하여 사회복지사, 아동심리전문가, 교육학전문가 등을 절차보조인으로 선임한다. 재판절차에서 자녀의 이익을 보호하기 위하여 특히 법률지식이 필요한 경우에는 변호사를 자녀의 절차보조인으로 선임할 수도 있다.[112]

절차보조인은 자녀의 주관적 의사와 입장을 정확하게 이해하기 위하여 자녀와 직접 만나 대화를 나누어야 하며, 이때 자신의 역할과 임무에 대해서 설명하고, 자녀의 이야기 -희망과 근심 등- 를 들어야 한다. 절차보조인은 이와 같은 과정에서 파악하게 된 자녀의 의사와 입장을 가사재판절차에서 서면 또는 구술로 진술한다. 또한 절차보조인은 가사재판절차에서 자녀를 수행하며(예컨대 법원이 자녀의 의견을 청취할 때에도 참석할 수 있다), 전체적인 재판절차에서 자녀가 소외되지 않도록 견제하는 역할을 한다. 이러한 절차보조인의 임무수행은 재판절차에서 자녀의 부담을 완화시키는 효과가 있다.

절차보조인은 자신이 절차에 참가함으로써 부모 사이의 다툼과 갈등이 더욱 심화되지 않도록 주의해야 하며, 자녀의 이익을 위하여 가능한 한 신속하게, 부모의 합의에 기초하여 문제를 해결하는 방향으로 자신의 업무를 수행하여야 한다.

---

109) 절차보조인을 상대로 하여 실시된 설문조사결과에 따르면, 절차보조인이 선임된 사건의 비율은 다음과 같다: 양육, 친권(약 24%), 면접교섭(약 20%), 친권상실 등의 자녀의 보호와 관련된 조치(약 30%). Stözel, Wie erlebt das Kind die Verfahrenspflegschaft?(2005), S. 65f.

110) 또한 자녀에 대한 의무를 장기간 전혀 이행하지 않았던 부모가 입양의 동의를 거부하는 경우에 법원은 자녀의 청구에 의하여 부모의 동의에 갈음하는 재판을 할 수 있는데(독일민법 제1748조), 이런 경우도 자녀와 부모 사이의 이해관계가 상반되는 때에 해당하므로, 절차보조인을 선임할 수 있다.

111) Johannsen/Henrich/Brudermüller, Eherecht(3.Aufl., 1998), § 50 FGG Rn. 8.

112) 한 설문조사결과에 의하면, 설문에 응한 판사의 60%가 절차보조인으로서 사회복지사, 교육학전문가가 가장 적합하다는 의견을 보였으며, 변호사가 더 적합하다는 의견을 가진 판사는 약 30%였다. Gummelbach, Die Subjekstellung des Kindes(2005), S. 387f.

(5) 절차보조인을 선임해야 하는 시점에 대해서는 법률에 규정이 없다. 가정법원이 가사재판절차의 진행 중에 자녀를 위하여 절차보조인이 필요하다고 인정하는 때(예를 들어서 법원에서 자녀나 아동복지기관의 의사를 청취한 결과 절차보조인이 필요하다고 판단한 경우)에는 언제든지 절차보조인을 선임할 수 있다(사전에 법정대리인의 대리권을 상실시킬 것을 요하지 않는다). 그러나 자녀의 의사와 입장을 효율적으로 대변하기 위해서는 가능한 한 이른 시점에서 절차보조인을 선임하는 것이 바람직하다.[113)]

(6) 원칙적으로 절차보조인을 선임하도록 규정된 사안[114)](① 자녀와 법정대리인의 이해가 현저하게 상반되는 경우, ② 자녀의 복리가 위태롭게 되어 부모의 친권을 상실시키고, 자녀를 가족과 분리하는 조치를 취할 필요가 있는 경우[115)], ③ 자녀를 위탁가정에서 부모의 가정으로 귀가시키는 조치를 취하는 경우[116)] 등)에서 법원이 절차보조인을 선임하지 않은 경우에는 그 이유를 판결문에서 밝혀야 한다.[117)] 예를 들어서, 자녀와 법정대리인의 이해가 상반되는 경우에도 재판결과가 자녀에게 미치는 영향이 크지 않을 것으로 보이고, 다른 절차상의 제도(자녀와 아동복지기관의 의견청취)에 의해서 자녀의 이익이 충분히 보호될 수 있다고 판단되는 때에는 법원은 절차보조인을 선임하지 않을 수 있다.

(7) 절차보조인의 임무는 판결의 기판력이 발생하거나 청구가 취하된 경우 등 절차가 종국적으로 종료된 경우에 함께 종료한다.[118)] 따라서 절차보조인은 자녀의 이익을 위하여 필요하다고 판단하는 경우 스스로 재판결과에 대하여 불복하여 항소(상고)할 수 있으며, 이 경우 상급심절차에서도 계속하여 자녀를 대리한다.

---

113) Menne, Der Anwalt des Kindes – Zur eigenständigen Vertretung von Kindern in familienrechtlichen Verfahren im deutschen, schweizerischen und östereichischen Recht, in: Lebendiges Familienrecht(Festschrift für R. Frank, 2008), S. 452.

114) 독일비송사건절차법 제50조 제2항 1문.

115) 부모에 의한 자녀학대, 부모의 알코올중독, 정신질환, 가정폭력 등의 경우. 이런 경우 가정법원은 독일민법 제1666조, 1666의 a조에 의하여 친권상실, 가족으로부터 자녀의 분리 등 자녀의 보호를 위한 조치를 취하여야 한다.

116) 독일민법 제1632조 제4항. 자녀가 장기간 위탁가정에서 성장하여 위탁부모와의 사이에 사실상의 친자관계가 형성된 반면, 친부모에 대하여는 거의 기억이 없는 경우(혹은 부정적인 기억이 있는 경우)가 종종 발생한다. 이런 경우에 부모가 위탁부모에 대하여 자녀의 인도를 청구한다면, 가정법원은 위탁부모의 청구 또는 직권에 의하여 자녀가 위탁가정에서 계속해서 거주할 수 있도록 소위 '거주명령'을 할 수 있다. 이런 경우도 자녀와 친부모 사이에 이해가 상반되는 때에 해당한다. 김상용, 가정위탁양육에 관한 민법상의 쟁점, 법조 610호(2007. 7), 134면 참조.

117) 독일비송사건절차법 제50조 제2항 2문.

118) 독일비송사건절차법 제50조 제4항.

(8) 절차보조인의 보수 및 절차보조인이 임무수행과 관련하여 지출한 필요비는 우선 국가가 지급한다.[119] 절차보조인은 자녀에게 큰 영향을 미치는 재판절차에서 자녀의 이익을 실현하기 위하여 선임되는데, 그 비용을 자녀에게 부담시킬 수는 없으므로, 우선 국가가 지급하고 사후에 소송비용에 관한 규정에 의하여 부모에게 그 비용을 청구하는 것이다.[120] 다만, 부모가 국가로부터 소송비용을 보조받는 경우에는 절차보조인의 보수와 필요비도 소송비용보조금에 의해서 해결된다(즉, 이 경우에는 절차보조인에 관한 비용은 궁극적으로 국가가 부담하게 되는 것이다. 2005년에 독일에서는 8,762건의 가사재판절차에서 절차보조인이 선임되었는데, 그 중 2,210건에 대하여 소송보조금이 지급되어 국가가 절차보조인에 관한 비용을 부담하였다[121]).

절차보조인은 자신이 업무에 투입한 시간에 따라 보수를 지급받으며, 시간 당 보수는 절차보조인 개인의 경력사항 등에 따라 다르게 정해진다.[122]

5. 감정인에 의한 조사

감정인은 자신이 가지고 있는 전문지식(특히 심리학)과 경험을 활용하여 법원의 질문에 대해서 답변을 하는 것을 임무로 한다(대부분의 경우 의견서를 작성하여 법원에 제출한다). 가정법원은 아동복지기관이 제공하는 서비스에 의해서 만족할 만한 성과를 얻지 못한 경우에 주로 감정인을 선임한다(아동복지기관이 부모와 자녀에 대하여 상담서비스를 제공하였으나, 당사자가 이를 거부하였거나 또는 상담결과 아무런 성과도 얻지 못한 경우. 자녀의 복리가 위태롭게 될 가능성이 있거나 또는 이미 위태로운 상태에 있는 경우. 자녀가 부모 중 일방과의 접촉을 거부하는 경우 등). 가정법원이 감정인을 통하여 얻고자 하는 답변은 주로 다음과 같은 것이다.[123] i) 친권을 어떻게 정하는 것이 자녀의 복리에 가장 적합한가? ii) 면접교섭에 관하여 어떻게 결정하는 것이 자녀의 복리에 가장 부합하는가? iii) 부모의 일방을 단독친권자로 정하는 경우 자녀의 의사, 유대

119) 독일비송사건절차법 제50조 제5항.

120) BT-Drucks. 13/4899, S. 132.

121) BT-Drucks. 16/6308, S. 416.

122) 기본은 시간 당 19.5유로이다. 절차보조인 개인의 경력과 학력 등에 따라 시간 당 25유로, 33.5유로까지 받기도 한다. 2007년 기준으로 절차보조인이 한 명의 자녀를 대리한 경우 받은 평균 보수는 약 730유로이며, 지출한 필요비는 약 60유로이다. 동일한 가사재판절차에서 여러 명의 자녀를 대리한 경우에 받은 평균보수는 약 1320유로이다. '자녀를 위한 변호사' 연합회는 절차보조인의 평균 보수로 868유로 정도가 적당하다고 보고 있으며, 평균 투입시간은 28시간을 예상하고 있다. Menne, Der Anwalt des Kindes - Zur eigenständigen Vertretung von Kindern in familienrechtlichen Verfahren im deutschen, schweizerischen und östereichischen Recht, in: Lebendiges Familienrecht(Festschrift für R. Frank, 2008), S. 458 Fn. 85.

123) Balloff, Kinder vor dem Familiengericht(2004), S. 125f.

관계, 부모의 양육능력 등을 종합적으로 고려해 볼 때, 누가 친권자로서 더 적합한가? iv) 부모에게 자녀학대, 정신질환, 알코올중독 등의 성향이 있는 것으로 의심되는 경우에 자녀의 복리가 위태롭게 될 가능성은 없는가? v) 자녀의 복리가 위태로운 상태에 있는 경우에 자녀를 부모로부터 격리하는 조치를 취하는 것이 필요한가?

감정인은 객관적으로 자녀의 복리에 가장 적합하다고 판단되는 해결책을 찾아 법원에 보고하여야 한다. 이를 위하여 감정인은 자녀의 의사, 희망, 유대관계, 건강상태, 교육환경, 유해요소의 유무 등 제반사항을 조사하여야 한다. 감정인은 자녀와 접촉할 때 인내심을 가지고 친절한 태도로 대하여야 하며, 아동이 이해하기 쉽게 자신의 과제를 설명하고 자발적인 협조를 구하여야 한다. 아동의 신뢰를 얻기 위하여 우선 가정을 방문하여 부모 앞에서 자신을 소개하고 부모와 자녀의 동의를 얻어 자녀의 방과 장난감, 사진첩 등을 함께 보거나 자녀의 학교, 유치원 등에 대하여 대화를 나눈다. 조사(인터뷰, 관찰, 심리테스트 등)는 부모의 집이 아닌 중립적인 장소에서 실시함으로써, 부모가 보거나 들을 수 있는 곳에서 자녀가 부모와 관련된 답변을 하지 않도록 배려한다. 이때 자녀의 마음을 편안하게 하여 자신의 마음속에 있는 의사, 희망, 욕구뿐만 아니라 부모의 갈등, 이혼에 대한 근심 등을 자유롭게 말할 수 있도록 하는 것이 중요하다.

Ⅳ 효율적인 이행체계의 확보

가정법원이 개별적인 사안에 맞는 적합한 결정을 한다고 해도, 당사자가 이를 스스로 이행하지 않는 경우에 이를 강제로 실현시킬 수 있는 이행확보수단이 마련되어 있지 않다면, 법원의 결정은 무의미한 것이 되고 만다. 가정법원의 결정이 당사자들의 장래에 지속적으로 큰 영향을 미친다는 점을 고려해 볼 때, 국가사회는 법원이 타당한 결정을 내리는 것에 만족할 것이 아니라, 후견적 차원에서 법원의 결정이 실제 제대로 이행되고 있는가에 대해서도 관심을 가지고, 이를 확보할 수 있는 수단을 마련해야 할 것이다.

(1) 이와 관련한 독일의 제도로는 우선 보좌제도(Beistandschaft)[124]를 소개할 수 있다. 독일민법(제1712조 이하)에 의하여 자녀를 혼자 양육하는 단독친권자는 무료로 보좌를 신청할 수 있으며, 신청 즉시 아동복지기관이 보좌인이 되어 자녀를 위한 부

124) 보좌제도에 관한 자세한 내용은 김상용, 한부모 가정의 양육비 확보를 위한 제도 개선방안, 가족법연구 I(2002), 118면 이하 참조.

양청구의 과제를 넘겨받게 된다.[125] 보좌인이 된 아동복지기관은 부양의무자가 스스로 양육비를 지급하도록 설득하고, 필요한 경우에는 자녀를 대리하여 부양료청구소송을 할 수 있으며, 친권자가 원하는 경우에는 강제집행까지 대리함으로써 실제로 양육비의 이행을 확보하는 기능을 한다. 한편, 친권자는 언제든지 보좌의 종료를 신청할 수 있다.

(2) 이외에 독일은 1979년에 한부모 가정을 지원하는 제도로서 양육비선급법(Unterhaltsvorschußgesetz[126])을 도입하였다. 양육비 선급(先給)제도란 당장 양육비를 필요로 하는 자녀에게 우선 국가에서 양육비를 지급하고 나중에 부양의무자에 대해서 구상권을 행사하는 제도라고 설명될 수 있다. 부모 중 일방이 혼자서 자녀를 양육하는 경우에는 다른 일방에게는 자녀의 양육비를 지급해야 할 의무가 인정되는데, 부양의무자가 스스로 양육비를 지급하지 않는다면, 당장 생활에 어려움이 생길 수 있다. 이 경우 자녀를 양육하는 부모가 부양의무자를 상대로 법원에 양육비청구를 한다고 해도 실제로 재판을 통해서 양육비를 받을 수 있을 때까지는 상당한 시일이 걸리므로, 당장의 생계가 곤란해진다는 문제가 생긴다. 그러므로 이런 경우 국가에서 우선 양육비를 지급하고 나중에 국가가 직접 나서서 부양의무자를 상대로 구상권을 행사한다면, 시급히 양육비를 필요로 하는 가정에 큰 도움이 될 뿐만 아니라, 부양의무를 스스로 이행하지 않는 의무자에 대해서도 효율적으로 부양료채권을 회수할 수 있을 것이다.

독일의 양육비선급법에 의하면, 비양육친이 양육비를 지급하지 않는 경우에는 국가가 일정한 액수까지 양육비를 지급하며,[127] 이로써 자녀가 부양의무자에 대해서 가지는 부양청구권은 국가에 이전된다.[128] 국가는 부양의무자에 대하여 구상권을 행사함으로써 자녀의 부양청구권을 실현한다.[129]

---

125) 예를 들어, 이혼 후 모가 두 자녀를 양육하고 있는데, 부는 처음 2년간은 정기적으로 양육비를 지급하였으나 그 후 갑자기 양육비의 지급을 중단하였다. 이런 경우 모는 우선 아동복지기관을 방문하여 양육비에 관한 상담을 받을 수 있다(독일사회법 제8편 제18조 제1항). 아동복지기관은 관련된 법률문제와 가능한 해결방법에 대해서 설명하고, 양육비 지급을 촉구하는 편지와 필요한 서식의 작성을 돕는다. 또한 그 이상의 서비스가 필요한 경우 어디를 방문하여 서비스를 받을 수 있는가에 대한 정보도 제공한다. 만일 자녀의 모가 자녀의 양육비청구와 관련하여, 아동복지기관이 자녀의 대리인으로서 부를 상대로 양육비청구를 하기를 원한다면, 아동복지기관에 서면으로 보좌를 신청하면 된다.

126) Gesetz zur Sicherung des Unterhalts von Kindern alleinstehender Mütter und Väter durch Unterhaltsvorschüsse oder –ausfalleistungen.

127) 독일양육비선급법 제2조. 6세까지의 아동에 대해서는 최소 279유로, 12세까지의 아동에 대해서는 최소 322유로가 매월 양육비의 선급으로서 지급된다. 그러나 양육친이 국가로부터 아동수당(Kindergeld)을 받는 경우에는 위의 액수는 감소될 수 있다. 어떤 경우이든 합산된 양육비의 액수가 법률이 정한 최소양육비를 보장하는 수준에 달하여야 한다.

128) 독일양육비선급법 제7조.

(3) 법률이 정한 최소양육비의 120%를 초과하지 않는 범위 내에서 양육비를 청구하는 경우에는 간소화된 소송절차(vereinfaches Verfahren)를 이용하여 신속하게 양육비를 지급받는 것이 가능하다.[130] 최소양육비는 독일민법[131]과 소득세법[132]에 의해서 산정되는데, 현재 자녀의 연령에 따라 각각 매월 279유로(1단계: 0-6세), 322유로(2단계: 7세-12세), 365유로(13세 이상)로 정해져 있다(2008년 1월 1일 기준). 이 액수는 생활비와 물가변동 등을 고려하여 2년마다 조정된다.[133] 따라서 이 절차에 의하여 양육비지급심판을 받은 경우에는 자녀의 연령이 높아지거나 물가상승으로 인하여 생활비가 증가하는 경우에도 그때마다 별도로 양육비 변경청구를 할 필요가 없다. 비양육친이 지급해야 할 양육비의 액수는 위에서 본 법률의 규정에 의해서 자동으로 조정되기 때문이다(예를 들어서 법원의 심판에 의하여 현재 5세인 자녀가 비양육친으로부터 매월 최소양육비의 120%를 지급받고 있다면, 이 액수는 최소양육비가 2년마다 조정되는 것에 의해서 자동적으로 변동될 뿐만 아니라, 자녀가 7세에 달하여 2단계에 속하게 되면 그에 따라 역시 자동으로 변동된다).

(4) 한편 독일민사소송법에 의하면, 채권자(A)가 채무자(B)의 금전채권을 압류 및 전부하여 채무자의 채무자(제3채무자 C. 예컨대 B에 대하여 임금을 지급해야 할 채무가 있는 사용자)에 대한 금전채권(예컨대 B의 C에 대한 임금채권)을 이전받는 것이 가능한데, 이 경우 제3채무자(C)는 자신의 채권자(B)가 아니라 채무자의 채권자(A)에 대하여 변제하여야 한다.[134] 이에 따라 비양육친에 대하여 부양료채권을 가지고 있는 자녀는 부양료채무자인 비양육친의 임금채권을 압류 및 전부하여 직접 비양육친의 채무자(비양육친에 대하여 임금을 지급해야 할 채무가 있는 사용자)로부터 부양료(양육비)에 상당하는 액수의 채무를 변제받을 수 있다. 이 규정에 의해서 독일에서는 비양육친이 정기적으로 임금을 받는 근로자인 경우에 스스로 양육비를 지급하지 않으면, 자녀(또는 양육친)가 비양육친의 채무자(사용자)로부터 직접 비양육친이 받게 될 임금 중 양육비에 상당하는 액수를 정기적으로 지급받을 수 있으며, 이로써 안정적인 양육비의 확보가 가능하게 되는 효과를 거두고 있다.

---

129) 독일양육비선급법의 자세한 내용은, 김상용, 한부모 가정의 자녀 양육비 확보를 위한 제도개선방안, 가족법연구 I(2002), 129면 이하 참조.

130) 독일민사소송법 제645조.

131) 독일민법 제1612조의 a.

132) 독일소득세법(Einkommensteuergesetz) 제32조 제6항 1문.

133) Bamberger/Roth/Reinken, BGB § 1612a Rn. 3, 4.

134) 독일민사소송법 제829조, 제835조, 제836조. Musielak, Grundkurs ZPO(8. Aufl., 2005), S. 395ff.

V 맺음말 – 독일제도가 우리에게 시사하는 점

(1) 2006년 12월에 여성가족부에서 발표한 조사결과[135]에 따르면, 이혼 후 자녀를 양육하지 않는 부 또는 모(비양육친)가 양육비를 지급하는 비율은 12.7%에 불과하였다.[136] 이혼 후 비양육친과 자녀 사이에 정기적인 면접교섭이 이루어지는 경우는 전체의 9.8%에 지나지 않으며, 47.8%는 자녀와의 교류가 완전히 단절된 것으로 나타났다.[137] 이러한 통계수치를 볼 때, 우리사회에서는 이혼 후 자녀의 양육을 위하여 부모로서 협력하는 경우가 드물다는 사실을 알 수 있다. 즉, 자녀의 부모가 이혼 전에 부부 차원에서 겪은 갈등을 극복하지 못한 결과, 그 갈등관계가 이혼 후에도 그대로 부모의 차원으로 연장되고 있는 것이다. 또한 상당수의 부모(특히 비양육친의 경우)가 이혼 후에 자녀에 대한 의무를 이행하지 않는 현상을 볼 수 있는데, 이는 부모로서의 책임을 인식하지 못한 데서 비롯되는 결과이다. 이러한 결과를 줄여나가기 위해서는, 우선 이혼의 전단계에서 미성년자녀를 둔 부부에 대해서는 적절한 상담과 조정의 기회를 제공하여, 이혼의 결과(특히 자녀의 양육, 친권, 면접교섭, 재산분할 등)에 관한 당사자의 자율적 합의를 이끌어내는 것이 필요할 것이다. 당사자의 갈등이 그대로 남아 있는 상태에서 일방적으로 이루어진 법원의 결정은 당사자에 의해서 이행될 가능성이 매우 적으며, 결국 이혼 후의 '가족해체'(구체적으로 말한다면, 자녀와 비양육친과의 관계 단절)라는 부정적인 결과로 이어질 가능성이 높다. 이혼의 결과에 대한 부모의 합의가 성공적으로 이루어지기 위해서는 그 전제로서, 우선 부모로서 자녀에 대한 책임을 분명히 인식하여야 하며, 이혼이 자녀에게 미치는 장 · 단기적 영향 등 이혼과 관련된 종합적인 지식이 있어야 한다. 자녀에 대한 부모로서의 책임을 인식시키고 이혼에 관한 종합적인 정보를 제공하는 것 역시 상담의 단계에서 이루어져야 할 과제이다.

가정법원의 역할이 위기에 처한 가족의 문제를 해결하고, 가족의 재구성을 돕는 데 있다고 한다면, 위에서 본 상담과 조정서비스는 가정법원과 불가분의 관계에 있다고 볼 수 있다.

---

135) 여성가족부는 2006년 5월 30일부터 12월 2일까지 한국여성개발원에 의뢰하여 '이혼 후 자녀양육실태'를 조사하였다. 이 조사에서는 이혼 후 자녀를 홀로 양육하는 한부모 387명(모 320명, 부 67명)을 대상으로 한 설문조사와 11명을 대상으로 한 심층면접의 방식이 병행되었다.

136) 이혼 후 자녀를 홀로 양육하는 모의 경우에 취업 비율은 이혼 전(50.9%)보다 크게 증가하지만(82.8%), 이들의 절반이상은 임시일용직에 종사하고 있으며 월평균 근로소득도 100만원 이하에 머물고 있다.

137) 2006년에 이혼한 부부 중 약 $\frac{2}{3}$(60.7%)는 미성년자녀가 있었으며, 그 자녀의 수는 124,300명에 이른다. 통계청 자료.

(2) 상담과 조정이 가사사건의 해결에 있어서 필수적인 요소라는 점을 인정하는 경우, 이러한 서비스를 어떻게 제공할 것인가의 문제가 남는다. 가족관계의 조사와 분석, 상담과 조정을 담당하는 전문 인력을 법원의 조직으로 흡수하여 가정법원이 직접 이러한 서비스를 제공하는 방법이 있는 반면, 독일의 예에서 본 것처럼 법원과 독립된 외부의 전문기관이 가정법원과 협력체계를 구축하여 법원을 지원하는 모델도 생각해 볼 수 있다. 우리의 경우에 어떤 방식이 적합할 것인가에 대해서는 많은 논의가 필요하겠지만, 필자의 생각을 간단히 정리해 보면 다음과 같다. 현재 우리사회에는 가족, 아동의 문제를 전문적으로 다루는 기관들이 적지 않게 설치되어 있으며,[138] 이 기관에는 이 분야의 전문가라고 할 수 있는 직원들이 다수 종사하고 있다. 이러한 조직을 체계적으로 정비하고, 종사자에 대하여 일정한 교육(법학, 아동심리학 등)이 이루어진다면, 이들로 하여금 가정법원을 지원하는 기능을 담당하게 하는 것도 한 방법이라고 생각된다(예컨대 가정법원의 요청이 있는 경우 해당 가족과의 면담을 통하여 가족관계를 조사하고 분석하며, 당사자가 원하는 경우 상담과 조정서비스를 제공할 수도 있을 것이다). 가정법원과 이러한 외부기관의 협력체계를 구축하기 위해서는 궁극적으로 이 부분에 관한 입법이 필요할 것이다(기관 사이의 협정 등만으로는 효율적인 지원체계가 성립되기 어렵다고 본다). 즉, 가정법원의 요청이 있는 경우 해당 기관은 가정법원의 업무를 지원해야 할 의무가 있다는 점이 명확하게 규정되어야 하며, 구체적인 업무의 범위 등도 정해져야 할 것이다.[139] 한편, 현재의 가사조사관제도는 그대로 유지(확대)하여 가정법원에서 기본적인 상담, 조사 업무 등을 담당하도록 하고, 가정법원과 외부의 전문기관과의 협력이 원활하게 이루어질 수 있도록 연계하는 역할을 하여야 할 것이다.

(3) 가사재판절차에서 자녀의 의사와 이익을 대변할 수 있는 제도적 장치가 필요하다. 현재 우리의 제도를 보면, 미성년자녀와 친권자 사이에 이해가 상반되는 경우 특별대리인을 선임할 수 있는 규정이 있으나(민법 제921조), 이는 대부분 재산상의 이해관계가 충돌하는 경우에 국한하여 적용된다는 한계가 있을 뿐만 아니라, 특별대리인의 역할에 대해서도 신뢰를 하지 못하는 것이 사실이다. 자녀의 양육, 면접교섭, 친

138) 예를 들면 건강가정지원센터(전국 80여개소), 아동보호전문기관(전국 43개소), 가정위탁지원센터(전국 18개소), 가정법률상담소, 대한가정법률복지상담원 등이다. 하나의 구체적인 예를 든다면, 아동보호전문기관이 아동의 복리가 위태롭게 되는 사례를 접한 경우(아동학대사례 등)에는 즉시 가정법원에 이 사실을 보고하도록 하고, 가정법원은 아동보호전문기관의 보고 내용을 참고하여 필요한 조치(예컨대 친권상실선고)를 취함으로써 아동의 보호를 위하여 상호 협력하는 체계를 형성할 수 있다.

139) 현재 보건복지가족부에서는 '아동청소년복지법' 안을 준비하고 있는데, 법원, 법무부, 보건복지가족부가 협의하여 가족아동 관련기관과 가정법원의 협력에 관한 법규정을 '아동청소년복지법' 안에 포함시키는 방안을 추진하는 것이 바람직하다고 생각된다.

권상실 등 재산과 직접적인 관계가 없는 사안에 있어서는 자녀와 부모(법정대리인) 사이에 이해가 상반되는 때에도 자녀의 의사와 입장을 대변할 수 있는 제도적 장치가 사실상 없다고 해도 과언이 아니다. 2007년 민법개정에 의하여 자녀도 면접교섭권의 주체로서 지위가 인정되었으나, 실제로 면접교섭의 문제에서 자녀의 의사를 반영할 수 있는 제도적 장치가 마련되어 있지 않은 상태에서는 상징적 의미를 갖는데 지나지 않는다. 자녀는 가사재판의 결과에 의해서 직접적으로 큰 영향을 받는 처지에 있으나, 재판절차의 당사자가 아니라는 이유로 절차에서 소외되어 자신의 주관적 의사와 입장을 밝히지 못하고, 단지 재판절차의 객체로 취급되고 있다. 가사재판절차에서 자녀에게 주체로서의 지위를 인정하고, 자녀의 이익을 보호하기 위해서는 자녀의 의사를 파악하여 재판에 반영할 수 있는 제도적 장치가 필요하다. 독일은 스위스, 오스트리아, 프랑스 등의 입법례를 연구한 후에 절차보조인제도를 도입하였는데, 시행 10년을 맞이하는 오늘날 가사재판절차에서 긍정적인 역할을 하는 것으로 평가되고 있다. 우리의 경우에도 가사재판절차에서 자녀의 이익을 보호하기 위하여 필요하다고 인정되는 때에는 가정법원판사가 재량에 의해서 절차보조인을 선임할 수 있는 제도를 마련할 필요가 있을 것이다. 이 제도의 실효성을 확보하기 위해서는 어떤 사람을 절차보조인으로 선임할 것인가가 중요한 문제가 되는데, 위에서 본 바와 같이, 이미 우리사회에 설치되어 있는 각종 가족, 아동관련 기관의 인력을 활용하는 방안에 대해서 검토해 볼 수 있을 것이다.

(4) 가정법원이 제 기능을 충실하게 수행하기 위해서 갖추어야 할 중요한 조건 중의 하나는 전문법관제의 정착이다. 가정법원과 외부기관의 협력체계를 갖추는 것도 중요하고, 전문기관이 법원의 업무를 지원하는 차원에서 가족관계를 조사하고, 상담서비스를 제공하는 것도 중요하다. 그러나 간과되어서는 안 될 점은 사실관계의 조사와 평가, 증거조사 및 최종적인 결정은 궁극적으로 법원의 임무에 속한다는 것이다. 가정법원판사는 외부의 전문기관에서 실시한 사실관계의 조사결과나 상담의 결과에 전적으로 의존하여 판단을 하는 것이 아니라, 이러한 자료를 참고하여 자신의 지식과 경험에 기초해서 최종적인 결정을 하게 된다. 외부의 전문기관이 아동의 의견을 청취했다고 해서 이로써 판사의 의견청취를 대체할 수는 없으며, 가정법원판사는 자신이 직접 아동의 의견을 청취하고 스스로 판단을 하여야 한다. 가정법원판사가 이와 같은 역할을 충실히 수행하기 위해서는 가정법원의 기능과 역할에 대한 이해가 있어야 하며, 가사사건의 중요성을 확신하고, 가정문제를 건설적인 방향으로 해결하려는 의욕이 있어야 한다. 또한 외부의 전문기관이 제출한 의견서(예컨대 아동의 심리상태에 대한 의견서)를 이해할 수 있는 수준의 지식을 갖추어야 하고, 아동의 의견을 청취하는

경우에 필요한 기술과 경험을 갖추고 있어야 한다. 이와 같은 자질과 전문적 식견을 갖춘 전문법관을 확보하기 위해서는 판사가 원하는 경우 가정법원에서 장기간 근무할 수 있는 조건을 마련해 줄 필요가 있으며(예를 들어서 가정법원판사 중 몇 명이 적어도 10년 이상 가정법원에서 근무한 경력이 있다면, 가사사건을 처음 접하는 판사에게 그동안 축적한 경험과 지식을 전수하는 것이 가능할 것이며, 이를 통하여 전체적인 가사재판의 수준이 향상될 수 있을 것이다), 정기적인 연수와 교육의 기회를 제공하여야 할 것이다.

(5) 전국 각 지역에 가정법원을 설치하는 것이 필요하다. 지난 2008년 6월 22일부터 개정된 협의이혼제도가 시행됨에 따라 가정법원의 업무와 역할은 한층 증대되었다. 개정된 협의이혼제도는 가정법원제도가 정착되어 본연의 기능을 충실하게 수행하는 경우에만 소기의 목적을 달성할 수 있을 것으로 기대된다. 협의이혼을 신청한 당사자에 대한 안내(기초상담), 보다 심도 있는 상담이 필요하다고 판단되는 부부에 대한 상담권고, 상담과 조정에 의한 합의의 도출(양육사항 등에 대한 합의), 가정법원에 의한 합의의 검토, 필요하다고 판단되는 경우의 보정명령, 최종적인 확인 등 일련의 절차는 가정법원이 자신의 역할과 기능을 충실하게 수행할 수 있는 여건을 갖추고 있을 때에 비로소 제대로 실행될 수 있다. 가정법원(가사부)이 설치되어 있지 않은 지역의 경우에 개정된 협의이혼제도가 본래의 취지대로 시행되어 소정의 효과를 거둘 수 있을 것인가에 대해서는 확신하기 어렵다. 우리사회의 변화와 발전 속도를 감안해 볼 때, 가사사건의 수는 앞으로도 계속해서 늘어날 것으로 전망되며, 이는 곧 적지 않은 가족이 위기에 처할 가능성이 있음을 의미한다. 이와 같이 위기에 처한 가족에게 전문적인 사법서비스를 제공함으로써 가족관계가 회복되거나, 혹은 이혼을 하더라도 가족이 재구성되는 방향으로 문제가 해결되는 것이 바람직하며, 이는 우리사회의 안정적인 발전과도 불가분의 관계에 있다(가족은 사회를 구성하는 가장 기본적인 단위, 세포이다). 이러한 방향이 바람직하다는 점에 동의한다면, 전국적으로 가정법원(가사부)을 설치하여, 가사사건의 특수성에 맞는 종합적인 사법서비스를 제공하는 것은 피할 수 없는 선택이 될 것이다. 지역에 가정법원(가사부)을 설치할 만큼 가사사건이 많지 않다는 문제를 지적하는 견해가 있으나, 이는 가사사건을 대하는 태도와 처리방식에 따라 달라질 수 있다고 생각한다. 참고로 독일에는 668개의 구법원이 설치되어 있으며(하나의 구법원에는 하나 이상의 가정법원이 설치되어 있으므로, 실제의 가정법원 수는 이보다 많다), 가정법원이 한 해에 종결하는 사건의 수는 약 550,000건 정도이다. 가정법원의 수가 구법원의 수와 일치한다고 가정해 본다면(실제로는 그보다 많지만), 하나의 가정법원이 연간 약 800건 정도의 가사사건을 종결하고, 월별로는 약 60-70여 건의 사건을 종결하는 것이 된다(실제로 독일의 가정법원판사에게 질문을 해본 결과 매

월 평균 30-50건 정도의 사건을 종결한다고 대답하였다).

〔독일판결문의 예 - 친권자 결정에 관한 밤베르크 항소법원 판결[140]을 요약, 정리한 것임〕

「A. I.

1. 청구인(모)과 피청구인(부)은 1970년에 혼인하였는데, 그 사이에서 딸 C(1977년생)와 S(1979년생)가 태어났다. 청구인 모는 1985년 가을에 아이들을 데리고 원래 살던 N시의 혼인주택을 떠나 W시로 이사하였다. 피청구인 부는 N시의 혼인주택에 계속 살면서 자녀들과 면접교섭을 유지하였다.

이혼청구와 더불어 부모는 각각 자신을 두 딸의 친권자로 정해달라는 청구를 하였다. 1986년 11월 13일 W시의 아동복지기관은 사실조사를 바탕으로 하여 모를 친권자로 지정하는 것이 바람직하다는 의견서를 1심법원에 제출하였다. 이 의견서에는 자녀들도 모와 함께 살기를 바란다는 사실이 하나의 근거로서 적시되어 있었다.

1987년 1월 28일 N시의 아동복지기관은 1심법원에 대하여, 일차적으로 W시의 아동복지기관이 제출한 의견에 따를 것과 심리학 전문가의 감정서를 받아 볼 것을 제안하였다. N시의 아동복지기관은 아버지를 친권자로 지정해도 문제가 될 것은 전혀 없으며, 자녀들도 부모 쌍방 모두와 안정된 유대관계를 유지하고 있다는 의견을 덧붙였다.

1987년 3월 20일 1심법원은 이혼판결을 선고하고 자녀의 친권자로 모를 지정하였다. 법원은 그 이유로 모가 자녀양육에 보다 좋은 조건을 갖추고 있으며, 자녀들이 이미 익숙한 환경을 떠나 다시 N시로 이주하는 것은 거주환경과 학교의 변동을 수반하므로 자녀복리의 관점에서 볼 때 바람직하지 않다는 점을 들었다.

II.

1. 이에 대하여 부는 친권자 지정에 관한 1심판결을 취소하고, 자신을 친권자로 지정해달라는 취지로 항소하였다. 부는 그 근거로서 자신이 자녀의 양육자로서 모보다 적합하다는 점과 자녀들도 현재 자기와 함께 살기를 바란다는 점을 제시하였다. 또한 1심법원에 제출된 전문가 감정서를 믿을 수 없다고 하면서 다른 전문가의 감정서를 받아 볼 것을 신청하였다.

이에 대하여 모는 항소를 기각하여 줄 것을 주장하였다. 모는 1심판결이 타당하

---

140) OLG Bamberg, FamRZ 1988, 750ff.

다고 생각하며, 자녀들이 이제는 안정을 찾아야 한다고 주장하였다. 재판이 계속되어 있는 동안 부가 자녀들의 의사에 영향을 미치기 위하여 정해진 면접교섭시간 외에도 수시로 학교로 자녀를 찾아오고 모에게는 만났다는 사실을 숨기라고 종용하는데, 이러한 상태에서는 자녀가 안정을 찾을 수 없다고 주장하였다.

2. 항소심 재판부는 두 딸의 의사를 청취하고 부모와도 집중적으로 대화하였다.

B. 항소는 적법하지만 이유가 없어서 기각한다.

I. 1심법원과 마찬가지로 항소심 재판부도 자녀가 모의 보살핌을 받으며 성장하는 것이 바람직하다는 결론에 이르렀다. 그 이유는 다음과 같다.

1. 부모의 양육적합성과 준비자세: 이 점에 있어서는 부모 쌍방에 차이가 없는 것으로 평가된다. 부와 모는 다 같이 자녀에 대하여 깊은 애정을 가지고 있으며, 단독양육에서 오는 어려움을 극복하려는 의지와 능력이 있는 것으로 보인다. 부는 모의 양육능력에 문제가 있다고 주장하고 있으나, 재판부가 자료와 직접 면담을 통해서 판단한 바로는 모의 양육능력에 의심을 가질 이유가 없다. 모가 자녀의 모든 요구사항을 들어주지 않고, 엄격한 양육태도를 유지한다고 해도 이러한 모의 양육태도가 부정적인 것으로 해석되지는 않는다. 부가 주말에 자녀와 면접교섭을 할 때 자녀들을 편안하게 해 주는 것은 사실이지만, 부가 양육자로 되어 자녀와 함께 사는 경우에는 그와 같은 양육방식을 유지할 수 없을 것으로 판단된다. 부가 자녀를 양육한다면, 자녀들이 학교에 가는 주중에도 자녀를 데리고 스키를 타러가고, 테니스를 치고, 수영을 하고, 야외로 소풍가는 것을 우선시하지는 않을 것이다.

2. 외부적인 양육여건: 주거환경, 의복, 음식 등에 있어서 부모 쌍방은 동일한 조건을 갖추고 있는 것으로 평가된다. 적어도 모가 제시한 양육여건은 부와 비교해 볼 때 떨어지지 않는다. 모의 주택은 조용한 환경에 위치해 있으며, 놀이방도 갖추고 있고, 집 앞에는 차가 다니지 않아서 놀이를 하는 데 위험이 없으므로, 8세, 10세인 자녀들이 자라기에 적합하다.

3. 시간적 요소: 자녀에게 주의와 관심을 기울일 수 있는 시간을 내는데 모가 유리한 것으로 판단된다. 모는 실업학교에서 영어와 역사를 가르치는 교사인데, 변호사로 종일 일하는 부에 비하여 자녀양육에 더 많은 시간을 낼 수 있다는 점을 법원에 확신시키는 데 성공하였다.

4. 계속성의 원칙: 계속성의 원칙이라는 관점에서 보아도 모가 자녀의 친권자가 되는 것이 바람직하다. 자녀들에게는 이미 모의 주거지가 생활의 중심이 되어 익숙한 환경이 되어 있다. 특히 부모의 이혼으로 불안정한 상태에 있는 자녀들에게는 양육환경의 안정이 중요하다.

5. 자녀들이 현재 "부와 함께 살기를 바란다"는 의사를 표시하고 있는 것은 부에게 유리한 요소이다. 자녀들은 1987년 초에야 이러한 의사를 표시하였으며, 그 이전에는 모와 함께 살기를 바란다는 의사를 표시한 바 있다.

II.

이와 같은 개별적인 요소들을 종합하여 평가하면 모가 친권자가 되는 것이 자녀의 복리에 적합하다는 결론에 이르게 된다.

법원이 자녀의 의사(부와 함께 살겠다는)를 받아들이지 않은 이유에 대해서 추가하여 의견을 밝힐 필요가 있다고 생각된다. 자녀들이 1987년 초에 밝힌 이전과 다른 의사는, 자녀의 원만한 성장을 위하여 부와 모가 다 같이 필요하며, 자녀들은 때에 따라 부 또는 모에게 기울어질 수 있다는 점을 보여준다. 그와 같이 수시로 바뀔 수 있는 자녀의 의사를 존중하기보다는 모가 자녀양육에 더 많은 시간을 할애할 수 있다는 점과 양육의 계속성을 보장할 수 있다는 점을 높이 평가하여, 친권자 결정에서 자녀의 의사를 따르지 않았다. 오히려 그러한 자녀의 의사가 얼마나 진지한 것이며, 어떤 계기로 자녀의 의사가 번복되었는지에 대해서 살펴볼 필요성을 느꼈다.

법원에서 자녀들의 의견을 청취해 본 결과, 자녀들은 모가 주말에도 부와는 달리(부는 주말에 방문하면 자녀들을 데리고 스키를 타러가는 등 아이들을 즐겁게 해주었다) 여가와 오락을 즐길 수 있게 해주지 않고, 엄격한 양육방식을 유지하는 데 불만을 품고 있는 것으로 보였다. 그러나 모는 금전상의 이유로 토요일, 일요일에 W시에서 벗어나 스키를 타러 갈 수 있는 형편이 되지 못하는 것이 현실이다. 모가 주중에 자녀들에게 놀이보다는 학교공부를 우선하라고 가르치는 것은 교육적으로 비난할 수 없다. 또한 큰 딸이 자신의 희망에 따라 육상에서 체조로, 체조에서 핸드볼로 스포츠종목을 바꾼 사실을 보면, 모가 자녀의 신체적 복리를 위해서 신경을 쓰고 있다는 점을 알 수 있다. 자녀들이 플루트와 성악을 배우러 다닌다는 사실은 모가 또한 자녀의 정신적 복리에도 관심을 가지고 있다는 점을 보여주는 것이다. 자녀들이 학교에서 받는 교육과 방과 후 과제를 고려해 본다면, 위에서 언급한 특별활동 외에 테니스와 수영을 시키지 않는 것은 문제가 되지 않는다. 또한 모는 첫째 딸이 스스로 핸드볼을 하겠다고 선택했지만, 그렇다고 해서 앞으로도 계속 핸드볼을 해야 한다고 생각하지는 않는다는 점을 법원에 대해서 분명히 하였다. 모는 딸이 원하는 경우 자신의 선택에 따라 핸드볼 대신 테니스를 하거나 수영동아리에 가입할 수 있다고 하였다. 부는 모가 자녀에 대하여 엄격한 양육방식을 고수하고 있다고 비난하였으나, 재판부는 모의 양육방식이 정당하다고 본다. 자녀들이 간단한 심부름(우유병을 가져오라는 심부름)을 거절하면서, 자기들은 곧 아버지에게 가서 살게 될 것이라고 소리를 쳤기 때문에 모가 설득과 꾸짖음을 넘어서 다소의 체벌을 가했다고 해도 이는 자녀양육을 위하여 정당할 뿐만 아니라 필요한 것이었다고 보여진다. 그렇지 않으면 자녀들은 공동체 생활에 필요한 규율을 익힐 수 없기 때문이다.

모든 상황을 종합해 볼 때, 부와 함께 살고 싶다는 자녀들의 의사는 부가 항상 주말의 방문 시와 같이 자신들과 놀아줄 수 있다는 환상에서 비롯된 것이라고 판단된다. 즉, 자녀들의 의사는 실현될 수 없는 목표를 향하고 있는 것이다. 설령 부가 자녀들의 희망대로 해 줄 수 있다고 해도 그러한 양육방식은 자녀들의 사회화과정에서 장애가 될 뿐만 아니라 결국 자녀의 복리를 해치는 결과로 이어질 것이다. 법원은 그와 같은 자녀의 의사를 좇아 판단할 수 없다.

N시의 아동복지기관이 확인한 바와 같이, 자녀들은 모에 대해서 지속적인 발전이 가능한 유대관계를 유지하고 있는데, 이 점도 부의 청구를 기각하는 이유 중의 하나이다. 재판부는 모가 자녀의 인격성장에 필수적인 부와의 면접교섭을 방해하지 않고, 이성적으로 지원한다는 점도 비중 있게 고려하였다. 부모 쌍방은 이혼 및 친권자 지정 판결에 의해서 부모로서의 책임이 종료하는 것이 아니며, 이혼으로 인해서 자녀들이 받게 되는 고통은 부모 공동의 노력에 의해서만 최소화될 수 있다는 점을 기억해야 한다. 부모 간의 상호 비난은 자녀가 안정을 되찾고, 새로운 환경에 적응하는 것을 방해함으로써 결국 자녀의 복리를 해치게 된다.

III.

이 사안에서는 재판부의 지식과 경험으로 해결하기 어려운 문제가 없으므로, 전문가의 감정서를 받을 필요는 없다고 판단된다.」

〈가족법연구 제22권 제3호(2008) 수록〉

13. 가족법의 교육내용 및 방법

I 들어가는 말

법학전문대학원을 도입하고자 하는 가장 중요한 목적은 대학에서의 법학교육을 강화하여 법학분야 뿐만 아니라 사회전반의 문제에 대해서 균형감각을 갖춘 법률가를 양성하는 데에 있을 것이다. 일반적으로 사회에서 법률가가 수행해야 할 과제는 크게 다음과 같은 세 가지로 정리될 수 있다. i) 구체적인 사안을 접하여 공평하고 정확한 판단을 내리는 법적용의 문제, ii) 법정책의 수립에 참여하여 올바른 방향을 제시하고 구체적인 대안을 제시하는 입법 및 법개정의 문제, iii) 현재의 법규정을 올바르게 해석하는 법해석의 문제가 그것이다. 법률가가 이러한 과제를 성공적으로 수행하기 위해서는 무엇보다도 법제도와 사회현실에 대한 깊이 있는 이해가 요구된다(이는 가족법 분야뿐만 아니라 다른 법분야에서도 마찬가지일 것이라고 생각된다. 필자가 맡은 분야는 가족법이므로, 여기서는 가족법 분야에 한정하여 법학교육의 내용 및 방법론을 서술한다).

현재의 법제도를 제대로 이해하기 위해서는 우선 그 제도가 역사적으로 어떻게 발달하여 왔는가에 대해서 공부할 필요가 있다고 생각된다. 어떤 법제도의 배경과 역사적 발달과정을 이해하게 되면, 그 제도의 목적과 사회적 기능에 대해서도 쉽게 이해할 수 있을 것이다.

법학은 사회현실을 다루는 학문이므로, 법률가에게는 사회현실에 대한 이해가 필수적으로 요구된다(예를 들어서 법률가가 이혼 후 양육자로 정해진 부모의 일방이 자녀를 양육하면서 겪게 되는 어려움을 구체적으로 인식하지 못한다면, 양육비와 관련하여 법원의 적정한 판단과 후견적 역할을 기대하기는 어렵다. 또한 현행법제도만으로는 양육비의 이행을 확보하는 데 어려움이 있다는 점을 인식하지 못한다면, 양육비 이행확보를 위한 법개정의 필요성이나 개정방향에 대해서 고민하지 않을 것이다). 따라서 법제도와 관련하여 구체적인 사회현실에 대한 설명이 법학교육과정에서 이루어질 필요가 있다고 생각된다.

법률가는 어떤 법제도(규정)가 보호하고자 하는 법익을 이해할 수 있어야 하며,

그 법익을 구체화하는 데 필요하다면, 관련학문 분야에서 발달된 이론에 대해서도 일정한 지식을 갖출 필요가 있다. 예를 들어서 법률가는 이혼 후 자녀양육에 관한 민법 제837조가 보호하고자 하는 법익이 이혼자녀의 복리라는 점을 알아야 할 뿐만 아니라, 자녀의 복리라는 추상적인 개념을 구체화하기 위한 기준으로서 다른 학문 분야(아동심리학 등)에서 발달된 이론을 이해할 수 있어야 한다(예컨대 이혼자녀의 복리를 실현하기 위해서는 양육의 계속성 보장이 중요하다는 이론 등). 이런 취지에서 가족법교육과정에서 아동심리학, 상담학 등에 관한 기초교육이 이루어진다면(경우에 따라서는 전문가를 초빙하여 특강형식으로 하는 방식도 생각할 수 있을 것이다) 법학교육이나 일반상식만으로는 미처 인식할 수 없었던 가족의 문제들을 이해하는 데 도움이 될 수 있을 것이다.

가사사건은 당사자들이 가족관계(또는 친족관계)에 있는 경우가 대부분이므로, 재판보다는 조정에 의한 평화로운 분쟁해결방식이 사건해결에 보다 적합하다고 할 수 있다. 그러므로 가족법교육과정에서 조정의 중요성과 조정방법에 대한 기본적인 교육이 이루어질 필요가 있다고 생각된다. 일반적으로 조정자는 중립적인 입장에서 당사자 사이의 갈등을 완화하고 합의를 유도할 수 있는 자질과 능력을 갖추고 있어야 하는데, 이를 위해서는 조정에 대한 기본적인 교육이 필요하다.

구체적인 사건을 해결하기 위해서는 관련 법규정과 판례에 대한 지식이 요구된다. 법규정의 해석 및 관련이론에 대한 설명, 해당 법규정과 관련된 판례에 대한 학습은 이미 현재의 가족법강의에서도 어느 정도 충실히 이루어지고 있다고 생각된다. 다만, 구체적인 사례와 판결을 연결시켜서 이해하기 위하여 구체적인 사실관계에 대한 분석을 보다 강화할 필요가 있다고 생각되며, 이를 위해서는 대법원판례 뿐만 아니라 하급심판례까지도 포함하여 교육할 필요가 있을 것이다. 이와 더불어 관련된 가사소송법 규정 및 가사소송절차에 대해서도 필요한 범위에서 교육이 이루어져야 할 것이다.

아래에서는 이해의 편의상 '이혼'을 예로 들어 위에서 언급한 쟁점들에 대하여 구체적으로 서술한다.

Ⅱ 법제도의 역사적 형성에 대한 교육 – 법제도의 목적과 사회적 기능에 대한 이해

법제도의 역사적 형성과 관련하여 이혼제도를 예로 들어서 살펴본다면, 이혼법은 대체로 유책주의 이혼법에서 파탄주의(무책주의) 이혼법으로 이행하였고, 그 다음 단계에서는 부부사이에 이혼의 합의가 있는 경우 혼인이 파탄된 것으로 노아서 이혼을 허용하는 '합의에 기초한 이혼법'으로 발전하였다고 정리해 볼 수 있다. 이렇게 볼 때 합의에 의한 이혼(현행민법이 규정하고 있는 협의상 이혼)은 이혼법의 발전단계 중에서 최정점에 위치한 제도라고 볼 수 있다. 우리민법은 유책주의 이혼원인(민법 제840조 제1호-4호)과 파탄주의 이혼원인(민법 제840조 제6호) 및 협의상 이혼제도(민법 제834조)를 모두 규정하고 있는데, 이는 이혼법의 발전단계라는 관점에서 볼 때, 고전적인 형태부터 가장 발달된 형태까지 모두 망라한 것이라고 할 수 있다. 이혼법의 일반적인 발달단계와 그 사회적 배경을 살펴보고, 우리민법이 오늘날과 같은 복합적인 규정을 가지게 된 이유를 이해하게 된다면, 이혼제도의 목적과 기능을 이해하는 데에도 도움이 될 것으로 기대된다.

1. 외국 이혼제도의 소개

우리나라의 재판상 이혼제도는 서구사회에서 발달된 이혼제도의 영향을 받아서 제정되었다. 그러므로 우리의 재판상 이혼제도를 체계적으로 이해하기 위해서는 외국(서양)의 이혼제도에 대한 약간의 설명이 필요하다.

이혼에 관한 외국의 법제도를 살펴보면 다음과 같은 공통점을 발견할 수 있다. 과거 70년대 중반까지만 해도 이혼의 요건과 관련하여 유책주의 이혼원인(그 대표적인 것이 간통이다)이 지배적인 흐름을 형성하고 있었으나, 그 후 파탄주의 이혼원인 및 당사자의 합의에 기초한 이혼제도가 본격적으로 도입되기 시작하여 이제는 하나의 대세를 이루고 있다.[1] 이러한 경향은 이혼 자체에 대한 국가의 개입이 줄어들고 있다는 사실을 의미한다. 반면에 이혼의 결과와 관련하여 살펴보면 국가의 개입은 오히려 크게 증가하고 있음을 알 수 있다. 특히 이혼 후의 자녀양육 및 전배우자에 대한 부양, 재산분할 등과 관련하여 국가는 사회적 약자를 보호하는 차원에서 적극적으로 개입하고 있으며, 이러한 후견적 활동을 통하여 이혼이 사회적 약자인 배우자(대부분의 경우 처)와 자녀에게 가혹한 결과가 되지 않도록 배려하고 있다.

서구사회에서 파탄주의가 도입된 배경은 다음과 같이 설명될 수 있다: 부부관계가 완전히 파탄되어 회복될 가능성이 없는 때에는 이혼을 허용하지 않는다는 것이 의미가 없으므로(실제 생활의 영역에서 이미 존재하지 않는 혼인관계를 법의 영역에서만 존

---

1) 예를 들면 독일은 1976년 이혼법 개정을 통하여 유책주의를 파탄주의로 대체하였으며, 프랑스는 1975년에 이혼법을 개정하여 기존의 유책주의 이혼원인을 그대로 유지한 상태에서 파탄주의 이혼원인을 새롭게 도입하였다. 미국에서는 1970년에 캘리포니아주가 처음으로 파탄주의를 전면적으로 도입하였고, 스웨덴은 1973년 개정을 통하여 혼인의 파탄을 유일한 이혼원인으로 채택하였다.

속되고 있다고 주장하는 것은 무의미하기 때문이다), 이런 경우에는 혼인을 합리적으로 해소할 수 있는 길을 열어 주는 것이 오히려 바람직하다는 것이다. 이러한 맥락에서 상대방 배우자의 유책행위를 재판과정에서 주장, 입증하는 데 성공해야만 비로소 이혼이 가능한 유책주의 이혼법을 넘어서, 혼인관계가 실제로 파탄된 경우에는 그 원인과 관계없이 이혼이 허용될 수 있다는 파탄주의 이혼법이 도입되었다. 또한 당사자들이 스스로 혼인의 해소에 합의하는 경우에는 혼인관계가 파탄된 것으로 보아 이혼을 허용해도 무방하다는 태도가 서서히 자리 잡게 되었다.

그러나 파탄주의의 이혼법의 시행은 혼인관계의 파탄에 책임이 없는 배우자에게 가혹한 결과(특히 경제적인 측면에서)를 초래할 가능성이 있으므로, 사회적 · 경제적으로 약자의 처지에 있는 배우자는 상대방 배우자(전배우자)에 대하여 이혼 후에도 부양청구권을 행사할 수 있게 하였다. 즉, 비록 혼인은 해소되었지만, 부양의 측면에서는 마치 혼인관계가 해소되지 않은 것과 같은 효과를 노리는 것이다.

파탄주의 이혼법이 지배적인 서구사회에서도 여전히 혼인은 사회의 기본단위를 이루는 가족의 기초가 되는 제도로서 보호받고 있으며, 따라서 국가는 혼인의 해소를 무조건 쉽게 허용하지는 않는다는 기본 입장을 취하고 있다(서구에 속한 많은 나라들이 우리와 같은 협의이혼제도를 여전히 도입하고 있지 않다는 사실에서 이러한 태도를 읽을 수 있다). 이러한 이유에서 혼인의 파탄이 추정되기 위해서는 일반적으로 장기간의 별거가 요구되고(독일 3년, 프랑스 6년, 영국 5년), 당사자가 이혼에 합의한 경우에도 일정한 숙려기간이 경과한 때에만(그리스 6개월, 프랑스 · 벨기에 3개월, 스위스 · 미국의 여러 주 2개월) 법원의 재판을 통해서 이혼이 가능하다. 또한 합의에 의한 이혼을 하는 경우에는 이혼의 결과 - 친권, 자녀의 양육, 면접교섭권 및 부양료, 재산분할, 전배우자에 대한 부양 등 - 와 관련된 문제에 대해서도 당사자 사이에 합의된 내용을 법원에 제출하여야 한다.

2. 우리나라의 이혼제도

우리 민법상의 이혼제도는 재판상 이혼과 협의상 이혼으로 나누어져 있다. 재판상 이혼원인에는 유책주의적 요소와 파탄주의적 요소가 함께 포함되어 있으나, 전체적으로 볼 때에는 유책주의의 기초 위에 서있다고 평가할 수 있다. 협의상 이혼은 당사자가 이혼에 합의한 경우 혼인이 파탄된 것으로 보아서 이혼을 허용한다는 태도로서 파탄주의의 정점에 위치한 제도라고 볼 수 있다. 이와 같이 우리 민법은 재판상 이혼에 있어서는 파탄주의를 상당히 제한하는 반면에 협의상 이혼의 경우에는 파탄주의를 무제한 허용하는 태도를 취하고 있다. 파탄주의에 관한 민법 제840조 제6호는 민법 제정 시에 도입되었는데, 그 후의 학설과 판례는 이 규정의 적용에 있어서 파탄주의를 상당히 제한하는 방향으로 해석을 하여왔다. 물론 민법 제840조 제6호에 의해서 반드시 배우자의 유책사유가 없어도 이혼이 가능한 경우가 있기는 하지만(예를 들면 불치의 정신병), 이는 예외에 속하는 경우일 뿐이다. 특히 유책배우자의 이혼청구를 엄격하게 배척하는 판례의 태도를 볼 때(약간의 예외를 제외하면), 현행법의 재판상 이혼원인은 기본적으로 유책주의에 입각해 있으며, 예외적으로 일정한 경우에 한하여 파탄주의(무책주의)가 인정된다고 보는 편이 타당할 것이다. 유책배우자의 이혼청구권을 부정함으로써 파탄주의의 확대를 경계하는 학설과 판례의 태도는 혼인제도를 보호하고, 사회적 약자인 배우자(많은 경우 처)의 부양청구권을 보호한다는 관점에서 설명되어 왔다. 이혼 후의 부양청구권이 인정되지 않는 우리 민법의 태도에 비추어 볼 때, 유책배우자의 이혼청구권을 무제한 인정한다면 사회적 약자인 일방 배우자는 보호되기 어려울 것이다. 또한 혼인을 파탄시킨 배우자가 이혼을 청구하는 경우에 상대방 배우자가 혼인의 존속을 희망하고 있는 상황이라면, 이를 무시하고 이혼판결을 선고한다는 것은 우리사회의 관념상 여전히 문제가 될 수 있을 것이다. 이런 이유에서 우리사회에서는 외국에서처럼 파탄주의가 전면적으로 관철될 수 있는 여건이 마련되어 있다고 보기 어려운 것이 현실이다. 재판상 이혼의 경우에 장래 파탄주의가 확대될 가능성은 배제할 수 없겠지만, 당장 외국에서와 같은 파탄주의 규정(예를 들어서 부부가 3년간 별거하면 혼인파탄에 책임 있는 배우자도 이혼청구를 할 수 있다는 규정)을 도입하는 것은 가능하지 않다고 생각된다.

한편 협의이혼제도는 서구에서도 유례가 없을 정도로 당사자에게 폭넓은 이혼의 자유를 허용하고 있는 반면, 그에 따르는 어떠한 책임도 요구하고 있지 않다. 즉, 자녀양육 등 이혼의 결과와 관련하여 실제로 아무런 합의가 없어도 이혼의사만 합치되면 간단하게 이혼할 수 있도록 되어 있는 것이다. 현행 협의이혼제도는 민법제정 시에 규정되었는데, 서구에서도 오늘날까지 이와 같은 방식의 간이한 협의이혼제도를 규정하고 있지 않다는 점을 생각해 보면, 이 제도가 서구의 이혼법과는 무관하게 도입되었음을 알 수 있다.

현행 협의이혼제도의 모태가 된 법률은 일제 강점기에 이식된 일본명치민법의 협의이혼규정이다(명치민법 제808조). 일본은 1898년 민법전 제정 당시 협의이혼제도를 창안하였다. 즉, 일본의 협의이혼제도는 일본의 전통도 아니고, 외국법을 계수한 것도 아니며, 당시 입법자의 창안에 의한 것이었다.[2] 그 이전에 일본에서는 남편이 처를 강제로 축출하는 방식으로 이혼이 행하여 졌으며, 처가 남편에 대하여 이혼을 청

2) 原田慶吉, 日本民法典の史的素描(1954), 138면.

구하는 것은 허용되지 않았다. 즉, 명치유신 전까지 일본에서는 '축출이혼'이 행하여졌을 뿐이다.[3] 남편의 전권에 의한 '축출이혼'이 행하여졌던 일본이 민법전 제정 당시에 협의이혼제도를 창안한 이유는, 부부의 자유로운 협의에 따른 이혼이라는 미명하에 실제로는 봉건시대와 다름없는 남편에 의한 축출이혼을 가능하게 하려는 데 있었다고 볼 수 있다. 협의이혼제도는 부부의 실질적 평등, 특히 법적 · 경제적 · 사회적 평등을 전제로 해서만 제대로 실행될 수 있는 제도인데,[4] 19세기 명치민법을 제정할 당시 일본 사회의 분위기는 이와 거리가 멀었다. 이는 당시 일본민법이 취한 가부장적 태도를 보아도 쉽게 알 수 있다. 당시 일본민법은 호주제, 장남에 의한 독점상속, 처의 무능력자제도 등을 규정하고 있었다. 이와 같이 가부장적 · 권위주의적 기조 위에서 성립한 당시 일본민법이 협의이혼제도와 같이 부부평등 · 자유주의에 기초한 제도를 둔 것은 형식적인 법규정의 체계만을 놓고 보면 매우 모순된 것처럼 보인다. 그러나 실상을 살펴보면, 당시 일본민법의 협의이혼제도는 가부장적인 의식의 연장선상에서 나온 것임을 알 수 있다. 당시 일본민법의 입법자들은 협의이혼의 경우 이혼절차에 국가(법원)가 전혀 개입하지 않도록 하여 이혼을 당사자 간의 사적인 문제로 방치함으로써, 우월한 지위에 있는 남편이 협의이혼이라는 미명 하에 실제로는 처를 축출하는 관습이 온존될 수 있는 토양을 제공한 것이다.

일제는 우리나라를 강점한 후 1912년 3월 18일 제령 제7호로 조선민사령을 공포하였는데, 그 11호에 의하면, 친족 · 상속에 관하여는 일본민법을 의용하지 않고 조선의 관습에 의하도록 되어 있었다. 그 후 1922년 제령 13호로 조선민사령이 개정되어 제11조 제2항에 "협의이혼은 이를 시장 · 구청장 또는 읍면장에게 신고함으로써 그 효력이 생긴다"는 규정이 추가되었으며, 이에 따라 1923년 7월 1일부터 우리나라에서 협의이혼제도가 시행되었다(재판상 이혼원인에 관한 일본민법규정도 이날부터 시행되었다). 일제는 협의이혼제도가 조선의 관습에 의한 것이라는 태도를 취하였으나, 실제로 이 제도는 당시 일본민법의 규정과 동일한 것으로서 관습을 가장하여 일본민법을 이식한 것이라고 보는 것이 사실에 부합한다.[5] 사실 일제는 많은 일본민법규정을 조선의 관습이라고 왜곡하여 우리나라에 강제로 이식하였다(호주제도 그 예의 하나이다).

해방 이후 제정된 민법은 위에서 본 조선민사령의 규정을 답습하여(즉, 결과적으

3) 穗積重遠, 親族法(1933), 364면 이하; 高柳眞三, 明治民法以前の離婚法, 家族問題と家族法 III(1958), 118면 이하.

4) 오늘날 양성평등이 상당히 진전된 외국에서도 우리나라나 일본과 같은 협의이혼제도의 도입을 주저하는 이유 중의 하나는 이러한 제도를 실행할 수 있는 사회적 여건이 아직까지 성숙되지 않았다는 판단에 근거하는 것이다.

5) 金疇洙, 혼인법연구(1969), 159면.

로 일본민법전의 규정을 모방하여) 협의이혼제도를 규정하였다. 이에 대해서는 정일형 의원 등 33인의 의원이 수정안을 제출하였으나, 이 수정안은 부결되었다. 이 수정안은 협의이혼제도의 문제점을 다음과 같이 지적하였다. 협의이혼제도는 "경제적 · 사회적 강자인 夫가 약자인 처를 일방적으로 축출하는 데에 이용되고 있으며, 합의만 있으면 이유는 고사하고 일시적인 감정으로 인하여 협의이혼신고 일통을 구청장, 시장, 면장에게 제출하면, 부부라는 신성하고 중대한 관계는 소멸되고 만다. 서구제국의 협의이혼은 그 절차와 조건을 매우 복잡하게 하고 또 제한하여 경솔하고 일방적 강제적인 협의이혼을 방지하고 있으며, 그 중 白耳義의 협의이혼절차는 참으로 복잡하다(중략)."[6] 그 후 가사심판법을 제정하기 위하여 마련된 '가정법원설치요강' 에서 협의이혼제도의 개정론이 제시되었다. '요강' (16면)은 다음과 같이 보고하고 있다. "전국의 이혼통계를 보면, 재판이혼은 협의이혼의 2%에 불과하다. 협의이혼제도에서 협의라는 미명 하에 아내가 하등의 위자료나 자녀의 부양료도 받지 못하고 이혼당하는 경우가 허다하다. 그러므로, 협의이혼 시에는 (중략) 가정법원 또는 거주관할법원의 확인을 받는 제도를 신설하여 약자인 여성의 권리를 보호하여야 한다." 이에 따라 호적법의 제79조의 2로 협의이혼신고의 심사제도가 신설되었다("협의이혼신고는 그 서면의 진정성립의 여부를 확인한 후에 수리하여야 한다." 이 규정은 1963년 10월 1일부터 시행되었다). 그러나 이 제도만으로는 충분한 실효를 거둘 수가 없었기 때문에 1977년 민법개정을 통하여 협의이혼의사확인제도가 도입되었다. 즉, 협의이혼을 하기 전에 부부가 함께 법원에 출석하여 실제로 이혼의사가 있는지의 여부를 확인받도록 하는 장치가 마련된 것이다(민법 제836조 제1항).

이상에서 본 바와 같이, 현행 협의이혼제도의 모태는 일본민법상의 협의이혼제도에서 찾을 수 있다. 일본민법상의 협의이혼제도가 일제 강점기를 통해서 우리나라에 이식되었으며, 같은 내용의 규정이 해방 후에 제정된 민법전에 자리를 잡은 것이다. 애초에 협의이혼제도가 도입된 목적은 부부의 협의에 따른 자유로운 이혼을 보장하는 것과는 거리가 멀었다. 오히려 협의라는 명목 하에 남편에 의한 일방적인 이혼을 가능하게 하는 수단으로 악용되는 경우가 많았다. 이러한 문제점을 외면할 수 없었기에 1963년과 1977년 두 차례에 걸쳐 협의이혼제도가 부분적으로 수정, 보완된 것이다. 그러나 이 개정은 협의라는 미명 하에 이루어지는 일방적인 축출이혼을 방지하는 데 초점을 두고 있었으므로, 협의이혼에 따른 자녀의 양육문제 등에 대해서는 아무런 해결책을 제시하지 못했다는 한계를 안고 있었다.

현행 협의이혼제도 하에서는 경솔한 이혼이 가능할 뿐 아니라, 사회적 약자인 자

6) 제안자대표 정일형 민법수정안 16-18면; 정광현, 한국가족법연구(1967) 부록, 123-124면.

녀의 복리가 고려될 수 있는 여지가 없다. 결국 현행 협의이혼제도는 현대 이혼법의 경향 – 파탄된 혼인관계의 해소를 허용하되, 이혼의 결과와 관련해서는 사회적 약자를 보호하는 차원에서 국가가 개입하는 – 과도 동떨어져 있음을 알 수 있다. 이러한 점에 비추어 볼 때, 협의이혼을 하는 경우 당사자가 이혼의사를 보다 신중하게 결정할 수 있도록 하고, 이혼의 결과(특히 자녀양육과 관련하여)에 대해서도 합의를 유도할 수 있도록 하는 제도적 보완이 요구된다.

Ⅲ 법제도와 관련된 사회현실에 대한 교육

법학은 사회현실을 다루는 학문이므로, 법률가는 항상 사회현실에 관심을 가지고 사회현상과 그 원인에 대해서 이해할 수 있도록 노력해야 한다. 사회현실에 대한 이해가 부족한 법률가는 사회문제의 원인과 해결책을 찾을 수 없으며, 현실과 유리된 판단을 할 가능성이 높고, 결과적으로 이해당사자를 불행하게 만들 수도 있다. 예를 들어서, 이혼 후 자녀를 홀로 양육하는 한부모 가정의 현실에 대한 관심이 없다면, 양육비가 갖는 의미와 적정한 액수에 관해서도 알기 어렵다. 또한 양육비가 제대로 지급되지 않는 경우의 대책(양육비 이행확보방안)에 대해서도 관심을 가지고 해결방안을 모색하지 않을 것이다. 그러므로 이혼 후 자녀의 양육(특히 양육비)문제와 관련하여 다음과 같은 정보를 제공함으로써 현실인식의 기초로 삼게 할 필요가 있다.

「우리 사회에서 한부모 가정은 계속 증가하는 추세에 있다.[7] 한부모 가정이 발생하는 원인은 여러 가지가 있을 수 있으나(이혼, 사별, 별거, 미혼모의 출산 등), 최근 이혼율이 증가하면서[8] 특히 이혼으로 인한 한부모 가정이 늘고 있다.[9] 해마다 새롭게 발생하는 이혼자녀의 수는 약 10만명에 이르고 있는데, 이들의 양육 실태에 대해서는 다음과 같은 조사결과가 있다. 한국가정법률상담소는 2001년에 이혼가정의 자녀양육 실태에 관한 조사결과[10]를 발표하였는데, 이에 의하면, 협의이혼을 한 경우 어머

---

7) 통계청 조사결과에 따르면, 전체가구 중 한부모 가구가 차지하는 비율은 1990년 7.8%에서 1995년 8.6%를 거쳐 2000년 9.4%로 증가하였다. 이 중 여성 한부모 가구가 전체의 80.4%에 이른다.

8) 2004년 우리사회의 이혼 수는 139,365건이었으며, 이혼 당시 미성년자녀가 있는 경우는 전체의 65.5%였다(1명: 39,134(28.08%), 2명: 45,577(32.70%), 3명 이상: 6,574(4.72%), 없음: 46,612(33.45%), 미상: 1,468). 2005년 우리사회의 이혼 수는 128,468건이었으며, 그 중 미성년자녀가 있는 비율은 63.33%로 나타났다.(1명: 35,033(27.27%), 2명: 40,296(31.37%), 3명 이상: 6,037(4.69%), 없음: 45,635(35.52%), 미상: 1,467). 통계청 홈페이지(http://kosis.nso.go.kr) '시도 및 이혼 당시 미성년자녀수별 이혼' 참조.

9) 이혼으로 인하여 발생하는 한부모 가정이 전체 한부모 가구에서 차지하는 비율은 1995년 12.9%에서 2005년 29.1%로 증가하였다(한편 전체 한부모 가구에서 사별로 인하여 한부모 가정이 된 비율은 1995년 54.8%에서 2005년 36.6%로 감소하였다).

니가 친권자 및 양육자로 정해진 경우가 68.3%(69명)였으며, 아버지로 정해진 경우가 30.7%(31명)인 것으로 나타났다. 재판상 이혼을 한 경우에도 이 비율은 각각 61.1%(11명)와 27.8%(5명)로 나타나 이혼 시 어머니가 친권자 및 양육자로 정해지는 경우가 약 2/3 정도를 차지하고 있는 것으로 보인다. 한편 서울 가정법원에서 1999년에 처리한 이혼사건 중 친권자 및 양육자 지정이 있었던 200건을 분석한 결과를 보면, 어머니가 자녀를 양육하는 경우가 132건이었으며, 아버지가 자녀의 양육자로 된 경우는 64건이었다(부모가 자녀를 나누어 양육하는 경우가 4건 있었다).[11] 역시 어머니가 자녀의 양육자로 지정된 비율이 전체의 약 2/3 정도에 이르고 있어서, 이혼 후 어머니가 자녀를 양육하는 경우가 많다는 사실을 뒷받침해 주고 있다. 그렇다면 이혼 후 어머니가 자녀를 양육하는 경우, 부양의무자인 아버지는 얼마나 충실하게 양육비를 지급하고 있을까? 2006년 12월에 여성가족부에서 발표한 조사결과[12]에 따르면, 이혼 후 자녀를 양육하지 않는 부 또는 모가 양육비를 지급하는 비율은 12.7%에 불과하였다(이혼 후 비양육친과 자녀 사이에 정기적인 면접교섭이 이루어지는 경우는 전체의 9.8%에 지나지 않으며, 47.8%는 자녀와의 교류가 완전히 단절된 것으로 나타났다. 이혼 후 자녀를 홀로 양육하는 모의 경우에 취업 비율은 이혼 전(50.9%)보다 크게 증가하지만(82.8%), 이들의 절반이상은 임시일용직에 종사하고 있으며 월평균 근로소득도 100만원 이하에 머물고 있다). 이 문제에 대한 한국가정법률상담소의 설문조사 결과에 의하면, 이혼 당시나 이혼 후 자녀의 양육비 지급에 대한 합의나 판결이 있었던 경우는 전체(이혼 후 자녀를 양육하고 있는 여성 91명)의 38.5%(합의가 있었던 경우: 28.6%, 판결이 있었던 경우: 9.9%)에 지나지 않았다.[13] 나머지는 양육비 지급에 대한 합의가 없었거나(38.5%, 35명), 혹은 아예 양육비를 받지 않기로 한 경우(23.1%, 21명)였다. 양육비 지급에 대한 합의가 있었던 경우(26명)의 양육비 액수에 대하여 살펴보면, 월 21-30만원이 26.9%(7명), 월 41-50만원이 23.1%(6명)였으며, '상대방 형편에 따라' 주기로 한 경우도 26.9%(7명)였다.[14] 한편 양육비에 대한 법원의 결정이 있었던 경우(9명)

10) 한국가정법률상담소는 2001년 3월 10일부터 4월 30일까지 약 50일에 걸쳐 실시한 설문조사 결과를 발표하였다. 설문응답자의 수는 588명(혼인중: 117명, 이혼고려중: 279명, 이혼: 129명, 기혼: 63명)이었다. 한국가정법률상담소 창립45주년 기념 심포지엄 자료집(2001년 5월): 이혼가정과 자녀양육, 양육비 제대로 받고 있는가.

11) 법률신문 2000년 3월 9일자 보도 참조.

12) 여성가족부는 2006년 5월 30일부터 12월 2일까지 한국여성개발원에 의뢰하여 '이혼 후 자녀양육 실태'를 조사하였다. 이 조사에서는 이혼 후 자녀를 홀로 양육하는 한부모 387명(모 320명, 부 67명)을 대상으로 한 설문조사와 11명을 대상으로 한 심층면접의 방식이 병행되었다.

13) 한국여성민우회 가족과 성 상담소가 2001년 5월 13일부터 6월 3일까지 한부모를 상대로 실시한 설문조사 결과를 보면(이혼, 별거: 229건, 사별: 54건), 이혼이나 별거 시 양육비를 받기로 합의한 경우는 29.9%(59명)에 지나지 않았다. 양육비에 대한 합의가 없었던 경우가 46.7%(92명)를 차지하고 있으며, 아예 양육비를 받지 않기로 한 경우도 23.4%(46명)나 되었다. 한국여성민우회 가족과 성 상담소 자료집(2001년 7월): 양육비, 자녀와 한부모의 당연한 권리.

에는 월 21-30만원이 88.9%(8명)로 대부분을 차지했으며, 나머지 1명은 월 20만원 이하로 정해졌다.[15] 그러나 이와 같이 양육비 지급에 관하여 당사자의 합의나 법원의 결정이 있었던 경우에도 그 이행은 여전히 문제로 남는다. 합의나 판결대로 양육비가 지급되고 있는 비율은 38.7%에 지나지 않았으며, 나머지(61.3%)는 아예 지급되지 않거나 불규칙하게 지급되는 경우였다.[16] 이처럼 양육비가 제대로 지급되지 않는 경우에 법원에 양육비 심판을 청구[17]하거나 이행명령을 신청할 의사가 있다고 응답한 비율은 78.9%(15명)에 달하였으나, '비용 문제', '시간이 많이 걸릴 것 같다', '절차가 까다롭고 복잡할 것 같다', '실효성이 없을 것 같다'는 등의 이유로 실행에 옮기는 것을 주저하고 있었다. 또한 이러한 이유로 양육비 청구나 이행명령 신청 자체를 포기한다고 응답한 경우도 15.8%(3명)인 것으로 나타났다.

이상의 실태조사 결과에서 나타난 문제점들은 다음과 같이 요약될 수 있다. 우선 자녀의 양육비문제에 관한 당사자의 합의나 법원의 결정이 없는 상태에서 이혼하는 경우가 많다는 사실을 지적할 수 있다. 또한 양육비에 관한 합의나 판결이 있었던 경우에도 부양의무자가 양육비를 제대로 지급하지 않는 경우가 상당히 많다는 사실을 알 수 있다. 그리고 이처럼 부양의무자가 스스로 양육비를 지급하지 않는 경우에 한부모 가정에서 쉽게 양육비를 받아낼 수 있는 제도적 장치가 마련되어 있지 않다는 점도 지적되어야 한다. 이 문제의 해결은 주로 개인에게 맡겨져 있으며, 국가 차원에서의 지원은 이제 막 시작하는 단계에 있는 것이 현실이다.[18] 국가적 차원의 지원이 체계적으로 이루어지지 않는다면, 한부모 가정에서 자라나는 많은 자녀들은 앞으로

---

14) 그러나 양육비 지급에 대한 합의가 있었던 경우 자녀를 양육하고 있는 어머니들의 월수입은 101-200만원이 38.5%(10명), 51-100만원 26.9%(7명)이었으며, 수입이 전혀 없거나(23.1%, 6명), 50만원 이하(3.8%, 1명)인 경우도 있어서 전반적으로 한부모 가정의 생활이 곤란하리라는 점을 예상할 수 있다.

15) 일반적으로 초등학생 이하의 양육비(교육비 포함)로는 월 31-40만원, 중·고등학생의 양육비로는 월 61만원 이상이 적절하다고 응답한 비율이 가장 높았던 점에 비추어 볼 때, 자녀의 연령에 관계없이 정해지는 월 30만원 이하의 양육비는 현실을 반영하지 못하는 것으로 보인다. 이혼 시 양육비에 관한 합의가 있었던 경우(26명), 그 중 57.7%(15명)가 합의된 액수에 만족하지 못한다고 응답한 것은 이러한 사실을 뒷받침하고 있다.

16) 많은 이혼사건을 맡아서 처리한 경험이 있는 이명숙 변호사는 이 문제와 관련하여 "당사자 간의 합의나 법원의 판결을 통해서 양육비가 인정되었다 할지라도, 이를 그대로 이행하는 경우가 오히려 드물다고 할 정도로 그 이행이 뒤따르지 않는 것이 우리 사회 전반의 분위기"라는 소견을 밝히고 있다. 이명숙, 이혼가정의 자녀 보호제도의 문제점, 한국가정법률상담소 창립 45주년 기념 심포지엄 자료집(2001년 5월): 이혼가정과 자녀양육, 양육비 제대로 받고 있는가, 88면. 한편 한국여성민우회 가족과 성 상담소의 조사결과(2001년 7월)에 따르면, 양육비에 대한 합의가 있었던 경우, 실제로 양육비를 받고 있는 비율은 42.8%에 지나지 않는 것으로 나타났다(이 조사결과에 따르면, 이혼 또는 별거 후 부양의무자인 아버지가 자녀의 양육비를 지급하는 비율은 결국 전체의 11.5%에 불과하다).

17) 한편 이혼 시 양육비에 관한 당사자의 합의나 법원의 결정이 없었거나 또는 아예 양육비를 받지 않기로 한 경우(45명) 중에서 현재 양육비를 청구할 의사가 있다고 응답한 비율은 62.2%(28명)였다.

18) 여성가족부는 2007년부터 대한법률구조공단 및 한국가정법률상담소와 협약을 체결하고 한부모 가정 자녀의 양육비청구 및 인지청구 등을 무료로 지원하는 법률구조사업을 추진하고 있다.

도 계속해서 경제적인 어려움을 겪게 될 가능성이 높다.」

Ⅳ 법익의 보호와 관련하여 법학 이외의 학문분야에서 발달한 이론의 습득

가족법 분야의 문제를 해결하는 데에는 법이론 이외에도 다른 학문분야에서 발달한 이론이 필요한 경우가 있다. 예를 들어서 가족법에서 자주 쓰이는 '자녀의 복리' 라는 개념은 i) 이혼 후 친권, 양육사항을 정하는 경우, ii) 입양과 같이 자녀의 신분관계가 변동되는 경우, iii) 국가가 친자관계에 개입하는 경우(예를 들면 친권상실선고) 등에 있어서 문제를 판단, 해결하는 중요한 기준이 된다. 그러나 '자녀의 복리' 는 매우 추상적인 개념일 뿐만 아니라, 민법은 이를 구체화할 수 있는 어떠한 규정도 두고 있지 않다. 따라서 '자녀의 복리' 라는 개념을 구체화하여 일정한 기준을 제시하는 것은 해석의 영역에 맡겨져 있다고 볼 수 있는데, 이와 관련된 일련의 기준은 법학분야가 아니라 다른 학문분야(아동심리학. 교육학 등)에서 연구, 발전되어 왔다. 따라서 가족법을 배우는 입장에서는 이러한 연구 성과를 수용하여 이해하려는 노력을 기울일 필요가 있다. 이를 위하여 가족법 강좌에서 아동심리학 등에 대한 기초교육이 이루어지는 것이 바람직하다고 생각된다.

예를 들어서 이혼으로 인한 친권, 양육에 관한 사항을 정하는 경우에도 그 기준은 '자녀의 복리' 가 되는데, 여기서 자녀의 복리가 구체적으로 무엇을 의미하는가에 대해서는 다음과 같은 설명이 이루어질 수 있다.

① 양육의 적합성

우선 부모 중 누가 장래에 있어서 자녀의 양육에 보다 적합한 조건을 갖추고 있으며, 자녀의 건전한 인격형성을 촉진할 수 있을 것인가의 문제가 판단되어야 할 것이다. 이러한 판단을 정확하게 내리기 위해서는부모쌍방의 실제 생활과 관련된 주요 사항들을 포괄적으로 평가하여 양자를 비교 · 형량할 필요가 있다. 서구사회에서는 70년대 초까지만 해도 양육의 적합성을 판단함에 있어서 부모의 경제적인 부양능력이 중요하게 생각되었으나, 최근에는 부모와 자녀관계의 심리적인 측면에 중점이 두어지고 있다. 이를 보다 구체적으로 서술하면 다음과 같다.

㉠ 제3자에 대한 양육의 위임 가능성

이혼 후 친권자로 지정된 부모의 일방이 직접 자녀를 양육할 수 있는지, 직장생활로 인하여 제3자에게 양육을 위임해야만 할 것인지가 판단되어야 한다. 하루 종일 취업활동에 종사해야 하기 때문에 스스로 자녀를 돌볼 수 없는 부모의 일방은 예외적인 경우를 제외하고는 양육에 적합하지 못한 것으로 추정된다. 이러한 판단은 부모에 의한 직접적인 자녀양육이 제3자에 의한 양육에 비하여 자녀의 복리에 보다 적합하다는 일반적인 확신에 근거하는 것이다.

㉡ 부모의 기회균등

양육자로서의 적합성을 판단함에 있어서 일반적으로 어머니가 아버지에 비하여 적합한 양육자라는 과거의 지배적인 원칙은 학문적으로 증명되지 못했으며, 그 결과 오늘날 폐기되기에 이르렀다. 보다 중요한 것은 부모의 구체적인 인격과 가정 내에서의 역할분담이다. 또한 자녀의 성별도 친권자를 정함에 있어서 더 이상 결정적인 기준이 되지는 못한다. 왜냐하면 자녀는 건전한 인격의 발달을 위하여 같은 성(性)을 가진 부모뿐만이 아니라 다른 성을 가진 부모도 필요로 하기 때문이다. 서구사회에서는 부모쌍방의 기회균등이 하나의 원칙으로 확립되어 모를 우선하는 원칙(모 우선의 원칙)을 대체하는 데 이르렀으나, 실제에 있어서는 어머니가 친권자(양육자)로 지정되는 경우가 여전히 큰 부분을 차지하고 있다. 이는 가정 내에서 성별에 근거한 부모의 역할분담구조를 반영하는 것이다. 어머니가 가정에서 주로 자녀를 돌보는 경우, 자녀는 일반적으로 어머니에 대해서 보다 강한 유대관계를 발전시키게 될 것이다. 가정 내에서의 고정된 역할분담이 친권자 결정에 있어서 어머니가 우선적으로 지정되는 결과로 이어진 것이다.

㉢ 유책배우자의 양육적합성

유책배우자가 반드시 자녀의 양육자로서 부적합하다고 추정되지는 않으나, 혼인을 파탄시킨 유책행위가 자녀에게도 해로운 영향을 미칠 수 있다고 판단되는 경우(예를 들면 배우자에 대한 폭력행사 등)에는 자녀복리의 관점에서 중요하게 고려되어야 한다.

㉣ 부모의 건강상태

부모의 정신적·신체적 건강상태가 자녀에게 위해를 끼칠 수 있는 정도에 이르렀다면, 그러한 부모에게는 양육권이 주어져서는 안될 것이다.

㉤ 자녀의 이익을 위태롭게 할 인격적 요소

만일 부모의 일방이 자녀의 복리를 해칠만한 인격적 요소(알코올중독, 마약중독, 폭력성, 범죄성향)를 가지고 있다면, 양육자로서의 적합성이 배제되어 어떤 경우에도 양육자로 지정되어서는 안될 것이다.

㉥ 자녀와 비양육친과의 관계촉진

자녀를 직접 양육하지 않는 부모의 일방과 자녀의 관계가 유지될 수 있도록 협력하고 필요한 경우 지원할 수 있는 자세를 갖추고 있는지의 문제가 판단되어야 한다.

이 기준은 이혼자녀가 면접교섭을 통하여 비양육친과 직접적인 관계를 유지할 때, 이혼으로 인한 위기상황을 보다 무리없이 극복할 수 있다는 인식에 근거한 것이다.

㈀ 부모의 경제상황

부모의 경제적 능력은 양육의 적합성이나 양육의 자세 등에 비하여 부수적인 판단기준에 지나지 않으며 최저생계가 보장되지 않는 심각한 상황에서만 둔제될 수 있다.

② 유대관계의 존중

부모의 이혼 전까지 자녀의 주위에 형성된 다양한 관계(부모 각자에 대하여 자녀가 느끼는 친밀감의 정도, 형제 · 자매사이에 형성된 관계, 친구관계, 학교에 대한 관계 등 사회적 관계)가 최대한 유지될 수 있도록 배려해야 한다. 자녀의 복리는 이혼 시 친권자 결정이라는 일회적인 판단에 의해서 실현될 수 있는 것이 아니라, 그 이후 이혼부모와 자녀 사이의 조화로운 관계발전 속에서 장기적으로 실현될 수 있는 성질의 것이다. 장기적인 안목에서 자녀의 복리를 실현시키고자 할 때, 부모쌍방과 자녀와의 관계뿐만 아니라 가능한 한 넓은 범위에서 이제까지의 관계를 유지시키는 것이 자녀의 이혼 후 정서안정과 인격발달에 유리하다는 현대 아동심리학의 새로운 경향이 이 기준의 중요성을 부각시키고 있다.

③ 자녀의 의사

자녀의 의사는 이혼에 의하여 직접적인 영향을 받는 아동이 자신의 결정을 표시할 수 있어야 한다는 면(성년에 가까이 이른 자녀의 경우)과 더불어 이는 곧 아동이 이제까지 형성해 온 친밀한 관계를 반영한다는 점(이 경우에는 연령에 관계없이 자녀의 의사가 존중될 필요가 있다)에서 무시되어서는 안 될 중요한 기준이다. 이 기준은 자녀들이 더 이상 부모의 권리객체로서만 인식되어서는 안 된다는 점과 더불어 친권자 결정에 있어서 자녀의 심리적인 측면에서의 복리를 중요시하는 최근의 경향에 의해서 지지되고 있다.

④ 계속성의 원칙

이혼 후 자녀양육의 통일성과 안정성이 지속적으로 보장될 수 있는 방안이 강구되어야 한다. 그러나 이 계속성의 원칙을 지나치게 강조하여 누가 이혼 전에 양육을 담당하였는가의 문제에만 초점을 맞춘다면, 다른 중요한 기준들을 간과할 수 있다. 계속성의 원칙은 하나의 부수적인 기준으로서부모쌍방이 다른 부분에서 비슷한 조건을 갖추고 있을 때에 결정적인 의미를 갖게 된다.」

친권자 및 양육자 지정에 관한 우리법원의 판례를 통하여 위에서 열거한 기준들이 어떻게 적용되고 있는가를 살펴본다.

서울가정법원 1999.2.25 선고 97드103814 판결은 유책배우자인 피고(남편은 妻가 젓가락질을 못한다는 등 사사건건 트집을 잡아 구박하고 명절에 친정에 가고 싶어 한다는 이유로 폭행까지 하였다)를 친권자 및 양육자로 지정하면서 구체적인 이유를 적시하지 않고 단지 다음과 같이 추상적으로 설시하고 있다. "이 사건 변론과정에 나타난 원고와 피고의 나이, 직업, 재산정도, 신분관계, 가정환경, 혼인생활의 과정과 그 파탄경위, 사건 본인의 나이와 양육 상황, 양육의사 등 제반사정, 특히 피고가 현재 원고가 데려다 준 사건 본인을 양육하고 있는 점을 참작하면, 사건 본인에 대한 친권행사 및 양육은 피고로 하여금 하게 하는 것이 사건 본인의 성장과 복지를 위하여 바람직하다고 인정된다." 이 판결은 거의 전적으로 계속성의 원칙에 입각하여 유책배우자인 父를 친권자로 지정한 것으로 보인다.

친권자 및 양육자 지정과 관련하여 이와 같은 판례의 태도는 그 후에도 거의 변함없이 지속되어 왔다(또한 이에 관하여 열거하는 문구도 거의 동일하다). 이로부터 6년이 지난 후에 나온 가정법원 판결에서도 별다른 변화를 읽을 수 없다.

서울가정법원 2005. 2. 17. 선고 2003드합12991 판결은 "혼인생활이 파탄에 이르게 된 주된 책임은 애당초 술을 마시면 종종 원고(妻)에게 욕설을 하고 폭행을 하는 등 행패를 부리곤 하여 원고를 힘들게 하였을 뿐만 아니라, 회사운영이 어렵게 되자 원고가 피고(夫) 몰래 돈을 빼돌린다고 섣불리 단정하여 원고와 몸싸움을 벌이고, 그 과정에서 원고에게 욕설과 폭행을 하는 등 부당한 대우를 한 피고에게 있다고 할 것이고, 피고의 이러한 행위는 민법 제840조 제3호, 제6호의 각 이혼사유에 해당"한다는 이유로 원고의 이혼청구를 인용하면서, 역시 유책배우자인 父를 친권자 및 양육자로 지정하였다. 그 이유로 가정법원은 "이 사건 변론과정에 나타난 원고와 피고의 나이, 직업, 재산정도, 신분관계, 가정환경, 혼인생활의 과정과 그 파탄경위 및 사건본인들의 나이와 양육 상황, 특히 사건 본인들이 원·피고가 이혼을 하게 되는 경우 피고와 함께 살기를 희망하고 있는 점 등"을 열거하였다. 이 판결도 역시 앞의 판결과 마찬가지로 주로 계속성의 원칙에 의존하면서 거기에 '자녀의 의사'라는 또 하나의 기준을 근거로 제시하고 있다.

이러한 우리의 판례를 보면, 친권자 및 양육자를 정하는 기준으로서 '자녀의 복리'에 대한 이해가 피상적인 수준에 머물고 있을 뿐만 아니라, 다른 학문분야에서 발전된 이론도 거의 수용되고 있지 않음을 느낄 수 있다.

친권자 결정에 관한 독일의 판례를 우리의 판례와 비교하여 검토함으로써 '자녀의 복리' 라는 개념이 구체적으로 어떻게 적용될 수 있는가에 대한 예시로 삼고자 한다.

다음은 1987년 친권자 결정에 관한 밤베르크 항소법원 판결[19]을 요약, 정리한 것이다.

「A. I.

1. 청구인(모)과 피청구인(부)은 1970년에 혼인하였는데, 그 사이에서 딸 C(1977년생)와 S(1979년생)가 태어났다. 청구인 모는 1985년 가을에 아이들을 데리고 원래 살던 N시의 혼인주택을 떠나 W시로 이사하였다. 피청구인 부는 N시의 혼인주택에 계속 살면서 자녀들과 면접교섭을 유지하였다.

이혼청구와 더불어 부모는 각각 자신을 두 딸의 친권자로 정해달라는 청구를 하였다. 1986년 11월 13일 W시의 아동복지기관은 사실조사를 바탕으로 하여 모를 친권자로 지정하는 것이 바람직하다는 의견서를 1심법원에 제출하였다. 이 의견서에는 자녀들도 모와 함께 살기를 바란다는 사실이 하나의 근거로서 적시되어 있었다.

1987년 1월 28일 N시의 아동복지기관은 1심법원에 대하여, 일차적으로 W시의 아동복지기관이 제출한 의견에 따를 것과 심리학 전문가의 감정서를 받아 볼 것을 제안하였다. N시의 아동복지기관은 아버지를 친권자로 지정해도 문제가 될 것은 전혀 없으며, 자녀들도 부모 쌍방 모두와 안정된 유대관계를 유지하고 있다는 의견을 덧붙였다.

1987년 3월 20일 1심법원은 이혼판결을 선고하고 자녀의 친권자로 모를 지정하였다. 법원은 그 이유로 모가 자녀양육에 보다 좋은 조건을 갖추고 있으며, 자녀들이 이미 익숙한 환경을 떠나 다시 N시로 이주하는 것은 거주환경과 학교의 변동을 수반하므로 자녀복리의 관점에서 볼 때 바람직하지 않다는 점을 들었다.

II.

1. 이에 대하여 부는 친권자 지정에 관한 1심판결을 취소하고, 자신을 친권자로 지정해달라는 취지로 항소하였다. 부는 그 근거로서 자신이 자녀의 양육자로서 모보다 적합하다는 점과 자녀들도 현재 자기와 함께 살기를 바란다는 점을 제시하였다. 또한 1심법원에 제출된 전문가 감정서를 믿을 수 없다고 하면서 다른 전문가의 감정서를 받아 볼 것을 신청하였다.

이에 대하여 모는 항소를 기각하여 줄 것을 주장하였다. 모는 1심판결이 타당하

19) OLG Bamberg, FamRZ 1988, 750ff.

다고 생각하며, 자녀들이 이제는 안정을 찾아야 한다고 주장하였다. 재판이 계속되어 있는 동안 부가 자녀들의 의사에 영향을 미치기 위하여 정해진 면접교섭시간 외에도 수시로 학교로 자녀를 찾아오고 모에게는 만났다는 사실을 숨기라고 종용하는데, 이러한 상태에서는 자녀가 안정을 찾을 수 없다고 주장하였다.

2. 항소심 재판부는 두 딸의 의사를 청취하고 부모와도 집중적으로 대화하였다.

B. 항소는 적법하지만 이유가 없어서 기각한다.

I. 1심법원과 마찬가지로 항소심 재판부도 자녀가 모의 보살핌을 받으며 성장하는 것이 바람직하다는 결론에 이르렀다. 그 이유는 다음과 같다.

1. 부모의 양육적합성과 준비자세: 이 점에 있어서는 부모 쌍방에 차이가 없는 것으로 평가된다. 부와 모는 다 같이 자녀에 대하여 깊은 애정을 가지고 있으며, 단독양육에서 오는 어려움을 극복하려는 의지와 능력이 있는 것으로 보인다. 부는 모의 양육능력에 문제가 있다고 주장하고 있으나, 재판부가 자료와 직접 면담을 통해서 판단한 바로는 모의 양육능력에 의심을 가질 이유가 없다. 모가 자녀의 모든 요구사항을 들어주지 않고, 엄격한 양육태도를 유지한다고 해도 이러한 모의 양육태도가 부정적인 것으로 해석되지는 않는다. 부가 주말에 자녀와 면접교섭을 할 때 자녀들을 편안하게 해 주는 것은 사실이지만, 부가 양육자로 되어 자녀와 함께 사는 경우에는 그와 같은 양육방식을 유지할 수 없을 것으로 판단된다. 부가 자녀를 양육한다면, 자녀들이 학교에 가는 주중에도 자녀를 데리고 스키를 타러가고, 테니스를 치고, 수영을 하고, 야외로 소풍가는 것을 우선시하지는 않을 것이다.

2. 외부적인 양육여건: 주거환경, 의복, 음식 등에 있어서 부모 쌍방은 동일한 조건을 갖추고 있는 것으로 평가된다. 적어도 모가 제시한 양육여건은 부와 비교해 볼 때 떨어지지 않는다. 모의 주택은 조용한 환경에 위치해 있으며, 놀이방도 갖추고 있고, 집 앞에는 차가 다니지 않아서 놀이를 하는 데 위험이 없으므로, 8세, 10세인 자녀들이 자라기에 적합하다.

3. 시간적 요소: 자녀에게 주의와 관심을 기울일 수 있는 시간을 내는데 모가 유리한 것으로 판단된다. 모는 실업학교에서 영어와 역사를 가르치는 교사인데, 변호사로 종일 일하는 부에 비하여 자녀양육에 더 많은 시간을 낼 수 있다는 점을 법원에 확신시키는 데 성공하였다.

4. 계속성의 원칙: 계속성의 원칙이라는 관점에서 보아도 모가 자녀의 친권자가 되는 것이 바람직하다. 자녀들에게는 이미 모의 주거지가 생활의 중심이 되어 익숙한

환경이 되어 있다. 특히 부모의 이혼으로 불안정한 상태에 있는 자녀들에게는 양육환경의 안정이 중요하다.

5. 자녀들이 현재 "부와 함께 살기를 바란다"는 의사를 표시하고 있는 것은 부에게 유리한 요소이다. 자녀들은 1987년 초에야 이러한 의사를 표시하였으며, 그 이전에는 모와 함께 살기를 바란다는 의사를 표시한 바 있다.

II.

이와 같은 개별적인 요소들을 종합하여 평가하면 모가 친권자가 되는 것이 자녀의 복리에 적합하다는 결론에 이르게 된다.

법원이 자녀의 의사(부와 함께 살겠다는)를 받아들이지 않은 이유에 대해서 추가하여 의견을 밝힐 필요가 있다고 생각된다. 자녀들이 1987년 초에 밝힌 이전과 다른 의사는, 자녀의 원만한 성장을 위하여 부와 모가 다 같이 필요하며, 자녀들은 때에 따라 부 또는 모에게 기울어질 수 있다는 점을 보여준다. 그와 같이 수시로 바뀔 수 있는 자녀의 의사를 존중하기보다는 모가 자녀양육에 더 많은 시간을 할애할 수 있다는 점과 양육의 계속성을 보장할 수 있다는 점을 높이 평가하여, 친권자 결정에서 자녀의 의사를 따르지 않았다. 오히려 그러한 자녀의 의사가 얼마나 진지한 것이며, 어떤 계기로 자녀의 의사가 번복되었는지에 대해서 살펴볼 필요성을 느꼈다.

법원에서 자녀들의 의견을 청취해 본 결과, 자녀들은 모가 주말에도 부와는 달리(부는 주말에 방문하면 자녀들을 데리고 스키를 타러가는 등 아이들을 즐겁게 해주었다) 여가와 오락을 즐길 수 있게 해주지 않고, 엄격한 양육방식을 유지하는 데 불만을 품고 있는 것으로 보였다. 그러나 모는 금전상의 이유로 토요일, 일요일에 W시에서 벗어나 스키를 타러 갈 수 있는 형편이 되지 못하는 것이 현실이다. 모가 주중에 자녀들에게 놀이보다는 학교공부를 우선하라고 가르치는 것은 교육적으로 비난할 수 없다. 또한 큰 딸이 자신의 희망에 따라 육상에서 체조로, 체조에서 핸드볼로 스포츠종목을 바꾼 사실을 보면, 모가 자녀의 신체적 복리를 위해서 신경을 쓰고 있다는 점을 알 수 있다. 자녀들이 플루트와 성악을 배우러 다닌다는 사실은 모가 또한 자녀의 정신적 복리에도 관심을 가지고 있다는 점을 보여주는 것이다. 자녀들이 학교에서 받는 교육과 방과 후 과제를 고려해 본다면, 위에서 언급한 특별활동 외에 테니스와 수영을 시키지 않는 것은 문제가 되지 않는다. 또한 모는 첫째 딸이 스스로 핸드볼을 하겠다고 선택했지만, 그렇다고 해서 앞으로도 계속 핸드볼을 해야 한다고 생각하지는 않는다는 점을 법원에 대해서 분명히 하였다. 모는 딸이 원하는 경우 자신의 선택에 따라 핸드볼 대신 테니스를 하거나 수영동아리에 가입할 수 있다고 하였다. 부는 모가 자녀에 대하여 엄격한 양육방식을 고수하고 있다고 비난하였으나, 재판부는 모의 양육방식이 정당하다고 본다. 자녀들이 간단한 심부름(우유병을 가져오라는 심부름)을 거절하면서, 자기들은 곧 아버지에게 가서 살게 될 것이라고 소리를 쳤기 때문에 모가 설득과 꾸짖음을 넘어서 다소의 체벌을 가했다고 해도 이는 자녀양육을 위하여 정당할 뿐만 아니라 필요한 것이었다고 보여진다. 그렇지 않으면 자녀들은 공동체 생활에 필요한 규율을 익힐 수 없기 때문이다.

모든 상황을 종합해 볼 때, 부와 함께 살고 싶다는 자녀들의 의사는 부가 항상 주말의 방문 시와 같이 자신들과 놀아줄 수 있다는 환상에서 비롯된 것이라고 판단된다. 즉, 자녀들의 의사는 실현될 수 없는 목표를 향하고 있는 것이다. 설령 부가 자녀들의 희망대로 해 줄 수 있다고 해도 그러한 양육방식은 자녀들의 사회화과정에서 장애가 될 뿐만 아니라 결국 자녀의 복리를 해치는 결과로 이어질 것이다. 법원은 그와 같은 자녀의 의사를 좇아 판단할 수 없다.

N시의 아동복지기관이 확인한 바와 같이, 자녀들은 모에 대해서 지속적인 발전이 가능한 유대관계를 유지하고 있는데, 이 점도 부의 청구를 기각하는 이유 중의 하나이다. 재판부는 모가 자녀의 인격성장에 필수적인 부와의 면접교섭을 방해하지 않고, 이성적으로 지원한다는 점도 비중 있게 고려하였다. 부모 쌍방은 이혼 및 친권자 지정 판결에 의해서 부모로서의 책임이 종료하는 것이 아니며, 이혼으로 인해서 자녀들이 받게 되는 고통은 부모 공동의 노력에 의해서만 최소화될 수 있다는 점을 기억해야 한다. 부모 간의 상호 비난은 자녀가 안정을 되찾고, 새로운 환경에 적응하는 것을 방해함으로써 결국 자녀의 복리를 해치게 된다.

III. 이 사안에서는 재판부의 지식과 경험으로 해결하기 어려운 문제가 없으므로, 전문가의 감정서를 받을 필요는 없다고 판단된다.」

독일 판례의 예에서 우리가 느낄 수 있는 점은 '자녀의 복리'라는 원칙이 매우 구체적인 기준에 의해서 실제 사안에 적용되고 있다는 것이다. 자녀의 양육과 관련된 부모 쌍방의 구체적인 양육조건을 확인하고, 이를 여러 가지 기준에 비추어서 비교, 판단한 후 자녀의 복리에 보다 적합하다고 인정되는 방향으로 친권자를 결정하는 방식은 우리에게도 시사하는 바가 크다. 또한 지역 아동복지기관과 협력하여 그 의견을 참고함으로써 정확한 판단을 도모할 뿐만 아니라, 그래도 부족하다고 인정되는 때에는 전문가의 감정서를 참고하는 태도도 본받을 만하다. 그러나 아동복지기관의 의견서나 전문가의 감정서를 참고하여 판결에 적절히 반영하기 위해서는 판사 자신에게도 아동발달, 아동심리에 대한 일정한 기초지식이 요구된다.

V 상담과 조정에 대한 기본적인 교육

1. 필요성

가사사건이 가지는 특징의 하나는 사건 당사자의 대부분이 가족관계나 친족관계에 있다는 점이다. 이혼사건의 경우를 보아도 현재 부부인 당사자가 원고와 피고가 되어 상대방을 공격하고 자신을 방어하게 된다. 일단 재판이 시작되면, 자신에게 유리한 판결을 얻기 위하여 상대방 배우자를 계속해서 공격하게 되며, 구체적으로는 상대방 배우자의 결점과 혼인의무 위반사실을 구체적으로 적시하여 비난하게 된다. 이러한 재판과정을 거쳐 판결이 나올 때에는 이미 파탄된 혼인관계는 더욱 악화되는 것이 보통인데, 이러한 결과는 부부 사이에 자녀가 있는 경우에 특히 문제가 될 수 있다. 부부관계는 해소되더라도 자녀의 부모로서의 관계는 계속 남는 것이고, 자녀양육과 관련하여서는 부모로서 협력해야 하는 경우도 있을 수 있는데(예를 들면 면접교섭의 경우), 재판과정에서의 갈등이 너무 심했던 나머지 이러한 최소한의 협력가능성도 사라질 수 있기 때문이다. 혼인관계가 완전히 파탄되어 이혼이 불가피한 경우라고 해도 이와 같은 결과로 이어지는 것은 결코 바람직하지 않다. 재판에 앞서 상담과 조정을 통하여 문제를 해결할 수 있다면, 재판으로 인한 비용과 시간을 줄일 수 있을 뿐만 아니라, 당사자 사이에서 갈등이 심화되는 것도 어느 정도 막을 수 있을 것이다. 그러므로 가족법 강좌에서 상담 및 조정의 중요성과 방법에 대한 기본적인 교육이 이루어질 필요가 있다고 생각된다.

상담과 조정과정에서 이혼당사자인 부모는 이혼이 자녀에게 미치는 영향을 이해할 수 있게 되고, 자녀의 양육과 관련하여 부모의 협력이 중요하다는 사실을 인식하여 그에 필요한 자세를 가지게 될 수도 있다. 또한 이혼의 결과, 특히 자녀양육의 문제(누가 자녀를 양육할 것인가, 자녀를 양육하지 않는 부모는 양육비를 얼마나 지급할 것인가, 면접교섭은 어떻게 할 것인가 등)에 대해서도 당사자가 스스로 합의를 이끌어낼 수도 있을 것이다. 상담과 조정을 통하여 이혼당사자가 대립과 갈등을 누그러뜨리고, 자녀양육의 문제와 관련하여 부모로서 협력할 수 있는 자세를 갖추게 된다면, 이혼으로 인한 최대의 피해자인 자녀의 정서적 · 물질적 불안을 최소화할 수 있을 것이다. 즉, 이혼과 관련된 상담과 조정의 중점은 이혼을 앞 둔 당사자의 갈등과 긴장을 완화하여 대화를 촉진시킴으로써 자녀의 양육, 면접교섭 등에 대한 당사자의 합의를 유도하고,[20] 이러한 과정을 통하여 도출된 합의를 기반으로 하여 장래에도 자녀의 양육문제에 있어서 부모로서 협력할 수 있는 자세를 갖도록 하는 데 있다.

2. 상담과 조정의 원칙

상담과 조정이 실효성을 확보하기 위해서는 일반적으로 다음과 같은 몇 가지 원칙[21]이 지켜져야 한다.

첫째, 당사자의 자율성이 보장되어야 한다. 상담과 조정의 주된 기능은 당사자의 갈등과 긴장을 완화시키고, 대화를 촉진하여 스스로 책임 있는 결정을 이끌어낼 수 있도록 지원하는 데 있다. 이런 의미에서 상담원(조정자. 이하 상담원이라고 한다)의 역할은 산파에, 상담을 받는 당사자의 처지는 산모에 비유될 수도 있다. 상담원은 우선 당사자의 갈등과 긴장관계를 누그러뜨린 다음, 당사자 간에 의사소통을 가능하게 하고, 이혼과 관련된 제반 정보를 제공함으로써 당사자가 스스로 합의에 이를 수 있도록 외부에서 지원하는 역할을 한다. 그러나 이러한 외부의 지원을 받아들여 궁극적으로 합의에 이르는 것은 당사자의 몫이다(이와 마찬가지로 상담과 조정을 거부하는 것도 역시 당사자의 선택이다). 이런 의미에서 당사자의 자율은 상담 및 조정과정의 핵심적인 요소라고 할 수 있다.

둘째, 상담과 조정은 신뢰의 보호를 핵심으로 한다. 여기서 말하는 신뢰의 보호란 상담원과 당사자가 상담 및 조정과정에서 알게 된 정보를 상대방의 동의없이 사용해서는 안 된다는 것을 의미한다.[22] 특히 상담과 조정이 실패하여 소송으로 이행된 경우 상담원이 상담 및 조정과정에서 알게 된 사실을 법원에 제공할 수 있다면, 당사자는 상담과 조정과정에서 자신들이 행한 진술이 훗날 법원에서 불리한 증거로 사용될 수 있다는 점을 우려하지 않을 수 없으며, 이는 결국 상담과 조정에 응하는 당사자의 태도를 위축시키는 결과로 이어질 것이다. 상담과 조정이 성공을 거두기 위해서는 당사자가 편안한 분위기에서 마음속에 있는 생각과 느낌을 부담없이 털어놓을 수 있어야 하는데, 상담과 조정과정에서의 대화내용이 훗날 소송과정에서 자신에게 불리하게 작용할 수 있다는 사실을 염려해야 하는 상황에서는 그와 같은 대화분위기를 조성하기 어렵다. 이는 곧 상담과 조정의 성공가능성을 떨어뜨리는 결과로 이어질 수 있

---

20) 조정이 발달한 미국의 경우에도 조정의 주된 영역은 자녀의 양육과 면접교섭에 한정되는 것이 일반적이다. Proksch, Geschichte der Mediation, in: Krabbe(Hsrg.), Scheidung ohne Richter(1991), S. 181.

21) Richtlinien für Mediation in Familienkonflikten der Bundesarbeitsgemeinschaft für Familien-Mediation(BAFM), II 3.

22) Schröder, Familienmediation(2004), S. 13.

다. 그러므로 상담과 조정에 대한 안내를 할 때에는 상담 및 조정과정에서 알게 된 모든 정보는 당사자의 동의없이 외부에 전달, 공개될 수 없으며, 철저히 비밀에 부쳐진다는 점을 알려서 당사자가 안심하고 상담과 조정에 응할 수 있도록 유도할 필요가 있을 것이다.[23)]

셋째, 상담과 조정과정에서 당사자에게 필요한 정보가 충분히 제공되어야 한다. 상담과 조정(특히 조정)은 당사자가 전문상담원의 도움을 받아 스스로 가족의 장래를 위한 합의점을 찾아가는 과정이라고 할 수 있다. 이 과정에서 상담원은 당사자가 훗날 후회하지 않을 결정을 내릴 수 있도록 사전에 충분한 정보를 제공해야 할 의무가 있다. 예를 들어서 자녀의 양육과 관련된 상담과 조정을 하는 경우, 이는 결국 자녀의 양육자, 양육장소, 면접교섭, 양육비 분담 등에 대하여 당사자가 합의를 하는 과정이 되는데, 상담원은 당사자가 책임 있는 결정을 내릴 수 있도록 충분한 정보를 제공해야 한다. 따라서 여기서 필요한 정보란 법률지식, 이혼이 자녀의 정서에 미치는 영향에 관한 심리학 지식 등 이혼과 자녀에 관한 종합적인 지식을 포괄하는 것이다. 즉, 이혼조정에 관한 상담을 하기 위해서는 당사자의 긴장을 완화시키고, 의사소통을 가능하게 하는 대화의 기법을 익혀야 할 뿐만 아니라 당사자가 책임 있는 결정을 내리는 데 필요한 정보를 제공할 수 있는 지식기반을 갖추어야 한다.[24)]

넷째, 상담원의 중립성이 보장되어야 한다. 조정은 당사자에 대한 상담원의 중립적인 태도를 전제로 한다. 상담원은 당사자의 이익에 부합하면서도 공평한 합의가 이루어질 수 있도록 공정한 절차를 보장해야 한다.[25)]

3. 현행 조정제도

이혼과 관련하여 현행 가사조정제도의 내용을 간단히 살펴보면 다음과 같다.

가사소송법상 가사조정의 대상이 되는 사건은 "나"류 및 "다"류 가사소송사건과 "마"류 가사비송사건이다. 이러한 사건에 관하여 가정법원에 소를 제기하거나 심판을 청구하려면 먼저 조정을 신청하여야 한다(가사소송법 제50조 제1항). 재판상 이혼은 "나"류 사건에 해당되므로(가사소송법 제2조 제1항), 이 규정의 적용을 받게 된다.

23) 이러한 이유에서 "조정의 목적인 가사사건의 청구에 관하여 민사조정법 제36조의 규정에 따라 소가 제기된 것으로 의제되거나 제50조 제2항의 규정에 의하여 조정에 회부된 사건을 다시 가정법원에 회부할 때에는 조정장 또는 조정담당판사는 의견을 첨부하여 기록을 관할가정법원에 송부하여야 한다"는 가사소송법 제61조 규정에 대해서는 의문이 있다.

24) 이혼 및 별거 분야 가족상담원 양성에 관한 유럽헌장(Europäische Charta zur Ausbildung von Familienmediatoren im Bereich von Trennung und Scheidung)은 상담원에게 심리학, 법학 등의 지식이 필수적으로 요구된다고 정하고 있다.

25) Hoyningen-Huene, Mediation - Eine Alternative zum gerichtlichen Verfahren, Jus 1997, 352.

따라서 이혼소송을 제기하려는 자는 먼저 조정을 신청하여야 한다. 재판상 이혼을 하려는 당사자가 조정을 신청하지 않고, 바로 소를 제기한 때에는 가정법원은 그 사건을 조정에 회부하여야 한다(가사소송법 제50조 제2항). 그러나 조정신청 전에 이미 조정이 성립될 수 없음이 명백한 경우에는 예외적으로 조정신청 없이 바로 제소할 수 있다(가사소송법 제50조 제2항 단서). 이런 경우에까지 예외없이 조정을 거치도록 하면 아무 성과없이 소송의 지연만을 초래하는 부작용을 낳게 되기 때문이다. 사건을 조정에 회부하더라도 조정이 성립될 가능성이 없는가의 여부에 대한 판단은 가정법원의 재량에 맡겨져 있다고 보아야 할 것이다.

재판상 이혼의 경우에는 이혼청구를 하려는 자가 소를 제기할 법원에 조정을 신청할 수 있다. 또한 당사자는 합의에 의해서 가사조정을 행할 가정법원을 정할 수도 있다(가사소송법 제51조 제1항).

이혼조정을 신청할 때, 재산분할, 자녀의 양육 등에 관하여 병합하여 조정신청을 할 수도 있다(가사소송법 제57조 제1항, 제14조). 관련된 청구를 병합하여 조정함으로써 당사자는 하나의 조정절차에서 관련된 문제를 일괄적으로 해결할 수 있고, 법원의 입장에서도 분쟁을 종국적으로 해결할 수 있다는 장점이 있다.

조정이 신청되면 당사자는 조정을 받을 권리가 생기고, 법원은 조정절차를 진행하여 조정을 종료시킬 의무를 지게 된다(조정은 조정의 성립과 불성립, 조정에 갈음하는 결정을 통해서 종료한다).

가사조정사건은 조정장(가정법원장 또는 가정법원지원장이 지정하는 판사) 1인과 2인 이상의 조정위원으로 구성된 조정위원회가 처리하는 것이 원칙이다(가사소송법 제52조 제1항). 그 외에 가정법원장 또는 가정법원지원장이 지정한 조정담당판사가 단독으로 조정하는 것도 가능하다(가사소송법 제52조 제2항). 이 경우 조정담당판사는 조정위원회 및 조정장의 직무권한에 속하는 모든 사항에 대해서 직무권한을 갖는다. 또한 수소법원이 스스로 조정기관이 되어 조정을 하는 것도 가능하다. 당사자가 조정의 대상인 가사사건에 관하여 조정을 신청하지 않고 소를 제기하거나 심판을 청구한 때에는 가정법원은 그 사건을 조정에 회부하여야 하는데(가사소송법 제50조 제2항), 이때에는 그 가정법원이 스스로 조정사건을 처리할 수 있다(가사소송법 제49조, 민사조정법 제7조 제3항). 이 경우 수소법원은 조정담당판사와 동일한 권한이 있다(민사조정법 제7조 제4항).

가사조사관은 조정 전에 조정사건에 관한 사실조사를 하여야 한다(가사소송법 제56조). 사건의 진상과 주장의 사실여부, 재산상태, 양육조건, 자녀의 상태 등 사건과 관련된 제반 사실관계를 알지 못하면 이혼에 관한 적절한 조정이 성립하기 어렵다. 이런 이유에서 조정장 또는 조정담당판사는 조정을 하기 전에 가사조사관에게 사건을 조사하여 보고하도록 명하는 것이다. 이러한 사실조사를 기초로 하여 조정기관은 적절한 조정안을 마련해야 하며, 당사자들이 이 조정안에 따라 합의할 수 있도록 설득하여야 한다(가사소송법 제58조 제1항). 이혼 후의 양육, 친권문제와 같이 자녀의 이해와 직접 관련되는 사항을 조정할 때에는 미성년자인 자녀의 복리를 우선적으로 고려하여 조정안을 마련하여야 한다(가사소송법 제58조 제2항).

당사자 쌍방이 가정법원에 출석하여 가사조정신청을 하는 때에는 특별한 사정이 없는 한 그 신청일을 조정기일로 한다(민사조정법 제15조 제3항. 이를 즉시조정이라고 한다). 그 밖의 경우에는 조정장 또는 조정담당판사가 조정기일을 정하며, 당사자에게 통지하여야 한다(가사소송법 제49조, 민사조정법 제15조 제1항). 조정기일에는 특별한 사정이 없는 한 당사자 본인이 출석하여야 한다(가사소송법 제7조).

조정은 당사자 사이에 합의된 사항을 조서에 기재함으로써 성립한다(가사소송법 제59조 제1항). 예를 들어서 당사자 사이에 이혼에 대한 합의가 성립한 경우에는 그 사실을 조서에 기재함으로써 조정이 성립한다("신청인과 피신청인은 이혼한다. 사건본인의 친권자 및 양육자로 신청인을 지정한다"). 당사자의 합의에 문제가 있다고 인정되는 경우에는 조정기관은 이를 받아들이지 않을 수 있다. 당사자의 합의가 상당하다고 인정되면, 이를 조서에 기재함으로써 조정이 성립되는데, 조정조서는 재판상 화해와 동일한 효력이 있으므로(가사소송법 제49조), 결국 확정판결과 같은 효력이 발생한다(민사소송법 제220조). 그러므로 이혼 및 재산분할에 관한 조정이 성립된 경우 혼인은 해소되고, 재산분할에 관하여는 집행력이 있다.

조정신청에 의하여 조정절차가 개시된 경우에 i) 조정을 하지 않기로 하는 결정이 있거나(민사조정법 제26조, 제40조), ii) 조정이 성립하지 않은 경우, iii) 조정에 갈음하는 결정(가사소송법 제49조, 민사조정법 제30조, 제32조, 제40조)에 대하여 이의신청기간 내에 이의신청이 있는 때에는 소의 제기 또는 심판청구가 있은 것으로 간주되므로(가사소송법 제49조, 민사조정법 제36조 제1항), 사건은 당연히 소송 또는 심판절차로 이행된다.

Ⅵ 구체적 사실관계와 법이론의 연결(판례학습) 및 관련 가사소송규정에 대한 교육

구체적인 사건을 해결하기 위해서는 관련 법규정과 판례에 대한 지식이 요구된다. 법규정의 해석 및 관련이론에 대한 설명, 해당 법규정과 관련된 판례에 대한 학습은 이미 현재의 가족법 강의에서도 어느 정도 충실히 이루어지고 있다고 생각된다. 다만, 구체적인 사례와 판결을 연결시켜서 이해하기 위하여 구체적인 사실관계에 대한 분석을 보다 강화할 필요가 있다고 생각되고, 이를 위해서는 대법원판례 뿐만 아니라 하급심판례까지도 포함하여 강의할 필요가 있을 것이다. 이와 더불어 관련된 가사소송법규정 및 가사소송절차에 대해서도 필요한 범위에서 강의가 이루어져야 할 것이다.

1. 판례공부에 관한 하나의 예

「대법원 1992. 5. 26. 선고 90므1135 판결 – 이혼소송의 재심소송에서 재심피고인 당사자가 사망한 경우에는 상속인이 아니라, 검사가 그 소송절차를 수계하는 것이 타당하다.

가. 사실관계[26]

갑(夫, 본래소송의 원고, 재심피고)과 을(처, 본래소송의 피고, 재심원고)은 3녀 2남을 둔 부부인데, 갑은 오래 전부터 집을 나와 병과 동거하면서 그 사이에 자녀까지 두었다. 그동안 갑은 을과 이혼하기 위하여 몇 차례 이혼소송을 제기하였으나, 성공하지 못하였다. 갑은 1988년 4월 1일 다시 을을 상대로 이혼소송을 제기하였는데, 그 내용은 을이 사실상 이혼에 합의한 후 행방불명되었다는 것을 이유로 이혼을 구한다는 것이었다. 이 소송에서 갑은 을의 주소를 알 수 없다고 하여 공시송달신청을 하였고, 이에 따라 을은 공시송달로 소환되었으나, 자신을 피고로 하는 이혼소송이 제기되었다는 사실을 알지 못하는 을은 당연히 재판기일에 출석하지 않았다. 을이 출석하지 않은 상태에서 1988년 11월 12일 갑의 승소판결이 선고되어 1988년 12월 19일 확정되었다. 갑은 이 판결에 근거하여 이혼신고를 하여 호적에 을과의 이혼이 기재되었으며, 이어서 병과 혼인신고를 하였다. 을은 1989년 6월 21일에 호적등본을 보고서야 이러한 사실을 알게 되었고, 1989년 8월 15일에 재심청구를 하였다. 재심소송이 제1심에 계속(繫屬)중이던 1989년 11월 16일 본래 이혼소송의 원고이며, 이 사건의 재심피고인 갑이 사망하였다. 제1심에서 을은 갑의 상속인들(갑과 을 사이에서 출생한 자녀들과 병, 갑과 병 사이에서 출생한 자녀들)을 재심피고의 수계인으로 하는 당사자 변경신청을 하였다. 법원은 그들을 재심피고로 취급하여 소송을 진행한 후, 민사소송법 제422조 제1호가 규정하는 재심사유(허위주소송달. 현행 민사소송법 제451조 11호)가 있다고 인정하여 재심대상판결(본래의 이혼판결)을 취소한 후, 본래의 이혼소송은 원

---

26) 서정우, 離婚訴訟再審中 當事者의 死亡과 受繼, 민사판례연구 15권(1993.5), 347면 이하 참조.

고인 갑의 사망으로 종료되었다고 선언하였다. 이에 대하여 병과 그의 자녀들이 항소하였다.

나. 원심의 판단

이에 대하여 원심(서울고법)은 "재심의 소는 법정의 재심사유의 존재를 이유로 확정된 재판을 취소하고 일단 종결된 소송절차를 재개 속행하여 재심사유에 영향이 있는 범위 내에서 새로이 본안의 당부를 재판하여 줄 것을 요구하는 하나의 불복신청방법으로서, 재판상 이혼청구권이 부부의 일신전속적 권리로서 이혼심판청구소송의 계속 중 배우자의 일방이 사망한 경우에는 그 상속인이 소송절차를 수계할 수 없고 당연히 종료되는 것과 마찬가지로, 이혼심판의 재심소송 계속 중 당사자 일방이 사망한 경우에도 그 상속인이 소송절차를 수계할 수 없고 당연히 종료된다 할 것이고, 또한 우리 민사소송법상 당사자 일방이 사망한 경우 검사가 이를 수계하거나 검사를 상대로 소송을 제기할 수 있는 특별한 규정도 없다"고 하여 제1심 판결을 취소하고, 이 사건 재심소송은 갑의 사망으로 종료되었다고 선언하였다. 이에 대하여 을이 상고하였다.

다. 대법원의 판단

(1) 혼인관계와 같은 신분관계는 성질상 상속될 수 없는 것이고, 그러한 신분관계의 재심당사자의 지위 또한 상속될 성질의 것이 아니므로, 이혼소송의 재심소송에서 당사자의 일방이 사망하였더라도 그 상속인들이 그 소송절차를 수계할 수 없다.

(2) 신분관계소송에 있어서는 재산상의 분쟁의 경우와는 달리, 위법한 신분관계가 존속함에도 그 상대방이 될 자가 사망하였고, 그 법률관계는 상속되지 않아 소송의 상대방이 될 자가 존재하지 않는 경우에는 관련된 다수 이해관계인들의 이익을 위하여 공익의 대표자인 검사를 소송의 상대방으로 하여 소송을 하는 방법으로 이를 바로잡는 방안이 마련되어 있는데(민법 제849조, 제864조, 제865조 등, 이 사건에서 적용되던 구 인사소송법 제26조 제3항 등, 현재의 가사소송법 제24조 제3항, 제4항 등), 이는 위법한 신분관계가 존재하는 경우에 이를 다툴 구체적 상대방이 없다는 이유로 방치하는 것은 공익에 반하므로 공익의 대표자인 검사를 상대로 하여 소송을 제기하게 하고자 함에 있는 것이다. 한편 민사소송제도가 일정한 경우에는 재심의 방법에 의하여 기판력을 해소시키는 제도를 마련하여 두고 있는 것은 그 판결에 이르는 과정에서 묵과할 수 없는 큰 위법이 있었음이 밝혀진 경우에까지 기판력만을 존중하여 그 판결의 효력을 유

지하는 것이 당사자의 이익을 지나치게 해치게 된다는 것을 고려한 결과이다.

(3) 이러한 재심제도와 신분관계소송에 관한 입법 취지에 비추어 보면, 이혼판결이 확정된 경우에 그 판결에 재심사유가 있다면, 그 확정판결에 의하여 형성된 신분관계(정당한 부부관계의 해소)는 위법한 것으로서 재심에 의하여 그 확정판결을 취소하여 그 효력을 소멸시키는 것이 공익상 합당하다고 할 것이므로, 재심피고가 될 원고가 사망한 경우에는 위에서 본 바의 규정들을 유추적용하여 검사를 상대로 재심의 소를 제기할 수 있다고 해석함이 합리적이라고 할 것이다. 같은 이치에서 재심소송의 계속 중 본래 소송의 원고이며 재심피고였던 당사자가 사망한 경우에는 검사로 하여금 그 소송을 수계하게 하는 것이 합당하다.

(4) 이 사건에 있어서는 재심소송의 제1심 계속 중 원고가 사망한 경우이므로, 제1심으로서는 원고의 상속인들로 하여금 원고를 수계하도록 할 것이 아니라, 검사로 하여금 원고의 지위를 수계하도록 하여 재심사유의 존재여부를 살펴보았어야 하고, 심리한 결과 재심사유가 있다고 밝혀진다면 재심대상판결을 취소하여야 하며, 이 단계에서는 이미 혼인한 부부 중 일방의 사망으로 소송이 그 목적을 잃어버렸기 때문에 이를 이유로 소송이 종료되었음을 선언하였어야 옳았다고 본다(원심파기, 제1심 판결 취소, 제1심으로 환송).

라. 해설

(1) 가사소송에서 소송계속(訴訟繫屬) 중 당사자가 사망한 경우 소송의 종료

① 일반적으로 민사소송에서 당사자가 소송 중에 사망하면 상속인이 소송절차를 수계하여 소송을 계속하게 된다(민사소송법 제237조). 이는 소송물이 상속인에게 상속되는 것을 전제로 한 것이다(예를 들어서 A가 B에 대하여 1000만원의 금전채무를 이행하라는 소송을 하고 있던 중 사망하였다면, A의 상속인 C가 소송절차를 수계하여 소송을 계속하게 된다. A의 상속인 C는 금전채권이라는 소송물을 상속하기 때문이다). 반면에 소송물이 일신전속적인 것이어서 상속될 수 없는 경우에는 상속인에 의한 소송절차의 수계는 불가능하다. 이런 경우에는 그 소송은 당사자의 일방만이 남는 결과가 되므로, 소송절차는 종료될 수밖에 없다. 이러한 원칙은 가사소송의 경우에도 그대로 적용된다.

② 가사소송에 있어서는 소송물이 일신전속적인 경우가 대부분이므로(이에 대한 예외는 예를 들면, 약혼해제로 인한 손해배상청구 등이다. 민법 제806조, 가사소송법 제2조 제1항 가호 다류 가사사건 참조), 소송 중에 당사자가 사망하면 상속인에 의한 수계가

일어나지 않고, 따라서 소송절차가 종료하는 것이 일반적이다. 예를 들어서 이혼소송 중에 당사자의 일방이 사망하면, 이혼청구권은 상속인에게 상속될 수 없는 일신전속권이므로 소송수계의 문제는 생기지 않으며, 이혼소송은 그대로 종료하게 된다. 그러나 이러한 이론이 재심(이혼소송의 再審)의 경우에도 그대로 적용될 수 있는가는 검토를 요한다.

(2) 재심소송의 계속 중 당사자 일방이 사망한 경우 상속인에 의한 소송의 수계여부

① 재심의 대상이 된 소송물이 상속되는 경우에는 재심당사자의 지위도 상속인에게 상속된다. 그러나 재심의 대상이 된 소송물이 일신전속적인 경우에는 소송물이 상속되지 않으므로, 재심당사자의 지위도 상속인에게 상속되지 않는다. 따라서 상속인이 재심소송을 수계할 수는 없다.

② 위에서 본 바와 같이 가사소송에 있어서는 소송물이 일신전속적인 경우가 대부분인데, 이러한 가사소송의 재심소송에 있어서는 재심당사자의 지위도 상속될 수 없다고 보아야 한다. 따라서 재심소송의 당사자가 사망한 경우에는 그 상속인이 소송을 수계할 수 없으며, 이 점에서는 가사소송의 경우와 다르지 않다.

③ 그러므로 대상판결에서와 같이 이혼소송의 재심소송에서 당사자의 일방(재심피고 갑)이 사망한 경우 그 상속인들은 사망한 당사자의 지위(재심피고로서의 지위)를 상속하지 않으며, 따라서 재심소송을 수계할 수 없다. 이 점에서 갑의 사망으로 재심피고의 지위가 갑의 상속인들에게 수계되었다고 본 제1심의 판단은 잘못된 것이라고 할 수 있다.

그렇다면 이런 경우에 소송을 수계할 자가 없다는 이유로 재심소송 자체가 종료된다고 보아도 좋을 것인가의 문제가 남는다.

(3) 재심소송의 계속 중 당사자 일방이 사망한 경우 검사에 의한 소송의 수계

① 대상판결에서와 같이 재심절차의 진행 중에 재심피고가 사망하였는데, 상속인들이 소송을 수계할 수 없어서 재심소송이 그대로 종료한다면, 부당한 절차에 의한 판결로 불이익을 받는 당사자(대상판결의 재심원고 을)가 구제될 수 없다는 문제가 생긴다. 이러한 결과는 우리 법제가 재심제도를 둔 취지에도 반한다고 볼 수 있다.

② 재심제도란 법적 안정성을 위하여 확정판결의 기판력을 인정하면서도, 판결절차에서 범죄 기타 묵과할 수 없는 큰 위법이 있었던 때에는 그 판결의 효력을 소멸시킴으로써 피해 당사자를 구제하겠다는 제도로 이해된다. 대상판결에서 갑은 '을이 이혼에 합의한 후 행방불명되었다'는 거짓 사유를 꾸며냈고, 을의 주소를 알 수 없다는 이유로 공시송달신청을 하여 을이 출석하지 않은 상태에서 이혼판결(재심대상판결)이 선고, 확정되게 하였다. 이러한 사정에 비추어 본다면, 위의 이혼판결에 이르는

과정에는 묵과할 수 없는 큰 위법이 있었다고 할 수 있으며, 따라서 이 판결에는 재심사유가 있다고 볼 수 있다. 이러한 경우에 갑의 사망 후 재심피고가 될 사람이 없다는 이유로 재심청구를 할 수 없다면, 부당한 판결로 인하여 혼인관계가 해소된 피해자(을)의 이익은 회복될 길이 없게 된다.

그러므로 대상판결에서와 같이 원고승소의 이혼판결확정 후 원고(갑)가 사망한 경우에도 피고(을)가 그 판결에 대하여 재심을 청구할 수 있는 방법을 모색할 필요가 있다. 문제의 핵심은 누구를 재심피고로 할 것인가에 있다.

③ 민법과 가사소송법에는 일정한 경우에 검사를 상대로 소를 제기하여 위법한 신분관계를 바로 잡을 수 있는 방법이 마련되어 있다(민법 제849조, 제864조, 제865조 제2항, 가사소송법 제24조 제3항 등). 예를 들어서 A와 B는 부부였는데, A의 사기에 의하여 협의이혼을 하게 되었다면, B는 이혼취소의 소를 제기할 수 있다. 그러나 그 사이에 A가 사망하였다면, B는 이미 사망한 A를 상대로 하여 이혼취소의 소를 제기할 수 없으며, 그의 상속인을 피고로 하여 소를 제기할 수도 없다. 이러한 경우 A의 피고로서의 적격은 상속되지 않기 때문이다. 이런 경우에 B는 검사를 상대로 하여 이혼취소의 소를 제기함으로써(가사소송법 제24조 제3항) 사기에 의한 이혼을 취소할 수 있다.

이와 같이 민법과 가사소송법이 검사를 상대로 소송을 할 수 있는 방법을 마련해 둔 이유는 다음과 같이 정리할 수 있다: 위법한 신분관계가 존속하고 있으나 소송의 상대방이 될 자는 이미 사망하였고, 피고로서의 지위는 상속인에게 상속되지 않는 경우에 소송의 상대방이 없다는 이유로 소송을 할 수 없다면, 이는 위법한 법률관계를 방치하여 두는 결과가 된다. 이러한 결과는 구체적으로 피해자의 이익을 침해하는 것일 뿐만 아니라 공익에도 반하는 것이다. 그러므로 이런 경우에는 공익의 대표자인 검사를 상대로 하여 소를 제기할 수 있게 함으로써 위법한 신분관계를 바로 잡을 수 있게 한 것이다.

그렇다면 이 규정들이 재심에도 그대로 적용될 수 있을 것인가의 문제가 남는다.

④ 위에서 본 민법과 가사소송법의 규정을 재심에도 그대로 적용하는 것은 해석론상 무리가 있다고 생각된다. 재심의 경우에는 이 규정을 유추적용하여 검사에게 재심피고적격을 인정하는 것이 보다 합리적인 해석론이 될 것이다(이것이 대상판결에서 대법원이 취한 태도이기도 하다). 공익에 반하는 위법한 신분관계가 존속하고 있으나 소송의 상대방이 될 자가 없어서 소송을 할 수 없는 경우에는 검사를 상대로 하여 소송을 제기할 수 있게 함으로써 위법한 신분관계를 바로 잡을 수 있게 하겠다는 것이 가사소송법의 정신이고, 이러한 법의 정신은 재심의 경우에도 무리없이 적용될 수 있다고 보기 때문이다.

이러한 해석론에 따르면, 이혼소송의 재심소송 계속 중에 재심피고 갑이 사망한 이 사건에서는 갑의 상속인들이 갑을 수계할 수 없으므로, 검사로 하여금 소송절차를 수계하도록 하는 것이 타당하다.

(4) 본래의 소송(갑이 을을 상대로 제기했던 이혼소송)의 종료여부

검사로 하여금 소송절차를 수계하도록 하여 재심청구의 타당성 여부를 검토해 본 후 재심사유가 있다고 인정되면 본래의 소송은 어떻게 될 것인가? 대상판결은 이 문제에 대하여 다음과 같은 태도를 취하고 있다: 우선, 심리결과 재심사유가 있음이 밝혀진다면, 재심대상판결(갑의 이혼청구에 의한 이혼판결)은 취소되어야 한다(이혼판결이 취소되면, 을은 갑의 사망 시에 배우자의 신분을 가지고 있었던 것이 되므로 갑의 상속인이 된다. 반면에 갑이 을과 이혼한 후 재혼한 병은 이혼판결의 취소로 인하여 중혼의 배우자가 되나 중혼이 취소된다고 해도 상속권을 잃지는 않는다는 것이 판례의 태도이다. 혼인취소의 효력은 소급하지 않기 때문이다. 결과적으로 을과 병은 배우자의 상속분을 각각 1/2씩 상속하게 된다). 그리고 본래의 이혼소송은 부부 일방의 사망으로 소송의 목적이 상실되었으므로 종료된다(한편 대판 1982.10.12, 81므53은, 이혼소송 중에 당사자 일방이 사망한 사건에서 소송의 목적이 상실되었기 때문에 소송이 종료된다는 논리를 전개하는 대신, 민사소송은 두 당사자의 대립을 그 본질적 형태로 하는 것이므로 당사자 일방이 사망한 경우에는 대립소송의 형태가 상실된다는 이유를 들어 소송이 종료된다고 하였다).」

2. 가사소송규정에 대한 교육

예를 들어서 재판상 이혼의 경우에 필요하다고 생각되는 가사소송규정을 간단히 정리하여 보면 다음과 같다.

가사소송법 제22조는 재판상 이혼청구사건의 관할을 규정하고 있는데, 이는 전속관할이다. 이에 의하면, i) 부부가 같은 가정법원의 관할구역 내에 보통재판적이 있을 때에는 그 가정법원, ii) 부부가 최후의 공통의 주소지를 가졌던 관할구역 내에 일방의 보통재판적이 있을 때에는 그 가정법원, iii) 위의 i), ii)에 해당하지 않는 경우에는 상대방의 보통재판적 소재지를 관할하는 가정법원이 재판상 이혼 사건의 관할법원이다. ii)의 '최후의 공통의 주소지'가 무엇인지에 관해서는 부부가 최후로 공동생활을 영위하던 장소, 즉, 동거 장소를 의미한다고 해석하는 것이 실무의 태도이다.

가정법원은 재판상 이혼사건과 같은 가사사건을 심리함에 있어서 직권으로 사실조사 및 필요한 증거조사를 하여야 하며, 언제든지 당사자 또는 법정대리인을 신문할 수 있다(가사소송법 제17조). 이혼은 당사자는 물론 자녀, 친족 등에 대해서도 큰 영향

을 미치는 사건이므로 실체적 진실의 발견이 매우 중요하다. 이러한 취지에서 재판상 이혼과 같은 가사사건에 있어서는 직권주의가 적용되며, 변론주의와 처분권주의는 제한을 받게 된다(즉, 민사소송법중 실기한 공격방어방법의 각하에 관한 제149조, 자백간주에 관한 제150조 1항, 변론준비절차종결에 관한 제284조 제1항, 변론준비 기일을 종결한 효과에 관한 제285조, 제1심 변론준비절차의 효력에 관한 제410조, 당사자의 문서제출명령불응, 상대방의 사용방해 효과에 관한 제349조 · 제350조, 제288조 중 자백의 구속력에 관한 규정 및 제220조 중 청구의 인낙에 관한 규정은 적용되지 않는다. 가사소송법 제12조 단서).

재판상 이혼사건에 있어서는 관련사건의 병합이 중요한 의미를 갖는다. 이에 관하여 가사소송법 제14조는 다음과 같은 규정을 두고 있다. i) 수 개의 가사소송사건 또는 가사소송사건과 가사비송사건의 청구 원인이 동일한 사실관계에 기초하거나 1개의 청구의 당부가 다른 청구의 당부의 전제가 되는 때에는 이를 1개의 소로 제기할 수 있다(가사소송법 제14조 제1항). ii) 이 경우에 사건의 관할법원이 다를 때에는 가사소송사건 중 1개의 청구에 대한 관할권이 있는 가정법원에 소를 제기할 수 있다(가사소송법 제14조 제2항). iii) 가류 또는 나류 가사소송사건의 소의 제기가 있고, 그 사건과 제1항의 관계에 있는 다류 가사소송사건 또는 가사비송사건이 각각 다른 가정법원에 계속된 때에는 가류 또는 나류 가사소송사건의 수소법원은 직권 또는 당사자의 신청에 의하여 결정으로 다류 가사소송사건 또는 가사비송사건을 병합할 수 있다(가사소송법 제14조 제3항). 예를 들어서 재판상 이혼청구와 그로 인한 손해배상청구, 재판상 이혼청구와 이를 원인으로 한 재산분할, 자녀의 양육에 관한 처분, 친권자 지정청구 등이 병합될 수 있다. 이와 같이 관련된 사건을 동시에 해결하는 방식을 통하여 당사자의 편의와 소송경제를 동시에 도모할 수 있다. 이러한 청구가 병합된 경우에도 재판상 이혼사건은 단독사건이다(다만 5,000만원을 초과하는 위자료 청구가 병합된 경우에는 가정법원합의부의 관할에 속한다). 병합된 사건에 대하여는 1개의 판결로 재판하여야 한다(가사소송법 제14조 제4항). 따라서 병합된 가사비송사건(재산분할청구, 자의 친권 및 양육에 관한 사항의 결정)에 대하여 별개로 심판하여서는 안 된다. 1개의 판결로 재판한다는 것은 그 재판의 방식을 특별히 정한 것일 뿐이며, 각 청구의 본질이 변경된다는 의미는 아니다. 따라서 재판상 이혼소송의 경우 확정판결의 대세효는 재판상 이혼청구의 판단에 관한 부분에만 인정되고 병합된 가사비송사건(재산분할청구, 자의 친권 및 양육에 관한 사항의 결정)에 대해서는 형성력이나 집행력은 있으나 기판력은 인정되지 않는다.

재판상 이혼청구를 인용한 확정판결은 제3자에게도 효력이 미치므로(가사소송법 제21조 제1항), 이를 신속하게 공시할 필요가 있다. 따라서 가정법원의 법원사무관 등은 지체없이 당사자의 등록기준지의 가족관계등록사무를 처리하는 자에게 이를 통지하여야 한다(가사소송규칙 제7조 1항).

Ⅶ 맺음말

법률가는 법제도에 대한 정확한 이해와 구체적인 현실인식을 바탕으로 하여 개개의 사건에서 당사자의 이익을 최대한으로 보호하는 결정을 내릴 수 있는 소양을 갖추어야 한다. 또한 역사의식과 현실인식에 기초하여 제도의 문제점을 발견하고, 이를 해결할 수 있는 합리적인 대안을 제시할 수 있어야 한다. 나아가 법조문을 해석함에 있어서도 그 규정의 목적과 사회적 기능에 대한 올바른 이해를 바탕으로 하여 이론을 전개하여야 할 것이다. 이와 같은 소양을 갖춘 법률가를 양성하기 위해서는 현행 법학교육의 개선이 불가피하다고 생각한다.

가족법 분야에 국한시켜 본다면, 우선 적어도 친족법과 상속법을 분리하여 강의함으로써 교육에 필요한 최소한의 시간을 확보하는 것이 필요하다고 생각된다. 가족문제가 사회에서 현실적으로 차지하는 비중을 고려해 볼 때, 대학에서의 가족법 강좌는 교육과 국가시험의 모든 면에서 그에 맞는 위상을 가지고 있지 못한 것으로 보인다. 가족법 교육에 필요한 강의시간이 확보되고, 그 시간에 이루어지는 교육내용이 질적으로 개선될 때, 가족법 분야에 대해서 전문적 식견과 소양을 갖춘 전문법률가의 배출을 기대할 수 있을 것이다.

〈제5회 한국법률가대회 논문집, 「법학교육 어떻게 할 것인가?」 (2006) 수록〉

14. 가족법의 변화 – 평가와 전망

I 들어가는 말

1960년 1월 1일부터 민법이 시행된 이후 친족 · 상속편(가족법)은 여러 차례의 개정을 겪었다. 민법 시행 당시의 가족법은 일제 강점기에 강제로 이식된 일본민법 규정의 영향을 강하게 받고 있었으며, 그 결과 호주제를 비롯하여 가부장제 가족제도의 잔재들이 그대로 남아 있었다. '가족법은 그 나라의 전통과 관습을 반영하는 것' 이라는 미명 하에 남성과 여성을 차별하는 규정이 정당화되었으며, 자녀의 복리는 고려의 대상이 되지 않았다. 당시의 가족법이 안고 있었던 문제점이 심각했던 만큼 그에 대한 비판과 개정의 요구도 클 수밖에 없었다. 그리고 그 개정의 방향은 우선 가부장적 가족제도를 폐지하고 양성평등한 가족법을 실현하는 쪽으로 설정되었다. 1977년과 1990년의 가족법 개정을 통하여 여성을 차별하는 가족법 규정이 상당 부분 개정되었으며, 2005년 가족법 개정에 의해서 마침내 호주제가 폐지됨으로써 종법제와 가부장제에 기초한 가족제도의 뿌리를 캐내는 괄목할 만한 성과를 거두었다. 물론 이로써 가족법 분야에 있어서 완전한 양성평등이 실현되었다고 말할 수는 없다. 그러나 양성평등의 관점에서 볼 때, 현행 가족법이 상당한 수준에 이르렀다는 점을 인정하는 데 인색할 필요는 없을 것이다.

한편, 가족법에 있어서 양성평등을 실현하는 방향으로 꾸준히 개정이 진행되어 오는 동안 자녀의 복리에 대한 고려는 그만큼 이루어지지 않은 것이 사실이다. 예를 든다면, 1990년 개정에 의해서 이혼 후에 자녀를 양육하지 않는 부모와 자녀가 정기적으로 교류하여 관계를 유지, 발전시킬 수 있도록 면접교섭권제도가 신설되었으나, 면접교섭권은 부모의 권리로 규정되었고 자녀는 면접교섭권의 객체에 지나지 않았다. 그 후 2007년 개정을 통하여 면접교섭권이 부모의 권리일 뿐만 아니라 자녀의 권리이기도 하다는 점이 확인되었고, 이로써 자녀도 면접교섭권의 주체로 인정되었으나, 구체적으로 어떻게 자녀의 면접교섭권이 실현될 수 있을 것인가에 대한 세부적인 뒷받침은 전혀 이루어지지 않고 있다. 또한 2007년 개정에 의해서 미성년자녀를 둔 부모가 협의이혼을 할 때에는 자녀의 양육사항(양육자, 양육비 분담, 면접교섭 등)에 대한 협의서를 법원에 제출하도록 의무화하고, 법원이 그 내용을 검토, 확인하도록 하였으나, 이와 같이 법원의 확인을 거친 협의서에 집행력을 인정하지 않음으로써 이혼 후 자녀의 복리실현을 위하여 마련된 개정안의 본래 취지는 상당히 퇴색되었다.

앞으로 가족법 분야에서는 양성평등의 실질적 내용을 확보하고(부부재산제의 개정 등), 자녀의 복리를 보다 구체적으로 실현할 수 있는 법제도(입양제도의 개선 등)를 마련하는 방향으로 개정작업이 진행될 것으로 전망된다.

Ⅱ 가족법 개정의 역사적 흐름을 보여주는 두 가지 예

그동안 가족법이 어떤 방향으로 개정되어 왔는가를 두 가지 예를 통하여 살펴본다.

1. 친 권

부모는 자녀가 태어나 성년자가 될 때까지 자녀를 보호, 양육해야 할 의무와 권리가 있으며, 이를 친권이라고 한다(친권이란 부모의 권리라는 뜻으로 풀이되지만, 오늘날 친권은 부모의 권리라기보다는 의무적 성격이 강하다고 할 수 있다). 부모는 자녀를 함께 보살피고 양육하는 것이 보통이므로, 자녀가 태어나면 부모가 공동으로 자녀의 친권자가 되는 것은 너무도 당연하다고 볼 수 있다. 그러나 이렇게 당연한 이치가 법으로 실현되는 데에는 많은 시간과 노력이 필요했다.

1960년에 민법이 시행될 당시에는 아버지만이 자녀의 친권자가 되고, 아버지가 없거나 친권을 행사할 수 없는 경우에만 어머니가 친권자가 될 수 있었다. 이는 일제강점기에 우리나라에 적용되었던 일본민법의 친권규정을 그대로 옮겨 온 것이었다. 이러한 규정은 그 당시 입법자들이 친권에 대하여 어떠한 관념을 가지고 있었는가를 잘 보여주고 있다. 당시 사회에서 친권은 아버지의 자녀에 대한 지배권, 즉, 일종의 가부장권을 의미했던 것이다. 1977년 개정에 의해서 비로소 어머니도 혼인 중에는 아버지와 함께 친권을 행사할 수 있게 되었다. 그러나 친권행사와 관련하여 부모의 의견이 일치하지 않는 경우에는(예를 들어서 어머니는 자녀를 인문계 고교에 진학시키려고 하는데, 아버지는 실업계 학교에 보내려고 하는 경우) 아버지가 우선적으로 친권을 행사할 수 있도록 함으로써 친권은 여전히 가부장권의 성격을 벗어나지 못하였다. 또한 이혼 후에는 항상 아버지가 친권자가 되고, 어머니는 어떤 경우에도 자녀의 친권자가 될 수 없었는데, 이 규정 역시 친권을 기본적으로 아버지의 자녀에 대한 지배권으로 보는 당시 입법자의 관념을 반영한 것이다. 이와 같이 친권이 가부장권과 혼동되는 당시의 사회 분위기 속에서 자녀는 친권행사의 대상 또는 객체로만 인식되었을 뿐이며, 자녀도 독립된 인격을 가진 권리의 주체라는 의식은 싹틀 여지가 없었다. 이후 1990년의 대규모 가족법 개정은 친권 분야에서 부부평등을 실현하였다. 혼인 중에는 부부가 공동으로 친권을 행사하며, 부모의 의견이 일치하지 않을 때에는 아버지의 우선권을 인정하지 않고, 당사자의 청구에 의하여 법원이 결정하게 되었다. 또한 어머니도 이혼 후에 친권자가 될 수 있게 되었다. 나아가 2005년 개정은 "친권을 행사함에 있어서는 자의 복리를 우선적으로 고려해야 한다"는 규정을 신설하여, 친권이 더 이상 부모의 자녀에 대한 지배권이 아니며, 자녀의 보호와 양육을 위하여 부모에게 인정된 부모의 의무인 동시에 권리라는 점을 분명하게 하였다.

친권에 관한 규정이 개정되어 온 역사를 보면, 우선 친권행사와 관련하여 부부의 평등을 실현하려는 강한 의지를 읽을 수 있다. 반면에 2005년 개정에 의해서 친권행사의 기준과 목적이 자녀의 복리실현에 있다는 점이 선언되었으나, 구체적으로 어떻게 자녀의 복리실현을 확보할 수 있을 것인가에 대한 뒷받침은 여전히 미약하여 과제로 남아 있다.

2. 여성의 상속분

1960년에 시행된 민법은 여성에게도 상속권을 인정하였으나, 상속분은 남자와 비교가 되지 않을 정도로 적었다. 딸의 상속분은 아들의 1/2에 지나지 않았고, 호주상속을 하는 장남과 비교하면 1/3에 불과했다(혼인한 딸의 상속분은 이보다 더욱 적어서 아들의 1/4에 그쳤으며, 호주상속을 하는 장남의 1/6에 지나지 않았다). 이러한 민법의 태도는 일제 강점기는 물론 해방 이후에도 딸에게 상속권이 인정되지 않았던 것에 비하면 나은 것이라고 할 수 있으나, 평등의 관점에서 본다면 많은 문제점을 안고 있었다. 아내의 상속분도 이와 다르지 않았다. 자녀와 함께 상속하는 경우 아들의 절반을 받았으며, 호주상속을 하는 아들에 비하면 1/3에 지나지 않았다. 1977년 개정에 의해서 혼인하지 않은 딸의 상속분은 아들과 동등하게 되었으나(그러나 호주상속을 하는 장남의 경우에는 딸이나 다른 아들에 비하여 50% 더 많은 상속분을 받았다), 혼인한 딸의 상속분에는 변화가 없었다. 이는 당시 사회가 혼인한 딸을 '출가외인'으로 취급하고, 딸에게 상속재산을 나누어 주는 것을 가산의 분산이라고 여기는 의식이 상당히 강하였음을 보여준다. 아내의 상속분은 1977년 개정에 의해서 대폭 늘어나 자녀와 함께 상속하는 경우 그 이전에 비하여 3배가 증가하였다(그 이전에는 아들의 절반을 받는데 그쳤으나, 아들보다 50%를 더 받게 되어 호주상속을 하는 아들과 같게 되었다). 1990년 개정에 의해서 딸과 아들의 상속분이 동등하게 되었으며, 호주상속을 하는 아들에게 상속분의 50%를 가산해 주던 규정도 폐지되었다. 이로써 상속에 있어서의 차별은 완전히 폐지되었다.

상속에 있어서 차별의 문제는 해결되었으나, 배우자의 상속분에 관한 규정은 개선의 필요성을 남기고 있다. 현행법에 의하면, 배우자는 자녀와 함께 상속하는 경우 자녀의 상속분에 50%를 더 받도록 되어 있어서, 자녀가 많을수록 배우자의 상속분은 줄어드는 결과가 된다(자녀가 1명인 경우 배우자의 상속분은 3/5, 자녀의 상속분은 2/5인데 비하여 자녀가 2명인 경우 배우자의 상속분은 3/7이 되며, 자녀가 3명인 경우 3/9, 4명인 경우 3/11으로 계속 감소한다). 자녀의 수에 비례하여 배우자의 상속분이 감소하도록 되어 있는 현행 규정은 '다출산에 대한 일종의 제재' 라고도 풀이될 수 있는데, 법규정의 형식면에서 볼 때에도 바람직하다고 보기 어렵다(외국의 경우에도 이런 형식의 법규정을 가지고 있는 나라는 찾아보기 어렵다).

상속분에 관한 규정이 개정되어 온 과정을 보면, 양성평등을 지향하는 강한 의지가 일관되게 관철되었음을 볼 수 있다(딸과 아들 사이의 차별이 폐지되고 부부 간에도 평등이 실현되었다). 그러나 배우자 상속분에 관한 규정은 개선의 여지가 있는데, 특히 고령화사회에 진입한 우리의 현실에 비추어 본다면, 개정의 필요성은 더욱 크다고 할 수 있다.

Ⅲ 가족법 개정의 전망

앞으로 가족법 분야에서는 양성평등의 실질적인 내용을 확보하면서 자녀의 복리를 구체적으로 실현하는 방향으로 개정작업이 이루어질 것으로 전망된다. 이러한 관점에서 볼 때, 장래 가족법 분야에서 개정이나 입법이 필요하다고 생각되는 쟁점에 대하여 간단하게 소개한다(지면의 제한을 고려하여 모든 문제를 다루지는 못한다).

1. 부부재산제

현재의 법정부부재산제인 별산제에 의하면, 부부가 혼인 중에 재산을 취득한 경우에 그 재산은 명의자의 소유로 인정된다. 예를 들어서 어떤 부부가 혼인한 지 10년 만에 내 집 마련에 성공하여 남편의 명의로 등기하면 그 집은 남편의 소유가 된다는 뜻이다(부부 일방의 명의로 되어 있는 예금이나 주식도 이와 마찬가지로 그 명의자의 것이다). 법률상 그 집의 소유자인 남편은 마음대로 그 집을 담보로 제공하거나 심지어 팔 수도 있으며, 이러한 행위를 하는 데에 아내의 동의를 얻을 필요는 없다. 아내는 그 집에 대하여 아무런 권리도 갖지 못하므로, 설령 남편의 그러한 행위가 잘못된 판단에 기인한 것이더라도 이를 저지할 수 없다. 이러한 법규정 하에서 아내가 전업주부로서 그 집을 마련하는 데 기여한 부분은 전혀 평가되지 않는다. 이는 결국 직접적으로 돈을 버는 소득활동과 가사노동의 가치를 차별하는 것으로서, 아내가 가사노동에 종사하는 비율이 높은 사회현실에 비추어 볼 때, 부부의 실질적인 평등에 반하는 제도라고 평가할 수 있다. 이와 같은 별산제의 문제점을 개선하기 위해서는 주택과 같은 중요한 재산을 매매하거나 담보로 제공하는 행위를 하는 경우 상대방 배우자의 동의를 얻도록 할 필요가 있다. 부부가 혼인 중에 공동의 협력으로 형성한 재산은 실질적으로 부부의 공동재산이라는 점을 인정한다면, 이와 같은 개정 방향이 원칙적으로 옳다는 데 동의할 수 있을 것이다.

2. 배우자 상속분

평균 수명이 늘어나면서 부부가 80세 넘게 해로하는 경우도 흔히 볼 수 있게 되었다. 80세가 넘은 부부 중 일방이 사망하여 상속이 개시되는 때에는 자녀들은 이미 40대를 넘긴 경우가 보통이다. 우리 사회에서 생존배우자는 아내인 경우가 대부분인데, 이들에게 배우자가 남긴 상속재산은 앞으로의 생활유지를 위하여 가장 중요한 재산이 된다. 반면에 장성한 자녀들은 이미 경제적으로 독립하여 생활하고 있으므로, 부모로부터 상속재산을 받지 않아도 생활에 지장이 없는 경우가 대부분이다. 그렇다면 자녀에게 많은 상속분을 인정하는 대신 생존배우자의 상속분을 크게 인정하는 것이 정책적인 면에서 보아도 타당하다고 할 수 있다. 한편 사망한 배우자가 남긴 상속재산의 상당 부분은 혼인 중에 취득한 것이며, 이러한 재산은 부부 공동의 협력에 의해서 형성된 것으로서 실질적으로 부부의 공동재산이라고 보아야 한다. 그렇다면 이러한 재산에 대하여 생존배우자가 갖는 실질적인 몫(지분)은 우선적으로 생존배우자에게 분할하는 것이 타당하다. 예를 들어서 사망한 배우자가 남긴 상속재산이 2억이라면, 생존배우자의 지분을 그 절반인 1억으로 인정하여 우선적으로 생존배우자에게 분할하여 주는 것이다. 남은 재산 1억에 대해서는 자녀와 함께 균분하여 상속하도록 한다.

앞에서 살펴본 부부별산제에 의하면, 부부 일방의 명의로 취득한 재산에 대하여 다른 일방 배우자는 혼인이 지속되는 중에는 아무런 권리도 갖지 못한다. 그러나 이혼할 때에는 부부 일방의 명의로 되어 있는 재산(예를 들어 남편 명의로 등기되어 있는 부동산)에 대해서도 다른 일방은 재산분할청구권을 행사할 수 있다. 즉, 이혼 시 재산분할청구에 있어서는 부부가 혼인 중에 협력하여 이룩한 재산의 경우, 부부 일방의 명의로 되어 있다고 해도 실질적인 부부의 공동재산으로 보아서 다른 일방 배우자에게 분할을 인정하는 것이다. 예를 들어서 어떤 부부가 40년간 혼인생활을 하다가 이혼을 하는 경우, 아내는 남편의 명의로 되어 있는 재산의 절반을 분할 받는 것이 가능하다. 반면에 이 부부가 해로하여 남편이 먼저 사망한 경우에 자녀가 3명이 있다면, 생존배우자인 아내는 남편 명의로 되어 있는 재산의 1/3밖에 상속하지 못한다. 이혼한 경우보다 해로한 경우에 생존배우자에게 돌아가는 재산이 더 적은 결과가 되는 것이다. 이와 같은 불합리한 점을 해결하려면, 부부의 일방이 사망하여 상속이 개시된 경우 상속재산 중에서 생존배우자의 실질적인 지분은 우선 생존배우자에게 귀속시키고, 나머지 재산을 생존배우자와 다른 상속인이 균분하는 방식으로 법을 개정할 필요가 있다.

3. 입양에 관한 규정

현행법에 의하면, 양자는 일반양자(보통양자)와 친양자로 나누어지는데, 일반양자의 경우에는 당사자(양부모가 될 사람과 양자가 될 사람 또는 그의 법정대리인)의 합의와 입양신고에 의해서 간단히 입양이 성립한다. 이와 같이 간단한 입양절차에서는 양부모가 되려는 사람의 양육능력, 입양의 동기 등은 고려될 여지가 전혀 없으며, 그 입양이 양자가 될 아동의 장래에 어떤 영향을 미칠 것인가에 대한 판단도 이루어지지 않는다. 결국 이러한 법규정 하에서는 입양제도를 악용하여 아동을 착취할 목적으로 입양을 하는 경우에도 사전에 이를 막을 수 있는 방법이 없다. 이는 아동보호의 의무를 지고 있는 국가가 자신의 임무를 방기하고 있는 것으로서 비판을 받아 마땅하다. 이러한 문제점을 해결하기 위해서는 우선 일반입양의 경우에도 법원의 허가를 받도록 하는 방안을 생각해 볼 수 있다(현행법에 의하면, 친양자 입양의 경우에만 법원의 허가를 받도록 되어 있다). 당사자가 법원에 입양을 청구하면, 법원이 입양의 동기, 양부모가 될 사람의 양육능력 등을 심사하여 입양이 양자가 될 아동의 복리에 기여할 것이라고 판단되면 입양을 허가하는 심판을 하고, 반대의 경우에는 청구를 기각하도록 하는 것이다. 우리사회의 현실에 비추어 볼 때, 일반입양을 하려는 당사자에게 이러한 심판절차가 부담이 된다는 우려도 있을 수 있는데, 이러한 점을 고려한다면 심판보다 간이한 절차로서 입양의사의 확인제도를 도입하는 방안도 생각해 볼 수 있을 것이다. 당사자가 법원에 입양의사의 확인을 신청하면(이때 양부모가 될 사람의 양육환경, 양육능력 등을 증명할 수 있는 서류를 함께 제출하도록 해야 할 것이다), 법원이 확인기일을 정하여 입양당사자를 출석하게 하고, 판사가 입양의 동기 등 입양에 중요한 사실을 직접 확인하도록 하는 것이다. 입양의사를 확인한 결과 문제가 없다고 판단되면 법원에서 입양의사확인증명서를 발급하고, 당사자는 입양신고서에 입양의사확인증명서를 첨부하여 입양신고를 하도록 한다. 입양의사확인에 의한 방법은 심판절차보다 간단하여 당사자의 부담을 최소화하는 동시에 법원이 입양에 개입함으로써 적어도 입양이 악용되는 사례를 사전에 방지할 수 있다는 장점이 있다.

한편 친양자 입양의 경우에는 양자가 될 아동이 15세 미만이어야 한다는 규정이 있어서 실제로 친양자 입양을 원하는 경우에도 이 연령제한의 벽에 부딪쳐 입양을 하지 못하는 경우가 있다. 예를 들어서 어머니가 재혼하여 재혼가정에서 남편과 함께 자녀를 양육해온 경우에는 이미 오래전부터 어머니의 자녀와 계부사이에 사실상의 친자관계가 형성되어 있는데, 친양자 입양이 가능하게 된 2008년 1월 1일 이전에 이미 자녀가 15세가 넘어 아예 친양자 입양을 청구할 수 없게 된 경우도 있다. 이런 경우에는 친양자 입양의 요건을 완화하여 이러한 가족이 안고 있는 문제를 해결해 주는 것이 필요하다고 생각된다. 민법 제908조의 2 제1항 제2호는 "친양자로 될 자가 15세 미만일 것"이라는 요건을 규정하고 있는데, 여기에 "다만 자의 복리를 위하여 특별히 필요하다고 인정할 때에는 그러하지 아니하다"는 단서를 추가하면 문제를 해결할 수 있다. 또한 친양자로 될 자녀의 친부모가 부모로서의 의무는 전혀 이행하지 않으면서 친양자 입양에 대한 동의를 거부하여 친양자 입양이 불가능하게 되는 경우도 있을 수 있는데, 이와 같이 친부모의 동의거부가 권리남용에 해당하는 때에는 법원이 부모의 동의를 대체하는 심판을 할 수 있게 하는 규정을 마련하여 문제를 해결할 수 있을 것이다.

4. 자녀의 의사를 반영할 수 있는 제도적 장치

현행법에는 자녀와 관련된 재판절차에서 자녀의 의견을 반영할 수 있는 제도적 장치가 없다고 해도 과언이 아니다(가사소송규칙에 의하여 자녀가 15세 이상인 때에는 법원에서 자녀의 의견을 들을 수 있도록 되어 있으나, 실효성은 크지 않다고 생각된다). 예를 들어서 2007년 개정에 의하여 자녀도 면접교섭권의 주체로 인정되었으나, 부모가 면접교섭권의 행사여부나 행사범위(예컨대, 이혼 후 자녀를 양육하지 않는 어머니는 면접교섭을 원하지만 양육자인 아버지가 반대하는 경우, 면접교섭권자인 어머니는 2주일에 한 번씩 자녀와 만나기를 원하지만, 양육자인 아버지는 1달에 한번만 만날 수 있다고 주장하는 경우 등)와 관련하여 다투는 경우에 면접교섭권의 직접 당사자인 자녀의 의견을 들어서 적절하게 반영할 수 있는 제도적 장치는 매우 미약하다. 이런 경우에는 아동문제에 대한 전문가가 자녀와의 대화를 통하여 자녀의 의사를 정확하게 파악하고, 이를 법원에 전달하여 면접교섭에 관한 결정에 반영하게 하는 것이 바람직하다. 법원은 면접교섭에 관한 자녀의 의견을 참고로 제시하여 부모를 설득하고 합의에 이르도록 유도할 수도 있다. 이처럼 당사자(양육자, 면접교섭권자, 자녀의 3인)의 합의에 기초하여 면접교섭의 행사방법과 범위가 정해지는 경우에는 면접교섭이 원만하게 실행될 가능성이 높으며, 이는 부모의 이혼 후에 자녀의 정서를 안정시키는데 큰 도움이 된다. 여기서는 면접교섭을 예로 들어 설명하였으나, 그 외에도 부모가 자녀와 관련된 재판절차에서 다투는 경우라든가(예를 들어 이혼 시 부모가 서로 친권자가 되겠다고 주장하며 다투는 경우) 부모와 자녀 사이의 이익이 충돌하는 경우에는 자녀의 의사를 파악하여 법원에 전달하는 전문가의 역할이 요구된다. 이때 아동과 대화하는 전문가는 자녀의 의사를 파악하여 법원에 전달할 뿐만 아니라, 자녀를 정서적으로 안정시키고, 자녀의 의사를 기초로 하여 부모 간의 합의를 유도하는 조정자의 역할까지 아우를 수 있을 것이다.

〈「한국가정법률상담소 50년사」(2009) 수록〉

15. 성년후견법안의 문제점

I 들어가는 말

지난 9월 법무부는 성년후견법안을 입법예고하고 의견수렴을 위하여 공청회를 개최하였다. 현행법상의 무능력자제도에 대해서는 오래 전부터 많은 비판이 제기되어 왔는데, 그 주된 내용은 크게 세 가지로 정리될 수 있다. 첫째, 한정치산 · 금치산제도는 당사자의 남은 능력을 고려하지 않고, 일률적으로 행위능력을 전면적으로 제약하고 있어서 인권을 침해하는 요소가 있다. 둘째, 현행법상 후견이 개시되면, 법률규정에 의하여 자동으로 후견인이 정하여 지는데, 이와 같은 법정후견인은 자신의 의사와 능력, 자질에 관계없이 당연히 후견인이 되므로 후견인으로서 적합하지 않은 경우가 있을 수 있다. 후견인으로서 적합하지 않은 사람이 후견인이 되는 경우에는 그 피해는 결국 피후견인에게 돌아갈 수밖에 없으므로, 현행 법정후견인제도는 피후견인의 복리에 반하는 결과를 초래할 가능성이 높다. 셋째, 후견인이 자기의 이익을 위하여 권리를 남용하는 경우에는 피후견인의 이익을 해칠 수 있으므로, 후견인에 대한 적절한 감독이 요청되는데, 현행법상의 친족회는 이러한 역할을 감당하기에 미흡한 점이 많다.

이러한 현행법상의 문제점을 해결하기 위하여 그동안 몇 차례 법을 개정하려는 시도가 있었으나, 결실을 거두지는 못하였다. 이번에 입법예고된 성년후견법안도 현행법에 대한 문제의식에서 출발하여 이러한 문제점을 해결하기 위하여 마련된 것으로 이해할 수 있다. 따라서 성년후견법안이 취하고 있는 전반적인 개정의 방향에 대해서는 충분히 동의할 수 있다. 그러나 성년후견법안이 담고 있는 구체적인 규정들이 우리사회의 현실을 고려해 볼 때, 실제로 피후견인의 복리실현을 위하여 효율적으로 기능할 수 있을 것인가에 대해서는 별도의 검토가 필요하다고 생각된다.

Ⅱ 구체적인 규정의 문제점

1. 잔존 능력 및 신상에 대한 결정

성년후견법안(이하 개정안이라고 한다)은 무능력자의 개념을 폐기하고, 그 대신 일본법에서 사용하는 '제한능력자'라는 개념을 도입하였는데, 이는 결국 당사자의 능력을 전면적으로 제한하지 않고 남은 능력을 최대한 활용할 수 있도록 지원하겠다는 취지에서 비롯된 것으로 보인다. 문제는 사람의 정신적 능력을 정확하게 감정하여 어느 범위에서 행위능력을 인정할 것인가를 정교하게 판단할 수 있는 제도적 장치가 현재 우리사회에 존재하는가 하는 점이다. 개정안은 이러한 역할을 가정법원에게 맡긴다는 태도를 취하고 있다. 예를 들어서 개정안 제13조 제1항에 의하면, "가정법원은 피한정후견인이 한정후견인의 동의를 얻어야 하는 행위의 범위를 정할 수 있다." 이에 따라 가정법원은 한정후견개시의 심판을 하면서 피한정후견인이 어느 범위에서 행위능력을 갖는가를 결정할 수 있게 된다(예컨대 부동산에 관한 법률행위를 금지한다거나 100만원 이상의 거래를 금지한다는 결정 등). 이론적으로 볼 때, 가정법원이 이러한 역할을 해야 한다는 점에는 의문이 없다. 그러나 가정법원이 이러한 업무를 감당하기 위해서는 선결문제로서 우선 가정법원이 전국적으로 설치되고 법관의 전문화가 이루어질 필요가 있다고 생각한다. 또한 사람의 정신적 능력을 정확하게 감정할 수 있는 신뢰할 수 있는 전문가집단을 조직하고 가정법원과의 협력체계를 구축하는 것이 필요하다. 이러한 기반이 갖추어져 있지 않은 현재와 같은 상태에서는 가정법원에 이러한 과제를 맡긴다고 해도 기대했던 효과를 거두기는 어려울 것으로 예상된다. 나아가 개정안에 의하면, 가정법원은 피후견인의 신상감호와 관련하여서도 여러 가지 어려운 판단을 하게 되어 있다. 예를 들어서 개정안 제947조의 2(피성년후견인의 신상결정 등) 제4항에 의하면, "피성년후견인이 신상에 대하여 결정할 수 없는 경우 성년후견인의 결정이 피성년후견인의 신체의 완전성, 거주·이전, 통신, 주거의 자유, 사생활에 대한 중대한 침해를 수반하는 때에는 성년후견인은 가정법원의 허가를 얻어야 한다." 이와 같이 피후견인의 신상에 중대한 영향을 미치는 사안에 대해서 가정법원이 허가를 할 때에는 사전에 피후견인과 관련된 정보를 충분히 수집하고 필요에 따라서는 당사자의 의사를 청취하여야 하며, 이를 종합하여 판단을 내려야 할 것이다. 그런데 피후견인의 신상에 관한 조사와 정보의 수집, 피후견인의 의견 청취 등도 역시 현재로서는 가정법원의 역량을 넘어서는 과제라고 생각된다(피후견인의 상태에 따라서는 거소로 방문하여 의견을 청취해야 할 경우도 있을 수 있다. 그런데 판사가 직접 피후견인을 방문하여 의견을 청취하는 것은 우리의 현실에서 기대하기 어렵다. 또한 현재 가사조사관의 수를 고려해 본다면, 가사조사관이 이러한 과제를 수행하기도 어려울 것이다. 설령 피후견인을 방문하여 의견을 청취한다고 해도 정신적 장애가 있는 피후견인과 의사소통을 하기 위해서는 고도의 전문성이 요구된다).

2. 선임후견인제도의 전면 도입

개정안은 법정후견인제도를 폐지하고 선임후견인제도를 전면적으로 도입하고 있다. 법정후견인제도에 의하는 경우 후견인으로서 적합하지 않은 사람이 자동으로 후견인으로 되어 피후견인의 복리를 해칠 우려가 있으므로, 법원이 처음부터 개입하여 후견인으로서 적합한 사람을 선임하겠다는 것이 그 취지이다. 문제는 법원이 후견이 개시되는 모든 경우에 있어서 후견인으로서 적합한 사람을 찾아내어 선임할 수 있겠는가 하는 점이다. 아마도 법원으로서는 우선 피후견인의 친족 중에서 가장 적당하다고 판단되는 사람을 후견인으로 선임하려고 할 것이다. 그러나 친족 중에서 후견인으로서 적당한 사람을 찾는 것이 언제나 쉬운 일은 아니며, 때로는 불가능한 경우도 있을 수 있다. 특히 피후견인에게 재산이 없는 때에는 후견인은 아무런 이익도 없이 후견인의 임무를 수행해야 하므로, 후견인으로서 선임되는 것을 기피할 수도 있다. 후견인이 되는 경우 민법 제755조에 의하여 법정감독인의 의무를 지게 되므로, 피후견인이 불법행위를 하여 타인에게 손해를 발생하게 한 때에는 손해배상의 책임이 생길 수 있다. 이런 점을 고려해 볼 때, 친족이라고 해서 법원이 후견인으로 선임하는 데 어려움이 없는 것은 아니다. 나아가 친족 중에서 후견인으로 선임하기에 적당한 사람이 없을 때에는 현실적으로 법원의 입장에서도 후견인으로 선임할 사람을 찾는 것은 불가능에 가까울 것이다. 직업적으로 후견인의 역할을 하겠다는 사람들은 결국 영리를 목적으로 하는 것인데, 이들이 재산이 없는 미성년자나 정신적 장애가 있는 사람들을 위하여 후견인이 되는 것은 기대할 수 없다. 개정안은 이러한 문제점을 의식하여 법인도 후견인이 될 수 있다는 규정을 마련한 것으로 보인다. 그러나 법인이 후견인이 될 수 있다고 해서 이러한 문제가 해결되는 것은 아니다. 예를 들어서 후견을 전문으로 하는 법인이 설립된다고 해도 그 궁극적인 목적이 영리 추구에 있다면, 재산이 없는 피후견인은 처음부터 보호에서 제외될 것이다. 후견제도의 궁극적인 목적이 사회적 약자를 보호하는 데 있다는 점에 동의한다면, 재산이 없는 피후견인을 위하여 누구를 후견인으로 선임할 수 있을 것인가에 대한 고민이 있어야 할 것이다. 선임후견인제도가 제대로 기능을 하기 위해서는 사전에 충실한 준비가 있어야 한다. 예를 들어서, 법원이 후견인으로서 적당한 사람을 찾을 수 없는 경우에는 전문국가기관을 후견인으로 선임하고, 그 기관의 종사자가 실제로 후견인의 임무를 수행하도록 하는 제도가 마련되어야 할 것이다.

3. 친족회의 폐지와 후견감독인제도의 도입

개정안은 친족회를 전면적으로 폐지하고 그 대신 후견감독기관으로서 후견감독인제도를 두었다. 개정안이 친족회를 폐지한 주된 이유는, 친족회가 "후견인과의 밀접한 관계 등으로 인하여 실질적인 감독기능을 수행하지 못하고 있기" 때문이라고 한다. 즉, 후견인과 친족회원은 대부분의 경우 모두가 피후견인의 친족이므로 쉽게 통모하여 피후견인의 이익에 반하는 행위를 할 가능성이 높다는 것이다(예컨대 후견인이 피후견인 소유의 부동산을 매매하는 계약을 하기 위해서는 민법 제950조 제1항 제3호에 의하여 친족회의 동의를 얻어야 하는데, 후견인과 친족회가 서로 짜고서 피후견인의 부동산을 처분하여 소비하는 경우 등). 그러므로 개정안은 "가정법원이 사안에 따라 후견감독인을 개별적으로 선임할 수 있도록 함으로써 후견인의 임무해태, 권한남용을 실질적인 견제가 가능하도록" 하였다고 한다. 그런데 개정안은 후견감독인을 임의기관으로 하고 있어서(다만, 임의후견의 경우는 예외이다) 후견인은 있으나 후견감독인은 없는 상태를 예정하고 있다. 개정안이 통과되어 시행된다고 해도 후견인은 현재와 마찬가지로 대부분 친족 중에서 선임될 가능성이 높은데, 친족회가 폐지된 결과 후견감독기관이 전혀 없는 상태가 초래된다면, 이는 오히려 현행법보다도 더 퇴보한 것이라는 비판을 받을 수 있다. 또한 친족이 아닌 직업적 후견인이 선임되는 경우에도 이를 감독할 기관은 반드시 필요하다(직업적 후견인을 친족 후견인보다 더 신뢰할 수 있는 근거는 없다). 미성년자나 정신적 능력에 제한이 있는 사람은 스스로를 방어할 수 있는 능력이 부족하므로, 모든 사무 처리를 전적으로 후견인에게 맡겨둘 경우 회복할 수 없는 피해가 발생할 수 있기 때문이다. 개정안이 후견감독인을 임의기관으로 한 이유를 설득력 있게 설명해내지 못한다면, 일본민법의 규정을 여과없이 수용한 것이라는 비판을 피하기 어려울 것이다. 이외에도 법원이 누구를 후견감독인으로 선임할 수 있을 것인가의 문제도 해결해야 할 과제로 남아있다. 위에서 후견인의 선임과 관련하여 이미 살펴본 바와 같이, 우리사회에서 후견감독인의 역할을 충실하게 수행할 수 있는 사람을 찾는 것은 결코 쉽지 않기 때문이다.

Ⅲ 맺음말

이번에 입법예고된 성년후견법안은 일본법을 모델로 하고 있는 것으로 보인다. 법을 개정할 때에는 그 법이 우리사회의 현실에서 제대로 기능할 수 있을 것인가에 대한 진지한 성찰과 고민이 있어야 한다고 생각한다. 일본과 우리나라는 사회현실이 크게 다르다. 일본이 어떤 제도를 도입하여 시행하고 있다고 해서 그 제도가 우리사회에도 맞을 것이라는 막연한 기대는 경계되어야 할 것이다. 어떤 제도를 시행할 수 있는 사회적 기반을 갖추지 않은 상태에서는 아무리 좋은 제도를 도입한다고 해도 기대했던 효과를 거두지 못할 뿐만 아니라 오히려 더 큰 부작용을 초래할 수도 있다. 성년후견법안이 내년 초쯤에 통과된다면, 늦어도 약 2년 후에는 시행에 들어갈 것이다. 그 기간 동안 개정법이 제대로 기능할 수 있는 사회적 인프라가 구축될 수 있을 것인가? 이 문제의 판단은 정부와 국회의 몫이다. 다만 한 가지 기억되어야 할 것은, 충분한 준비가 되어 있지 않은 상태에서 개정법을 시행할 경우 큰 혼란과 부작용을 야기할 수 있으며, 결국 그 피해는 이 법안이 보호하고자 했던 대상이었던 피후견인, 즉 사회적 약자에게 돌아갈 것이라는 점이다.

〈법률신문 2009년 10월 22일자 수록〉

16. 가족관계등록법의 문제점

1. 들어가는 말 - 개인정보의 수집 · 관리와 공시의 구별 -

가족관계등록부는 개인의 신분 상태(혼인여부 등)를 밝히고, 친족 · 상속 등과 관련된 권리의무관계를 증명하기 위한 기초자료가 되는 것이다. 따라서 국가가 가족관계등록제도를 마련한 목적과 취지를 생각한다면, 가족관계등록부는 개인의 신분사항 및 친족관계 등을 빠짐없이 기록하고 관리하는 것이 필요하다고 할 수 있다. 그러나 국가가 위와 같은 목적을 가지고 개인의 신분 및 친족에 관한 정보를 수집하고 관리한다는 것과 실제로 어떠한 사항의 증명이 필요한 경우에 개인의 신분에 관한 정보를 어느 범위에서 공시할 것인가는 분명히 구별되어야 한다. 예를 들어서 어떤 사람이 직장에서 배우자 수당을 받기 위하여 현재의 부부관계를 증명할 필요가 있다면, 그에 관한 정보만이 공시되어 있는 증명서를 제출하는 것으로 충분하고 그 개인의 신분 및 친족에 관한 사항을 전부 공시한 증명서를 제출할 필요는 없다. 개인의 신분관계를 증명서를 통하여 공시하는 경우에는 항상 개인의 사생활 보호를 함께 고려해야 하며, 요구되는 사항의 증명에 필요한 최소한의 정보만을 공시하는 것이 원칙이 되어야 한다. 이렇게 해도 필요한 신분관계의 증명이라는 목적은 충분히 달성할 수 있으므로, 국가가 개인의 신분 및 친족관계에 관한 정보를 수집, 관리하고 증명이 필요한 경우에 이에 관한 증명서를 발급하여 신분관계를 공시한다는 신분등록제도 본래의 취지는 전연 훼손되지 않는다. 위에서 본 예에서 배우자 수당을 신청하기 위하여 부부관계를 증명할 필요가 있는 경우에는 현재의 혼인상태와 배우자만을 증명서에 공시하는 것으로 충분하다. 이런 경우에 과거의 혼인이나 이혼, 전배우자에 관한 정보를 포함시키는 것은 '증명을 위하여 필요한 신분관계를 공시' 하는 가족관계등록제도 본래의 목적을 벗어나는 것일 뿐만 아니라 당사자의 의사에 반하여 개인의 사생활을 침해하는 결과가 된다. 또한 국가가 이와 같이 필요한 범위를 넘어서 개인의 정보를 공시하는 경우에 국가의 입장에서 보아도 이익이 될 것은 없다(불필요한 신분관계정보의 공시로 개인의 안정이 흔들리고 불행하게 된다면, 그것을 통해서 국가가 얻을 것은 무엇인가?). 그렇다면 국민의 실제 생활관계에 있어서 구체적으로 신분관계의 증명이 필요한 경우에 국가는 그 목적에 맞는 최소한의 범위에서 개인의 신분에 관한 정보를 공시하는 것을 원칙으로 삼아야 한다.

2. 공시의 범위 – 증명서 발급 당시 유효한 사항

현재의 가족관계등록법에 의하면, 혼인관계증명서, 기본증명서는 개인의 현재 신분상태 뿐만 아니라 과거의 변동사항까지도 모두 공시하도록 되어 있다. 개인의 의사에 반하여 과거의 신분변동사항까지 전부 공시하는 것(예컨대 혼인관계증명서의 경우 과거의 혼인, 이혼 사항. 기본증명서의 경우 과거의 姓·本의 변경, 性의 전환, 부모의 이혼으로 인한 친권자 결정 등)은 개인의 사생활을 침해하는 것일 뿐만 아니라 국가의 입장에서 볼 때에도 대부분의 경우 불필요한 것이다. 이러한 문제점을 해결하기 위해서는 신분관계증명서에 현재의 상태(발급 당시 유효한 사항)만을 공시하는 것을 원칙으로 하고(독일신분등록법은 이 점을 명시하고 있다. 독일신분등록법 제56조 제2항), 예외적인 경우에 한하여 과거의 변동사항이 포함된 별도의 증명서를 발급하는 것으로 신분증명서의 종류를 이원화하는 것이 필요하다. 예를 들어서 취학이나 취직을 위하여 연령을 증명할 필요가 있다면, 현재의 상태만을 공시한 기본증명서만으로 충분하고, 과거의 신분변동사항을 증명하는 것은 불필요하다. 또한 직장에서 배우자 수당을 받기 위한 목적으로 증명서를 제출한다면, 현재의 혼인상태를 공시하는 것으로 충분하며, 과거의 이혼사실까지 함께 포함시킬 필요는 없다.

신분관계증명서를 현재 상태만을 표시하는 증명서와 과거의 변동사항까지 표시하는 증명서로 이원화한다고 할 때, 과거의 변동사항까지 표시하는 증명서는 원칙적으로 본인만이 신청할 수 있도록 하여야 할 것이다.

3. 가족관계증명서의 문제점

가족관계증명서는 현재의 가족상태만을 표시하도록 되어 있으나, 증명의 목적을 넘는 불필요한 정보를 공시한다는 점에서 본다면, 역시 위에서 본 것과 같은 문제가 있다. 가족관계증명서는 주로 친자관계를 증명하는 데 이용될 것이다. 부부관계는 혼인관계증명서에 의해서 증명할 수 있으므로(혼인관계증명서가 현재의 혼인관계만을 표시한다는 전제에서), 굳이 배우자 이외의 정보가 포함되어 있는 가족관계증명서를 제출할 필요는 없다. 친자관계를 증명할 필요가 있는 경우에도 부 또는 모와 해당 자녀의 친자관계를 개별적으로 증명하는 것으로 충분한 경우가 대부분이며, 부모와 모든 자녀의 친자관계를 일괄적으로 증명해야 하는 것은 아니다. 예를 들어서 직장에 다니는 모 甲이 자녀 乙의 보육수당을 신청하기 위하여 甲과 乙 사이의 친자관계를 증명할 필요가 있다면, 甲과 乙이 친자관계임을 증명해 주는 서류로 충분하며, 그 외의 가족관계까지 포함된 증명서를 제출하는 것은 불필요하다. 이와 같이 친자관계를 개별적으로 증명해 주는 친자관계증명서를 발급한다면, 가족관계증명서를 제출해야 할 필요가 있는 경우는 대폭 감소할 것이다(상속관계의 증명이 필요한 경우 등 예외적인 경우로 한정될 것이다). 이를 다른 각도에서 보면, 개별적인 친자관계를 증명하기 위하여 그 이상의 정보가 포함된 가족관계증명서를 제출함으로써 발생하는 불필요한 개인정보의 침해를 방지할 수 있다는 의미이다(위의 예에서 모 甲에게 전혼관계에서 출생한 子 丙이 있다면, 가족관계증명서를 제출하는 경우 甲에게 乙과 姓이 다른 자녀 丙이 있다는 사실이 드러나지만, 친자관계증명서를 제출하면 그와 같이 불필요한 개인정보가 노출되지 않는다).

현재의 가족관계증명서는 어차피 명칭에 맞는 내용을 담고 있지 못한 것이 현실이다. 민법(제779조)이 규정하고 있는 가족의 범위와 일치하지 않으며, 임의로 본인을 중심으로 하여 부모와 배우자, 자녀를 표시하고 있을 뿐이다. 형제자매도 포함시키지 않은 증명서에 과연 '가족' 관계증명서라는 명칭을 붙이는 것이 타당한가도 의문이다. 이와 같이 부정확한 명칭의 사용은 일반국민으로 하여금 가족관계증명서에 포함되어 있지 않으면 가족이 아닌가, 가족으로 인정을 받지 못하는 것이 아닌가라는 불필요한 우려와 오해를 자아내고 있다. 또한 계부모와 계자녀도 동거하며 생계를 같이 하는 경우에는 민법상 가족으로 인정되는데, 가족관계증명서는 친생부모(또는 양부모)와 그 자녀만을 '가족'으로 표시함으로써 이러한 관계가 가족의 전형인 것처럼 보이게 할 뿐만 아니라, 다른 형태의 가족을 차별하는 결과를 낳고 있다. 외국의 경우를 보더라도 가족관계를 증명하는 신분증명서는 존재하지 않는 것이 보통인데(독일도 2007년 신분등록법 개정을 통하여 가족부를 폐지하였다), 그 주된 이유는 개인의 신분과 친족 · 상속과 관련된 사항을 증명하는 데 가족관계증명서와 같은 서류가 필요하지 않다는 데 있다(가족관계증명서가 없어도 어려움없이 상속관계를 증명하고 있다). 우리의 경우에는 상속관계를 증명하는 데 가족관계증명서가 있으면 편리하다는 점을 들고 있으나, 이 점을 인정하여 가족관계증명서를 존속시키더라도 개인의 의사에 반하여 불필요한 정보가 공시되지 않도록 가족관계증명서가 사용되는 경우를 줄여나갈 필요가 있다. 예를 들어서 부부관계는 혼인관계증명서로 증명하도록 하고, 부모와 자녀의 관계는 친자관계증명서를 통해서 증명하도록 한다면, 가족관계증명서를 제출해야 하는 경우는 대폭 줄어들 것이다. 이를 위해서는 전제로서, 발급 가능한 신분증명서의 종류를 늘리고 각 증명서에는 필요한 최소한의 신분정보가 포함되도록 하여야 한다. 이렇게 함으로써 개인은 자신이 증명해야 할 신분사항과 사생활 보호의 문제를 고려하여 가장 적합한 증명서를 스스로 선택하여 제출하는 것이 가능하게 된다. 이는 개인정보의 자기결정권이 요청하는 바이기도 하다.

4. 특정 증명서의 제출요구 금지

회사나 공공기관, 학교 등에서 필요한 목적을 넘어서 개인의 신분에 관한 정보가 담긴 증명서의 제출을 요구하는 것을 법으로 금지시켜야 한다. 예를 들어서 회사에서 배우자 수당을 지급하기 위하여 관련서류가 필요하다면, 신청인으로부터 현재의 배우자를 표시하는 혼인관계증명서를 받는 것으로 충분하며, 과거의 혼인 · 이혼사실이 포함된 증명서를 요구할 필요는 없다. 마찬가지로 직장에서 자녀의 학비를 지원하는 경우에는 신청인과 해당 자녀의 친자관계를 표시한 친자관계증명서만 있으면 되며, 그 이상의 정보가 포함되어 있는 가족관계증명서의 제출을 요구할 필요는 없다. 당사자의 의사에 반하여 필요 이상의 개인정보가 포함되어 있는 증명서의 제출을 요구하는 것은 개인의 인권을 침해하는 것일 뿐만 아니라, 국가가 가족관계등록제도를 운영하고 있는 취지와도 맞지 않는다. 이런 점을 고려한다면, 앞으로 회사, 공공기관, 학교 등에서 신분관계의 증명을 필요로 하는 경우에는 특정 증명서의 종류를 명시하여(예를 들어서 가족관계증명서 1통을 첨부하여 관련서류를 제출하도록 요구하는 것) 제출을 요구하는 것을 금지하고, 당사자가 증명해야 할 사항의 범위와 사생활의 보호 문제를 고려하여 스스로 적당한 증명서를 선택하여 제출할 수 있도록 법으로 규정할 필요가 있다(예컨대 부부관계나 친자관계의 증명이 필요한 경우에는 혼인관계증명서, 친자관계증명서, 가족관계증명서 중에서 본인이 적당한 것을 선택하여 제출할 수 있게 하는 것이다). 만일 회사나 공공기관, 학교 등에서 이러한 규정에 위반하여 특정의 증명서 제출을 요구함으로써 개인이 증명서를 선택하여 제출할 수 있는 권리를 침해하고, 개인의 사생활에 관한 불필요한 정보를 수집하려고 하는 때에는 이를 처벌할 수 있는 근거규정을 마련하여 규정의 실효성을 확보하여야 할 것이다.

5. 개정안에 대한 평가

현재 제출되어 있는 개정안(주광덕의원안, 홍정욱의원안)의 내용을 보면, 양자의 경우 가족관계증명서에 친생부모를 기재하지 않고 양부모를 부모로 표시하도록 하고 있다. 그러나 이러한 내용의 개정안은 몇 가지 문제점을 안고 있다. 우선 민법상 일반입양(보통입양)의 경우에는 입양에 의해서 양자와 친생부모의 친족관계가 소멸하지 않으므로(따라서 양자는 법률상 양부모와 친생부모, 4명의 부모를 가지게 된다), 입양 후에도 부모의 신분을 유지하고 있는 친생부모를 가족관계증명서에 표시하지 않는다는 것은 현행법체계와 조화되기 어렵다. 또한 실제로 양자의 입장에 따라서는 가족관계증명서에 친생부모가 표시되는 것을 원하는 경우도 있을 수 있다. 이러한 문제를 해결하기 위해서는 다음과 같은 방법이 있을 수 있다. 우선, 가족관계증명서에 양부모만이 부모로서 기재되고, 친생부모가 표시되지 않기를 희망하는 가족의 경우에는 이미 양친자관계가 확고하게 형성되어 있으며, 친생부모와 양자의 관계는 사실상 존속하지 않을 것으로 추정된다. 그렇다면 이런 가족의 경우에는 친양자 입양에 의해서 문제를 해결하는 것이 바람직하다고 생각되는데(친양자 입양을 하는 경우에는 입양 전의 친족관계가 소멸하므로, 친생부모와 양자의 친자관계도 종료한다. 따라서 가족관계증명서에는 양부모만이 부모로 기재되며 친생부모는 표시되지 않는다), 실제로 친양자 입양으로 문제를 해결하지 못하는 이유는 친양자 입양의 요건을 충족시키지 못하기 때문일 것으로 생각된다. 특히 민법상 친양자 입양의 경우 친양자로 될 자녀가 만 15세 미만이어야 한다는 요건이 장애가 되는 사례가 많을 것이다. 그렇다면 친양자 입양의 요건을 완화하여 이러한 가족이 안고 있는 문제를 해결해 주는 것이 필요하다고 생각된다(민법 제908조의 2 제1항 제2호 "친양자로 될 자가 15세 미만일 것"에 "다만 자의 복리를 위하여 특별히 필요하다고 인정할 때에는 그러하지 아니하다"는 단서를 추가하여 문제를 해결할 수 있다). 또한 친양자로 될 자녀의 친생부모가 부모로서의 의무는 전혀 이행하지 않으면서 친양자 입양에 대한 동의를 거부하여 친양자 입양이 불가능하게 되는 경우도 있을 수 있는데, 이와 같이 친생부모의 동의거부가 권리남용에 해당하는 때에는 법원이 부모의 동의를 대체하는 심판을 할 수 있게 하는 규정을 마련하여 문제를 해결할 수 있을 것이다(독일민법 제1748조 참조).

한 가지 더 참고로 언급한다면, 신분증명서에 의해서 개인의 신분에 관한 특정한 사항이 공시되는 것을 차단해야 할 정당한 이익이 인정되는 경우에는 법원의 허가를 받아 해당 사항에 관한 부분이 증명서에 표시되지 않도록 하는 방법을 생각해 볼 수 있다. 예를 들어서 현재 양자와 양부모 사이에 양친자관계가 확고하게 형성되어 있고, 양자와 친생부모 사이에는 사실상 친자관계가 소멸하여 당사자가 가족관계증명서에 오로지 양부모만이 부모로서 표시되기를 희망하는 경우에는 법원의 허가를 받아 가족관계증명서에 친생부모에 관한 사항이 기재되지 않도록 하는 것이다(법원은 일정한 기간을 정하여 해당 사항이 공시되지 않도록 할 수 있을 것이며, 이 기간은 당사자의 신청에 의해서 갱신될 수 있어야 할 것이다. 독일신분등록법 제64조 참조).

〈법률신문 2008년 10월 20일자 수록〉

17. Die elterliche Sorge und das Umgangsrecht nach der Scheidung in Korea

I Einleitung

Vor der Familienrechtsreform von 1989 erhielt die Mutter nach der Scheidung in keinem Fall die elterliche Gewalt über ihre Kinder, wohingegen diese dem Vater automatisch zustand. Erst mit der Reform von 1989 konnte die Mutter nach der Scheidung die elterliche Gewalt erlangen. Damit sind Mann und Frau im Bereich des Sorgerechts gleichberechtigt geworden. Im Gegensatz dazu ist das Kindeswohl im koreanischen Gesetz nicht zum Ausdruck gekommen. Betreffend des Umgangsrechts wird das Kind noch als Objekt des elterlichen Rechts angesehen.

Für die Regelung des Sorgerechts hat das KBGB ein Antragssystem eingeführt, das den Eltern große Gestaltungsfreiheit gibt, aber das Kindeswohl außer Betracht lässt. Denn das Antragssystem ermöglicht Scheidungen ohne jedwede Regelung des Sorgerechts. Zur Zeit hat in der koreanischen Gesellschaft die Behauptungen Resonanz gefunden, dass zum Schutz des Kindeswohls das Antragssystem aufgegeben werden muss. Stattdessen hat der Staat bei der Scheidung zum Schutz des Kindes einzugreifen. Entsprechend dieser Aufforderung hat das Justizministerium 2006 einen Reformentwurf angefertigt und dem Parlament vorgelegt.

II Die elterliche Sorge nach der Scheidung in Korea

1. Geschichtliche Entwicklung der elterlichen Sorge nach der Scheidung

In der Zeit der Koryo-Dynastie (918-1392), in der der Buddhismus als Zeitgeist herrschend war, war auch Frauen die Scheidung und die Wiederheirat ziemlich grosszügig erlaubt.[1] Es war auch möglich für eine geschiedene Frau, bei der Wiederheirat ihre Kinder zu ihrem neuen Ehemann mitzubringen und weiter zu erziehen.

Die Yi-Dynastie (1392-1910), die die Koryo-Dynastie abgelöst hatte, führte als neue Ideologie den Konfuzianismus ein. Nach der konfuzianistischen Lehre war die Scheidung nur in der Form der Verstoßung der Frau durch den Mann möglich (sog. sieben Verstoßungsgründe: Ungehorsam gegenüber den Schwiegereltern, Kinderlosigkeit, Ehebruch der Frau, Eifersucht, bösartige Krankheiten, Geschwätzigkeit, Diebstahl). In der adeligen Klasse wurde die Scheidung in Wirklichkeit kaum praktiziert, weil die Adeligen die Scheidung als eine Schande für ihr Haus ansahen. Außerdem brauchten die Männer aus der adeligen Klasse nicht unbedingt ihre Frauen zu verstoßen, weil sie eine Konkubine nehmen konnten, ohne sich scheiden zu lassen.[2] In einer solchen Situation tauchte die Frage nicht auf, wem nach der Scheidung die elterliche Gewalt zustehen sollte.

1910 hat Japan Korea annektiert. Zwei Jahre nach der Annexion erließ der japanische Generalgouverneur eine Verordnung über Zivilsachen in Korea. Nach dieser Verordnung war auf dem Gebiet des Vermögensrechts das altJBGB[3] von 1898 anzuwenden, auf dem Gebiet des Familien- und Erbrechts blieb das koreanische Gewohnheitsrecht in Geltung. In der Praxis fand das altJBGB auch auf dem Gebiet des Familien- und Erbrechts Anwendung, da das koreanische Gewohnheitsrecht entsprechend dem japanischen Gesetz willkürlich ausgelegt

1) Chung, Hyung-Ji, Wie haben die koreanischen Frauen gelebt? (I), 1999, S. 73. In der Koryo Dynastie gab es sogar Fälle, in denen geschiedene Frauen wieder einen König heirateten.

2) Chung, Jin-Yung, Die koreanische traditionelle Kultur, 2002, 31.

3) Das alte japanische Bürgerliche Gesetzbuch von 1898.

wurde. Danach fanden die Vorschriften des altJBGB über die elterliche Gewalt vom 1.12.1921 an offiziell in Korea Anwendung.[4] Hiernach stand die elterliche Gewalt bei bestehender Ehe allein dem Vater zu.[5] Die Mutter wurde nur dann Inhaberin der elterlichen Gewalt, wenn der Vater gestorben oder an der Ausübung der elterlichen Gewalt verhindert war.[6]

Bei der Verteilung der elterlichen Gewalt nach der Scheidung setzte sich die patriarchalische Denkweise fort. Ließen sich die Ehegatten scheiden, ohne zu bestimmen, wer die tatsächliche Personensorge erhalten sollte, so stand diese dem Vater zu.[7] Die elterliche Gewalt, die insbesondere auch die Vertretung des Kindes umfasste, verblieb im übrigen auch nach Scheidung beim Vater.[8] Die Kindesinteressen spielten bei der Zuweisung der elterlichen Gewalt keine Rolle.

Nach der Befreiung Koreas (1945) blieben die Vorschriften des altJBGB über die elterliche Gewalt weiter in Geltung. Denn das US Army Military Government in Korea (USAMGIK) erklärte, dass das alte japanische Gesetz, das während der Kolonialzeit in Korea angewandt worden war, weiter in Geltung bleiben sollte.[9] Dieser Zustand setzte sich fort bis zum Inkrafttreten des koreanischen BGB. Das KBGB,[10] das am 1.1.1960 in Kraft trat, übernahm fast wortwörtlich die Bestimmung über die elterliche Gewalt aus der japanischen Kolonialzeit. Erst mit dem Reformgesetz von 1977, das am 1.1.1979 in Kraft trat, wurde bestimmt, dass den Eltern während der Ehe gemeinsam die elterliche Gewalt zusteht. Bei Meinungsverschiedenheiten ging aber nach wie vor die Meinung des Vaters vor.[11] Erst das Gesetz von 1989, das am 1.1.1991 in Kraft trat, hat diese diskriminierende Regelung beseitigt. Bei Meinungsverschiedenheiten zwischen den Eltern bestimmt nunmehr das Familiengericht auf Antrag, wessen Meinung maßgebend ist.[12]

Bezüglich der elterlichen Gewalt nach der Scheidung behielt das KBGB von

---

4) Die erste Reform der Verordnung über Zivilsachen in Korea.
5) § 877 Abs. 1 altJBGB.
6) § 877 Abs.2 altJBGB.
7) § 812 Abs.1 altJBGB.
8) § 812 Abs.3 i.V.m. § 877 Abs.1 altJBGB.
9) USAMGIK Ordinance No.11, 21.
10) Das koreanische Bürgerliche Gesetzbuch von 1960.
11) § 909 Abs.1 i.d.F. des Reformgesetzes 1977.
12) § 909 Abs.2 KBGB.

1960 die Aufteilung zwischen väterlicher Gewalt und tatsächlicher Personensorge bei. Trafen die Eltern keine Vereinbarung über die Personensorge, so stand diese dem Vater zu.[13] Waren die Eltern nicht in der Lage, sich zu einigen (z. B. bei Ehescheidung wegen der Geisteskrankheit oder des Verschollenseins eines Ehegatten), so entschied das Familiengericht auf Antrag eines Beteiligten mit Rücksicht auf das Lebensalter des Kindes, die Vermögensverhältnisse der Eltern und sonstige Umstände.[14]

Nach dem KBGB von 1960 erhielt die Mutter nach der Scheidung in keinem Fall die elterliche Gewalt über ihre Kinder, wohingegen diese dem Vater automatisch zustand.[15] Erst mit der Reform von 1989 konnte die Mutter nach der Scheidung die volle elterliche Gewalt erlangen. Bei der Scheidung bestimmten entweder die Eltern selbst, wer die elterliche Gewalt erhalten sollte,[16] oder das Familiengericht entschied auf Antrag eines Elternteils, wer Inhaber der elterlichen Gewalt wurde[17].

Das Refomgesetz von 1989 schuf damit die schematische Zuteilung der elterlichen Gewalt nach Maßgabe vaterfreundlicher Regelungen ab.

Neuerdings ist das koreanische Familienrecht noch einmal reformiert worden. Das Kindschaftsrecht ist auch davon betroffen. Nach dem Reformgesetz von 2005, das seit 31.3.2005 in Kraft ist, bestimmen die Eltern durch Vereinbarung, wem die Personensoge zustehen soll (§ 837 Abs.1 KBGB). Einigen sich die Eltern nicht über die Personensorge, entscheidet das Familiengericht auf Antrag oder von Amts wegen (§ 837 Abs.2 KBGB). Hinsichtlich der elterlichen Gewalt nach der Scheidung bestimmt das Reformgesetz je nach der Scheidungsart[18]. Bei der einvernehmlichen Scheidung bestimmen die Eltern durch Vereinbarung, wer der

13) § 837 Abs.1 i.d.F. des KBGB von 1960.

14) § 837 Abs.2 i.d.F. des KBGB von 1960.

15) § 909 Abs.5 1.Alt. i.d.F. des KBGB von 1960.

16) § 909 Abs.4 S.1 1.Alt. KBGB i.d.F. des Reformgesetzes 1989.

17) § 909 Abs.4 S.1. 2.Alt. KBGB i.d.F. des Reformgesetzes 1989.

18) Das KBGB kennt zwei Scheidungsarten, die einvernehmliche Scheidung (§ 834 KBGB) und die gerichtliche Scheidung (§ 840 KBGB). Die einvernehmliche Scheidung ist eine Art Spiegelbild der Eheschließung. So wie sich die Partner auf eine Eheschließung einigen können, können sie sich auch frei über die Auflösung der Ehe verständigen. Einigen sich die Ehegatten nicht, so kann der scheidungswillige Teil vor Gericht Scheidungsklage erheben. Die gerichtliche Scheidung setzt allerdings das Vorliegen eines Scheidungsgrundes gemäß § 840 KBGB wie geschlechtliche Untreue, böswilliges Verlassen usw. voraus. Zur Zeit wird in Korea ca. 85% aller Ehescheidungen durch die einvernehmliche Scheidung durchgeführt.

Inhaber der elterlichen Gewalt ist. Gelingt es den Eltern nicht, sich darüber zu einigen, muss ein Beteiligter beim Familiengericht einen Antrag stellen, wem die elterliche Gewalt zustehen soll (§909 Abs.2 KBGB). Bei der gerichtlichen Scheidung bestimmt das Familiengericht von Amts wegen, wer der Inhaber der elterlichen Gewalt sein soll (§ 909 Abs.3 KBGB).

2. Zur rechtstatsächlichen Lage in Korea

Parallel zur Zunahme der Ehescheidungen nimmt in Korea auch die Zahl der Scheidungskinder schnell zu. 2006 betrug die Zahl der Ehescheidungen 125,000.[19] Bei etwa 60% von den Scheidungen sind Kinder betroffen.[20] Die Gesamtzahl der Scheidungskinder betrug 124,300.[21] Ca. 50% aller Ehescheidungen in Korea erfolgen derzeit zwischen dem ersten und neunten Ehejahr. Da ein enger Zusammenhang zwischen Ehedauer und Alter der Kinder besteht, sind Kinder bis zum Alter von neun Jahren besonders häufig von Scheidungen betroffen.

3. Gesetzeslage

Hinsichtlich des Sorgerechts nach der Scheidung hält das KBGB noch immer an der Aufteilung in tatsächliche Personensorge einerseits (§ 837 KBGB) und die elterliche Gewalt andererseits (§ 909 Abs.3, 4 KBGB) fest. Die Aufteilung ist auf die patriarchalischen Vorstellungen des Gesetzgebers von 1960 zurückzuführen, wonach die geschiedene Mutter nur die tatsächliche Personensorge für das Kind erlangen konnte. Das Reformgesetz von 1989 hat diese diskriminierende Bestimmung gestrichen, jedoch die unzweckmäßige Aufspaltung des Sorgerechts nicht aufgegeben. Durch die Reform von 2005 hat sich diese Gesetzeslage nicht geändert.

---

19) Scheidungszahl, 1990: 45,694 1995: 68,279 2000: 119,982 2003: 167,096 2005: 128,468. Quelle: Statistisches Amt, http://kosis.nso.go.kr.

20) Ein Kind: 27%, zwei Kinder: 30%, mehr als drei Kinder: 4%, kein Kind: 40%.

21) Zahl der Scheidungskinder, 1996: 93,500 2000: 136,600 2003: 189,600 2005: 134,300.

a) Personensorge nach der Scheidung

Die Personensorge für das Kind bestimmen die Eltern durch Vereinbarung (§ 837 Abs. 1 KBGB). Sollten sie keine Vereinbarung treffen bzw. sich nicht einigen können (z.B. bei Scheidung wegen Verschollensein nach § 840 Nr.5 KBGB), regelt das Familiengericht auf Antrag eines Beteiligten oder von Amts wegen die Personensorge mit Rücksicht auf das Alter des Kindes, die Vermögensverhältnisse der Elternteile und sonstige Umstände (§ 837 Abs.2 KBGB). Bei der Regelung der Personensorge muss ein Schlichtungsverfahren obligatorisch vorgeschaltet werden (§ 50 GVF [22]). Die Personensorge umfasst die Pflege, Erziehung und Beaufsichtigung des Kindes, die Bestimmung seines Aufenthalts und das Recht, seine Herausgabe von Dritten zu verlangen.[23] Der zur Personensorge berufene Elternteil kann auch Unterhaltsansprüche des Kindes gegen den anderen Elternteil geltend machen.

b) Elterliche Gewalt nach der Scheidung

Bezüglich der elterlichen Gewalt nach der Scheidung hat das KBGB unterschiedliche Regelungen je nach Art der Scheidung. Bei der einvernehmlichen Scheidung bestimmen die Eltern durch Vereinbarung, wer der Inhaber der elterlichen Gewalt sein soll. Sollten sie keine Vereinbarung treffen bzw. sich nicht einigen können, muss ein Beteiligter beim Familiengericht einen Antrag stellen, dass dieses den Inhaber der elterlichen Gewalt bestimmen soll (§ 909 Abs.4 KBGB). Der Wille des Gesetzgebers geht dahin, dass bei der einvernehmlichen Scheidung die elterliche Gewalt entweder durch Vereinbarung der Eltern oder durch Entscheidung des Gerichts geregelt werden müsse. Damit wollte der Gesetzgeber Scheidungen ohne jedwede Regelung der elterlichen Gewalt verhindern. Bei der gerichtlichen Scheidung muss das Familiengericht von Amts wegen bestimmen, wer Inhaber der elterlichen Gewalt sein soll (§ 909 Abs.5 KBGB). Die elterliche Gewalt umfasst die Vermögenssorge und das Vertretungsrecht. Das KBGB enthält keine Aufzählung der Kriterien, nach denen eine Zuteilung der elterlichen Gewalt erfolgt. Das Kindeswohl als Leitlinie der Sorgerechtsregelung wird im KBGB nicht genannt. Auch wenn die gemeinsame

---

22) Gesetz über das Verfahren in Familiensachen.

23) Kim, Choo-Soo / Kim, Sang-Yong, Lehrbuch des Familien- und Erbrechts, 2007, S.208.

elterliche Gewalt nach der Scheidung theoretisch möglich ist, wird sie in der Praxis ohne Ausnahme einem Elternteil übertragen.

4. Problematik des geltenden Rechts

a) Aufspaltung zwischen Personensorge und elterlicher Gewalt

Wie oben erwähnt, unterscheidet das KBGB zwischen Personensorge (§837 KBGB) und elterlicher Gewalt (§909 KBGB). In der Praxis kommt es manchmal vor, dass die Personensorge der Mutter und die elterliche Gewalt dem Vater zusteht. In diesem Fall stehen Befugnisse wie die Pflege, Erziehung und Beaufsichtigung des Kindes, die Bestimmung seines Aufenthalts und das Recht, seine Herausgabe von Dritten zu verlangen, der personensorgeberechtigten Mutter zu; dem Vater, der die elterliche Gewalt innehat, nur die Vermögenssorge und das Vertretungsrecht in Fragen der Vermögenssorge. Im Personenstandsbuch steht nur, wer der Inhaber der elterlichen Gewalt des Kindes ist, wohingegen der Personensorgeberechtigte nicht registriert wird. Daraus folgen oft Unklarheiten und Schwierigkeiten. Wenn z.B. ein minderjähriges Kind bei der Behörde einen Pass beantragt, muss der Sorgeberechtigte, nämlich der Elternteil, der die elterliche Gewalt hat, seine Zustimmung geben. Auch wenn die Mutter als Personensorgeberechtigte das Kind tatsächlich pflegt und erzieht, hat der Vater, der die elterliche Gewalt hat, das Zustimmungsrecht. Hat er keinen Kontakt zu dem Kind und dessen Mutter, muss die Mutter nach dem Vater des Kindes suchen und ihn bitten, das Antragsformular zu unterschreiben. In der Praxis ist es nicht einfach für die Mutter, zum ehemaligen Ehemann wieder Kontakt aufzunehmen. Noch ein Beispiel: Eine Mutter, die nach der Scheidung als Personensorgeberechtigte allein für das Kind sorgte, versuchte die Grundschule des Kindes zu wechseln, da der Vater, der die elterliche Gewalt hatte, oft versuchte, das Kind zu entführen. Das Kind hat nun Angst, dass der Vater wieder versucht, es zu entführen. Der Rektor der Grundschule hat aber gefordert, dass der Elternteil, der die elterliche Gewalt hat, dem Schulwechsel zustimmen muss. Ohne die Zustimmung des Vaters, der die elterliche Gewalt hat, konnte die Mutter nicht die Schule des Kindes wechseln.

Diese unzweckmäßige Aufspaltung des Sorgerechts beruht auf der überkommenen Vorstellung, dass einer geschiedenen Frau allenfalls die tatsächliche Personensorge zukommen soll. Nachdem die Mutter seit 1.1.1991 nach der Scheidung die elterliche Gewalt haben kann, macht die Aufspaltung des Sorgerechts keinen rechten Sinn mehr. An ihre Stelle sollte im Interesse der Rechtsklarheit und zum Schutz des Kindes vor elterlichem Streit in Sorgerechtsangelegenheiten der Grundsatz der Allein - und Allgemeinzuständigkeit treten. Angesichts der Tatsache, dass nach der Scheidung oft erhebliche Spannungen zwischen den Eltern bestehen und die Aufspaltung des Sorgerechts eine Kooperation der Eltern notwendig macht, sollte eine solche Trennung mit Rücksicht auf das Kindeswohl aufgegeben werden. Der Anlass dafür, dass der Vater bei der Scheidung die elterliche Gewalt behalten will, obwohl er selbst nicht an der tatsächlichen Sorge für das Kind mitwirkt, liegt oft darin, dass er als Vater ein Recht an dem Kind haben will. Vom Grundsatz der umfassenden Alleinzuständigkeit sollte nur dann abgewichen werden, wenn Vermögensinteressen des Kindes dies erfordern oder die Voraussetzungen für ein gemeinsames Sorgerecht vorliegen.[24)]

b) Sorgerechtskriterien

Hinsichtlich der Verteilung der elterlichen Gewalt nennt das koreanische Recht überhaupt keine Maßstäbe. Dies geht darauf zurück, dass vor der Reform von 1989 die elterliche Gewalt nach der Scheidung ausnahmslos dem Vater zufiel.

Für die Zuteilung der Personensorge erwähnt das KBGB in § 837 nur "das Alter des Kindes, die Vermögensverhältnisse der Eltern und sonstige Umstände." Diese lückenhafte, abstrakte Aufzählung einiger z.T. überholter Sorgerechtskriterien ist für die Entscheidungsfindung wenig hilfreich. Nachdem der Vatervorrang bei der Verteilung der Personensorge sowie der elterlichen Gewalt durch die Reform von 1989 entfallen ist, haben sich neue Sorgerechtskriterien in der Rechtsprechung nicht herausgebildet. In der Rechtsprechung besteht lediglich Einigkeit darüber, dass das Kindeswohl der oberste Maßstab für die Sorgerechtsregelung sein soll.[25)] Was das Kindeswohl im

24) Vgl. BverfGE 61, 358.

25) OGH (Oberster Gerichtshof) vom 23.7.1991.

konkreten Fall angeht, sind jedoch noch keine klaren Kriterien entwickelt worden. In der Rechtsprechung gibt es eine deutliche Tendenz, dass sich die Gerichte hauptsächlich auf den Kontinuitätsgrundsatz stützen.[26] Der Elternteil, bei dem sich das Kind während der Trennungszeit der Eltern aufhält, hat Vorrang bei der Verteilung des Sorgerechts. Andere Kindeswohlkriterien, wie Förderungsprinzip, Bindungen und Wunsch des Kindes werden in der Rechtsprechung selten genannt. In der Folge könnte sich die Sorgerechtsregelung im konkreten Fall dem Kindeswohl abträglich auswirken. Ein Beispiel: Eine Frau hat die Ehewohnung verlassen, weil sie von ihrem Ehemann schwer misshandelt worden ist. Da sie allein die Ehewohnung verlassen hat, blieben die Kinder beim Vater. Während der Trennungszeit hat sich die Mutter des Vaters (Großmutter väterlicherseits) um die Kinder gekümmert. Bei der Sorgerechtsregelung hat sich dieser Sachverhalt für die Mutter nachteilig ausgewirkt, weil das Kontinuitätsprinzip für den Vater des Kindes spricht. In der Rechtsprechung kann man oft finden, dass durch Gerichtsurteil dem schuldigen Ehemann das Sorgerecht zugeordnet wird. Dies geht auf die häufige Anwendung des Kontinuitätsprinzips durch die Gerichte zurück.

De lege ferenda sollte vor allem das Kindeswohl als Richtschnur im Gesetz zum Ausdruck kommen.[27] Was die konkreten Merkmale zur Bestimmung des Kindeswohls anbelangt, so könnte sich das koreanische Recht an Kriterien wie Förderungsprinzip, Bindungen des Kindes, Kontinuitätsprinzip und Kindeswille orientieren.

c) Antragssystem

Die Personensorge für das Kind bestimmen die Eltern durch Vereinbarung (§ 837 Abs.1 KBGB). Sollten sie keine Vereinbarung treffen bzw. sich nicht einigen können, regelt das Familiengericht auf Antrag eines Beteiligten oder von Amts wegen die Personensorge mit Rücksicht auf das Alter des Kindes, die Vermögensverhältnisse der Elternteile und sonstige Umstände (§ 837 Abs.2 KBGB).

Haben die Eltern durch Vereinbarung über die Personensorge für das Kind

26) Familiengericht Seoul vom 25.2.1999; Familiengericht Seoul vom 17.2.2005.

27) § 912 Reformentwurf von 2006 lautet: In jeder Frage, bei der es um die Ausübung des Sorgerechts und die Regelung des Sorgerechtsinhabers geht, ist die oberste Richtschnur das Wohl des Kindes.

bestimmt, hat das Gericht keine Möglichkeit, die Vereinbarung zu überprüfen und eine abweichende Regelung zu treffen. Bei einer Gesetzeslage, in der der Staat seine Wächterfunktion einfach aufgibt, besteht immer die Gefahr, dass der wirtschaftlich, psychisch oder intellektuell überlegene Elternteil dem schwächeren Teil seine Vorstellungen aufzwingt und dass die Eltern außerdem aufgrund ihrer Partnerschaftsprobleme die Fähigkeit zu kindzentriertem Denken oft ganz oder teilweise verloren haben. Ferner verfügen die Eltern oft nur über unzureichende Informationen über die konkreten Bedürfnisse der Kinder in der Scheidungssituation. Zur Abwehr potentieller Gefahren sieht der Verfasser die staatliche Intervention als notwendig an.

Nach dem Reformgesetz von 2005 kann das Gericht die Personensorge von Amts wegen bestimmen, wenn die Eltern weder selbst die Personensorge bestimmen noch beim Gericht diesbezüglich einen Antrag stellen. Vor der Reform von 2005 bestimmten die Eltern in erster Linie durch Vereinbarung, wem die Personensorge nach der Scheidung zusteht. Kam eine Einigung nicht zustande, so regelte das Familiengericht auf Antrag eines Elternteils die Personensorge. Diese Gesetzeslage ermöglichte Scheidungen ohne jedwede Regelung der Personensorge. In der Literatur wurde diese Gesetzeslage so ausgelegt, dass beide Elternteile weiterhin Personensorgeberechtigte blieben.[28] In der Tat stand die Wirklichkeit oft im Widerspruch zur Auslegung. Viele Kinder wurden nach der Scheidung von ihren Eltern verlassen.[29] Sie führen selbst einen eigenen Haushalt mit finanzieller Unterstützung des Staates oder werden in Pflege gegeben. Der Gesetzgeber wollte mit dem Reformgesetz von 2005 diesen Zustand beseitigen. Der Wille des Gesetzgebers konnte jedoch nicht verwirklicht werden, da bei der einvernehmlichen Scheidung das Gericht keine Möglichkeit hat, von Amts wegen die Personensorge zu regeln. In Korea wird die einvernehmliche Scheidung nicht per Gerichtsurteil duchgeführt. Die Ehegatten müssen ihren übereinstimmenden Scheidungswillen beim Standesbeamten anmelden. Vor der Anmeldung muss bloß der Scheidungswille beider Ehegatten

28) Kim, Choo-Soo, Lehrbuch des Familienrechts, 1997, S. 220.

29) Im September 2006 waren 14,064 Kinder in Obhut von Pflegeeltern. 23% (3,248) der Kinder wurden von den Eltern nach der Scheidung verlassen und in Pflege gegeben. Statistik des Zentrums für die Unterstützung der Familienpflege.

durch das Familiengericht bestätigt werden (§ 836 Abs.1 KBGB). Dabei bestätigt das Familiengericht nur, dass die Ehegatten persönlich erschienen sind und wirklich den Wunsch haben, die Ehe scheiden zu lassen (§ 79 a Abs.1 Personenstandsgesetz). Die Eheleute haben bei der einvernehmlichen Scheidung nicht die Pflicht, eine Vereinbarung bezüglich der Scheidungsfolgen zu treffen und dem Gericht vorzulegen. Wenn die Eheleute bezüglich der Personensorge beim Gericht keinen Antrag stellen, hat es nach dem geltenden Gesetz keine Möglichkeit, in die einvernehmliche Scheidung einzugreifen und von Amts wegen die Personensorge zu regeln. Dies stellt einen Mangel des Reformgesetzes von 2005 dar. Aus diesen Gründen hat das Justizministerium einen Reformentwurf über die einvernehmliche Scheidung einschließlich des Sorgerechts schon September 2006 dem Parlament vorgelegt.[30]

Nach dem Reformgesetz von 2005 bestimmen die Eltern bei der einvernehmlichen Scheidung durch Vereinbarung, wer der Inhaber der elterlichen Gewalt sein soll. Sollten sie keine Vereinbarung treffen bzw. sich nicht einigen können, muss ein Beteiligter beim Familiengericht einen Antrag stellen, damit es den Inhaber der elterlichen Gewalt bestimmen soll (§ 909 Abs.4 KBGB). Die Frage liegt jedoch darin, ob Eltern, die über die elterliche Gewalt keine Vereinbarung getroffen haben, vor der Bestätigung des Scheidungswillens beim Familiengericht einen Antrag stellen und bei der Bestätigung des Scheidungswillens dem Gericht einen Beschluss hinsichtlich der elterlichen Gewalt vorlegen müssen. D.h. es ist fraglich, ob das Familiengericht die Bestätigung des Scheidungswillens ablehnen kann, wenn die Eltern vorher über die elterliche Gewalt keine Vereinbarung getroffen haben. In der Praxis soll das Familiengericht den Scheidungswillen der Ehegatten bestätigen, auch wenn sie bezüglich der elterlichen Gewalt keine Vereinbarung vorgelegt haben.[31] Die Eltern könnten auch erst nach der Scheidung einen Antrag hinsichtlich der

30) Nach dem Entwurf müssten die Eheleute bei der Bestätigung ihres Scheidungswillens dem Familiengericht eine Vereinbarung über das Sorgerecht und den Kindesunterhalt vorlegen. Das Familiengericht müsste bei der Bestätigung des Scheidungswillens gleichzeitig diese Vereinbarung überprüfen. Wenn das Wohl des Kindes ein Eingreifen erfordert, sollte das Familiengericht auch ohne Antrag eine Entscheidung treffen können. Vgl. II. 5. Reformentwurf.

31) Nach § 25 GVF hat das Familiengericht die Eheleute aufzufordern, selbst eine Vereinbarung über die elterliche Gewalt zu treffen. Die Eheleute sind jedoch nicht verpflichtet, der Aufforderung des Familiengerichts nachzukommen.

elterlichen Gewalt stellen. Wenn man die neue Regelung so auslegt, können die Ehegatten sich scheiden lassen, ohne die elterliche Gewalt zu regeln. M. E. ist jedoch ein solcher Zustand nicht vereinbar mit dem Willen des Gesetzgebers. Der Gesetzgeber wollte durch die Reform von 2005 verhindern, dass sich die Ehegatten scheiden lassen, ohne die elterliche Gewalt geregelt zu haben.

Bei der gerichtlichen Scheidung muss das Familiengericht von Amts wegen bestimmen, wer Inhaber der elterlichen Gewalt sein sollte (§ 909 Abs.5 KBGB). Nach diesem Gesetzestext haben die Eltern keine Gelegenheit, dem Gericht einen gemeinsamen Vorschlag vorzulegen. Von diesem Gesetzestext bekommt man den Eindruck, dass das Gericht einen gemeinsamen Elternvorschlag für unwichtig halte. Die elterliche Einigung sollte jedoch gefördert werden, da sie im allgemeinen dem Kindeswohl dient. Die elterliche Einigung legt den Sorgestreit bei und erhöht die Chancen auf einen Neuanfang auf befriedeter, möglicherweise kooperativer Basis. Außerdem könnte das Kindeswohl am besten durch die Eltern selbst bestimmt werden, da sie ihr Kind und seine besonderen Lebensumstände besser als jeder andere kennen. Wenn die Eltern mit Hilfe eines Mediators eine Einigung erzielen könnten, wäre das dem Kindeswohl nützlich.

5. Reformentwurf

Das Justizministerium hat schon im September 2006 dem Parlament einen Reformentwurf[32] vorgelegt, in dem es zum großen Teil um die einvernehmliche Scheidung und das Sorgerecht nach der Scheidung geht. Der Reformentwurf von 2006 führt für die einvernehmliche Scheidung eine Bedenkzeit ein. Nach dem Reformentwurf müssen die Ehegatten, die sich durch einvernehmliche Scheidung scheiden lassen wollen, zunächst beim Familiengericht einen Antrag auf die Bestätigung des Scheidungswillens stellen. Dann werden sie vom Gericht zu einem Informationstreffen eingeladen. Sie verpflichten sich an dem Informationstreffen teilzunehmen (§ 836 a Abs.1 Reformentwurf), wo sie über das Scheidungsverfahren, Scheidungsfolgen und den Einfluss der Scheidung auf das

32) Die Arbeitsgemeinschaft des Justizministeriums bestand aus 10 Mitgliedern (Juraprofessoren, Richter des Familiengerichts, Rechtsanwälte, Mediatoren usw.). Der Verfasser hat auch in dieser Gemeinschaft mitgearbeitet.

Kind usw. informiert werden sollen. Von dem Tag an soll die Bedenkzeit zu laufen beginnen. Wenn die Ehegatten ein minderjähriges Kind haben, müssen sie drei Monate warten, bis sie persönlich vor dem Richter erscheinen und der Scheidungswille vom Gericht bestätigt wird. Haben sie kein minderjähriges Kind, wird die Bedenkzeit auf einen Monat reduziert. Ehegatten, die ein minderjähriges Kind haben, müssen die Vereinbarungen über die Kindererziehung (das heißt konkret: Personensorgeberechtigte(r), Unterhalt, Umgang) und die elterliche Gewalt dem Gericht vorlegen (§ 836 a Abs.4 Reformentwurf). Diese Vereinbarung muss entweder beim Stellen des Antrags auf Bestätigung des Scheidungswillens oder spätestens bei der Bestätigung des Scheidungswillens dem Gericht vorgelegt werden. Wenn die Vereinbarung der Eltern dem Kindeswohl widerspricht, kann das Familiengericht den Eltern auftragen, sie zu revidieren. Zum Beispiel widerspricht eine Vereinbarung der Eltern dem Kindeswohl, wenn danach der nicht personensorgeberechtigte Elternteil keinen oder nur unzureichenden Unterhalt zahlen würde, obwohl er in der Lage ist, Kindesunterhalt zu leisten. Oder das Familiengericht regelt von Amts wegen die Zukunft der Kinder mit Rücksicht auf den Kindeswillen, das Kindesalter, die Vermögensverhältnisse der Elternteile und sonstige Umstände (§ 837 Abs.3 Reformentwurf). Der Reformentwurf fügt den Kindeswillen als Kindeswohlkriterium neu hinzu. Das Familiengericht kann eine persönliche Anhörung des Kindes vornehmen, um die Neigungen, Bindungen und den Willen des Kindes zu erkennen (§ 100 Verordnung des koreanischen GVF bestimmt, dass das Gericht das Kind anhören muss, wenn es 15 Jahre alt ist. An dieser Vorschrift wird kritisiert, dass das Gericht das Kind anhören sollte, wenn dieses noch nicht 15 Jahre alt ist, aber seine Meinung zum Ausdruck bringen kann).

Sollten die Eltern keine Vereinbarung treffen bzw. sich nicht einigen können, kann ein Beteiligter beim Familiengericht einen Antrag stellen, damit es in dieser Frage eine Regelung trifft (§ 837 Abs.4 Reformentwurf). In diesem Fall werden die Eltern dem Famillengericht anstatt einer Vereinbarung das Gerichtsurteil über die Zukunft der Kinder vorlegen. Im Ergebnis müssen die Eltern vor der Scheidung bezüglich der Zukunft der Kinder entweder eine Vereinbarung oder ein Gerichtsurteil vorlegen.

Der Reformgesetzgeber will voreilige Scheidungsentschlüsse dadurch verhindern, dass er den Ehegatten zumutet, die Bedenkzeit abzuwarten. Man erwartet, dass der Reformentwurf dazu dienen kann, die Ernsthaftigkeit des Scheidungsbegehrens zu sichern. Der Reformentwurf soll auch verhindern, dass sich die Eltern scheiden lassen, ohne über die Zukunft der Kinder eine Regelung getroffen zu haben. Ist die elterliche Vereinbarung bezüglich des Kindesunterhalts vom Gericht bewilligt worden, wird sie als ein vollstreckbarer Schuldtitel anerkannt (§ 65 a Reformentwurf des GVF). Damit soll der Reformentwurf dem Schutz der Scheidungskinder dienen.

Hinsichtlich der elterlichen Gewalt regelt das geltende Gesetz, dass die Eltern bei der einvernehmlichen Scheidung durch Vereinbarung bestimmen, wer der Inhaber der elterlichen Gewalt sein sollte. Sollten sie keine Vereinbarung treffen bzw. sich nicht einigen können, muss ein Beteiligter beim Familiengericht einen Antrag stellen, damit dieses den Inhaber der elterlichen Gewalt bestimmt (§ 909 Abs.4 KBGB). Der Reformentwurf fügt einen neuen Satz hinzu: Widerspricht die elterliche Vereinbarung dem Kindeswohl, trägt das Familengericht den Eltern auf, die Vereinbarung zu revidieren oder regelt von Amts wegen, wem die elterliche Gewalt zustehen soll (§ 909 Abs.4 Reformentwurf).

Der Reformentwurf versucht auch bei der gerichtlichen Scheidung das gleiche Ziel zu erreichen. Bei der gerichtlichen Scheidung bestimmen die Eltern durch Vereinbarung über die Erziehungsfrage. Sollten sie keine Vereinbarung treffen bzw. sich nicht einigen können, kann ein Beteiligter beim Familiengericht beantragen, über die Erziehungsfrage eine Regelung zu treffen. Wenn die Eltern bezüglich der Personensorgeberechtigten und des Kindesunterhalts weder eine Vereinbarung treffen noch einen Antrag stellen, trifft das Familiengericht von Amts wegen über diese Frage eine Regelung (§ 843 a Reformentwurf).

Ⅲ Umgangsrecht

1. Allgemeines

Das Umgangsrecht wurde durch die Reform von 1989 in das KBGB neu eingeführt. Betreffend des Umgangsrechts hat das KBGB nur eine Vorschrift.

§837 a KBGB lautet: Ein Elternteil, der für sein Kind nicht persönlich sorgt, hat das Recht auf Umgang mit dem Kind (Abs.1). Das Familiengericht kann das Umgangsrecht auf Antrag eines Beteiligten oder von Amts wegen einschränken oder ausschließen, wenn dies zum Wohl des Kindes erforderlich ist (Abs.2).

Der Reformgesetzgeber von 1989 hat das Umgangrecht als das natürliche Recht der Eltern angesehen. Das Umgangsrecht sollte es dem Elternteil, in dessen Obhut sich das Kind nicht befindet, ermöglichen, sich von seiner Entwicklung durch Augenschein zu überzeugen. Dagegen sah der Reformgesetzgeber von 1989 nicht vor, dass das Kind auch ein eigenes, persönliches Umgangsrecht mit jedem Elternteil haben soll. Somit wurde das Kind letztlich als Objekt elterlicher Rechte angesehen. Das geltende Gesetz ist nicht vereinbar mit der in Art. 9 III der UN-Kinderkonvention gebotenen Klarstellung, dass das Kind in seinem Umgang mit Eltern und Dritten nicht Objekt eines fremden Rechts, sondern Rechtsträger sei.

Inzwischen ist in der koreanischen Literatur ein Grundsatz im allgemeinen akzeptiert worden, dass der Umgang mit beiden Elternteilen in der Regel zum Wohl des Kindes gehört.[33] Denn für eine gedeihliche seelische Entwicklung eines Kindes und die psychologische Verarbeitung einer Familienauflösung ist es in der Regel bedeutsam, nicht nur den sorgenden Elternteil als Bindungspartner zu haben, sondern auch den anderen Elternteil faktisch nicht zu verlieren und die Beziehung zu diesem so gut wie möglich aufrechtzuerhalten. Daraus folgert man ein förmliches Umgangsrecht des Kindes. Dieser Grundsatz ist im Reformentwurf von 2006 zum Ausdruck gekommen. Danach soll § 837 a Abs. 1 Reformentwurf so lauten: Ein Elternteil, der für sein Kind nicht persönlich sorgt, und das Kind haben das Recht auf Umgang miteinander.

Nach dem Umfrageergebnis des Ministeriums für Frauen und Familie 2006 haben nur 9.8% der nichtsorgeberechtigten Elternteile nach der Scheidung zu dem Kind einen regelmäßigen Kontakt aufrechterhalten. 47.8% der nichtsorgeberechtigten Elternteile haben den Umgang mit dem Kind ganz abgebrochen.[34]

33) Kim, Sang-Yong, Umgangsrecht, in: Familienrecht I, 2002, S. 47.

34) Umfrageergebnis des Ministeriums für Frauen und Familie (Dezember 2006).

2. Kein Umgangsrecht anderer Personen

Nach dem geltenden Gesetz wurde das Umgangsrecht nur als ein Recht der Eltern konzipiert. Das Umgangsrecht eines Elternteils, in dessen Obhut sich das Kind nicht befindet, richtet sich gegen den anderen Elternteil. Außer den Eltern wird keinen weiteren Personen ein Umgangsrecht gegenüber dem Kind eingeräumt. Diese Gesetzeslage wirkt sich manchmal dem Kindeswohl abträglich aus. Ein Beispiel: Nach der Scheidung wurden die Personensorge und die elterliche Gewalt dem Vater übertragen. Da der Vater erwerbstätig war, haben dessen Eltern (die Großeltern des Kindes) für das Kind persönlich gesorgt. Eines Tages starb der Vater durch einen Unfall. Nach dem koreanischen Recht wird in diesem Fall das Sorgerecht automatisch dem überlebenden Elternteil, nämlich der Mutter übertragen.[35] Das Kind musste die Großeltern verlassen und befindet sich nun bei der Mutter. Die Mutter gestattet es nicht, dass das Kind mit den Großeltern (den ehemaligen Schwiegereltern der Mutter) Kontakt pflegt. Da die Großeltern kein eigenes Umgangsrecht haben, können sie nicht mit dem Enkelkind Umgang haben, auch wenn die Mutter den Umgang der Großeltern mit dem Kind ohne nachvollziehbaren Grund vereitelt.

Angesichts der allgemeinen Grundkenntnis, dass zum Wohl des Kindes in der Regel ein Umgang mit den Personen gehört, zu denen das Kind Bindungen besizt, wiederspricht die geltende Regelung dem Kindeswohl. Trotz dieser Kritik ist das Umgangsrecht weiterer Personen nicht in den Reformentwurf aufgenommen worden.

3. Regelung des Umgangs

Im KBGB ist keine Vorschrift enthalten, wie der Umgang geregelt werden soll. Hinsichtlich dieser Frage ist in der Literatur eine Auslegung entwickelt worden.[36] Über den Umfang des Umgangsrechts und seine Ausübung bestimmen die Eltern durch Vereinbarung. Sollten sie keine Vereinbarung treffen, regelt das

35) OGH vom 29.4.1994.

36) Kim, Choo-Soo / Kim, Sang-Yong, Lehrbuch des Familien- und Erbrechts, 2007, S. 215.

Familiengericht auf Antrag eines Elternteils oder von Amts wegen die Umgangsfrage (analoge Anwendung von § 837 KBGB).

Ist der Vereinbarungsinhalt in das Schlichtungsprotokoll aufgenommen worden, entfaltet es die gleiche Wirkung wie ein rechtskräftiges Urteil (§ 59 Abs.2 GVF). Erst dann ist die rechtliche Grundlage für die Zwangsmaßnahmen geschaffen worden.

Wenn das Familiengericht Regelungen über den Umgang trifft, soll es den Kindeswillen als ein wesenliches Element berücksichtigen. Eine Umgangsregelung, die vom Willen des Kindes absieht, ist dem Kindeswohl eher abträglich. Das Familiengericht kann eine persönliche Anhörung des Kindes vornehmen, um die Neigungen, Bindungen und den Willen des Kindes zu erkennen.

4. Inhalt der Umgangsregelung

a) Häufigkeit und Dauer

Im allgemeinen wird in Korea angenommen, dass eine Begegnung pro Monat das Minimum ist, um eine vertrauensvolle Beziehung aufrechtzuerhalten oder zu entwickeln. Auch sollte die Zeit dafür reichen, etwas Sinnvolles zu unternehmen, also jeweils mindestens drei bis vier Stunden betragen. Ob die Möglichkeit einer Übernachtung beim Umgangsberechtigten vorgesehen werden soll, hängt von den individuellen Umständen und dem Alter des Kindes ab. Zum Beispiel soll das Familiengericht Seoul bei dem Schlichtungsverfahren den Eltern den Vorschlag machen, dass Kinder im schulpflichtigen Alter bei dem umgangsberechtigten Elternteil 1 bis 2 Tage im Monat übernachten sollen.

Wenn die Elternteile nach der Scheidung an weit auseinanderliegenden Orten wohnen, sind regelmäßige Besuche des umgangsberechtigten Elternteils fast unmöglich. Das Familiengericht Seoul hat in einem solchen Fall die Regelung getroffen, dass der umgangsberechtigte Vater zweimal im Jahr das Kind besuchen soll, das in der Obhut der Mutter in den USA ist.[37] In einem anderen Fall, in dem keine besonderen Umstände vorlagen, hat das Familiengericht Seoul verfügt, dass der umgangsberechtigte Elternteil zweimal im Jahr in den Ferien

37) Familiengericht Seoul vom 1.11.1996.

jeweils eine Woche mit dem Kind verbringen soll.[38] Diese Rechtsprechung ist problematisch, da mit dieser Regelung der Zweck des Umgangs kaum erreicht werden kann. Von Ausnahmesituationen abgesehen, hat sich ein regelmäßiger periodischer Umgang von jeweils kurzer Dauer am besten bewährt.[39]

b) Ort

Entsprechend dem Zweck des Umgangsrechts soll der Umgangsberechtigte grundsätzlich befugt sein, den Umgang in der eigenen Wohnung auszuüben.[40] Das Kind soll den umgangsberechtigten Elternteil in dessen normaler Umgebung erleben. In der koreanischen Rechtsprechung zeigt sich jedoch eine Tendenz, dass das Familiengericht die Wohnung des sorgeberechtigten Elternteils als Begegnungsort bestimmt.[41] Dies führt dazu, dass der umgangsberechtigte Elternteil den Umgang mit dem Kind in Anwesenheit des sorgeberechtigten Elternteils wahrzunehmen hat. Abgesehen von den Fällen, dass ein "begleiteter Umgang" vom Kindeswohl her gefordert wird, stellt dies eine unnötige Einschränkung des Umgangsrechts dar. Das wird sich außerdem für das Kindeswohl abträglich auswirken, wenn zwischen den Elternteilen noch Spannungsverhältnisse vorhanden sind.

Außer den oben genannten Inhalten regelt das koreanische Gericht im allgemeinen andere Fragen wie das Abholen und Bringen des Kindes, die Kosten des Umgangs usw. nicht. Meiner Meinung nach ist die Haltung des koreanischen Gerichts, das betreffend die Frage des Umgangs nur einfache Regelungen trifft, problematisch, insbesondere wenn zwischen den Elternteilen Konflikte und Spanunngen noch nicht aufgelöst worden sind. In solchem Fall erscheinen nähere Umgangsregelungen geboten, um die Reibungsmöglichkeiten zwischen den Eltern zu reduzieren.

---

38) Familiengericht Seoul vom 20.7.1994.

39) OLG München FamRZ 1978, 614/617.

40) BGH FamRZ 1969, 148/149.

41) Z. B. Berufungsgericht Seoul vom 7.6.1994.

5. Einschränkung und Ausschluss des Umgangsrechts

a) Allgemeines

Soweit es zum Wohl des Kindes erforderlich ist, kann das Familiengericht das Umgangsrecht einschränken oder ausschließen (§ 837 a Abs.2 KBGB). Obwohl das KBGB das Umgangsrecht als ein Recht der Eltern definiert, ist das Recht als Pflicht-Recht der Eltern anzusehen, das nicht im Interesse der Eltern, sondern im Interesse des Kindes ausgeübt werden soll. Angesichts des Wesens des Umgangsrechts kann und muss das Familiengericht die Umgangsbefugnis einschränken oder ausschließen, wenn die Ausübung des Umgangsrechts im konkreten Fall das Wohl des Kindes gefährdet. Ein Ausschluss ist nur gerechtfertigt, wenn der Gefahr nicht durch eine bloße Einschränkung ausreichend begegnet werden kann.

b) Die häufigsten Fälle der Beschränkung und des Ausschlusses

aa) Kindesmisshandlung

Bei konkreter Gefahr von Misshandlungen des Kindes durch den Umgangsberechtigten bildet der Ausschluss des Umgangsrechts oft die einzige Möglichkeit, die seelische und körperliche Integrität zu schützen. Frühere Misshandlungen des Kindes durch den Umgangsberechtigten können den Umgang ausschließen, auch wenn keine Wiederholung zu befürchten ist, weil die Erinnerung an die zurückliegenden Ereignisse das Kind in Angstzustände versetzen wird. Das Familiengericht Seoul hat den Anspruch des Vaters auf Umgang mit den Kindern mit der Begründung abgewiesen, dass er während der 14 Jahre dauernden Ehe gegen seine Frau und zwei Kinder Gewalt angewendet hat und die Kinder sich beharrlich weigern, mit dem Vater Umgang zu pflegen. In einem anderen Fall hat das Familiengericht Seoul angeordnet, dass der Umgang zwischen dem Vater und dem Kind nur stattfinden darf, wenn die Mutter anwesend ist. Denn nach der Vorgeschichte sind Misshandlungen des

42) Familiengericht Seoul vom 13.10.1995.

Kindes durch den umgangsberechtigten Vater nicht auszuschließen.[42]

bb) Entfremdung

Ein jahrelang unterbrochener Kontakt zwischen Elternteil und Kind ist grundsätzlich kein Grund zum Ausschluss des Umgangs.[43] Notwendig ist jedoch in der Regel, eine vorsichtige Neuanbahnung der Kontakte vorzunehmen. Das Familiengericht Seoul hat die Meinung vertreten, dass eine Entfremdung zwischen dem Kind und dem Umgangsberechtigten den Ausschluss rechtfertigen soll. Die Mutter hat nach der Scheidung für die Tochter allein gesorgt und ist später wieder eine Ehe eingegangen. Zwischen der Tochter und dem Stiefvater baute sich eine Vater-Tochter-Beziehung auf. In diesem Fall hat das Familiengericht Seoul den Umgang des Vaters aus dem Grund ausgeschlossen, dass das Auftreten des Vaters zu einer kindlichen Verunsicherung führe. Diese Rechtsprechung steht etwa im Gegensatz zur Ansicht des OLG Hamburg, wonach die Ausübung des Umgangsrechts durch den leiblichen Vater Vorrang habe vor einer von der Mutter beabsichtigten "störungsfreien" Eingliederung des Kindes in die neue Familiengemeinschaft.[44] In einem anderen vergleichbaren Fall hat das Familiengericht Seoul im Gegensatz zur früheren Rechtsprechung entschieden, dass der mit dem Kind nicht zusammenlebenden Mutter die Möglichkeit bleiben soll, auch nach einer vorübergehenden Distanzierung wieder eine Beziehung zum Kind anzubahnen.[45] Als das Kind einen Monat alt war, haben die Eltern sich getrennt. Das Kind war in der Obhut des Vaters. Nach der Scheidung hat er wieder geheiratet, und seine neue Frau hat für das Kind gesorgt. Nun glaubt das neunjährige Kind, dass die Stiefmutter seine leibliche Mutter sei. In diesem Fall hat das Familiengericht Seoul die Meinung vertreten, dass es keinen Grund gebe, den Ausschluss des Umgangs zu rechtfertigen. Angesichts der Lebensumstände des Kindes und der Eltern sollte die leibliche Mutter erst drei Jahre später anfangen, monatlich einmal das Kind zu besuchen. Das Familiengericht hat dennoch diesbezüglich keine näheren Regelungen – z. B. dass vor die

43) OLG Celle FamRZ 1990, 1026/1027.
44) OLG Hamburg FamRZ 1996, 422.
45) Familiengericht Seoul vom 2.12.1999.

persönliche Kontaktaufnahme ein brieflicher oder telefonischer Kontakt vorzuschalten sei – getroffen, um eine vorsichtige Neuanbahnung der Kontakte zu unterstützen.

cc) Krankheiten des Umgangsberechtigten

Leidet der Umgangsberechtigte unter einer ansteckenden Krankheit, so dass persönliche Kontakte das Kind gefährden könnten, ist dem durch die Ausgestaltung des Umgangsrechts Rechnung zu tragen. Ein völliger Ausschluss ist im allgemeinen nicht gerechtfertigt. Eine dahingehende Gefährdung des Kindes muss konkret begründet werden.

Bei psychischen Erkrankungen ist zu prüfen, in welchem Umfang der umgangsberechtigte Elternteil in der Lage ist, Verantwortung insbesondere für ein kleineres Kind zu übernehmen. Im Zweifelsfalle kommt ein eingeschränkter, beschützter Umgang in Betracht. Das Familiengericht Seoul hat in einem Fall den Umgang ausgeschlossen, in dem die Mutter an einer psychischen Erkrankung leidet und beim Versuch der Entführung des Kindes gegen dessen Großmutter Gewalt angewendet hat.[46]

6. Die Durchsetzung des Umgangsrechts

Als das Umgangsrecht durch die Reform 1989 in das KBGB neu eingeführt wurde, sah der Gesetzgeber von der Vollstreckbarkeit von Entscheidungen in Umgangs-Angelegenheiten ab. Hat der sorgeberechtigte Elternteil ohne vernünftigen Grund versucht, den Umgang zu erschweren oder zu vereiteln, hat das Familiengericht in analoger Anwendung von § 64 GVF angeordnet, die durch Entscheidung oder Schlichtung geregelte Pflicht zu erfüllen. In einem Fall, in dem der sorgeberechtigte Elternteil den Umgang boykottiert hat, das Kind aber Kontakte mit dem Umgangsberechtigten wollte, hat das Familiengericht Seoul dem sorgeberechtigten Elternteil aufgetragen, zu einer bestimmten Zeit das Kind dem Umgangsberechtigten zu übergeben, damit er mit dem Kind Umgang

46) Familiengericht Seoul vom 1.8.2001.

pflegen kann.[47] Wenn der Sorgeberechtigte der Anordnung des Familiengerichts nicht folgt, kann das Familiengericht ein Zwangsgeld von bis zu 1 Million Won (ca. 800 Euro) festsetzen (analoge Anwendung von § 67 Abs. 1 GVF). Wenn der sorgeberechtigte Elternteil trotz der Festsetzung eines Zwangsgeldes weiterhin ablehnt, der Anordnung zu folgen, kann das Familiengericht ihn bis zu 30 Tage in Zwangshaft nehmen, bis er der Anordnung folgt (analoge Anwendung von § 68 Abs. 1 GVF). In der Literatur wurde es als Gesetzeslücke kritisiert, dass der Reformgesetzgeber 1989 zur Vollstreckbarkeit von Umgangsentscheidungen keine Regelung eingeführt hat. Durch die Reform der GVF 2005 ist die Möglichkeit zur Vollstreckung von Umgangsentscheidungen neu geregelt worden. § 64 GVF n. F. lautet nun: Wenn der sorgeberechtigte Elternteil die durch Entscheidung oder Schlichtung betreffs Umgangsrecht geregelte Pflicht nicht erfüllt, kann das Familiengericht auf Antrag des Umgangsberechtigten anordnen, die durch Entscheidung oder Schlichtung geregelte Pflicht innerhalb einer bestimmten Zeit zu erfüllen. Wenn der Sorgeberechtigte der Anordnung des Familiengerichts nicht folgt, kann das Familiengericht auf Antrag von Umgangsberechtigten oder von Amts wegen ein Zwangsgeld von bis zu 1 Million Won (ca. 800 Euro) festsetzen (§ 67 Abs. 1 GVF n. F.). In der Reformdiskussion wurde vorgeschlagen, dass das Familiengericht den sorgeberechtigten Elternteil in Zwangshaft nimmt, wenn er trotz der Festsetzung eines Zwangsgeldes noch ablehnt, der Anordnung des Gerichts zu folgen. Dieser Vorschlag wurde aber nicht akzeptiert, da keiner für das Kind würde sorgen können, wenn das Familiengericht den sorgeberechtigten Elternteil in Zwangshaft nimmt.

Die Anwendung der neuen Regelung beschränkt sich nur auf die Fälle, in denen der Sorgeberechtigte versucht, den Umgang des Umgangsberechtigten mit dem Kind zu erschweren. Lehnt das Kind den Umgang mit dem umgangsberechtigten Elternteil ab, gibt es keine Möglichkeit, es zum Umgang zu zwingen, gleichgültig ob die Haltung des Kindes durch unfaire Beeinflussung von Seiten des betreuenden Elternteils bewirkt worden ist. Gleiches gilt für den Fall, dass sich der nicht betreuende Elternteil weigert, mit dem Kind Umgang zu pflegen. In der Literatur wird behauptet, dass Eltern und Kinder durch

47) Familiengericht Seoul vom 26.11. 2002.

außergerichtliche Beratung und Unterstützung zu einer einvernehmlichen Lösung bewegt werden sollen.[48] In der Tat gibt es in Korea keine Beratungstelle, die mit dem Jugendamt in der BRD vergleichbar wäre. Verfahrensmäßig muss jeder Umgangsentscheidung ein Schlichtungsverfahren obligatorisch vorgeschaltet werden (§ 50 GVF). Der Erfolg eines solchen verfahrens steht urd fällt mit der Einschaltung einer guten Beratungstelle. Für die Durchsetzung des Umgangsrechts sieht das Gesetz keinen Anspruch der Beteiligten auf Beratung und Unterstützung vor. Wenn aber den Beteiligten für die Durchführung des Umgangsrechts keine Beratung und Hilfe geboten werden, würde allein die Regelung über die Vollstreckbarkeit des Umgangsrechts wenig Erfolg versprechen.

IV Schlussbemerkung

Das koreanische Recht enthält im Bereich des Sorge-und Umgangsrechts nach der Scheidung ein paar Probleme, die sich auf das Kindeswohl negativ auswirken:

- Es hält an der unzweckmässigen Aufspaltung des Sorgerechts in tatsächliche Personensorge und die elterliche Gewalt fest.
- Das Kindeswohl als oberste Richtschnur kommt im Gesetz nicht zum Ausdruck.
- Kriterien des Kindeswohls werden nur partiell und ganz unzureichend genannt.
- Mit der Einführung des Antragssystems wurde zwar der Gestaltungsfreiheit der Eltern Rechnung getragen, das Kindeswohl aber vernachlässigt.
- Bezüglich des Umgangsrechts wird das Kind noch immer nur als Objekt des elterlichen Rechts angesehen.

Parallel zur Zunahme der Ehescheidungen nimmt in Korea auch die Zahl der

---

48) Kim, Sang-Yong, Umgangsrecht, in: Familienrecht I, 2002, S. 77. Die Bereitschaft und die Fähigkeit der Eltern, sich auf einen Umgang mit dem Kind zu verständigen, ist eine wesentliche Grundlage für die erfolgreiche Durchführung der Umgangsregelung. Duch die Vereinbarung der Eltern über die Umgangsfrage nehmen sie auch ihre Elternverantwortung wahr.

Scheidungskinder schnell zu. Nicht wenige Kinder, die von der Scheidung ihrer Eltern betroffen sind, werden von den Eltern verlassen und im Stich gelassen. Mit dem Antragssystem, das Scheidungen ohne jedwede Regelung des Sorge–und Umgangsrechts ermöglicht, kann man dieses Problem nicht lösen. In der koreanischen Gesellschaft hat sich die Meinung weit verbreitet, dass ein verstärktes Eingreifen des Staates zum Schutz des Kindes dringend erforderlich ist. Entsprechend dieser Auffoderung hat der Reformentwurf 2006 versucht, bei der Scheidung zum Schutz des Kindes das Eingreifen des Staates zu verstärken. Diese Entwicklungstendenz scheint die soziale Wirklichkeit in Korea widerspiegeln. In diesem Sinne trifft die These zu, dass das Familienrecht ein Spiegel der sozialen Wirklichkeit ist.[49]

〈Rainer Frank 교수 70세 기념논문집(2008)에 수록〉

49) Frank, Zeitgeist und Wertewandel im Familienrecht, StAZ 2004, 330ff.

저자 약력

법학박사(포스코 제철장학회 해외유학장학생 제7기로 독일유학)
부산대학교 교수
법무부 가족법개정위원회 위원(2003-2006)
법무부 신분등록제도 개선위원회 위원
여성가족부 정책자문위원 역임
현재, 중앙대 법대 교수

››› 주요 저서
친족 · 상속법 (공저)
가족법연구 Ⅰ(2002)
가족법연구 Ⅱ(2006)
註釋 大韓民國 親族法(공저. 日本 加除出版)

家族法研究 Ⅲ

2010년 2월 25일 初版 印刷
2010년 3월 5일 初版 1刷 發行

저 자 金 相 瑢
발행인 裵 孝 善
발행처 도서출판 法 文 社

413-756 경기도 파주시 교하읍 문발리 526-3
등 록 1957. 12. 12 / 제2-76호(윤)
TEL 031) 955-6500~6 FAX 031) 955-6525
e-mail (영업): bms@bobmunsa.co.kr
(편집): edit66@bobmunsa.co.kr
홈페이지 http://www.bobmunsa.co.kr
조 판 법 문 사 전 산 실

정가 25,000원 ISBN 978-89-18-08401-5